中国影视娱乐产业经典案例指引

Understanding the Entertainment Industry in China: Guidelines and Selected Cases

王军 李燕蓉 主编

TA 韬安律师事务所 BEIJING TA LAW FIRM 编著

CFP 中国电影出版社

2018·北京

目录

CONTENTS

序（一）

“专业不仅体现在那些看得见的较量上，更体现在那些看不见的坚持上”，两年前，受邀为华为一款手机做代言，其中最喜欢的是这句广告语。专业是律师成长的快车道，做了十年的律师之后，我们的团队今年成立了自己的律师事务所，立足于专业，着眼于行业，厚积薄发，努力成为知识产权与文化传媒领域的精品律所。

律师的竞争力体现在哪里？在我看来，专业方向与特定行业紧密结合的律师在执业中更具优势，每个特定行业均有其相对特征化的法律专业要求，要想成为一名好的行业律师，通常首先需要成为一名优秀的专业律师，专注于行业，可以让律师更加深入地理解某一行业的产业特征、发展趋向、商业模式、交易特点以及与此相关的核心权益与商业/法律风险，使律师在运用法律、解决问题时更加有的放矢，更符合客户利益诉求，行业律师在为客户提供管理运营、增值服务方面可以发挥巨大的作用。优秀的行业律师，会实现典型的两级优势效应，行业客户越做越高，法律研究越做越深。每个行业都是一个口碑圈子，卓越的行业律师根本不需要拉案源、找客户，口碑红利胜过一切营销推广。

《中国影视娱乐产业经典案例指引》是中国电影出版社“中国影视商务/法务宝典书系”的第二本，继《中国影视法律实务与商务宝典》（2017年首版）之后，现在正式出版了。

中国现在是全球最活跃的文化传媒投资市场和消费市场，在互联网、人工智能、商业模式、技术迭代日新月异的大背景下，围绕着文学、艺术、影视、动漫、游戏等文化娱乐作品的创作、改编、发行、传播、衍生所引发的争议，也已经成为全球关注的焦点，甚至可以说，在中国发生的案件以及司法判例，对于全球均具有很强的示范与指引价值。典型案例，具有示范价值的在先判例，正在直接且深刻地影响着产业的走向和未来。立法、修法的速度永远赶不上产业的发展，而法律作为社会与经济规则本身又有着与时俱进的时代特征，这就特别需要司法裁判者、律师、法务、产业从业者的智慧，让典型案例的指引价值符合新时代产业发展的要求。

李燕蓉老师曾经是中国第一代知识产权法官，在司法审判一线奋斗了25年后，加入我们，换一个角度继续着自己法律人、知产人的理想与追求，作为本书的主编，李老师倾注了极大的心血与热情，没有她的带领与坚持，不会有本书今天的面世。

在此，我还要特别感谢为本书做特别推荐的行业前辈、学者、专家、大咖，能够有你们的鼎力提携，是TA的荣幸，更让我们不敢有丝毫懈怠，欲戴皇冠，必承其重，在成长的路上，唯有认准方向、砥砺前行者，才能留下印迹。

王　军

2018年7月4日

序（二）

命运真是不可捉摸，却也实实在在。

在法院工作了25个年头，我选择了悄无声息地离开。虽有遗憾与不舍，但有时放下才是对自己内心最真诚的回应。

几乎没有更多去选择，我结识了TA，加入了TA，并且融入了TA。或许这就是我与TA的缘分吧。嗯，TA就是王军律师带领的知识产权与娱乐法律师团队，在本书出版的时候，TA已经有了自己正式的名字——北京韬安律师事务所。

初入TA，恰逢第七届北京国际电影节，TA不但参与主办了“2017·春之光景国际电影论坛”，并且在论坛上发布了TA团队与中国传媒大学凤凰学院的司若教授合作的第一部专著——《中国影视法律实务与商务宝典》，一时间引起了影视行业的关注。这是一本专门针对影视传媒企业的法律实务与商务通俗读本，对于尚处于快速发展阶段，并不成熟的我国影视传媒行业而言可谓及时雨。50余万字的宝典包括主体篇、投资收益与财税篇、合同篇、劳动人事篇、IP篇、艺人篇等12个章节，基本涵盖了影视立项、制片、版权买卖、融资模式、合拍、分账、艺人维权等各个环节的热点、难点问题，是凝聚了TA人对影视行业法律、商务等10年实务积累与思考的智慧结晶。可惜，我没能参与其中。

但是，有幸，我可以参与宝典的姊妹篇《中国影视娱乐产业经典案例指引》谋划、编写的全过程，并切身感受TA人那份把事情做到极致的钻研精神。

为便于读者阅读及凸显影视行业的核心关注问题，本书从以下几个方面进行了精心设计和编排：第一，精心设计了案例体例，除了一般案例评析常有的要旨、案情、审判板块，我们专门设计了“关键词”“业内关注”“理论观点”“案例索引”板块，这在同类案例评述中是创新的体例；第二，我们根据影视行业创作的特点，设计了相关章节的顺序，并为每个章节专门撰写了导读，以简单明了的语言概述了相关章节的主要内容；第三，精心选取近3年来在影视传媒行业有影响、有权威的50余件案例，包括最高人民法院、地方高级人民法院确定的典型案例及AIPPI年度版权热点案件，并以案例索引的方式对同类型案例进行展示，增加有效信息量，全书实际收集的裁判文书数量近200件；第四，精心选择每篇案例的撰稿人，结合TA团队的专家养成计划以及业务分工，确定每篇案例的指导老师，力求专业。

作为《中国影视法律实务与商务宝典》的姊妹篇，本书旨在通过介绍、分析选取的典型司法案例，对影视行业中会遇到的热点、难点问题进行梳理，为影视行业从业人员提供法律帮助，阅读对象可以是影视行业企业管理者、法务人员、主创人员、行业律师、产业研究人员等相关人员。

知识产权司法实践发展太快，随着本书的编撰，仍不断有新的案件审理终结，让我们收录不及，这真是一个不进则退的时代。所以，尽管我们已经尽所能奉上力求专业的解读，但毕竟能力有限，定会有所疏漏及偏颇，还请读者多多包涵并不吝批评指正，我们定当虚心谨慎，不断完善和提升自己。

TA是一个年轻的、充满活力的团队，“80后”“90后”是律所的主力，在工作时，他们每个人都是那么认真、那么投入、那么不遗余力，在力求专业的道路上砥砺前行，用自己的青春、才学践行“敏于行、喻于义、臻于至善”的TA理念。

李燕蓉

2018年8月31日

总论

一、影视娱乐法的内涵与外延

娱乐和法律是两个看似距离遥远的不同领域，然而随着娱乐乃至泛娱乐时代的到来，娱乐在社会生活与经济结构中的地位愈显突出，法律和娱乐的关系也随之日渐密切化、实质化、复杂化起来。娱乐行业的法律纠纷日趋增多，娱乐产业的法律需求愈加突出，娱乐法的概念应运而生。“娱乐法”的概念源于美国的Entertainment Law，在我国尚不属于专门的部门法概念。它是随着我国影视娱乐产业发展而出现的行业法，其涵盖了该行业相关的所有法律问题。关于娱乐法的定义没有明确的范围，学者及法律实务专家的观点亦不尽相同。

作为世界上娱乐产业最为发达的国家，美国的娱乐法理论与实践较为成熟。美国娱乐法学者Jeffrey A. Helewitz和Leah K. Edwards认为，“娱乐法（Entertainment Law）由法律原则和商业惯例组成[1]。传统上，娱乐法包括六种传播媒介：电影、电视、戏剧、音乐、体育和出版。娱乐法专家从功能视角分析这些行业：制作（娱乐材料的产生），发行（给零售商），销售（给娱乐消费者）”[2]。美国娱乐法的内涵具有两个特点：首先，美国学者对娱乐法所下的定义较为宽泛。它既强调法律原则，也重视娱乐行业惯例，并且，恰恰是这些确保营利性的惯例保证了高度商业化环境下娱乐行业的生存和发展。娱乐的有序化和营利化在法律和惯例各有侧重的合作中得以实现。其次，这一定义强调娱乐法调整对象的媒介性。根据维基百科的解释，“娱乐业（entertainment industry, also known as show business or show biz）一词是指提供娱乐的行业，也常被用来指称那些控制传媒娱乐的制作与发行的大众传播媒介公司”[3]。正是在此意义上，一些学术机构和学者把娱乐法和传媒法放在一起进行研究，称之为“娱乐与传媒法”（Entertainment and Media Law）或“传媒与娱乐法”（Media and Entertainment Law）。这一定义认为娱乐法是由众多法律领域（areas of law）汇集而成的一个部门法（branch of law）。从横向上看，这些法律领域包括知识产权法（主要是版权法和商标法）、合同法、劳动法（雇佣法）、税法等传统法律部门。从纵向上看，这些法律领域是指电影法（film law）、电

1 朱海波：《娱乐法基本问题研究——以美国法为参照》，《宁波广播电视大学学报》2008年第4期。

2 Jeffrey A. Helewitz & Leah K. Edwards, *Entertainment Law*, Delmar Pub . Inc., July 2003, p. xvii.

3 http://en.wikipedia.org/wiki/List_of_entertainment_industry_topics，2017年7月20日访问。

视法（television law）、音乐法（music law）等娱乐业分支的专门法律规范。

我国研究娱乐法领域的学者或实务专家也对娱乐法的概念提出了一些观点。宋海燕教授认为娱乐法融合合同法、版权法、商标法、侵权责任法、劳动法、破产法等多个法律部门。以好莱坞为代表的美国是世界上娱乐产业最成熟的国家。因此美国不少知名法学院都开设了“娱乐法专业”[1]。刘承韪教授认为娱乐法是指适用于整个娱乐行业的不同领域法律的集合体。主要由著作权法、合同法及侵权行为法等诸门类单行法拼凑而成，并且适用于大量的、与众不同的娱乐业务领域，包括法律原则、商业惯例和散布于各部门法的法律规则。[2]詹德强律师认为娱乐法的主要范围大体上和传统的知识产权法相重叠。但实际上，娱乐法通常还包括雇佣法、劳动法、破产法、移民、证券法、担保法、代理行为、知识产权（尤其是商标权、著作权和所谓的“发行权”）、隐私权、防止诽谤、许可授权、植入广告、广告、国际法（尤其是国际私法）以及保险法等相关内容。

本书所指的影视娱乐法主要是立足于影视行业（电影、电视剧、综艺节目以及网络大电影、网剧、网络综艺节目以及网络直播等）及其衍生行业（网络游戏、广告等），结合当前的典型判例来阐释影视娱乐法的相关法律问题，主要涉及著作权法、商标法、合同法、反不正当竞争法、劳动法、广告法、侵权责任法等部门法。

二、影视娱乐法的内容

我国的影视娱乐法起步较晚，法律体系还不够完善，除了2016年颁布的《中华人民共和国电影产业促进法》属于该领域专门法律外，大部分属于行政法规或部门规章，不利于影视娱乐产业的规范发展。但是影视娱乐法并不是一个单独的学科而是一个综合体，其涵盖了民商法、行政法、经济法、社会法等多个传统法律部门的内容。正是因为影视娱乐法涵盖了多个部门法，当侵权事件发生时，为权利人提供了多角度的维权选择，所以选择何种法律进行权利救济对权利人来说也至关重要。

影视娱乐产业是一个综合性、复杂的需要多环节、多机构参与、协作的产业，其间涉及方方面面的利益与诉求，是一项社会化、集约化程度极高的产业，就拿拍摄一部电影来讲，从电影制作单位报请立项、获得拍摄许可证、融资、购买剧本或者委托

1 宋海燕：《娱乐法》，商务印书馆2014年版。

2 刘承韪：《中国影视娱乐法论纲》，《法学杂志》2016年第12期。

人创作剧本、确定导演等主创人员、成立剧组，到拍摄、后期制作、送审、宣发，直到在院线公映，与观众见面，需要经历非常多的环节，而在这整个产业链条上起主要作用的因素是人、财、物，起重要连接作用的是合同，而公权力的参与主要是行政许可与管制。

（一）影视娱乐法的主要因素：人、财、物

影视娱乐法的第一要素：人，主要是指影视行业的从业人员，既包括编剧、导演、制片人、出品人、演员、经纪人、词曲作者，又包括摄像师、场记、服装师、化妆师、道具师、剪辑师、财务人员等。人是影视娱乐行业至为关键的要素，没有人的参与，影视娱乐行业也就无从谈起、无从发展。好编剧创作好剧本，优秀的导演执导优秀的作品，敬业的演员塑造深刻的角色，各环节完美结合才使得影视行业蓬勃发展，从这个角度看，影视娱乐法首要关注的应该是影视娱乐行业从业者的角色和权利义务，并加以规范和保护。

影视娱乐法的第二要素：财，主要是指影视娱乐行业运行所需要的资金。影视产业是一个依赖于高科技的、投入巨大的、回报巨大且伴随高风险的产业。[1]影视产业的各个环节，即制片、宣传、发行及放映都需要巨额的资金支持。某些拥有闲置资金的市场主体可以将其资金投入某个影视项目以获得收益，而某些影视项目因为缺乏资金则需要采取一些融资手段来筹措资金，即影视产业的投融资行为。影视产业的发展离不开资金，而如何安全引入资金并使投融资双方各取所需是关键，也是需要合法规范和进行风险防控的重点。

影视娱乐法的第三要素：物，主要是指以著作权为主的知识产权，也就是当前炒得比较热的“IP”。除了著作权外，影视娱乐行业的“物”还包括各种商标权、影视作品名称、角色商品化权益等值得法律保护的无形资产。在IP大卖的时代，谁掌握了影视娱乐业的核心资产——知识产权，谁就能站在产业发展的制高点，而对知识产权的法律保护也就举足轻重。

（二）影视娱乐法的连接线：合同

合同是影视娱乐产业发展的连接线，该产业链条上的每个环节几乎都涉及合同，

1　高戡：《影视娱乐法》，清华大学出版社2017年版。

典型的有剧本委托创作合同、联合投资合同、联合摄制合同、著作权转让和许可使用合同、作品改编合同、素材使用许可合同、艺人经纪合同、主创聘用（劳务）合同、发行合同、放映合同、广告植入合同等。合同约定双方的权利与义务，但还是避免不了出现法律纠纷，所以影视娱乐法与合同法的交叉甚多，需要谨慎对待。

（三）公权力的规制：行政许可与管制

影视产业作为文化产业与意识形态的一部分，其承载着思想宣传的使命，所以我国对影视产业的规制比较严格，各种行政审批环节繁多。据统计，截至2017年4月，我国现行颁布的与影视产业相关的政策法规文件共有63部，包括《电影产业促进法》《著作权法》《电影管理条例》《广播电视管理条例》《互联网信息服务管理办法》《中外合作摄制电影片管理规定》等，大部分属于行政法规和部门规章，因此也就存在众多的行政许可事项，其中行业准入、节目制作许可和内容审查是重点。行业准入主要包括电影制作、发行、放映单位许可和广播电视节目制作经营单位许可；节目制作许可包括电影制作许可［单片摄制许可和电影剧本（梗概）立项许可］、电视剧制作许可；内容审查包括电影的审查和公映许可、电视剧的审查和发行许可，其主要是审查电影、电视剧的内容是否涉黄涉暴、是否破坏民族团结等。总之，我国对影视行业的管制是由始至终、全方位的。

三、本书的特点

本书的特点是立足于影视娱乐行业发展，从近几年的典型判例出发，通过对案例进行分类解读与剖析，寻找出影视娱乐产业各环节链条上的法律风险，并提出适合行业发展的法律意见和风险防范的建议。本书根据影视行业创作的特点，设计了相关章节的顺序，内容包括总论、作者权利篇（署名权、改编权、摄制权、保护作品完整权、播映权、作品信息网络传播权、合理使用、非法演绎作品等）、创作使用篇（委托创作合同、著作权许可使用合同、著作权转让合同、民间文学艺术保护、新类型作品）、影视拍摄篇［联合投资合同、联合摄制合同、艺人经纪合同、主创聘用（劳务）合同、广告植入合同、代言广告合同、行政许可类］、商业利用篇（商标权、不正当竞争、衍生品开发、名誉权、姓名权、肖像权）以及损害赔偿篇五个部分，较为系统地介绍了影视产业链上的纠纷风险高发点及相关法律规定和司法实践，为影视产业从业者提供相关指引。

第1章 作者权利篇

1.1 导读

本书各章节的编排以影视娱乐行业运行的大概区块划分。第1章以“作者权利篇”来定名，并非法律概念，意义在于区别所述事项在行业项目中的流程位置。所谓“作者权利”，集中在作品为王的影视娱乐行业，即为著作权。当然，随着著作权流转的发生，著作权的真正权利人有时也并非作者。

著作权是作品凝结的核心权利，基于某作品进行转让、授权、开发等，在更多情况下往往是指针对作品所附着的著作权进行处分，所以，著作权通常是作品在商业往来中的核心交易对象。考虑到著作权的高度价值性，在行业竞争和司法实践中，作品著作权也就成了行业经营者集中生产的对象和利益争夺的目标。从近年来频发的著作权争议情况来看，案件数量明显上涨，争议客体趋于精细，争议标的额显著提高……诸多迹象表明，著作权的价值在市场环境下被充分认可和激发，以著作权为基础形成的竞争不断升温。这就要求行业从业者对作品的创作、运营，对著作权的保护、开发等予以更高关注——以正当方式创作作品，产出著作权；以合法操作运营作品，实现著作权价值；以有效手段保护作品，防范他人侵犯著作权。

考虑到书籍容量，本章选取各案例并未容纳著作权法所列全部著作权权项，仅以司法实践为基础选取部分具有典型意义的代表案例，借以说明相对高密度争议所涉部分热点法律问题。

（王立岩）

1.2 案例

1.2.1 创作贡献是确定影视剧编剧署名的考量因素之一

——胡某等与刘某某、北京某公司侵犯著作权纠纷案[1]

【核心推介】

署名权，是指作者为表明其作者身份，在作品上署名的权利。署名权不只是在作品上署名，更深层次上表明了作者与作品之间的创作关系。著作权领域，常见的署名权纠纷有：1. 假冒他人署名引起的纠纷；2. 合作署名引起的纠纷；3. 笔名引起的纠纷；4. 署名转让引起的纠纷；5. 单位署名引起的纠纷等。就影视行业而言，编剧是编写故事的人员，在影视作品中起着举足轻重的作用，而现实中由于参与剧本创作的人较多，从而导致编剧署名权易发生争议。从实务上来看，影视剧编剧的署名会体现在剧本及影视剧字幕中。在上述两种署名方式中，影视剧字幕中的编剧署名往往是编剧更为重视的，大多数相关争议，也是围绕着影视剧上的署名而展开的。

【关键词】

编剧署名权　合作作品　创作贡献

【案情】

2007年4月29日，北京某公司与胡某、刘某分别签订了《编剧合约》，约定由胡某、刘某作为北京某公司负责人刘某某的编剧助手，负责涉案电视剧《北平无战事》

1　一审法院：北京市朝阳区人民法院，一审案号：(2015) 朝民 (知) 初字第4495号。

15集剧本的创作，但并未明确各自应当具体负责的部分。上述合约签订后，北京某公司支付了胡某、刘某第一期稿酬，胡某、刘某则按照刘某某的要求开始了资料收集、整理以及剧本写作工作。2007年底，刘某因处理个人事宜未能继续履行涉案《编剧合约》。2008年5月底，胡某亦停止继续履行涉案《编剧合约》。2014年10月，电视剧《北平无战事》首播后，刘某、胡某发现该电视剧未对二人进行编剧署名，遂诉至法院。

原告胡某、刘某共同起诉称：原告二人于2007年4月29日分别与北京某公司签署了《编剧合约》，合同约定北京某公司聘请原告二人作为刘某某的编剧助手，参与电视剧《北平无战事》的剧本创作，原告二人享有该剧在电视剧播出时的编剧署名权。胡某、刘某为涉案电视剧进行了工作量巨大的前期采访、资料收集工作，并且以之为基础，进行了剧本的正式创作，并向刘某某和北京某公司交付了故事梗概、人物小传、分集梗概及三集完整剧本。2014年10月，电视剧《北平无战事》首播后原告二人发现，播出的电视剧内容在故事主线，人物名称、身份、个性，人物关系以及大量具体情节等方面与原告二人交付的创作成果高度近似，但该剧播出时相关署名仅为“编剧／总制片人刘某某”，并未对原告二人进行编剧署名。此外，经查，刘某某未经原告二人同意，将《北平无战事》剧本在中国版权保护中心进行了著作权登记，登记的作品作者及著作权人署名仅为刘某某，完全抹杀了原告二人作为剧本合作作者对该剧作出的贡献。综上，原告二人认为刘某某的上述行为侵犯了原告二人对涉案《北平无战事》剧本的署名权，而北京某公司则侵犯了原告二人享有的电视剧《北平无战事》编剧署名权。故原告二人诉至法院，请求法院判令：确认原告二人为剧本《北平无战事》的合作作者，享有剧本署名权；确认原告二人为电视剧《北平无战事》的编剧，享有电视剧完成片的编剧署名权；刘某某和北京某公司在新浪网和《法制晚报》上向原告二人公开赔礼道歉。

被告刘某某、北京某公司共同答辩称：第一，本案为侵权纠纷，确权是判令侵权的基础，但确权诉求不能在侵权纠纷中单独提出。第二，根据双方签订的《编剧合约》，在担任编剧助手期间，胡某、刘某所完成的所有稿件资料等著作权全部属于北京某公司所有。因此，原告二人基于合同要求进行的创作对于创作成果不享有著作权，故而也不享有署名权。第三，涉案电视剧《北平无战事》剧本全部是刘某某独立创作。刘某某不会打字所以才需要编剧助手予以协助，但相关创作内容均是在刘某某确定了涉案电视剧剧本的整体思想立意和人物情节结构框架定位后，经过刘某某每次讨论的讲戏形成的。胡某、刘某创作程度有限，仅仅是资料收集、记录和整理刘某某的构思，并且还需要按照刘某某的意见进行修改，因此原告二人并非剧本的合作作者。而且胡某、刘某提供的写作内容刘某某也未予以实际采用。第四，涉案电视剧的编剧署名权是合同权利，只有胡某、刘某按照合同要求完成了全部工作内容，才能享有电视剧播出时的编剧署名权。但刘某、胡某分别于2007年底和2008年5月退出了剧本的创作，其创作的稿件内容也没有达到合同约定的要求，没有被采用，因此原告二人也无权主张电视剧的编剧署名权。综上，不同意胡某、刘某的全部诉讼请求，请求法院予以驳回。

法院经审理认为，结合本案查明的事实，本案争议的焦点在于：1.胡某、刘某是否是其作为证据提交的涉案三集剧本、全剧剧本梗概和人物小传的作者；2.胡某、刘某是否依据涉案《编剧合约》享有电视剧《北平无战事》剧本的署名权，并在创作基础上能否确认胡某、刘某二人为该电视剧剧本的合作作者；3.胡某、刘某是否享有涉案《北平无战事》电视剧完成片的编剧署名权。

关于焦点一。根据北京某公司与胡某、刘某分别签订的《编剧合约》，约定的胡某、刘某的创作方式为：刘某某给本剧提供整体思想立意和人物情节结构框架，胡某、刘某按照上述要求具体实施剧本创作，刘某某对胡某、刘某提供的初稿提出修改意见，刘某某对最后内容进行统稿、定稿。因此，从上述约定内容来看，涉案《编剧合约》合同的法律性质应当属于合作创作合同。但从涉案合同的履行情况看，双方对实际创作过程各执一词，均没有提供充分的证据予以证明。因此，在上述前提下，对于焦点一问题的判断，应当回归涉案合同的约定，并结合庭审中胡某、刘某关于剧本内容的举证情况予以综合判断。

根据本案的目前证据情况和查明的事实，法院认定胡某、刘某、刘某某为2007年12月6日和2007年12月11日完成的涉案电视剧第一集、第二集剧本的共同作者。另外，对于胡某、刘某主张的全剧剧本梗概和人物小传，因为缺乏交付证据且刘某某并不认可，法院无法认定为胡某、刘某创作，因此，对于胡某、刘某针对该部分的诉讼主张，法院不予支持。

本案中，刘某某、北京某公司对胡某、刘某为上述两集剧本的作者并不认可，并提出涉案电视剧《北平无战事》剧本完全是刘某某独立创作，刘某某不会打字所以才需要编剧助手予以协助，胡某、刘某创作程度有限，仅仅是资料收集、记录和整理刘某某的意见的答辩意见。就此，法院认为，从现有证据来看，虽然能够证明涉案电视剧剧本的创作需要经过刘某某、胡某、刘某共同讨论的过程，但无法确切予以区分上述第一集、第二集中，每人所参与创作的程度，因此，也没有证据表明胡某、刘某仅仅是对刘某某口述内容的整理和记录，故对于上述答辩意见法院不予采信。

关于焦点二。应当说，本案虽然属于著作权侵权纠纷，但本案与典型的剧本抄袭类侵权纠纷并不相同，胡某、刘某主张的创作行为缘起于其二人与北京某公司签署的《编剧合约》，因此在署名权的问题上，属于侵权与合同的竞合。故，涉案合同的性质、约定的内容和合同的履行情况是对涉案行为是否构成著作权侵权判断的基础性事实，而不能抛开涉案合同基础简单地谈侵权问题。

第一，从涉案合同约定的内容看，涉案合同仅仅约定了胡某、刘某作为编剧助手享有涉案电视剧播出时的编剧署名权，并未明确针对剧本的署名权问题予以直接约定。但是剧本的署名权和根据剧本创作的电视剧编剧的署名权属于一个问题的两个方面，两者具有一定程度的一致性。另外，从合同的其他条款看，涉案合同约定了涉案电视剧的一切有关权益包括将剧本改编成小说的著作权等均属于北京某公司版权人和著作权人所有，并且胡某、刘某在参与创作过程中编写的稿件、资料、剧本、人物、造型、故事、桥段、对白、片名等版权也全部归属于北京某公司所有。通过上述条款的约定可以看出，北京某公司签署涉案合同目的在于希望通过合同的方式以金钱对价和电视剧播出时的编剧署名权对价来换取胡某、刘某作为刘某某编剧助手的身份参与剧本创作，并对创作中产生的其他相关版权权益予以控制。

第二，从是否使用的角度看，这里涉及文学剧本的比对问题。文学剧本创作历史悠久，素材纷繁复杂，因此，文学剧本表达是否相同的判断具有很强的个案性特点。而关于何种层次或者深度的内容属于表达的范畴以区别于思想，也要结合个案予以分析和判断。但一般来讲，概括的人物关系比如父子关系、夫妻关系、上下级关系等以及粗放概括的情节或者故事内容更多的属于公共领域，不宜认定属于某个人的独创性成果而为个人所垄断。而只有将人物放置于具体的情节中予以展开并与故事情节达到紧密结合的程度，以彰显出角色的性格特点，方能产生个性与区分性。而正是此种个性和区分性构成了文学剧本独创性表达的根本，属于我国著作权法保护的文学剧本表达范畴，并且让读者或者观者产生不同的欣赏体验。

根据本案庭审过程中针对胡某、刘某主张权利的两集剧本与刘某某进行著作权登记的剧本对应内容的比对结果，法院难以认定胡某、刘某主张的涉案刘某某进行版权登记的剧本使用了胡某、刘某主张的独创性内容。

需要进一步明确的问题是，上述两者之间的不同是否是刘某某参考涉案两集剧本中胡某、刘某创作的独创性内容后修改得来的？根据现有证据情况，法院对上述问题难以得出肯定的结论。

综上所述，在现有证据情况下，法院难以认定胡某、刘某为涉案《北平无战事》剧本的合作作者。故对于胡某、刘某主张其二人为涉案《北平无战事》剧本合作作者、享有涉案剧本署名权以及要求刘某某公开赔礼道歉的诉讼请求，法院不予支持。

关于焦点三。编剧一般指电影或者以类似摄制电影的方法创作的作品摄制时所依据的剧本作者，而编剧署名权指在上述作品上表明剧本作者的权利。我国著作权法规定了编剧、导演等作者享有在相关电影或者以类似摄制电影的方法创作的作品上的署名权。但从本案来看，如上所述，胡某、刘某主张的编剧署名权与其主张的剧本合作作者署名权实质上是一个问题的两个方面。首先，从涉案合同的约定内容看，虽然约定了胡某、刘某作为刘某某的编剧助手，享有电视剧播出时的编剧的署名权。但是双方当事人对该条款的理解并不相同，胡某、刘某认为只要是其参与了涉案电视剧的剧本创作并使用了其创作的部分内容，其就应当依约享有涉案电视剧播出时的编剧署名权，而北京某公司则主张胡某、刘某只有完全按照合同约定完成了刘某某认可的各自15集剧本的创作任务，涉案电视剧予以实际使用了，胡某、刘某才享有相关电视剧的编剧署名权。法院认为，在涉案合同并未就此明确予以约定的情况下，后者的理解和解释更加合理和具有逻辑性，也更加符合行业的惯例。应当说，在没有特殊约定的情况下，对于电视剧的编剧署名权的实现应当与参与整部电视剧剧本创作的程度和深度相匹配，与合同约定的创作对价相匹配，如果仅仅是参与了创作或者说付出了劳动即享有署名权的话，则必然会推导出一整部电视剧剧本哪怕只是使用了参与创作者一句话、一段话，也要为其署名编剧的结论，这显然是站不住脚的。现根据本案目前的证据情况，胡某、刘某未举证证明其各自全面履行了15集剧本的创作义务。虽然其诉讼中陈述是刘某某告知其等待通知后再行创作，但胡某、刘某就此并未提供证据予以证明，刘某某对此亦不予认可。故，在现有证据情况下，胡某、刘某在涉案合约的履行上存在重大违约，其要求确认其二人为电视剧《北平无战事》的编剧，享有编剧署名权的诉求不存在合同基础。其次，从实际使用的角度讲，庭审过程中，双方对于刘某某剧本与实际播出的《北平无战事》电视剧对应内容的一致性均不持异议，因此剧本内容与电视剧内容无需另行比对。鉴于上文论述中已经认定胡某、刘某并未举证证明刘某某用于著作权登记的剧本使用了其具有独创性的内容，因此，在没有相反证据的情况下，亦可以认定实际播出的《北平无战事》电视剧并未使用胡某、刘某主张的具有独创性的内容。故从实际使用的角度讲，胡某、刘某也无权主张涉案电视剧的编剧署名权。

综上，胡某、刘某对涉案《北平无战事》并不享有编剧署名权，故法院对于胡某、刘某要求确认其为涉案电视剧《北平无战事》编剧、享有编剧署名权并要求北京某公司公开赔礼道歉的诉讼请求不予支持。

最终，北京市朝阳区人民法院判决驳回原告胡某、刘某的诉讼请求。

【业内关注】

1. 编剧署名权的法律属性
2. 剧本作者的认定
3. 创作贡献与编剧署名权的关系

【法条链接】

1.《著作权法》

第九条 著作权人包括：

（一）作者；

（二）其他依照本法享有著作权的公民、法人或者其他组织。

第十条 著作权包括下列人身权和财产权：

（二）署名权，即表明作者身份，在作品上署名的权利。

第十一条 著作权属于作者，本法另有规定的除外。

创作作品的公民是作者。

由法人或者其他组织主持，代表法人或者其他组织意志创作，并由法人或者其他组织承担责任的作品，法人或者其他组织视为作者。

如无相反证明，在作品上署名的公民、法人或者其他组织为作者。

第十三条 两人以上合作创作的作品，著作权由合作作者共同享有。没有参加创作的人，不能成为合作作者。

合作作品可以分割使用的，作者对各自创作的部分可以单独享有著作权，但行使著作权时不得侵犯合作作品整体的著作权。

第十五条 电影作品和以类似摄制电影的方法创作的作品的著作权由制片者享有，但编剧、导演、摄影、作词、作曲等作者享有署名权，并有权按照与制片者签订的合同获得报酬。

电影作品和以类似摄制电影的方法创作的作品中的剧本、音乐等可以单独使用的作品的作者有权单独行使其著作权。

第十七条 受委托创作的作品，著作权的归属由委托人和受托人通过合同约定。合同未作明确约定或者没有订立合同的，著作权属于受托人。

第二十条 作者的署名权、修改权、保护作品完整权的保护期不受限制。

2.《著作权法实施条例》

第二条 著作权法所称作品，是指文学、艺术和科学领域内具有独创性并能以某种有形形式复制的智力成果。

第三条 著作权法所称创作，是指直接产生文学、艺术和科学作品的智力活动。

为他人创作进行组织工作，提供咨询意见、物质条件，或者进行其他辅助工作，均不视为创作。

第九条 合作作品不可以分割使用的，其著作权由各合作作者共同享有，通过协商一致行使；不能协商一致，又无正当理由的，任何一方不得阻止他方行使除转让以外的其他权利，但是所得收益应当合理分配给所有合作作者。

【理论观点】

署名权是一项重要的著作权，它与发表权、修改权、保护作品完整性权共同构成了著作权中的著作人身权。在《伯尔尼公约》中，署名权被表述为“表明作者身份权”（the right of claim authorship）。根据我国著作权法的规定，署名权是指著作权中的人身权，即表明作者身份，在作品上署名的权利。这也是确认作者身份的重要法律依据。作者享有署名权，意味着他人必须尊重作者关于是否在自己创作的作品上署名，以及以何种方式署名（署真名或假名）的决定。[1]通常，作者身份要通过署名权的行使来体现甚至确认，如无相反证明，在作品上署名的公民、法人或其他组织为作者。可见，作品上的署名是作者与作品间的重要纽带。

但是，我国著作权法中同时规定了委托作品、职务作品、电影作品等特殊作品形式，实务中也多有通过著作权转让或合同约定的方式，使得作品的作者与著作权人分离。在此情形下，理论界对于署名权的归属出现了不同观点。

有学者认为，“署名权是著作权人享有的表明作者身份，在作品上署名的权利”[2]；“作者在作品上署名的目的在于公示自己的著作权人身份，与物权公示作用相同”[3]，也即认为署名权系著作权人的权利。但更多学者主张作者权利说，认为“作品是作者心智和劳动的结晶，在作品上打上标记，以真实反映作品与作者之间的‘血缘’联系，既是对作者创造性劳动的尊重，也是对社会公众负责任的表现”[4]；“署名权，是指作者在其创作的作品及其复制件上如何标记作品来源的权利”[5]；“只有作者才有署名权”[6]；“署名权是著作人身权的核心：作者和作品的关系通常被比喻成父亲与儿子的关系。署名权即是在昭示作者与作品之间一种自然的、类似于父子血缘关系的密切联系”[7]。也有学者认为署名权有着多重彰示的效果，即署名权既彰示作者与创作行为及作品之间的关联，也彰示著作权人与作品之间的关联。[8]

在影视剧剧本的创作实务中，剧本的创作作者与著作权人相分离的现象更为常见。在多人合作创作、大编剧与编剧助手创作、制片方委托编剧创作等模式下，剧本的著作权往往通过合同进行了约定，其中也一般包括对于署名权的约定。但是，通过合同约定

1 王迁:《知识产权法教程》(第五版)，中国人民大学出版社2016年版，第111页。
2 杨信、余德峰:《作品署名权可转让之证成》,《江西社会科学》2013年第12期。
3 柳励和:《论作品署名权的转让》,《湖南科技大学学报（社会科学版）》2009年第3期。
4 刘春田主编:《知识产权法》，中国人民大学出版社2000年版，第54页。
5 刘春田主编:《知识产权法》，中国人民大学出版社2014年版，第71页。
6 王迁:《将知识产权法纳入民法典的思考》,《知识产权》2015年第10期。
7 王迁:《知识产权法教程》(第五版)，中国人民大学出版社2016年版，第111页。
8 周晓冰:《著作人格权的保护》，知识产权出版社2015年版，第37–39页。

署名权的行为是否具有法律效力呢？这在理论与实践中存在不同观点。北京大学知识产权学院院长张平教授认为，在实践当中，一般是作品没有发表之前可以通过合同进行约定署名权，如果已经发表了，则不能再转让。李明德教授则认为，在著作权法中，署名权不可以转让，任何合同的签订，不应当违反法律规定。最高人民法院知识产权庭前庭长蒋志培博士也认为，作品的财产权可以转让，人身权不能转让。因此，在文化产业中，对于组成团队进行作品创作，最后通过合同对署名权进行约定，这种合同是否合法，目前在法律界有很大的争议。[1]一些学者对署名权转让持有明确否定的态度，"署名权是表明作者身份的一种方式，反映了作品由谁创作的事实。允许署名权转让会产生欺骗性后果，不利于正常的文化传播和交流，扰乱社会秩序，与民法的基本原则也是相悖的"[2]。

多人参与创作同时会涉及合作作品的认定。合作作品是指两个以上的作者经过共同创作所形成的作品。要构成合作作品，合作作者必须有共同的创作愿望，两个以上作者在创作时应当意识到自己是在与他人共同创作一部作品。如果有分工协作，则每个参与创作者都应当知道分工创作的最终目的是将各自创作的部分整合为一个整体。只有那些实际参与创作活动，对最终的作品作出了独创性贡献的人才能成为合作作者，仅仅为创作提供咨询意见、物质条件、素材或其他辅助劳动的人并非合作作者。同时，是否参与创作活动也并非判断合作作者身份的唯一标准，创作参与者是否有以合作作者身份共享著作权的主观意图也是重要的因素。[3]

此外，编剧署名权实现的标准也在实务界存在着争议。根据北京市高级人民法院京高法发字［1995］第 192 号文件规定，作品创作完成，还指作品的部分内容的创作完工。即只要剧本作者已经将其所要表达的部分思想、情节完整地以某种形式表达出来了，即便这一构思不是重要关键部分，也应视为作品在一定阶段上的完成。故部分参与剧本创作，也应视为相应部分已创作完成，剧本作者应该享有"编剧"署名权。因此，如有证据证明某主体对剧本的创作付出了自己的智力与贡献，理应成为著作权人之一，享有对作品的署名权。这与本案判决所持观点存在分歧。

---

1 窦新颖：《这个问题有意思："枪手"写剧本，署名权归谁？》，《中国知识产权报》2016年3月25日。

2 刘春田主编：《以案说法：知识产权法篇》，中国人民大学出版社2006年版，第40页；刘维捷：《构建我国作品署名权制度初探》，《广东技术师范学院学报（社会科学）》2011年第2期。

3 王迁：《知识产权法教程》（第五版），中国人民大学出版社2016年版，第174–175页。

【案例索引】

案例1[1]：李树型与张之亮侵犯著作权案

北京市第二中级人民法院认为：

依据《著作权法》的规定，作者的人身性权利一般不能转让，除非在委托创作关系中有明确约定。由于张之亮作为Midas公司的法定代表人认可剧本《墨子之战》第一稿及第二稿打印稿件封面上的署名“导演：张之亮　编剧：李树型”，且“零用单”（收款凭证）中的“一切版权属Midas Film Co.Ltd.所拥有”的约定并不明确，不能表明含有包括著作人身权在内的一切著作权的意思表示，因此应确定，李树型对其改编完成的剧本《墨子之战》保留署名权。张之亮主张李树型对该剧本不再享有任何权利，本院不予采纳。

将李树型创作的剧本《墨子之战》与电影《墨攻》的剧本进行比较，后者在剧本结构、部分人物的设计及性格塑造，以及部分情节的具体展现上与前者存在明显的一致性，说明两个剧本在内容上存在着沿袭和承继的关系；并且，电影《墨攻》在片尾工作人员名单中将李树型列为剧本创作人员，也说明该部电影的权利人认可李树型为电影的剧本创作付出了独创性劳动。故法院认为，电影《墨攻》的剧本是在李树型创作的剧本《墨子之战》的基础上再度创作完成的，尽管二者在具体的故事情节以及部分人物的设计上存在较多差异，但不能否定电影《墨攻》的剧本中含有李树型的创作成分。因此，李树型对电影《墨攻》的剧本享有相应的编剧署名权。

1　一审法院：北京市第二中级人民法院，一审案号：（2007）二中民初字第6836号。

案例2[1]：郑小龙与北京顺华伟业影视艺术发展有限公司侵犯署名权案

北京市高级人民法院认为：

虽然实际拍摄涉案电视剧所使用的剧本中包含了张玉顺的创作内容，但是，由于郑小龙与北京顺华伟业影视艺术发展有限公司的合同明确约定郑小龙为涉案电视剧剧本的编剧，张玉顺与郑小龙并无合作创作《大鳄无形》剧本的合意，双方也没有就张玉顺在郑小龙所创作剧本的基础上进行修改和创作的内容如何署名、张玉顺是否应当署名的问题进行约定，因此，张玉顺不能因为对涉案电视剧剧本进行修改和创作而成为剧本的合作作者之一，张玉顺不得在涉案电视剧上署名为编剧。

案例3[2]：李东东与王宛平、北京电视艺术中心有限公司侵犯著作权案

北京市海淀区人民法院认为：

署名权是表明作者身份，在作品上署名的权利。只有创作活动才能产生署名权。创作包括从构思到表达的整个过程，而策划是指筹划、谋划，属于构思活动的范畴。因此，策划本身不能产生著作权法意义上的权利。被告未为原告署名策划的行为，并不侵犯原告李东东著作权法意义上的权利。编剧是剧本的创作者，只有创作剧本的人才能享有署名为编剧的权利。署名权是具有人身性质的精神权利，不能通过协议受让取得。

1 一审法院：北京市第二中级人民法院，一审案号：（2005）二中民初字第14042号；二审法院：北京市高级人民法院，二审案号：（2006）高民终字第372号。

2 一审法院：北京市海淀区人民法院，一审案号：（2008）海民初字第19465号；二审法院：北京市第一中级人民法院，二审案号：（2009）一中民终字第7880号；再审法院：北京市第一中级人民法院，再审案号：（2015）一中民再终字第5640号。

【TA 评述】

《宝典》如是说[1]：首先，影视剧字幕中编剧署名权来自于创作行为而非合同约定，且在司法实务中是得到认可的。其次，影视剧字幕中编剧署名权具有法定著作人身权的性质，是不能够转让的。虽然在编剧与制片方/委托方的委托创作合同中，会概括性地约定完成的剧本之版权归委托方/制片方享有，但从司法实务上看，这种常见于委托创作合同中的概括性权属约定，并不能达成署名权转让至制片方的效果，即便在委托创作合同中概括性地约定了作品的版权归委托方享有，也不能视为编剧署名权的转让。再次，《著作权法》无论在规定还是在理论的层面，均不禁止通过匿名的方式来进行署名，而匿名也是署名权的一种行使方式。

综上所述，我们认为只要编剧对剧本进行了著作权法意义上的创作，其创作内容体现在了剧本以及影视剧中；且编剧并未通过特别约定明确通过匿名的方式进行署名或通过特别约定明确同意不在剧本或影视剧字幕中进行署名，那么，编剧就应当享有在剧本文字作品中的作者署名权以及在影视剧字幕中的编剧署名权，制片方亦应保障编剧上述权利的实现。这样处理不仅符合我国著作权法的规定及精神，而且在法律效果上能够使得影视从业主体在对待编剧署名权的问题上，基于创作本身进行衡量，尽可能地排除创作之外的因素对于署名的影响。这种安排最终将帮助富有才华的作者为公众和市场所认知和认可，这无疑有利于观众看到更多、更好的影视作品，也有利于编剧个人以及整个影视行业的发展。

TA 观点

在影视剧的拍摄实务中，正常情况下，均需要编剧创作或改编完成文字剧本，制片方再针对已经完成的文字剧本聘请导演、演员、摄像等其他主创人员将剧本进行影像呈现。因此，编剧的署名权应体现在文字作品剧本上的署名和在影视剧完成片字幕中的编剧署名。

剧本是一类特殊的文字作品，在现实社会中，编剧在创作剧本这一类型的文字作品之时，其默认的受众显然应该是影视剧的观众，而非文字作品的读者。而剧本作为这种特殊的文字作品，其创作目的就是用于影视剧的拍摄，并且通过影视剧的播出体

1　王军、司若主编:《中国影视法律实务与商务宝典》，中国电影出版社2017年版，第430–431页。

现剧本作者的创作内容，因此体现剧本作者的人格权利最为重要的方式就是在影视剧中进行编剧署名。而受众对剧本的接受，则主要是通过对根据剧本改编的视听作品的观看来完成的，在此情形下，使得受众能够对剧本作品的作者进行识别的最主要方式就是影视剧字幕中的编剧的署名权。因此，影视剧字幕中的编剧的署名权实际上不仅仅是一项合同权利，更是著作权法意义上剧本的法定署名权，即在现实世界中“表明剧本作者身份”的最为重要的一种行使方式，也就是说，影视剧字幕中编剧署名权应属于剧本的法定署名权的范畴。

根据我国著作权法的规定，署名权归属于作者，而作者即为创作作品的公民、法人或其他组织。如果实际参与了创作活动，对最终的作品作出了独创性贡献，而非仅为创作提供咨询意见、物质条件、素材或其他辅助劳动的人，那么就应为作者并依法享有署名权。而对于参与影视剧剧本创作的作者来说，其署名权则应通过文字作品剧本的作者署名和影视剧完成片字幕中的编剧署名两种方式共同予以实现。

剧本乃一剧之本，编剧在影视作品中起着举足轻重的作用。对创作成果的充分尊重，尤其是对编剧署名权的尊重和积极实现，是营造良好创作环境的必要条件，更是对编剧们创作出更多优秀作品的有力保障。

（撰稿人：高立文）

1.2.2 具有独创性的情节编排受著作权法保护

——陈某诉余某等侵害著作权纠纷案[1]

【核心推介】

在著作权侵权纠纷中，判断两部作品是否相似，通常要满足“接触+实质性相似”两个要件。对于“接触”来说，电视剧的公开播出即可推定为相应剧本的公开发表。而判断“实质性相似”时，需首先判断权利人主张的要素是否属于著作权法保护的表达。在文学作品中，确定其表达是不断抽象过滤的过程。法院认为，情节的前后衔接、逻辑顺序将全部情节紧密贯穿为完整的个性化表达，这种足够具体的人物设置、情节结构、内在逻辑关系的有机结合体可以成为著作权法保护的表达。

【关键词】

文字作品　改编权　接触　实质性相似

【案情】

剧本《梅花烙》于1992年10月创作完成，未以纸质方式公开发表。依据该剧本拍摄的电视剧《梅花烙》内容与该剧本高度一致，由某传播有限公司拍摄完成，于1993年10月13日起在中国台湾地区首次电视播出，并于1994年4月13日起在中国大陆（湖南电视一台）首次电视播出。电视剧《梅花烙》的片头字幕显示署名编剧为林某某。

1　一审法院：北京市第三中级人民法院，一审案号：（2014）三中民初字第07916号；二审法院：北京市高级人民法院，二审案号：（2015）高民（知）终字第1039号。该案入选2015年中国法院十大知识产权案件、2015年度人民法院十大民事行政案件、2015年度北京法院知识产权十大典型案例。

林某某于2014年6月20日出具经公证认证的《声明书》，声明其仅作为助手配合、辅助陈某完成剧本。剧本《梅花烙》系由陈某独立原创形成，陈某自始独立享有剧本的全部著作权及相关权益。而小说《梅花烙》系根据剧本《梅花烙》改编而来，于1993年6月30日创作完成，1993年9月15日起在台湾地区公开发行，同年起在中国大陆公开发表，主要情节与剧本《梅花烙》基本一致。小说《梅花烙》作者则是陈某。

余某系剧本《宫锁连城》(又名《凤还巢之连城》)《作品登记证书》载明的作者，系电视剧《宫锁连城》的署名编剧。《作品登记证书》载明的剧本创作完成时间为2012年7月17日，首次发表时间为2014年4月8日，余某于2012年6月5日向湖南经视公司出具《授权申明书》。电视剧《宫锁连城》根据剧本《宫锁连城》拍摄，电视剧《宫锁连城》片尾出品方依次署名为：湖南某公司、东阳某公司1、某影视传媒公司、东阳某公司2。《宫锁连城》电视播映版于2014年4月8日起在湖南卫视首播。

原告诉称：陈某于1992年至1993年间创作完成了电视剧剧本及同名小说《梅花烙》，并自始完整、独立享有该作品著作权。涉案作品在中国大陆多次出版、发行，拥有广泛的读者群与社会认知度、影响力。2012年至2013年间，余某未经陈某许可，擅自采用涉案作品核心独创情节进行改编，创作电视剧剧本《宫锁连城》，湖南某公司、东阳某公司1、某影视传媒公司、东阳某公司2共同摄制了电视剧《宫锁连城》(又名《凤还巢之连城》)，涉案作品全部核心人物关系与故事情节几乎被完整套用于该剧，严重侵害了陈某依法享有的著作权。因此，陈某提起诉讼，请求法院判令：1. 认定余某、湖南某公司、东阳某公司1、某影视传媒公司、东阳某公司2侵害了涉案作品的改编权、摄制权；2. 余某、湖南某公司、东阳某公司1、某影视传媒公司、东阳某公司2停止电视剧《宫锁连城》的一切电视播映、信息网络传播、音像制售活动；3. 余某在新浪网、搜狐网、乐视网、凤凰网显著位置发表经陈某书面认可的公开道歉声明；4. 余某、湖南某公司、东阳某公司1、某影视传媒公司、东阳某公司2连带赔偿陈某人民币2000万元；5. 余某、湖南某公司、东阳某公司1、某影视传媒公司、东阳某公司2承担陈某为本案支出的合理费用共计人民币31.3万元。

余某及东阳某公司1在原审诉讼中共同辩称：第一，陈某指控侵权的人物关系、所谓桥段及桥段组合属于特定场景、公有素材或有限表达，不受著作权法保护。第二，陈某指控的余某改编涉案作品的事实根本不存在，剧本《宫锁连城》是独立创作。陈某主张的作品主题、思想不是著作权法保护的对象。综上，陈某主张的人物关系、相关情节、情节整体均不受著作权法保护，剧本及电视剧《宫锁连城》的具体情节表达与涉案作品并不相似，情节顺序也不一致。

湖南某公司辩称：第一，湖南某公司并没有参与剧本《宫锁连城》的创作，没有侵害陈某的改编权。第二，陈某主张的作品对比方式不科学，对于剧本及电视剧《宫锁连城》概括的桥段不准确，陈某是按照自己的诉讼需要进行任意拼凑，无法还原两部作品的真实原貌。第三，只有独创性的表达才能得到保护，明确其权利界限和保护范围，这是本案审理的基础。陈某从未明确其著作权保护的边界，滥用权利，其列举的21个桥段概括不符合法律规定。陈某总结的人物关系、桥段等都属于思想和事实层面，不应受到著作权法的保护。剧本及电视剧《宫锁连城》在人物关系、情节表达、故事线索等方面均比涉案作品更加复杂，对应在涉案作品及《宫锁连城》中的具体表达均不相似。

某影视传媒公司辩称:《宫锁连城》明显具有独创性的特点，不构成侵害涉案作品的著作权。相似之处应剔除思想再判断是否是惯常表达，之后再进行比对看是否构成相似。且这种相似影响到权利人的人身权、财产权的时候才涉及侵权，电视剧《宫锁连城》的情节创意来源于公有领域，电视剧《宫锁连城》中的人物关系属于清宫戏中的惯常使用，该部分情节在公有领域也有很多相仿。即使认定这些桥段构成相似，也只占到了电视剧《宫锁连城》的70多分钟。

东阳某公司2在诉讼中辩称：首先，陈某指称需要保护的是涉案作品的人物关系、故事情节、故事脉络。关于人物关系，《梅花烙》仅仅是爱人关系、主仆关系等，这些并不受著作权法保护。其次，陈某主张的21个情节根本不是著作权法中的情节，只是高度概括的思想层面的东西。即使有些部分相似，也是不受著作权法保护的思想，且二者在整体上也不相似。《梅花烙》写情之后还写了缘，始终是爱情单线，而《宫锁连城》是多线。二者的表达方式也不同，陈某归纳的桥段都只是时间发展顺序，不具有独创性。

法院经审理认为：

电视剧的公开播出即可推定为相应剧本的公开发表。本案中，电视剧《梅花烙》的公开播出即可达到剧本《梅花烙》内容公之于众的效果，受众可以通过观看电视剧的方式获知剧本《梅花烙》的全部内容。因此，电视剧《梅花烙》的公开播出可以推定为剧本《梅花烙》的公开发表。鉴于余某等均具有接触电视剧《梅花烙》的机会和可能，故可以推定其亦具有接触剧本《梅花烙》的机会和可能，从而满足了侵害著作权中的接触要件。

涉案人物对应不仅体现为人物身份设置的对应以及人物之间交互关系的对应，更与作品的特定情节、故事发展存在不可分割的联系，而这种内在联系在余某等提供的证据中是不存在的，可以认定为陈某独创，并推定剧本《宫锁连城》在人物设置与人物关系设置上是以涉案作品为基础进行的改编及再创作。

陈某主张剧本《宫锁连城》改编自涉案作品的情节6、14、17属于公知素材，涉案作品的相关情节安排不具有独创性，因而该三个情节为不受著作权法保护的内容；陈某主张剧本《宫锁连城》情节2、3、4、11、12、13、15、16、20等9个情节，与陈某就相关情节的独创设置不构成实质相似；陈某主张剧本《宫锁连城》情节1、5、7、8、9、10、18、19、21等9个情节，涉案作品在情节表达上已经实现了独创的艺术加工，具备区别于其他作品相关表达的独创性。剧本《宫锁连城》就各情节的设置，与涉案作品的独创安排高度相似，仅在相关细节上与涉案作品设计存在差异，而此类差异并不代表差异化元素的戏剧功能发生实质变更，以至于可造成与涉案作品的情节设置相似的欣赏体验。本案中，余某等亦未能充分举证证明涉案作品中的上述相关内容缺乏独创性或剧本《宫锁连城》就相关情节另有其他创作来源等合理理由。剧本《宫锁连城》与涉案作品在相关情节的设置上存在相似性关联。剧本《宫锁连城》就上述相关情节的设置，与剧本《梅花烙》及小说《梅花烙》之间存在改编及再创作关系。

陈某主张的相关情节为剧本《梅花烙》中的21个情节以及小说《梅花烙》中的17个情节。剧本《宫锁连城》相对于涉案作品在整体上的情节排布及推演过程基本一致，仅在部分情节的排布上存在顺序差异。但此类顺序变化并不引起剧本《宫锁连城》涉案情节间内在逻辑及情节推演的根本变化，剧本《宫锁连城》在情节排布及推演上与涉案作品高度近似，并结合具体情节的相似性选择及设置，构成了剧本《宫锁连城》与涉案作品整体上的相似性，导致与涉案作品相似的欣赏体验。而在余某等提交的证据中，并不存在其他作品与剧本《梅花烙》、小说《梅花烙》、剧本《宫锁连城》相似的情节设置及排布推演足以否定涉案作品的独创性或证明剧本《宫锁连城》的创作另有其他来源。

在著作权侵权案件中，受众对于前后两作品之间的相似性感知及欣赏体验，也是侵权认定的重要考量因素。以相关受众观赏体验的相似度调查为参考，占据绝对优势比例的参与调查者均认为电视剧《宫锁连城》情节抄袭自《梅花烙》，可以推定，受众在观赏感受上，已经产生了较高的及具有相对共识的相似体验。综上，可以认定，剧本《宫锁连城》涉案情节与涉案作品的整体情节具有创作来源关系，构成对涉案作品的改编。

陈某作为涉案作品的作者、著作权人，依法享有的改编权受法律保护。余某接触了涉案作品的内容，并实质性使用了涉案作品的人物设置、人物关系、具有较强独创性的情节以及故事情节的串联整体进行改编，形成新作品《宫锁连城》剧本，上述行为超越了合理借鉴的边界，构成对涉案作品的改编，侵害了陈某基于涉案作品享有的改编权，依法应当承担相应的侵权责任。

一审法院判决：一、湖南某公司、东阳某公司1、某影视传媒公司、东阳某公司2于判决生效之日起立即停止电视剧《宫锁连城》的复制、发行和传播行为；二、余某于判决生效之日起十日内在新浪网、搜狐网、乐视网、凤凰网显著位置刊登致歉声明，向陈某公开赔礼道歉，消除影响；三、余某、湖南某公司、东阳某公司1、某影视传媒公司、东阳某公司2于判决生效之日起十日内连带赔偿陈某经济损失及诉讼合理开支共计人民币500万元；四、驳回陈某的其他诉讼请求。

余某等均不服一审判决，于法定期限内上诉至北京市高级人民法院。

余某主要的上诉理由为：原审判决认定《宫锁连城》剧本、电视剧侵犯涉案作品的改编权、摄制权与事实和法律严重相悖。1. 原审判决对《梅花烙》和《宫锁连城》剧情梗概、情节安排顺序的归纳等多处与事实严重不符。2.《宫锁连城》人物设置和人物关系与《梅花烙》存在实质性差异，根本不是以《梅花烙》为基础进行的改编及再创作。3. 原审判决虽在陈某主张的21个情节中认定9个情节构成实质性相似，但该认定与事实根本不符，相关情节既在表达上不构成相似，余某提交的证据也充分证明了相关情节属于公知素材或适用场景原则或者属于有限表达等，不受著作权法保护。4.《宫锁连城》和《梅花烙》在整体情节排布及推演中根本不存在实质性相似，不构成著作权法意义上的改编。5. 即使陈某主张的事项受到著作权法的保护，但《宫锁连城》

剧本与涉案作品未构成实质性相似。

湖南某公司主要的上诉理由为：一、原审判决认定事实错误，导致原审判决在多处“推理”判案时出现重大偏差。原审判决在《梅花烙》剧本剧情梗概、情节安排顺序存在多处归纳不准确之处。二、原审判决认定主要事实证据不足或认定证据错误或出现无证据的“事实”，导致原审判决结论所依据的事实不成立。1. 原审判决无证据认定湖南某公司深入介入了《宫锁连城》剧本的创作工作。2. 原审判决无证据认定湖南某公司等联合摄制方对余某侵害《梅花烙》剧本改编权的行为提供了帮助。三、原审判决法律适用错误。1. 湖南某公司等制片方未侵犯涉案作品的改编权。湖南某公司等制片方购买剧本《宫锁连城》进行摄制，依法进行立项、备案并取得相关行政主管部门全部行政许可，包括《发行许可证》等，尽到了合理注意义务。湖南某公司从未与《宫锁连城》剧本作者合意借鉴或侵犯第三方作品，更未参与剧本《宫锁连城》的创作，根本不存在为侵权“提供帮助”的行为。即使剧本《宫锁连城》侵犯改编权，也是在创作完成时侵权行为即实施完毕，与仅购买了有限时间摄制权的购买方无任何关联。即使剧本《宫锁连城》900个以上情节中仅有9个情节与剧本《梅花烙》相似，据此要求制片方发现如此微小比例的侵权情节，也远超过制片方应负“合理注意义务”的程度。2. 两部作品的人物设置与人物关系不存在“改编及再创作关系”。原审判决在比对人物设置及人物关系时，强调认定人物关系应当基于“特定人物发生的故事情节”，但原审法院忽略了本案不是基于特定事实进行创作。在比对中，原审判决仅概括列举了几个所谓相似桥段，既没有区分相关桥段的公知来源，也没有剔除基于场景原则下的逻辑必然性，造成思想和表达的混同，更重要的是，忽视了对各个人物性格和形象的设置，不同性格人物在同一场景下也会有不同的人物表现，带给受众的观感体现也将完全不同。3. 原审判决认定两部作品构成实质性相似的9个情节仍属于思想，而且与《宫锁连城》的相应情节在具体表达上也不构成实质性相似，部分来源于公知素材，部分来源于传统戏剧桥段的有限表达，不受著作权法保护。4. 两部作品在整体上也不构成实质性相似。本案不应适用整体比较法，而应当适用部分比较的方式。原审判决运用的整体比较法，未区分思想和表达，仅凭抽象印象来判断会造成思想和表达的混淆，更无法判断对作品的相似感觉到底主要来源于作品的思想还是表达，原审判决也未剔除两部作品在运用共同公有领域素材所带来的情节编排或逻辑推演的必然性，且在对两部作品的概述中遗漏了诸多独创的或带来不同受众体验的情节，按照需要对两部作品进行了截取、拼凑、概括，人为造成两部作品整体相似的假象。原审判决在对两部作品21个具体情节比对中，却又适用了部分比较法，造成了同一案件中适用了不同的比较方法。

东阳某公司1主要的上诉理由为：原审判决认定事实有误。1. 原审判决对《宫锁连城》侵犯小说《梅花烙》著作权的事实认定错误。原审判决认定小说《梅花烙》具有不同于剧本《梅花烙》的独创性，小说《梅花烙》是剧本《梅花烙》的改编作品。改编作品的著作权人只能主张其在改编中演绎新创部分的著作权。但根据原审判决书及其附表，陈某就小说《梅花烙》提出的17个情节侵权指控与剧本《梅花烙》21个情节侵权指控内容重合，与改编新创的内容及其相应著作权无关。2. 原审判决认定9个情节构成实质性相似错误，部分情节属于公知素材，部分情节适用场景原则或者属于有限表达，因而不受著作权法保护。3. 原审判决关于《宫锁连城》与《梅花烙》进行整体比对中认定事实错误。4. 原审判决以受众“相似度调查”作为侵权认定的重要考量因素，属于认定事实不清。

某影视传媒公司主要的上诉理由为：原审判决中存在事实错误、证据不足、程序失当、适用法律错误等问题。1. 原审判决关于余某、湖南某公司、东阳某公司1、某影视传媒公司、东阳某公司2对剧本《梅花烙》是否存在接触可能，存在严重违反法律规定、违背常识的主观臆断和“推定”。2. 原审判决就“剧本《宫锁连城》在人物设置与人物关系设置上以《梅花烙》为基础”的认定错误严重背离事实，且违反剧本创作规律。3. 原审判决认为“两部作品在整体上的情节排布及推演过程高度近似”属于事实认定错误。

东阳某公司2主要的上诉理由为：原审判决认定东阳某公司1和余某、湖南某公司、某影视传媒公司、东阳某公司2共同侵犯涉案作品的改编权、摄制权，事实不清、证据不足，且多处自相矛盾，属于原审法院主观自我推定所得结论，并突破了陈某的主张范围。

北京市高级人民法院经过审理后认为：接触是指被诉侵权人有机会接触到、了解到或者感受到权利人享有著作权的作品。接触可以是一种推定。权利人的作品通过刊登、展览、广播、表演、放映等方式公开，也可以视为将作品公之于众进行了发表，被诉侵权人依据社会通常情况具有获知权利人作品的机会和可能，可以被推定为接触。

本案中，根据剧本《梅花烙》拍摄的电视剧《梅花烙》早已在中国大陆公开播放，电视剧《梅花烙》是对剧本《梅花烙》内容的视听化。比对陈某提供的剧本《梅花烙》打印文本所载内容与电视剧《梅花烙》内容，两者高度一致，相关公众通过观看电视剧《梅花烙》即可获知剧本《梅花烙》的内容，尤其是结合陈某在法院诉讼中提交的证据，余某微博中的表述清楚地表明其观看过电视剧《梅花烙》，由此更可以印证余某已经知悉电视剧《梅花烙》的内容。因此，电视剧《梅花烙》的公开播放可以视为剧本《梅花烙》的发表，并可据此推定余某、湖南某公司、东阳某公司1、某影视传媒公司、东阳某公司2接触了剧本《梅花烙》。

著作权的客体是作品，但并非作品中的任何要素都受到著作权法的保护，思想与表达二分法是区分作品中受保护的要素和不受保护的要素的基本原则，其内涵是著作权法保护思想的表达而不保护思想本身。若被诉侵权作品与权利人的作品构成实质性相似，应当是表达构成实质性相似。表达不仅指文字、色彩、线条等符号的最终形式，当作品的内容被用于体现作者的思想、情感时，内容也属于受著作权法保护的表达，但创意、素材或公有领域的信息、创作形式、必要场景和唯一或有限表达则被排除在著作权法的保护范围之外。判断是否构成实质性相似时，需首先判断权利人主张的作品要素是否属于著作权法保护的表达。

剧本和小说均属于文学作品，文学作品中思想与表达界限的划分较为复杂。文学作品的表达既不能仅仅局限为对白台词、修辞造句，也不能将文学作品中的主题、题材、普通人物关系认定为著作权法保护的表达。文学作品的表达，不仅表现为文字性的表达，也包括文字所表述的故事内容，但人物设置及其相互的关系，以及由具体事件的发生、发展和先后顺序等构成的情节，只有具体到一定程度，即文学作品的情节选择、结构安排、情节推进设计反映出作者独特的选择、判断、取舍，才能成为著作权法保护的表达。确定文学作品保护的表达是不断抽象过滤的过程。

原审法院针对陈某主张的剧本21个情节（小说主张17个情节），认定其中3个情节属于公知素材，即3个情节不构成著作权法保护的表达，而是属于公知素材被过滤；9个情节不构成实质性相似，即9个情节属于著作权法保护的表达，但是剧本《宫锁连城》的表达与其不构成实质性相似；9个情节构成实质性相似。由于被告仅对认定为实质性相似的9个情节有异议，二审法院仅对该9个情节进行分析。二审法院以情节1“偷龙转凤”为例，进行分析。

余某在法院诉讼中将情节1抽象为5个层级，并认为两者的相似度仅在第2个层级上，而第2个层级的内容属于公知素材和通用场景。

对某一情节，进行不断的抽象概括寻找思想和表达的分界线的方法无疑是正确的，如果该情节概括到了“偷龙转凤”这一标题时，显然已经属于思想；如果该情节概括到了“福晋无子，侧房施压，为保住地位偷龙转凤”，这仍然是文学作品中属于思想的部分；但对于原审判决所认定的包含时间、地点、人物、事件起因、经过、结果等细节的情节，则可以成为著作权法保护的表达，且不属于唯一或有限表达以及公知领域的素材。虽然与余某抽象概括的第4、第5层级相比，原审判决中对于情节的认定未概括某些细节，如如眉挑衅映月、将军亲临佛堂施压等，但并未影响该情节属于表达的判断。

陈某对于情节1中的设计足够具体，可以认定为著作权法保护的表达，具体是福晋连生三女无子，王爷纳侧福晋其地位受到威胁后，计划偷龙转凤，生产当日又产一女，计划实施，弃女肩头带有印记，成为日后相认的凭据，该情节设计实现了男女主人公身份的调换，为男女主人公长大后的相识进行了铺垫，同时该情节也是整个故事情节发展脉络的起因，上述细节的设计已经体现了独创性的选择、安排。虽然与余某抽象概括的第4、第5层级相比，原审判决中对于情节的认定未概括某些细节，如如眉挑衅映月、将军亲临佛堂施压等，但并未影响该情节属于表达的判断。剧本《宫锁连城》的相应情节与其构成实质性相似。

除情节1之外，其余8个情节也与情节1的情况相似，均构成具有独创性的具体的情节，属于著作权法保护的表达，剧本《宫锁连城》相应情节与其构成实质性相似。

对于人物关系和人物设置，应对人物与情节的相互结合互动形成的表达进行比对。如果事件次序和人物互动均来源于在先权利作品，则构成实质性相似。经比对，剧本《宫锁连城》中对于男女主人公的角色设置与情节互动、情节推进，包含了剧本《梅花烙》的上述要素，故二者构成实质性相似。

原审法院对于人物设置和人物关系的相关认定，均系结合人物与情节的互动及情节的推进来进行比对的，并进而在构成表达的层面对两部作品进行比对。虽然不可否认，剧本《宫锁连城》中的人物设置更为丰富，故事线索更为复杂，但由于其包含了剧本《梅花烙》的主要人物设置和人物关系，故原审法院认定剧本《宫锁连城》的人物设置和人物关系是在涉案作品的基础上进行改编及再创作，并无不当。

文学作品中，情节的前后衔接、逻辑顺序将全部情节紧密贯穿为完整的个性化表达，这种足够具体的人物设置、情节结构、内在逻辑关系的有机结合体可以成为著作权法保护的表达。如果被诉侵权作品中包含足够具体的表达，且这种紧密贯穿的情节设置在被诉侵权作品中达到一定数量、比例，可以认定为构成实质性相似；或者被诉侵权作品中包含的紧密贯穿的情节设置已经占到了权利作品足够的比例，即使其在被诉侵权作品中所占比例不大，也足以使受众感知到来源于特定作品时，可以认定为构成实质性相似。

此外，需要明确的是，即使作品中的部分具体情节属于公共领域或者有限、唯一的表达，但是并不代表上述具体情节与其他情节的有机联合整体不具有独创性，不构成著作权法保护的表达。部分情节不构成实质性相似，并不代表整体不构成实质性相似。

陈某主张的剧本《梅花烙》的21个情节（小说《梅花烙》的17个情节），前后串联构建起整个故事的情节推演，虽然小说和剧本在部分情节上有细微差别，但是并不影响剧本和小说两部作品在整体内容上的一致性，陈某主张的上述情节在前后衔接、逻辑顺序上已经紧密贯穿为完整的个性化表达。剧本《宫锁连城》虽然在故事线索上更为复杂，但是陈某主张的上述情节的前后衔接、逻辑顺序均可映射在剧本《宫锁连城》的情节推演中，即使存在部分情节的细微差别，但是并不影响剧本《宫锁连城》与涉案作品在情节内在逻辑推演上的一致性。陈某主张的上述情节，如果以剧本《宫锁连城》中的所有情节来计算，所占比例不高，但是由于其基本包含了涉案作品故事内容架构，也就是说其包含的情节设置已经占到了涉案作品足够充分的比例，以至于受众足以感知到来源于涉案作品，且上述情节是《梅花烙》的绝大部分内容。因此，剧本《宫锁连城》与涉案作品在整体上仍然构成实质性相似。

综上所述，剧本《宫锁连城》侵犯了陈某对涉案作品享有的改编权。

综上，二审法院判决：驳回上诉，维持原判。

【业内关注】

1. 思想与表达如何区分

2. 文字作品“接触+实质性相似”如何判断

【法条链接】

1.《著作权法》

第十条 著作权包括下列人身权和财产权：

（十三）摄制权，即以摄制电影或者以类似摄制电影的方法将作品固定在载体上的权利；

（十四）改编权，即改变作品，创作出具有独创性的新作品的权利。

第十一条第四款 如无相反证明，在作品上署名的公民、法人或者其他组织为作者。

第十二条 改编、翻译、注释、整理已有作品而产生的作品，其著作权由改编、翻译、注释、整理人享有，但行使著作权时不得侵犯原作品的著作权。

第四十七条 有下列侵权行为的，应当根据情况，承担停止侵害、消除影响、赔礼道歉、赔偿损失等民事责任：

（六）未经著作权人许可，以展览、摄制电影和以类似摄制电影的方法使用作品，或者以改编、翻译、注释等方式使用作品的，本法另有规定的除外。

第四十九条第一款 侵犯著作权或者与著作权有关的权利的，侵权人应当按照权利人的实际损失给予赔偿；实际损失难以计算的，可以按照侵权人的违法所得给予赔偿。赔偿数额还应当包括权利人为制止侵权行为所支付的合理开支。

2.《侵权责任法》

第九条第一款 教唆、帮助他人实施侵权行为的，应当与行为人承担连带责任。

3.《最高人民法院关于审理著作权民事纠纷案件适用法律若干问题的解释》

第七条第一款 当事人提供的涉及著作权的底稿、原件、合法出版物、著作权登记证书、认证机构出具的证明、取得权利的合同等，可以作为证据。

第九条 著作权法第十条第（一）项规定的“公之于众”，是指著作权人自行或者经著作权人许可将作品向不特定的人公开，但不以公众知晓为构成条件。

【理论观点】

在著作权维度下，判断两部作品是否构成侵权，一般采用“接触+实质性相似”的方法，而“实质性相似”的判断更为重要。在经过大量的司法实践，特别是经由美国的司法案例后，一般认为，判断作品实质性相似的方法主要有“整体观感法”和“抽象分离法”。

有的学者认为，对于文字作品这类文学艺术作品，因其具有创造性的审美设计通常由多个设计特征组合而成，而这些设计特征本身又通常不受版权保护，此时，应该更多地强调整体上是否构成相似。毕竟整体观感法比抽象分离法更易于使得法院从本质上分析作品的表达。在文学艺术作品领域过分地进行抽离分析，着重于比对涉案作品相似与相异之处的多少，法院就可能失去对作品整体特征及其表达因素的洞察力，从而产生对版权保护不力的后果。故而，文学艺术作品中的实质性相似判断，“不限于具体的文字或油画上的一笔一划，版权法赋予作者禁止（对其作品的）字面复制和非文字性复制，条件是复制的材料构成了原告作品的实质性部分。被视为实质性的‘部分’可以是作品的某一部分、部分的组合，也可以是在具体部分的基础上形成一定的抽象……戏剧或小说中情节的原创性元素也可被视为实质性部分，因此即使没有复制任何一句原创性的文字也有可能构成侵权”[1]。

而有的学者对此持不同观点，认为文学作品的实质性相似的比对，应采取“三步检验法”，即：1. 确定两部作品中的相似部分，对两部作品是否相似首先进行了全面的比对。对于文学作品，一般会从主题、故事背景、故事结构、故事梗概、主要人物设置、具体情节、主人公性格等多个方面进行比对。在这一阶段剔除不相似部分的独创性表达。2. 在进行整体比对后，针对相似部分应该进行著作权法保护客体的具体确定，即应该剔除不受著作权法保护的思想、特定情境、有限表达及公知素材等元素。在遴选独创性表达时，思想与表达的区分是最核心也是最困难的部分。关于思想与表达的区分方法，金字塔理论因其具有较强的操作性在实践中得到认可。当在先作品的权利人起诉在后作品侵害其改编权时，可参照相似内容在金字塔中的位置来判断相似部分属于表达还是思想，当相似内容所处位置越接近顶端，越可归于思想；所处位置越接近底端，越可归于表达。3. 相似的独创性表达能否构成在先作品的基本表达。经过层层剥离得到相似性表达后，还需要将该部分表达回归到在先作品中，依据该部分在在先作品中的分量来确定在后作品是否构成侵犯改编权。这样做的主要原因是改编权保

1　梁志文：《版权法上实质性相似的判断》，《法学家》2015年第6期。

护的是对在先作品的整体改编的权利，如果仅仅使用了在先作品中的部分片段，可能构成侵犯复制权，而不会构成侵犯改编权。[1]

也有的观点指出，对于虚构性的文学作品而言，可以综合适用整体感受与部分内容比对的判定方式，进而采取场景原则、公知素材的合理使用等原则加以适当排除。而且，该观点同时指出，在我国具体的司法实践中，还存在实质性侵权认定标准的不统一问题，主要表现为相似性侵权认定程度是采用排除“巧合”的方式来加以衡量，还是采用“一般公众的相似体验度”来加以认定。在本案的一审判决中，法院认为“被告作品在情节排布及推演上与原告作品整体外观上的相似性，导致与原告作品相似的欣赏体验”，以及“在著作权侵权案件中，受众对于前后两作品之间的相似性感知及欣赏体验，也是侵权认定的重要考量因素”；但并未延续“庄羽诉郭敬明”一案的二审侵权认定标准，即采用涉案作品相似的主要情节和语句已经远远超出了可以用“巧合”来解释的程度。可以说，“一般公众相似体验”的判定标准是采用客观第三人的认定标准，而排除“巧合”的认定标准则是采用侵权推定的方式加以认定。对此，笔者认为应将侵权认定的标准统一到被诉作品已经“超出合理使用的限度，并达到一般公众相似性体验”的程度，因为“排除巧合”的判定标准只是一种侵权事实上的推定，而“超出合理使用的限度，并达到一般公众相似体验”的判定标准则是一种在立法解释上较为妥善的司法适用。[2]

【案例索引】

案例1[3]：上海华严文化艺术有限公司与上海沪剧院、罗怀臻、陈力宇侵害作品改编权案

上海市第一中级人民法院认为：

在讨论一部文字作品是二度创作还是重新创作的问题时，将不可避免地涉及两部作品间的比较，如果两者有相似之处，就要确定这些相似之处属于作品的思想还是表达。如果属于表达部分，还要确定这些表达是在先作品独创的表达还是前人广泛采用的表达。

1 张玲玲、张传磊：《改编权相关问题及其侵权判定方法》，《知识产权》2015年第8期。

2 孙松：《论著作权实质性相似规则的司法适用》，《中国版权》2016年第1期。

3 二审法院：上海市第一中级人民法院，二审案号：（2012）沪一中民五（知）终字第112号。

如果属于在先作品独创性表达，还需进一步考虑两部作品的相似是否属于实质性相似。

首先，关于上诉人所主张的两部作品的相似之处是思想还是表达。文学作品在文字作品中有其特殊之处，除了文字组合之外，故事情节也属于表达。表达是相对于思想而言的，它是思想的外在表现，但却并不仅仅是表现形式。正因为如此，将一部小说改成漫画才有可能为改编权所涵盖，因为两者的表现形式虽然不同，但其表现的内容却相同。因此，著作权法意义上的表达既包括了表现形式，也有可能包括作品所表现的内容。但是，作品的内容并不一定是作品的表达，它也有可能属于思想的范畴，两者的分界在于内容的抽象程度。一般而言，文学作品的作者在遣词造句、段落情节设计、章节情节设计、故事梗概设计上都可以体现独创性，而在这每个部分也都分别能体现作者的思想与表达，当然在这个从具体到抽象的过程中，越抽象的部分，越有可能体现思想而不是表达。

其次，关于两部作品的相似表达是小说作者的独创性表达还是前人广泛采用的表达。上诉人在本案中还主张两部作品在情节上也有雷同，其中包括陈振邦与如花的恋情遭到陈家反对，导致他们双双服毒殉情。本院认为，如果把情节概括、抽象到这一程度，就很难说是小说独创的情节了。因为富家子与风尘女相恋而遭家庭反对，恋人因爱情遇阻而殉情是爱情题材文学作品中惯常的表达。如果说上诉人所主张的是更为具体的表达，这当然是小说作者的独创。但是，以具体情节层面来比较的话，两者的区别就显得较为明显。

再次，关于两部作品中在表达上的相似是否构成实质性相似。本院认为，两部作品中均有陈振邦和如花，且均为主要角色，两者的相同是不争的事实，此外，对联上的相似也毋庸置疑。但是，仅凭这些能否断定两部作品在独创性表达上实质性相似，从而得出《胭脂盒》改编自《胭脂扣》的结论呢？本院持怀疑态度。就两部作品的篇幅来论，上述相同或相似点中所占的比重较小，尽管这不是确定在后作品是否为改编作品的决定性因素，但在判断借鉴使用的合理性时也是考虑因素之一。更重要的是，两部作品在整体印象方面所表现出来的独创性出现了重大的差异。第一，在角色性格上，陈振邦在小说情节中多少体现了他优柔寡断、听命父母的个性；在某剧剧本中，他则是敢爱敢恨、为爱赴死的性格。女主角如花在小说情节中阴柔冷艳，由爱生恨，最终给陈振邦下毒说明她已经怀疑爱情；在某剧剧本中，她一扫冷艳气质，角色较为温和，且笃信爱情。第二，在人物关系上，小说中如花在阴阳两界分别为妓女与鬼魂，而在某剧中，她为女扮男装的评弹艺人，美眷则是她的外甥女和接班人。第三，在总体情节设计上，《胭脂扣》通过陈振邦与如花的往事以及报社记者想方设法帮助如花找寻陈振邦两条线索展开故事情节，某剧中则是通过陈振邦与如花的往事以及陈振邦与美眷的交往两条线索展开故事情节。第四，在具体情节设计上，两部作品在陈振邦与如花情路历程的每个环节及相关事件（例如相遇地点、恋情开端、恋情发展、所遇坎坷、殉情过程等）上都体现出明显差异。上述种种不同使两部作品在独创性表达上体现出了整体性的差异。尽管从《胭脂盒》中隐约可以看到《胭脂扣》的影子，但这种印象更多地体现为借鉴而不是演绎。

案例2[1]：北京九歌泰来影视文化有限公司与西安长安影视制作有限责任公司等侵犯著作权上诉案

北京市高级人民法院认为：

著作权法上的改编，是指在原有作品的基础上，通过改变作品的表现形式或者用途，创作出具有独创性的新作品。改编作为一种再创作，应主要是利用了原有作品的基本内容；如果离开了原有作品的基本内容，改编作品本身将无法构成作品。因此，被控侵权作品是否构成对原有作品改编权的侵犯，应当取决于其是否使用了原有作品的基本内容；而且所使用的原有作品的基本内容必须是受著作权法保护的具有独创性的表达或表达方式。

下面具体分析九歌泰来公司指控《激情燃烧的岁月》抄袭《我是太阳》的97处内容是否构成独创性的表达以及是否构成《我是太阳》的基本内容。97处中的第1处为故事背景，第2处为故事整体框架，第4处为两部作品男主人公的性格，其余94处基本上属于情节、细节及对白范畴。关于涉及作品总的方面的1、2、4处，从本案中两部作品反映的故事背景、故事整体框架、主人公性格等总的方面来看，虽然均是反映革命军人在战争及和平年代的婚姻、家庭生活及工作的故事，均描写了男、女主人公在战争年代相识、结婚的过程，婚后均因性格及生活习惯问题产生冲突、摩擦和彼此的不适

1 二审法院：北京市高级人民法院，二审案号：（2004）高民终字第221号。

应，男主人公的性格均是特定年代的解放军高级将领的典型性格，女主人公的性格也是那种特定年代的比较典型的性格，但两部作品男、女主人公及子女的实际故事内容及经历完全不同，两部作品描写的侧重点也完全不同。故事背景、故事整体框架、主人公性格等总的方面的相似之处，主要是由两部作品题材相同造成的，这些内容不属于著作权法所保护的具有独创性的表达或表达方式。

关于情节、细节及对白方面的94处。一审判决曾经将这94处划分为三种情况。第一种情况涉及的44处经对比，《激情燃烧的岁月》的有关表达与《我是太阳》基本相同或相似，因《我是太阳》一书创作及公开发表在先，在对方当事人没有举出相反证据证明其独创的情况下，应认定《激情燃烧的岁月》使用了《我是太阳》的44处内容。经查，这44处主要涉及有关情节，包括男主人公的身份，男、女主人公均系经组织介绍而成亲，男、女主人公夫妻关系上存在争执至吵闹等，其他多为细节方面的。第二种情况涉及的19处经对比，也基本上属于相同或相似之处。虽然其中所描述的或为众所周知的历史事件，或为生活中常见的情节或语言，但作为体现在整部作品之中的诸多表达或表达形式的总和，无疑具备著作权法意义上的独创性。因而应当认定《激情燃烧的岁月》亦使用了《我是太阳》的上述19处内容。经查，上述19处内容所涉及的也是情节和细节方面的。第三种情况涉及的31处经对比，具体的表达完全不同。但是，综合考虑上述第一种和第二种情况所涉及的63处相同或相似之处，应当认定《激情燃烧的岁月》所使用的《我是太阳》的有关内容，不能构成《我是太阳》的基本内容，因而《激情燃烧的岁月》不构成对《我是太阳》的改编，不构成对九歌泰来公司所享有的改编权的侵犯。

基于前述的摄制权和改编权之间的关系以及九歌泰来公司指控侵犯其改编权和摄制权的实质理由，在《激情燃烧的岁月》不构成对九歌泰来公司所享有的改编权的侵犯的情况下，亦不构成对九歌泰来公司所享有的摄制权的侵犯。

【TA评述】

《宝典》如是说[1]：判断是否构成实质性相似时，需首先判断权利人主张的作品要素是

1 王军、司若主编：《中国影视法律实务与商务宝典》，中国电影出版社2017年版，第435页。

否属于著作权法保护的表达。也就是说，比对与认定作品的著作权侵权与否，要从表达性元素入手，文艺作品的表达性元素主要包括：人物设置、人物关系、特定情节、情节发展、创编串联、人物与情节的交互关系、故事场景、台词、动作、服饰、道具等元素。

TA观点

在“IP热”的大背景下，根据已经畅销的网络小说等文学作品改编为电影、电视剧已成我国影视行业的一种常见的影视开发方式。而在这种情况下，有关原著作品是否抄袭其他作品已逐渐成为舆论的关注热点，尤其是在影视剧的摄制、宣传及播映期间，更容易形成社会公众对于抄袭问题的讨论热潮。例如，《锦绣未央》原著小说《庶女有毒》就被控抄袭200多本书。有多达11名作家将原著作者起诉至法院，认为其侵犯了自己的著作权。有人认为，抄袭不抄袭完全是受众的一种个人体验，每个人都有能力去判断是否抄袭。但严格来讲，有关抄袭不抄袭的问题，首先应该是法律上的专业判断。

在司法实践中，法院一般适用“接触+实质性相似”作为著作权维度下判断是否侵权的认定标准。所谓“接触”指的是侵权人有机会接触到、了解到或者感受到权利人享有著作权的作品。“接触”包括实际的接触和推定的接触。实际的接触指的是侵权人直接通过阅读或其他方式接触过权利人的作品。而推定的接触是一种法律推定，也即无论被诉侵权人是否直接阅读过当事人的小说、剧本，只要根据该文字作品拍摄成影视作品并播出，那么就视为侵权人已“接触”到权利人作品。在判断侵权人满足“接触”要件之后，则需要从“实质性相似”的角度去继续判断是否构成侵权。在判断实质性相似之前，需要首先判断权利人主张的作品要素是否属于表达。在文学作品中，表达不仅是指能够被人们直观感受的文字，还包括人物设置及人物关系、情节等。而在此基础上还需要进一步判断这些分离出的表达是否属于著作权法保护的表达，如果这种人物设置及人物关系、情节等足够具体且具有独创性，那么就能够受到著作权法保护。

而在本案中，法院还进一步认定了足够具体的人物设置、情节结构、内在逻辑关系的有机结合体可以成为著作权法保护的表达。在“IP热”的大背景下，将这种有机结合体认定为属于著作权法保护的表达，是对作者独创性核心创作成果的一种肯定，这无疑是文学作品实质性相似判断的一种进步，也更有利于权利人作品的保护。

（撰稿人：薛然）

中国电影1.0时代的“版权”意识

早在90多年前的中国第一代电影杂志中，就开始有了对“版权声明”的独家刊载。1922年1月第1期《电影杂志》的创刊号上，就白纸黑字载明了“版权立案，禁止转载”[1]的声明。

在这本始祖级的中国电影杂志中，版权声明就与中国创办的最早一批电影刊物同时诞生。

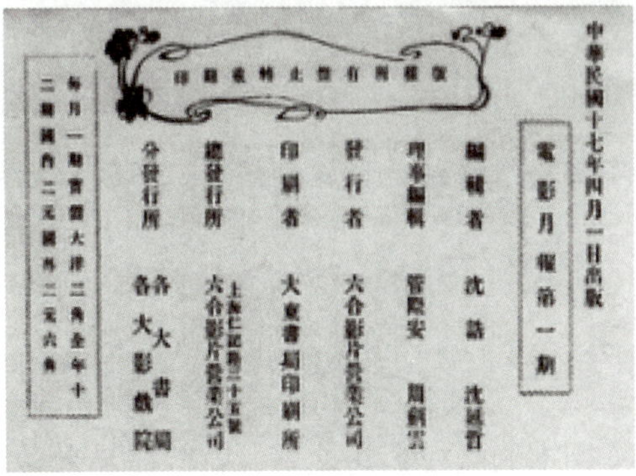
中華民國十七年四月一日出版
電影月報第一期
版權所有禁止轉載翻印
編輯者 沈誥
理事編輯 管際安 周劍雲
發行者 六合影片營業公司
印刷者 大東書局印刷所
總發行所 六合影片營業公司
分發行所 各大書局 各大影戲院
每月一冊實價大洋二角全年十二冊國內二元國外三元六角

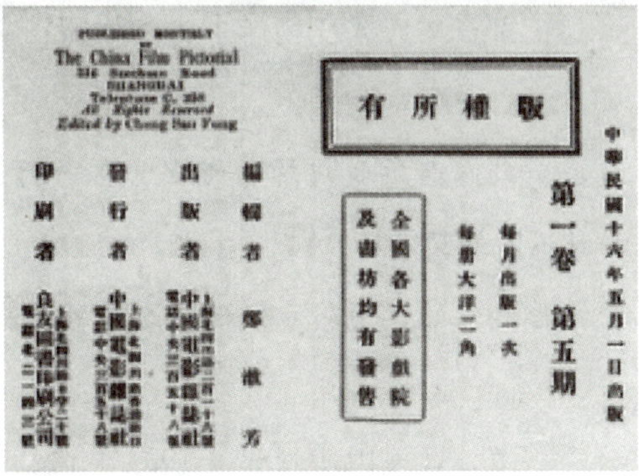
The China Film Pictorial
All Rights Reserved
版權所有
中華民國十六年五月一日出版
第一卷 第五期
每月出版一次
每冊大洋二角
全國各大影戲院及書坊均有發售
編輯者
出版者 中國電影雜誌社
發行者 中國電影雜誌社
印刷者

《电影月报》与《中国电影杂志》的版权启示[2]

1 《电影杂志》1922年第1期。

2 图片来源:《电影月报》1928年第1卷;《中国电影杂志》1927年第5期第1卷。

早期的电影杂志会将“版权所有，不准转载”重点标记。如此郑重地宣示版权，一时间就由杂志扩及到了影视创作。

最先是编剧们有意识地对自己的作品标注版权权利归属，1929年一位名为黄漪磋的作者在其编剧的电影小说《仇情记》中用显著字体作出说明：

特别声明此剧本有著作权不准排演，或转载。[1]

关于国外电影版权买卖的情形，在《制片的秘密》这则小说中，借法官之口肯定了编剧作品创作的商业价值：

“夫人，高等审庭法官对我说着，那天他正在判断一件抄袭文字。我听得人家说，他的著作，每一个字，是有一定价钱的。”

“法官，你说的也许不差的吧，但是，整整的一天，写不出一个字，也是有的。”[2]

未过多久，这位作者便收到了来自纽约制片商的电话，愿出价2.5万美金购买她的“剧本摄影权”。这篇以小说形式写就的趣谈，说的是剧本的价值与制片之间的关系，而作为两者之间的权益维系者，律师此时便颇为隆重地出场了——因为契约的订立有赖于律师对于其当事人交易风险的防范。

这位都答尔夫人在创作手记中写道：

我听到人告诉我订约的重要，每一行一字都要很详细地请律师解释，不致以后发生种种不幸的交涉。

请你和你的律师同来，这件事就可以决定。

事实上，在《电声日报》1934年刊登的《剧本的版权》一文里，就曾提及米高梅公司拟投拍纽约百老汇知名舞台剧本，将要花费高额款项购得剧本的版权：

---

1 《电影杂志》1929年第5期第1卷。

2 《制片的秘密》，《中国电影杂志》1927年第1期第3卷。

米高梅公司最近把纽约百老汇著名的舞台剧本《白衣男子》(*Men in White*)的电影版权买来预备拍电影。据说代价5万元。[1]

自版权授权法律化之后，“法律顾问”也成了电影期刊里的新潮词汇。公开登载聘任律师为影视行业服务的告示，这种维护权利的做法早见于1927年“中国电影协会”初创之时，在当期的《中国电影杂志》上特别于首届会员合影处注明“成立之要旨为谋电影界自身之利益与推广将来营业之范围及防止种种有害于电影事业者，现已聘请A. Krisel大律师为法律顾问”[2]。

1927年“中国电影协会”成立时聘任律师为法律顾问

不光是电影协会，在电影杂志中也有专门聘用法律顾问的通告，例如，1930年《影戏生活》中《王传璧大律师受任影戏生活社常年法律顾问启示》：

1 《剧本的版权》，《电声日报》1934年第14期第3卷。

2 《中国电影杂志》1927年第1期第1卷。

本律师现由影戏生活社聘为常年法律顾问。嗣后如有人侵害该社名誉及一切法益者。本律师当尽依法保障之责。此启。（事务所北京路一百号）[1]

当时，联华影片公司的创始人罗明佑先生也忍不住在1930年《影戏杂志》上公告聘请庐律师为杂志法律顾问：

庐律师在北方供职法曹多年，与明佑交最久，知最稔，法例极熟，且对于律师道德甚为注意，今到沪执行律师职务谨为介绍。[2]

这位庐律师随后又被上海民新影片公司聘为常年法律顾问。[3]

逐渐地，律师开始介入影视生产领域，为作品的知识产权等量身定做专业的法律服务，在中国电影产业的发展初始就形成了以版权为内核的娱乐法雏形，由私人定制渐而走向产业市场，为中国娱乐法各类行业规则之细化，贡献己力。

1 《王传璧大律师受任影戏生活社常年法律顾问启示》，《影戏生活》1930年第5期第1卷。

2 《影戏杂志》1930年第9期第1卷。

3 《庐燮机律师受任为上海民新影片有限公司常年法律顾问通告》，《影戏杂志》1930年第10期第1卷。

1.2.3 擅自大量使用具有独创性的人物、装备等游戏元素侵犯原著作品改编权

——北京某网络科技有限公司与北京某数码技术有限公司等著作权权属、侵权纠纷案[1]

【核心推介】

本案的核心争议点在于：未经权利人许可，将文字作品中的人物、情节、武功、装备等元素改编为游戏的行为，是否构成对权利人改编权的侵害。法院认为，在本案中，装备、武功、情节，均具较高独创性。而对于人物来说，仅就其姓名的独创性而言，或有争议。但是，由于文学作品中的人物一般在小说中被作者赋予了特定性格，带入了特定故事情节，融入了特定人物关系，因此也具有独创性。以上元素的组合构成了一部小说的核心，未经权利人许可，大量使用以上元素即可被认定为构成对权利人小说改编权的侵犯，应当承担停止侵权、赔偿损失等法律责任。

【关键词】

游戏元素　独创性　改编权

【案情】

2013年5月30日，查良镛（笔名金庸）将其11部作品在中国大陆的独家移动端游

1　一审法院：北京市海淀区人民法院，一审案号：（2015）海民（知）初字第7452号；二审法院：北京知识产权法院，二审案号：（2015）京知民终字第1619号。

戏软件改编权授予北京某网络科技有限公司（下称A公司），授权期限自2013年6月1日至2016年5月31日，授权费为2000万元人民币（税后）。2013年7月6日，某出版有限公司出具《说明函》，称其作为上述11部作品部分权利的被许可人，对查良镛的前述授权行为表示知悉并认可。2013年7月6日，查良镛和某出版有限公司出具授权书，确认授予A公司上述权利，并授权A公司在中国大陆以A公司名义直接打击侵权行为。A公司根据金庸先生武侠小说改编创作了部分游戏投入运营，并以著作权人身份办理了著作权登记。但A公司在网络上发现，有一款由某数码技术公司（下称B公司）与某在线技术公司（下称C公司）共同运营的名为《全民武侠》的手机游戏，其中的装备、武功、人物、情节与涉案11部武侠小说的大量内容相同或相似。

原告A公司诉称：原告自主开发的改编自金庸先生武侠小说的《天龙八部》游戏是中国最受欢迎的大型多人在线角色扮演游戏之一。其自2013年6月1日获得了金庸先生共计11部小说的独家移动端游戏软件改编权，亦获得了改编后游戏软件商业运营开发的独家授权，其向金庸先生支付了授权费2000万元。经金庸先生授权，原告有权以自己的名义对第三方实施涉及侵害金庸先生上述作品著作权的行为进行追诉及请求赔偿。被告B公司未经原告或金庸先生的许可，其移动端游戏《全民武侠》中存在大量依照上述金庸作品原著情节、人物名称、武功名称或装备名称为蓝本的内容。因其使用的金庸作品内容落入原告公司所获独家授权范围内，所以被告B公司的行为严重侵犯了原告获得的金庸作品游戏改编权的独占许可使用权。《全民武侠》系B公司研发、运营，并会同被告C公司共同运营和发行。二公司应当对上述行为承担连带责任。请求判令二公司：1. 立即停止侵权，立即停止运营《全民武侠》游戏，停止《全民武侠》客户端的复制、发行以及网络传播；2. 在其官方网站（http://www.xx.com）首页显著位置、《法制日报》上就其侵权行为向A公司公开赔礼道歉，消除影响，道歉声明刊登时间为连续1个月；3. 赔偿经济损失494.3万元；4. 赔偿原告合理支出5.6万元。

被告B公司一审辩称：被告公司研发的游戏仅为一款武侠卡牌类手机游戏，于2014年4月投入试运营阶段，2014年9月1日正式运营，2014年11月26日正式下线。该游戏设计初期仅为代入情节所需，部分参考借鉴了金庸先生作品的内容。被告积极主动对涉案游戏中所涉相关的人物角色、武器道具、剧情设计等方面进行了多次实质性的改正。为了彻底消除侵权的嫌疑，被告对本涉案游戏已于2014年11月26日做了下线处理，该游戏在91助手的运营平台上已无法下载也无法使用。原告诉称被告“用户不断增加，主观侵权恶意明显，侵权程度、范围仍在进一步扩大”，与事实严重不符。而且，自涉案游戏上线以来，被告仅收到过两笔结算款，共计148 520.92元，不可能给原告造成巨大的经济损失。

第二被告北京C公司、第三被告上海某网络公司辩称：原告起诉我公司主体错误，请求驳回对我公司的全部诉讼请求。

北京市海淀区人民法院经审理认为：一、原告公司经过金庸授权取得了涉案11部作品在中国大陆的独家移动端游戏软件改编权，被告公司对此亦予认可，一审法院予以确认。二、虽然《全民武侠》游戏的官方客服邮箱后缀是××.com，C公司是www.××.com的备案单位，但上述事实不能推定被告C公司是《全民武侠》游戏的运营者。原告公司主张被告C公司是《全民武侠》游戏的运营者，证据不足，故不能判令被告C公司承担责任。三、原告公司对比表中的装备、武功、情节，均具较高独创性，属于著作权法保护的作品。至于对比表中的人物，仅就其姓名的独创性而言，或有争议。但是，上述人物在涉案武侠小说中被金庸赋予了特定性格，带入了特定故事情节，融入了特定人物关系，因此产生了独创性。被告两公司辩称段誉等人为历史人物，仅提交网页打印件为证，未提供史书史料，证据明显不足。即使部分人物确为历史人物，《全民武侠》游戏对相应人物的使用，也包含了对人物性格、故事情节、人物关系的使用，属于对金庸作品的使用，而非对历史人物的使用。因此，二公司的上述辩称无事实与法律依据，一审法院不予支持。四、《全民武侠》游戏使用与涉案11部小说相同或相似的装备、武功、人物、情节，数量较大，超出合理使用的范围，构成对涉案11部小说内容的改编。被告B公司是《全民武侠》游戏的开发者，其使用行为未经权利人许可，侵犯了A公司对涉案11部作品享有的独家移动端游戏软件改编权，应当承担停止侵权、赔偿损失的法律责任。由于被告B公司已停止在相关平台传播《全民武侠》游戏，足以认定B公司已停止实施侵权行为，不再重复判令被告B公司停止侵权。五、改编权是财产权而非人身权，A公司要求B公司赔礼道歉无法律依据，一审法院不予支持。

综上，一审法院判决：一、B公司赔偿原告经济损失及诉讼合理支出共计150万元；二、驳回原告其他诉讼请求。

被告B公司不服一审判决，于法定期限内上诉至北京知识产权法院。

其上诉理由为：根据《著作权法》第四十九条规定，认定著作权侵权的赔偿，应当依照该条规定的顺序予以赔偿。一审法院没有考虑被告公司的收入以及其对行为的纠正、涉案游戏的有限影响的情况下，判决赔偿巨额赔偿款，对被告是显失公平的。

二审北京知识产权法院认为：涉案游戏中涉及的装备、武功、人物、情节与金庸11部作品相同或相似，数量较大，被告B公司作为《全民武侠》游戏的运营者，构成对涉案作品改编权的侵犯，属于《著作权法》第四十八条第（一）项所述之侵权行为，一审判决阐述得当，有事实和法律根据，二审法院不再赘述。而对于赔偿数额，一审法院根据当事人举证情况确定被告B公司赔偿原告经济损失及合理费用150万元并无不当。

综上，二审法院判决：驳回上诉，维持原判。

【业内关注】

游戏中的元素如人物、装备、武功、情节等，是否属于著作权法保护的作品

【法条链接】

1.《著作权法》

第四十八条 有下列侵权行为的，应当根据情况，承担停止侵害、消除影响、赔礼道歉、赔偿损失等民事责任；同时损害公共利益的，可以由著作权行政管理部门责令停止侵权行为，没收违法所得，没收、销毁侵权复制品，并可处以罚款；情节严重的，著作权行政管理部门还可以没收主要用于制作侵权复制品的材料、工具、设备等；构成犯罪的，依法追究刑事责任：

（一）未经著作权人许可，复制、发行、表演、放映、广播、汇编、通过信息网络向公众传播其作品的，本法另有规定的除外。

第四十九条 侵犯著作权或者与著作权有关的权利的，侵权人应当按照权利人的实际损失给予赔偿；实际损失难以计算的，可以按照侵权人的违法所得给予赔偿。赔偿数额还应当包括权利人为制止侵权行为所支付的合理开支。

权利人的实际损失或者侵权人的违法所得不能确定的，由人民法院根据侵权行为的情节，判决给予五十万元以下的赔偿。

2.《民事诉讼法》

第六十四条 当事人对自己提出的主张，有责任提供证据。

当事人及其诉讼代理人因客观原因不能自行收集的证据，或者人民法院认为审理案件需要的证据，人民法院应当调查收集。

人民法院应当按照法定程序，全面地、客观地审查核实证据。

【理论观点】

在本案中，原告认为，被告在其开发的游戏中，大量利用了金庸作品原著情节、人物名称、武功名称或装备名称为蓝本的内容，侵犯了其经合法授权所享有的金庸作品独家移动端游戏软件改编权。而案件的核心争议点为，游戏中的元素如人物、装备、武功、情节等，是否属于著作权法保护的作品。对此，理论中存在着不同的观点。

首先，我们应明确游戏元素的概念。有的学者认为，“游戏元素”是一个大概念，其包括游戏角色名称、游戏物品名称、游戏技能名称、游戏境界名称、NPC（“Non-Player Character”，非游戏玩家控制角色）名称等。之所以有这样的认识，从文字作品改编的角度看，原因在于游戏的特殊性，其强调的是用户的参与性。如果说，早期的单机游戏或RPG 游戏（“Role-Playing Game”，角色扮演游戏）尚可通过植入的NPC台词、内置的剧情发展轨迹来最大限度地延续小说的表达和思想感情，那么到了如今，在线游戏已经很难再延续小说的文字表达和思想感情，只能把原作“可符号化的元素”如主人公名称、武功名称、境界名称、物品名称等元素添附在游戏中，它吸引的是那些对原作品已经熟知的受众，而陌生受众难以通过游戏来体验原作品到底是讲什么的。[1]

如果剥离游戏的特性，单从“名称”的角度去看，主流观点认为，著作权不能对于“名称”予以保护。例如，有的学者认为，这些词语、短句缺乏最起码的长度和必要的深度，无法充分地表达和反映作者的思想感情或研究成果，以及与此相适应的智

1　孙磊:《电子游戏元素名称的知识产权保护》,《电子知识产权》2016年第9期。

力创作型。[1]实际上，在美国1976年《版权法》之前，美国版权办公室就发布了规定特定材料不具备可版权性的一些规则，第一个就是“单词和诸如名字、标题与口号的短语；常见符合或图案……”。

而有的观点认为，游戏元素名称作为整体构成作品。该观点认可单个的游戏元素名称表达过于简单或难以证明系首创，因此难以构成著作权法保护的“作品”，但退而认为不应将游戏元素单个分析，而应该“打包”作为一个整体，视为游戏的剧情，作为文字作品保护。

在曼弗雷德·雷炳德（Manfred Rehbinder）的《著作权法》一书中，针对“科学作品”未获得著作权法保护问题，认为“通说忽视了一点，尽管并非所有通过独创性方式表达出来的东西都可以作为作品受到保护，但是它们可以作为一个整体而受到著作权法的保护（Altenpohl 书，第76 页，第112段）”[2]。我们可以看出，曼弗雷德·雷炳德针对的还是“科学作品”这种“基于社会利益而不视为作品”的类型，但认为其对应的汇编是可以构成作品的，当然，作为汇编作品，其受保护的是其选择、编排的“表达”[3]。

【案例索引】

案例1[4]：成都页游科技股份有限公司、成都泽洪品牌营销策划有限公司与广州菲音信息科技有限公司、广州维动网络科技有限公司著作权权属、侵权、商业贿赂不正当竞争案

广州知识产权法院认为：

著作权包括改编权，即改变作品，创作出具有独创性的新作品的权利。可见，改

1 王迁:《著作权法》，中国人民大学出版社2015年版，第31页。

2 ［德］M.雷炳德:《著作权法》，张恩民译，法律出版社2005年版，第114页。

3 微信文章《游戏软件名称与游戏元素名称的IP保护指南（五）》，http://mp.weixin.qq.com/s?src=3&timestamp=1507878801&ver=1&signature=8P6BITP5YXRJ30N9huP8t-SZW8O6vvE21-1kmpA0K2dez*JFlswX0lBIiqWfjiEw*DYih5x17L05O9G7tHqV4JejsYy2Hitg-8SdoMSl-8pvekrTaU5LLUAZ-zHGSMCNBaTHJw78hkVsqGhL3-fg9xVYcxUkZGGxcnL11JAzfY=。

4 二审法院：广州知识产权法院，二审案号:（2015）粤知法著民终字第30号。

编是指在原有作品的基础上，通过改变作品的表现形式或者用途，创作出具有独创性的新作品。首先，改编是创造性劳动，同样应当具有独创性，其独创性体现在表现形式上有所创新，达到新的效果或新的创作目的。这是改编与复制行为的区别。其次，改编应是利用了原作品独创的基本表达，所利用的内容在改编作品中占有重要的地位，应当构成改编作品的基础或者实质内容。这是改编行为与原创行为的区别。上述两点是改编权的两个条件。《斗破乾坤》是网页游戏，《斗破苍穹》是小说，两者在表现形式上不同，符合改编权的上述第一个条件；关于第二个条件，除了看该游戏是否利用了涉案小说独创的基本表达外，还要看所利用的小说独创基本表达在该游戏中的比重和地位。关于游戏是否利用了涉案小说独创的基本表达。作品名称是对作品内容的高度概括，影响作品内容的取舍、艺术调度和表达形式，体现作者的艺术品位和风格，因此对于作品来说具有重要影响。角色名称和境界名称，贯穿整个作品始终，出现频率非常高，角色和境界的设置还影响着故事整体框架。可以说无论是小说还是游戏，整个作品就是由这些角色在这些境界的修炼升级中构成的。角色争夺的目标物品名称“异火”，也同样贯穿作品始终，角色对不同异火的争夺获取，影响其修炼所达到的境界而决定其在作品中的威力；另外，“异火争夺战”的特色主题活动，作为作品中的故事高潮和关注点，更体现出其在作品中的地位和对作品的影响。故此，作品名称、角色名称、境界名称、角色争夺的目标物品名称“异火”四个因素一起构成《斗破苍穹》小说独创的基本表达。《斗破乾坤》游戏在上述四个方面与《斗破苍穹》小说构成相同或实质相似，《斗破乾坤》游戏利用了《斗破苍穹》小说独创的基本表达。关于《斗破苍穹》小说独创的基本表达在《斗破乾坤》游戏中是否占有重要地位，从而构成游戏的基础或实质内容。《斗破乾坤》游戏是一款升级式角色扮演网页游戏，以代码和文档组成的软件系统形式进行创作，并外在表现为固定的游戏名称、场景装潢、道具物品、境界等级、简短文字、动画特效，以及非玩家角色和玩家角色等元素；同时还辅以线上互动的服务性功能设置，随着玩家和游戏服务性设置的互动，推进故事情节发展和等级提升、角色成长。《斗破乾坤》游戏的游戏名称、非玩家角色名称、部分境界等级名称、角色争夺的目标物品“异火”等利用了小说的基本表达，已经构成了游戏的重要部分，足以认定《斗破苍穹》小说独创的基本表达在《斗破乾坤》游戏中占重要地位并构成游戏的基础和实质内容。故《斗破乾坤》游戏侵犯了泽洪公司对《斗破苍穹》小说享有的改编权。

案例2[1]：北京乐动卓越科技有限公司与北京昆仑乐享网络技术有限公司等计算机软件著作权权属案

北京知识产权法院认为：

原告关于被诉行为构成对《我叫MT》动漫名称，以及“哀木涕”“傻馒”“劣人”“呆贼”“神棍德”五个人物名称文字作品著作权的侵犯的主张是否成立，其前提之一在于上述动漫名称、人物名称是否构成文字作品。

《著作权法实施条例》第二条规定：“作品是指文学、艺术和科学领域内具有独创性并能以某种有形形式复制的智力成果。”

根据该规定，只有具有独创性的表达才构成作品，独创性是作品受著作权法保护的必要前提，亦是作品的本质属性。独创性是指作品是由作者独立创作而成，而非抄袭他人。独创性首先要求该表达系作者独立完成，即表达源于作者。其次要求表达要有创作性，即要求体现作者的个性。

对于名称、标题等词组或短语而言，判断其是否有创作性，应考虑其是否同时具有以下特征：

其一，该词组或短语是否存在作者的取舍、选择、安排、设计。对于作者不具有选择与安排空间的词组或短语，因属于“思想与表达的混合”，故不被认定有创作性。普通的或者常用的词组或短语，亦不具有独创性。

其二，该词组或短语能否相对完整地表达或反映出作者的思想情感、传达一定的信息。作品是作者思想情感的表达，是沟通作者和其他社会成员的桥梁或纽带，一个词组或短语如果不能给予读者一个确切的意思，不应认定其有创作性。

具体至本案，对于“我叫MT”这一动漫名称而言，因“我叫……”这一表述方式是现有表述方式，而“MT”亦属于常见的字母组合，因此，“我叫MT”整体属于现有常用表达，并非涉案动漫作者独创，不具有独创性。

至于“哀木涕”“傻馒”“劣人”“呆贼”“神棍德”五个人物名称，公众在不知晓原告游戏，而仅仅看到上述名称的情况下，显然无法对其所表达的含义有所认知。因

1 一审法院：北京知识产权法院，一审案号：（2014）京知民初字第1号。

此，上述名称并未表达较为完整的思想，未实现文字作品的基本功能。虽然公众在结合动漫《我叫MT》的情况下，足以知晓上述名称的含义，但这一认知已不仅仅来源于上述名称本身，而系来源于该动漫中的具体内容，这一情形不足以说明上述名称本身符合文字作品的创作性要求。

综上，上述名称并未构成受著作权法保护的文字作品，相应地，原告认为各被告对相应名称的使用行为侵犯其文字作品著作权的主张亦不能成立，本院不予支持。

【TA评述】

随着我国有关游戏产业政策的调整以及人们对于游戏态度的转变，中国的游戏市场近几年保持着稳步上升的增长态势。由于文学作品本身就有一批固定的粉丝，将其改编为游戏，既能在游戏宣传上占据优势，又能在游戏前期吸引一批固定的玩家，所以，根据热门文学作品改编为游戏属于现阶段游戏开发的一种常见形式。但与此同时，知识产权侵权情况以及不正当竞争的情况也随之层出不穷。从著作权维度看，法律风险集中于对原著作品改编权的侵害。具体来说，游戏的特性在于强调玩家的参与性，在这类改编热门文学“IP”的游戏中，玩家希望自己在游戏这种形式中，能够再现原著中的人物、情节、装备、武功等元素，甚至自己能够参与进去，所以，为了回应玩家的需求，这类游戏必然会对原著作品中的诸多元素进行符合游戏这种形式的改编，但在此过程中极易发生侵权的情形。

本案中，涉案游戏对于原著作品中元素的利用可分为两类，装备、武功可归为一类，而情节可归为另外一类。在这两类中，争议的焦点集中于前者。游戏中对于人物、装备、武功的改编行为，其本质在于名称的利用。游戏名称元素的改编行为是否侵害原著作品的改编权尚存争议，但不可忽视的是，在不正当竞争的维度下，依然存在着较大的侵权风险。

在司法实践中，对于侵权程度未到达著作权法所保护的标准的情况下，权利人往往选择通过《反不正当竞争法》（1993年）第五条第（二）项（《反不正当竞争法》已经修改，修改后的《反不正当竞争法》第六条涉及此类情形）即知名商品特有名称的方式主张对方的行为构成不正当竞争，对其权益造成了损害。有些法院也支持了权利人的诉求，例如，在“我叫MT”案中，法院认为，本案所涉游戏名称及人物名称并不属于严格意义上的服务名称，但如果其足以起到区分来源的作用，亦可以依据上述规定获得保护[一审法院：北京知识产权法院，一审案号：(2014)京知民初字第1号]。除了该法第五条，在《反不正当竞争法》下，法院也会考虑依当事人申请，适用第二条来为权利人提供保护。法院一般认为，权利人对游戏中各元素的开发投入了大量的人力、物力，侵权人对于游戏众多元素的抄袭的行为，既违反了诚实信用原则，也违反了《中国游戏行业自律公约》等公认的商业道德，属于不正当竞争。

（撰稿人：薛然）

1.2.4 判断文字作品之间的实质性相似应剔除历史元素

——郭某诉上海某公司等侵害作品摄制权纠纷案[1]

【核心推介】

根据同一历史题材创作的作品中的题材主线、整体线索脉络，是社会共同财富，不能为个别人垄断，任何人都有权对此类题材加以利用并创作作品。判断作品是否构成侵权，应当从被诉侵权作品作者是否接触过权利人作品、被诉侵权作品与权利人作品之间是否构成实质相似等方面考虑。按照著作权法保护作品的规定，人民法院应保护作者具有独创性的表达，即思想或情感的表现形式，而对创意、素材、公有领域信息、创作形式、必要场景，以及具有唯一性或有限性的表达形式不予保护。

【关键词】

改编权　历史事实　接触　实质性相似

【案情】

电视连续剧剧本《金嗓子周乙》（下称《金》）于2005年3月1日创作完成，并于2005年11月23日在上海市版权局进行了作品登记。2012年，案外人上海某某文化专修学校（下称某某学校）向上海市黄浦区人民法院起诉丁某某、孙某某、张某某三

1　一审法院：上海市徐汇区人民法院，一审案号：（2013）徐民三（知）初字第35号；二审法院：上海市第一中级人民法院，二审案号：（2014）沪一中民五（知）终字第43号。

人，称某某学校曾与上述三人约定剧本《金》的著作权由某某学校享有，但剧本《金》的著作权人却登记为上述三人，故请求法院确认某某学校对剧本《金》享有著作权。2012年7月24日，上海市黄浦区人民法院出具民事调解书，确认剧本《金》的著作权人为某某学校，作者为张某某和孙某某。丁某某、孙某某和张某某应于2012年8月3日前将作品登记证书上的著作权人变更为某某学校，作者变更为张某某和孙某某。某某学校在其于2003年6月3日出具的一份《证明》中称，“关于我校拍摄30集电视剧《金》是郭某同志个人以上海某某文化专修学校名义投资，该剧著作权人是郭某……该剧的收益属郭某个人拥有，但是由此产生的风险均由郭某个人承担（已有书面承诺），与学校无关”。据此，上海市版权局于2012年8月3日对剧本《金》进行变更登记，将著作权人登记为郭某，作者登记为张某某和孙某某。

2006年，中某公司（下称C公司）与禾某公司（下称D公司），上海某公司（下称A公司）与C公司，C公司与上海某文化公司（下称B公司）分别签署有关电视连续剧《周乙》的联合投资摄制合同，对于电视剧版权及摄制分工等进行了明确约定。后C公司向国家相关机关申请变更电视剧名称，将原剧名变更为《天涯歌女》(下称《天》)，最终取得同意。2007年6月13日，电视连续剧《天》制作完成并取得《国产电视剧发行许可证》，许可证载明该剧制作单位是C公司，合作单位是A公司和B公司。该剧由A公司、B公司、C公司、D公司联合出品。

通过将剧本《金》与电视剧《天》进行对比后发现，在情节上，有16处情节相似，但情节的具体表达，以及情节之间的时间发展顺序略有不同；在角色设计和人物关系上，大部分角色在人物关系和情节发展上相似；两部作品场景设置相似，采用的歌曲和电影元素相同。

原告郭某诉称：2003年，其与周甲（周乙的大儿子）和张某某签订委托协议书，委托周甲和张某某与某音像出版社负责人马某某洽谈关于以挂靠形式，以马某某所属单位名义向北京广电局申报电视连续剧《金嗓子周乙》摄制项目立项事宜。经马某某同意后，郭某向其提供了《金嗓子周乙》剧本大纲和周甲出具的“名人家属委托”。马某某以某音像出版社关联单位北京某影视文化有限公司（后更名为北京某影视制作有限公司）名义向北京广电局申报30集电视连续剧《金嗓子周乙》项目立项，并获得批准。某音像出版社函告郭某项目已获批准。据此，该项目行政被许可人为郭某，该影视作品的包括摄制权在内的各项项目权利属于郭某。项目完成行政许可立项后，郭某按规定完成了30集电视连续剧《金嗓子周乙》剧本创作，拥有该剧本著作权，当然拥有该作品的摄制权等权利。现郭某发现A公司、B公司、C公司、D公司未经其同意和授权，擅自将《金》更名为《天》后摄制成40集电视连续剧，在国内外电视台、网络、广播台等平台上播放，并制成音像制品发行。A公司明知该电视剧存有各种权利利益纠纷，仍然接受项目转让，参与该剧摄制。B公司在其上市公告招股说明书中公然宣称《天》创作取得永久版权，共有人C公司。综上，A公司、B公司、C公司、D公司侵犯了郭某的《金》电视剧剧本著作权和摄制权等权利，给郭某造成了重大经济损失。原审中郭某在诉讼中明确其主张的事实和理由是，其对30集电视连续剧剧本《金》享有著作权，40集电视连续剧《天》系根据其剧本《金》所拍摄，剧本与电视剧在题材选取、故事线索、情节安排、角色定位、场景设置、采用的歌曲和电影（舞台剧）元素六个方面存在惊人的相似。A公司、B公司、C公司、D公司未经郭某同意，使用其剧本拍摄电视剧，侵害了郭某对剧本《金》享有的摄制权和著作权（在诉讼中曾表述为改编权）。同时，郭某坚持其行政许可立项权受侵害。因此，郭某诉请要求判决：1. A公司、B公司、C公司、D公司立即停止电视剧《天》在国内外电视台、广播电台、网络的播放和音像制品的发行等侵权行为；2. A公司、B公司、C公司、D公司连带赔偿律师费人民币3.5万元。

被告A公司辩称：1. 无法确认郭某是剧本《金》的著作权人，根据上海市黄浦区人民法院出具的民事调解书，剧本《金》的著作权人为上海某某文化专修学校，且该学校取得著作权的时间为2012年7月4日，此时电视剧《天》的发行早已结束；2. 电视剧《天》改编自周丙（周乙的二儿子）和常某合著的文学作品《我的妈妈周乙》（下称《我》），剧本《金》改编自张某某和周甲编著的《周乙日记——新周乙传》，两剧的内容不同；3. A公司与C公司约定共同拍摄电视剧《天》，剧本由C公司提供，因剧本版权引起的法律后果由C公司承担，且A公司对版权也尽到了合理审查义务。

被告B公司辩称：1. 同意A公司的答辩意见；2. 周乙是历史人物，剧本《金》与电视剧《天》的相似之处是由周乙的历史真实性以及文字作品《我》中已有情节决定的，电视剧《天》并未抄袭剧本《金》；3. B公司与C公司约定由B公司投资，电视剧《天》的所有拍摄由C公司完成，如果电视剧《天》构成侵权，应由C公司承担法律后果；

4. 如果郭某对电视剧《天》的立项有异议，应该提起行政诉讼。

被告C公司辩称：电视剧《天》是根据文字作品《我》改编拍摄而成的电视剧，与剧本《金》相比有很大不同，不构成侵权。

被告D公司辩称：其投资500万元与C公司合作拍摄电视剧《天》，但没有获得任何回报，所有拍摄均由C公司负责。

法院经审理认为：郭某主张的摄制权属著作权中的演绎权，演绎行为是指在保留原作品基本表达的情况下，在原作品基础之上创作新作品并加以后续利用的行为，由此形成的新作品为演绎作品。一方面，演绎作品是对原作品进行二度创作形成的新作品，与原作品存在差异，具有一定的独创性；另一方面，演绎作品的二度创作是受制于原作品的、有限度的创作，演绎作品与原作品之间具有表达上的实质性相似，即演绎作品必须保留原作品的基本表达，否则之后完成的作品即属于重新创作完成的新作品，与在先作品不存在关联。由于著作权作为无形财产权的特性，郭某要证明他人未经许可将其剧本拍摄成电视剧，需要证明：1. A公司等有合理的机会接触剧本《金》；2. 电视剧《天》与剧本《金》之间存在实质性相似。

问题一：关于被告是否有合理机会接触到剧本《金》。

首先，剧本《金》于2005年3月1日创作完成，于2005年11月23日在上海市版权局进行了作品登记。2012年，某某学校向黄浦法院起诉丁某某、孙某某、张某某三人，称某某学校曾与上述三人约定剧本《金》的著作权由某某学校拥有，但剧本《金》的著作权人却登记为上述三人。之后，黄浦法院作出民事调解书，确认丁某某、孙某某和张某某应将作品登记证书上的著作权人变更为某某学校，作者变更为张某某和孙某某。据此，丁某某、孙某某、张某某三人是可以接触到涉案剧本的。

其次，根据相关证人证言，丁某某、严某，以及负责该剧剧本的C公司法定代表人吕某均有接触剧本《金》的可能。

问题二：关于电视剧《天》与剧本《金》之间是否存在实质性相似。

基本表达实质性相似的判断，涉及对两部作品相似成分的比对，由于剧本《金》和电视剧《天》均是对真实历史人物周乙的人生经历进行艺术创作所形成的作品，故对两部作品的比对应首先在相似成分中剔除思想部分、历史事实部分和非独创性表达部分，其次再判断独创性表达成分在两部作品中是否足以构成实质性相似。

第一，关于郭某主张两部作品题材选取相同。郭某主张的创作题材应属于思想范畴，不受著作权法保护，剧本选择以周乙的一生作为其创作题材，并不能排除他人就周乙的一生创作其他作品。

第二，关于郭某主张的两部作品的故事主线一致，且大量情节相似。原审法院认为，客观事实本身不能受到著作权法保护。具体到本案而言，《我》一书系描述周乙一生的纪实性传记，其内容既包括已经证实的历史事实，也包括周乙及早期媒体等对历史事件所进行的陈述、报道、回忆、发掘和解释，后者有可能为真实，也有可能与真实历史不符，但并不影响法律将其判断为“事实”。同时，《我》一书除了记录与周乙人生有关的历史事实，也有作者周丙和常某的独创性表达。因此，《我》一书中已有的相同叙述，其无论是历史事实还是该书作者的独创性表达，均非剧本《金》的独创性表达，应从相似性比对中予以剔除。

第三，在剔除了《我》一书中已有的相同叙述以后，剧本《金》和电视剧《天》两部作品相似情节还包括“周乙是被广东阿三（三上吊）拐卖到周家”等14个情节。

一审法院认为，著作权法保护的表达仅限于独创性表达，不涉及对作品中惯常表达的保护。如果对某种“思想”仅有一种或极其有限的表达，原本不受保护的“思想”和原本受到保护的“表达”混在一起，对于该些表达加以著作权法保护将导致思想的垄断，故该些表达在著作权法上被视为“思想”而不受保护。如果根据历史事实或人们的经验、观众的期待，在表达某一主题时，必须描述某些场景，使用某些场景安排和设计，这些场景将成为“标准场景”，如果不加使用就无法创作出特定历史题材的作品，故该些“标准场景”也不是著作权法保护的独创性表达。

基于上述理由，一审法院将上述14处相似情节中的惯常表达予以剔除，主要包括“周乙第一次上台演出前遇到了重重阻碍，但其通过努力获得了上台演出的机会”等情节，但这些情节因为属于惯常表达、有限表达等不能被认为独创性表达。

第四，关于郭某主张的两部作品角色设计和人物关系相似。一审法院认为，上述相似角色可分为历史真实人物和虚构人物两类。关于历史真实人物，两部作品在人物关系的设计上均尊重历史，并无独创性，在人物性格刻画上也在尊重历史的基础上有所不同。

第五，关于郭某主张的两部作品在场景设置、所使用的歌曲和电影元素方面存在相似。一审法院认为，郭某所列举的相似场景属于常见场景，非其独创。关于原告主张的相同歌曲和电影元素，一审法院认为，本案中，在郭某所列举的相同歌曲和电影元素中，仅歌曲《民族之光》的歌词系剧本《金》的独创性表达，其余歌曲和电影均是客观事实，并非剧本《金》的独创性表达。

第六，在剔除历史事实和上述非独创性表达后，两部作品的相似之处主要表现在“歌曲《民族之光》的歌词相似”等五部分内容。一审法院认为以上相似部分在具体的情节设计、情节发展、人物塑造等方面均存在不同。

综上所述，两部作品虽然在独创性表达上有几点相似之处，从电视剧《天》中也可隐约看到剧本《金》所塑造的一些人物形象的影子，但由于两部作品在承载剧情主要内容的基本表达上出现了重大差异，上述几点相似之处均非基本表达的相似，更多体现为借鉴而不是演绎。因此，一审法院认为电视剧《天》和剧本《金》不存在实质性相似。

据此，一审法院判决：驳回郭某的诉讼请求。

郭某不服一审判决，以涉案电视剧《天》与其享有著作权的剧本《金》构成实质性相似为由提起上诉，请求撤销原审判决，改判支持其原审全部诉讼请求。

上海市第一中级人民法院经过审理后认为：上诉人作为剧本《金》的著作权人，对该文字作品依法享有著作权。本案双方当事人的争议集中在电视剧《天》是否侵犯剧本《金》的改编权的问题上，而对此作出判断的关键在于剧本《金》的独创性表达部分是否被电视剧《天》中以实质性相似的方式再现。对该焦点法院将从确定两部作品中的相似部分、相似部分中具有独创性的表达部分，以及相似的独创性表达是否构成实质性相似三方面进行评析。

第一，剧本《金》与电视剧《天》的相似部分。

鉴于改编作品系在原作品基础上的二度创作，故确定两部作品相似部分时，需综合考虑两部作品的情况，包括故事梗概、人物设置、具体情节等。需要指出的是，由于本案中并无可资认定的电视剧《天》的剧本，故对剧本《金》与《天》的比对，只能通过电视剧《天》来替代完成。当然，电视剧《天》的表达在很大程度上也体现了剧本《天》的表达，为最终的法律判断奠定了事实基础。

首先，在两部作品的故事梗概方面，《金》与《天》均是以历史人物周乙的事业、感情为基本线索创作的作品。其次，在人物设置方面，《金》与《天》有21个人物关系相同。最后，在情节方面，两部作品中相同或相似的情节共计29个。综上所述，两部作品在故事梗概、人物设置、具体情节各个层面上均有相同或相似之处。

第二，相似部分中具有独创性的表达部分。

著作权法保护的是表达而非思想本身。涉案剧本《金》系文学作品，其表达不仅表现为文字性的表达，也包括文字所表述的故事内容，以及具体到一定程度的人物设置及其相互之间的关系、具体情节等。结合前述对两部作品在故事梗概、人物设置、具体情节上相似部分的分析，法院认为：

（一）故事梗概的独创性表达。

鉴于《金》系参考文字作品《我》而创作的新作品，且文字作品《我》系人物传记，故《金》与《天》相同或相似的故事梗概在文字作品《我》中未出现的部分系剧本原创的表达。

（二）人物设置的独创性表达。

首先，《金》与《天》均是以历史人物周乙的事业、感情为线索展开故事，故以周乙事业、感情为主题创作作品，其本身属于不受著作权法保护的思想。然而，围绕周乙的事业、感情线索，通过具体设置不同的人物及人物关系展开周乙一生的故事，应属于著作权法保护的表达。其次，本案中《金》与《天》相同的人物设置中共有6个人物是文字作品《我》中未曾出现的。

（三）具体情节的独创性表达。

首先，就情节本身而言，存在思想与表达的分界。当情节和情节的整体具体到了一定的程度，反映出作者独特的选择、判断、取舍时才能成为著作权法保护的表达。其次，虽然著作权法保护的表达不及于有限表达或惯常表达，但被上诉人在本案中未能举证证实其主张的相关表达属于惯常表达或有限表达。再次，法院注意到，涉案《金》与《天》均系参考了文字作品《我》而创作。因该文字作品属于人物传记，故《金》与《天》中相同或相似的具体情节中若存在与文字作品《我》相同的表达，则不属于《金》独创性的表达部分。

法院认为，确定在后作品是否侵害了在先作品的改编权，应结合作品的故事梗概、人物设置、具体情节等各个层面综合分析，考量相似的独创性表达在在先作品中的分量，并以此确定两部作品相似的独创性表达是否构成实质性相似。

首先，从故事梗概有关的情节来看，两部作品均围绕历史人物周乙的一生展开故事。其中，两部作品均涉及了由文字作品《我》所确定的周乙的基本故事情节。同时，两部作品又还包括了文字作品《我》中未曾涉及的故事内容。该些内容系为增加周乙事业发展的戏剧冲突而原创，两者构成实质性相似。

其次，在与人物设置及人物关系有关的情节方面，《金》在文字作品《我》之外共增加了6个人物，而该6个人物在《天》中无一例外均有再现。

综上所述，被上诉人关于两部作品存在人物关系的对应系影视剧创作中有限表达的主张，于法无据，法院不予支持。《天》采用了与《金》在人物设置及人物关系方面的独创性表达，已构成实质性相似。

最后，在具体情节编排方面，《金》与《天》也存在着相似之处。

本案在先作品《金》是参考文字作品《我》而创作，其本身是一部演绎作品，既包含了《我》中的基本内容，又有自己独创的部分。《金》展现的故事依旧围绕历史人物的一生，不能脱离真实的人物与故事，所能创作改编的空间有限，因此，《金》在文字作品《我》以外原创的故事内容，虚构的人物，虚构的具体情节，甚至于《金》独创的场景、台词对白等系其独创性表达的核心部分，在剧本独创性表达中占有重要的分量。现《天》与《金》相似的独创性表达中包含了该些故事内容、人物设置、人物关系、具体情节、场景，甚至还采用了完全相同的台词对白，两者已构成实质性相似。原审法院关于两部作品不构成实质性相似的认定有误，二审法院予以纠正。

本案审理过程中，C公司曾提交有《天》的剧本，尽管双方当事人对其是否为《天》的真实剧本未达成一致，但电视剧的拍摄以剧本为基础是业内惯例，故电视剧《天》显然应以某一个剧本《天》为基础。电视剧类似电影作品，而剧本属文字作品，且可单独使用，故电视剧《天》其实又是剧本《天》的改编作品。鉴于电视剧《天》与剧本《金》的独创部分构成实质性相似，故虽经两次改编，《天》仍是《金》的改编作品。

综上，二审法院判决：一、撤销上海市徐汇区人民法院（2013）徐民三（知）初字第35号民事判决；二、被上诉人A公司、B公司、C公司、D公司立即停止侵害上诉人郭某对剧本《金》所享有的著作权；三、被上诉人A公司、B公司、C公司、D公司应于本判决生效之日起10日内连带赔偿上诉人郭某律师费人民币2万元；四、驳回上诉人郭某的原审其余诉讼请求。

【业内关注】

1.历史题材创作的作品究竟可以在多大范围内获得著作权保护

2.法院在判断历史题材作品时，是否会将历史事实排除

【法条链接】

1.《著作权法》

第十条 著作权包括下列人身权和财产权：

（十三）摄制权，即以摄制电影或者以类似摄制电影的方法将作品固定在载体上的权利；

（十四）改编权，即改变作品，创作出具有独创性的新作品的权利。

第十一条 著作权属于作者，本法另有规定的除外。

第十二条 改编、翻译、注释、整理已有作品而产生的作品，其著作权由改编、翻译、注释、整理人享有，但行使著作权时不得侵犯原作品的著作权。

第十五条 电影作品和以类似摄制电影的方法创作的作品的著作权由制片者享有，但编剧、导演、摄影、作词、作曲等作者享有署名权，并有权按照与制片者签订的合同获得报酬。

电影作品和以类似摄制电影的方法创作的作品中的剧本、音乐等可以单独使用的作品的作者有权单独行使其著作权。

第四十七条 有下列侵权行为的，应当根据情况，承担停止侵害、消除影响、赔礼道歉、赔偿损失等民事责任：

（十一）其他侵犯著作权以及与著作权有关的权益的行为。

第四十九条 侵犯著作权或者与著作权有关的权利的，侵权人应当按照权利人的实际损失给予赔偿；实际损失难以计算的，可以按照侵权人的违法所得给予赔偿。赔偿数额还应当包括权利人为制止侵权行为所支付的合理开支。

2.《侵权责任法》

第八条 二人以上共同实施侵权行为，造成他人损害的，应当承担连带责任。

3.《著作权法实施条例》

第二条 著作权法所称作品，是指文学、艺术和科学领域内具有独创性并能以某种有形形式复制的智力成果。

4.《最高人民法院关于审理著作权民事纠纷案件适用法律若干问题的解释》

第七条 当事人提供的涉及著作权的底稿、原件、合法出版物、著作权登记证书、认证机构出具的证明、取得权利的合同等，可以作为证据。

【理论观点】

无论是基于历史题材创作的文学作品抑或是其他类型作品，在著作权法的维度下，法院判断被告是否侵犯权利人作品的著作权的标准为“接触+实质性相似”。但值得注意的是，在实质性相似比对中有一些例外和除外的情形。实践中，如果要反驳构成实质性相似，在整体观感法中，观感不同是主要的抗辩理由之一，但相对更加抽象而不具有普遍性，即不同的人可能会有不同的看法和认知，从而导致这种方法的适用具有较大的不确定性。而在抽象测试法下，则可以在“抽象和过滤”阶段，将不受著作权法保护的思想、非独创性元素等排除在外，被排除在外的部分，可以作为实质性相似的抗辩理由。

结合相关案例，对“实质性相似”的例外情形总结如下：

1. 属于思想范畴。思想与表达二分法是区分作品中受保护的要素和不受保护的要素的基本原则，其内涵是著作权法保护思想的表达而不保护思想本身。思想是不能被垄断和独占的，故作品中属于思想的部分不是构成实质性相似应当考虑的内容和因素。针对思想的范围，有不同的理解和认识。最广义的理解甚至认为，对于文学剧本而言，不受保护的思想主要包括主题、非独创性情节、场景、构思因素等，有时甚至包括剧本的标题。

2. 具体的表达不同。在蔡心诉欢瑞世纪（东阳）影视传媒有限公司等著作权纠纷案中，对于具体表达的差异有大量详细的论述，如“高颜获唐娜力捧，出演了江一凡新电影的男一号”与“高芒获唐娜力捧，金曲榜力压苏星宇”两个情节的具体表达很不相同。如“高颜因私生子与狗仔争执被偷拍，唐娜通过炒红了费峻玮和方定奇的绯闻转移视线”与“狗仔偷拍了高芒与女友约会的照片，眉姐指点狗仔偷拍苏星宇转移视线”，两处在作品中的作用以及具体表达上都存在实质性差异。如“游轮上，文心发现新娘就是自己，两人圆满地走到了一起”与“田心和苏星宇在喷泉前见面，苏星宇为田心戴上红绳，两人圆满地走到了一起”，“两人圆满地走到了一起”系思想层面，两部作品对于该情节在表达上并不相似。

3. 公知领域（公有素材）/客观事实。公有领域的内容包括：作品中的公共思想内容、保护期限届满的内容、法定的不属于著作权保护范围的内容、作者主动放弃著作权的内容等。例如，李淑贤、王庆祥诉贾英华著作权侵权案中，法院认为：“历史人物传记作品中表现特定历史人物活动的客观真实，即记述历史人物、时间、事件时所反映的客观史实和所利用的史料部分，属于公众可自由使用的公共资料，这一部分也应予以排除在可能构成侵权之外，而不能作为抄袭所涉及的对象。”

4. 通用/标准/必要场景。是指选择某一类主题进行创作时，不可避免而必须采取某些事件、角色、布局、场景，这种表现特定主题不可或缺的表达方式不受著作权法保护。

5. 有限/唯一表达。表达唯一或有限，指一种思想只有唯一一种或有限的表达形式，这些表达视为思想，也不给予著作权保护。[1]

聚焦于本案，其对象为根据历史人物创作的小说，在这类型文字作品中，其实质性相似的比较具有特殊性。例如，有学者认为，在依据历史史实而改编的作品之间发生的侵权纠纷，则需要在排除历史事实之外，看是否存在使用独创性表达元素的情形。诚如有判决所指出的，“（被告作品）相近似的具体情节，因体现了（原告）独特的剧情选取与构思，展现了（她）的个性化特征，都应属于‘表达’的范畴，受著作权法保护”。因此，被告虽未直接使用原作的语言文字，但使用了其应“受到著作权法保护的非字面‘表达’”[2]。

之所以排除历史事实，原因在于历史事实是业已发生并客观存在于公知领域的属于全人类均可以自由利用的社会资源。之所以不对历史事实提供著作权保护，乃考虑到史实的社会公共属性，不能将人类文明的组成部分不恰当地划归任何人所垄断，且

1 微信文章《抄袭没抄袭，内行怎么看：说说“实质性相似”》，http://mp.weixin.qq.com/s?src=11&timestamp=1507877379&ver=449&signature=SR9R5pzzz9Dk5462tZu5mnMfZk-N9ErpCM2LG7go5l8u9B54BqprXpSJeemTSoJAmh-pksBNVx6wJBJTMqkUZu7zNldHr8b7GIj14myOhO4*jlB9Ze9JklvQJbmMc8HE&new=。

2 梁志文：《论演绎权的保护范围》，《中国法学》2015年第5期。

任何人在任何作品中对史实的记载或还原也无法体现出作者的独创性成分，因此作品中对史实的真实利用不能进入著作权的保护范围。除历史事实外，历史剧本类文字作品中通常还会涉及文学创作中经常会利用到的基本元素，这些创作元素在大量作品中广泛存在，也属于公共资源的范畴。显然，若赋予上述创作要素著作权保护，必然会阻止他人利用该公共资源进行创作，或使著作权人不适当地将某些公共要素据为己有，致使著作权范围扩大到超越立法本意的程度，打破著作权人与社会公共利益之间的平衡。在王放放诉胡建新案中，原告与被告在剧本里均使用了“主子永远都是主子，奴才永远都是奴才”的台词，但该台词并非原告原创，而是《红楼梦》中广为人知的经典台词，属于来自公共领域的素材，原告不能以此主张著作权；又如，上述两剧剧本都描写了“李玉琴乘坐马车去战犯管理所看望溥仪”的情节，原告据此主张被告剧本中乘坐马车的细节描写构成对原告作品的抄袭。但众所周知，作为当时最主要的交通工具，马车是时代特征的真实体现，也属于存在于公共领域的创作元素，不应由原告独占。[1]

【案例索引】

案例1[2]：上海世纪出版股份有限公司与三民书局股份有限公司著作权侵权案

上海市第一中级人民法院认为：

涉案作品为古籍整理类文字作品，属于演绎作品，其受著作权法保护的内容应为演绎作者具有独创性的表达部分。“独创性”中“独”是指独立创作，源于本人；“创”是指一定水准的智力创造高度。虽然古籍整理包括对底本的选择、参校、对原文的校勘、标点、分段，对相关史料的考证，对原文所做的现代文翻译和注释说明等，但并非上述所有智力成果均受到著作权法的保护。

本案中，《新译》总体包括导读、正文、附录三部分。其中，导读部分系演绎作

1 许波：《著作权保护范围的确定及实质性相似的判断——以历史剧本类文字作品为视角》，《知识产权》2012年第2期。

2 二审法院：上海市第一中级人民法院，二审案号：（2014）沪一中民五（知）终字第122号。

者对其作品的概述、介绍，用以引导读者阅读。该部分智力成果属于作者具有独创性的表达部分，受著作权法保护。正文部分包括题解、经文、注释、译文、说明。其中，经文系古籍作品的原文，并非演绎作者具有独创性的表达部分，故经文不受著作权法保护。附录部分是作者收录的他人关于《景德传灯录》的序、跋，历史年表及禅师史料等，并非演绎作者具有独创性的表达部分。因此，涉案演绎作品《新译》受著作权法保护的应为演绎作者所撰写的导读、正文（题解、注释、译文、说明）。鉴于被上诉人在本案中对被控侵权作品《译注》中包含与《新译》相同的部分主张复制权、发行权，故《新译》中导读、正文（题解、注释、译文、说明）应纳入与被控侵权作品《译注》是否构成实质性相似的比对范围。

上诉人和原审第三人还提出译注同一古籍文献而形成的演绎作品涉及惯常表达，故在比对中应对译注过程中的惯常表达予以剔除。本院认为，对于惯常表达部分在作品相似性比对中理应予以剔除。鉴于上诉人和原审第三人在相关作品比对中均未就惯常表达部分予以举证，且涉案《新译》和《译注》系同一作者就相同底本完成的演绎作品，故本院结合被上诉人的主张，并根据各方当事人确定的比对方式，对两部作品进行整体比对。

首先，就《新译》导读与《译注》前言而言，《译注》前言包含《新译》导读内容但两者在文字表达上存在差异的部分为57处。上述差异多为相关史料考证、标点更改、前后文语意连接、同义词替换、修辞手法、语序转换或错字更正，均属于文字编辑性的修改与校订，不能构成《译注》前言区别于《新译》导读的具有独创性的表达部分，故《译注》前言与《新译》导读构成实质性相似。

其次，就《新译》与《译注》两部作品正文卷一至卷十而言，除《译注》对《新译》的新增、删减、纠正错误外，《译注》包含了《新译》的绝大部分内容。虽然《译注》包含《新译》内容中与《新译》在文字表达上存在诸多差异，但如本院查明事实中所列举，该些差异多为相关史料考证、编辑性的文字修正校订或《新译》某卷的【说明】部分内容在《译注》某卷的【附录】部分出现。上述差异均不能构成《译注》正文中具有独创性表达的部分，因此《译注》与《新译》正文卷一至卷十构成实质性相似。

最后，上诉人和原审第三人还主张《译注》较《新译》在字数上有所增加，故《译注》系原审第三人的新作品。本院认为，字数扩充既包括了对《新译》内容的全新增加，也包括了对《新译》已有内容的文字性编辑修改;《新译》内容的全新增加中还包含大量史料或其他史学家的观点。因此,《译注》增加的字数中包含演绎作者独创性表达的部分占很小比例。综上所述,《译注》与《新译》构成实质性相似,上诉人及原审第三人的相关主张与事实不符,本院不予采信。

案例2[1]:上海文艺出版总社与徐伯阳一案

上海市第一中级人民法院认为:

改编作品的特点在于,既保持了原作品的主要内容、情节、素材等,又有改编者的创作成分和精神成果在内。不可否认,《回首碧雪情》与自传体的《回忆录》体裁不同,是一部纪实性小说,该作品中包含作者潘宁东作出的环境、心理、对话描写,体现了他的创作内容和精神成果,是一部新作品。对于《回首碧雪情》是独立创作的新作品还是改编自《回忆录》的改编作品,应当从以下几个方面进行判断:第一,《回首碧雪情》中所使用的与《回忆录》中相同的历史事件是不是处于公有领域的史实。《回忆录》是一部自传作品,作者蒋碧微以其亲身经历的事实为基础,结合其个人的思想感情创作完成。与一般记载史实的作品不同,自传作品中记述的事件并非全部属于公知的历史事件,而是有相当一部分是发生在作者身边的、作者本人认为有记述必要的琐事,这些事件往往是通过自传作品而为世人所知,因而不能将之简单归结为处于公有领域的史实。《回忆录》中除记述了蒋碧微与徐悲鸿、张道藩三人之间的关系以及各自主要经历的历史事件外,还记述了大量他们身边某些不甚知名的亲友所经历的事件,这些事件除当事人根据本身经历记述,社会公众一般难以知悉,这些事件相互组合在一起,形成《回忆录》独创性的内容,不属于任何人可随意使用的所谓史实或者素材。《回首碧雪情》中除了主要人物的主要经历情节与《回忆录》内容雷同外,一些次要人物的经历也基本与《回忆录》雷同,而这些内容与作者潘宁东所欲表现的主题并无必然联系。因此,这种雷同已经超出了因描写不受著作权法保护的同一史实而可能产生的结果,从一个方面说明前者的创作并非完全独立进行,而是以《回忆录》为基础进行的演绎创作。第二,《回首碧雪情》中与《回忆录》雷同的情节所占比重。《回忆录》

1 一审法院:上海市第一中级人民法院,一审案号:(2003)沪一中民五(知)初字第119号。

上篇《我与悲鸿》以时间发展为主线，叙事性较强；下篇《我与道藩》主要收录蒋碧微、张道藩的往来书信，偏重于对二人思想感情的反映。根据前已查明的事实，《回首碧雪情》的主要部分所选取的事件和情节绝大部分出自叙事性较强的上篇《我与悲鸿》，同时将下篇《我与道藩》中所记述的部分事件按照相应的时间融入，故《回首碧雪情》中的绝大部分故事情节均来自于《回忆录》中叙事性较强的部分，两者在叙事结构上实质性相似，这也能够说明前者的写作是在后者的基础上进行的。第三，《回首碧雪情》中是否有其他内容能够表明该作品主要取材于《回忆录》。经对两部作品进行阅读比较，可以发现两者之间还存在下列联系：《回首碧雪情》所反映的主题思想与《回忆录》所持立场相同，即徐悲鸿重事业而轻家庭，张道藩则感情丰富细腻；前者描写蒋碧微与张道藩在会面过程中的部分对话内容系以后者中双方书信内容为基础；前者中有多处对话描写与后者中的相应对话基本一致，等等。两部作品之间的上述联系也从另一个方面有力地说明，《回首碧雪情》的创作在很大程度上依赖于《回忆录》。根据以上三个方面的比对分析结果，可以认定《回首碧雪情》是被告潘宁东以《回忆录》为创作基础，通过内容取舍、变换人称、增加文学描写等方式改编而成的文字作品。

【TA评述】

近年来根据真实历史题材创作而成的电视剧越来越受到人们的喜爱，如《汉武大帝》《那年花开月正圆》等就是这一类型的典型代表。但是在火热的大背景下，我们要避免因同一历史事实所创作的作品而导致的“抄袭”情况的发生。基于此，我们应厘清一个问题：即针对历史题材创作的作品在著作权法维度下的受保护范围为何？或者，针对同一历史题材创作的电视剧，在什么情况下构成对其他权利人著作权的侵权？

结合有关历史题材电视剧的著作权纠纷不难看出，法院对于该类案件的审理思路是基本相同的，即适用“接触+实质性相似”作为判断侵权的标准。而在“实质性相似”的判断中，法院采用的方法多为“抽象—过滤—比较”法，即首先将作品中属于“思想”的抽象部分剔除，再将两作品中虽然相同但又属于公共领域的部分过滤，最后将剩下的部分加以对比，并结合作品的独创性要求判断是否构成实质性相似。在两部作品的对比过程中，在人物设计及人物关系方面，如果作者没有进行独创性地“加工”，只是将历史人物的真实情况进行原样描写，则法院会在最终对比之前将其“过滤”掉。同样，在情节对比之前，如果该情节也是历史事实的简单描述，法院在对比之前也会将其排除掉。例如，在本案中，两部作品都存在阮玲玉拍戏不用替身等情节，但由于这些情节属于历史事实，作者也并未对其进行独创性加工，故法院在进行实质性相似的判断时将其排除。对于含有历史元素的文字作品，法院之所以采用这种实质性相似的判断方法，就在于历史事实是已经客观存在的事实，属于公共资源，是社会的共同财富。如果对此予以保护，将限制文学艺术的创作，与著作权法的立法目的相违背。

（撰稿人：薛然）

1.2.5 擅自直播、转播网络游戏比赛可能构成侵权

——A公司与B公司著作权权属、侵权及不正当竞争纠纷案[1]

【核心推介】

网络游戏直播起源于1997年的韩国，在亚洲金融危机期间，韩国实体经济陷入低潮，电子竞技行业异军突起，从此游戏直播行业扶摇直上。中国网络游戏直播行业从2013年开始呈爆炸式增长，2016年中国游戏市场总收入达24.08亿美元，周杰伦、王思聪等名人的加入，更是为这个行业的规模化发展注入了强大的推动力。

然而，新兴产业的快速发展，往往伴随着法律纠纷的不断涌现。由于司法经验的缺乏和立法的滞后，权利人在寻求对网络游戏知识产权保护的途径时，通常实行以著作权法为主、商标法为辅、反不正当竞争法兜底的方案。司法实践当中，很多法院在著作权无法提供保护时，更倾向于适用反不正当竞争法。本案作为我国首例电子竞技类游戏赛事网络直播引发的著作权侵权及不正当竞争纠纷案，对网络游戏的作品类型、游戏画面、“网络直播”的法律性质以及案件适用法律的辩论均有涉及，具有典型意义，媒体称之为“中国电子竞技直播第一案”。

【关键词】

网络游戏直播　电子竞技　赛事转播权　反不正当竞争

1　一审法院：上海市浦东新区人民法院，一审案号：（2015）浦民三（知）初字第191号；二审法院：上海知识产权法院，二审案号：（2015）沪知民终字第641号。

【案情】

“DOTA2”游戏是世界知名的电子竞技类网络游戏。原告A公司经该游戏权利人的合法授权，在中国大陆对上述赛事享有独家的视频转播权等权利，通过自己经营的电子竞技游戏直播网站即“火猫TV”网站对该赛事以上述音像视频为内容向网络用户进行了全程、实时的网络直播。“斗鱼”网站系B公司经营的电子竞技游戏直播网站，原告发现B公司未经授权，通过其网站全程、实时直播了涉案DOTA2亚洲邀请赛，直播内容为原告制作的上述音像视频（解说内容和拍摄的画面除外），遂诉至法院。

原告诉称：第一，其就涉案赛事独家享有的视频转播权系属于原告的合法权益，应当受到我国反不正当竞争法的保护，原告有权禁止同业竞争者播出涉案赛事。第二，原告就涉案赛事形成的音像视频内容属于受我国著作权法保护的作品，他人擅自通过信息网络传播该作品的，构成侵害原告的信息网络传播权。第三，原、被告之间存在同业竞争关系，被告的上述行为具有主观恶意，既侵害了原告的信息网络传播权，又构成违反诚实信用原则和公认的商业道德的不正当竞争，还构成虚假宣传的不正当竞争。被告的侵权行为使得每场比赛有10多万名网络用户转投到其网站观看直播，严重分流了原告网站的用户关注度和流量，攫取了原本属于原告的经济利益，影响了原告与广告商、被授权方签约获利的能力，造成了原告重大经济损失。据上，A公司请求法院判令：1. 被告立即停止侵权行为；2. 被告赔偿原告经济损失800万元以及维权的合理开支21.1万元（包括律师费20万元、公证费1.1万元）；3. 被告在《新民晚报》刊登消除影响的声明（内容由法院审核）。

被告B公司辩称：一、原告经授权获得的所谓权利是视频转播权，该权利基于双方协议约定而产生，并非我国法律规定的民事权利，且该权利针对的是亚洲杯比赛，而涉案赛事是亚洲邀请赛，原告未举证证明两者系同一赛事，故原告主张的所谓权利对被告没有任何约束力。二、原、被告虽在同一时间对同一场比赛进行了直播，但双方网站各自呈现的比赛画面、解说、字幕、音效等完全不同，被告并没有使用原告直播的音像视频内容。涉案DOTA2游戏的客户端具有对外公开的旁观者观战功能，该功能通过软件对同一场比赛截取了十个不同视角的比赛画面供旁观者观看，且不限制比赛画面的流出，被告直播的赛事画面即来源于该功能中的某个观战视角的比赛画面，因视角不同而与原告直播的画面不同。除比赛画面外，被告在直播时还加上了自己的解说、音效等。因此，即使原告享有其主张的所谓权利，被告也没有实施侵权行为或者不正当竞争行为。同时，被告仅提供了涉案赛事的实时网络直播，网络用户并不能够在其个人选定的时间观看到涉案赛事，故被告行为与侵害信息网络传播权无关。被告在直播时在网页上标注原告的标识系对承办涉案赛事的原告的尊重，且被告并未宣传拥有涉案赛事版权等虚假消息，故不构成虚假宣传的不正当竞争。三、原告承办涉案赛事的费用主要用于举办决赛阶段的赛事，而被告仅播出了预选赛阶段的8场比赛，且双方均未从涉案赛事中获得任何盈利，观众数量的多少与网站收益没有关联，故即使被告构成侵权，原告主张的经济损失赔偿金也没有依据。同时，被告在2015年2月3日收到法院责令停止播出涉案赛事的民事裁定书后就已停止播出，涉案赛事也早已结束，故即使被告构成侵权，也已不存在判令被告停止侵权的问题。据上，请求判决驳回原告的全部诉讼请求。

一审法院经审理认为，本案系著作权侵权和不正当竞争纠纷案件，争议焦点主要是：被告是否侵害原告的信息网络传播权或者其他著作权；被告是否构成对原告的不正当竞争；侵权构成前提下被告应当承担的民事责任。

关于被告是否侵害原告的信息网络传播权或者其他著作权。一审法院认为无论原告就涉案赛事的直播所形成的音像视频内容是否构成作品，也无论被告的直播内容是否与原告的直播内容相同或者实质性相同，被告的直播行为均与侵害信息网络传播权无关，原告关于被告侵害信息网络传播权的主张不能成立。此外，原告主张的视频转播权不属于法定的著作权权利，比赛画面不属于著作权法规定的作品，原告公司行使著作权的主体资格在本案中存在明显缺陷。因此，原告关于被告侵害其著作权的主张不能成立。

关于被告是否构成不正当竞争。一审法院认为被告直播涉案赛事的行为直接损害了原告独家行使转播权能够为原告带来的市场竞争优势，侵害了该市场竞争优势能够为原告带来的商誉、经济利益等合法权益，亦损害了网络游戏直播网站行业的正常经营秩序，严重违反了诚实信用原则和公认的商业道德，具有主观恶意，构成对原告的不正当竞争，且构成虚假宣传的不正当竞争。

关于被告应当承担的民事责任。根据我国《侵权责任法》《反不正当竞争法》的规定，被告对原告实施不正当竞争行为，应当依法承担停止侵权、赔偿损失、消除影响等相应的民事责任。关于经济损失赔偿额，一审法院认为，由于原告因被告侵权行为所遭受的实际损失、被告因侵权行为所获得的经济利益均难以具体确定，故在经济损失赔偿额的确定上应当依法适用法定赔偿原则。

综上，一审法院判决：一、被告赔偿原告经济损失人民币100万元和维权的合理开支人民币10万元，合计人民币110万元；二、被告在“斗鱼”网站的首页显著位置刊登声明，消除对原告实施不正当竞争行为所造成的不良影响，声明须连续保留十日，声明内容及所在页面位置、占页面面积比例须经一审法院审核通过；三、驳回原告的其余诉讼请求。

被告B公司不服一审判决，向上海知识产权法院提起上诉，请求撤销原审判决第一项、第二项，驳回被上诉人一审全部诉讼请求。其主要上诉理由是：一、根据中华全国体育总会制定的《全国电子竞技竞赛管理办法》（试行）的规定，涉案电子竞技比赛应实行审批制度，涉案赛事未经审批，属于非法举办的电子竞技赛事，不应受法律保护，也不属于《反不正当竞争法》保护的正当商业行为。二、上诉人的行为不构成不正当竞争。1. 目前国内的游戏直播网站大部分都采取通过客户端截取比赛画面然后将画面转给观看玩家，并配上自己平台的解说和配乐从而进行直播，游戏厂商对此亦未提过异议，本案所涉游戏客户端并无任何禁止截取画面转播的提示，根据法无明文规定不可为即可为的民法原则，上诉人通过客户端截取部分比赛画面，再配上自己独创性的评论在网上从特定观战者角度对涉案赛事进行直播，本质上是对涉案赛事进行报道，该行为没有超出游戏客户端旁观者的合理使用范围。2. 上诉人的行为未损害被上诉人的经济利益。原审适用《反不正当竞争法》第二条错误。三、上诉人将火猫TV和MarsTV字样放在直播背景中，并与游戏厂商列在一起说明上诉人认可其是赛事合作方之一，并非虚假宣传行为。四、即使根据反不正当竞争法，赔偿损失的依据是造成的损害或获取的利润，本案上诉人未对被上诉人造成损害也未获取利润，故原审判决赔偿损失无事实和法律依据；原审认定上诉人直播场次远超上诉人自认的8场没有事实依据，原审判决赔偿金额畸高。

被上诉人A公司答辩称：一、被上诉人完全按照国家的有关规定及与完美世界签署的协议约定主办了DOTA2亚洲杯赛事，对赛事在中国大陆享有合法的独家视频转播权，不存在上诉人所称的非法举办赛事。二、游戏直播网站主办或直播、转播电子竞技游戏应取得游戏厂商和授权方许可并支付费用，这是国际国内通常做法和商业惯例。通过客户端观看比赛画面，只能为个人目的使用，不得用于商业用途。三、上诉人擅自在其官网显著位置使用被上诉人标识，误导网络用户认为上诉人网站有权直播涉案赛事、与被上诉人具有合作关系，构成虚假宣传。四、上诉人不正当竞争行为影响了被上诉人与广告商、授权方之间的签约能力，并分流了被上诉人网站用户关注度和网站流量，侵害了被上诉人的经济利益；虽然被上诉人仅公证了两场盗播比赛，但上诉人实际侵权达80场，所以原审判决上诉人赔偿被上诉人经济损失有事实和法律依据，且赔偿金额并不高。故被上诉人请求驳回上诉人上诉请求，维持原判。

二审法院认为，本案二审中当事人之间的主要争议焦点在于：一、被上诉人举办涉案赛事是否非法；二、被上诉人经授权获得的视频转播权是否应受法律保护，上诉人网络直播涉案赛事的行为是否构成不正当竞争；三、上诉人在其直播页面上使用火猫TV、MarsTV标识是否构成虚假宣传；四、原审判决上诉人赔偿100万元经济损失是否合理。

关于争议焦点一，二审法院认为，中华全国体育总会是群众性体育组织，是社团法人，其制定的管理办法是行业自律性文件，不属于法律规范性文件，不具有法律约束力。本案中，被上诉人经授权，有权举办涉案赛事，并且获得该赛事在中国大陆的视频转播独家授权。

关于争议焦点二，二审法院认为，网络游戏比赛的转播权对于网络直播平台来讲，是其创造商业机会、获得商业利益、提升网站流量和知名度的经营项目之一。这种商业经营方式并不违反反不正当竞争法的原则精神和禁止性规定，属于正当的市场竞争行为，被上诉人以此谋求商业利益的行为应受法律保护，他人不得以不正当的方式损害其正当权益。

网络游戏赛事如同体育竞赛，同样需要组织者投资、策划、运营、宣传、推广、管理等等。本案被上诉人一系列的人力、物力、财力的投入，其有权对此收取回报，通过视频转播赛事增加网站流量、扩大提高广告收入、提升知名度、加强网络用户黏性，使直播平台经济增值。因此，网络游戏比赛视频转播权需经比赛组织运营者的授权许可是网络游戏行业中长期以来形成的惯常做法，符合谁投入谁收益的一般商业规则，亦是对比赛组织运营者的正当权益的保护规则，符合市场竞争中遵循的诚实信用原则。上诉人未对赛事的组织运营进行任何投入，也未取得视频转播权的许可，却免费坐享被上诉人投入巨资，花费大量人力、物力、精力组织运营的涉案赛事所产生的商业成果，为自己谋取商业利益和竞争优势，其实际上是一种“搭便车”行为，夺取了原本属于被上诉人的观众数量，导致被上诉人网站流量严重分流，影响了被上诉人的广告收益能力，损害被上诉人商业机会和竞争优势，弱化被上诉人网络直播平台的增值力。因此，上诉人的行为违反反不正当竞争法中的诚实信用原则，也违背了公认的商业道德，损害被上诉人合法权益，亦破坏了行业内业已形成的公认的市场竞争秩序，具有明显的不正当性。原审法院认定上诉人直播涉案赛事画面构成不正当竞争并无不当。

关于争议焦点三，二审法院认为，根据我国反不正当竞争法的规定，经营者不得利用广告或者其他方法，对其提供的商品、服务等作引人误解的虚假宣传；以歧义性语言或者其他引人误解的方式进行宣传的，足以造成相关公众误解的，可以认定为虚假宣传行为。本案基于涉案赛事知名度高、影响力大，公众知晓涉案赛事由火猫TV举办并独家转播，上诉人未经授权许可直播涉案赛事，却在直播页面采用标明火猫TV、MarsTV标识之引人误解的方式，足以造成相关公众产生上诉人系涉案赛事合作方或者上诉人直播已获授权等误解，从而误认为上诉人的直播行为来源正当合法，以致会吸引更多观众和流量，损害被上诉人的合法权益，构成虚假宣传。

关于争议焦点四，二审法院认为，本案被上诉人的实际损失以及上诉人的实际获利均难以确定，但是根据在案证据，上诉人的不正当竞争行为严重分流被上诉人网站流量，对被上诉人的正当收益造成损害，故原审法院判决赔偿损失无不当。

综上，二审法院判决：驳回上诉，维持原判。

【业内关注】

1. 网络游戏比赛画面的法律性质
2. 网络游戏比赛转播行为的法律定性
3. 网络游戏比赛转播权是否受法律保护

【法条链接】

1.《反不正当竞争法》(1993年)

第二条　经营者在市场交易中，应当遵循自愿、平等、公平、诚实信用的原则，遵守公认的商业道德。

本法所称的不正当竞争，是指经营者违反本法规定，损害其他经营者的合法权益，扰乱社会经济秩序的行为。

本法所称的经营者，是指从事商品经营或者营利性服务（以下所称商品包括服务）的法人、其他经济组织和个人。

第九条　经营者不得利用广告或者其他方法，对商品的质量、制作成分、性能、用途、生产者、有效期限、产地等作引人误解的虚假宣传。

广告的经营者不得在明知或者应知的情况下，代理、设计、制作、发布虚假广告。

第二十条　经营者违反本法规定，给被侵害的经营者造成损害的，应当承担损害赔偿责任，被侵害的经营者的损失难以计算的，赔偿额为侵权人在侵权期间因侵权所获得的利润；并应当承担被侵害的经营者因调查该经营者侵害其合法权益的不正当竞争行为所支付的合理费用。

被侵害的经营者的合法权益受到不正当竞争行为损害的，可以向人民法院提起诉讼。

2.《著作权法》

第三条　本法所称的作品，包括以下列形式创作的文学、艺术和自然科学、社会科学、工程技术等作品：

（一）文字作品；

（二）口述作品；

（三）音乐、戏剧、曲艺、舞蹈、杂技艺术作品；

（四）美术、建筑作品；

（五）摄影作品；

（六）电影作品和以类似摄制电影的方法创作的作品；

（七）工程设计图、产品设计图、地图、示意图等图形作品和模型作品；

（八）计算机软件；

（九）法律、行政法规规定的其他作品。

第十条 著作权包括下列人身权和财产权：

（十二）信息网络传播权，即以有线或者无线方式向公众提供作品，使公众可以在其个人选定的时间和地点获得作品的权利；

（十七）应当由著作权人享有的其他权利。

第四十五条 广播电台、电视台有权禁止未经其许可的下列行为：

（一）将其播放的广播、电视转播；

（二）将其播放的广播、电视录制在音像载体上以及复制音像载体。

前款规定的权利的保护期为五十年，截止于该广播、电视首次播放后第五十年的12月31日。

3.《著作权法实施条例》

第二条 著作权法所称作品，是指文学、艺术和科学领域内具有独创性并能以某种有形形式复制的智力成果。

【理论观点】

通常，网络游戏比赛的主办方将“转播权”授予特定的直播网站，网站通过信息网络向公众传播。但由于我国著作权法等法律法规对赛事等活动的转播权并未作出规定，因此一般所称的“转播权”并不属于法定的著作权权利。2003年11月18日，国家体育总局正式批准，将电子竞技列为第99个正式体育竞赛项目。那么对于电子竞技比赛的转播权，即可参考对于体育赛事的转播权。

要想在法律上对体育赛事的转播权进行准确定性，首先要弄清楚体育赛事转播权的客体，即正在进行中的体育赛事的法律性质，这就涉及体育赛事与著作权法意义上的作品的关系。对此，学界存在两种不同观点。一种观点认为体育比赛并非作品，如有学者认为“作品必须能够传播文艺或科学思想，这是它区别于体育竞赛之处”[1]。另一种观点则认为体育比赛可以被视为著作权法意义上的“作品”而受著作权法保护，如有学者认为“运动竞赛表演是体育的重要智力成果，且具有思想性、技艺性和可固定

1 韦之：《著作权法原理》，北京大学出版社1998年版，第16页。

性，应被看作著作权的客体”[1]。还有学者运用洛克的“劳动财产理论”对体育赛事的法律性质进行论证，并得出结论：“一场成功的体育比赛，是许多方面共同努力、付出辛勤劳动的结果，这种外化的劳动成果，倘具有创造性和可复制性，在条件符合时可称为知识产权的客体。”[2]根据我国《著作权法实施条例》第二条的规定，著作权法所称作品，是指文学、艺术和科学领域内具有独创性并能以某种有形形式复制的智力成果。因此，体育赛事要想成为“作品”，须具备以下三个要件：一是隶属于文学、艺术以及科学领域的范畴；二是具有独创性；三是具有著作权法意义上的可复制性。同理，电子竞技比赛要想成为“作品”，也应当具备上述三个要件。

关于比赛画面是否属于著作权法意义上的“作品”，本案的法院观点在学术界引发了讨论。本案一审法院认为，由于涉案赛事的比赛本身并无剧本之类的事先设计，比赛画面是由参加比赛的双方多位选手按照游戏规则、通过各自操作所形成的动态画面，系进行中的比赛情况的一种客观、直观的表现形式，比赛过程具有随机性和不可复制性，比赛结果具有不确定性，故比赛画面并不属于著作权法规定的作品。由于原告向网络用户提供的直播内容不仅仅为软件截取的单纯的比赛画面，还包括了原告对比赛的解说内容、拍摄的直播间等相关画面以及字幕、音效等，故原告的涉案赛事直播内容属于由图像、声音等多种元素组成的一种比赛类型的音像视频节目。上述节目可以被复制在一定的载体上，根据其解说内容、拍摄的画面等组成元素及其组合等方面的独创性有无等情况，有可能构成作品，从而受到著作权法的保护。

但是，对网络游戏比赛画面不构成作品的认定并非否定了游戏画面本身的著作权属性。事实上，我国司法实践中已有判决将网络游戏整体画面认定为类电影作品进行保护[3]，理论界也有观点认为可以将其纳入电影作品的类别进行保护，但最终是否构成电影作品仍然需要经过独创性标准的检验[4]。但还有观点主张将其作为汇编作品进行保护[5]，

1 张厚福：《论运动竞赛表演的知识产权保护》，《体育科学》2001 年第 2 期。

2 马法超：《体育赛事转播权的正当性》，《体育学刊》2010 年第4期。

3 一审法院：上海市浦东新区人民法院，一审案号：浦民三（知）初字第529 号。

4 王迁、袁锋：《论网络游戏整体画面的作品定性》，《中国版权》2016年第4期。

5 崔国斌：《认真对待游戏著作权》，《知识产权》2016年第2 期；Wilkins, Jon S, “Protecting Computer Programs as Compilations under Computer Associates vs Altai”, *Yale Law Journal,* Vol. 104, Issue 2, November 1994, pp. 435–470 等。

也有观点认为可以利用《著作权法》第三条的兜底条款对其进行保护[1]，甚至还有国内外的学者基于网络游戏的特殊性，将其归入多媒体作品（multimedia work），主张在著作立法时引入这种新的作品形态[2]。本书中就游戏画面的著作权属性问题亦有进一步分析（详见本书“2.2.7具有独创性的网络游戏整体画面构成类电影作品”），在此不作赘述。

而对于网络转播行为的法律性质，司法实务中也存在不同的观点。有法院认为欲正确理解我国著作权法体系中的“转播权”含义，需结合我国《著作权法》的立法背景，以及我国参加的相关国际条约，进行综合判断。在《著作权法》及我国参加的相关国际条约均未将广播组织权的保护范围扩展至网络环境时，不能将互联网环境下的转播行为认定为构成我国现行《著作权法》第四十五条所规定的“转播”行为。[3]也有法院认为，尽管是在信息网络的条件下进行，但不能以交互式使得用户通过互联网在任意的时间、地点获得，则该转播行为不属于我国著作权法所确定的信息网络传播权的范畴，但仍应受我国著作权法的保护，即属于“应当由著作权人享有的其他权利”[4]。

尽管我国法律法规没有明文规定转播权为一种民事权利，法院对于网络转播行为的法律性质也没有形成统一的定论，但对于赛事转播权仍予以充分保护。网络游戏赛事作为新晋体育竞赛项目，同样需要组织者投资、策划、运营、宣传、推广、管理等等。获得授权的游戏赛事直播平台对赛事的直播和组织投入了巨大的人力、物力和财力，享有相应的经济利益，未经许可的转播行为将会使权利方受到损失。在著作权法不能充分发挥作用的情形下，为了救济权利人的权益，法院另辟蹊径，以《反不正当竞争法》（1993年）第二条为依据，通过反不正当竞争法予以规制。

1 冯晓青、孟雅丹：《手机游戏著作权保护研究》，《中国版权》2014年第6期；王章伟：《从〈传奇〉案看网络游戏作品的版权保护》，《2009中华全国律师协会知识产权专业委员会年会暨中国律师知识产权高层论坛论文集（上）》2009年10月期。

2 李宗勇：《网络游戏的法律保护》，张平主编：《网络法律评论》第6卷，法律出版社2005年版，第206–207页；罗明通：《著作权法论Ⅰ》，台英国际商务法律事务所2009年版，第265页；［德］M.雷炳德：《著作权法》，张恩民译，法律出版社2005年版，第173–176页；Ng-Loy,Wee Loon, “Multimedia and Copyright”, *Singapore Academy of Law Journal*, Vol. 8, Part 1, March 1996, p.97等。

3 二审法院：北京市第一中级人民法院，二审案号：（2014）一中民终字第3199号。

4 一审法院：北京市朝阳区人民法院，一审案号：（2014）朝民（知）初字第40334号。

【案例索引】

案例1[1]：央视国际网络有限公司诉北京风行在线技术有限公司不正当竞争案

北京市海淀区人民法院认为：

国际足球联合会FIFA作为世界杯赛事的举办者，中央电视台经过该组织授权取得了对该赛事的相应权利。中央电视台曾将其享有的电视节目的著作权的权利独占授予央视网公司，央视网公司作为上述权利的独占被授权许可人，可以以自己的名义，对外主张、行使上述权利，可以许可或禁止他人行使或部分行使上述权利，其中包括体育赛事节目，故除法律法规规定的情形外，他人未经央视网公司许可不得擅自使用、播放涉案电视节目。

本案中，2014年6月13日，风行公司通过风行网向公众提供世界杯节目的在线直播，并且在赛事的广告宣传中多次提及世界杯字样，可见风行公司对其网站的直播行为是明知的。至于风行公司与五星体育传媒有限公司签订的合作协议效力仅及于合同双方，对外不具有对抗效力，且风行公司在提供涉案节目直播的过程中明显超出了五星体育传媒有限公司所获取的授权许可范围。从上述情形来看，在风行公司与五星体育传媒有限公司履行合作协议过程中，风行公司未尽到审核义务，通过网络播出他人享有著作权的电视节目的情况，显然侵犯了央视网公司的著作权及相关权益。

央视网公司主张风行公司提供涉案节目的在线直播服务，替代了该公司网站的传播效果，分流了本应属于该公司网站的用户点击量，违反了基本的竞争秩序和商业道德，对该公司构成不正当竞争，本院认为，在本院已认定被告的直播行为构成侵犯著作权的情形下，不宜再次对风行公司的同一行为追究不正当竞争责任，故驳回央视网公司主张的不正当竞争请求。

1 一审法院：北京市海淀区人民法院，一审案号：(2015)海民（知）初字第14494号。

案例2[1]：北京新浪互联信息服务有限公司与北京天盈九州网络技术有限公司著作权侵权及不正当竞争案

北京市朝阳区人民法院认为：

从赛事的转播、制作的整体层面上看，赛事的转播、制作是通过设置不确定的数台或数十台或数几十台固定的、不固定的录制设备作为基础进行拍摄录制，形成用户、观众看到的最终画面，但固定的机位并不代表形成固定的画面。用户看到的画面，与赛事现场并不完全一致，也非完全同步。这说明了其转播的制作程序，不仅仅包括对赛事的录制，还包括回看的播放、比赛及球员的特写、场内与场外、球员与观众，全场与局部的画面，以及配有的全场点评和解说。而上述画面的形成，是编导通过对镜头的选取，即对多台设备拍摄的多个镜头的选择、编排的结果。而这个过程，不同的机位设置、不同的画面取舍、编排、剪切等多种手段，会导致不同的最终画面，或者说不同的赛事编导，会呈现不同的赛事画面。就此，尽管法律上没有规定独创性的标准，但应当认为对赛事录制镜头的选择、编排，形成可供观赏的新的画面，无疑是一种创作性劳动，且该创作性从不同的选择、不同的制作，会产生不同的画面效果恰恰反映了其独创性。即赛事录制形成的画面，构成我国著作权法对作品独创性的要求，应当认定为作品。从涉案转播赛事呈现的画面看，满足上述分析的创造性，即通过摄制、制作的方式形成画面，以视听的形式给人以视觉感应、效果，构成作品。

综上，乐视公司、天盈九州公司以合作方式转播的行为，侵犯了新浪互联公司对涉案赛事画面作品享有的著作权。就涉案的转播行为，尽管是在信息网络的条件下进行，但不能以交互式使得用户通过互联网在任意的时间、地点获得，故该行为不属于我国著作权法所确定的信息网络传播权的范畴，但仍应受我国著作权法的保护，即属于“应当由著作权人享有的其他权利”。

本案中，新浪互联公司就天盈九州公司的行为提起不正当竞争诉讼。就此本院认为，赛事组织者的赛事转播授权制度，应当受到法律保护，但其权利主体是赛事组织

1 一审法院：北京市朝阳区人民法院，一审案号：（2014）朝民（知）初字第40334号。

者。对新浪互联公司提出的侵占其享有的播放和转播利益，分流其用户的关注度和网站流量，以及对视频服务来源作出引人误解的虚假宣传一节，因该事实都是基于与上述同一事实而产生的侵权后果，因而相同的事实，或者说是同一事实，不能通过两个不同的法律进行调整、规范。新浪互联公司作为赛事转播授权一方，其权利受到的侵害在本案中已通过著作权法的保护得到救济补偿。即转播的行为已通过我国著作权法进行了调整，无需再以反不正当竞争法进行规制。

【TA评述】

《宝典》如是说[1]：一个游戏所涉及的知识产权同时包含了游戏的音乐、动画、软件代码、故事、人物、艺术元素、游戏机设计等各个方面。网游中包含的软件作品、美术作品和网游构成以类似摄制电影的手法创作的作品、网游游戏规则、技巧、网游作品的知名角色形象、游戏运行时出现的临时画面、公开传播游戏画面等，都可能成为知识产权保护的对象。

对游戏的知识产权保护涉及著作权、商标权、专利权和不正当竞争四个方面。当网游维权者主张自己知识产权的时候，其可以选择用上述三种权利或者不正当竞争法规定的法益来请求保护，而无论选择哪一种权利，都受该种权利所属部门法所确立的判断标准和侵权成立标准所规范。

TA观点

电子游戏网络直播平台是近年来随着网络游戏的电子竞技产业的兴起而产生并快速发展起来的从事游戏直播的新兴商业经营模式。各平台通过组织运营直播、转播游戏比赛来吸引网络用户，提高网络用户流量，增加网络用户黏性，同时亦以该平台为媒介吸引相关广告商投放广告。因此，网络游戏比赛的转播权对于网络直播平台来讲，是其创造商业机会、获得商业利益、提升网站流量和知名度的经营项目之一。

网络游戏赛事如同体育竞赛，同样需要组织者投资、策划、运营、宣传、推广、管理等等。网络游戏比赛视频转播权需经比赛组织运营者的授权许可是网络游戏行业中长期以来形成的惯常做法，符合谁投入谁收益的一般商业规则，亦是对比赛组织运

1　王军、司若主编:《中国影视法律实务与商务宝典》，中国电影出版社2017年版，第189–191页。

营者的正当权益的保护规则，符合市场竞争中遵循的诚实信用原则。未对赛事的组织运营进行任何投入，也未取得视频转播权的许可，却免费坐享权利人投入巨资，花费大量人力、物力、精力组织运营的赛事所产生的商业成果，为自己谋取商业利益和竞争优势，其实际上是一种“搭便车”行为。本案的审理对于我国迅猛发展的电子竞技游戏产业具有较好的引导和规制作用，只有正当有序的自由竞争才能保障行业的长期健康发展。同时，本案对不属于我国《反不正当竞争法》（1993年）明确列举的不正当竞争行为适用该法第二条的规定，为该类案件的审理提供了一定的指导和借鉴意义。

（撰稿人：高立文）

1.2.6 互联网机顶盒的“直播”“回看”服务可能构成侵权

——某网络公司与深圳某公司等侵犯著作权及不正当竞争纠纷案[1]

【核心推介】

随着三网融合的推进以及科技水平的发展，互联网机顶盒已逐渐走进千家万户。用户通过互联网机顶盒，可以享受电视节目的“直播”及“回看”服务，也可以安装第三方应用，拥有海量的视频点播。然而，巨大的视频资源、良好的用户体验背后，可能暗藏着自行设立影视平台、与未经授权的聚合平台合作、未经许可盗链视频网站等行为，使得国内互联网机顶盒行业已经成为著作权侵权的高发领域。互联网机顶盒传播作品的行为，主要受控于我国著作权法中的信息网络传播权。在这类侵权案件中，影视作品的著作权人往往以侵权为由将互联网机顶盒生产者诉至法院，要求其承担侵权责任，机顶盒生产者则以其仅提供搜索链接服务为由抗辩。因此，各主体间的责任承担方式也成了该类案件中的一大关注要点。

【关键词】

互联网机顶盒　信息网络传播权　侵权行为　共同侵权

1　一审法院：北京市海淀区人民法院，一审案号：（2015）海民（知）初字第4147号；二审法院：北京知识产权法院，二审案号：（2015）京知民终字第1324号。

【案情】

中央电视台系CCTV1等24套电视频道的运营方，为上述节目频道的广播组织者。同时，中央电视台亦自行制作及转播相关电视节目，包括《2010年春节联欢晚会》等节目。2009年4月，中央电视台将该台拍摄、制作或者广播的，享有著作权或与著作权有关的权利，或者获得相关授权的，所有电视频道及其所含的全部电视节目（包括但不限于现有及今后之：综艺晚会[1]、访谈节目、体育赛事、社会活动、文化学术专栏、娱乐节目、重大事件报道、影视剧、动画片、纪录片等），通过信息网络（包括但不限于互联网络、移动平台、IP电视、车载电视等新媒体传播平台）向公众传播、广播（包括但不限于实时转播或延时转播）、提供之便利，授权某网络公司在全世界范围内独占行使，并授权某网络公司作为上述权利在世界范围内进行交易的独家代理。

2014年，某网络公司诉称其发现深圳某公司及北京某公司（以下简称B公司）生产的、B公司销售的“美如画V8机顶盒”通过互联网向用户提供电视“直播”“回播”服务，邹某某作为VST全聚合网站的经营者，提供涉案VST全聚合应用软件，并且与深圳某公司、B公司独家合作，向公众提供中央电视台电视频道的在线直播服务。涉及的电视频道有CCTV1、CCTV2、CCTV3、CCTV4、CCTV5、CCTV6、CCTV7、CCTV8、CCTV9、CCTV10、CCTV11、CCTV12、CCTV新闻、CCTV少儿、CCTV音乐、CCTV女性时尚、CCTV电视指南、CCTV-NEWS、CCTV体育赛事、CCTV国防军事、CCTV高尔夫·网球、CCTV第一剧场、CCTV中学生、CCTV证券资讯，共计24套。涉及的电视节目有：《2010年春节联欢晚会》《中国新闻》《直通2014世乒赛预选赛》《军事纪实》《楚国八百年》《法律讲堂》《新闻直播间》《寻宝》《今日说法》《焦点访谈》《经济半小时》《对话》《天天把歌唱》《综艺喜乐汇（生活如歌）》《第二十二届冬奥会闭幕式》《国宝档案》《百家讲坛》《远方的家》《匈奴最后的都城》《走进科学》《二套平安365》《法律讲堂》《夜线》《一线》《精彩音乐汇》。某网络公司经中央电视台授权，取得了以上所有电视频道电视节目之独占性地通过信息网络（包括但不限于互联网络、移动平台、IP电视、车载电视等新媒体传播平台）向公众传播、广播（包括但不限于实时转播或延时转播）、提供之权利，深圳某公司、B公司、邹某某未经授权

1　包括但不限于春节联欢晚会、元宵晚会、专题晚会。

即进行以上电视频道和电视节目的“直播”“回播”服务，是对某网络公司著作权及相关权利的故意侵害，亦是违反公平原则和诚实信用原则的不正当竞争行为，故请求法院判令深圳某公司、B公司、邹某某：1.立即停止侵权；2.在《法制日报》之非中缝位置、新浪网科技频道首页、腾讯网科技频道首页上刊登侵权声明，消除影响；3.连带赔偿经济损失100万元及合理支出5万元。

深圳某公司辩称：1.某网络公司所列的节目都是在频道项下播放的节目，存在重复主张的问题。2.所有节目的录制人都是中央电视台，中央电视台给某网络公司的授权仅为通过信息网络向公众传播广播，因此不认可其享有其主张的著作权，原告主体不适格。深圳某公司也不涉及不正当竞争问题。该公司仅是硬件生产厂家，出厂前没有加装任何软件，没有侵权行为，不应该承担侵权责任。

B公司辩称：涉案产品已经停止销售。关于复制权，公证书中都可以显示央视的标志，播放的就是央视本身的频道和节目，用户观看的节目提供方就是中央电视台，应该不存在侵犯复制权的行为，是一种类似于导航或搜索的行为，机顶盒不包含内容。

邹某某辩称：宣传中的VST全聚合和其VST不是一回事。宣传中的说法仅是宣传，实际上没有合作。VST全聚合就是随便取的一个名字，没有什么特别的含义。

一审法院经审理认为：中央电视台系涉案CCTV1等24套节目的运营方，亦为上述节目的广播组织权人，其对上述24套节目享有相应的权利，虽然上述节目具有公共属性，但并不否认某网络公司作为中央电视台的下属公司经中央电视台授权享有的相应私权利，某网络公司作为独立的法人机构亦需依据盈利及支出情况来运行相关的网站及电视节目等。现有证据亦表明，某网络公司经中央电视台授权享有对外授权上述节目通过网络传播的独家权利。故某网络公司有权提起本案诉讼，系本案适格原告，除法律规定的情形外，他人未经许可不得擅自转播、回看涉案的电视节目。

依据《品牌经营委托协议》，深圳某公司系涉案产品的生产商，B公司为该产品的销售商，但二者对外并不特别加以区分，在产品的包装上均标识“美如画”，该名称同时为深圳某公司的商标标识，也是B公司的企业名称，二者之间存在关联关系。现有证据表明，深圳某公司与B公司合作共同生产、销售美如画V8产品，该产品在接入互联网后自动实现同步直播电视功能及回看电视功能，其中直播电视功能部分通过VST全聚合应用实现。而邹某某系涉案VST全聚合的网站负责人，邹某某认为其与涉案

VST全聚合无关，因缺乏证据支持一审法院不予采信。其对网站www.91vst.com的介绍无法作出合理解释，应当对该应用未经许可擅自转播央视网享有权利的节目承担侵权责任。

本案中，原告经授权取得了涉案电视频道通过信息网络（包括但不限于互联网络、移动平台、IP电视、车载电视等新媒体传播平台）向公众传播、广播（包括但不限于实时转播或延时转播）、提供之权利。原告与深圳某公司、B公司之间存在竞争关系，深圳某公司及B公司之间未经授权，擅自通过其生产销售的V8播放器向公众提供涉案电视频道的直播，该行为违背了公认的商业道德和诚实信用原则，在增加涉案产品的销售同时，也增加了涉案网络应用的市场占有率和网络流量，显然损害了原告通过网络直播获取收益的权利。

作为中央电视台授权的独占专有信息网络传播权人，原告对于涉案的节目《2010年春节联欢晚会》等享有专有信息网络传播权，除法律法规规定的情形外，他人未经许可不得擅自提供在线点播服务。深圳某公司及B公司同时通过电视回看的功能提供上述节目的在线回看，该行为属于侵犯他人信息网络传播权的行为。

深圳某公司及B公司之间存在合作关系，二者的行为构成共同侵权，应当承担连带责任，至于涉案V8高清播放器的软件系何方集成至硬件设备内，并不影响对产品审核义务。邹某某作为VST全聚合网站的经营者，提供涉案VST全聚合应用软件，并且与深圳某公司及B公司独家合作，向公众提供央视电视频道的在线直播服务，该行为已经构成侵权，应当在其责任范围内与深圳某公司及B公司承担连带责任。

一审法院判决：一、深圳某公司、B公司、邹某某立即停止涉案侵权行为；二、深圳某公司、B公司赔偿原告经济损失及合理支出505 798元，邹某某在15万元内承担连带责任；三、驳回原告其他诉讼请求。

深圳某公司不服一审判决，向北京知识产权法院提起上诉，称：一、一审判决认定事实错误。首先，深圳某公司生产的产品只是高清电视机顶盒，产品本身只是用于增强电视清晰度的硬件产品，出厂时并未加装任何侵权软件，也不具备网络直播和回放功能。涉案产品进行VST直播及电视回放时均需要下载安装第三方软件才可能实现。其次，一审法院应当查明涉案产品中第三方软件由谁加装，才能确定侵权人。根据深圳某公司与B公司签订的《品牌经营委托协议》，深圳某公司只负责硬件生产，涉案产品是B公司销售过程中，人为加装第三方软件造成的，深圳某公司并未实施侵权行为。此外，深圳某公司与B公司是两个独立法人，二者并不存在关联关系。B公司与深圳某公司之间除了代理销售之外，没有任何交叉和关联。二、一审判决适用法律错误。首先，本案案由“侵犯著作权及不正当竞争”不符合案由的相关规定，一审法院违反法定程序，应予以撤销。其次，某网络公司的赔偿数额没有法律依据，法院依法应对该项请求予以驳回。

二审法院经审理认为，深圳某公司与B公司合作共同生产、销售了涉案机顶盒，构成了共同侵权，应当承担连带赔偿责任。关于本案赔偿数额，鉴于某网络公司的经济损失和深圳某公司的违法所得均缺乏相应证据予以证明，一审法院根据涉案过错程度、侵权情节以及某网络公司所主张诉讼开支的合理程度、必要性等因素酌情确定赔偿数额及责任承担的方式并无不当，二审法院予以维持。

综上，二审法院判决：驳回上诉，维持原判决。

【业内关注】

1. 互联网机顶盒传播作品行为的性质
2. 侵权主体及责任承担
3. 机顶盒生产者的注意义务

【法条链接】

1.《著作权法》

第十条 著作权包括下列人身权和财产权：

（十二）信息网络传播权，即以有线或者无线方式向公众提供作品，使公众可以在其个人选定的时间和地点获得作品的权利。

第四十八条 有下列侵权行为的，应当根据情况，承担停止侵害、消除影响、赔礼道歉、赔偿损失等民事责任；同时损害公共利益的，可以由著作权行政管理部门责令停止侵权行为，没收违法所得，没收、销毁侵权复制品，并可处以罚款；情节严重的，著作权行政管理部门还可以没收主要用于制作侵权复制品的材料、工具、设备等；构成犯罪的，依法追究刑事责任：

（一）未经著作权人许可，复制、发行、表演、放映、广播、汇编、通过信息网络向公众传播其作品的，本法另有规定的除外。

2.《最高人民法院关于审理侵害信息网络传播权民事纠纷案件适用法律若干问题的规定》

第三条　网络用户、网络服务提供者未经许可，通过信息网络提供权利人享有信息网络传播权的作品、表演、录音录像制品，除法律、行政法规另有规定外，人民法院应当认定其构成侵害信息网络传播权行为。

通过上传到网络服务器、设置共享文件或者利用文件分享软件等方式，将作品、表演、录音录像制品置于信息网络中，使公众能够在个人选定的时间和地点以下载、浏览或者其他方式获得的，人民法院应当认定其实施了前款规定的提供行为。

3.《反不正当竞争法》（1993年）

第二条　经营者在市场交易中，应当遵循自愿、平等、公平、诚实信用的原则，遵守公认的商业道德。

本法所称的不正当竞争，是指经营者违反本法规定，损害其他经营者的合法权益，扰乱社会经济秩序的行为。

本法所称的经营者，是指从事商品经营或者营利性服务（以下所称商品包括服务）的法人、其他经济组织和个人。

第九条　经营者不得利用广告或者其他方法，对商品的质量、制作成分、性能、用途、生产者、有效期限、产地等作引人误解的虚假宣传。

广告的经营者不得在明知或者应知的情况下，代理、设计、制作、发布虚假广告。

【理论观点】

“机顶盒硬件＋播放软件”是互联网机顶盒实现播放功能的主流模式，因此在互联网机顶盒生产者著作权侵权案件审理中，关键在于互联网机顶盒传播作品行为的性质认定。性质认定应当结合其实施的具体行为进行判断。[1]

关于互联网机顶盒传播作品的行为性质，主要涉及该行为是否受控于我国著作权

1　张晓丽、贺颖超:《浅析机顶盒著作权侵权案件的审理思路及争议问题》,《中国知识产权报》2015年7月3日。

法中的广播权或信息网络传播权的判断。根据我国著作权法对于信息网络传播权和广播权的定义，广播权所规范的行为包括无线广播、以无线或有线方式转播、公开播放接收到的广播三种行为。“无线广播”即指法条中的“以无线方式公开广播或传播作品”，由于传播技术的限制，法条中提到的“广播”和“传播”实际上在内涵上并无二致。[1]而“以无线或有线方式转播”中的客体则是“广播作品”，即只有对已经被广播的作品进行再传播才是受广播权控制的行为，直接通过有线系统播放作品则不是。[2]

信息网络传播权控制的行为则是交互式传播行为，即“公众可以在其个人选定的时间和获得作品的行为”，传播的作品有被公众获得的可能性，且通过有线或无线的方式传播。

互联网机顶盒的“点播”“回看”功能可以使用户利用电视机+机顶盒对正在直播的电视节目进行在线点播，或对已播出的电视节目长期或者在一段时间内自由选择进行观看，即在传播者限定的时间和地域范围内，只要公众可以通过网络自行选择时间和地点去“点播”“回看”，这一传播就是“交互式传播”，是信息网络传播权所控制的行为。如行为人未经电视节目权利人许可，通过网络向公众提供、供网络用户点播相关电视节目，则会侵犯上述节目权利人的信息网络传播权，应承担停止侵权、赔偿损失的法律责任。

在这类侵权案件中，著作权人往往以侵权为由将互联网机顶盒生产者诉至法院，要求其承担侵权责任，机顶盒生产者则以其仅提供搜索链接服务为由抗辩。确定互联网机顶盒生产者是否承担侵权责任的前提主要还是确定其为网络内容服务提供者还是网络技术服务提供者。如果互联网机顶盒生产者与播放软件运营者为同一主体，那么互联网机顶盒生产者应当就该播放软件提供作品的行为承担责任。机顶盒生产者承担的是直接侵权责任。如果二者非同一主体，则要在区分播放软件是否构成侵权的前提下，判断互联网机顶盒生产者是否具有过错。[3]

本案中认为机顶盒生产者对播放软件内的相关内容应当尽到产品的审核义务，也

---

1 王迁:《我国〈著作权法〉中“广播权”与“信息网络传播权”的重构》,《重庆工学院学报（社会科学）》2008年第9期。

2 王迁:《知识产权法教程》(第五版)，中国人民大学出版社2016年版，第147页。

3 张晓丽、贺颖超:《浅析机顶盒著作权侵权案件的审理思路及争议问题》,《中国知识产权报》2015年7月3日。

就是说，可以通过生产者的注意义务作为客观化的标准来判断生产者是否具有主观过错。有观点认为，生产者的注意义务的认定应当与其对播放内容的控制力、基于播放内容的获利、制止侵权的措施等相适应。[1]

一是生产者的注意义务应当与“生产者对于机顶盒播放内容有无控制能力”相适应。如果机顶盒内播放内容完全由内容提供方控制，播放内容的更新、删除、编辑等行为均由内容提供方进行，生产者只能唯一、无选择地映射播出由内容提供方提供的播放内容，则机顶盒生产者在履行了其对内容提供方应当进行的资质审查、版权保证等基本义务后，并无更高的注意义务。反之，如果生产者可以与内容提供方共同控制机顶盒的播放内容，则其注意义务也相对提高，生产者对于机顶盒播放内容应当进行相应的审查，尽到更加审慎的注意义务。

二是生产者的注意义务应当与“生产者与内容提供方是否共享收益”相适应。对于该项考量因素，司法实践中存在着争议。有法院认定二者如存在共享收益的关系，生产者未采取必要措施制止侵权行为，存在过错，应当承担共同侵权责任。[2]也有法院认为虽然二者存在共享收益的关系，但认定生产者提供的为技术服务，不承担共同侵权责任。[3]

三是生产者的注意义务应当与“在侵权发生后是否及时采取制止措施”相适应。机顶盒的生产者虽然对于播放内容没有控制权，但当其明知侵权行为发生后，未及时采取必要措施制止侵权行为，导致侵权结果的扩大，其仍然应当承担相应的侵权责任。

四是生产者的注意义务应当与“生产者是否存在内置、推荐视频播放软件等行为”相适应。根据国家广电总局下发的《持有互联网电视牌照机构运营管理要求》（简称181号文件），机顶盒生产者应当对其合作的内容提供方的资质等进行审查，对于非法视频播放软件应当进行技术屏蔽等措施。同时，如果生产者对于视频播放软件具有推荐、宣传等引导性行为，能够使用户以比获得其他同类软件更直接、方便的方式获取涉案视频播放软件，则生产商对于其扩大涉案视频播放软件传播途径及范围的行为应当具有更高的注意义务。

1 倪端：《互联网机顶盒生产者的侵权认定规则研究》，《中国版权》2016年第2期。

2 一审法院：北京市海淀区人民法院，一审案号：（2015）海民（知）初字第11223号。

3 一审法院：北京市海淀区人民法院，一审案号：（2013）海民初字第23585号。

【案例索引】

案例1[1]：北京优朋普乐科技有限公司与深圳市腾讯计算机系统有限公司侵害作品信息网络传播权案

北京市西城区人民法院认为：

根据本案查明的事实，优朋普乐公司直接在其经营的优朋影视网站“互联网电视频道”提供购买充值卡的链接，而该链接所指向的淘宝网“优朋影视官方直营店”中提供了涉案机顶盒的销售，且机顶盒包装盒及机顶盒盒身上均有“优朋普乐”“正版海量影视”等字样；连网后，开机画面直接显示“优朋影视”，在“优朋影视”搜索界面可直接搜索到电视剧《X女特工》，并可以点击进行播放。优朋普乐公司辩称淘宝网官方平台不是其从事经营，且涉案播放平台为假冒优朋普乐公司所为，但并未提供证据予以证明，且优朋普乐公司在其官网设置淘宝网“优朋影视官方直营店”链接、充值卡和机顶盒捆绑销售、机顶盒上所标字样、播放平台上界面中显示“优朋影视”诸多字样，以及涉案连续剧播放界面中显示“优朋”水印等行为，均足以说明优朋普乐公司未经许可，在其销售的机顶盒中，通过“优朋影视”提供电视剧《X女特工》的在线播放服务，侵害了深圳市腾讯计算机系统有限公司对电视剧《X女特工》享有的信息网络传播权。

案例2[2]：中影寰亚音像制品有限公司与国广东方网络（北京）有限公司、合一信息技术（北京）有限公司著作权权属案

北京市海淀区人民法院认为：

针对超出授权范围提供涉案影片的行为，中影公司有权依据合同法追究相对方违约责任，亦可以依据相关法律要求相关主体承担侵权责任。合一公司在其制作销售的

1　一审法院：北京市西城区人民法院，一审案号：（2016）京0102民初12124号；二审法院：北京知识产权法院，二审案号：（2016）京73民终761号。

2　一审法院：北京市海淀区人民法院，一审案号：（2016）京0108民初第8651号。

涉案机顶盒中向用户提供涉案影片，使该些用户可以在其选定的时间和地点获取该作品，构成信息网络传播行为，且该行为并未获得中影公司的授权，构成侵权。

在本案中，依照二被告陈述，合一公司系通过国广公司许可使用CIBN呼号的方式取得了合法制作和销售涉案机顶盒的资格，内容亦全部由合一公司提供，国广公司不参与运营，不获得收益，不提供内容。对此，本院认为，首先，按照涉案181号文的规定，涉案机顶盒这类终端产品的生产必须与持有互联网电视牌照机构合作，而合一公司并不持有此类牌照，挂靠国广公司实际运营的CIBN持有的牌照成为其产品合法化的必要条件；其次，按照前述文件的要求，涉案机顶盒能够合法经营，必须由持有相应牌照方向广电总局申请客户端编码等手续，获得批准方能销售，国广公司须对涉案机顶盒负有控制和管理的义务，被挂靠方并不能对之放之任之；再次，从涉案机顶盒外包装及设备标签等来看，国广公司为出品商之一，且载明由CIBN互联网电视监制，产品合格证书也载明国广公司的企业名称，主页面及播放页面亦始终标注CIBN字样，而CIBN系中国国际广播电视网络台的简称和呼号；最后，本院还注意到，合一公司在销售涉案机顶盒的宣传中还称“视频内容均通过CIBN播控平台审核”，亦反映了二被告在涉案机顶盒内容提供上存在分工合作的关系。综上，本院认定，国广公司与合一公司在制作和销售涉案机顶盒过程中，存在事实上的合作关系，应共同对涉案机顶盒提供的内容承担相应的法律责任。

案例3[1]：深圳市迅雷网络技术有限公司与湖北广播电视台、湖北广电长江新媒体集团有限责任公司、UT斯达康通讯有限公司侵害作品信息网络传播权案

一审法院湖北省武汉市中级人民法院认为：

涉案影片的传播过程需通过湖北广电IPTV点播平台、长城宽带网络、机顶盒三者结合运行方能完成。其中，湖北广电IPTV点播平台由湖北广播电视台设立管理、湖北广电公司运营维护，两公司对所提供的影视作品合法来源具有审查义务，属于被控传

1　一审法院：湖北省武汉市中级人民法院，一审案号：（2015）鄂武汉中知初字第02504号；二审法院：湖北省高级人民法院，二审案号：（2016）鄂民终1114号。

播行为的责任主体。武汉长宽则仅提供宽带网络接入服务，而涉案机顶盒的主要功能是提供物理接收和处理媒体流、向用户呈现媒体流，并不存储包括涉案电影在内的影视作品。高清电视的网络用户通过联网操作机顶盒内置的“湖北广电IPTV”菜单界面来选择接收IPTV平台系统播入的媒体内容，该连接选择具有定向性，即开机后被设置为仅指向湖北广电IPTV点播平台。作为涉案机顶盒的生产者斯达康公司，仅仅依据湖北广播电视台和湖北广电公司的需求，在机顶盒中设置了定向物理连接提供了技术支持，对于被连接播放平台所播入的内容既无法定审查义务，亦不可能审查和控制播放平台所播入的内容。因此，迅雷公司指控斯达康公司通过意思联络以分工合作方式共同盗播迅雷公司权利作品的证据不足，其对斯达康公司的诉讼请求不能得到一审法院支持。

【TA评述】

与传统的电视机顶盒不同，互联网机顶盒作为数字时代的特有产物，能够使用户在电视机屏幕上通过互联网获取视听内容，因而备受广大消费者的喜爱。交互性可以说是互联网机顶盒的最大特点，用户可以轻松通过操作实现对海量网络资源的自主式访问，还可以通过互联网机顶盒的“点播”“回看”功能对正在直播的电视节目进行在线点播，或对已播出的电视节目长期或者在一段时间内自由选择进行观看。这些功能和便利的实现不可避免地依赖着硬件设备、技术功能以及大量的内容资源供应，正是如此，使得互联网机顶盒成为著作权侵权的重灾区。

2011年，国家广电总局下发了《持有互联网电视牌照机构运营管理要求》(简称181号文件)，对互联网电视机顶盒中的内容提供方进行了详细的界定，并再次重申了互联网电视终端产品内容监管细则，文件中声明“互联网电视内容服务平台只能接入到总局批准设立的互联网电视集成平台上”，同时，“内容服务平台不能与设立在公共互联网上的网站进行相互链接”，即不管是智能电视还是机顶盒等电视机附属产品，若想接入互联网电视，必须与牌照持有者合作。该政策虽然关闭了视频网站与终端企业的直接合作机会，但为机顶盒厂商、视频网站及持有互联网电视集成业务牌照的企业三者的合作创造了契机。与此同时，对于互联网机顶盒所带来的著作权风险，同样需要各方主体有效规避。

对于互联网机顶盒生产者，应当对其内置的软件或合作的播控平台及其内部的影视作品尽到合理的注意义务，采取必要的措施来规避自身风险，如签订合作协议时就知识产权事宜进行特别约定等。另外，互联网机顶盒生产者在知道其内置软件或合作的播控平台侵权时，亦应当及时采取必要措施。对于播放软件运营者，应当在提供影视作品、录音录像制品时及时取得著作权人的授权；若其仅提供搜索链接等技术服务，应当在知道其搜索链接的网站侵权后，及时采取删除、屏蔽、断开链接等必要措施，避免侵权范围及影响的进一步扩大。

（撰稿人：高立文）

1.2.7 著作权法和反不正当竞争法并行保护动画电影

——某企业公司与厦门某影视动漫有限公司、北京某影视文化传媒有限公司等著作权侵权、不正当竞争纠纷案[1]

【核心推介】

本案对于判定电影名称的“搭便车”行为及区分公共领域素材与独创性作品具有指导意义，对于我国动漫行业的发展亦具有深远影响。本案电影涉及的赛车动画形象具有赛车通常具有的结构和样式，这些部分通常已进入公有领域，但在此基础上进行了多重的设计组合充分展示出拟人化的独有特征后，构成独创性表达，受著作权法的保护。在认定电影名称是否属于知名商品特有名称时，若经过权利人的大量宣传和使用，已经能够发挥区别商品来源作用的电影名称，可以认定为知名商品特有名称。

【关键词】

动画形象　电影海报　实质性相似　不正当竞争行为

【案情】

2015年7月，国产动画电影《汽车人总动员》在国内上映。然而，这部电影从名称、动画形象到宣传海报，都与某企业公司的《赛车总动员》系列电影存在相似。《赛

1　一审法院：上海市浦东新区人民法院，一审案号：（2015）浦民三（知）初字第1896号；二审法院：上海知识产权法院，二审案号：（2017）沪73民终54号。该案入选AIPPI 2017年度中国版权行业十大热点案件。

车总动员》于2006年在国内上映,《赛车总动员2》于2011年在国内上映。《赛车总动员》系列电影的主角动画形象“闪电麦坤”及“法兰斯高”是拟人化的赛车，尤其是其拟人化的脸部具有很高的独创性。《汽车人总动员》中“K1”“K2”动画形象与“闪电麦坤”“法兰斯高”动画形象存在相似。

原告某企业公司诉称：被告共同侵害了原告作品的复制权、发行权、展览权、信息网络传播权。同时,《赛车总动员》《赛车总动员2》及另译名《汽车总动员》《汽车总动员2》均具有很高的知名度，属于知名商品特有名称。《汽车人总动员》这一名称与两部电影的名称极度近似，其电影海报更是把“人”字用汽车轮胎图案予以遮盖，致其视觉效果成为“汽车总动员”，更易造成相关公众的误认，构成擅自使用知名商品特有名称的不正当竞争。

被告厦门某影视动漫有限公司（下称厦门公司）辩称:“K1”“K2”动画形象是其独立创作的，借鉴了现实赛车的样式，与原告电影的动画形象不构成实质相似。两者的电影海报也不相似。“汽车人”和“赛车”的含义不同，“总动员”是常见词汇，因而电影取名《汽车人总动员》并无不当。同时，其与北京某影视文化传媒有限公司（下称北京公司）有明确分工，不构成共同侵权。原告主张的赔偿金额也过高。

被告北京公司辩称：涉案电影海报是其委托案外人设计、印刷的，设计稿经过了厦门公司的同意。《汽车人总动员》中的动画形象与原告电影的动画形象不构成实质性相似。原告涉案电影的名称显著性不强，不能认定为知名商品特有名称。被告一直宣传《汽车人总动员》是国产电影，不会导致相关公众的误认。涉案电影的票房收入扣除税费、院线分成、宣发成本等费用后，被告并没有获利。

上海市浦东新区人民法院审理认为，关于著作权侵权，原告电影中的“闪电麦坤”“法兰斯高”动画形象以及电影海报均具有独创性，属于美术作品，受我国著作权法的保护。将“K1”与“闪电麦坤”、“K2”与“法兰斯高”进行比较，“K1”“K2”使用了原告“闪电麦坤”及“法兰斯高”卡通形象最具独创性的眼部和嘴部的表达方式，两者几乎没有差别，故认定被告《汽车人总动员》电影及海报中的“K1”“K2”动画形象与原告在《赛车总动员》及《赛车总动员2》中创作的具有独创性的“闪电麦坤”“法兰斯高”动画形象实质性相似。被告有机会接触原告的作品，汽车的拟人化设计有较大的创作空间，但两被告直接使用了原告动画作品中具有独创性的表达。两被告主观上明显具有复制原告涉案动画形象的意图，故两被告著作权侵权成立。《汽车人总动员》的电影海报与《赛车总动员2》的电影海报主要存在以下差异：《赛车总动员2》海报上端2/3部分为地球，标题为红底银字的英文“CARS2”，数字“2”和“CARS2”四周分别由具有金属感的V字形轮廓及波形轮廓包围，海报下端为四辆拟人化车辆。《汽车人总动员》海报上端1/3为建筑，标题为“汽车人总动员”，其中“人”字被轮胎挡住，“总”字后面有两条黑白的小旗子，海报下端为三辆拟人化车辆。法院已经认定《汽车人总动员》电影海报中“K1”“K2”动画形象与“闪电麦坤”“法兰斯高”构成实质性相似，但就海报整体而言，两者在构图、背景等方面均存在较大的差别，故认定两者的电影海报不构成实质性相似。法院认为，电影的宣传和发行是电影进入市场的重要环节，北京公司作为《汽车人总动员》的发行方，负责具体的宣传和发行工作。厦门公司网站上使用了北京公司提供的宣传资料，其法定代表人在新浪微博上也使用了涉案的电影海报，由此可见，厦门公司认可北京公司委托第三方制作的电影海报等宣传资料，且厦门公司亦通过使用这些宣传资料获益，故两被告构成共同侵权。厦门公司制作含有侵权动画形象涉案电影，厦门公司及北京公司制作了电影海报、预告片等宣传资料，侵害了原告涉案作品的复制权。两被告通过影院向公众提供电影海报的复制件，侵害了原告涉案作品的发行权。两被告通过信息网络传播有侵权动画形象的电影、电影海报、预告片，侵害了原告涉案作品的信息网络传播权。两被告在宣传活动中公开陈列含有侵权动画形象的电影海报，侵害了原告涉案作品的展览权。被告上海某传媒技术公司通过信息网络向公众提供电影《汽车人总动员》、电影预告片、电影海报，侵害了原告涉案作品的信息网络传播权。

关于不正当竞争，法院认为，《赛车总动员》电影名称经过权利人的大量使用、宣传，构成知名商品特有名称。《反不正当竞争法》第五条第（二）项规定的知名商品特有名称的特有性，是指能够区别商品来源的显著性。“赛车总动员”一词并非英文名称“Cars”的直译，“赛车”是一类汽车的称呼，“总动员”的含义是为完成某项重要任务动员全部力量，将电影的主角“赛车”和表明发动力量的“总动员”结合在一起，用于拟人化赛车题材电影作品的名称，其名称具有一定的独特性。《赛车总动员》这一电影名称已经能够发挥区别商品来源的作用，相关公众会将该电影名称与原告联系在一起，《赛车总动员》属于知名商品特有名称，《赛车总动员2》并不是独立于《赛车总动员》的又一个知名商品特有名称。原告的两部影片又译为《汽车总动员》《汽车总动员2》，但原告在国内仅使用了经有关部门批准的《赛车总动员》和《赛车总动员2》这两个电影名称。由于原告未将《汽车总动员》《汽车总动员2》作为电影名称进行商业性的使用，因此上述两个名称不具有作为知名商品特有名称进行保护的基础。被告单纯以《汽车人总动员》为名称，以相关公众一般注意力为标准，不会将其与原告的涉案电影发生混淆或者误认，不构成与原告知名商品特有名称的近似。被告《汽车人总动员》的海报中，“人”字被轮胎遮挡，遮挡之后该电影名称的视觉效果变成了《汽车总动员》。《汽车总动员》和《赛车总动员》仅一字之差，且赛车属于汽车，相关公众在隔离比对的情况下，容易产生误认。根据原告提交的证据，已经有很多的公众对两者产生误认，以为涉案侵权电影是原告制作的系列电影。两被告的上述行为，主观上具有攀附原告知名动画电影名称的故意，客观上易使相关公众产生误认，从而不当利用了原告涉案电影的在先商誉，构成擅自使用知名商品特有名称的不正当竞争行为。

上海市浦东新区人民法院判决：一、被告厦门公司、北京公司于本判决生效之日起停止复制、发行、展览及通过信息网络传播有“K1”“K2”动画形象的《汽车人总动员》电影、电影预告片、电影海报，停止使用《汽车总动员》作为电影名称的不正当竞争行为；二、被告上海某传媒技术公司于本判决生效之日起停止通过信息网络传播有“K1”“K2”动画形象的《汽车人总动员》电影、电影预告片、电影海报；三、被告厦门公司于本判决生效之日起十日内赔偿原告某企业公司经济损失人民币100万元，被告北京公司对上述赔偿金额中的人民币80万元与被告厦门公司承担连带赔偿责任；四、被告厦门公司、北京公司于本判决生效之日起十日内赔偿原告某企业公司为制止本案侵权行为所支付的合理开支人民币353 188元；五、驳回原告某企业公司的其余诉讼请求。

厦门公司、北京公司不服一审判决，于法定期限内上诉至上海知识产权法院。

厦门公司、北京公司上诉称：拟人化的表达方式有限，一审法院认定某企业公司的“闪电麦坤”“法兰斯高”动画形象通过拟人化的眼部、嘴部以及特定色彩的组合构成独创性的表达，没有将公有领域的元素排除，认定构成实质性相似是错误的。即使构成侵权，其也仅仅侵犯了美术作品的著作权，而不是整个电影作品的著作权，不应以票房收入来确定赔偿数额。即使涉案电影海报构成不正当竞争，因其未造成某企业公司较大损失，也未导致损失扩大，故其侵权结果应该被著作权侵权结果所吸收。一审法院将著作权侵权和不正当竞争的赔偿数额叠加计算，是重复计算。

上海知识产权法院审理认为：虽然将汽车进行拟人化设计属于思想范畴，不受著作权法的保护，但是拟人化的具体表达方式则属于表达范畴，可以受到著作权法的保护。通过比对，明显可见涉案电影《汽车人总动员》及电影海报中的“K1”“K2”动画形象与《赛车总动员》系列电影中的“闪电麦坤”“法兰斯高”动画形象具有诸多共同点，且相同点是实质性的。对于“实质性”的认定，既要考虑相同点的数量也要考虑相同点的质量。数量主要考虑相同点是否达到一定数量；质量主要考虑相同点是否是著作权法所保护的具有独创性的表达。足以认定“K1”“K2”动画形象与“闪电麦坤”“法兰斯高”动画形象构成实质性相似。此外，在著作权侵权判定中，不以混淆作为作品是否构成实质性相似的考量标准。故厦门公司和北京公司侵犯了某企业公司“闪电麦坤”“法兰斯高”美术作品的著作权。

构成擅自使用知名商品特有名称的不正当竞争行为需满足三个条件：一是该名称构成知名商品特有名称；二是被诉侵权名称与知名商品特有名称相同或近似；三是相关公众产生混淆或误认。《赛车总动员》作为某企业公司系列电影名称，具有一定的显著性和较高的知名度，构成知名商品特有名称。《汽车人总动员》海报的“人”字被轮胎遮挡后，视觉效果上变成“汽车总动员”，其与《赛车总动员》仅一字之差，故两电影名称构成近似。《赛车总动员》两部系列电影有着较高的票房收入，厦门某影视动漫有限公司作为制作动画电影的同业竞争者，北京某影视文化传媒有限公司作为从事电影发行的专业公司，其对《赛车总动员》这一名称是知晓的。涉案电影最初的备案名称为《小小汽车工程师》，却在放映之前的几个月更名为《汽车人总动员》，其电影海报亦将《汽车人总动员》中的“人”字用轮胎遮挡，以在视觉上形成《汽车总动员》的效果，据此，足以认定存在混淆的主观故意，也实际产生了混淆的结果，其行为构成擅自使用知名商品特有名称的不正当竞争行为。

关于赔偿数额，法院认为，从行为本身来看，著作权侵权与不正当竞争行为是各自独立的；从侵权结果来看，前者产生复制、发行、展览、信息网络传播他人作品的法律后果，后者产生擅自使用知名商品特有名称导致相关公众混淆误认的法律后果，且不正当竞争行为给厦门某影视动漫有限公司和北京某影视文化传媒有限公司带来了著作权侵权之外的获利，不正当竞争行为的侵权结果没有被著作权侵权的侵权结果所吸收，一审法院确定的赔偿数额考虑因素较为全面，并无不当。

上海知识产权法院判决：驳回上诉，维持原判。

【业内关注】

1. 如何认定动画形象具有独创性，进而可受到著作权法的保护

2. 如何判断动画形象构成实质性相似

3. 如何认定电影名称是否属于知名商品特有名称，进而可受到反不正当竞争法的保护

【法条链接】

1.《著作权法》

第十条 著作权包括下列人身权和财产权：

（五）复制权，即以印刷、复印、拓印、录音、录像、翻录、翻拍等方式将作品制作一份或者多份的权利；

（六）发行权，即以出售或者赠与方式向公众提供作品的原件或者复制件的权利；

（八）展览权，即公开陈列美术作品、摄影作品的原件或者复制件的权利；

（十二）信息网络传播权，即以有线或者无线方式向公众提供作品，使公众可以在其个人选定的时间和地点获得作品的权利。

第四十八条 有下列侵权行为的，应当根据情况，承担停止侵害、消除影响、赔礼道歉、赔偿损失等民事责任：

（一）未经著作权人许可，复制、发行、表演、放映、广播、汇编、通过信息网络向公众传播其作品的，本法另有规定的除外。

第四十九条 侵犯著作权或者与著作权有关的权利的，侵权人应当按照权利人的实际损失给予赔偿；实际损失难以计算的，可以按照侵权人的违法所得给予赔偿。赔偿数额还应当包括权利人为制止侵权行为所支付的合理开支。

权利人的实际损失或者侵权人的违法所得不能确定的，由人民法院根据侵权行为的情节，判决给予五十万元以下的赔偿。

2.《反不正当竞争法》(1993年)

第五条 经营者不得采用下列不正当手段从事市场交易，损害竞争对手：

(二)擅自使用知名商品特有的名称、包装、装潢，或者使用与知名商品近似的名称、包装、装潢，造成和他人的知名商品相混淆，使购买者误认为是该知名商品。

第二十条 经营者违反本法规定，给被侵害的经营者造成损害的，应当承担损害赔偿责任，被侵害的经营者的损失难以计算的，赔偿额为侵权人在侵权期间因侵权所获得的利润；并应当承担被侵害的经营者因调查该经营者侵害其合法权益的不正当竞争行为所支付的合理费用。

3.《最高人民法院关于审理著作权民事纠纷案件适用法律若干问题的解释》

第七条 当事人提供的涉及著作权的底稿、原件、合法出版物、著作权登记证书、认证机构出具的证明、取得权利的合同等，可以作为证据。

在作品或者制品上署名的自然人、法人或者其他组织视为著作权、与著作权有关权益的权利人，但有相反证明的除外。

第二十五条 权利人的实际损失或者侵权人的违法所得无法确定的，人民法院根据当事人的请求或者依职权适用著作权法第四十八条第二款的规定确定赔偿数额。

人民法院在确定赔偿数额时，应当考虑作品类型、合理使用费、侵权行为性质、后果等情节综合确定。

第二十六条 著作权法第四十八条第一款规定的制止侵权行为所支付的合理开支，包括权利人或者委托代理人对侵权行为进行调查、取证的合理费用。

人民法院根据当事人的诉讼请求和具体案情，可以将符合国家有关部门规定的律师费用计算在赔偿范围内。

4.《最高人民法院关于审理不正当竞争民事案件应用法律若干问题的解释》

第一条 在中国境内具有一定的市场知名度，为相关公众所知悉的商品，应当认定为反不正当竞争法第五条第(二)项规定的“知名商品”。人民法院认定知名商品，应当考虑该商品的销售时间、销售区域、销售额和销售对象，进行任何宣传的持续时间、程度和地域范围，作为知名商品受保护的情况等因素，进行综合判断。原告应当对其商品的市场知名度负举证责任。

第四条 足以使相关公众对商品的来源产生误认，包括误认为与知名商品的经营者具有许可使用、关联企业关系等特定联系的，应当认定为反不正当竞争法第五条第（二）项规定的“造成和他人的知名商品相混淆，使购买者误认为是该知名商品”。

在相同商品上使用相同或者视觉上基本无差别的商品名称、包装、装潢，应当视为足以造成和他人知名商品相混淆。

认定与知名商品特有名称、包装、装潢相同或者近似，可以参照商标相同或者近似的判断原则和方法。

第十七条 确定反不正当竞争法第五条、第九条、第十四条规定的不正当竞争行为的损害赔偿额，可以参照确定侵犯注册商标专用权的损害赔偿额的方法进行。

【理论观点】

我国现行《著作权法》对如何判定作品是否构成实质性相似并无明确的法条规定，在司法实践中，法院大多采用“接触+实质性相似”的判断标准。具体而言，可以把“接触+实质性相似”当作在著作权侵权判断中判断被诉侵权作品是否使用了享有著作权作品的方法和工具，在具体的个案裁判中，可在运用这个规则确认被告是否接触过原告的作品、被诉侵权作品与原告作品是否实质性相似的基础上，进一步指出被告系因未经原告许可，以复制、改编、表演或展览的方式使用了原告的作品，侵害了原告对其作品享有的复制权、改编权、表演权或展览权，依法应承担停止侵害、消除影响、赔礼道歉、赔偿损失的民事责任，而不能是仅仅基于接触和实质性相似即直接判称被告侵犯原告的著作权。[1]通常认为，整体观感法和抽象分离法是认定实质性相似的两种主要方法。整体观感法是从目标群体对于两个作品整体上的观感和内心感受来分析和判断是否构成实质性相似。抽象分离法则是将作品中的思想、公有领域的表达过滤后，分析剩下部分是否构成实质性相似。这两种方法相对弹性，在司法实践中并非是非此即彼的适用，而往往是根据作品及其表达的形式、独创性的高低等因素综合判断是否需先适用抽象分离法进行过滤，且从“一般读者”“具有较高注意力的普通读者”和“作品所针对的读者”中选择合适的目标群体进行整体观感法的判断。[2]正如著作权法所保护的是作品中具有作者原创性的部分，实质性相似的判断聚焦于作品的实质部分。该

1 陈锦川:《小议“接触加实质性相似”规则 》,《中国版权》2018年第1期。

2 梁志文:《版权法上实质性相似的判断》,《法学家》2015年第6期。

实质部分又分为要部与非要部，要部是作品原创性的集中体现；非要部则是辅助、凸显要部的部分。当在先作品的要部未经授权被在后作品使用，除非构成合理使用，无论被使用的部分在被告作品中所占篇幅大小如何，均很容易被认定构成著作权侵权；当在先作品中的非要部未经授权被在后作品使用时，如果该非要部构成作者原创性的表达，且在在先作品中所占篇幅较大，通常亦很容易被认定构成著作权侵权。如何衡量要部、非要部、使用篇幅大小等问题，则通常是法官结合个案自由裁量的范畴。[1]

我国《反不正当竞争法》(1993年）第五条第（二）项明文禁止经营者在市场交易中擅自使用知名商品特有的名称，为电影名称可受到《反不正当竞争法》的保护提供了直接的法律依据。虽然该第五条并没有对知名商品特有名称的定义作出明确规定，但结合该第五条以及《反不正当竞争法》的主旨可知，对于电影名称来说，如果同时满足电影属于知名商品、电影名称为该电影的特有名称、他人使用与该电影名称相同或近似的名称，以致造成消费者存在混淆或混淆可能性的要件时，就可以受到《反不正当竞争法》保护。具体而言，知名商品认定的标准并非是一个单纯的技术问题，也并非对有关标准的划分越细越好，其实质同样涉及《反不正当竞争法》的立法宗旨即防止误认和混淆。基于上述相关法律规定和司法实践，知名商品认定的基本要素主要是：销售时间、销售区域、销售额和销售对象、宣传程度、获奖情况、被诉行为的主观意图。[2]结合电影这类精神类消费商品的特殊性，以及影视产业的行业特点等因素进一步考量，电影属于知名商品，一般需要从其投入的宣传力度、票房和获奖成绩、衍生品开发、相关公众的评价以及是否具有持续的影响力等角度予以论证。判断电影名称是否为电影领域内消费者理解的特有名称，是通过判断该电影名称是否具有显著性，是否起到区分不同电影作品的目的。名称的显著性，既可以是其自身的固有显著性，也可以来自于因使用而具有的显著性。[3]此外，名称的知名度、市场影响力以及被控侵权人“搭便车”的主观恶意亦影响着特有名称的判断，因此，知名商品和特有名称，进行判断的侧重点虽有不同，但仍将两者作为一个有机整体并予以综合考量。在对知名商品特有名称进行不正当竞争认定时，混淆判断是重中之重，只有存在混淆或混淆

1　卢海君:《论作品实质性相似和版权侵权判定的路径选择》,《政法论丛》2015年第1期。

2　钱光文、丁文联:《知名商品的司法认定》,《人民司法》2011年第7期。

3　刘益:《知名商品特有名称的法律性质和认定标准》,《法制博览》2016年第3期。

可能性时，才可能构成不正当竞争行为。混淆判断是一个考虑多重因素，综合判断的过程。认定与知名商品特有名称相同或者近似可以参照商标相同或者近似的判断原则和方法。[1]电影名称的载体集中在电影的宣传物料上，尤其是电影海报，则在考虑和对比电影海报呈现出的文字字形、读音和含义，图形的构图和颜色，或者各构成要素的组合结构等基础上，以普通的观影人群在隔离观察时是否会从视觉上误认和混淆两部电影作品为混淆判断路径，从而对电影名称作为知名商品特有名称时是否具有市场混淆的可能性进行综合分析判断。

【案例索引】

案例[2]：北京乐动卓越科技有限公司与北京昆仑乐享网络技术有限公司等侵犯著作权及不正当竞争案

原告乐动卓越公司是移动终端游戏《我叫MT on line》《我叫MT》（统称《我叫MT》）的著作权人。前述游戏经授权改编自系列3D动漫《我叫MT》，该动漫的著作权人将对该作品改编成游戏的权利，以及对该作品及其要素独占使用的权利均授予原告。原告认为其对于《我叫MT》动漫名称及其中“哀木涕、傻馒、劣人、呆贼、神棍德”五个人物名称、人物形象等享有著作权。被告昆仑乐享公司等未经原告许可，将其开发和运营的游戏命名为《超级MT》，在游戏中使用与原告游戏作品中相似的人物形象，并将相应人物对应地命名为“小T、小馒、小劣、小呆、小德”，该行为侵犯了原告的著作权；且被告在《超级MT》游戏中抄袭了《我叫MT》游戏的名称，在游戏的宣传过程中使用与《我叫MT》游戏相关的宣传用语，构成不正当竞争行为，故原告以被告侵犯著作权及不正当竞争为由提起诉讼。

北京知识产权法院审理认为：1.“我叫MT”整体属于现有常用表达，并非涉案动漫作者独创，不具有独创性。“哀木涕”“傻馒”“劣人”“呆贼”“神棍德”五个人物名称，公众在不知晓原告游戏，而仅仅看到上述名称的情况下，显然无法对其所表达的含义有所认知。因此，上述名称并未表达较为完整的思想，未实现文字作品的基本功

1 《最高人民法院关于审理不正当竞争民事案件应用法律若干问题的解释》第四条。

2 一审法院：北京知识产权法院，一审案号：（2014）京知民初字第1号。

能。虽然公众在结合动漫《我叫MT》的情况下，足以知晓上述名称的含义，但这一认知已不仅仅来源于上述名称本身，而系来源于该动漫中的具体内容，这一情形不足以说明上述名称本身符合文字作品的创作性要求，原告认为被告对相应名称的使用行为侵犯其文字作品著作权的主张亦不能成立。2. 通过比对，法院认为游戏《我叫MT》中五个人物形象与动漫《我叫MT》中对应人物形象的面部形象无实质性区别，但在武器和服饰方面具有明显差异，且差异程度已达到美术作品所要求的基本的创作高度，因此，原告游戏中的上述五个形象已构成改编作品并享有著作权，他人对于上述形象的使用应经过原告许可。因原告五个游戏人物形象的独创性部分体现在人物的武器及服装上，而非人物面部形象上，因此，法院仅将原告五个游戏人物形象的武器及服装与被诉游戏中对应五个人物形象中的相应部分进行比对。经比对，被诉游戏中的五个人物形象的武器及服饰与原告游戏中五个对应形象的武器与服饰差异较大，未构成实质性近似。因此，被诉游戏中的人物形象并未使用原告独创性的表达，被告未侵犯原告游戏中相应人物形象的著作权。3. 判断被告的行为是否构成擅自使用原告知名服务特有名称的不正当竞争行为，应考虑如下因素：原告《我叫MT》游戏名称及涉案五个人物名称在手机游戏服务上是否构成知名服务的特有名称；被告向公众提供被诉游戏《超级MT》并进行相应宣传的行为是否易导致相关公众混淆误认；被告是否存在“搭便车”的恶意。被告与原告同为手机游戏经营者，原告游戏系在先上线且具有一定知名度，相关公众足以依据原告《我叫MT》游戏名称及涉案五个人物名称识别该游戏的来源，被告对此显然知晓。在此情况下，除非“MT”属于手机游戏名称中的通常表述，否则被告应对原告游戏名称或相关人物名称等予以合理避让，但被告不仅并未避让，反而在对被诉游戏五个人物命名时，采用了与原告游戏相关人物相关联的表述方式，且亦有“《我叫MT》原班人马二次开发《小小兽人》更名《超级MT》”等宣传用语，相关公众容易误认为被诉游戏是原告游戏的衍生游戏或者与原告游戏存在某种特定联系，从而导致相关公众的混淆误认。上述事实足以说明，被告不仅不希望对原告游戏名称进行避让，反而希望用户产生相应误解，被告具有明显的“搭便车”恶意。因此，被告行为构成不正当竞争。故法院判决被告立即停止不正当竞争行为并赔偿原告经济损失50万元。

【TA评述】

目前我国司法实践已经肯定了同时将动画电影的动画形象予以著作权保护，以及将影视作品的名称作为知名商品特有名称予以反不正当竞争法保护的做法。随着反不正当竞争法兜底性保护作用的强化以及文化产业整体保护力度的提升，原告在诉求中同时主张著作权或商标权侵权，以及主张构成不正当竞争行为的做法会变得日益普遍，权利人“双管齐下”充分运用不同法律体系进而更好维护自身合法权益受保护的范围。合理借鉴还是实质性相似，他人权属还是公共领域，会一直是动画电影和动漫相关产业的疑难问题。每个从业者为了最大限度地保护自身的合法权利，应深入学习和了解在著作权法保护下认定侵权的基本依据，以及在反不正当竞争法维度下判断构成不正当竞争行为的基础考量。

就运用著作权法保护而言，权利人拥有坚实的著作权合法来源和起诉权利，是著作权侵权维权方式的基础，视其必要还可将关键的著作权权利先行进行著作权登记。就运用反不正当竞争法保护而言，我国2017年修订的“新反法”[1]在第二条重申该法所规制的不正当竞争行为本质是与自愿、平等、公平、诚信原则，法律和商业道德相违背的；在第六条强调电影名称等可受保护依据是，不得实施擅自使用与他人有一定影响的商品名称、包装、装潢等相同或者近似的标识，引人误认为是他人商品或者与他人存在特定联系的混淆行为。违反前述法规的情形，通常在被诉影视项目宣发和运营整体过程中均有体现，尤其是电影名称的选择或变更、人物形象的设计或凸显、宣传用语的使用或粘连等行为。权利人可通过实时监测和重点把控等方法，及时发现侵权行为并同步固定证据，以助于后续的维权和索赔。

（撰稿人：王劼昱）

1 《中华人民共和国反不正当竞争法》，2017年11月4日第十二届全国人民代表大会常务委员会第三十次会议修订，自2018年1月1日起施行。

1.2.8 设置链接本身并不属于受信息网络传播权控制的行为

——某网络科技有限公司诉某文化传播有限公司侵害作品信息网络传播权纠纷案[1]

【核心推介】

信息网络传播权是著作权的重要权项，对其权利控制的行为的定义将决定该项权利的内容。判断网络服务提供者的行为是否构成信息网络传播行为，通常应以传播的作品、表演、录音录像制品是否由网络服务提供者上传或以其他方式置于向公众开放的网络服务器上为标准。互联网的本质即是互联互通，链接便是实现互联互通的基本手段。链接作为网络技术服务之一，其作用在于对指定的目标网页或网页中的特定内容提供指引，用户点击链接之后，从被链接网站的服务器中直接获得相关信息。链接行为本身并未对信息进行复制、存储，亦不能从技术上完全控制被链接网站的信息。链接只是一种信息定位工具，是在信息已经被提供、已处于向公众开放的网络传播状态下时方便用户查询、获得信息的手段。因此，尽管链接行为客观上扩大了被链接作品的传播范围，但链接行为本身并不属于受信息网络传播权控制的行为，因此也不涉及信息网络传播权的直接侵权。

【关键词】

链接　信息网络传播权　信息网络传播行为　共同侵权

1　一审法院：北京市朝阳区人民法院，一审案号：(2015)朝民(知)初字第5252号；二审法院：北京知识产权法院，二审案号：(2015)京知民终字第796号。

【案情】

北京某文化传播有限公司（以下简称S公司）拥有电影《×××》（以下简称涉案电影）的独家信息网络传播权，并与北京某科技有限公司（以下简称Q公司）签署了《非独家影视剧许可使用协议》（以下简称《许可使用协议》），约定S公司将包括涉案电影在内的63部影视作品授权在Q公司运营的平台使用，无转授权。如Q公司及平台需在第三方平台进行推广并链接回Q公司网站播放及观看，则Q公司需提前书面告知S公司上述链接情况，并得到S公司的书面认可后，方可使用。否则视为Q公司超授权范围使用授权节目。S公司未能书面同意的，Q公司不得擅自与第三方平台、网站链接、合作使用授权节目，否则S公司视Q公司为超授权范围使用授权节目，其他链接网站为侵权，并追究其相关法律责任。北京某网络科技有限公司（以下简称D公司）运营网站上既有涉案电影的海报、导演、演员、上映时日、剧情介绍等信息，并提供链接供跳转至Q公司网站电影频道下进行在线播放。Q公司与D公司曾就Q公司向D公司提供匹配视频链接内容供后者网友在线点播合作事宜签署《合作协议》，约定：Q公司向D公司提供匹配视频链接，供网友进行点播；D公司负责在其网站在线视频搜索产品的相关页面匹配链接回Q公司网站播放以上视频内容。

S公司诉称：2013年7月，S公司发现D公司未经许可在其经营的网站上向公众提供该电影的在线播放服务，严重侵害了S公司的合法权益，请求法院判令D公司赔偿其经济损失3万元。S公司明确表示本案仅向D公司主张权利。

D公司辩称：第一，涉案电影并不存储在D公司运营的网站上，D公司提供的是链接服务，并非使用涉案电影的行为；第二，D公司网站上针对涉案电影的简介等内容也不属于对作品本身的使用；第三，D公司的涉案行为并未给S公司造成任何经济损失；第四，S公司在诉前并未向D公司发送权利通知，D公司在被诉后删除了相关链接。因此D公司不存在过错，请求法院予以驳回全部诉讼请求。

一审法院认为：根据案件查明的事实，可以确认S公司在授权期限内及授权区域内取得了涉案电影的独占性信息网络传播权。本案的争议焦点在于D公司在本案中实施的链接行为是否构成侵权，是否应当承担侵权责任。首先，从主观上来看，Q公司与D公司对于一方提供节目内容，一方在自己的网站上建立定向链接，且通过该种链接方式推广Q公司的视频资源，具有充分的意思联络；其次，从客观行为来看，依据S公司与Q公司的使用协议，D公司与Q公司的涉案合作，显然超出了使用协议约定的范畴，且会导致S公司丧失一次对外进行非独家授权并据此获益的机会，因此，在此情况下，D公司的链接行为不具有合法的前提；最后，在Q公司超出授权范围与D公司通过涉案链接行为推广自己的视频资源的情况下，却导致S公司丧失一次对外进行非独家授权并据此获益的机会，给S公司造成了一定的损失，且该损失与Q公司、D公司的行为具有因果关系。

综上，一审法院判决：一、D公司于判决生效之日起十日内赔偿S公司经济损失4 000元；二、驳回S公司的其他诉讼请求。

D公司不服一审判决，在法定期限内向二审法院提起上诉称：一、D公司设置链接的行为未侵犯S公司对涉案电影享有的信息网络传播权。其一，D公司设置链接的行为具有合法性。其二，不应根据其与Q公司的协议来判定D公司的链接行为是否侵权。D公司的链接行为本质上也不属于“使用”涉案电影的行为。其三，D公司也未因此直接从Q公司获取任何经济利益。二、D公司的行为未造成S公司利益损失，不应承担赔偿责任。综上，D公司请求撤销一审判决，并依法改判驳回S公司的全部一审诉讼请求。

S公司口头答辩称：D公司与Q公司合作设置链接的行为间接侵犯了S公司对涉案电影享有的信息网络传播权。主观上来说，D公司未尽到合理的审查义务。客观上来说，D公司设置链接的行为使S公司丧失了一次对外进行非独家授权并据此获益的机会。因此，一审判决认定事实清楚，适用法律正确，请求二审法院驳回上诉，维持一审判决。

二审法院认为：根据双方当事人二审诉辩主张，本案的争议焦点在于D公司在其网站上建立与Q公司网站关于涉案电影的合作链接是否侵犯S公司对涉案电影享有的信息网络传播权以及应当承担何种民事责任。

第一，信息网络传播权的权利边界及受信息网络传播权控制的行为边界。

一般认为，信息网络传播行为是一种向公众提供作品的行为，判断网络服务提供者的行为是否构成信息网络传播行为，通常应以传播的作品、表演、录音录像制品是否由网络服务提供者上传或以其他方式置于向公众开放的网络服务器上为标准。链接作为网络技术服务之一，是一种信息定位工具，是在信息已经被提供、已处于网络传播状态下时方便用户查询、获得信息的手段，提供链接服务并非传播信息的行为。因此，尽管链接行为客观上扩大了被链接作品或制品的传播范围，但链接行为本身不属于受信息网络传播权控制的行为。

第二，Q公司涉案行为的性质及是否侵犯S公司的信息网络传播权。

本案中，对于公众通过D公司网站这一路径从Q公司网站获得涉案电影这一结果来说，Q公司的行为是主行为，D公司的行为是辅助行为。只有Q公司在其网站提供涉案电影的行为或者Q公司向D公司提供涉案电影的匹配链接接口的行为侵犯S公司的信息网络传播权，D公司在其网站上建立指向Q公司网站涉案电影的链接行为才可能侵犯S公司的信息网络传播权。

根据Q公司与S公司签署的《许可使用协议》，在被控侵权行为发生期间内，Q公司在其网站提供涉案电影的行为已经获得了S公司的许可，不侵犯S公司对涉案电影享有的信息网络传播权。故Q公司向D公司提供涉案电影的匹配链接接口以便D公司建立指向涉案电影的链接的行为，也不属于受信息网络传播权控制的行为，因此，该行为也不侵犯S公司对涉案电影享有的信息网络传播权。

综上，Q公司的涉案行为不侵犯S公司对涉案电影享有的信息网络传播权。

第三，D公司涉案行为的性质及是否侵犯S公司的信息网络传播权。

链接行为本身并不直接提供作品，不属于受信息网络传播权控制的行为，因此D公司的行为不可能直接侵犯S公司对涉案电影享有的信息网络传播权。同时，该链接行为作为Q公司向公众提供涉案电影行为的辅助行为，由于Q公司的主行为不侵犯S公司对涉案电影享有的信息网络传播权，故D公司的行为亦不侵犯S公司对涉案电影享有的信息网络传播权。

关于D公司是否属于与他人以分工合作方式共同提供涉案电影。二审法院认为，D公司与Q公司的合作并非是共同提供作品层面的合作，而是内容提供者和服务提供者之间各取所需的合作。因此，D公司实施的涉案行为不属于《最高人民法院关于审理侵害信息网络传播权民事纠纷案件适用法律若干问题的规定》第四条所指的“网络服务提供者与他人以分工合作等方式共同提供作品的行为”。

S公司主张，依据其与Q公司的《许可使用协议》，D公司的涉案行为在上述约定范围内且未得到授权，故构成侵权行为。对此二审法院认为，如前所述，知识产权遵循权利法定原则，受信息网络传播权控制的行为的范围应由法律规定，合同双方无权自由约定侵权行为的构成。上述“视Q公司为超授权范围使用授权节目”的约定，实质是对Q公司网站传播涉案电影的推广方式的限制，而非对信息网络传播权本身的限制。上述“其他链接网站为侵权”的约定，不仅因合同不得自由约定侵权行为的构成而不具备效力，还因合同的相对性原则，对合同外第三方，即D公司，不产生任何效力。

综上，D公司实施的涉案行为不侵犯S公司对涉案电影享有的信息网络传播权，不应承担赔偿责任。二审法院判决：一、撤销一审判决；二、驳回S公司的全部诉讼请求。

【业内关注】

1. 许可合同约定对信息网络传播权权利边界的影响
2. 链接行为是否算作提供作品并受信息网络传播权控制
3. 判断信息网络传播行为时是否依然应当采取服务器标准

【法条链接】

1.《著作权法》

第十条 著作权包括下列人身权和财产权：

（十二）信息网络传播权，即以有线或者无线方式向公众提供作品，使公众可以在其个人选定的时间和地点获得作品的权利；

……

著作权人可以许可他人行使前款第（五）项至第（十七）项规定的权利，并依照约定或者本法有关规定获得报酬。

第四十八条 有下列侵权行为的，应当根据情况，承担停止侵害、消除影响、赔礼道歉、赔偿损失等民事责任；同时损害公共利益的，可以由著作权行政管理部门责令停止侵权行为，没收违法所得，没收、销毁侵权复制品，并可处以罚款；情节严重的，著作权行政管理部门还可以没收主要用于制作侵权复制品的材料、工具、设备等；构成犯罪的，依法追究刑事责任：

（一）未经著作权人许可，复制、发行、表演、放映、广播、汇编、通过信息网络向公众传播其作品的，本法另有规定的除外。

第四十九条 侵犯著作权或者与著作权有关的权利的，侵权人应当按照权利人的实际损失给予赔偿；实际损失难以计算的，可以按照侵权人的违法所得给予赔偿。赔偿数额还应当包括权利人为制止侵权行为所支付的合理开支。

权利人的实际损失或者侵权人的违法所得不能确定的，由人民法院根据侵权行为的情节，判决给予五十万元以下的赔偿。

2.《最高人民法院关于审理侵害信息网络传播权民事纠纷案件适用法律若干问题的规定》

第四条 有证据证明网络服务提供者与他人以分工合作等方式共同提供作品、表演、录音录像制品，构成共同侵权行为的，人民法院应当判令其承担连带责任。网络服务提供者能够证明其仅提供自动接入、自动传输、信息存储空间、搜索、链接、文件分享技术等网络服务，主张其不构成共同侵权行为的，人民法院应予支持。

【理论观点】

《著作权法》将“信息网络传播权”定义为“以有线或者无线方式向公众提供作品，使公众可以在其个人选定的时间和地点获得作品的权利”。根据“以受控行为定义专有权利”的基本原则，可以推出受“信息网络传播权”控制的行为是“以有线或者无线方式向公众提供作品，使公众可以在其个人选定的时间和地点获得作品的行为”。从这一文字表述看，构成“网络传播行为”必须符合两个要件。

首先是“以有线或者无线方式向公众提供作品”。什么是“提供”作品的行为？仅仅为公众提供获得作品的可能性，而不实际将作品发送至公众手中，是否属于“提供作品”？对此需要指出的是：我国《著作权法》第十条第一款第（十二）项规定的“信息网络传播权”来自于1996年世界知识产权组织主持缔结的《世界知识产权组织版权条约》（下文简称WCT）第八条，而且在文字上几乎是逐字译自第八条的后半句——“文学和艺术作品的作者应享有专有权，以授权……将其作品向公众提供，使公众中的成员在其个人选定的地点和时间可获得这些作品”[1]。因此对“网络传播行为”的解释不能脱离WCT第八条的原文。“提供”一词译自第八条中的“making available”，指一种使他人获得作品的“可能性”，而并非他人已经获得作品的状态。

其次，行为的后果是“使公众可以在其个人选定的时间和地点获得作品的行为”。换言之，这种行为必须是“交互式”传播，使公众能够以“点对点”（on a point to point basis）的方式“按需”（on demand）“点播”作品，这是“网络传播行为”的本质特征。

那么，在被链接的网站与设置链接的网站之间，究竟是哪一个网站向公众提供了获得歌曲文件的可能性？抑或是两个网站都提供了这种可能性？追根溯源，只有将歌曲文件“上传”或以其他方式置于服务器中的网站才使公众有了获得作品的“可能性”。而对第三方网站中歌曲文件设置链接的网站只能“帮助”公众发现和实现这种获得作品的“可能性”。如果被链接的网站删除了歌曲文件，或是关闭了网络服务器，那么设置链接的网站即使保持原有的链接，也无法使得公众通过点击这些链接来获得歌曲文件。相反，即使设置链接的网站移除了原有的链接，公众也依然可以通过直接登录原先被链接的网站而获得歌曲文件。显然，决定公众获得歌曲文件“可能性”的只能是被链接的网站，而不是设置链接的网站。[2]

根据链接对象的不同，链接还可以分为浅层链接和深层链接。如果链接到主页，即为浅层链接；绕过主页，链接到分页或具体的非网页文件（如MP3文件），则为深层链接。根据链接的行为方式可分为外链、内链。外链就是在网页中设置用文字或图形表示的链接标志（锚），当用户点击该标志后，浏览器的内容从当前网页转换到另一个网页。如果链接对象是网页，获得后直接在浏览器中打开，浏览器的地址栏都会显示链接对象的URL，浏览器的窗口中都完整地显示链接对象，且只显示链接对象；如果链接对象是非网页文件，浏览器一般不能直接打开，而是弹出下载对话框提示用户下

1 WIPO Copyright Treaty (WCT) Article 8: Without prejudice to the provisions of Articles 11(1)(ii), 11bis(1)(i) and (ii), 11ter(1)(ii), 14(1)(ii) and 14bis(1) of the Berne Convention, authors of literary and artistic works shall enjoy the exclusive right of authorizing any communication to the public of their works, by wire or wireless means, including the making available to the public of their works in such a way that members of the public may access these works from a place and at a time individually chosen by them.

2 王迁：《论“网络传播行为”的界定及其侵权认定》，《法学》2006年第5期。

载，下载对话框中显示链接对象的URL。内链，又称隐含链接、埋置链接，设链网站不使用链接标志，而是通过使用URL使得链接对象在本网页中直接可用。

外链行为不构成网络传播行为。这并不是因为设链网站没有在其服务器上存储作品，而是因为设链网站并没有在自己的网页中使用他人作品，而只是通过链接引导公众进入被链网站，向公众提供“定位服务”而非“向公众提供作品”。这不符合网络传播行为构成要件。

以外链方式使用的深层链接和以外链方式使用的浅层链接一样，被链接作品的内容并没有成为设链网站网页的组成部分，那么设链网站提供的只是“定位服务”而不是“作品”，不符合网络传播行为的构成要件，也就不可能对之适用“直接侵权”。当然，当被链网站侵犯网络传播权时，外链行为则有可能构成间接侵权。[1]

从司法实践看，我国法院的判例很早就不将搜索、链接等网络服务提供行为作为传播行为。如2000年12月北京市第二中级人民法院在刘京胜诉搜狐爱特信公司著作权纠纷案的判决中指出：“本案双方当事人提交的公证文件载明，当显示器上出现‘《唐吉诃德》[西班牙]塞万提斯 刘京胜译’页面时，该页面的地址栏中并不是搜狐网站的地址，而是其他网站的地址。这一事实证明，被告提供的只是分类搜索引擎链接服务。被告网站仅是利用这种链接技术，将用户引导到提供信息内容服务的网站。从直观的表象上看，访问者是通过被告网站上网，并浏览到信息，被告是信息提供者。但是从技术角度讲，被告网站仅是提供了搜索服务的工具，引导用户利用这个工具到其他网站或网页上去浏览相关的信息。此时这些信息并未存储在被告的服务器上，而是在上网用户自己的计算机内，临时生成被链接网站所载信息内容的临时复制件。因此，被告提供链接服务并不是将原告作品直接上载的复制行为，也不是传播。”[2]此处显然是将复制与传播联系起来，非复制的技术服务不构成传播。可见，这种观念在司法实践中由来已久。[3]

---

1 陈加胜：《信息网络传播权与链接的关系》，《电子知识产权》2010年第2期。

2 一审法院：北京市第二中级人民法院，一审案号：（2000）二中知初字第128号。

3 孔祥俊：《论信息网络传播行为》，《人民司法》2012年第7期。

【案例索引】

案例1[1]：北京易联伟达科技有限公司与深圳市腾讯计算机系统有限公司侵害作品信息网络传播权案

北京知识产权法院认为：

链接行为的本质决定了无论是普通链接，还是深层链接行为，其均不涉及对作品任何数据形式的传输，而仅仅提供了某一作品的网络地址。用户是否可以获得作品完全取决于被链接网站，如果被链接网站删除了作品，即使该链接地址仍然存在，网络用户仍不可能获得作品。但反之，如果链接提供者删除了该链接，则只要被链接网站实施了初始上传作品于信息网络的行为，且未删除该作品，则该作品仍然处于公开传播状态，用户仍然可以获得这一作品。这一情形充分说明，任何链接行为本身均不会使用户真正获得作品，无法如初始上传行为一样，满足信息网络传播权定义中有关使用户“获得作品”的要求。

服务器标准是信息网络传播行为认定的合理标准。信息网络传播行为是信息网络传播权所控制的行为，对该行为的认定属于事实认定范畴，服务器标准最为符合信息网络传播行为这一客观事实属性。依据服务器标准，信息网络传播行为是指将作品置于向公众开放的服务器中的行为。需要特别指明的是，此处的“服务器”系广义概念，泛指一切可存储信息的硬件介质，既包括通常意义上的网站服务器，亦包括个人电脑、手机等现有以及将来可能出现的任何存储介质。

依据服务器标准，如果被诉行为系将涉案内容置于向公众开放的服务器中的行为，则该行为系信息网络传播行为。本案中，上诉人向用户提供“快看影视”App，虽然用户在该App界面下即可以实现对涉案作品的在线观看，但其内容播放页面中显示了乐视网相应页面的地址，且点击该地址可进入乐视网页面。上述事实说明，将涉案内容置于网络中传播的是乐视网，而非上诉人，上诉人仅提供了指向乐视网中涉案内容的链接。

1 二审法院：北京知识产权法院，二审案号：（2016）京73民终143号。

被上诉人并不否认该内容来源于乐视网，但其主张该链接系通过破坏乐视网技术措施的方式设置的链接。但即便链接服务提供者是通过破坏技术措施而实现的链接，该行为与链接行为仍为相互独立的两个行为，破坏技术措施行为的存在并不会对链接行为这一事实的认定产生影响。据此，在上诉人未实施将涉案作品置于向公众开放的服务器中的行为的情况下，其虽然实施了破坏技术措施的行为，但该行为仍不构成对涉案作品信息网络传播权的直接侵犯。

案例2[1]：上海视畅信息科技有限公司与乐视网信息技术（北京）股份有限公司侵害作品信息网络传播权案

北京知识产权法院认为：

上诉人上海视畅信息科技有限公司（简称视畅公司）主张其通过其运营的苹果手机客户端软件“看客影视”（简称涉案软件）提供影视作品《爱的方式》（简称涉案影片）的在线播放服务仅系搜索、链接服务提供行为，对此，本院认为，判断某一主体实施的行为是否属于信息网络传播行为，关键在于该主体是否实施了将作品、表演、录音录像制品上传至或以其他方式将其置于向公众开放的网络服务器中的行为。

这一事实的确认需以各方当事人的举证为基础。通常情况下，如果权利人可以证明公众在被诉侵权人网站或App的页面下即可以获得相关内容，则可推定该内容存储于被诉侵权人网站的服务器中。之所以作此推定，原因在于该网站服务器处于被诉侵权人的控制下，权利人通常只能固定该网站网页中所显示的内容，而对于相关内容的具体存储位置客观上很难取证证明。当然，这一推定并非不能被推翻，只是这一举证责任应由被诉侵权人承担，即如果被诉侵权人对此不予认可，则其应提交相关反证。本案中，被上诉人乐视网信息技术（北京）股份有限公司（简称乐视公司）提交的公证书中显示，涉案影片的整体播放过程均在涉案App页面下，既未跳转到其他网站的页面中，亦未在整个过程中显示过其他网站的地址。故上述情形可以初步推定涉案影片系存储于上诉人服务器中。

本案中，上诉人虽主张其提供的系搜索链接服务，但在涉案作品播放的整个过程

1 二审法院：北京知识产权法院，二审案号：（2017）京73民终1014号。

中均无任何被链接网站绝对地址的显示，且亦无其他证据足以证明其仅提供的是搜索链接服务，故本院合理认定涉案影片存在于上诉人网站服务器中，且系由上诉人将其置于网站中进行传播，上诉人实施了信息网络传播行为。基于此，在上诉人无证据证明其已获得授权的情况下，被诉行为构成对被上诉人信息网络传播权的侵犯。无论被上诉人是否曾向上诉人发送过通知，均不影响这一认定。

案例3[1]：上海幻电信息科技有限公司、北京奇艺世纪科技有限公司侵害作品信息网络传播权案

上海知识产权法院认为：

本案幻电公司通过技术手段为涉案节目的传播提供搜索、链接服务，并不存在将作品置于网络中的行为，未直接提供作品，故不构成作品提供行为，亦不涉及直接侵权责任问题。现有法律规定信息网络传播权所控制的行为应具备向公众提供作品即将作品置于信息网络中之条件，并未规定社会公众感知标准，因此奇艺公司关于幻电公司未直接上传涉案节目的链接行为属于作品提供行为，构成直接侵权的观点缺乏法律依据，本院不予采信。一审法院认定幻电公司网站已经在实质上替代了被链网站向公众传播作品，其对链接服务实施了人工干预，构成作品提供行为。本院认为，虽然幻电公司网站未将公众指引到被链网站观看涉案节目，但这不能改变涉案节目来源于乐视网的事实，幻电公司对涉案节目的传播受控于乐视网是否存在涉案节目，乐视网上存在涉案节目是幻电公司得以链接的前提，因此幻电公司的链接行为不能认定为其实施了将作品置于信息网络中从而构成作品提供行为。一审法院上述认定本院不予认同。本院注意到一审法院从权利人利益角度、网络服务提供者的利益角度以及社会公众角度充分阐述了幻电公司涉案行为对权利人、互联网生态以及社会公众的损害和不正当性。本院认为，根据知识产权权利法定原则，在判定信息网络传播权侵权与否时应当审查判断被诉行为是否属于信息网络传播权所控制的行为，而被诉行为从权利人利益角度、网络服务提供者的利益角度以及社会公众角度是否具有不正当性并不在信息网络传播权侵权案件的审理范围之内。

1　二审法院：上海知识产权法院，二审案号：（2015）沪知民终字第213号。

幻电公司对涉案节目的传播提供搜索、链接服务，属于网络服务提供者。幻电公司对于所搜索、链接的涉案节目播放未进行网页跳转以指引用户在被链网站上观看，亦未向用户提示涉案节目源自其他网站，该种搜索、链接模式一方面为网络用户提供更有针对性的指引，使得搜索、链接网站具有更大的用户黏性，进而为其带来更多的经济利益；另一方面亦会在被链网站行为构成侵权的情况下，对权利人造成更大的损害。故对该种网络服务提供者应当苛以较高的注意义务。本院认为，幻电公司在向被链网站服务器发送请求、提取视频文件数据内容过程中，应当负有对视频文件授权情况的注意义务。本案中，涉案节目《快乐大本营》系存在年限较长的国内知名综艺节目，上传时间是2014年7月20日，从幻电公司涉案网站上的节目名称"快乐大本营××××××××小时代之男神"即应当知道是在首播次日上传的，幻电公司主观上应当知道该节目具有较大侵权可能性，客观上对于未经授权的涉案节目未采取任何预防或者避免侵权发生的措施，从而帮助了涉案节目侵权后果的扩大。因此，幻电公司的行为侵犯了奇艺公司的信息网络传播权，构成侵权，应承担赔偿责任。

【TA评述】

《宝典》如是说[1]：我国司法实践中，多数法院都坚持采用"服务器标准"（即将其置于向公众开放的网络服务器中），以认定网络服务商是否实施了"网络传播行为"，以及是否构成对"信息网络传播权"的直接侵权。值得注意的是，随着计算机技术和网络技术的发展，"服务器"已经由"某种计算机类型"转变为包含"网络服务器、设置共享文件或者利用文件分享软件等方式"。"服务器标准"是指"将作品等上传到具有网络传输功能的硬件与软件的结合体供网民获得的行为是网络提供行为"。

TA观点

知识产权权利的法定性是其重要特点。在法定范围之内，知识产权权利人享有专有性权利，充分保护权利人个体利益；而在法定范围之外，知识产权权利人不再享有专有性权利，可由国家和社会公众共享智力成果，以兼顾国家利益和社会公共利益。信息网络传播权作为著作财产权权项之一也有其特定的权利范围和权利边界，如《著

---

1 王军、司若主编：《中国影视法律实务与商务宝典》，中国电影出版社2017年版，第442页。

作权法》第十条第一款第（十二）项所规定。因此，合同双方无权自由约定信息网络传播权侵权行为的构成，否则可能会不合理地影响社会公众在专有权利之外对智力成果的享用自由，从而破坏权利人、网络服务提供者和社会公众之间的利益平衡。

链接是一种信息定位工具，提供作品的网络地址，是在信息已经被提供、已处于网络传播状态下时方便用户查询、获得信息的手段。虽亦会对作品的传输起到帮助作用，但却并非是对作品数据形式的直接传输行为。提供链接服务并非信息网络传播权控制的行为。对信息网络传播行为的认定属于事实认定范畴，主流观点是应依据服务器标准，去判断相关行为是否系将作品置于向公众开放的服务器中的行为。

明确信息网络传播行为及信息网络传播权的界定，有利于影视娱乐从业人员清楚作品所涉权利的边界，从而更合理地行使和维护作品著作权。

（撰稿人：施洋）

1.2.9 微信公众号提供作品在线播放服务侵害作品信息网络传播权

——常州某文化传媒有限公司诉北京某传媒科技有限公司侵害作品信息网络传播权纠纷案[1]

【核心推介】

信息网络传播权是指以有线或者无线方式向公众提供作品，使公众可以在其个人选定的时间和地点获得作品的权利，是著作财产权中特别是影视作品价值变现过程中愈发重要的一环，也是随着互联网技术发展而愈发容易被侵害的权利类型。微信公众号系作品传播的新兴方式和途径，其平台上出现的作品上传、转发行为形式上看虽有别于传统的以计算机通讯网络为基础而进行的互联网传播，但在微信公众号上进行上传或转发作品的行为在实质上仍然属于信息网络传播行为。因此，未经许可通过微信公众号对影视作品的提供行为将面临侵害信息网络传播权的风险。

【关键词】

信息网络传播权　微信公众号　合理使用　信息网络传播行为

【案情】

常州某文化传媒有限公司（以下简称H公司）是影视作品《石敢当之雄峙天东》

1　一审法院：北京市东城区人民法院，一审案号：（2015）东民（知）初字第15582号；二审法院：北京知识产权法院，二审案号：（2016）京73民终289号。

（以下简称涉案电视剧）在中国大陆的独占性信息网络传播权人，并享有对于侵权行为依法维权的权利。H公司发现北京某传媒科技有限公司（以下简称T公司）未经授权，通过其经营的微信公众号“××阳光微电视”（以下简称涉案微信公众号）提供涉案电视剧的在线播放服务。H公司认为T公司非法提供涉案电视剧在线播放的行为侵害了其对涉案电视剧享有的专有独占性信息网络传播权，给其造成极大经济损失，故诉至一审法院，请求判令T公司：1. 立即停止通过其所经营的“××阳光微电视”微信公众号提供涉案电视剧的在线播放服务；2. 赔偿H公司经济损失5万元；3. 承担本案诉讼费用。

T公司辩称：涉案微信公众号系旨在向海内外宣传中国电视作品的技术平台，具有一定的政治性和公益性，且T公司并未在涉案微信公众号上发布广告或从事其他获取商业利益的行为，故T公司对涉案电视剧并非商业性使用，不构成侵权；T公司在涉案微信公众号上播放涉案电视剧的技术测试行为属于《著作权法》第二十二条第（六）项规定的“为科学研究，少量复制已经发表的作品，供科研人员使用”的情况，属于合理使用；涉案微信公众号上的涉案电视剧点击次数极少，T公司在接到通知之日即将涉案电视剧链接在涉案微信公众号上删除，未给H公司造成经济损失，且H公司亦无证据证明其经济损失，故H公司主张的经济赔偿缺乏依据。综上，不同意H公司的全部诉讼请求。

T公司在一审中当庭表示涉案电视剧系其通过技术手段从贵州卫视播出信号中碎片化截取而来，截取后存储于其管理的私有化云端，网络用户通过微信公众号在线观看涉案电视剧时，就是访问其私有化云端所保存的截取的电视节目片段。其私有化云端存储所截取的电视节目是临时的，具体时间根据委托方要求确定，可能是24小时或者几天。一审诉讼中，T公司表示诉讼前已经停止传播涉案电视剧，H公司认可T公司已经停止在涉案微信公众号上在线播放涉案电视剧，故撤回要求T公司停止侵权的诉讼请求。

一审法院认为：影视作品著作权由制片者享有，根据涉案电视剧署名情况及权利人的声明、授权，H公司享有涉案电视剧独家信息网络传播权。一审中现有证据显示，T公司未经许可在其经营的微信公众号上向公众提供涉案电视剧的在线播放服务，播放过程中并无界面跳转亦未显示涉案电视剧其他来源，且T公司自认涉案电视剧存储于其所有的私有化云端。故一审法院认定，T公司通过“××阳光微电视”微信公众号提供涉案电视剧在线播放服务，属于未经授权的信息网络传播行为，侵犯了H公司对涉案电视剧享有的信息网络传播权的专有使用权，应承担停止侵权、赔偿经济损失的法律责任。T公司辩称涉案微信公众号系具有政治性和公益性的技术平台，T公司对涉案电视剧并非商业性使用，不构成侵权，但其未举证证明涉案微信公众号的相关属性，且非商业性使用并不是著作权侵权行为的免责条件，故对该抗辩意见一审法院不予采纳。T公司辩称其在涉案微信公众号上播放涉案电视剧是技术测试行为，且其私有化云端存储涉案电视剧是临时的，属于合理使用，但根据一审在案证据可见其完整播放了两集涉案电视剧，并非临时性存储和使用，T公司涉案行为导致网络用户不需要通过合法授权的渠道即可观看部分涉案电视剧，对权利人的经济利益造成不合理的损害，超出了合理使用的范围，故对该抗辩意见一审法院亦不予采纳。

关于具体的赔偿数额，因根据一审中现有证据不能确定涉案侵权行为造成的实际损失或侵权获利情况，故一审法院根据本案的具体情况，综合考虑涉案电视剧的知名度、市场价值、被告侵权具体方式、主观过错程度等因素酌情予以确定。

综上，一审法院判决：一、T公司赔偿H公司经济损失人民币3 000元；二、驳回H公司其他诉讼请求。

T公司不服一审判决提出上诉，其上诉请求：撤销一审判决，判决驳回被上诉人H公司的一审诉讼请求。

二审法院认为：本案双方当事人在二审审理期间争议的焦点之一即是T公司在微信公众号“××阳光微电视”中播放涉案电视剧《石敢当之雄峙天东》第1集、第2集的涉案行为是否侵犯H公司对涉案电视剧所享有的信息网络传播权。

根据我国《著作权法》第十条第一款第（十二）项的规定，信息网络传播权，即以有线或者无线方式向公众提供作品，使公众可以在其个人选定的时间和地点获得作品的权利。本案中，T公司系通过其微信公众号“××阳光微电视”提供涉案电视剧《石敢当之雄峙天东》第1集、第2集的播放服务，T公司亦认可涉案电视剧系其通过技术手段从贵州卫视播出信号中碎片化截取而来，截取后存储于其管理的私有化云端，用户通过微信公众号在线观看涉案电视剧时，即是访问其私有化云端所保存的截取的电视节目片段。

首先，关于微信公众号传播性质的认定。微信公众号，即微信公众账号，是深圳市腾讯计算机系统有限公司针对个人或企业用户推出的合作推广业务，用户注册微信公众账号后可以通过微信公众平台进行品牌推广。不特定的微信用户关注微信公众账号后将成为该账号的订阅用户，微信公众账号可以通过微信公众平台发送文字、图片、语音、视频等内容与订阅用户这一相对特定的群体进行沟通互动。虽然微信公众号在发布信息的渠道、阅读终端等方面与传统的互联网传播方式有所区别，但其实质仍然是通过互联网络向不特定的微信用户发送文字、图片、语音、视频等相关内容。微信用户关注相关微信公众号后，即可根据个人选定的时间和地点，通过信息网络获取该微信公众号上发布的相关信息，故通过微信公众号传播相关内容的行为属于我国《著作权法》规定的信息网络传播行为。本案中，T公司在微信公众号“××阳光微电视”中播放电视剧《石敢当之雄峙天东》第1集、第2集，即属于通过信息网络向微信公众号订阅用户提供作品播放的行为，属于信息网络传播行为。T公司主张其并非“向公众提供作品”而牟利的商业行为，但是否商业牟利与微信公众号的传播性质认定无关，故二审法院对其上述主张不予支持。

其次，关于T公司是否构成侵权行为的认定。根据本案查明的事实，H公司对涉案电视剧《石敢当之雄峙天东》享有独家信息网络传播权，T公司未经H公司的许可，在其经营的涉案微信公众号上提供涉案电视剧的播放服务，且播放过程中并无界面跳转亦未显示涉案电视剧的其他来源，故T公司的上述行为构成对涉案电视剧信息网络传播权的侵犯。

根据本案现有证据，T公司在涉案微信公众号中介绍其功能为“最好用的中文电视直播，海外华人的最佳选择。100+路直播频道无论身处何地，你都可以拥有家一般舒适的收视体验”等，其中并无任何有关技术测试或测试版本的表述，T公司亦未就此进一步举证证明，且在公证证据保全过程中能够完整播放涉案电视剧第1集、第2集，并非临时性存储和使用，超出了合理使用的范围。二审法院判决：驳回上诉，维持原判。

【业内关注】

1.通过信息网络向微信公众号订阅用户提供作品播放的行为，是否属于著作权法

意义上的信息网络传播行为

2.信息网络提供行为的判断标准

3.提供影视剧作品时合理使用的边界

【法条链接】

1.《著作权法》

第十条　著作权包括下列人身权和财产权：

（十二）信息网络传播权，即以有线或者无线方式向公众提供作品，使公众可以在其个人选定的时间和地点获得作品的权利；

……

著作权人可以许可他人行使前款第（五）项至第（十七）项规定的权利，并依照约定或者本法有关规定获得报酬。

第二十二条　在下列情况下使用作品，可以不经著作权人许可，不向其支付报酬，但应当指明作者姓名、作品名称，并且不得侵犯著作权人依照本法享有的其他权利：

（六）为学校课堂教学或者科学研究，翻译或者少量复制已经发表的作品，供教学或者科研人员使用，但不得出版发行。

第四十八条　有下列侵权行为的，应当根据情况，承担停止侵害、消除影响、赔礼道歉、赔偿损失等民事责任；同时损害公共利益的，可以由著作权行政管理部门责令停止侵权行为，没收违法所得，没收、销毁侵权复制品，并可处以罚款；情节严重的，著作权行政管理部门还可以没收主要用于制作侵权复制品的材料、工具、设备等；构成犯罪的，依法追究刑事责任：

（一）未经著作权人许可，复制、发行、表演、放映、广播、汇编、通过信息网络向公众传播其作品的，本法另有规定的除外。

第四十九条　侵犯著作权或者与著作权有关的权利的，侵权人应当按照权利人的实际损失给予赔偿；实际损失难以计算的，可以按照侵权人的违法所得给予赔偿。赔偿数额还应当包括权利人为制止侵权行为所支付的合理开支。

权利人的实际损失或者侵权人的违法所得不能确定的，由人民法院根据侵权行为的情节，判决给予五十万元以下的赔偿。

2.《最高人民法院关于审理著作权民事纠纷案件适用法律若干问题的解释》

第七条 当事人提供的涉及著作权的底稿、原件、合法出版物、著作权登记证书、认证机构出具的证明、取得权利的合同等，可以作为证据。

3.《信息网络传播权保护条例》

第二条 权利人享有的信息网络传播权受著作权法和本条例保护。除法律、行政法规另有规定的外，任何组织或者个人将他人的作品、表演、录音录像制品通过信息网络向公众提供，应当取得权利人许可，并支付报酬。

【理论观点】

要正确地认定对“信息网络传播权”的直接侵权，必须首先明确何种行为属于受“信息网络传播权”控制的“网络传播行为”。

从《著作权法》第十条第一款第（十二）项对信息网络传播权的定义来看，将作品上传至公众开放的服务器，就会使公众能够在其选定的时间和地点登录服务器，以在先欣赏或下载的方式获得作品，因此上传行为无疑构成“网络传播行为”。未经许可上传他人作品会构成对“信息网络传播权”的直接侵权。

根据《世界知识产权组织版权条约》第八条[1]和我国《著作权法》对“向公众提供权/信息网络传播权”的定义，“提供作品”应当能够导致作品可为公众在其个人选定的时间和地点获得。从“提供”的英文原文“making available”来看，它特指能够单独导致作品处于可为公众所获得的状态的行为。将作品上传至向公众开放的服务器，当然能够导致作品处于可为公众所获得的状态。

此外，随着技术的发展，“上传”的实现手段日趋丰富，它已不局限于通过互联网将作品传至远端服务器，而是包括以任何方式将作品置于服务器中供公众获取的行为。例如，P2P软件用户将作品从同一计算机硬盘的一个目录复制到P2P软件指定的“共享目录”，也构成“上传”。因为在使用P2P软件的情况下，这部计算机实际上起到了

1 WIPO Copyright Treaty (WCT) Article 8: Without prejudice to the provisions of Articles 11(1)(ii), 11bis(1)(i) and (ii), 11ter(1)(ii), 14(1)(ii) and 14bis(1) of the Berne Convention, authors of literary and artistic works shall enjoy the exclusive right of authorizing any communication to the public of their works, by wire or wireless means, including the making available to the public of their works in such a way that members of the public may access these works from a place and at a time individually chosen by them.

服务器的作用，该P2P软件的其他用户可以从该部计算机的“共享目录”中下载作品。再如，网吧经营者将作品从互联网上下载至网吧局域网服务器中，供进入网吧的用户在联网的终端机上在线欣赏或下载的行为，仍然构成“上传”。但无论使用何种技术手段，“上传”必须导致作品被复制到服务器中，这是“服务器标准”的核心。[1]

就本质而言，微信公众号传播仍然属于信息网络传播。首先，虽然通过微信公众号传播作品必须登录微信平台，但微信程序仅仅提供了一个平台或者门户，即通过微信程序的传播并没有改变用户传播的作品形式，更没有改变被传播作品的内容，其在作品传播中的地位如同网站一般。其次，微信公众号与传统互联网固然在传播渠道上存在差异，但根据《最高人民法院关于审理侵害信息网络传播权民事纠纷案件适用法律若干问题的规定》(简称《最高院关于信息网络传播权规定》)第二条的规定，信息网络包括“计算机互联网、广播电视网、固定通信网、移动通信网等信息网络，以及向公众开放的局域网络”，即我国司法实务已经通过扩大解释将计算机互联网和移动通信网都纳入了信息网络范围。因而，通过二者进行作品的传播都属于利用信息网络进行的传播。再次，微信公众号使用者对作品的传播不仅是面向加入该公众号的不特定的微信用户，而且其传播作品后，这些微信用户可以在其个人选定的时间和地点获取该作品，即微信公众号传播也属于交互式传播。由此可见，微信公众号传播作品与互联网传播并无本质差异，完全符合《最高人民法院关于审理侵害信息网络传播权民事纠纷案件适用法律若干问题的规定》第三条第二款对信息网络传播行为的界定与解释，即属于网络用户“通过上传到网络服务器、设置共享文件或者利用文件分享软件等方式，将作品、表演、录音录像制品置于信息网络中，使公众能够在个人选定的时间和地点以下载、浏览或者其他方式获得的，人民法院应当认定其实施了前款规定的提供行为”[2]。

当前流行的观点认为，信息网络传播行为仅限于在信息网络环境下提供作品的行为，而“提供”则是将作品上传至或者以其他方式置于向公众开放的网络服务器中，除此之外的提供服务行为均不属于信息网络传播行为。简言之，信息网络传播行为就是将作品等上传至或者以其他方式置于向公众开放的网络服务器中的行为。这又被称

1 王迁:《网络环境中版权直接侵权的认定》,《东方法学》2009年第2期。

2 王春梅:《微信公众号传播他人作品行为性质辨析》,《法学论坛》2015年第3期。

为初始提供行为。例如，北京市高级人民法院《关于网络著作权纠纷案件若干问题的指导意见（一）（试行）》（以下简称《北京高院指导意见》）第二条所作的界定就很具有代表性，即："信息网络传播行为是指将作品、表演、录音录像制品上传至或以其他方式将其置于向公众开放的网络服务器中，使公众可以在选定的时间和地点获得作品、表演、录音录像制品的行为"；"将作品、表演、录音录像制品上传至或以其他方式置于向公众开放的网络服务器中，使作品、表演、录音录像制品处于公众可以在选定的时间和地点下载、浏览或以其他方式在线获得，即构成信息网络传播行为，无需当事人举证证明实际进行过下载、浏览或以其他方式在线获得的事实"。山东省高级人民法院《关于审理网络著作权侵权纠纷案件的指导意见（试行）》（以下简称《山东高院指导意见》）第十九条、第二十条、第二十一条分别指出："判断是否构成直接信息网络传播行为，通常以传播的作品、表演、录音录像制品是否由网络服务提供者上传或以其他方式置于向公众开放的网络服务器上为标准"；"未经许可，将数字化品上传或以其他方式将其置于向公众开放的网络服务器中，构成直接侵犯信息网络传播权的行为"[1]。

【案例索引】

案例1[2]：水星唱片有限公司（Mercury Records Limited）诉北京阿里巴巴信息技术有限公司侵犯著作邻接权案

北京市第二中级人民法院认为：

网络传播是以数字化形式复制作品并在互联网上向不特定公众提供作品的行为。在雅虎中文网站音乐搜索网页上，无论通过在搜索框中输入关键字的方式或者通过该网页提供的分类信息的方式对涉案歌曲进行搜索，得到的搜索结果均仅为涉案歌曲不同URL地址的链接，且音乐盒服务中所存储的亦为涉案歌曲的链接，而非涉案歌曲本身。用户点击相关链接进行试听和下载，是通过将客户端链接到第三方网站，在第三方网站实现的。涉案歌曲能够实现试听和下载的基础是被链接的第三方网站上载了涉案歌曲，通过试听和下载向互联网用户提供歌曲本身的是第三方网站，而非被告网站。

1　孔祥俊：《论信息网络传播行为》，《人民司法》2012年第7期。

2　一审法院：北京市第二中级人民法院，一审案号：（2007）二中民初字第02629号。

被告网站通过其音乐搜索服务，只是提供了试听和下载过程的便利，相关音乐盒服务，亦仅为存储相关网络链接地址提供了便利，并不能推导出其提供了涉案歌曲的内容本身；而且涉案歌曲的下载页面中显示了涉案歌曲的来源，不会使网络用户产生涉案歌曲来源于雅虎中文网站的误认。因此，被告的涉案行为不构成复制或者通过网络传播涉案歌曲的行为。原告主张被告经营的雅虎中文网站对涉案歌曲的试听和下载实施了控制，把其他网站的资源作为自己的资源控制和使用，属于复制或者网络传播原告享有录音制作者权的涉案歌曲，依据不足，本院不予支持。

案例2[1]：广东中凯文化发展有限公司诉北京中搜在线软件有限公司侵犯著作权案

北京市海淀区人民法院认为：

中凯公司依法取得了专有行使电影《无极》的音像制品相关版权及信息网络传播权。用户可以通过登录中搜网，下载并安装中搜公司提供的网络猪软件和“网络猪-飞影下载2.0.0”软件，点击该网站中“网络猪视频点播-无极DVD”中的“点击下载”后便可下载以电影《无极》为内容的rmvb格式文件，且该用户在下载文件的同时，上述软件所具有的功能还会自动将已下载的该文件内容向其他网络猪用户进行上传。

关于中搜公司是否仅提供了下载链接，因用户获得电影《无极》的相关文件，均需通过点击中搜网的相关页面并使用中搜公司提供的软件方可实现，在全部过程中，相关网页页面和软件界面均与中搜公司紧密联系，并无任何内容显示用户所下载的文件系链接于其他网站或另有他人提供来源。

中搜公司并非提供搜索、链接服务的网络服务经营者，并不享有未得到权利人通知情况下即对侵权内容免责的权利，中搜公司是否获得通知，并不改变其未经许可提供电影《无极》下载行为的侵权性质，亦不能由此免除其所应承担的侵权责任。相反，作为一家专业网络服务公司，中搜公司应对其提供的内容履行合理的权利审查义务，本案中，其未经电影《无极》的信息网络传播权人同意，即将该电影上传至其网站供公众下载，存在侵权的故意，侵犯了该电影相关著作权人的权利。

1　一审法院：北京市海淀区人民法院，一审案号：(2006)海民初字第24968号。

此外，虽然中搜公司在网络猪简介中作出“本公司只提供用户找到视频作品的过程服务，对视频作品的内容概不负责”的声明，但本案中该公司并非仅提供搜索和帮助下载服务，而是向用户提供了电影《无极》的相关文件，该单方声明不能成为其未经许可使用电影《无极》的理由，中搜公司据此要求免除其侵权责任缺乏法律依据。对于中搜公司否认侵权的抗辩理由，法院不予支持。中搜公司未经权利人许可而使用了电影《无极》，侵犯了权利人对该作品所享有的信息网络传播权。

案例3[1]：上海映脉文化传播有限公司与北京未名空间信息技术有限公司侵害作品信息网络传播权案

北京知识产权法院认为：

映脉公司主张涉案作品为其员工王苡萱创作的职务作品，映脉公司享有除署名权以外的著作权，并提交了相应证据。根据现有证据可以确认映脉公司对涉案作品享有除署名权以外的著作权。未名公司未经映脉公司许可，在其经营的“未名空间论坛”微信公众号使用了涉案作品，使公众可以在其个人选定的时间和地点获得涉案作品，侵犯了映脉公司依法享有的信息网络传播权，未名公司应当对其侵权行为承担相应的法律责任。未名公司辩称涉案作品系转发自央广网，但并未提交证据证明其使用行为取得了央广网的授权，且映脉公司亦表示其未授权央广网转授权的权利。未名公司应当对其侵权行为承担赔偿损失的法律责任。未名公司关于其侵权行为属无意行为及该行为给映脉公司进行了免费的广告宣传等上诉理由没有事实和法律依据，本院不予认可。

案例4[2]：湖南快乐阳光互动娱乐传媒有限公司诉深圳市柠檬玖伍网络科技有限公司侵害作品信息网络传播权案

湖南省长沙市中级人民法院认为：

湖南广播电视台系涉案作品《爸爸去哪儿第三季》的著作权人。另根据原告快乐阳光公司提交的《有关信息网络传播权的说明书》以及涉案作品片尾有“本节目信息

1　二审法院：北京知识产权法院，二审案号：（2017）京73民终2173号。

2　一审法院：湖南省长沙市中级人民法院，一审案号：（2017）湘01民初2540号。

网络传播权由湖南快乐阳光互动娱乐传媒有限公司独占许可”字样的声明，原告快乐阳光公司享有涉案作品的信息网络传播权。

被告柠檬玖伍公司未经享有涉案作品信息网络传播权的原告快乐阳光公司许可，在其经营的“影檬”苹果手机客户端、“影檬电影”微信公众号苹果手机端通过信息网络向公众提供原告快乐阳光公司的涉案权利作品，使公众可以在个人选定的时间和地点登录上述客户端获得原告快乐阳光公司的涉案权利作品，其行为已构成对原告快乐阳光公司涉案权利作品信息网络传播权的侵害，依法应承担相应的侵权责任。

【TA 评述】

《宝典》如是说[1]：信息网络传播权的客体为内容上未被禁止，行使方式上亦未违法的作品、表演或录音录像制品。对此类纠纷，法院的审理思路一般为：1. 权利人是否依法享有著作权；2. 该网络服务平台是否具有注意义务；3. 被诉行为是否属于侵权行为；4. 如果是网络服务商，还会考虑是否属于法定的网络服务商的免责事项；5. 侵权人的赔偿责任如何。

根据《最高人民法院关于审理侵害信息网络传播权民事纠纷案件适用法律若干问题的规定》第三条、第五条、第七条的具体规定，侵害信息网络传播权的行为主要有：1. 在法律、行政法规未另有规定的情况下，网络用户、网络服务提供者未经许可，通过信息网络提供权利人享有信息网络传播权的作品、表演、录音录像制品；2. 在法律、行政法规未另有规定的情况下，网络用户、网络服务提供者未经许可，通过上传到网络服务器、设置共享文件或者利用文件分享软件等方式，将作品、表演、录音录像制品置于信息网络中，使公众能够在个人选定的时间和地点以下载、浏览或者其他方式获得；3. 网络服务提供者以提供网页快照、缩略图等方式实质替代其他网络服务提供者向公众提供相关作品；4. 网络服务提供者在提供网络服务时教唆或者帮助网络用户实施侵害信息网络传播权行为；5. 网络服务提供者以言语、推介技术支持、奖励积分等方式诱导、鼓励网络用户实施侵害信息网络传播权行为；6. 网络服务提供者明知或者应知网络用户利用网络服务侵害信息网络传播权，未采取删除、屏蔽、断开链接等

1 王军、司若主编:《中国影视法律实务与商务宝典》，中国电影出版社2017年版，第441–442页。

必要措施，或者提供技术支持等帮助行为。

TA 观点

虽然微信公众号在发布信息的渠道、阅读终端等方面与传统的互联网传播方式有所区别，但微信公众账号通过微信公众平台发送文字、图片、语音、视频、链接等内容与其订阅用户进行沟通互动，其实质仍然是通过互联网络向不特定的网络用户发送文字、图片、语音、视频等相关内容。网络用户关注相关微信公众号后，即可根据个人选定的时间和地点，通过信息网络获取该微信公众号上发布的相关信息。因此，通过微信公众号传播相关内容的行为仍然属于我国《著作权法》规定的信息网络传播行为。微信公众号这一新媒体形式最近几年愈发受市场欢迎和广泛参与，微信公众号上传播作品引发的争议越来越多，其形式较为新颖，但实质仍未脱离信息网络传播权的约束。

为更好地维护影视作品的信息网络传播权，我们建议：1. 与他人签订信息网络传播权的许可或转让合同时，明确权利性质、授权期限以及地域，也可约定被许可方或者受让方可采取何种方式对该作品进行传播；2. 上传到网络上时，采取相应的技术措施予以保护；3. 争议发生时，及时固定保存证据，以备诉讼维权之需。

（撰稿人：施洋）

1.2.10 网络服务提供者基于主观意志选择作品，构成通过信息网络提供作品

——上海某信息科技公司诉广州某信息科技公司、广州某计算机科技公司侵害作品信息网络传播权纠纷案[1]

【核心推介】

如何界定“通过信息网络向公众提供作品”的“提供”行为，历来都是信息网络传播权纠纷裁判的争议所在。本案的亮点在于，在难以查清涉案作品是否存储在网络服务提供者的服务器时，法院认定，如在案事实能证明涉案行为是基于网络服务提供者主观意志选择，并使公众可以在自己选定的时间和地点通过信息网络通过其网络服务直接获取涉案作品，则可认定涉案行为构成通过信息网络向用户提供作品的行为。服务商提供搜索、链接服务免除承担赔偿责任的前提是，该搜索、链接行为是服务商根据用户指令，为了查找、定位信息而实施的。本案确立的原则为我们在互联网的新技术、新模式高速发展的背景下，厘清信息网络传播权侵权责任，提供了有益的思路。

【关键词】

信息网络传播权　服务器标准　技术中立　用户指令

【案情】

原告上海某信息科技公司是国内原创文学门户网站“起点中文网”的运营商。该

1　一审法院：上海市浦东新区人民法院，一审案号：（2015）浦民三（知）初字第909号；二审法院：上海知识产权法院，二审案号：（2016）沪73民终146号。该案入选AIPPI 2017年度中国版权行业十大热点案件。

公司从小说原作者处取得了《完美世界》《莽荒纪》等13部涉案小说的信息网络传播权后，在起点中文网上登载小说，小说部分章节须付费观看。被告一广州某信息科技公司是“神马搜索”的运营商，被告二广州某计算机科技公司是UC浏览器的运营商，被告二占有被告一70%的股权。原告诉称两被告运营的“神马搜索”“UC浏览器”对涉案小说提供了在线阅读及下载服务，侵害了原告的信息网络传播权，请求法院判令两被告停止侵权，并赔偿每部作品经济损失各人民币20万元，共计260万元，以及支付原告为制止侵权行为而支出的律师费、公证费。

原告指出两被告存在两种侵权行为。第一，为涉案小说提供在线阅读和预读。具体表现为，在“神马搜索”网站点击《完美世界》等小说某章节可以在线阅读该网站转码版本，点击跳转至文章来源网站，其排版与“神马搜索”网站不同；点击部分章节的预读功能，断开网络链接后还可在“UC浏览器”中的“小说书架”中阅读上述预读章节。第二，为涉案小说提供在线阅读和缓存阅读。具体表现为，点击小说章节可以在线阅读，点击“访问来源网站”后可以跳转到第三方网站，其排版与“神马搜索”中的排版不同；点击小说目录页面的“缓存整本”，可以对小说进行缓存，断开网络链接后依旧可以在“UC浏览器”阅读全文。为进一步证明系被告一运营的“神马搜索”网站提供了在线阅读行为，原告举证当《斗战圣皇》等小说在“神马搜索”网站中可以在线“智能阅读”时，其来源网站显示页面不存在或已删除。为进一步证明被告二运营的“UC浏览器”提供了缓存、预读功能，原告举证在Safari浏览器打开“神马搜索”网站阅读小说时并无“缓存全本”或“预读”设置。

两被告辩称：“神马搜索”网站仅提供移动搜索引擎技术服务，不存储、改变、筛选任何内容；其实时转码技术服务系搜索引擎技术在移动互联网上智能性地将电脑端的网页格式进行自动、快捷地转换，以适应在手机等移动终端的浏览需求，神马搜索不进行人为干预或人工编辑，如第三方网站修改、删除或屏蔽相关数据信息，则该转码技术服务将因此陷入无法提供等情况；在百度搜索、搜狗搜索的小说频道中搜索《女帝本色》进行阅读时，点击屏幕中央亦有“离线”“换源”等选项或出现来源网址等信息。两被告还委托工业和信息化部软件与集成电路促进中心知识产权司法鉴定所，就“在神马搜索代码程序功能作用下，针对起点读书、纵横小说网两个小说阅读类网站的小说免费公开章节内容，是否只提供链接，并不从该代码程序所在服务器向移动搜索用户提供任何内容数据”这一鉴定事项进行鉴定，并出具司法鉴定意见书。该次鉴定对在“神马搜索”上阅读起点网小说《末世之掠夺》和纵横网小说《不死剑神》（均非涉案小说）部分章节的行为进行测试，经测试分析，在“神马搜索”代码程序功能作用下，小说目录信息由域名为“read.xiaoshuo1-sm.com的服务器提供，点击小说目录链接时其免费章节的网页页面框架信息由神马的服务器提供，章节内容由起点或纵横的服务器提供”。

上海市浦东新区人民法院一审认定，原告享有涉案作品的信息网络传播权，并进一步总结案件争议焦点为被告一提供的服务的性质及其是否构成侵权，以及被告二是否与被告一构成共同侵权。

对于被告一提供服务的性质及其是否构成侵权，一审法院认为，搜索、链接服务为信息定位服务，其功能是根据网络用户输入的关键词查找包含该关键词的网站及信息，引导用户浏览第三方网站的内容；相应内容存储在第三方网站的服务器而非搜索、链接服务商的服务器上，搜索、链接服务商仅是扩大了第三方网站所提供作品的传播范围，且并不会对被链网页内容作出处理。本案中，网络用户在“神马搜索”中点击阅读相应作品时，阅读界面并未出现跳转；点击阅读界面的屏幕中央后可查看来源网站地址并可在点击后跳转到第三方网页，该网页与涉案小说在“神马搜索”中的页面相比，小说内容相同，但界面设计及小说内容的排版均不同。可见，涉案小说在“神马搜索”上的阅读页面并非第三方网页，实为第三方网页的一个复制页，该复制页的相关内容并非存储于第三方网站服务器上，因而“神马搜索”提供的上述服务并非链接服务。而被告一所称的实时转码服务的技术特征是，当被转码的网页无法登录或相关内容被删除时，提供转码技术的服务商将无法向网络用户反馈相应内容。但本案中，根据原告的举证，在“神马搜索”中可正常阅读多部案外小说，而点击该小说中所标注的第三方网址时，或无法登录，或虽可登录但显示页面不存在或已删除，这与实时转码的技术特征不符。至于两被告提交的鉴定意见，法院认为该鉴定意见中的操作过程并非正常的搜索及点击阅读过程，而系在事先选择好目标网页后，直接输入目标网页的网址登录并进行分析测试，难以证明在正常搜索及阅读情况下的技术过程，故该鉴定意见难以达到其证明目的。对于“预读”或“离线”行为，其本质在于将相应作品内容下载到本地存储中，属于下载服务，鉴于网络用户阅读涉案作品的网页存储于“神马搜索”的服务器上，故对涉案作品的下载服务亦属作品提供行为。综上，一审法院认为，现有证据证明被告一未经许可，将原告享有信息网络传播权的涉案作品放置在其服务器上，通过信息网络向用户提供，构成对原告信息网络传播权的侵害。

关于被告二与被告一是否构成共同侵权，一审法院认为，UC浏览器作为一款浏览器软件，其功能在于显示网页服务器或文件系统的内容，并让用户与这些文件进行交互。本案中，虽然被告一针对UC浏览器设计了相对于其他浏览器而言更为优化的功能，被告二也针对“神马搜索”的小说频道设置了专门的本地文件入口，但这并不足以认定两公司之间就涉案作品的提供行为存在合作关系。涉案小说的在线阅读及下载功能均系在“神马搜索”中实现，UC浏览器并未介入上述过程，用户下载的相应内容存储在移动设备的本地存储空间中，下载行为结束后，作品提供行为也随之结束，UC浏览器仅仅提供了一个通向“神马搜索”书架页面的入口，难以证明UC浏览器的经营者与“神马搜索”的经营者就涉案作品共同实施了提供行为。因此，虽然两被告存在一定的合作关系，但尚不足以据此认定其构成共同侵权。

一审法院判决被告一自判决生效之日起立即停止侵害原告对文字作品《完美世界》等享有的信息网络传播权的行为，并赔偿原告经济损失48万元、为制止侵权行为所支付的合理开支6万元，驳回了原告的其余诉讼请求。

原告上海某信息科技公司与被告一广州某信息科技公司均不服判决，向上海知识产权法院上诉。广州某信息科技公司对一审法院通过页面跳转、排版等现象认定“复制页的相关内容并非存储于第三方网站服务器上”存在异议。二审法院认为，在无法直接进入“神马搜索”服务器进行勘验的情况下，判断涉案作品是否存储在“神马搜索”的服务器上，通常需要使用网络抓包工具，对用户在“神马搜索”中点击相应作品以及阅读的过程进行监控，而后通过分析抓取的数据包中的相关信息，得出作品的来源IP地址或者host，并以此判断涉案作品所存储的服务器。但原审原告上海某信息科技公司在取证时并未抓取相应的数据包，也没有进一步举证页面打不开是因为第三方网站的暂时网络问题，还是因为第三方服务器中的小说确已不存在；且该公证系在案件侵权公证近三个月后进行，公证作品并非涉案作品，难以认定涉案作品存储在“神马搜索”的服务器上。至于网页界面差异问题，二审法院认为，WAP转码是将适合计算机阅读的WEB页面转换成适合手机阅读的WAP页面。由于手机的功能配置、浏览要求等与计算机不同，在转码过程中，WEB网页中的二维信息、以Flash形式存在的内容等会发生变化或丢失。因此，转码后的WAP页面与WEB页面在排版上会有所变化，部分WEB页面上的内容亦可能丢失，这是转码技术的必然结果，并不能据此认定涉案小说并非存储在第三方网站的服务器上。一审法院对该节事实认定有误，二审法院予以纠正。广州某信息科技公司还对一审法院对其鉴定意见的排除存在异议。对此，二审法院认为，无论是点击搜索结果进行阅读，还是直接输入目标网页的网址进行阅读，最终目的都是对某个特定页面的内容进行查看，并分析测试。一审法院以此否定测试结果，确有不当，二审法院予以纠正。

关于原审被告一的行为是否构成通过信息网络向公众提供作品，二审法院认为，首先，涉案作品在“神马搜索”上的传播是原审被告一基于自己的意志主动选择的结果；其次，其行为使公众可以在自己选定的时间和地点通过信息网络在“神马搜索”上直接获取涉案作品，还编辑、整理了涉案小说的简介、章节目录，作品各章节的内容亦由其从不同网站获得后直接提供给用户。虽然根据现有证据，难以判断其向第三方调取数据后是否存储在自己的服务器上，亦不能排除涉案作品的部分章节存储在其服务器上而部分章节仍直接从第三方调取的可能，但是无论原审被告一向第三方网站调取数据之后，是否在自己的服务器上存储，是全文存储还是部分章节存储，是临时存储还是永久存储，是否存储在缓存区，缓存时间多久，下一个用户访问时是从第三方网站调取数据，还是从其服务器上调取，抑或是从缓存区调取……这些均可由原审被告一通过技术手段来实现。如果仅从涉案作品是否存储在原审被告一的服务器上这一技术角度来判断其行为是否构成网络提供行为并仅仅因为无法判定涉案作品是否存储在其服务器上，就认定其不构成作品提供行为，在硬件水平不断提升、云技术不断发展的今天，将很轻易地被服务商规避。故，即使难以认定涉案作品存储在“神马搜索”的服务器上，二审法院亦可基于上述理由，认定原审被告一实施了通过信息网络向公众提供作品的行为。

原审被告一主张其仅提供搜索、链接及实时转码服务，二审法院认为，搜索、链接及转码技术本身都是中立的，但“技术中立”并不意味着只要使用了某个技术就不构成侵权。服务商提供搜索、链接服务免除承担赔偿责任的前提是，该搜索、链接行为是服务商根据用户指令，为了查找、定位信息而实施的。本案中，广州某信息科技公司主动、直接地整合不同网站的内容，转码后逐章提供给用户，用户不能自主选择到哪一个网站进行阅读。整个过程并非根据用户指令进行，而是公司有目的、有意识地选取作品并提供内容，所谓的搜索、链接及转码只是其向公众提供作品时使用到的技术手段，不能因此免除承担赔偿责任。

二审法院认为，两上诉人关于涉案作品是否存储在“神马搜索”服务器上的证据均不是在侵权当时取证，亦非针对侵权作品，且取证方式及取证范围等存在瑕疵，在此情况下，认可一方证据而否认另一方，均有失公平。双方证据均未达到高度盖然性的证明标准，亦未形成明显的证据优势，但依据《最高人民法院关于审理侵害信息网络传播权民事纠纷案件适用法律若干问题的规定》第六条的规定对举证责任进行的分配，原审原告提供的证据可以证明涉案作品可以在原审被告一经营的“神马搜索”中进行阅读和下载，已构成了初步证据。虽然其不足以证明涉案作品存储在“神马搜索”的服务器上，但原审被告一的证据亦不能证明相反事实。在双方证据未达到高度盖然性的证明标准且未形成明显的证据优势的情况下，上述事实真伪不明的不利后果应由原审被告一承担。

关于原审被告二是否应与原审被告一承担共同侵权责任，上海某信息科技公司主张原审被告二广州某计算机科技公司涉及两个行为：一是与“神马搜索”合作，使得用户只有通过UC浏览器进入“神马搜索”才能下载涉案作品；二是通过为“神马搜索”设置专门的本地文件入口，使得用户可以阅读存储在本地空间中的涉案作品。

对于第一个行为，二审法院认为，“神马搜索”中所有小说的在线阅读和下载均系在“神马搜索”中实现，提供作品的行为由原审被告一实施，下载作品的行为由用户实施。原审被告二只是提供了具有下载功能的浏览器，双方的合作并非针对侵权作品。从性质上讲，原审被告二只是提供了一种工具，并未实施共同提供侵权作品的行为。至于其行为是否构成帮助侵权，则应根据其主观过错进行判断。本案中，UC浏览器只是提供了浏览和下载的工具，该浏览器具有实质性非侵权用途，原审被告二不可能对使用UC浏览器下载小说的所有行为进行一一审查，也没有证据证明其知道或应当知道涉案作品侵权；两原审被告系两个独立的法人，二者之间的投资关系并不足以认定其可以从原审被告一的侵权行为中直接获利，亦无法证明其主观过错，故不能认定原审被告二构成帮助侵权，不应共同承担侵权责任。

对于第二个行为，二审法院认为，本案中，原审原告主张信息网络传播权。根据我国著作权法的规定，信息网络传播权是以有线或无线方式向公众提供作品，使公众可以在其个人选定的时间和地点获得作品的权利。可见，侵害信息网络传播权行为，需通过有线或无线的信息网络实施。涉案小说被下载到本地空间后，用户通过UC浏览器为“神马搜索”设置的本地文件入口在离线状态下进行阅读，这一过程无需通过有线或无线的信息网络来实现，因此，不存在信息网络传播行为。原审被告二的行为未侵犯原审原告的信息网络传播权，不应承担侵权责任。

综上，二审法院判决：驳回上诉，维持原判。

【业内关注】

在技术升级的背景下，如何界定网络提供行为

【法条链接】

1.《最高人民法院关于审理侵害信息网络传播权民事纠纷案件适用法律若干问题的规定》

第六条　原告有初步证据证明网络服务提供者提供了相关作品、表演、录音录像制品，但网络服务提供者能够证明其仅提供网络服务，且无过错的，人民法院不应认定为构成侵权。

2.《最高人民法院关于民事诉讼证据的若干规定》

第七十三条　双方当事人对同一事实分别举出相反的证据，但都没有足够的依据否定对方证据的，人民法院应当结合案件情况，判断一方提供证据的证明力是否明显大于另一方提供证据的证明力，并对证明力较大的证据予以确认。

因证据的证明力无法判断导致争议事实难以认定的，人民法院应当依据举证责任分配的规则作出裁判。

【理论观点】

信息网络传播侵权行为，尤其是深层次链接和内容聚合平台侵权的判断标准历来在理论界充满争议，以王迁教授等为代表的主流观点为采取“服务器标准”，即以被诉侵权作品是否被上传服务器来判断网络服务提供者是否实施了侵权行为。但在互联网技术不断升级的今天，越来越多的学者认为，“服务器标准”已经不能适应当今互联网

时代的需求。

清华大学崔国斌教授主张采取“实质呈现标准”。他指出，网络传播行为实际上包括“提供”和“展示”两个行为，在聚合平台以及深层次链接技术出现之前，用户点击普通链接就能直接跳转至被链接的作品内容，在此情况下，作品的提供者和展示者的身份是合二为一的，著作权人通过信息网络传播权控制了“提供”行为，自然而然地控制了起后端的“展示”行为；但在深层次链接与内容聚合平台技术出现后，作品提供者与展示者身份二合一的局面被打破，聚合平台介入提供者与终端用户之间，成了相对独立的展示者，并获取了展示行为所带来的全部利益，而聚合平台之所以能实现聚合效果，就在于设置链接者不可能保持中立、毫不干预提供者提供的信息。为此，崔国斌教授指出，“服务器标准”关注的是前端的“提供”行为，不能覆盖后端的“展示”行为，只抓住了网络提供行为的外形，背离了著作权法保护作品传播利益的真意。他建议拓展信息网络传播权，使之不仅覆盖传统的信息网络提供行为，也涵盖通过网页或者客户端界面公开展示作品的行为，即“实质呈现标准”[1]。

北京大学刘银良教授主张采取“提供标准”为主，“新用户感知标准”为补充的判定方式，他认为这是对著作权法规定的回归，将有助于破解当前信息网络传播权的司法困境。“提供标准”意指，通过判定行为人是否未经许可在网络空间实施了向公众提供作品的行为，借此认定其是否侵犯了信息网络传播权，“新用户感知标准”考察作品等是否处于可为公众获得的状态，将二者结合可以证实行为人是否实施了向公众提供作品的行为，免去了对具体技术细节的举证要求。[2]

本案另一理论难点是如何看待被告所主张的“技术中立”。尽管越来越多的网络服务提供者主张通过“技术中立”为自己抗辩，但孤立地适用该原则会导致归责不公。学者指出，“技术中立”（即“实质性非侵权用途”）概念源自美国专利法中的“普通商品原则”，由美国最高法院在1984年索尼案引入著作权领域。该案判决认为，索尼公司销售的有复制功能的设备亦可能被广泛用于合法的、不受争议的用途，即使其制造商和销售商知道其设备可能被用于侵权，也不能推定其构成共同侵权。然而，这一规则后来被广泛误用，似乎只要产品具有“实质性非侵权用途”，就可以为产品提供者免

1　崔国斌:《得形忘意的服务器标准》,《知识产权》2016年第8期。

2　刘银良:《信息网络传播权的侵权判定——从“用户感知标准”到“提供标准”》,《法学》2017年第10期。

责。直到索尼案20年后，美国最高法院在Grokster案中纠正，指出索尼案从不意味着排除源自普通法的以过错为基础的责任规则，当证据不仅能证明被告知晓产品可被用于侵权用途，而且能证明被告有指示、鼓动侵权的言论时，“普通商品原则”不能阻止责任。因此，“技术中立”的真谛在于生产者无法预料或控制一个产品或技术将被用于合法或非法用途，所以不能仅从产品变成了侵权工具而使产品提供者为他人的侵权行为负责，必须将其与侵权法的责任认定标准结合才具有应用性。[1]

就我国著作权法和侵权责任法有关法律、法规和司法解释的规定来看，网络服务提供者接到侵权通知后采取删除、屏蔽、断开链接等必要措施的“通知—删除”原则，以及《最高人民法院关于审理侵害信息网络传播权民事纠纷案件适用法律若干问题的规定》项下对网络服务提供者是否“应知”侵权事实存在的判断标准，可以说是对“技术中立”原则与侵权责任认定标准的结合。最高人民法院《关于充分发挥知识产权审判职能作用推动社会主义文化大发展大繁荣和促进经济自主协调发展若干问题的意见》也指出，既要准确把握技术作为工具手段所具有的价值中立性和多用途性，又要充分认识技术所反映和体现的技术提供者的行为与目的。既不能把技术所带来的侵权后果无条件地归责于技术提供者，窒息技术创新和发展；也不能将技术中立绝对化，简单地把技术中立作为不适当免除侵权责任的挡箭牌。

【案例索引】

案例1[2]：上海幻电信息科技有限公司与北京奇艺世纪科技有限公司侵害作品信息网络传播权案

上海知识产权法院认为：

幻电公司在其“哔哩哔哩动画”手机客户端提供视频播放时并未对其提供不同服务的视频内容予以区分，网络用户亦无法对此予以区分，如对于所链接的涉案视频播放未进行网页跳转以指引用户在被链网站上观看，亦未向用户提示涉案视频源自其他

1　张今:《版权法上“技术中立”的反思与评析》,《知识产权》2008年第1期。

2　一审法院：上海市浦东新区人民法院，一审案号:（2015）浦民三（知）初字第793号；二审法院：上海知识产权法院，二审案号:（2016）沪73民终135号。

网站。该种经营模式一方面使其网站具有更大的用户黏性，进而为其带来更多的经济利益，另一方面亦会在所存储内容或链接内容涉及侵权的情况下，对权利人造成更大的损害，故对该种网络服务提供者应当苛以较高的注意义务。本案中，涉案节目作品《快乐大本营》系存在年限较长的国内知名综艺节目，从幻电公司涉案网站上6段视频标注的名称已能知晓其系《快乐大本营》综艺节目，且大部分上传时间均离视频名称标注的首播日期较近，幻电公司主观上应当知道该上传的视频内容或链接具有较大侵权可能性，客观上对于未经授权的涉案视频未采取任何预防或者避免侵权发生的措施，从而帮助了涉案视频节目侵权后果的扩大。因此，幻电公司的行为侵犯了奇艺公司的信息网络传播权，构成侵权。

案例2[1]：北京优朋普乐科技有限公司诉浙江浩影网络有限公司侵害作品信息网络传播权案

杭州市西湖区人民法院认为：

判定被告是否明知或应知涉嫌侵权，需要综合考虑以下因素：1. 影视作品的版权市场已基本发展成熟，被告作为长期从事视频网站经营的主体，对设定链接的影视作品是否获得授权、是否涉嫌侵权应具备一定的判断能力；2. 被告对影视作品进行了选择、整理，并设置了专题分类，且对影视作品作了相应的内容介绍；3. 被告选择主流视频网站上的视频资源通过深度链接方式抓取、集合在自己的平台上，用户通过简单的搜索、点击即可获取视频内容，避免了辗转于各视频网站寻找、下载相关视频的麻烦，被告以此可以获取流量收入、广告利益等经济利益。基于上述理由，法院认为，被告主观上应知其设定链接的涉案电影侵犯了信息网络传播权，客观上通过提供链接方式帮助了涉案电影侵权后果的扩大，并从中获取一定经济利益，故被告的行为依法应认定构成间接（帮助）侵权，依法应承担停止侵权、赔偿损失的侵权责任。

【TA评述】

如何界定“通过信息网络向公众提供作品”的“提供”行为，历来都是信息网络

1 一审法院：杭州市西湖区人民法院，一审案号：（2016）浙0106民初4747号。

传播权纠纷裁判的争议所在。“服务器标准”因其客观性而备受主流学界青睐，但是，随着互联网技术水平不断提升，网络服务提供者创造出越来越多的技术手段均挑战着“服务器标准”，涉案作品究竟是否被存储在网络服务提供者的服务器上，有时并非是通过单一技术手段便可查清的问题，本案就是如此。但其亮点在于，在难以查清涉案作品是否存储在网络服务提供者的服务器时，法院认定，如在案事实能证明涉案行为是基于网络服务提供者主观意志选择，并使公众可以在自己选定的时间和地点通过信息网络通过其网络服务直接获取涉案作品，则可认定涉案行为构成通过信息网络向用户提供作品的行为。服务商提供搜索、链接服务免除承担赔偿责任的前提是，该搜索、链接行为是服务商根据用户指令为了查找、定位信息而实施的。这一裁判为我们在互联网的新技术、新模式高速发展的背景下，厘清信息网络传播权侵权责任，提供了有益的思路。

实际上，正如本案法院所述，在硬件水平不断提升、云技术不断发展的今天，网络服务提供者很容易通过技术手段规避将侵权作品存储在自己的服务器上的侵权认定原则，但他们却因设置深度链接、聚合多平台作品，为自己的网站攫取了巨大的利润。若单以“服务器标准”判断，这些网络服务提供者并没有“提供”涉案作品，因而并没有侵害著作权人的信息网络传播权，则有可能对著作权人不公（但亦有观点认为，此种“不公”应当视为一种不正当竞争行为）。在索引案例1和索引案例2中，法院均指出，涉案网站采取聚合链接等方式吸引用户，可以获得可观的流量收入和广告收入，也应负担更高的注意义务。这可以视为法院在艰难地在法律框架内，寻找聚合平台的网络服务提供者和著作权人之间的利益平衡的契合点。同样，本案采用举证责任分配的方式，最终将无法证明涉案作品是否存储在网络服务提供者的服务器上的不利后果判由网络服务提供者承担，也实现了在该网络服务提供者由于聚合涉案作品链接而获得的巨大收益与其举证责任之间的平衡。

在互联网信息技术日新月异的今天，我们需要更审慎地识别各项技术的实质属性，权衡著作权人与社会公众的利益天平，以达到著作权法的立法目的。各类网站也应具备保护著作权人利益、繁荣社会文化的责任感，共同维护良好的互联网著作权保护环境。

（撰稿人：段英子）

1.2.11　未经许可通过网络实时转播作品侵犯著作权“其他权利”

——某网络公司诉深圳某科技公司、上海某商贸公司著作权侵权及不正当竞争纠纷案[1]

【核心推介】

本案认定网络实时转播行为应适用《著作权法》第十条第一款第（十七）项规定的“应当由著作权人享有的其他权利”予以保护。网络电视机顶盒生产商明知且支持销售商在机顶盒内安装未经授权提供电视节目直播、回看、点播功能的软件，应认定生产商与销售商就安装行为达成共识，两者构成共同侵权，应当共同承担侵权责任。

【关键词】

网络实时转播　网络电视机顶盒　其他权利

【案情】

原告某网络公司拥有对中央电视台所有电视频道及所含之全部电视节目通过信息网络（包括但不限于互联网络、移动平台、IP电视、车载电视等新媒体传播平台）向公众传播、广播（包括但不限于实时转播或延时转播）、提供的权利。被告一深圳某科技公司是某网络高清播放机的生产商，被告二上海某商贸公司是深圳某科技公司播放

1　一审法院：上海市普陀区人民法院，一审案号：（2015）普民三（知）初字第312号；二审法院：上海知识产权法院，二审案号：（2017）沪73民终25号。该案入选AIPPI 2017年度中国版权行业十大热点案件。

机的经销商。原告发现两被告提供的机顶盒中预装了可以直接观看原告电视台频道所有节目的软件，故而诉至上海市普陀区人民法院，请求法院判令两被告停止对原告著作权及相关权利的侵害，两被告在《法制日报》之非中缝位置、新浪网科技频道、腾讯网科技频道上刊登致歉声明、消除影响，并连带赔偿经济损失以及为维权支出的合理费用共计105万元。

原告诉称：其购买了两被告生产、销售的“K660i3D高清播放机”，在对播放机进行“格式化”以及“恢复默认值”的操作后，进入“网络应用”盛视高清界面下“天天在线”，点击项下的“云电视”图标，发现可以直接收看CCTV5频道画面；点击“电视回播”，亦可以显示涉案的22个电视台频道的节目影像。进入“HDPfans在线平台”栏目，选择“电视直播”，通过切换频道进入，可以看见有CCTV1—10台标的10个节目影像；退出直播界面，再选择“栏目点播”，频道栏目点播列表中显示有16个涉案电视台频道，可以观看相关节目影像；退出点播界面，选择“电视回看”，所显示电视回看频道列表中包括涉案电视频道及节目表。进入“HAOIMS点播网”，依次选择“01电视直播”“电视LIVE”“电视直播”“CCTV-1”并依次切换频道，可见带有各频道标志的节目影像。此外，原告还曾与被告一公司的客服通话，被告一客服表示，在2014年7月广电总局发布限制政策之前，各频道均可通过直播、点播、回看功能观看，2014年7月后该电视盒子已经取消网络播放功能。

被告一深圳某科技公司辩称：在早期，出厂的设备会预装带应用的固件，到了后期就只销售裸机，至于网站所做宣传是虚假宣传，主要是为了促进销售。为证明对涉案播放机进行“格式化”及“恢复默认值”操作并不能恢复到最原始的出厂状态，其当庭提供型号同样为K670i的播放器，两被告共同进行演示操作，称“恢复预设值”操作后系统语言恢复至中文简体，并仍可见网络应用及相关软件，表明该操作仅针对用户进行语言设置等操作的恢复，仅能恢复到最后一次安装固件的状态，而无法恢复至设备出厂时的状态即无任何网络应用安装的状态。此外，被告二上海某商贸公司提交了加盖其公章、以其法定代表人名义书写的《悔过书》，内容为：“本人已经充分认识在2013年私自下载安装安卓apk软件能看到‘中央电视台’的做法是不对的……请求法庭予以轻判。”同时，被告二也表示，无预装软件对销量影响很大，不刷机根本就卖不出去，因被告一的机器都没有预装任何软件，一般都由经销商刷机安装。

一审法院另查明，原告曾以被告一以及北京某商贸公司为被告提起过侵犯著作权诉讼，2014年6月23日北京市第一中级人民法院作出生效判决，认为该案在案证据不足以证明深圳某科技公司在涉案播放机出厂时即已安装了足以播放原告节目的播放软件。

就两被告是否构成原告所指控的侵权行为以及是否构成共同侵权，一审法院认为，其焦点在于被告一是否预装相关固件。在限制政策发布之前，被告一会预装相关固件，其官网发布的有关其生产的各型号播放机的文章中多以在线平台可实现视频点播、直播、回看为特色宣传其播放器功能，并发布以直播、点播电视台节目为实例的演示视频以展现播放机在线功能的实际播放效果，特别是关于涉案同款播放机的评测文章中亦有对搭载在线平台及相关应用直播频道的介绍演示，以及有关“盛视高清固件更新”报道，表明宣传所涉各播放机中均内置了相关应用平台；限制政策发布之后，原告提供的证据尚不足以证明被告一预装了相关固件。原告在公证购买时有渠道选择自由，然其选择购买来自经销商平台的涉案播放器，而非直接购于被告一自营自销平台；被告二自认由其安装固件；两被告当庭演示情况，虽其演示的播放器与原告公证购买的播放器不具同一性，但从技术角度来看确实存在可能性。综上，一审法院认为，被告一在限制政策发布之前预装了相关固件，但原告提供的证据尚不足以证明被告一在限制政策发布之后预装了相关固件。

但是，一审法院指出，即使被告一在后期未预装相关固件，并不意味其不构成侵权。一审法院认为，被告一在限制政策发布之后，在其直营销售平台京东、天猫等店铺中仍以“电视直播、回播（看）、在线平台、免费”等卖点介绍涉案播放机功能，显然该等功能不是“裸机”所能实现的。被告二并非一般销售商，而是经被告一官方对外公布的地区总代理，两者合作关系紧密。两被告亦明白，仅仅售卖“裸机”不仅会使涉案播放机在同类产品中丧失竞争优势，亦会大大影响销量，因而两被告在各大平台均作类似宣传，两被告应当清楚该等宣传会使消费者对所购买的播放机具有前述功能产生预期，也就意味着最终交付给消费者的机器必然会内置相关应用，即使采用经销商“代为”安装的方式。两被告在限制政策出台后，通过这种“裸机出厂+代为安装”的合作安排，共同获取利益，故应共担责任。综上，两被告在未经原告授权的情况下，“直播”涉案原告节目侵犯了原告对该等节目所享有的相应著作权，“点播”以及在一定时间段内“回看”涉案节目，亦侵犯了原告对该等节目所享有的信息网络传播权，应共同承担停止侵权、赔偿损失等民事责任。

一审法院判决，两被告于判决生效之日起立即停止侵犯原告著作权的行为；被告一于判决生效之日起十日内赔偿原告包括合理费用在内的经济损失25万元，被告二对其中的5万元承担连带赔偿责任；驳回原告的其他诉讼请求。深圳某科技公司不服一审判决，上诉至上海知识产权法院。

二审法院认为，本案二审争议焦点是深圳某科技公司的行为是否构成侵权。深圳某科技公司称其仅是硬件生产商，没有提供网络服务，其行为不构成侵权。对此，二审法院认为，原审原告在原审被告二处购买的涉案播放器能够直播、点播和回看电视台节目，原审中，上海某商贸公司对其在播放器内安装相关软件的行为予以认可，但即使涉案软件由上海公司安装，深圳公司仍不能免除其侵权责任，理由在于：首先，深圳公司在其官方网站和天猫旗舰店均宣称涉案播放器具有丰富的在线资源，内置多家在线平台和视频节目。其次，深圳公司在其官方网站通过视频向用户展示了播放器的直播、点播、回看功能和实际效果，该播放器内置“盛视高清”的固件界面，并安装有“好IMS”“HDPfans”等软件，可以提供电视台节目的直播和回看，同时深圳公司亦提供相关软件的下载和更新服务。再次，深圳公司在其官方网站宣称上海公司是其上海地区总代理，并有上海公司相关网站的链接，上海公司在网站上介绍涉案播放器时亦宣称涉案播放器可以收看电视台的节目并进行回看。上述事实表明，两公司之间关系密切，深圳公司对上海公司安装相应软件的行为不仅明知而且支持，深圳公司还提供相关软件的更新和下载服务，可以认定两公司就在涉案播放器内安装相应软件的行为达成共识，上述软件使直播、点播、回看电视台节目的功能得以实现，侵犯了某网络公司享有的相应著作权及信息网络传播权。故二审法院认为两公司构成共同侵权，应当共同承担侵权责任。

深圳某科技公司还认为，服务器标准是认定信息网络传播行为的合理标准，涉案播放器内置的相关软件提供的是链接服务，且被链接的是某网络公司自己的网站，不属于信息网络传播行为，因此不构成侵权。对此，二审法院认为，根据《最高人民法院关于审理侵害信息网络传播权民事纠纷案件适用法律若干问题的规定》第六条，原告有初步证据证明网络服务提供者提供了相关作品、表演、录音录像制品，但网络服务提供者能够证明其仅提供网络服务，且无过错的，人民法院不应认定为构成侵权。

本案中，原审原告提供的证据能够证明涉案播放器可以直播、点播和回看其节目，且在节目播放过程中，未跳转至第三方网站，未显示任何第三方的网址，也未提示任何来源，原审原告已经完成了初步的举证责任。深圳某科技公司主张涉案软件提供的是链接服务，应当举证证明，然而其仅仅推论称“电视台的节目众多，其他人不可能掌握，只可能采取链接的方式”，但其并没有提供证据证明相关软件仅仅提供链接服务，故对于其辩称意见二审法院不予采信。

另，二审法院注意到，一审法院援引《中华人民共和国著作权法》第十条第一款第（十）项作出判决系适用法律错误，本案应适用《中华人民共和国著作权法》第十条第一款第（十七）项之规定，二审法院对此予以纠正。

综上，二审法院判决：驳回上诉，维持原判。

【业内关注】

1. 网络实时转播行为对应何种著作权权项

2. 机顶盒生产商、经销商、牌照商在何种情况下需要承担共同侵权责任

【法条链接】

1.《著作权法》

第十条 著作权包括下列人身权和财产权：

（十七）应当由著作权人享有的其他权利。

2.《最高人民法院关于审理侵害信息网络传播权民事纠纷案件适用法律若干问题的规定》

第六条 原告有初步证据证明网络服务提供者提供了相关作品、表演、录音录像制品，但网络服务提供者能够证明其仅提供网络服务，且无过错的，人民法院不应认定为构成侵权。

【理论观点】

界定未经授权对他人节目进行网络实时转播的行为性质，历来是学术界和司法实务界审查的难点。网络实时转播，看似是一种通过信息网络向公众提供节目的行为，

却不受信息网络传播权的控制。信息网络传播权在我国法律的定义为，“以有线或者无线方式向公众提供作品，使公众可以在其个人选定的时间和地点获得作品的权利”，其核心在于通过有线或无线方式进行交互式传播，即让公众可以自主选择在何时、何地获得何种内容的作品，而不是被动地接受传播者的安排。因此，在网络实时转播过程中，用户收看的网络转播作品与电视台实时播放同步，用户只能根据电视台既定的节目安排收看节目，而不能自主选择观看的时间、地点，不符合信息网络传播权的定义。[1]即使考虑到视频网站实时转播的节目来自电视节目信号，也有越来越多的学者认为不能轻易将对该节目信号的保护纳入我国《著作权法》中“广播权”的范围。其原因在于，我国《著作权法》对于“广播权”的规定，完全移植了《伯尔尼公约》中的术语，将广播权界定为三种行为，即以无线方式公开广播或者传播作品，以有线传播或者转播的方式向公众传播广播的作品，以及通过扩音器或者其他传送符号、声音、图像的类似工具向公众传播广播的作品。也正因为如此，无论是《伯尔尼公约》还是我国的法律规定，其中涉及“有线传播”的行为，仅指以有线方式传播无线广播的作品。[2]在此定义的限制下，只有在初始的传播方式为通过无线方式广播或传播时，网络实时转播的行为才受到广播权控制，这一理论观点也越来越多地受到司法判决的认可。如此一来，采用有线方式（即来源于其他网站）作为初始传播方式的网络实时转播行为，既不属于信息网络传播权的控制范畴，也不符合广播权的定义。这种初始传播采用“有线”方式的网络实时转播行为是否属于《著作权法》第十条第（十七）项兜底条款控制的行为，依旧需要谨慎对待。有学者认为，权利法定是著作权权利设定的基本原则，对此种兜底性权利条款的适用，原则上应当采取较为严格的标准，这样可以避免在法律规定之外另设新的权项，对权利法定原则产生不利影响，但是，对初始传播采用“有线”方式的网络实时转播行为而言，其与初始传播采用“无线”方式的行为相比仅存在技术手段的不同，如果对一种技术方式加以保护、对一种技术方式不予保护将明显有失公平，也违反了著作权法具体权项设置与划分的基本原则。[3]因此，初始传播采用

1 王迁、施云雯：《电视媒体与网络有关的版权侵权问题研究》，《电视研究》2014年第2期。

2 王迁：《我国〈著作权法〉中“广播权”与“信息网络传播权”的重构》，《重庆工学院学报（社会科学）》2008年第9期。

3 芮松艳：《网络实时转播行为的法律属性以及深层次链接行为的举证要求——评央视网诉百度公司案》，《中国版权》2014年第2期。

“无线”方式的定时转播行为属于广播权控制的行为，而初始传播采用“有线”方式的定时转播行为则属于《著作权法》第十条第（十七）项“应当由著作权人享有的其他权利”控制的行为。与后者相类似的行为还有网络定时播放行为，它一般指视频网站按照既定的节目时间表播放节目作品，而不是由用户在其可以自由支配的时间和地点获取作品，不符合信息网络传播权的控制范围，因而也属于“其他权利”。

无论是学界还是司法实务界，均意识到了上述权项划分所造成的障碍。在最新的著作权法修订草案送审稿中，有关广播权的权项被统一替换为“播放权”，即以无线或者有线方式公开播放作品或者转播该作品的播放，以及通过技术设备向公众传播该作品的播放的权利。理论界普遍认为，这种修改方式将有效缓解此前权项划分认为对网络实时转播、网络定时播放行为的认定造成的困难。

【案例索引】

案例1[1]：央视国际网络有限公司诉北京百度网讯科技有限公司、北京搜狐互联网信息服务有限公司侵犯著作权案

北京市第一中级人民法院认为：

本案中，鉴于百度网站“春晚”搜索页面的相关搜索结果中，以及该搜索结果的播放界面中均有搜狐视频的标识，故在无相反证据的情况下，本院合理认定被上诉人百度公司提供网络实时转播的《春晚》数据流来源于搜狐网站，即其截取了搜狐网站的相应数据流并在其服务器上进行转播。鉴于搜狐网站与上诉人央视公司签订的合同中明确约定，搜狐网站中提供的《春晚》来源于央视公司提供的信号源，而电视节目的信号通常采用的是无线方式，故在无相反证据的情况下，本院合理认定搜狐网站实施的《春晚》网络实时转播的“初始传播”为中央电视台的“无线广播”行为。鉴于被上诉人百度公司提供网络实时转播的《春晚》数据流来源于搜狐网站，故其实施的网络实时转播行为的“初始传播”亦为中央电视台的“无线广播”，鉴于对初始传播为“无线广播”的转播行为属于广播权的调整范围，故在被上诉人百度公司无证据证明其

1　一审法院：北京市海淀区人民法院，一审案号：（2012）海民初字第20573号；二审法院：北京市第一中级人民法院，二审案号：（2013）一中民终字第3142号。该案入选2013年度北京市高级法院十大知识产权典型案例。

已获得著作权人许可的情况下，其实施的上述网络实时转播行为构成对上诉人央视公司广播权的侵犯。

案例2[1]：湖南快乐阳光互动娱乐传媒有限公司诉上海视畅信息科技有限公司著作权权属、侵权案

湖南省长沙市中级人民法院认为：

本案被诉侵权行为能否以《中华人民共和国著作权法》第十条第一款第（十七）项规定的“应当由著作权人享有的其他权利”予以规制，应当综合以下因素考虑：1.被控侵权行为未经权利人授权许可，亦未支付相应报酬，实质上属于盗播涉案权利作品的行为，该行为已具备著作权侵权的基本特征及一般构成要件；2.被控侵权行为对权利人合法权益造成的不合理损害是显而易见的，受到侵害的法益虽不能归入《中华人民共和国著作权法》明列的任一有名权项下，但对其予以保护属《中华人民共和国著作权法》应有之义，亦符合其立法目的；3.鉴于被控侵权行为对权利人权益损害的显著性，适用《著作权法》的原则性条款加以调整并不会加重网络经营者及相关从业人员对自身行为合法性的识别义务。基于上述因素，一审法院认为，为充分有效地保护权利人合法权益，当事人有权适用《中华人民共和国著作权法》第十条第一款第（十七）项“应当由著作权人享有的其他权利”对本案被控侵权的网络同步播放行为予以规制。

湖南省高级人民法院二审维持原判。

案例3[2]：乐视网（天津）信息技术有限公司诉小米科技有限责任公司等侵害作品信息网络传播权案

北京市海淀区人民法院认为：

根据本案查明的事实，未来电视公司在其经营的中国互联网电视平台上提供涉案作品的在线播放服务，使用户可以在个人选定的时间和地点获得涉案作品，未取得涉

1 一审法院：湖南省长沙市中级人民法院，一审案号：（2016）湘01民初1153号；二审法院：湖南省高级人民法院，二审案号：（2017）湘民终326号。

2 一审法院：北京市海淀区人民法院，一审案号：（2016）京0108民初10886号。

案作品著作权人的许可，侵害了乐视天津公司对涉案作品享有的信息网络传播权。未来电视公司作为目前经广电总局批准的为数不多的互联网电视平台商之一，系通过行政机关授权而非一般市场竞争取得开展互联网电视业务的权利，该公司在其平台上使用他人享有著作权的作品，必然影响相关著作权人的权利，也影响与其合作的服务商的利益。因此，未来电视公司应对其平台上使用的他人作品负有更严格的审查义务，才能有效地维护著作权人的利益，并确保与平台合作的服务商业务顺利开展。未来电视公司的主观过错明显，应当为其侵权行为承担责任。

本案中，根据小米公司与未来电视公司签订的《合作协议》，小米公司与未来电视公司以联合运营模式开展合作，双方联合运营产品，共同负责相关软件模块升级管理，协商决定服务的价格和收费方式。因此，小米公司与未来电视公司存在共享收益的关系。对于部分案外作品，小米公司甚至提供了米币系统为涉案平台提供收费支持。对于未来电视公司就涉案作品实施的信息网络传播行为，小米公司与其存有共同的意思联络，构成共同侵权，故应当与未来电视公司承担连带侵权赔偿责任。

【TA 评述】

《宝典》如是说[1]：根据《信息网络传播权管理条例》，“信息网络传播权”是指以有线或无线方式向公众提供作品、表演或者录音录像制品，使公众可以在其个人选定的时间和地点获得作品、表演或者录音录像制品的权利。但在实践中，作为信息网络传播权行使主体的视频网站，多倾向于对“信息网络传播权”进行更具有扩张性的解释……互联网平台所采用的“信息网络传播权”概念，实际上已经超出了法定的信息网络传播权的范畴。对于具有相对模糊的扩张性的信息网络传播权概念，至少应当确保信息网络传播权的授权范围不会与目前已有的其他授权渠道相冲突，因此在合同中补充相关的除外条件是必要的。

TA 观点

随着新媒体技术的发展，越来越多的视频网站竞相开展各类直播、点播、转播、定时播放业务，网络视频播放行为的种类日益多样化。但与之相对应的，是脱胎于新

1 王军、司若主编：《中国影视法律实务与商务宝典》，中国电影出版社2017年版，第296–297页。

媒体技术蓬勃发展前的现行著作权法，未能涵盖上述新媒体、新领域、新技术，给影视行业的实务安排和法律规范造成了一定的困扰。以网络定时转播为例，在学术界与司法实务界多年论证和摸索过程中，逐渐形成了下列共识，即初始传播采用“无线”方式的定时转播行为属于广播权控制的行为，例如，在索引案例1中，法院认定2012年央视春晚节目的初始传播为采用“无线”方式，进而认定被告侵犯了原告的广播权；而初始传播采用“有线”方式的定时转播行为属于《著作权法》第十条第（十七）项“应当由著作权人享有的其他权利”控制的行为，本案正是如此，由于原告享有的“通过信息网络（包括但不限于互联网络、移动平台、IP电视、车载电视等新媒体传播平台）向公众传播、广播（包括但不限于实时转播或延时转播）、提供的权利”不具备无线广播的特性，法院将上述权利归入《著作权法》第十条第（十七）项。无论法院最终通过审理个案的传播事实，对该案具体侵害的著作权权项认定如何，其审判的出发点均是既考虑到技术的发展，也顾及案件主体间的利益平衡问题。在索引案例2中，法院认为被控侵权行为对权利人合法权益造成的不合理损害是显而易见的，因而通过著作权法对著作权权项规定中的兜底条款进行保护，符合著作权法的立法本意。学界认为，在现行著作权法修改之后，上述因法律规定滞后而造成的困扰会有所缓解，但我们始终建议，在影视行业从业者的实务操作中，应尽可能地在合同中对项目传播所需要的方式、渠道进行明确的约定，而非笼统地将各种传播方式都概括成为某一抽象的权项，尽可能地降低因合同约定不明而产生的法律风险；同时，影视作品权利人在维权时，也应注意了解当前的司法审判趋势，避免因诉讼请求对著作权权项的理解偏差，影响维权效果。

此外，本案另一重要价值在于，提出当网络电视机顶盒生产商明知且支持销售商在机顶盒内安装未经授权提供电视节目直播、回看、点播功能的软件，应认定其与销售商就安装行为达成共识，二者构成共同侵权。这是在盗播案件频发的当下，法院在公平原则以及利益平衡视角驱动下，对于盗播获得的暴利与责任人应具备的注意义务间进行的调整。在索引案例3中，法院也指出，被告作为目前经广电总局批准的为数不多的互联网电视平台商之一，系通过行政机关授权而非一般市场竞争取得开展互联网电视业务的权利，其行为既影响相关著作权人的权利，也影响与其合作的服务商的利益，应对其平台上使用的他人作品负有更严格的审查义务。

（撰稿人：段英子）

1.2.12 判定合理使用时的转换性使用借鉴

——某制片厂诉某文化公司、某影院管理公司著作权侵权纠纷案[1]

【核心推介】

合理使用是我国《著作权法》规定的权利限制制度，即在符合法律规定的情况下可以不经著作权人许可使用作品，且无需支付费用，但需保证作者署名权。转换性使用并不是我国著作权法规定的制度，但在世界诸多国家的著作权法中均有丰富的适用经验，并且发挥着重要的作用。本案涉及影视行业中常见的对他人作品的使用情况，即将他人享有著作权的美术作品作为电影的海报背景使用。从著作权法规定上来看，这种情况不属于我国著作权法明确规定的合理使用的情形，但法院在判决中借鉴了转换性使用的观点，将这种做法论证为：为说明某一问题而适当引用作品，进而判定涉案行为属于合理使用的范畴。在本案中，一审法院认为判断是否属于合理使用，应当综合考虑被引用作品是否已经公开发表、引用他人作品的目的、被引用作品占整个作品的比例、是否会对原作品的正常使用或市场销售造成不良影响等因素，一定程度上借鉴了美国因素主义的经验。一审法院同时认为，商业性使用、署名等因素并不是认定合理使用的要件，不影响对合理使用的认定。二审法院同意一审法院的观点，同时认为合理使用应当限于特殊情况，且与作品的正常使用不相冲突，亦无不合理损害权利人的合法权益。

【关键词】

合理使用　转换性使用　引用作品

1　一审法院：上海市普陀区人民法院，一审案号：（2014）普民三（知）初字第258号；二审法院：上海知识产权法院，二审案号：（2015）沪知民终字第730号。该案入选2016年上海法院知识产权司法保护十大案件。

【案情】

某制片厂享有“葫芦娃”和“黑猫警长”角色形象美术作品的著作权。电影《80后的独立宣言》由某文化公司投资制作，于2014年2月21日正式上映。某文化公司为此制作了被控侵权海报，并提供给某影院管理公司，该公司在其官方微博上使用了该海报。该海报内容为：上方2/3的篇幅中突出部分为男女主角人物形象及主演姓名，背景则零散分布着诸多美术形象，包括身着白绿校服的少先队员参加升旗仪式、课堂活动、课余游戏等情景；黑白电视机、落地灯等家电用品；缝纫机、二八式自行车、热水瓶、痰盂等日用品；课桌、铅笔盒等文教用品；铁皮青蛙、陀螺、弹珠等玩具；无花果零食，以及涉案的“葫芦娃”“黑猫警长”卡通形象，其中“葫芦娃”“黑猫警长”分别居于男女主角的左右两侧。诸多背景图案与男女主角形象相较，比例显著较小，“葫芦娃”“黑猫警长”美术形象与其他背景图案大小基本相同。海报下方1/3的部分为突出的电影名称“80后的独立宣言”以及制片方、摄制公司和演职人员信息等，并标注有“2014.2.21温情巨献”字样。某影院管理公司在其官方微博上发布该海报。另外，《80后的独立宣言》影片中未有涉及“葫芦娃”“黑猫警长”的情节或内容。涉案海报系由某文化公司提供给某影院管理公司，某影院管理公司为配合电影上映宣传，在其官方微博上使用了本案涉案海报。

某制片厂诉称：其拥有“葫芦娃”和“黑猫警长”角色形象美术作品的独立著作权。某文化公司未经许可，在其制作的电影《80后的独立宣言》中使用了上述二角色形象美术作品，且有所改动。某影院管理公司在其官方微博上使用了该海报。某文化公司侵犯了其对上述二角色形象美术作品的修改权、复制权、发行权、信息网络传播权，某影院管理公司侵犯了其对上述二角色形象的信息网络传播权，并与某文化公司构成共同侵权。请求法院判令：1. 某文化公司和某影院管理公司在《新闻晨报》或同级别纸质媒体显著位置公开赔礼道歉，消除影响；2. 某文化公司和某影院管理公司停止侵犯其拥有的“葫芦娃”“黑猫警长”角色形象美术作品的著作权；3. 某文化公司和某影院管理公司连带赔偿其经济损失及维权费用合计人民币531 750元。

某文化公司辩称：现有证据无法证明原告对“葫芦娃”和“黑猫警长”形象美术作品享有著作权；即使其享有著作权，涉案海报主体内容是“80后”男女青年，后面的小图案仅仅为了点缀主角的年代是“80后”，所以使用了缝纫机、热水瓶和“葫芦娃”“黑猫警长”等图案，是为了说明电影主人公年龄特点；从使用来看，海报中的“葫芦娃”“黑猫警长”和原告电影中的形象有所区别，比例上也只是主体画面中很小的一部分，属于合理使用；且影片有两个版本的海报，还有一个卡通版，涉案海报发行量很少，即使构成侵权，图片著作权的判赔金额也是比较低的，综上，被告某文化公司请求驳回原告的诉讼请求。

某影院管理公司辩称：现有证据无法证明原告对“黑猫警长”形象美术作品享有著作权；即使原告享有著作权，对于被告来说，为配合电影公映使用海报作宣传是合理的使用行为，影片是合法公映的影片，涉案海报也是官方海报，并经审查，是制片方提供给发行机构的，其使用海报有合法来源，没有过错；况且，涉案美术作品是“80后”的时代标识，具有社会公益性，在海报中的使用不醒目、比例不大，对原告的利益没有损害；即使构成侵权，图片著作权的判赔金额也是比较低的，综上，被告某影院管理公司请求驳回原告的诉讼请求。

一审法院认为，某制片厂享有涉案美术形象作品的修改权、复制权、发行权、信息网络传播权等著作权。某文化公司在电影海报中对涉案美术作品的使用构成合理使用。根据著作权法的相关规定，构成合理使用的一种情形是指“适当引用”，是指“为介绍、评论某一作品或者说明某一问题，在作品中适当引用他人已经发表的作品，可以不经著作权人许可，不向其支付报酬，但应当指明作者姓名、作品名称，并且不得侵犯著作权人依照本法享有的其他权利”；根据著作权法实施条例的相关规定“使用不经著作权人许可的已经发表的作品的，不得影响该作品的正常使用，也不得不合理地损害著作权人的合法利益”。

判断对他人作品的使用是否属于合理使用，应当综合考虑被引用作品是否已经公开发表、引用他人作品的目的、被引用作品占整个作品的比例、是否会对原作品的正常使用或市场销售造成不良影响等因素予以认定。从被引用作品的性质来看，“葫芦娃”“黑猫警长”是动画片中的角色造型美术作品，动画片已于20世纪80年代播出，因此涉案被引用作品均属于已经发表的作品。从引用他人作品的目的来看，涉案影片讲述了一个当代“80后”年轻人自主创业的励志故事，影片名称也明确指向了这一年龄段群体。“葫芦娃”“黑猫警长”形象均诞生于20世纪80年代，相关动画片播出的时间亦集中在20世纪八九十年代。该时期恰是国产动画片繁荣鼎盛期，涌现出了大量经典的荧屏动画形象，《葫芦娃》《黑猫警长》更是其中代表之作，两部动画片多集系列的情节铺展，拟人手法的角色设计，充满童趣、想象力的故事内容，朗朗上口的主题歌曲等共同赋予了角色形象生动丰满的艺术生命力，再结合20世纪八九十年代少儿文娱产品供给集中度较高、受众覆盖面较广、知晓度较高的特点，“葫芦娃”“黑猫警长”形象确可称为“80后”动漫明星，机智勇敢的“葫芦娃”、惩恶扬善的“黑猫警长”成为“80后”群体闪亮的童年记忆，与年代特征的结合度较高。某文化公司制作的海报背景中，除了“葫芦娃”“黑猫警长”形象外，还包括身着白绿校服的少先队员参加升旗仪式、课堂活动、课余游戏等情景，黑白电视机、落地灯等家电用品，缝纫机、二八式自行车、热水瓶、痰盂等日用品，课桌、铅笔盒等文教用品，铁皮青蛙、陀螺、弹珠等玩具，无花果零食等，皆属“80后”成长记忆中具有代表性的人、物、景，这些元素相组合后确具较强的时代带入感，符合某文化公司所述为配合说明影片“80后”主题进行海报创作的创意构思，故法院认定某文化公司使用被引用作品是为了说明某一问题，即涉案电影主角的年龄特征。从被引用作品占整个作品的比例来看，被引用作品只是属于辅助、配角、从属的地位。从海报的外观来看，涉案海报突出的是电影男女主角，约占整个海报的1/2，“葫芦娃”“黑猫警长”两个形象与其他二十余个表明“80后”时代特征的元素均作为背景使用，占海报面积较小，且比例大致相同，“葫芦娃”“黑猫警长”的形象并未突出显示。因此，一审法院认为属于适度的引用。从引用是否会对某制片厂作品的正常使用造成影响来看，涉案海报的使用未对某制片厂作品的正常使用造成影响。涉案电影于2014年2月21日上映，公开上映时间为一周至两周，电影内容中并没有出现任何有关“葫芦娃”“黑猫警长”的内容，除了海报中的使用，电影宣传文案中也未涉及“葫芦娃”“黑猫警长”内容，不至于吸引对该两个美术作品有特定需求的受众，进而产生对两部作品具关联性的联想，因此，一审法院认为某文化公司在海报中为辅助说明电影主角年龄特征使用“葫芦娃”和“黑猫警长”，与某制片厂自身作品的正常使用没有冲突，在市场上未形成竞争关系。

需要指出的是，《80后的独立宣言》在海报中使用涉案美术作品，确属商业性使用，但合理使用制度并不天然排斥商业性使用的可能，商业性使用只要符合法律规定的相关要件，仍然可以构成合理使用。海报中虽未对“葫芦娃”“黑猫警长”标注作者姓名，但未署名并不当然影响对作品合理使用的认定，仅可能涉及对作者署名权的侵犯，况且指明作者姓名、作品名称的情形，还要结合作品使用方式的特性予以综合判断，不能一概而论。根据海报等宣传画的作品属性和创作特点，也基于海报画面完整性要求，未在画作中标注被引用形象作者的做法亦属正常且合理。综上，某文化公司在电影海报中对“葫芦娃”“黑猫警长”美术作品的使用属于著作权法所规定的合理使用。故某影院管理公司的行为也不构成侵权。

一审法院判决：驳回原告某制片厂的诉讼请求。

某制片厂不服一审法院判决，上诉认为一审认定被上诉人使用涉案作品是为了说明涉案电影主角的年龄特征，属于不当；一审认定涉案作品占海报面积小，并未突出显示，属于适度的引用，该认定与法律规定相悖；一审认为被上诉人使用涉案作品与上诉人自身使用在市场上没有竞争关系，对著作权人权利不构成不合理的影响，上诉人对此不认可。请求上海知识产权法院撤销一审判决，依法改判：1. 两被上诉人停止侵犯上诉人享有的“葫芦娃”“黑猫警长”美术作品的著作权；2. 两被上诉人连带赔偿上诉人经济损失及合理费用4万元。

上海知识产权法院认为，合理使用的认定应当限于特殊情况，且与作品的正常使用不相冲突，亦无不合理损害权利人的合法权益。同时，本案具体适用上述认定标准时综合考虑引用作品的目的、引用作品在新作品中的比例、是否影响权利人正常使用、是否对权利人造成不合理的损害等等。根据我国著作权法规定，为介绍、评论某一作品或者说明某一问题，在作品中适当引用他人已经发表的作品，构成合理使用。其中，为说明某一问题，是指对作品的引用是为了说明其他问题，并不是为了纯粹展示被引用作品本身的艺术价值，而被引用作品在新作品中的被引用致使其原有的艺术价值和功能发生了转换；而该被引用作品在新作品中亦不是以必需为前提，即使在新作品中引用作品不是必需的，也会构成合理使用。

本案中，正如一审判决所分析认定的，考虑到“葫芦娃”“黑猫警长”以及其他涉案海报上的事物是20世纪80年代特有的。因此，电影海报中引用“葫芦娃”“黑猫警长”美术作品不是单纯地再现“葫芦娃”“黑猫警长”美术作品的艺术美感和功能，而是反映一代共同经历80年代少年儿童期，曾经经历“葫芦娃”“黑猫警长”动画片盛播的时代年龄特征，亦符合电影主角的年龄特征。因此，“葫芦娃”“黑猫警长”美术作品被引用在电影海报中具有了新的价值、意义和功能，其原有的艺术价值功能发生了转换，而且转换性程度较高，属于我国著作权法规定的为了说明某一问题的情形。合理使用的审查认定并不以是否需要引用作品为要件。“葫芦娃”“黑猫警长”美术作品与其他背景图案综合反映了涉案电影海报的主题，故该上诉理由亦与事实不符，法院不予采信。

至于引用适度性的问题，法院认为，对此还应审查不得影响被引用作品的正常使用、不得不合理地损害权利人合法利益之合理使用之构成要件。法院认为，“葫芦娃”“黑猫警长”美术作品与其他背景图案比例协调，并不存在相对于其他背景图案突出呈现且比例过大的情况，而相对于突出呈现的电影主角来看，“葫芦娃”“黑猫警长”美术作品的比例是较小的，符合背景图案的功能。“葫芦娃”“黑猫警长”是80年代代表性少儿动画形象，其如今以美术作品单纯的欣赏性使用作为正常使用的情况不多，因此，相关公众对该作品的使用需求通常情况下不太可能通过观赏涉案电影海报就能满足，从而放弃对原有作品的选择使用。因此，涉案电影海报中作为背景图案引用“葫芦娃”“黑猫警长”美术作品不会产生替代性使用，亦不会影响权利人的正常使用。同时，涉案电影海报引用“葫芦娃”“黑猫警长”美术作品旨在说明“80后”这一代20世纪80年代的少年儿童的年代特征，此创作应属特殊情况，不具有普遍性，而且涉案电影海报的发行期短暂，随着电影播映期的消逝，该电影海报的影响也会逐步减小，因此不会不合理地损害权利人的合法利益。

二审法院判决：驳回上诉，维持原判。

【业内关注】

1. 什么是转换性使用
2. 转换性使用与合理使用的关系

【法条链接】

1.《著作权法》

第二十二条 在下列情况下使用作品，可以不经著作权人许可，不向其支付报酬，但应当指明作者姓名、作品名称，并且不得侵犯著作权人依照本法享有的其他权利：

（一）为个人学习、研究或者欣赏，使用他人已经发表的作品；

（二）为介绍、评论某一作品或者说明某一问题，在作品中适当引用他人已经发表的作品；

（三）为报道时事新闻，在报纸、期刊、广播电台、电视台等媒体中不可避免地再现或者引用已经发表的作品；

（四）报纸、期刊、广播电台、电视台等媒体刊登或者播放其他报纸、期刊、广播电台、电视台等媒体已经发表的关于政治、经济、宗教问题的时事性文章，但作者声明不许刊登、播放的除外；

（五）报纸、期刊、广播电台、电视台等媒体刊登或者播放在公众集会上发表的讲话，但作者声明不许刊登、播放的除外；

（六）为学校课堂教学或者科学研究，翻译或者少量复制已经发表的作品，供教学或者科研人员使用，但不得出版发行；

（七）国家机关为执行公务在合理范围内使用已经发表的作品；

（八）图书馆、档案馆、纪念馆、博物馆、美术馆等为陈列或者保存版本的需要，复制本馆收藏的作品；

（九）免费表演已经发表的作品，该表演未向公众收取费用，也未向表演者支付报酬；

（十）对设置或者陈列在室外公共场所的艺术作品进行临摹、绘画、摄影、录像；

（十一）将中国公民、法人或者其他组织已经发表的以汉语言文字创作的作品翻译成少数民族语言文字作品在国内出版发行；

（十二）将已经发表的作品改成盲文出版。

前款规定适用于对出版者、表演者、录音录像制作者、广播电台、电视台的权利的限制。

2.《著作权法实施条例》

第二十一条 依照著作权法有关规定，使用可以不经著作权人许可的已经发表的作品的，不得影响该作品的正常使用，也不得不合理地损害著作权人的合法利益。

3.《信息网络传播权保护条例》

第六条 通过信息网络提供他人作品，属于下列情形的，可以不经著作权人许可，不向其支付报酬：

（一）为介绍、评论某一作品或者说明某一问题，在向公众提供的作品中适当引用已经发表的作品；

（二）为报道时事新闻，在向公众提供的作品中不可避免地再现或者引用已经发表的作品；

（三）为学校课堂教学或者科学研究，向少数教学、科研人员提供少量已经发表的作品；

（四）国家机关为执行公务，在合理范围内向公众提供已经发表的作品；

（五）将中国公民、法人或者其他组织已经发表的、以汉语言文字创作的作品翻译成的少数民族语言文字作品，向中国境内少数民族提供；

（六）不以营利为目的，以盲人能够感知的独特方式向盲人提供已经发表的文字作品；

（七）向公众提供在信息网络上已经发表的关于政治、经济问题的时事性文章；

（八）向公众提供在公众集会上发表的讲话。

4.《最高人民法院关于充分发挥知识产权审判职能作用推动社会主义文化大发展大繁荣和促进经济自主协调发展若干问题的意见》

第八条　妥当运用著作权的限制和例外规定，正确判定被诉侵权行为的合法性，促进商业和技术创新，充分保障人民基本文化权益。正确认定合理使用和法定许可行为，依法保护作品的正当利用和传播。在促进技术创新和商业发展确有必要的特殊情形下，考虑作品使用行为的性质和目的、被使用作品的性质、被使用部分的数量和质量、使用对作品潜在市场或价值的影响等因素，如果该使用行为既不与作品的正常使用相冲突，也不至于不合理地损害作者的正当利益，可以认定为合理使用。对设置或者陈列在室外社会公共场所的艺术作品进行临摹、绘画、摄影或者录像，并对其成果以合理的方式和范围再行使用，无论该使用行为是否具有商业目的，均可认定为合理使用。

【理论观点】

“转换性使用”的意义通俗来讲正如上海知识产权法院在二审判决中所说，“并不是为了纯粹展示被引用作品本身的艺术价值，而被引用作品在新作品中的被引用致使其原有的艺术价值和功能发生了转换”。

"转换性使用"由Leval法官于1990年率先提出，从鼓励创造性活动的立场出发将合理使用的目的界定为转换性使用，并认为须以与原作不同的方式或目的使用所引用。实务上，1994年Campbell 案中，Live Crew乐队使用Roy Orbison的歌曲创作了*Pretty Women*以达到讽刺原作的效果。美国最高法院认定该戏仿行为（Parody）具有明显的转换性价值而构成合理使用，并指出考察的立足点：新作品是否具有不同的目的或性质而增加了新的东西。此后该观点得到各法院遵循，逐渐被普遍认定作为判断为合理使用成立与否的关键因素。据此，"转换性使用"的判定要素在于：对原作之使用并非出于替代目的，而是极富创造性，以与原作不同的方式或目的增加了价值，创作出独立于原作的新的表达意义或信息，实现与原作正常使用方式不同的新的功能。[1]在美国，"转换性使用"通过长期的审判实践不断发展，其内涵也与时俱进，历经了从"转换性内容"到"转换性目的"之变化。

我国《著作权法》第二十二条以穷尽式列举的方式，规定了十二种对作品和邻接权客体构成合理使用的情形，并未明确规定"转换性使用"属于合理使用的法定情形。但《著作权法实施条例》揭示了合理使用制度的本意，即不经著作权人许可使用作品不能影响著作权人对作品的使用和收益，这在根本上与"转换性使用"的原理并不矛盾。《最高人民法院关于充分发挥知识产权审判职能作用推动社会主义文化大发展大繁荣和促进经济自主协调发展若干问题的意见》的第八条又一次明确了司法机关对"转换性使用"的肯定态度。我国法律上虽然未明确规定"转换性使用"，但法院在实践中根据案情，为了实现公平正义，也不乏借鉴"转换性使用"的原理来帮助论证某行为是否属于合理使用的情形。鉴于转换性使用并没有入法，从这个角度来说存在一定的适用局限，所以我国法院对转换性使用的解释，也只能借用《著作权法》第二十二条第二款"为介绍、评论某一作品或者说明某一问题，在作品中适当引用他人已经发表的作品"，事实上是希望用介绍、评论和说明来囊括改变作品同一性的使用行为，以弥补我国合理使用类型过分拘泥于直接利用作品的不足。[2]判断某一行为是否属于我国《著作权法》第二十二条列举的情形，需要考察行为本身是否满足法律规定的合理使用认定条件。以本案涉及的第（二）项为例，为介绍、评论某一作品或者说明某一问题，

1　王军律师团队:《热点案例延伸：转换性使用构成合理使用》，微信公众号"TA娱乐法"2017年3月11日。

2　熊琦:《"用户创造内容"与作品转换性使用的认定》,《法学评论》2017年5月。

在作品中适当引用他人已经发表的作品。

首先要是介绍、评论某一作品或者说明某一问题，这要求对作品的使用不能喧宾夺主，不当的攀附、蹭热度等都是不允许的；其次要适当地引用，引用比例过大或者引用不恰当也是不允许的，比如学生在论文中引用其他学者的著作。本书“1.2.13以教学目的为表象不必然构成合理使用”篇有对合理使用各项的详细解读。个案实践中对某一个案行为是否属于第（二）项规定的情形进行判定，往往引发讼争当事方的争执不下，本案中某文化公司将“葫芦娃”和“黑猫警长”的角色形象美术作品使用在电影海报中是否属于介绍、评论某一作品或者说明某一问题，即是案件当事双方的争议焦点之一。本案中，法院将被引用作品的性质、被引用作品是否已经公开发表、引用他人作品的目的、被引用作品占整个作品的比例、是否会对原作品的正常使用或市场销售造成不良影响、是否属于特殊情况、是否与作品的正常使用相冲突等因素列为判断涉案行为是否属于合理使用的因素，为这类案件提供了新的审判思路。但应当注意的是，我国是成文法国家，法院要在成文法的范围内对具体争议事项作出裁判，所以对于著作权法并未列明的“转换性使用”观点，在我国司法裁判实务中即便有吸收，通常也会是借鉴其原理，并不会直接引用作为判断依据。

【案例索引】

案例1[1]：广州网易计算机系统有限公司诉保利影业投资有限公司著作权侵权案

广东省高级人民法院认为：

《著作权法》第二十二条规定，在下列情况下使用作品，可以不经著作权人许可，不向其支付报酬，但应当指明作者姓名、作品名称，并且不得侵犯著作权人依照本法享有的其他权利：……（二）为介绍、评论某一作品或者说明某一问题，在作品中适当引用他人已经发表的作品。涉案视频虽标记有《我爱看电影》，但其中主持人介绍、评论涉案作品的时间很短，大部分时间是直接播放涉案作品，不能以“适当引用”而

1 一审法院：广东省广州市天河区人民法院，一审案号：（2015）穗天法知民初字第1036号；二审法院：广东省高级人民法院，二审案号：（2016）粤73民终699号。

免责。广州网易计算机系统有限公司在线播放涉案视频未经保利影业投资有限公司或其他权利人的准许，侵犯了保利影业投资有限公司就涉案作品所享有的信息网络传播权，依法应承担停止侵权并赔偿损失的民事责任。

案例2[1]：无锡市崇安寺商旅文化发展有限公司与艾影（上海）商贸有限公司、无锡市每天传媒有限公司、无锡市满庭芳文化艺术发展有限公司著作权案

江苏省高级人民法院认为：

首先，无锡市崇安寺商旅文化发展有限公司对涉案卡通形象的使用不属于《中华人民共和国著作权法》第二十二条规定的法定情形。无锡市崇安寺商旅文化发展有限公司上诉认为其使用案涉卡通形象系为了学习、研究、欣赏而使用他人已经发表的作品，不属于商业使用，不构成侵权。对此本院认为，无锡市崇安寺生活步行街区广场，是无锡市著名的商业步行街，商业氛围浓厚，无锡市崇安寺商旅文化发展有限公司在该街区从事商户经营、出租管理等业务活动，通过举办涉案卡通人物主题展，其结果是可以提高该街区的知名度及人流量，而作为该街区管理机构的无锡市崇安寺商旅文化发展有限公司亦可从中获得相应的商业利益，其使用行为明显不属于《中华人民共和国著作权法》第二十二条第一款第（一）项规定的“为个人学习、研究或者欣赏，使用他人已经发表的作品”的情形。其次，无锡市崇安寺商旅文化发展有限公司的使用行为影响了涉案卡通形象作品的正常使用。艾影（上海）商贸有限公司从香港关联公司取得涉案“哆啦A梦”卡通形象的相关权利后，通过授权举办“哆啦A梦”卡通模型展览，取得许可费、门票销售提成等相关收益，是其对“哆啦A梦”卡通形象作品的主要使用方式之一。而无锡市崇安寺商旅文化发展有限公司在涉案卡通人物主题展中，不但大量使用了“哆啦A梦”的平面形象进行宣传，现场还布置了非常多的“哆啦A梦”立体模型，其未经艾影（上海）商贸有限公司许可，对“哆啦A梦”卡通形象的大量使用与艾影（上海）商贸有限公司作为权利人对该作品的正常使用发生了严

1　一审法院：无锡市中级人民法院，一审案号：（2014）锡知民初字第211号；二审法院：江苏省高级人民法院，二审案号：（2016）苏民终114号。

重冲突。最后，无锡市崇安寺商旅文化发展公司的使用行为亦不合理地损害了艾影（上海）商贸有限公司的合法权益。一审中，艾影（上海）商贸有限公司已举证证明其以权利人身份在青岛举办“哆啦A梦”展览，共获利300余万元，而其展览的主要形式也是模型展览。无锡市崇安寺商旅文化发展有限公司在无锡市崇安寺生活步行街区广场大量布置“哆啦A梦”卡通模型供不特定的人群免费参观，客观上侵占了艾影（上海）商贸有限公司的市场利益，造成艾影（上海）商贸有限公司在无锡地区潜在市场利益的损失，属于不合理损害了艾影（上海）商贸有限公司的合法权益。

案例3[1]：王莘诉北京谷翔信息技术有限公司侵害著作权案

北京市高级人民法院认为：

考虑到人民法院已经在司法实践中认定《著作权法》第二十二条规定之外的特殊情形也可以构成合理使用，因此在北京谷翔信息技术有限公司主张并证明涉案复制行为属于合理使用的特殊情形时，该行为也可以被认定合理使用。在判断涉案复制行为是否构成《著作权法》第二十二条规定之外的合理使用特殊情形时，应当严格掌握认定标准，综合考虑各种相关因素。判断是否构成合理使用的考量因素包括使用作品的目的和性质、受著作权保护作品的性质、所使用部分的性质及其在整个作品中的比例、使用行为是否影响了作品正常使用、使用行为是否不合理地损害著作权人的合法利益等。而且，使用人应当对上述考量因素中涉及的事实问题承担举证责任。在本案中，北京谷翔信息技术有限公司虽然主张涉案侵权行为构成合理使用，但并未针对上述相关因素涉及的事实问题提交证据。因此，北京谷翔信息技术有限公司主张涉案复制行为构成合理使用，证据不足，本院不予支持。

虽然未经许可的复制原则上构成侵权，但在法律规定的合理使用的情形中，有些合理使用行为的实施需要以复制为前提。在这种情况下，专门为了合理使用行为而进行的复制，应当与后续使用行为结合起来作为一个整体看待，不应当与后续的合理使用行为割裂开来看。换言之，如果是专门为了后续的合理使用行为而未经许可复制他

1 一审法院：北京市第一中级人民法院，一审案号：（2011）一中民初字第1321号；二审法院：北京市高级人民法院，二审案号：（2013）高民终字第1221号。

人作品，应当认定为合理使用行为的一个部分，同样构成合理使用。例如，为了为个人学习、研究或者欣赏而复制已经发表的作品，或者国家机关为执行公务在合理范围内复制已经发表的作品，应当认定为合理使用行为的一个环节，并不构成侵权。在本案中，为了实现对北京谷翔信息技术有限公司的网站对涉案作品的使用目的，需要同时对涉案作品全部文本内容和涉案图书全部页面进行复制，如果涉案信息网络传播行为构成合理使用，专为实现该行为而进行复制也可能构成合理使用。

【TA评述】

在司法实务中，判断引用他人作品是否构成合理使用时，法院不仅会严格判断是否符合十二项合理使用情形的构成要件，还可能结合个案特殊性综合考查多种因素。一些情况下，涉案行为虽然不能严格符合著作权法规定的合理使用的典型情形，但在特定行为不影响该作品的正常使用，也没有不合理地损害著作权人的合法利益的前提下，法院时常考虑在综合衡量各种因素的基础上，作出符合公平正义和著作权法立法目的的判断。本案中，法院即认为，涉案作品在电影海报中的引用不是单纯地展现原作品的艺术表达，而是反映“80后”一代的年龄特征，是为了说明某一问题而适当引用他人的作品，而且其并不影响涉案作品的正常使用，也没有不合理地损害著作权人的合法利益，故构成合理使用。

（撰稿人：李晨瑶）

1.2.13 以教学目的为表象不必然构成合理使用

——某公司诉某大学侵害作品信息网络传播权纠纷案[1]

【核心推介】

著作权是法律赋予权利人的独占性权利，但在特殊情况下，法律也允许他人对权利人的作品进行使用，这种制度通常被称为著作权限制制度。合理使用和法定许可即为两项重要的著作权限制制度：如果当事人的行为构成合理使用，则可以不经著作权人许可使用作品，也不用支付报酬；如果当事人的行为构成法定许可，也可以不经著作权人许可使用作品。合理使用和法定许可免去著作权人授权环节，为使用者的活动带来便利，节省成本，但是考虑到这种制度是对著作权人的合法权利限制，合理使用和法定许可的适用条件通常会显得苛刻。合理使用和法定许可不属同一概念，我国著作权法即为合理使用规定了十二种情况、为法定许可规定了四种情况，只有满足法律规定的情况才能构成合理使用或法定许可。每种情况都有其独特的构成要件，所以对于商业活动来说，想要适用合理使用或者法定许可就需要考虑跨过法律的门槛。

【关键词】

合理使用　教学目的　法定许可

【案情】

某公司享有影片《中国合伙人》《分手合约》《伤心童话》《饥饿游戏》四部影片（以

1　一审法院：广东省广州市白云区人民法院，一审案号：（2015）穗云法知民初字第413号；二审法院：广州知识产权法院，二审案号：（2016）粤73民终82号。

下称涉案影片）的信息网络传播权。某大学在其管理的网站中上传了涉案影片供校内师生观看。2014年2月19日，某公司律师向某大学发出律师函，某大学一审庭审中确认其收到该律师函，并已经在收到函件后关闭了涉案网站。

原告某公司诉称：某公司发现某大学在其网站下设的“校园电影频道”提供了《中国合伙人》《分手合约》《伤心童话》《饥饿游戏》四部影片的在线点播服务，认为某大学侵犯了其对四部影片的信息网络传播权，请求法院判令某大学停止侵权。

被告某大学辩称：该网站是基于《P2P教学视频共享平台》的教育技术课题项目，为教学研究、实践而开放，目的在于研究网络教学视频平台的建设与应用，由老师指导学生研究及开发，最终成果是基于视频的在线学习平台，即网站上的“学习园地”，并在校内展开应用测试，由学生负责查找共享学习资源。后来维护学生出于编程技术实践的动机，参考“学习园地”模块，另外开发了“校园视频”等模块，并开放校园网用户自行上传资源的权限，网站所在IP地址段多年来一直为校内地址段，不对外开放，后因网络出口设备测试，导致前段时间外网可访问，学校在收到律师函后及时排查，并及时将该网站关闭，不构成侵权。

一审法院认为，某公司享有涉案影片的著作权。本案中，某大学是将电影全部机械复制上传至涉案网站，并在互联网上进行了传播，传播范围是不特定的公众，已经远远超出教学范畴；同时，某大学仅提交书面的证人证言并不足以证明其属于教学使用，亦未能提供证据证实其教学计划中确有《P2P教学视频共享平台》的教育技术课题项目，故某大学的上述抗辩意见与事实不符，原审法院不予采纳。

一审法院判决：一、某大学于判决生效之日起，停止在其域名为××.edu.cn的网站上提供《中国合伙人》《分手合约》《伤心童话》《饥饿游戏》四部电影的点播服务，并移除上述四部影片；二、某大学于判决生效之日起十日内，赔偿某公司经济损失1.5万元（含合理费用）；三、驳回某公司的其他诉讼请求。

某大学不服一审判决，上诉至广州知识产权法院，其上诉称：公证书采取拖动的方式比对，不足以证明某公司享有著作权的作品与某大学网站上播放的影片一致。即使影片一致，但本案应属于著作权法第二十二条第（一）（六）项规定的法定许可情形，可以不经著作权人许可，不向其支付报酬，某大学的行为不应认定为侵权。某公司提供的证据无法证明涉案影片的片源在某大学校内。某大学仅提供网络服务，是网络服务提供者，并未发布涉案影片，不存在过错。

二审法院确认了一审法院查明的事实，另查明某大学在二审中为了证明原审判赔金额过高而补充提交的证据。

二审法院认为，某公司享有著作权的影片与涉案影片一致。某大学主张其行为属于《著作权法》第二十二条第（一）（六）项规定的法定许可情形，不构成侵权。《著作权法》第二十二条规定，在下列情况下使用作品，可以不经著作权人许可，不向其支付报酬，但应当指明作者姓名、作品名称，并且不得侵犯著作权人依照本法享有的其他权利：（一）为个人学习、研究或者欣赏，使用他人已经发表的作品；（六）为学校课堂教学或者科学研究，翻译或者少量复制已经发表的作品，供教学或者科研人员使用，但是不得出版发行。本案中，某大学不是专门的影视艺术院校，某大学也没有举证其开设了专门的影视鉴赏课程或类似课程，某大学亦不是在特定的课堂教学中使用涉案影片而是在被诉侵权网站提供被诉影片的在线点播服务，传播范围是不特定的公众，已超出教学的范畴。故某大学认为其行为属于法定许可使用的上诉主张依据不足，法院不予支持。关于某大学认为被诉侵权网站不对外开放，是基于《P2P教学视频共享平台》教育技术项目，让学生学习网站框架及模块制作，实践编程技术而开发的主张。法院认为，学习网站框架及模块制作，放入框架的内容并不属于教学或科研的范畴，且被诉侵权网站显示共收藏1 091部电影，数量明显超出为教学或科研目的而少量使用的法律要求。

二审法院判决：驳回上诉，维持原判。

【业内关注】

1. 合理使用的认定标准为何

2. 合理使用与法定许可的区别和联系是什么

【法条链接】

1.《著作权法》

第二十二条 在下列情况下使用作品，可以不经著作权人许可，不向其支付报酬，但应当指明作者姓名、作品名称，并且不得侵犯著作权人依照本法享有的其他权利：

（一）为个人学习、研究或者欣赏，使用他人已经发表的作品；

（二）为介绍、评论某一作品或者说明某一问题，在作品中适当引用他人已经发表的作品；

（三）为报道时事新闻，在报纸、期刊、广播电台、电视台等媒体中不可避免地再现或者引用已经发表的作品；

（四）报纸、期刊、广播电台、电视台等媒体刊登或者播放其他报纸、期刊、广播电台、电视台等媒体已经发表的关于政治、经济、宗教问题的时事性文章，但作者声明不许刊登、播放的除外；

（五）报纸、期刊、广播电台、电视台等媒体刊登或者播放在公众集会上发表的讲话，但作者声明不许刊登、播放的除外；

（六）为学校课堂教学或者科学研究，翻译或者少量复制已经发表的作品，供教学或者科研人员使用，但不得出版发行；

（七）国家机关为执行公务在合理范围内使用已经发表的作品；

（八）图书馆、档案馆、纪念馆、博物馆、美术馆等为陈列或者保存版本的需要，复制本馆收藏的作品；

（九）免费表演已经发表的作品，该表演未向公众收取费用，也未向表演者支付报酬；

（十）对设置或者陈列在室外公共场所的艺术作品进行临摹、绘画、摄影、录像；

（十一）将中国公民、法人或者其他组织已经发表的以汉语言文字创作的作品翻译成少数民族语言文字作品在国内出版发行；

（十二）将已经发表的作品改成盲文出版。

前款规定适用于对出版者、表演者、录音录像制作者、广播电台、电视台的权利的限制。

第二十三条 为实施九年制义务教育和国家教育规划而编写出版教科书，除作者事先声明不许使用的外，可以不经著作权人许可，在教科书中汇编已经发表的作品片段或者短小的文字作品、音乐作品或者单幅的美术作品、摄影作品，但应当按照规定支付报酬，指明作者姓名、作品名称，并且不得侵犯著作权人依照本法享有的其他权利。

前款规定适用于对出版者、表演者、录音录像制作者、广播电台、电视台的权利的限制。

第三十三条第二款 作品刊登后，除著作权人声明不得转载、摘编的外，其他报刊可以转载或者作为文摘、资料刊登，但应当按照规定向著作权人支付报酬。

第四十条第二款 录音制作者使用他人已经合法录制为录音制品的音乐作品制作录音制品，可以不经著作权人许可，但应当按照规定支付报酬；著作权人声明不许使用的不得使用。

第四十三条第二款 广播电台、电视台播放他人已发表的作品，可以不经著作权人许可，但应当支付报酬。

第四十四条 广播电台、电视台播放已经出版的录音制品，可以不经著作权人许可，但应当支付报酬。当事人另有约定的除外。具体办法由国务院规定。

2.《信息网络传播权保护条例》

第八条 为通过信息网络实施九年制义务教育或者国家教育规划，可以不经著作权人许可，使用其已经发表作品的片断或者短小的文字作品、音乐作品或者单幅的美术作品、摄影作品制作课件，由制作课件或者依法取得课件的远程教育机构通过信息网络向注册学生提供，但应当向著作权人支付报酬。

第九条 为扶助贫困，通过信息网络向农村地区的公众免费提供中国公民、法人或者其他组织已经发表的种植养殖、防病治病、防灾减灾等与扶助贫困有关的作品和适应基本文化需求的作品，网络服务提供者应当在提供前公告拟提供的作品及其作者、拟支付报酬的标准。自公告之日起30日内，著作权人不同意提供的，网络服务提供者不得提供其作品；自公告之日起满30日，著作权人没有异议的，网络服务提供者可以提供其作品，并按照公告的标准向著作权人支付报酬。网络服务提供者提供著作权人的作品后，著作权人不同意提供的，网络服务提供者应当立即删除著作权人的作品，并按照公告的标准向著作权人支付提供作品期间的报酬。

依照前款规定提供作品的，不得直接或者间接获得经济利益。

3.《著作权法实施条例》

第二十一条 依照著作权法有关规定，使用可以不经著作权人许可的已经发表的作品的，不得影响该作品的正常使用，也不得不合理地损害著作权人的合法利益。

第二十二条 依照著作权法第二十三条、第三十三条第二款、第四十条第三款的规定使用作品的付酬标准，由国务院著作权行政管理部门会同国务院价格主管部门制定、公布。

第三十二条 依照著作权法第二十三条、第三十三条第二款、第四十条第三款的规定，使用他人作品的，应当自使用该作品之日起2个月内向著作权人支付报酬。

【理论观点】

合理使用与著作权保护期限、著作权法定许可一起，是法律对著作权的限制制度。世界上大多数国家都规定了合理使用制度。

美国对著作权合理使用制度的判定标准采取因素主义，即为合理使用制度划定几项判断要素，符合这些要素即可成立合理使用。《美国版权法》第107条规定："不管106条和106条之二如何规定，合理使用版权作品的不构成侵权，包括为了批判、评论、新闻报道、教学（包括为课堂使用的而进行的多份复制）、学术和研究等目的，以106条规定的复制或其他方式使用作品的。在具体案件中，判断某一行为是否属于合理使用，应当考虑下列因素：（1）使用的目的和特点，包括该使用行为是具有商业性质还是为了非营利的教育目的；（2）版权作品的类型；（3）使用的作品中，被使用部分与整个作品的比例；（4）使用行为对版权作品在潜在市场或价值所造成的影响。作品是否出版不影响基于上述全部要素做出符合合理使用的结论。"[1]

美国灵活的立法模式与其技术日新月异的发展现实相匹配，相比较而言，我国立法模式与美国有显著的区别。我国著作权法采取规则主义，规定了十二种情况可以不经著作权人许可使用作品，符合这十二种情况才可以构成合理使用。当然，在个案实践中，考虑到案件特殊性，法院也时有借鉴因素主义的思想理念解读合理使用制度的本旨，考察当事人的使用是否属于合理使用行为，但这是极特殊的情况。

就《著作权法》所规定的合理使用情况，我们做如下归纳，供读者参考：

1. 为个人学习、研究或者欣赏，使用他人已经发表的作品。本项将使用作品的目的仅限于为了个人学习、研究或欣赏，不能出租、出版、出借或作其他用途，也不能扩展到小组、家庭、团队、公司等。[2]著作权法立法时是以传统媒体为前提的，但在今天的网络环境下，也许要对本项的适用作出更严格的解读，才不至于损害著作权人的

1 杜颖、张启晨译：《美国著作权法》，知识产权出版社2012年版，第22–23页。

2 刘春田主编：《知识产权法》，中国人民大学出版社2014年版，第120页。

利益。

2. 为介绍、评论某一作品或者说明某一问题，在作品中适当引用他人已经发表的作品。本项也从目的角度限制对作品的使用，且应当是适当引用。是否为适当引用要从质和量两个角度来判断，有时虽然引用的内容很少，但如果引用的涉及作品的核心内容也可能构成侵权。

3. 为报道时事新闻，在报纸、期刊、广播电台、电视台等媒体中不可避免地再现或者引用已经发表的作品。该项有三个要求，一是报道的内容为时事新闻，二是引用是不可避免的，三是引用的对象为已经发表的作品。

4. 报纸、期刊、广播电台、电视台等媒体刊登或者播放其他报纸、期刊、广播电台、电视台等媒体已经发表的关于政治、经济、宗教问题的时事性文章，但作者声明不许刊登、播放的除外。该项与第3项的引用对象有所不同，第3项仅限于新闻类报道，第4项可以及于对新闻的时评文章，但应当注意这样的时评文章只能是对政治、经济、宗教问题发表的时评文章，而对社会、娱乐、教育等领域发表的时评文章则不在此列。

5. 报纸、期刊、广播电台、电视台等媒体刊登或者播放在公众集会上发表的讲话，但作者声明不许刊登、播放的除外。公共集会是指为一定目的在公共场所（如广场、体育场）举行的集会[1]，在不公开的集会或非集会的活动上发表的讲话不在此列。第4项和第5项都赋予了作者拒绝引用的权利，作者有权在文章被引用之前，发表声明谢绝媒体的引用。

6. 为学校课堂教学或者科学研究，翻译或者少量复制已经发表的作品，供教学或者科研人员使用，但不得出版发行。本案某大学主张的即是该项。该项有四项要求，一是为课堂教学或科学研究使用，要确实用于教学或科研，学校的行政管理工作、娱乐休闲活动、文体活动等均不在此列，本案某大学是为了丰富学生的课余生活而使用作品，不属于为了教学或科研使用；二是少量地复制或翻译作品，国外一般规定20%以下为少量，我国对“少量”没有量化规定，但某大学使用1 091部影片，法院认为这显然已经不是少量使用了；三是供教学或科研人员使用，学生、教工、家属都不在此

1 《著作权法释义》，http://www.npc.gov.cn/npc/flsyywd/minshang/2002-07/15/content_297591.htm。

列，可见即使某大学是在校园局域网内对校内师生开放使用，也能不适用该项；四是不得出版发行。

7. 国家机关为执行公务在合理范围内使用已经发表的作品。国家机关是具有公共管理职能的国家机构，社会公益组织、公立教育机构、公立医院、事业单位、国有企业等组织机构均不属于国家机关。国家机关仅在执行公务的时候，在合理的范围内引用作品才能适用本项，即使是在工作时间，但如果并非执行公务，使用作品也要经过著作权人的授权。

8. 图书馆、档案馆、纪念馆、博物馆、美术馆等为陈列或者保存版本的需要，复制本馆收藏的作品。该项规定与其他规定最大的不同是，不论是已发表的作品还是未发表的作品，都可以适用本项，但必须是本馆收藏的作品，不是其他馆收藏的作品。

9. 免费表演已经发表的作品，该表演未向公众收取费用，也未向表演者支付报酬。本项要求既不能向公众收费，也不能向表演者支付报酬；既不能收取门票，也不能收取赞助费、广告费、报名费等任何费用。实践中有很多名为义演、公益演出的表演，但该项不仅要求表演具有公益的属性，还要求表演真正做到对观众免费、对演员无偿，所以判断表演能否适用本项不仅要看宣传噱头，更重要的是是否属于本项规定的“免费表演”。

10. 对设置或者陈列在室外公共场所的艺术作品进行临摹、绘画、摄影、录像。《最高人民法院关于审理著作权民事纠纷案件适用法律若干问题的解释》第十八条规定，《著作权法》第二十二条第（十）项规定的室外公共场所的艺术作品，是指设置或者陈列在室外社会公众活动处所的雕塑、绘画、书法等艺术作品。对前款规定艺术作品的临摹、绘画、摄影、录像人，可以对其成果以合理的方式和范围再行使用，不构成侵权。本项注意，第一，艺术品应是在室外的公共场所，重点考量公众能否轻易接触到作品，即使是在室外，但是公众需要以购买门票、获取名额等方式才能欣赏到的艺术作品，不属于本项规定的室外艺术品。第二，临摹、绘画、摄影、录像人对其成果能够合理使用，不是对室外艺术品本身的使用，也不能从事翻译、出租、出借等本项规定以外的行为。

11. 将中国公民、法人或者其他组织已经发表的以汉语言文字创作的作品翻译成少数民族语言文字作品在国内出版发行。本项仅指将作者为中国籍的公民、法人、其他组织已发表汉语作品，翻译成少数民族语言，且仅限于文字作品，不包括翻译成方言、繁体等，不包括视听作品、音乐作品等。

12. 将已经发表的作品改成盲文出版。本项不限制作者的国籍，但仍然要求是已发表作品。本项和第11项的内容类似，是只能进行翻译意义上的“改”，不能进行改编意义上的“改”。

除合理使用制度外，为满足编写教科书、报刊间相互转载、翻录录音制品、广播电台和电视台的需要，我国《著作权法》还规定了四种法定许可的情形，我们做如下归纳，供读者参考：

1. 为实施九年制义务教育和国家教育规划而编写出版教科书，除作者事先声明不许使用的外，可以不经著作权人许可，在教科书中汇编已经发表的作品片段或者短小的文字作品、音乐作品或者单幅的美术作品、摄影作品，但应当按照规定支付报酬，指明作者姓名、作品名称，并且不得侵犯著作权人依照本法享有的其他权利。

本项注意，应当是为实施九年义务教育和国家教育规划编写的教科书，婴幼教、高中、职高、技校、培训学校、兴趣班、高等教育等不属于九年义务教育的不在此列；辅导书、课外读物、培训资料、字典词典等非教科书不在此列；使用作品的类别包括文字作品、音乐作品、美术作品和摄影作品，舞蹈作品、视听作品等不在此列；使用时应当适量，除短小的作品之外，不能全文使用作品。

2. 作品刊登后，除著作权人声明不得转载、摘编的外，其他报刊可以转载或者作为文摘、资料刊登，但应当按照规定向著作权人支付报酬。

本项是报刊之间转载的法定许可。注意，第一，作品发表在报刊上；第二，转载主体依然是报刊，杂志、图书、画册、宣传册等不在此列。在网络上发表的作品，其他报刊、其他网络能否转载，一直是实践争议的焦点。我国法律对于网络转载是否构成法定许可的规定几经周折，但是目前网络转载不属于法定许可，需要获得著作权人的授权。

3. 录音制作者使用他人已经合法录制为录音制品的音乐作品制作录音制品，可以不经著作权人许可，但应当按照规定支付报酬；著作权人声明不许使用的不得使用。

本项注意，第一，法定许可的主体是录音制作者，普通听众、音乐爱好者等非录音制作者不在此列；第二，是将已经合法录制的录音制品再制作成录音制品，制作的标本是录音制品，制作的成果还是录音制品，不能用音乐作品本身去制作，也不能制成视听作品或其他作品。特别需要注意的是，带有声画的音乐电视、MV不是录音制品而是视听作品，所以将录音制品制成音乐电视或MV不适用本项规定。

4. 广播电台、电视台播放他人已发表的作品、已经出版的录音制品，可以不经著作权人许可，但应当支付报酬。

本项注意，第一，法定许可的主体是广播电台和电视台，网络平台、直播平台、公众号、自媒体不在此列；第二，对已经发表的作品和已经出版的录音制品都可以适用本项，但是对于已经出版的录像制品则不适用。

结合上述归纳情况，法定许可与合理使用制度在执行过程中的大概区别如下表所示：

	合理使用	法定许可
情形	十二种	四种
署名	需为作者署名	需为作者署名
报酬	无需向作者支付报酬	需要向作者支付报酬
声明	作者无权拒绝（除第四项、第五项）	作者通过事先声明可拒绝
公开	针对已发表作品（除第八项）	针对已发表作品

【案例索引】

案例[1]：北影录音录像公司诉北京电影学院侵犯作品专有使用权案

北京市第一中级人民法院认为：

根据《著作权法》第二十二条的规定，为学校的课堂教学，在合理范围内使用他人已发表的作品，可以不经著作权人许可及不向其支付报酬。此规定的目的在于许可学校为课堂教学在一定范围内无偿使用他人作品，以保障教学活动得以顺利进行。北京电影学院系培养电影人才的艺术院校，其教学方式具有相对的特殊性，故该校为课

1 一审法院：北京市海淀区人民法院，一审案号：（1995）海民初字第963号；二审法院：北京第一中级人民法院，二审案号：（1995）一中知终字第19号。

堂教学使用作品的方式也应与一般院校有所不同，练习拍摄电影应属于该校进行课堂教学活动必不可少的一部分。根据著作权法有关规定的精神，北京电影学院为此使用他人已发表的作品属于合理使用。北京电影学院组织应届毕业生使用小说《受戒》拍摄电影，其目的是为学生完成毕业作业及锻炼学生的实践能力，在校内放映该片也是为了教学观摩及评定，均为课堂教学必要的组成部分。所以北京电影学院在以上阶段以上述方式使用作品《受戒》应为合理使用，不构成对北影录音录像公司专有使用权的侵犯。需特别指出的是，此种方式的合理使用应严格限于从事电影教学的艺术院校，并仅可在必要的课堂教学范围内进行。

北京电影学院持《受戒》一片参加了朗格鲁瓦国际电影节，无论该电影节的性质如何，参展行为均不属于必不可少的课堂教学活动，故北京电影学院在电影节上放映使用小说《受戒》改编的影片，超出了为本校的课堂教学而使用的范围。不属于著作权法规定的合理使用。因电影节上放映《受戒》一片的场所系公开售票的电影院中的某一放映厅，而北京电影学院未能举证证明电影节组委会对进入该放映厅的观众采取过限制措施，故不排除有当地观众购票后观看了该片。因此，原审法院认定观看该片的观众为参加电影节的各国学生、教师、当地公民及认定组委会对外公开销售少量门票是客观的。北京电影学院使用以小说《受戒》改编的影片参加电影节的行为违反了著作权法的有关规定，侵犯了北影录音录像公司所享有的对小说《受戒》的专有使用权，给北影录音录像公司以同样方式使用该作品的潜在市场造成不利影响，构成侵害。对此北京电影学院应承担责任。

【TA评述】

《宝典》如是说[1]：所谓合理使用，是指在特定的条件下，法律允许他人自由使用作品而不必征得著作权人的同意，也不必向著作权人支付报酬的情形。因此，被告若符合我国著作权法中的合理使用情形，则可提出有效抗辩。

TA观点

虽然我国著作权法对合理使用和法定许可作出了规定，在满足法律规定的情形下

1 王军、司若主编:《中国影视法律实务与商务宝典》，中国电影出版社2017年版，第426页。

可以不经作者同意使用作品，但法律对这些情形的条件限制非常严格，每种适用情形都有明确的适用条件，通常来说，商业使用一般很难达到这些要求。在使用行为无法确定预判为满足这些条件的情况下，从业者需要避免侥幸心理，以依法获权为前提。如预判满足合理使用和法定许可的条件，从业者也切记不要侵害作者的其他合法权益，比如署名权，属于法定许可的情形下，还需要依法向作者支付报酬。总体评价来看，合理使用和法定许可两项制度，本意上是在保护著作权人的权利不受到损害的前提下，最大限度地促进作品的利用和传播，是出于对公共利益的善意考量。

随着文化市场的多元化发展，作品的开发及使用方式也在推陈出新，在个案中，法院有时也会从合理使用和法定许可的立法目的角度来综合评价个案争议主体对作品的使用行为是否正当，因此，了解、掌握合理使用及法定许可制度，对于文化市场从业者而言也是确有必要的。

（撰稿人：李晨瑶）

1.2.14 未经许可使用非法演绎作品构成著作权侵权

——孙某诉某出版社其他著作权纠纷案[1]

【核心推介】

改编在法律上属于演绎行为的一种，改编自某小说、游戏的影视剧都属于演绎作品。由于演绎作品不同于原作品，是在原作品的基础上进行再创作的作品，所以演绎的作品的著作权权属及行使问题就比较复杂，也更容易产生纠纷。其中非法演绎作品能否受到著作权法的保护即是与演绎作品有关的众多问题中争议较大的一个。世界上有些国家的法律指明不保护演绎作品中非法使用他人版权作品的部分，我国法律没有明确规定非法演绎作品能否受到保护，但从司法实践中可以看出，未经许可使用非法演绎作品要承担侵权责任，并没有明确否认非法演绎作品属于著作权法意义上的“作品”，但非法演绎作品仍然是侵权作品，侵犯了原作者的改编权、翻译权等权利，所以非法演绎作品的作者依然要向原作者承担侵权责任。

【关键词】

非法演绎作品　翻译作品　著作权授权

1　一审法院：河南省郑州市中级人民法院，一审案号：(2014) 郑知民初字第725号；二审法院：河南省高级人民法院，二审案号：(2015) 豫法知民终字第274号。

【案情】

孙某将美国作者罗杰·迪安·基瑟的文章《猫人》翻译成中文作品。某出版社出版发行的《金考卷·河南中考45套汇编·语文》(第5年第5版，2013年8月第2次印刷)，未经孙某授权在第301—302页使用了《猫人》中文作品，并在该文章尾部注明“选自《文苑·经典美文》2013年第3期，孙某译”。

孙某诉称：孙某系河北省作家协会会员，迄今为止在《意林》《青年文摘》等各类杂志发表文学创作和文学翻译作品100多万字，其翻译的《猫人》选入“2013年广州市初中毕业生学业考试”语文卷。2014年4月，孙某在河南某书店公司(某图书大厦)发现某出版社2013年8月出版的《金考卷·河南中考45套汇编·语文》，未经授权，使用著作权人“孙某”翻译的作品《猫人》(书中第301—302页)，有意回避著作权人享有的权利，并和其他著作权人作品汇编成集，在当当网等网站上大范围销售侵权图书。某出版社违反了《中华人民共和国著作权法》第二十四条、第三十条、第三十五条，《中华人民共和国著作权法实施条例》第二十三条之规定，损害了著作权人的合法权益，应当依法承担侵权赔偿责任，因此请求法院判令某出版社出版发行的《金考卷·河南中考45套汇编·语文》(第5年第5版，2013年8月第2次印刷)侵犯了自己的著作权，并请求判令：1. 某出版社停止出版、发行侵权书籍，某书店公司停止销售侵权书籍；2. 某出版社、某书店公司赔偿孙某各项费用及损失共计9 900元；3. 本案诉讼费用由某出版社、某书店公司承担。

某出版社辩称：原告作品属于翻译作品，原作者是美国作者，原告未经原作者授权许可翻译其作品，也未向原作者支付稿酬，原告不能证明其享有著作权，被告不构成侵权。

一审法院认为：孙某翻译他人作品所形成的演绎作品，有权许可或者禁止他人使用。本案中，孙某未提交其在再创作过程中取得原作品著作权人授权的证据，应属于著作权法理论上的“非法演绎作品”，但非法演绎作品是新作品，除原作品的独创性外，还包括了再创作过程中形成的独创性作品。当非法演绎作品遭受侵权时，应当允许非法演绎作品的著作权人提起侵权之诉并获得赔偿，以保护其独创性劳动。2001年修订的《著作权法》第四条规定：“依法禁止出版、传播的作品，不受本法保护。著作权人行使著作权，不得违反宪法和法律，不得损害公共利益。”国家版权局认为，《著作权法》该条所称“禁止出版、传播的作品”所指内容非法的作品。如果内容不违法，仅仅是出版、传播方式非法或不符合有关出版规定，则不属《著作权法》第四条所称“禁止出版、传播的作品”。2010年修订的《著作权法》第四条规定：“著作权人行使著作权，不得违反宪法和法律，不得损害公共利益。国家对作品的出版、传播依法进行监督管理。”从以上法律修改过程来看，对于非法演绎作品应区分其创作过程中的违法行为和创作过程中的独创性劳动，非法演绎作品的著作权人制裁下游侵权行为并不为法律所禁止，该制裁行为也不会侵犯原作品的著作权。因此，某出版社援引《著作权法》第四条、第十二条以免责的抗辩理由不能成立，不予采纳。孙某主张某出版社停止出版、发行侵权图书并赔偿损失，河南某书店公司停止销售侵权图书的诉讼请求，有事实和法律依据，予以支持。

一审法院判决：一、某出版社于判决生效之日起立即停止使用孙某的翻译作品《猫人》，停止出版、发行《金考卷·河南中考45套汇编·语文》（2013年8月第2次印刷）；二、某书店公司于判决生效之日起立即停止销售《金考卷·河南中考45套汇编·语文》（2013年8月第2次印刷）；三、某出版社于判决生效之日起十日内赔偿孙某经济损失2 500元；四、驳回孙某的其他诉讼请求。

某出版社不服一审判决，上诉称：一、孙某翻译他人的作品应当取得原著作权人的许可，才能够投稿并获得报酬。本案中，孙某在未征得《猫人》作者同意的情况下，自行对这部外国作品进行了翻译，因此，孙某不应享有翻译权，某出版社也未侵犯孙某的翻译权。二、孙某的作品在一审中被阐述为“非法演绎作品”，既然是非法的，就不应受到保护。请求撤销原审判决，驳回孙某的诉讼请求。

孙某辩称：一、孙某翻译了外国作品，已经形成演绎作品，依法享有对该演绎作品的著作权，其有权许可或者禁止他人使用。某出版社在未经孙某许可的情况下，擅自使用其作品并谋利，已经侵犯了其著作权。二、孙某翻译外国作品形成了演绎作品，演绎作品是在原作品的基础上形成的新作品，具有一定意义上的独创性，应受到著作权法保护。对于演绎作品，应当区分其创作过程中的违法行为和独创性劳动，非法演绎作品的著作权人制裁下游侵权行为并不为法律所禁止，该制裁行为也不会侵犯原作品的著作权。同时，翻译作品通行的国际惯例是由发表翻译作品的出版社，每年向国家版权局缴纳一部分费用，然后再与国外作者对接时，由国家版权局对接。

河南省高级人民法院认为，首先，按《著作权法》第十二条的规定，“改编、翻译、注释、整理已有作品而产生的作品，其著作权由改编、翻译、注释、整理人享有，但行使著作权时不得侵犯原作品的著作权”。孙某翻译了《猫人》作品，具有一定的独创性，已经形成演绎作品，孙某应当享有著作权。其次，依照《著作权法》第四条的规定，“著作权人行使著作权，不得违反宪法和法律，不得损害公共利益”，本案中，孙某的翻译作品没有违反宪法和法律，也没有损害公共利益，且具有一定的独创性，依法应该受到该法的保护，孙某对于对该演绎作品仍依法享有著作权。

二审法院判决：驳回上诉，维持原判。

【业内关注】

1. 什么是演绎作品

2. 非法演绎作品能否受到著作权法的保护

【法条链接】

《著作权法》

第四条 著作权人行使著作权，不得违反宪法和法律，不得损害公共利益。国家对作品的出版、传播依法进行监督管理。

第十二条 改编、翻译、注释、整理已有作品而产生的作品，其著作权由改编、翻译、注释、整理人享有，但行使著作权时不得侵犯原作品的著作权。

第十四条 汇编若干作品、作品的片段或者不构成作品的数据或者其他材料，对其内容的选择或者编排体现独创性的作品，为汇编作品，其著作权由汇编人享有，但行使著作权时，不得侵犯原作品的著作权。

【理论观点】

演绎作品是利用已有作品的表达创作的新作品。[1]我国现行著作权法没有出现“演

---

1 李琛：《知识产权法关键词》，法律出版社2005年版，第80页。

绎作品”的概念，但《著作权法》第十二条对改编、翻译、注释、整理已有的作品的行为作出了规定，所以一般认为，改编、翻译、注释、整理已有作品而形成的作品是演绎作品。我国也没有演绎权的概念，“演绎”不是一种法定的权利，而是一种事实的行为，很多行为都可以被理解为广义的“演绎行为”，如下文案例索引中出现的临摹行为。现行著作权法通过设置改编权、摄制权、翻译权、汇编权来保证作品不被非法演绎，但是汇编作品从立法体例上严格来说是独立于演绎作品的另一种作品，有的汇编作品是对已有作品进行的汇编，这样的汇编作品是演绎作品，有的汇编作品汇编的是不构成作品的片段、元素等内容，这样的汇编作品不是演绎作品而是原创作品，所以汇编权虽然被认为是“演绎权”的一种，但汇编作品严格来说不是演绎作品。

著作权法第三次修订草案送审稿（以下称送审稿）弥补了现行著作权法的缺憾，在第十六条明确对演绎作品进行规定：“以改编、翻译、注释、整理等方式利用已有作品而产生的新作品为演绎作品，其著作权由演绎者享有。使用演绎作品应当取得演绎作品的著作权人和原作品的著作权人许可。”演绎作品的著作权归属比较特殊，机械地讲，演绎作者只对自己演绎创作的部分享有著作权，对原作品的部分是不享有著作权的；但是很多情况下演绎作品中演绎的部分和原作品的部分是无法区分的，所以利用演绎作品必须同时经过演绎作品作者和原作者的双重授权，送审稿也明确了这一点。

对原作品进行改编、翻译、整理等演绎行为都应当经过原作品著作权人的许可，这是著作权法的应有之义。非法演绎作品能否受到著作权法的保护，一直以来存在很大争议。有学者认为，对于侵权作品一律不予保护是英美法系和部分大陆法系学者的共同观点，其理论基础主要是英美法系的“不洁之手”学说和大陆法系的“侵权行为本身并不能产生合法之利益”的原则。[1]美国版权法第103条规定：“（a）102条规定的著作权的客体包括汇编作品和演绎作品，对利用已存在版权的资料创作的作品的保护，不延及这些作品中非法使用已存在版权的资料的部分。（b）汇编作品和演绎作品中的著作权只延及此类作品作者创作的不同于作品中采用的已存在版权的资料的部分，这表示，著作权不包含对已有资料享有任何专有权利。汇编作品和演绎作品的著作权是独立的，并不影响或扩大已存在版权的资料和著作权保护的范围、期间、存续。”[2]另一

1 杨利华、冯晓青编著：《中国著作权法研究与立法实践》，中国政法大学出版社2014年版，第83–84页。

2 杜颖、张启晨译：《美国著作权法》，知识产权出版社2012年版，第10–11页。

种观点认为，应当区分权利的享有和权利的行使。演绎作品一旦创作完成即产生著作权，但行使权利时不得损害原作的著作权。因此，演绎作品的著作权人有权向第三人主张权利，但同时应当承担侵害著作权的法律责任。[1]我们认为，第二种观点似乎更为合理。因为按照著作权法的原理来讲，著作权法保护的是文学艺术作品，虽然非法演绎作品本质上是一种侵权作品，但仍然是一种作品，所以应当受到著作权法的保护。至于非法演绎作品在使用上可能会因原作品作者的要求而受到限制，是因为非法演绎作品的使用可能会影响原作品的权利，如果是以不影响原作品权利的方式行使非法演绎作品的权利，则不应当为法律禁止。就像本案的一审法院所说，"非法演绎作品的著作权人制裁下游侵权行为并不为法律所禁止，该制裁行为也不会侵犯原作品的著作权"。所以我们认为侵权与能否受到著作权法保护这两者没有直接联系，侵权并不会影响作品的受保护情况。

【案例索引】

案例1[2]：深圳市玩家文化传播有限公司诉武汉超级玩家科技股份有限公司侵害摄影作品信息网络传播权案

湖北省武汉市中级人民法院认为：

涉案摄影图片系通过模特扮相，模仿游戏人物形象、形态，由拍摄者对其进行拍摄、固定制作而成。从创作方法来讲，该类作品创作活动属模仿游戏形象进行的再创作，即通过对特定的被创作对象进行场景设计，形成新的创作对象，并以拍摄方式对其创作对象进行拍摄、固定，再现被模仿游戏人物的不同形象、形态，以表达创作者对被模仿游戏人物形象的特定感知和理解，其创作表达具有个性化的特征。故这种模仿创作结果应认定为个性化的创作表达，具有独创性。涉案摄影作品由深圳市玩家文化传播有限公司委托摄影师拍摄，与摄影师签订有委托拍摄协议，并在协议中明确委托创作的作品著作权归属深圳市玩家文化传播有限公司。据此，本院可以认定涉案作

1　李琛：《知识产权法关键词》，法律出版社2005年版，第81页。

2　一审法院：武汉东湖新技术开发区人民法院，一审案号：（2015）鄂武东开知初字第00028号；二审法院：湖北省武汉市中级人民法院，二审案号：（2015）鄂武汉中知终字第00053号。

品为委托作品，著作权依委托协议应归由深圳市玩家文化传播有限公司享有。再创作属于演绎创作，依法应经原作品著作权人的同意。本案中，虽无证据证明深圳市玩家文化传播有限公司的再创作行为是否已经原游戏作品著作权人的授权这一事实，但深圳市玩家文化传播有限公司的演绎创作已然形成新的作品。该作品独立于原作品之外，是否经过原作品著作权人的授权许可并不能改变演绎作品的版权属性。因此，原审法院对涉案作品版权属性及其权利归属的认定均属正确。武汉超级玩家股份有限公司以涉案作品不具有独创性、未经原作品权利人同意进行非法演绎及原审原告享有著作权的证据不足的上诉理由既无事实依据，也无法律依据，对武汉超级玩家股份有限公司的该项上诉理由，本院不予支持。

案例2[1]：叶兆言诉南京先锋图书文化传播公司、北京大学出版社、陈彤侵犯著作权案

江苏省南京市中级人民法院认为：

叶兆言通过签订《著作权使用许可合同》的方式，在特定期限内将《马文的战争》小说的电视改编、拍摄和经营权授予北京玫瑰影视广告公司，但特别约定了“甲方不承诺乙方或乙方聘请的编剧以含电视小说和电视剧本在内的任何文字形式出版根据小说《马文的战争》改编的文字作品”的条款，表明叶兆言不同意出版“含电视小说和电视剧本在内的任何文字”的态度。该条款对北京玫瑰影视广告公司获得的改编权的具体范围、行使方式作了限制，北京玫瑰影视广告公司明知并接受了该限制条款。该《著作权使用许可合同》系合同双方在平等、自愿的基础上协商签订，叶兆言对授权他人行使的改编权附设的限制性条款，并不违反法律法规的禁止性规定，合法有效。

虽然，陈彤和北京玫瑰影视广告公司签订的《合同书》约定电视剧《马文的战争》的剧本版权及文字版权归陈彤自然拥有，陈彤和深圳市深广传媒有限公司签订的《协议书》约定陈彤享有剧本著作权及独立署名权，但由于陈彤对叶兆言同名小说《马文的战争》的改编权及其行使方式源自其与北京玫瑰影视广告公司或深圳市深广传媒有限公司签订的合同，叶兆言对北京玫瑰影视广告公司或深圳市深广传媒有限公司改编

1　二审法院：江苏省南京市中级人民法院，二审案号：（2010）宁知民终字第8号。

权及其行使方式的限制当然及于陈彤，陈彤的合同权利不得超出北京玫瑰影视广告公司或深圳市深广传媒有限公司获得的改编权的范围。陈彤作为北京玫瑰影视广告公司或深圳市深广传媒有限公司聘请的编剧，应当明知聘请方的改编权的具体内容和范围，叶兆言并未将“含电视小说和电视剧本在内的任何文字”出版的权利授予北京玫瑰影视广告公司或深圳市深广传媒有限公司，因此，陈彤自然也未获得改编并许可出版陈彤版《马文的战争》的授权。

陈彤未经叶兆言许可改编并许可出版陈彤版《马文的战争》的行为，北京大学出版社未经叶兆言许可出版陈彤版《马文的战争》的行为，均违反了我国著作权法规定的法定义务，陈彤和北京大学出版社两个侵害行为的直接结合，造成同一损害后果的发生，侵犯了叶兆言的署名权、改编权等权利，应当承担停止侵权、赔礼道歉、赔偿损失的民事责任。

案例3[1]：李象群与北京苏西黄咖啡屋有限公司侵犯著作权案

北京市朝阳区人民法院认为：

李象群为涉案雕塑作品《堆云·堆雪》的作者，其对该作品依法享有的著作权受法律保护，他人未经许可，不得使用。

本案中，李象群涉案作品的表现形式是雕塑，而北京苏西黄咖啡屋有限公司使用形式为油画，虽然二者载体不同，但除了尺寸、颜色及局部的部分差异外，二者在人物的整体造型、姿势、神态、服饰搭配等方面均基本相同，故涉案油画构成对《堆云·堆雪》雕塑作品的复制。对于北京苏西黄咖啡屋有限公司提出涉案油画为临摹作品，系临摹从2006年开始即在网络上传播的《堆云·堆雪》作品的图片，不构成对《堆云·堆雪》著作权侵犯的辩称，本院认为，首先，李象群表示从未许可他人以油画方式复制其作品，该油画上亦未显示李象群的署名；其次，虽然涉案油画与李象群的涉案作品存在部分差异，但在整体上仍构成对原作的再现，故对北京苏西黄咖啡屋有限公司的上述辩称，本院不予采纳。同时，北京苏西黄咖啡屋有限公司作为上述油画的

1　一审法院：北京市朝阳区人民法院，一审案号：（2009）朝民初字第29303号。

使用者，未提交充分证据证明该油画的合法来源，故其提出的其只是临摹作品的持有者，使用涉案作品没有过错，不应承担侵权责任的辩称，本院亦不予支持。

北京苏西黄咖啡屋未经著作权人许可在其经营场所将与涉案《堆云·堆雪》作品内容相同的油画作为装饰品使用，并在其广告宣传和网站上使用含有涉案油画照片的行为，侵犯了李象群对雕塑作品《堆云·堆雪》享有的署名权、复制权、展览权及获得报酬权，应承担相应的法律责任。

【TA评述】

《宝典》如是说[1]：根据著作权法的法理，改编和摄制均属于对原作品的演绎行为，且在实践中，特别是影视作品的制作，对于原作品的改编和摄制是紧密联系的行为。改编权控制的是改变作品创作出新作品的行为，如果改编人将未经许可改编的作品以摄制方式予以利用，则违反了《著作权法》第十二条之规定；或者即使改编人经原作品著作权人许可进行改编，但对于改编作品的后续利用，比如摄制，未取得原作品著作权人的许可，依然违反了《著作权法》第十二条之规定。基于我国著作权法对于著作财产权具体权能的架构，摄制未经许可改编的新作品，构成对原作品权利人摄制权的侵害。

TA观点

本案中，原审法院主要从付出劳动的角度论述了非法演绎作品应当受到著作权法的保护。原审法院认为，孙某虽然没有经过原作者的许可即翻译了小说《猫人》，但是翻译作品中除了原作者的贡献之外，也有孙某的贡献，孙某有权向侵犯了自己劳动的人进行维权。

从案例索引列举的三个案例可以看出，虽然当非法演绎作品受到第三人侵权时，非法演绎作品的作者可以向侵权人主张权利，但是当原作者向非法演绎作品的作者主张侵权时，非法演绎作品的作者依然要向原作者承担侵权责任。所以原作者向非法演绎作品的作者维权，与非法演绎作品的作者向侵犯非法演绎作品的人维权，是两个不同的阶段和独立的过程，应当互不影响，更不能因为非法演绎作品在权利基础上的瑕

1 王军、司若主编：《中国影视法律实务与商务宝典》，中国电影出版社2017年版，第436－437页。

疵而否认其受到著作权法保护的资格。

著作权法修订草案送审稿对非法演绎作品能否受到著作权法保护并没有正面回应，只是说使用演绎作品需要经过演绎作品的著作权人和原作品的著作权人的许可。但值得注意的是，送审稿对影视行业非常受欢迎的IP改编行为，单独进行了规定。送审稿第十九条第一款规定："制片者使用小说、音乐和戏剧等已有作品制作视听作品，应当取得著作权人的许可；如无相反约定，前述已有作品的著作权人根据第十六条第二款对视听作品的使用享有专有权。"本条明确了根据IP改编的视听作品是演绎作品，"已有作品的著作权人对视听作品的使用享有专有权"意味着如无相反约定，已有作品的作者可以依法与制片方分享演绎作品产生的收益。

未经原作品著作权人授权演绎的作品为非法演绎作品。演绎作品在影视行业非常常见，将热门IP改编成影视剧、游戏已经成为时下很流行的影视项目开发方式，势头大好，但改编的问题也层出不穷。与世界上很多其他国家和地区的规定不同，我国法律没有将非法演绎作品排除在保护范围之外，这意味着制片方若未经原作者许可将小说、剧本等IP改编成了影视剧，仍然可以依照著作权法享有该影视剧著作权权利，在有第三人侵犯了该影视剧的著作权时，也可以进行维权。但是这并不代表制片方可以不经原作品作者的许可随意使用演绎作品，反而，制片方想要使用非法演绎作品，可以说法律风险极大。因为影视项目的影响力一般比较大，一旦原作者得知自己的作品未经许可被演绎，采取维权行动的概率相对较高，这时制片方则需要对原作者承担侵权责任，甚至如果原作者将作品已经授权给了其他方，制片方可能还需要对其他方承担侵权责任。虽然著作权法第三次修订案送审稿还未经全国人大审议通过，但从业者依然可以看到著作权法的发展动向是加强对原作者的保护，所以提醒制片方在进行IP改编时充分重视自原著作者处获取合法授权。此外，实践中待改编的IP版权链条情况往往很复杂，可能存在很多前手权利人或合作作者，制片方在改编之前不但要取得IP作者的授权，同时也要注意充分审核在先权利链条的清洁性、完整性，保障作品著作权基础的稳定状态。

（撰稿人：李晨瑶）

第2章

创作使用篇

2.1 导读

影视剧项目开发过程中，作品系整个影视剧项目的“灵魂”，不同形态的作品形式被改编、摄制为影视剧作品，其中最为关键且最为复杂的就是如何在版权权利的不断流转中确定权利主体，而无瑕疵的版权权利系影视剧项目开发的基础。

近年的IP开发热潮以及不断增长的产业红利，致使更多的投资者、制片方加入了影视剧开发队列，而国家政策也鼓励和支持健康、积极向上的作品的开发和传播，更增加了对于作品创作的需求，并在一定程度上促进了作品流转、传播，但与此同时也衍生出诸多基于作品委托创作、版权许可、版权转让而发生的争议或纠纷，此类争议或纠纷更多体现在签约方对于法律规定不知悉、对行业特点不了解、对合同条款约定不清晰等方面。本章选取的案例解析，即从争议或纠纷的不同维度体现版权交易环节的风险点，以及司法裁判观点，从而为影视领域的实务工作提供可资借鉴的经验。此外，本章还将难以归类于其他章节的特殊新类型作品纳入，以期给读者更加全面的帮助。

（谷守霞）

2.2 案例

2.2.1 创作者交付剧本严重迟延构成根本违约

——朱某与吴某委托创作合同纠纷案[1]

【核心推介】

在委托创作合同中对于创作者的创作顺序进行明确的限定性约定（如：以剧本大纲、人物小传、分集大纲、剧本初稿、定稿作为剧本创作的先后顺序，且创作者不能擅自跨阶段创作），符合影视剧剧本创作的行业惯例，对于确保剧本质量符合要求具有重要价值，也能够得到司法实践的认可。

根据《合同法》第九十四条第一款第（四）项的规定，当事人一方迟延履行债务或者有其他违约行为致使不能实现合同目的的，当事人可以解除合同。在委托创作合同中，创作者对于创作内容的严重迟延交付（含实际已经发生的迟延交付与预期必然发生的迟延交付）属于典型的致使合同目的不能实现的情况，委托人有权依据《合同法》的上述规定行使合同的法定解除权。

【关键词】

委托创作合同　创作顺序　迟延履行　法定解除

【案情】

原告朱某与被告吴某签订《编剧合同》，约定由吴某委托朱某创作电视剧剧本，并于合同中约定了以剧本大纲、人物小传、分集大纲、剧本初稿、定稿为先后顺序的创

1　一审法院：北京市朝阳区人民法院，一审案号：（2015）朝民（知）初字第55933号；二审法院：北京知识产权法院，二审案号：（2016）京73民终144号。

作要求及各阶段创作成果的相应分期交付时间。履行过程中朱某存在迟延交付的情况，且跨越人物小传阶段直接进入后续内容的创作和交付，其据此要求吴某支付后续创作内容的酬金，双方就此发生争议，朱某诉至法院。

朱某诉称：2012年12月13日我与吴某签订了《编剧合同》，我按约定先后交付了相关创作材料，然而吴某支付了合同约定的前三项酬金后，自2015年7月21日我向其交付1—5集剧本开始，却始终未向我支付该笔报酬21.6万元。故我诉至法院请求判令：解除双方签订的《编剧合同》；吴某支付酬金21.6万元和滞纳金3.888万元；返还我已创作并向其交付的全部创作资料，且不得在其今后参与的一切影视作品中使用、涉及或向第三方透露相关内容。

吴某针对一审本诉辩称：我如约履行了《编剧合同》，向朱某支付了三笔费用共计108万元，我不存在违约情形，不应承担合同约定的违约责任。朱某未如约完成剧本创作工作，其擅自跨越合同约定的创作进度编写剧本，并据此要求我支付酬金21.6万元，进而以酬金未付为基础要求我再支付滞纳金无法律依据和合同依据。实际上是朱某违约，其无权以相关的合同条款为基础主动提出解约并要求支付后期报酬及追究我的违约责任，故请求一审法院驳回朱某的全部诉讼请求。

吴某一审反诉称:《编剧合同》中明确约定了朱某应履行的创作顺序为：剧本大纲、人物小传和分集大纲、剧本初稿、定稿，该合同还在多处约定了我对朱某任一阶段创作成果的认可为朱某进行剧本下一阶段创作的必要前提。事实上，在完成剧本大纲之后，朱某并未按照约定创作人物小传，而是直接进入剧本分集大纲的写作，且分集大纲出现了严重的创作错误。在此情况下，根据《编剧合同》的相关约定，我有权单方解除本合同，朱某应全部退还已付酬金。同时依照合同法的相关规定，在朱某迟延履行义务或有其他违约行为致使不能实现合同目的时，我还享有法定解除权，合同解除的后果应适用双方相互返还及赔偿损失。另外我向朱某支付的首笔27万元为创作定金，现合同解除系因朱某违约，故朱某还应双倍返还定金共计54万元。因此我提起反诉，请求法院判令：解除双方签订的《编剧合同》；朱某双倍返还创作定金54万元及返还已收取的酬金81万元；判令朱某赔偿我因其违约导致的损失，即我为该争议支出的律师费10万元。

朱某针对一审反诉辩称：同意解除《编剧合同》，然而是基于吴某未支付酬金的违约行为，而非我违约。吴某要求我双倍返还定金及全部剧本酬金的一审反诉请求没有事实及法律依据。按照合同约定，定金是本合同的生效条件，故该定金为成约定金而非履约定金。我依约向吴某交付相应稿件，不存在违约情形。吴某主张的律师费并不属于合理、必要的支出。故我不同意吴某的全部反诉请求，请求一审法院依法驳回。

一审法院经审理认为：依法成立的合同对当事人具有法律约束力。朱某与吴某签订了《编剧合同》，双方应当按照合同履行。一方不履行合同义务或者履行合同义务不符合约定的，应当承担违约责任。

本案中，朱某在交付了故事大纲后即进入了分集大纲的创作，在交付1—5集剧本前其始终没有交付人物小传，该1—5集剧本也未得到吴某的认可，故依据《编剧合同》关于创作顺序和相应酬金支付的约定，该1—5集剧本支付酬金的条件没有成就。在一审本诉中，朱某要求吴某支付1—5集剧本的酬金，及承担因迟延支付该酬金而应支付滞纳金的违约责任并解除合同的请求不成立，一审法院不予支持。

从朱某的履行情况看，其交付存在严重迟延，其迟至距离最后交稿日仅三四个月时才交付1—5集剧本及人物小传，且尚未得到吴某的认可。另，在此还应当考虑，朱某提交的1—5集剧本是在没有按照合同约定创作顺序的前提下进行的创作。依据《编剧合同》第一条第2款第（3）项的约定，双方无法达成共识或经朱某修改仍不符合吴某要求的，吴某有权终止合同，并无需向朱某支付后期酬金。在一审反诉中，吴某认为朱某的创作不符合其要求，主张依据该条款要求解除本合同的，该请求符合合同的相关约定，一审法院予以支持。

在一审反诉中，吴某主张朱某返还全部酬金，其依据的理由为以下三条：依据《编剧合同》第四条第1款第（7）项的约定、《编剧合同》第五条第2款的约定、合同法规定的法定解除权及相应的法律后果，上述理由中前两条均不成立，最后一条理由能够成立，具体如下：

1. 依据《编剧合同》第四条第1款第（7）项的约定，即吴某对朱某的能力不认可或双方在剧本创作上产生不可调和的矛盾的，吴某有权选择：以书面形式通知朱某终止本合同，朱某对此若无异议，朱某可将已收取酬金全数无条件退还吴某，朱某在该剧中原创的全部内容及提供吴某的全部相关资料，吴某应无条件全部退还朱某。但是因为该条款的适用需要“朱某对此无异议”，本案中，朱某对于吴某适用该条款有异议，故该条款的适用条件不成立。

2. 依据《编剧合同》第五条第2款的约定，朱某未按期提交吴某认可的大纲及剧本稿件，经两次催告后仍未提交，则吴某有权单方解除本合同，朱某应全部退还已付酬金。根据现有证据不能证明吴某曾经两次催告朱某，故该条款的适用条件也不成立。

3. 依据《合同法》第九十四条第一款第（四）项的规定，当事人一方迟延履行债务或者有其他违约行为致使不能实现合同目的的，当事人可以解除合同。吴某主张朱某完成剧本创作的时间按照约定应该是2015年11月30日，而其在2015年10月23日提起一审诉讼之时，仅最初的故事大纲创作完成并经认可，其剧本创作已经出现了严重迟延，截至约定的交稿日已不可能完成，吴某的根本合同目的无法实现，其主张依据上述法律规定享有法定解除权，朱某向其返还所有酬金。本案中，因为朱某存在未按约定的顺序创作的违约行为及交付创作资料严重迟延的情形，致使吴某的根本合同目的无法实现，故吴某依法享有合同的法定解除权。依据《合同法》第九十七条的规定，合同解除后，尚未履行的，终止履行；已经履行的，当事人可要求恢复原状。吴某依据法定解除权解除合同及据此主张恢复原状、双方返还，即朱某返还全部酬金的理由成立，一审法院予以支持。同时，吴某应返还朱某已创作的并已向其交付的全部创作资料，但是因为朱某交付的均系电子文档，并非原件，故不存在返还创作资料的情形，但是吴某不得在其今后参与的一切影视作品中使用、涉及或向第三方透露朱某创作的相关内容。

在一审反诉中，对吴某主张朱某双倍返还定金共计54万元一节，依据《编剧合同》第八条第5款第（2）项的约定，支付定金是合同的生效条件，故该定金性质属于成约定金，不适用定金罚则，因此一审法院对吴某要求朱某双倍返还定金的主张不予支持。

另，就吴某要求朱某赔偿其律师费10万元的请求，该费用非必要支出，故不予支持。

一审法院判决：

一、解除朱某与吴某于2012年12月13日签订的《编剧合同》；二、朱某于判决生效之日起十日内返还吴某已付酬金108万元；三、吴某于判决生效之日起即不得在其今后参与的一切影视作品中使用、涉及或向第三方透露朱某依据2012年12月13日签订的《编剧合同》创作的并已向其交付的全部创作资料中的内容；四、驳回朱某的诉讼请求；五、驳回吴某的其他反诉请求。

朱某不服一审判决，于法定期限内向北京知识产权法院提起上诉，称：一、一审法院认定事实不清。1. 一审法院认定吴某向我支付1—5集剧本酬金条件未成就与事实不符；2. 一审法院认定我交付稿件存在严重迟延与事实不符。二、一审判决依据证据不足。1. 一审法院认定我违约证据不足；2. 一审法院认定合同目的无法实现证据不足。三、一审法院适用《合同法》第九十四条认定我违约并判决解除合同属于法律适用错误。四、吴某在本案中存在明显恶意。综上，请求二审法院判决撤销一审判决，依法改判支持我的诉讼请求，驳回吴某的反诉请求。

被上诉人吴某辩称：一、支付1—5集剧本酬金条件未成就。二、朱某交付剧本创作文稿严重迟延，致使我的合同目的根本无法实现。三、朱某认为我存在明显恶意的指称不能成立。故朱某的各项上诉理由均不成立，请求二审法院判决维持一审判决。

二审法院经审理认为：双方当事人的争议焦点为：一、吴某向朱某支付1—5集剧本酬金的条件是否成就。二、朱某交付剧本创作文稿是否构成严重迟延，从而致使合同目的无法实现。

焦点一，关于吴某向朱某支付1—5集剧本酬金的条件是否成就。双方当事人在《编剧合同》中对于创作顺序以及要求朱某在吴某对每一个创作阶段的成果认可后方能进行下一步创作的约定，符合影视剧剧本创作的行业惯例，对于确保剧本质量符合要求具有重要价值。本案中，朱某在交付了剧本大纲后即进入了分集大纲的创作，在交付1—5集剧本前其始终未交付人物小传，违反了《编剧合同》对于创作顺序的约定，且分集大纲和1—5集剧本亦未得到吴某的认可，故吴某就该1—5集剧本向朱某支付酬金的条件并未成就。

焦点二，朱某交付剧本创作文稿是否构成严重迟延，从而致使合同目的无法实现。由于朱某在提交人物小传这一创作环节上存在严重迟延，加之吴某对于分集大纲及1—5集剧本存在诸多不认可之处，双方已难以达成修改共识，鉴于剧本的创作需要相当的周期，故可以合理预见，截至约定的交稿日朱某已不可能完成符合吴某要求的全部剧本，合同目的已无法实现，故吴某有权依据《合同法》的相关规定行使合同的法定解除权。一审判决对于此问题认定事实清楚，适用法律正确，二审法院予以支持。

综上，二审法院判决：驳回上诉，维持原判。

【业内关注】

1. 委托创作合同中对于创作顺序的严格约定是否能够得到司法的认定与支持

2. 受托人严重迟延交付剧本创作成果，是否构成根本违约

【法条链接】

1.《合同法》

第九十四条 有下列情形之一的，当事人可以解除合同：

（一）因不可抗力致使不能实现合同目的；

（二）在履行期限届满之前，当事人一方明确表示或者以自己的行为表明不履行主要债务；

（三）当事人一方迟延履行主要债务，经催告后在合理期限内仍未履行；

（四）当事人一方迟延履行债务或者有其他违约行为致使不能实现合同目的；

（五）法律规定的其他情形。

第九十七条 合同解除后，尚未履行的，终止履行；已经履行的，根据履行情况和合同性质，当事人可以要求恢复原状、采取其他补救措施，并有权要求赔偿损失。

第一百零七条 当事人一方不履行合同义务或者履行合同义务不符合约定的，应当承担继续履行、采取补救措施或者赔偿损失等违约责任。

2.《民事诉讼法》

第一百七十条 第二审人民法院对上诉案件，经过审理，按照下列情形，分别处理：

（一）原判决、裁定认定事实清楚，适用法律正确的，以判决、裁定方式驳回上诉，维持原判决、裁定；

（二）原判决、裁定认定事实错误或者适用法律错误的，以判决、裁定方式依法改判、撤销或者变更；

（三）原判决认定基本事实不清的，裁定撤销原判决，发回原审人民法院重审，或者查清事实后改判；

（四）原判决遗漏当事人或者违法缺席判决等严重违反法定程序的，裁定撤销原判决，发回原审人民法院重审。

原审人民法院对发回重审的案件作出判决后，当事人提起上诉的，第二审人民法院不得再次发回重审。

【理论观点】

是否构成根本违约最终是一个由法官解释合同并依其裁量权加以判定的事项，对此加以类型化，将有助于对根本违约构成与否的判断。其中一种类型即为迟延履行场合的根本违约。迟延履行并非必然发生根本违约，但如果合同对履行期有明确的约定，而且履行期之约定在合同中显然处于重要地位时，则迟延履行通常会构成根本违约。对于并非特别强调履行期的合同，在迟延履行的情况下，只要迟延方当事人未在允许的额外期限届满前履行合同，亦可以此作为根本违约，非违约方当事人可解除合同。[1]

迟延履行是否导致合同的解除，首先应取决于迟延是否严重。从各国立法来看，确定迟延是否严重应考虑时间对合同的重要性。如果时间因素对当事人的权利义务至关重要，则违反了规定的交货期限将导致合同目的不能实现，应允许合同解除。如果时间因素对合同并不重要，迟延造成的后果也不严重，则在迟延以后，不能认为迟延造成合同目的落空而解除合同。当然，在确定迟延是否严重时，还应考虑到迟延的时间长短问题、因迟延给受害人造成的实际损失等。从实际情况来看，对于迟延履行是否构成根本违约，还应区别几种情况分别处理：第一，双方在合同中确定了履行期限，规定在履行期限届满后，债权人可以不再接受履行。在此情况下，期限条款已成为了合同最重要的条款，因此，债务人一旦迟延，债权人有权解除合同。第二，如果履行期限构成了合同必要的因素，不按期履行，将会使合同目的落空，则迟延后应解除合同。例如，对于季节性很强的货物，如果迟延交货，将影响商业销售，债权人有权解除合同。第三，迟延履行以后，债权人能够证明继续履行无任何利益，也可以解除合同，如债权人证明，因为债务人迟延时间过长，市场行情发生重大变化，继续履行将使债权人蒙受重大损失，则应允许解除合同。第四，履行迟延以后，债权人给予债务人以合理的宽限期，在合理的宽限期到来时，债务人仍不履行合同，则表明债务人具有严重的过错，债权人有权解除合同。[2]

1　韩世远：《根本违约论》，《吉林大学社会科学学报》1999年第4期。

2　王利明：《论根本违约与合同解除的关系》，《中国法学》1995年第3期。

全国人民代表大会常务委员会法制工作委员会民法室在界定迟延履行场合的根本违约时的如下标准，值得重视，有助于把握根本违约的含义："通常以下情况可以认为构成根本违约的迟延履行：1）当事人在合同中明确约定超过期限履行合同，债权人将不接受履行，而债务人履行迟延。2）履行期限构成合同的必要因素，超过期限履行将严重影响订立合同所期望的经济利益……3）继续履行不能得到合同利益。"[1]

金钱债务的履行，除非当事人特别约定，应为非定期行为的债务，既然如此，债务人迟延付款时径直适用《合同法》第九十四条第（四）项的规定，这显然背离了《合同法》第九十四条第（三）项关于迟延履行场合须经催告方可解除合同的立法目的，实在不足取。我们应当区分情况而分别处理：1. 债务人明示拒绝付款的，相对人有权援用《合同法》第九十四条第（二）项的规定，径直解除合同。2. 债务人未明示拒绝付款的场合，有充分、确凿的证据证明以金钱给付为标的的合同属于定期行为的，相对人可以援用《合同法》第九十四条第（四）项的规定径直解除合同。3. 除上述两种情况以外的场合，金钱给付作为合同标的，该合同不属于履行期特别重要的合同（定期行为），而属于履行期不重要的合同（非定期行为）。于此场合，相对人欲解除合同，必须按照《合同法》第九十四条第（三）项的规定，先行催告债务人，只有在债务人于宽限期届满时仍未给付前款时，相对人方可解除合同。[2]

【案例索引】

案例1[3]：王放放、王浙滨与中国文采声像出版公司委托创作合同案

一审法院北京市海淀区人民法院认为：

关于迟延交稿的问题。第三稿最后三集的交稿时间确实晚于约定时间五天，但第三稿的绝大部分稿件已于约定时间内交付，仅最后三集的短时迟延未构成根本违约，

1 胡康生主编：《中华人民共和国合同法释义》，法律出版社2013年版，第177–178页。

2 崔建远：《合同一般法定解除条件探微》，《法律科学》2011年第6期。

3 一审法院：北京市海淀区人民法院，一审案号：（2007）海民初字第18296号；二审法院：北京市第一中级人民法院，二审案号：（2008）一中民终字第12898号。

仅此一节不足以成为文采公司拒绝支付稿酬的抗辩条件。

二审法院北京市第一中级人民法院对一审法院的上述认定进行了确认。

案例2[1]：温普林与北京奥蓬扬国际文化传媒有限公司委托创作合同案

一审法院北京市朝阳区人民法院认为：

奥蓬扬公司与温普林签订的涉案协议书系双方当事人真实意思表示，应属合法有效的合同。双方协议书对初稿剧本的创作阶段明确约定为：奥蓬扬公司在书面确认分场大纲之日起5日内向温普林支付17.5万元，温普林在奥蓬扬公司书面确认分场大纲之日起70日内完成初稿剧本。根据该约定，尽管奥蓬扬公司对温普林完成的分场大纲没有提出书面确认，但奥蓬扬公司在3月6日和17日分别向温普林支付了10万元和7.5万元，奥蓬扬公司3月6日的付款行为表明其已经认可了温普林创作完成的分场大纲，故奥蓬扬公司确认分场大纲的时间应为3月6日，所以温普林创作完成初稿剧本的最晚时间应为5月16日。现温普林没有证据证明自己已经在5月16日合同履行期限届满前完成了剧本初稿的创作；合同履行期限届满后，在奥蓬扬公司法定代表人杨某的催促下，温普林仍明确表示自己未完成剧本初稿创作的义务；至今，温普林未向奥蓬扬公司交付完整的剧本。温普林的行为属于迟延履行主要债务并经催告后在合理期限内仍未履行的违约行为。奥蓬扬公司主张解除合同，理由正当。

二审法院北京市第二中级人民法院认为：

鉴于上诉人温普林未在2006年5月16日前交付约定的全部初稿剧本，经被上诉人奥蓬扬公司法定代表人杨某催告后亦未交付，而此后奥蓬扬公司在温普林创作完成的故事大纲、分集大纲、分场大纲和15集剧本基础上另外聘请他人修改和继续创作了剧本，因此被上诉人奥蓬扬公司原审请求解除涉案协议书，理由正当，本院予以支持。上诉人温普林提出被上诉人奥蓬扬公司无权主张解除合同，依据不足，本院不予采纳。

1　一审法院：北京市朝阳区人民法院，一审案号：（2006）朝民初字第19839号；二审法院：北京市第二中级人民法院，二审案号：（2007）二中民终字第04763号。

【TA评述】

《宝典》如是说[1]：完成进度也是直接影响项目进展的重要因素。如果在开机时受托人仍然未能完成剧本，将导致剧组无法按时开机，无法按照计划完成影视剧的摄制，这很可能会给制片方造成巨大的经济损失。因此，在合同里可以通过约定分阶段提交创作成果的方式把控创作进度及分散不能按时交付的风险。另一方面，对于受托方出现超期行为的违约责任的明确规定亦为必需，以对其起到震慑作用同时尽可能降低委托方的损失。

TA观点

剧本委托创作合同，约定工作成果的创作进度、工作成果的交付（含交付顺序），对于委托创作合同双方均有必要，从项目方角度而言，有助于整体把握项目开发进展，从编剧角度而言，有助于创作工作有条不紊地执行。通常工作成果包括故事大纲（电视剧剧本还要创作分集大纲）、人物小传、剧本初稿、修改稿、拍摄稿、终稿等，具体约定方式可注意以下几点：1. 要将编剧的工作分阶段进行，以30集电视剧剧本的委托创作为例，通常分为故事大纲及人物小传、分集大纲、剧本初稿1—10集、剧本初稿11—20集、剧本初稿21—30集、剧本修改稿、剧本拍摄稿这几个阶段进行；2. 对于编剧的各阶段工作，要以项目方的书面认可为阶段工作完成标志，而在编剧创作完当阶段作品到项目方书面认可这期间，项目方可以与编剧约定修改的方式，如是协商修改还是按项目方意见修改等，并且要进行诸如“甲方要求乙方进行下一阶段创作，不代表甲方已认可乙方前一阶段工作”等特别约定，以方便项目方把控进度；3. 与编剧约定项目方对编剧工作定期或不定期的检查以及修改意见；4. 按编剧的工作进度分期支付编剧报酬，以进一步方便项目方把控编剧工作质量。

（撰稿人：邓尚锐）

1 王军、司若主编：《中国影视法律实务与商务宝典》，中国电影出版社2017年版，第228–229页。

2.2.2 委托创作合同的委托创作方可依法享有任意解除权

——沈某与北京海×公司委托创作合同纠纷案[1]

【核心推介】

对于委托创作合同的合同性质，司法实践中有不同的理解，但无论基于哪一种理解，均可以得出委托创作合同的委托创作方依法享有任意解除权的结论。

一种观点认为：委托创作合同双方之间具有委托与受托性质的关系，相关合同的签订亦依赖于双方之间必要的了解和接触，因此，基于《合同法》第四百一十条“委托人或者受托人可以随时解除委托合同。因解除合同给对方造成损失的，除不可归责于该当事人的事由以外，应当赔偿损失”，认为委托创作合同的委托方可依法享有任意解除权。

另一种观点认为：委托创作合同除了有著作权合同的法律性质以外还与承揽合同具有类似的法律特征。《合同法》第一百二十四条规定，“本法分则或者其他法律没有明文规定的合同，适用本法总则的规定，并可以参照本法分则或者其他法律最相类似的规定”。据此，鉴于委托创作合同具有承揽合同的性质，参照《合同法》第二百六十八条关于承揽合同中“定作人可以随时解除承揽合同，造成承揽人损失的，应当赔偿损失”的规定，认定委托创作方有权基于承揽合同法律关系行使法定任意解除权。

---

1 一审法院：北京市第三中级人民法院，一审案号：(2014)三中民(知)初字第12048号；二审法院：北京市高级人民法院，二审案号：(2015)高民(知)终字第2751号。

【关键词】

委托创作合同　合同性质　任意解除权　解除合同法律后果

【案情】

原告沈某与被告海×公司签订《电影（暂定名）剧本委托创作合同》，约定海×公司委托沈某创作电影剧本《爱情泥瓦匠》，并于合同中约定海×公司应当分六期向沈某支付稿酬。履行过程中，沈某向海×公司交付了故事梗概、分场大纲及剧本一稿，海×公司在支付前两期稿酬之后认为沈某个人能力不足，主张解除合同并向沈某发出《终止合同通知函》。沈某认为海×公司的行为构成严重违约，诉至法院。

沈某诉称：2013年9月26日，沈某与海×公司签订了《电影（暂定名）剧本委托创作合同》，约定沈某接受海×公司委托创作剧本《爱情泥瓦匠》（暂定名）（简称涉案剧本），海×公司向沈某支付稿酬20万元。合同签订后，沈某依约按时完成包括故事梗概、分场大纲及剧本一稿在内的全部工作，并将工作成果交付海×公司，且最终获得海×公司认可。具体支付时间为：1. 自合同签订之日起5日内支付3万元；2. 沈某完成一稿剧本并提交海×公司后5日内支付2万元；3. 于本片建组之日即男一号或女一号聘用合同签订生效当日起10日内支付5万元；4. 于本片开机之日起5日内支付4万元；5. 本片拍摄计划完成一半之日起5日内支付4万元；6. 本片关机之日起支付2万元。合同签订后，海×公司依约向沈某支付了第1期、第2期稿酬，共计5万元，但却于2014年3月19日向沈某发出《终止合同通知函》，提出解除《合同书》的意思表示，并表明不再支付剩余稿酬。沈某认为，海×公司的单方解除合同行为既不符合合同约定解除的条件，也不符合法定解除的条件，自始无效，属于以行为表明不再履行付款义务的严重违约行为，给沈某造成了经济损失。因此，沈某诉至法院，请求确认《电影（暂定名）剧本委托创作合同》于海×公司收到本案起诉书副本之日即2014年9月5日起解除；判令海×公司向沈某支付剩余稿酬即经济损失15万元；判令海×公司承担沈某因本案支出的公证费1 182元。

被告海×公司辩称：沈某所述与事实不符，根据双方合同的约定，稿酬支付是以阶段性工作任务完成为条件的，是附条件附期限的合同义务。第三期稿酬对应的合同义务为协助制片方，配合导演，并根据演员、拍摄、广告植入条件等随时对剧本作出各类调整。第四期稿酬对应的合同义务为协助制片方，配合甲方导演，再次根据演员、拍摄、广告植入条件等对剧本作出各类细节调整。因本片一直未建组，沈某也没有履行对应的合同义务，故剩余稿酬对应的合同条件及期限均未成就，海×公司无需履行相应合同义务。因沈某个人能力不足，无法完成创作工作，其未能按期提交故事梗概、分场大纲及剧本一稿，导致剧本创作周期延长。同时，在创作阶段沈某提交的一稿因存在大量问题而未获得海×公司认可，这是导致本片未建组的原因。根据涉案合同的约定，因沈某个人能力不足，无法完成创作工作，海×公司可以单方解除合同，且根据《合同法》的规定，海×公司作为委托方亦享有任意解除权。海×公司已于2014年3月19日向沈某寄送了《终止合同通知函》，故涉案合同已于同年3月22日解除。综上，请求法院驳回沈某的全部诉讼请求。

一审法院经审理认为：根据查明的事实，海×公司关于沈某迟延交付分场大纲和剧本一稿，且两者均不符合其要求的主张不能成立，不能据此得出沈某个人能力不足，不能完成创作工作的结论，故海×公司不能根据约定行使单方解除权。尽管沈某存在未交付故事梗概、逾期7日交付分场大纲的情形，但在涉案剧本已经完成且进入寻找投资和演员阶段的情况下，并不足以成为海×公司单方解除涉案合同的理由。

委托创作合同双方之间具有委托与受托性质的关系，相关合同的签订亦依赖于双方之间必要的了解和接触，因此，应当认为委托创作合同的委托方可依法享有任意解除权，海×公司关于其享有任意解除权的主张成立。根据《合同法》第九十六条第一款的规定，当事人一方依法主张合同解除的，应当通知对方。合同自通知到达对方时解除，对方有异议的，可以请求人民法院或仲裁机构确认解除合同的效力。本案中，海×公司于2014年3月19日向沈某发出的《终止合同通知函》即为解除合同的通知，根据涉案合同第十四条的约定，解除通知自发出后三日内生效。沈某未举证证明其曾提出异议，请求人民法院或仲裁机构确认解除效力的问题，故对海×公司有关涉案合同已于2014年3月22日解除的主张予以确认。对沈某要求确认涉案合同于本案起诉书副本达到海×公司时解除的诉讼请求不予支持。

根据《合同法》第四百一十条的规定，因行使任意解除权给对方造成损失的，除不可归责于该当事人的事由以外，应当赔偿损失。行使任意解除权方应对解除事由负举证责任。现海 × 公司关于沈某剧本存在涉案问题且未按期交付的主张及因剧本问题造成演员、资金不到位的主张均缺乏证据支持，故海 × 公司应当赔偿因其任意解除行为给沈某造成的损失。关于损失数额，因涉案剧本尚未建组、尚未开机拍摄，沈某关于其已履行完毕全部合同义务的主张依据不足，剩余15万元稿酬并非沈某的直接损失，对此不予全额支持。根据涉案合同的约定，涉案剧本建组之日起10日内、开机之日起5日内、拍摄完成一半起5日内、关机之日，海 × 公司应分期支付沈某对应稿酬，沈某应根据需要履行修改义务。综合涉案合同的约定和履行情况，可以认为涉案剧本一稿已创作完成并已开始寻找投资和演员。若此时海 × 公司任意解除合同，尽管沈某无需继续履行剧本的修改义务，但亦会给沈某带来一定的利益损失。考虑到委托创作合同的特殊性，将基于公平原则确定本案具体赔偿数额。关于涉案合同已经履行的部分，双方均不要求恢复原状，对此不予处理。关于沈某主张的公证费部分，鉴于既无双方合同约定又无法律规定，故对此不予支持。

一审法院判决：1. 海 × 公司于判决生效之日起十日内赔偿沈某经济损失5万元；2. 驳回沈某的其他诉讼请求。

海 × 公司不服一审判决，向北京市高级人民法院提出上诉，请求依法改判驳回沈某的全部诉讼请求。其主要上诉理由是：1. 原审法院超出沈某的诉讼请求进行审理。沈某在原审诉讼中始终要求海 × 公司支付剩余稿酬15万元，并未提出要求海 × 公司赔偿其经济损失的主张，原审法院关于沈某诉讼请求为支付剩余稿酬即经济损失15万元的认定错误。2. 海 × 公司有权依约行使单方解除权，沈某缺乏进度控制能力，致使项目进度一拖再拖，且缺乏创作能力，难以完成创作，无法获得海 × 公司的认可，也缺乏基本的项目配合能力，怠于履行编剧义务，拒绝配合、参与修改剧本。因此，本案已构成涉案合同约定的因沈某个人原因不能完成创作工作的情形，海 × 公司有权依约解除合同。3. 原审法院未就沈某是否实施涉案合同第三阶段的修改行为以及能够获得第三期款项进行审查属于遗漏事实。4. 原审法院有关沈某经济损失范围及其数额的确定具有随意性，缺乏证据和法律依据，适用公平原则确定赔偿数额不当，且数额畸高。

二审法院经审理认为：本案中，如果涉案合同得以全部履行，沈某还可获得15万元的稿酬。虽然涉案合同目前因故未能全部履行，但原审法院基于公平原则确定5万元的损失赔偿数额，并未超出海 × 公司订立合同时能够预见到或者应当预见到的因违反合同可能造成的损失。在下级法院适用自由裁量权酌定的赔偿数额未明显违反法律规定的情况下，上级法院对此应予尊重。因此，二审法院对原审法院在考虑委托创作合同特殊性并基于公平原则酌定的赔偿数额予以尊重。对海×公司的该项上诉理由，二审法院亦不予支持。

综上，二审法院判决如下：驳回上诉，维持原判。

【业内关注】

1. 委托创作合同的委托创作方是否享有法定任意解除权
2. 委托创作合同的委托创作方行使法定任意解除权的法律后果

【法条链接】

1.《合同法》

第九十六条 当事人一方依照本法第九十三条第二款、第九十四条的规定主张解除合同的，应当通知对方。合同自通知到达对方时解除。对方有异议的，可以请求人民法院或者仲裁机构确认解除合同的效力。

法律、行政法规规定解除合同应当办理批准、登记等手续的，依照其规定。

第九十七条 合同解除后，尚未履行的，终止履行；已经履行的，根据履行情况和合同性质，当事人可以要求恢复原状、采取其他补救措施，并有权要求赔偿损失。

第一百二十四条 本法分则或者其他法律没有明文规定的合同，适用本法总则的规定，并可以参照本法分则或者其他法律最相类似的规定。

第二百六十八条 定作人可以随时解除承揽合同，造成承揽人损失的，应当赔偿损失。

第四百一十条 委托人或者受托人可以随时解除委托合同。因解除合同给对方造成损失的，除不可归责于该当事人的事由以外，应当赔偿损失。

2.《民事诉讼法》

第一百七十条 第二审人民法院对上诉案件，经过审理，按照下列情形，分别处理：

（一）原判决、裁定认定事实清楚，适用法律正确的，以判决、裁定方式驳回上诉，维持原判决、裁定；

（二）原判决、裁定认定事实错误或者适用法律错误的，以判决、裁定方式依法改判、撤销或者变更；

（三）原判决认定基本事实不清的，裁定撤销原判决，发回原审人民法院重审，或者查清事实后改判；

（四）原判决遗漏当事人或者违法缺席判决等严重违反法定程序的，裁定撤销原判决，发回原审人民法院重审。

原审人民法院对发回重审的案件作出判决后，当事人提起上诉的，第二审人民法院不得再次发回重审。

【理论观点】

金勇军老师认为：委托创作合同属于我国《合同法》第二十一章所规定的委托合同，即委托人和受托人约定，由受托人处理委托人事务的合同。[1]

刘春田老师认为：在出版界习惯上把应人之约创作的作品称为委托作品，我国著作权法也称之为委托作品。但是，这种创作的特点是，受约人无论是利用自己的物质条件或设备，还是利用出约人提供的条件或设备创作，受约人依约定向出约人提供的不是劳务，也不是处理或管理事务，而是特定的文学、艺术作品。比如，根据合同完成工程设计、产品设计、翻译作品或绘制人物肖像，以及广告设计、拍摄纪念照片、开发计算机程序等，这种特征反映了承揽合同的性质，所以以这种方式创作完成的作品实际上是定作作品，双方则是一种承揽合同关系。[2]

吴汉东老师认为：委托作品与职务作品的不同在于委托作品之创作根据委托合同，而职务作品之创作根据劳动合同。[3]

易健雄老师认为：委托创作合同不属于委托合同，其本身与受委托创作的作品的著作权归属之间并无必然联系。若合同只涉及委托创作而无涉于受委托创作的作品的著作权归属，该合同即属于承揽合同中的定作合同；若合同中还约定了受委托创作的作品的著作权归属，则该合同属于混合合同——其中部分属于承揽合同内容，部分属

1 金勇军：《知识产权法原理》，中国政法大学出版社2002年版，第289页。

2 刘春田主编：《知识产权法》，中国人民大学出版社2000年版，第76页。

3 吴汉东：《知识产权法学》（第三版），北京大学出版社2005年版，第53页。

于以承揽合同内容为基础的著作权转让合同内容。在处理委托创作合同纠纷时，除了适用《合同法》总则部分规定以外，还可以适用《合同法》第十五章关于承揽合同的规定以及《著作权法》的相关规定。凭借单方解约权，定作人得依其单方行为终止与承揽人的承揽合同关系。从权利性质上分析，这种单方解约权应属于形成权。委托创作合同在原则上也属于承揽合同，故委托人有权随时解除与受托人的委托创作合同。换句话说，作品创作委托人享有单方解约权。[1]

张以标老师认为：首先，从合同的标的来看，我国合同法将承揽合同的标的规定为承揽人交付的“工作成果”，但并没有明确限定该“工作成果”的范围和类型，从法解释学上来说，此处的“工作成果”也应包括智力活动成果的知识产权，因为“科学艺术创作可以成为承揽合同中所约定的工作”。其次，从合同的履行过程来看，在承揽合同中，定作人之所以要通过承揽合同的方式从承揽人处获得“工作成果”，多数情况是因为定作人具有完成该“工作成果”的特殊技能，而该“工作成果”在市场上难以买到，正是这种对承揽人特殊技能的认可，因此定作人愿意将工作委托给承揽人并从承揽人处获取“工作成果”，也要求承揽人必须以自己的特殊技能独立完成“工作成果”。在委托创作合同中，委托人正是因为自身缺乏特殊的创作技巧，无法完成相应的智力创作活动，因此通过委托创作合同方式从具有相应特殊创作技巧的受托人处获取委托作品，也即委托人认可的是受托人的特殊创作技巧，当然也就要求受托人必须亲自完成创作并交付委托作品，如委托人委托擅长绘画的受托人按要求绘制一幅画作。由此可见，两者都是基于委托人（定作人）对受托人（承揽人）技巧或技能的认可和信任，受托人以自己的技巧或技能独立完成并交付工作成果的。最后，从合同是否为有偿合同来看，承揽合同是“定作人支付报酬”的合同，属于我国合同法上典型的有偿合同。同样的，“委托作品是委托人向作者支付约定的报酬，由作者按照他人的意志和具体要求而创作的特定作品”。委托创作合同都是由委托人支付对价，受托人履行创作活动并交付委托作品的合同，与承揽合同一样属于有偿合同。[2]

1 易健雄：《论作品创作委托人的单方解约权》，《法学杂志》2009年第6期。

2 张以标：《对我国约定不明委托作品著作权归属的反思—— 一种合同法的视角》，《青海社会科学》2014年第3期。

【案例索引】

案例1[1]：万山与舒妤委托创作合同案

一审法院广东省深圳市福田区人民法院认为：

虽然万山无权以舒妤迟延履行构成根本违约从而要求解除合同，但涉案合同在法律性质上属于委托创作剧本合同，委托创作剧本合同属于委托合同的一种。委托创作剧本合同的顺利履行需要建立在委托方与受托方相互信任、相互合作的基础上。如果双方已丧失信任关系，则丧失了继续合作的基础。本案中，万山与舒妤在履行合同过程中已经发生严重分歧，舒妤提交的故事大纲经过多次修改后仍无法达到万山的要求，万山已经明确提出解除合同的要求，据此，应认定双方已经丧失了信任感，从而丧失了继续合作的基础，涉案的委托创作剧本合同实际上已无法继续履行。万山作为委托人，有权根据《合同法》第四百一十条的规定，行使单方解除权。

二审法院广东省深圳市中级人民法院认为：

作为委托创作合同，受托人要创作出符合委托人要求的作品，需要双方当事人的积极配合……合同双方已丧失相互的信任，失去了继续合作的基础，涉案的委托创作合同实际上已无法继续履行。原审法院认定委托人万山有权依照合同法的规定行使单方解除权符合事实，本院予以确认。

案例2[2]：重庆鹭珠贸易有限公司与深圳市澜骏广告有限公司委托创作合同案

重庆市第五中级人民法院认为：

原告与被告于2012年10月15日签订的《合同书》是委托创作合同书，也是双方的真实意思表示，合法有效，双方应当按合同的约定全面履行合同义务并享有合同权利。虽然被告不认可原告主张其有法定的解除权并要求解除合同，鉴于双方的合同系原告

1　一审法院：深圳市福田区人民法院，一审案号：（2011）深福法知民初字第490号；二审法院：深圳市中级人民法院，二审案号：（2012）深中法知民终字第670号。

2　一审法院：重庆市第五中级人民法院，一审案号：（2014）渝五中法民初字第00650号。

委托被告创作的合同，委托创作合同除了有著作权合同的法律性质以外还与承揽合同具有类似的法律特征。根据《合同法》第一百二十四条“本法分则或者其他法律没有明文规定的合同，适用本法总则的规定，并可以参照本法分则或者其他法律最相类似的规定”的规定，参照《合同法》第二百六十八条关于承揽合同中“定作人可以随时解除承揽合同，造成承揽人损失的，应当赔偿损失”的规定，一审法院对原告要求行使任意解除权以解除涉案《合同书》的请求予以支持。

案例3[1]：中国文采声像出版公司与王浙滨、王放放委托创作合同案

北京市海淀区人民法院认为：

双方就《与皇帝离婚的女人》剧本订立的合同包含两方面内容，一是王浙滨、王放放交付剧本并将剧本拍摄电视剧的权利授予文采公司，文采公司支付稿酬；一是王浙滨、王放放按文采公司要求进行修改、完成定稿，文采公司支付稿酬。就合同性质而言，属于著作权许可使用合同与委托创作合同的混合合同，故应适用《著作权法》有关著作权许可使用合同、委托创作合同的规定，不明确之处可以适用或类推适用《合同法》有关买卖合同和承揽合同的规定。文采公司要求解除合同以及要求王浙滨、王放放返还稿酬、支付违约金，应当结合合同条款、履行情况和解除条件综合予以判断。

王浙滨、王放放义务已基本履行，存在的瑕疵不影响合同目的的实现，文采公司不享有《合同法》赋予的因重大违约而产生的法定解除权。同时由于文采公司要求对方赔偿损失，其要求也不属于行使承揽合同中定作人的任意解除权。

【TA评述】

《宝典》如是说[2]：项目方拿到了原著小说包括剧本改编权的相关权利的授权，便可以委托编剧进行剧本创作了。剧本是整个影视项目中最重要的组成之一，而剧本委托创作事实上是项目方基于对编剧的信任，委托编剧进行剧本创作而产生的一种法律关

1　一审法院：北京市海淀区人民法院，一审案号：（2007）海民初字第23922号。

2　王军、司若主编：《中国影视法律实务与商务宝典》，中国电影出版社2017版，第236页。

系。如果说原著小说的转让和许可是既有作品上权利的移转，那么剧本委托创作就是作品从无到有的一个生产过程，它虽然不涉及权利的移转，但它是原著小说权利到项目方与剧本的权利到项目方这两次权利移转之间的纽带。而恰恰是因为它不涉及权利的移转且更多地基于委托人（项目方）与受托人（编剧）之间的信任，这一步反而成了纠纷的多发区。近几年俯拾皆是的“编剧片方互撕”几乎都是因为双方未就此步骤协商一致。

TA观点

根据《合同法》第九十七条对合同解除后果的约定，“合同解除后，尚未履行的，终止履行；已经履行的，根据履行情况和合同性质，当事人可以要求恢复原状、采取其他补救措施，并有权要求赔偿损失”。有鉴于其中所约定的“恢复原状”的合同解除后果，就委托创作合同而言，其提前解除对于委托方（项目方）可能意味着委托作品（影视行业中一般为剧本，亦可能为广告、动画片等）的著作权将回归创作者所有，委托方无权继续使用创作者创作的作品，对于受托方（编剧）则可能意味着其需要向委托方返还其已经收取的报酬。在大多数情况下，上述两种情况分别是委托方及受托方不愿意接受的。

然而，根据本部分中相关案例及学者观点可知，无论委托创作合同的性质被认定为是委托合同还是承揽合同，其后果都将导致委托创作方享有法定的任意解除权，其可以随时行使单方的合同解除权从而导致合同解除。有鉴于此，根据不同角色、立场的合同当事人的实际商务需求，签约方可事先就委托创作合同的解除条件以及委托创作合同解除的法律后果进行约定，其中较为重要的为委托创作合同解除后基于创作形成作品（剧本等）的知识产权归属及署名安排的事先约定。

（撰稿人：邓尚锐）

2.2.3 电视剧"日播"变"周播"，著作权许可使用合同面临解除

——东阳某影视有限公司与北京某文化传播有限公司著作权许可使用合同纠纷案[1]

【核心推介】

影视作品著作财产权的授权许可使用主要涉及信息网络传播权、广播权、发行权，影视作品著作权人与被许可方（使用人）签订著作权许可使用协议，被许可方支付相应对价而获得影视作品部分或全部著作财产权利。授权许可过程同时也是合同双方互相博弈的过程，法律规定无法对每一种交易模式或类别予以明确规制，但交易实务中交易模式及业务需要并非一成不变，而是伴随着技术进步和商业发展呈现出多样性。因此，在著作权许可交易中，将交易双方的合同目的、商业需求以及整个交易的商业逻辑充分体现到合同中，既是著作权许可使用合同的核心关注点，也是减少交易成本及避免争议的主要关注点。

【关键词】

信息网络传播权许可　播出方式　合同解除

1　一审法院：北京市东城区人民法院，一审案号：(2014）东民（知）初字第08225号；二审法院：北京知识产权法院，二审案号：(2015）京知民终字第00157号。

【案情】

2013年5月，北京某公司（甲方，被许可方）与东阳某公司（乙方，许可方）签订《协议》，该《协议》约定双方就乙方授权甲方涉案电视剧的信息网络传播权及新媒体版权独占性许可事宜达成如下协议：

第3.1条独家发行、销售、使用权：即信息网络传播权及新媒体版权专有独占性发行、销售和使用权，是指被许可方有权排除包括著作权人（包括许可方）在内的任何人以同样的方式发行、销售和使用作品。

第4.2条中，4.2.1授权节目网络首次播出时间：自授权节目在中国境内电视台首集首轮首播完成后4个小时后。即授权节目每集最早上线时间为电视台每集首轮首播结束后4小时，依此类推，其每日上线播出更新进度不得超过首播频道前一天的播出进度。乙方应当在电视台播出前将首轮首播电视台每日的播出时间、播出集数、进度至少提前10日以《上线告知函》形式书面通知甲方，如乙方未按本条约定履行告知义务，或播出过程中因电视台临时调整播出集数、进度，或乙方提供的授权节目播出介质的集数进度与电视台播出集数进度不同，导致甲方或/和甲方授权的第三方提前或延迟上线的，由乙方承担所有的责任及损失，甲方不承担任何责任。如电视台播出遇到不可抗力原因或电视台内部临时调整集数和进度导致授权节目在电视台改期播出或延播，且不违反协议8.4条约定的，乙方不承担任何责任。4.2.2自本协议签订之日，乙方无权自行或许可他人以与本协议相同或者实质相同的方式使用授权节目。4.2.3授权节目网络首次播出时间不晚于正版音像制品的发行。否则本协议项下授权许可费降低50%。

第5.1条乙方向甲方提供以下资料：5.1.1乙方经最新年检的营业执照复印件（加盖乙方公章）；5.1.2电视剧制作许可证复印件（加盖乙方公章）；5.1.3制作许可证或/和发行许可证上所署权利人以及已知原始权利人出具的授权证明文件原件；5.1.4乙方授权甲方享有独家信息网络传播权、新媒体版权及转授权权利的授权书（参照附件一出具）；5.1.5授权节目的系列预告片、片花、剧照、海报、剧情介绍，以及相关视频宣传片、拍摄花絮、导演/演员访谈资料等影视文件、宣传品等（具体详见附件二）；5.1.6授权节目的《电视剧发行许可证》复印件（加盖乙方公章）；5.1.7电视台首播日前10日，乙方向甲方出具授权节目的《上线告知函》；5.1.8电视台首播日前15日，提供符合要求的播出介质（高清画质数据文件1套和DVD光碟3套）；5.1.9乙方承诺拥有授权节目的相关权利的权属证明文件原件，即全部相关著作权人授权乙方享有授权节目独家信息网络传播权、新媒体版权且包含转授权权利的证明文件；5.1.10乙方有义务积极配合甲方的维权工作，并且为此提供一切必要的证明材料，包括但不限于协助甲方完成权属证明文书公证所需文件及正版音像制品3套（如已正式发行）。

第6.1条授权许可费用：6.1.1如授权节目于2013年湖南卫视暑期（6月20日—8月20日）黄金时段（19:30—20:00）首轮首播的，授权许可费每集63万元，40集（暂定）共计2520万元；6.1.2如授权节目于2014年2月28日前湖南卫视非暑期黄金时段（19:30—20:00）首轮首播的，授权许可费每集60万元，40集（暂定）共计2400万元；6.1.3如授权节目于2014年3月1日至2014年6月1日前，在湖南卫视黄金时段（19:30—20:00）首轮首播的，授权许可费每集55万元，40集（暂定）共计2200万元；6.1.4发行许可证版集数与首轮卫视台播映版或网络版集数不一致的，最终授权许可费按首轮卫视台播映版集数结算。第6.2条支付方式：6.2.1本协议签订后，甲方收到乙方提供的5.1.1、5.1.2、5.1.3、5.1.5项下全部材料及等额增值税专用发票验收合格后10个工作日内，向乙方首期支付50%授权许可费，乙方在收首款的同时提供5.1.4原件；6.2.2甲方验收乙方提供的本协议项下第五条5.1.6—5.1.9项包含的材料及等额增值税专用发票合格的同时，向乙方支付50%授权许可费。

第7.1条乙方授权甲方行使本协议约定的授权节目独家信息网络传播权、新媒体版权权利及转授权权利。

第8.4条乙方保证授权节目在首轮卫视首集首播日前获得电视剧发行许可证，保证授权节目于2014年6月1日前首轮在湖南卫视黄金时段（19:30—22:00）完整首播。

第10条违约责任：第10.1条乙方违反3.1款、7.1款或者在本协议有效期内又将甲方享有的权利授权给第三方的，乙方因此获得的收益属于甲方，并承担相当于本协议许可费用100%的违约金。第10.5条乙方违反8.4第一款约定，本协议的授权使用费减少30%。第10.7条违约金低于实际损失的，应按照实际损失予以赔偿。第10.12条除因乙方原因，如甲方不能按时支付相应费用的，经乙方书面催告后15个工作日内仍未支付，乙方有权单方面终止合约，且不退回已支付节目费。并有权要求甲方赔偿乙方的全部损失。

2013年7月3日，湖南广播电视台卫视频道总编室出具涉案电视剧排播计划，该文件显示播出日期为2013年7月13日—8月18日，播出时段为每周六、周日22:00—24:30，播出时长为每天119分钟，12天内共播出35集。同日，东阳某公司将上述排播计划发函告知北京某公司。北京某公司认可收到上述函件。

2013年7月4日，东阳某公司发函北京某公司，内容除包含东阳某公司于2013年6月20日发送给北京某公司的函件内容外，另包含如下内容："目前，因湖南卫视节目播出计划调整，我司于2013年6月28日书面函告贵司，建议双方根据协议约定协商解决。同日，贵司《告知函》通知我司，称因播出时间可能与协议约定不符，将暂停支付任何款项，并退回我司开具的等额增值税专用发票……"北京某公司认可收到该函件。

2013年7月5日，北京某公司向东阳某公司发送《解约函》，内容为"2013年7月4日，我司收到贵司提供的该剧《上线告知函》，该剧的播出时段改为湖南卫视的非黄金档播出，且由日播改为周播，因此导致我司的发行工作无法开展。上述播出时间的调整，严重违反了协议的约定，贵司的行为已构成根本违约。现郑重致函贵司，协议于本函件送达之日解除，协议双方权利义务终止"。东阳某公司于2013年7月8日收到该《解约函》。

涉案电视剧在湖南卫视的实际播出时间为2013年7月13日至2013年7月21日，每周六、周日晚上10:00—12:30，每天两集；7月27日—8月19日，每周六、周日、周一晚上10:00—12:30，每天两集。涉案电视剧实际播出32集。

2013年7月19日，东阳某公司与某科技有限公司签订涉案电视剧的《独家许可使用协议》。

原告东阳某公司诉称：东阳某公司将拥有著作权的涉案电视剧的信息网络传播权及新媒体版权授权给北京某公司，授权期限自协议签署至首轮卫视首集首播日起满十年止；许可费用根据不同的播出时段分别计算，其中授权费用应当在原告将制作许可证、授权文件等材料及首期等额增值税专用发票提供给北京某公司，经验收合格后10个工作日内支付；合同另对双方的权利义务、违约责任等作出了约定。协议签订后，东阳某公司依约将相关文件及增值税发票等寄送给了北京某公司，但北京某公司未支付首期授权许可费，经多次发函催讨，北京某公司仍以种种理由拒不付款。2013年7月8日，东阳某公司收到北京某公司一封《解约函》，称"因播出时间段改为非黄金档播出，且由日播改为周播，严重违反了协议的约定，协议于该函送达之日解除”。东阳某公司认为，《协议》对播出计划调整等已有相应约定，北京某公司以此为由单方面解除合同应承担相应的违约责任，并向东阳某公司支付授权许可费1584万元。综上，诉至法院要求判令北京某公司：1. 继续履行《协议》；2. 向东阳某公司支付授权许可使用费1584万元；3. 承担本案诉讼费。在庭审过程中，因《协议》状态是继续履行还是解除处于待定状态，东阳某公司在庭审中将诉讼变更为：1. 要求北京某公司继续履行《协议》；2. 如果《协议》解除后，要求北京某公司将所有物料返还；3. 如果《协议》继续履行，要求北京某公司支付授权许可费1584万元，如果《协议》解除，要求北京某公司赔偿东阳某公司经济损失1584万元；4. 诉讼费由北京某公司承担。

被告（反诉原告）北京某公司辩称并反诉诉称：1. 东阳某公司未按照《协议》第5.1.5条约定交付独家素材即拍摄花絮、导演/演员访谈资料，故北京某公司可依法延迟履行付款义务。2.《协议》签订后，东阳某公司通知北京某公司要将涉案电视剧的首轮播出时间调整为2013年7月13日—2013年8月18日，播出时段调整为每周六、周日22∶00起播出，该时段不是黄金时段，将直接导致涉案电视剧的市场预期和影片价值打折扣，合同目的无法实现。3. 从《协议》第4.2.1条约定看，双方始终围绕“每日上线播出”“每日的播出时间”“前一天的播出进度”进行约定，因此双方约定的涉案电视剧播出模式是每日播出的形式。在双方签订《协议》时，湖南卫视并无每周播出的电视剧播出模式。周播是在《协议》签署后发生的临时调整，行业对每周末播出的电视剧模式存在普遍质疑。而涉案电视剧播出方式由日播改为周播，也不能满足互联网发行要求，直接导致无法实现北京某公司互联网分销的合同目的，并因此造成北京某公司对下游企业违约，产生巨大经济损失。4. 东阳某公司在2013年6月29日的函件中，表示鉴于“播出政策调整”“播出计划调整”的情形，“建议双方就协议未尽事宜进行友好协商”。这一表述说明涉案电视剧的播出时间进度不在双方考虑范围内。5. 在《协议》签署后不久并在北京某公司解除合同之前东阳某公司即知道湖南卫视将调整播出时间，但其未与北京某公司协商，而是催促北京某公司付款。2013年7月3日，东阳某公司以《上线告知函》明确了涉案电视剧以周播的形式播出，违反了《协议》的约定，属于预期违约，故北京某公司单方发出解除合同的通知并提出诉讼符合法律规定。6. 2013年7月14日，某网站以独家视频授权的形式上线播出涉案电视剧。鉴于某网站和北京某公司均为独家授权，故《协议》已经无法履行。7. 依据《协议》第4.2.1条约定，现因电视台调整播出进度，导致涉案电视剧从“每日上线播出的更新进度”迟延为“每周上线播出”，因此该责任应由东阳某公司承担。综上，不同意东阳某公司的全部诉讼请求，并反诉要求判令：1. 解除双方所签订的《协议》；2. 东阳某公司赔偿北京某公司经济损失100万元；3. 东阳某公司承担本案诉讼费。

北京市东城区人民法院经审理认为，东阳某公司与北京某公司签订的《协议》系双方真实意思表示，未违反国家法律法规的强制性规定，应为合法有效的合同，合同双方当事人均应依合同约定履行各自的义务。

本案双方的争议焦点主要有以下几点：

（一）涉案电视剧每周非黄金时段播出是否构成违约。

首先关于涉案电视剧周播的问题，虽《协议》中未对涉案电视剧的播出形式进行明确约定，但根据《协议》第4.2.1条约定中所提到的“每日上线播出”“每日的播出时间”“前一天的播出进度”，法院认为双方在签订合同时对涉案电视剧的播出形式隐含之约定为日播形式，故涉案电视剧实际采取周播的形式不符合合同约定。因涉案电视剧采用何种方式播出会对电视剧的收视率和市场价值产生一定影响，故对于北京某公司而言周播剧的市场价格和日播剧的市场价格会存在一定的差别。在涉案电视剧实际播出之前，东阳某公司将该剧的排播计划发函告知北京某公司，并告知北京某公司涉案电视剧的播出形式将采用周播的形式，故东阳某公司以该行为明确表示自己将不按照合同约定履行自己的义务，法院认为东阳某公司的行为构成法定解除的条件。其次关于涉案电视剧采用非黄金时段播出的问题，因《协议》第8.4条约定东阳某公司要保证授权节目在2014年6月1日前首轮在湖南卫视黄金时段（19:30—22:00）完整首播，同时《协议》第10.5条对违反8.4条的行为进行了约定，故结合上述两个条款之相关内容，法院认为因合同对非黄金时段约定了相应的违约责任，故涉案电视剧非黄金时段播出的行为可以适用合同的相关约定。2013年7月5日，北京某公司针对涉案电视剧周播和非黄金时段播出的情形向东阳某公司发送《解约函》，东阳某公司于同月8日收到上述函件，并于同月19日将涉案电视剧的独占性信息网络传播权授予某科技有限公司。综上，按照合同法的相关规定，因涉案电视剧采用周播的形式违反了双方所签订合同的本意，且东阳某公司又将涉案电视剧的独占性信息网络传播权授予了第三方，第三方在互联网上已经实际播出涉案电视剧，故综合考虑合同的实际履行情况，法院认为双方所签订的《协议》于2013年7月8日东阳某公司收到北京某公司发送的《解约函》之日起解除。

（二）北京某公司未支付《协议》约定款项的行为是否构成违约。

按照《协议》第6.2条的约定，东阳某公司提供合同约定的相关物料及等额的增值税发票后10个工作日内，北京某公司应支付50%的授权许可费。现双方对《协议》第5.1.5条约定的拍摄花絮、导演/演员访谈资料是否交付产生争议。法院认为《协议》第5.1.5条约定"具体详见附件二"，而附件二中的"独家素材"一项并未标注"√"，且庭审中东阳某公司表示其没有该条约定的拍摄花絮和导演/演员访谈资料，故东阳某公司无证据证明其已将《协议》约定的物料交付北京某公司，故北京某公司未支付合同首付款的行为不构成违约。

（三）《协议》解除后的法律后果。

按照合同法的相关规定，合同解除后尚未履行的，终止履行；已经履行的，根据履行情况和合同性质，当事人可以要求恢复原状、赔偿损失。法院认为《协议》自2013年7月8日解除，因北京某公司无证据证明因合同解除其所受到的经济损失，故其要求100万元的经济损失法院不予支持。因合同解除系东阳某公司的违约行为导致，故其要求1584万元的经济损失于法无据，法院亦不予支持。合同解除后，北京某公司应向东阳某公司返还其收到的物料，具体的物料明细应按照北京某公司自认收到的物料为准，即25分钟片花一份（电子版）；剧照290张（电子版）；海报8张（电子版）；电子版画册一份；电子版企划案（包括剧情介绍）一份。

综上，北京市东城区人民法院依据《中华人民共和国合同法》第九十四条第二款、第九十六条第一款、第九十七条之规定判决：一、东阳某公司与北京某公司签订的《信息网络传播权独占性许可协议》于2013年7月8日起解除；二、北京某公司于本判决生效之日起十日内返还东阳某公司有关涉案电视剧的片花一份（电子版）、剧照290张（电子版）、海报8张（电子版）、电子画册一份、电子版企划案（包括剧情介绍）一份；三、驳回东阳某公司的其他诉讼请求；四、驳回北京某公司的其他反诉请求。

东阳某公司不服一审判决，于法定期限内上诉至北京知识产权法院。

北京知识产权法院经审理认为，《协议》系东阳某公司与被上诉人北京某公司真实意思表示，未违反相关法律和行政法规的效力性强制性规定，属于合法有效的合同。双方当事人应当按照《协议》约定的内容全面履行合同。关于涉案电视剧采用非黄金时段播出的问题，因北京某公司认可《协议》第10.5条对涉案电视剧在非黄金时段播出约定了相应的违约责任，故涉案电视剧非黄金时段播出的行为可以适用《协议》的相关约定。本案二审中双方当事人的主要争议焦点为：涉案电视剧周播形式是否构成违约以及北京某公司是否有权据此解除《协议》。

（一）关于《协议》中对涉案电视剧播出方式的认定问题。

首先，本案中，双方当事人均认可，在《协议》签订时，对于连续剧而言，“每日播出”为市场上常见的播出方式。在这种市场规则下，涉案电视剧采用“日播”方式或“周播”方式将会对电视剧的收视率和市场价值产生较大的影响。因此，根据当时的市场规则，在没有特别明确指出涉案电视剧含“周播”方式的情况下，原审法院认定《协议》第4.2.1条约定中所提到的“每日上线播出”“每日的播出时间”“前一天的播出进度”等内容隐含约定涉案电视剧为日播形式并无不当，东阳某公司以涉案电视剧在后来的实际播出中采用“周播”方式取得较大市场成功来否认《协议》签订时双方当事人的意思表示缺乏事实及法律依据。

其次，东阳某公司于2013年6月29日发给北京某公司的函中指出：“经了解，因国家有关部门关于古装剧的播出政策调整，涉案电视剧在湖南卫视的播出计划也可能进行相应调整。鉴于上述情形，建议双方就协议未尽事宜，由双方友好协商，签订补充协议。”东阳某公司于2013年7月4日发给北京某公司的函中指出：“目前，因湖南卫视节目播出计划调整，我司于2013年6月28日书面函告贵司，建议双方根据协议约定协商解决。同日，贵司《告知函》通知我司，称因播出时间可能与协议约定不符，将暂停支付任何款项，并退回我司开具的等额增值税专用发票……我司认为：一、《协议》系双方经友好协商，自愿签署，真实合法，对协议双方均具有法律约束力，没有法定或约定事由，不得单方面解除或变更……三、湖南卫视排播计划调整非我司主观过错，不是贵司暂停履行支付义务的正当理由，也非解除《协议》的约定和法定情形……”由前述函件中关于因播出计划调整而建议双方再行协商等内容可以证明，“播出计划”既可能包含涉案电视剧是否播出，也可能包含播出的集数、播出的时间、播出方式等内容，而东阳某公司在前述7月4日强调的北京某公司不得“单方面解除”《协议》的内容亦反证了涉案电视剧的“周播”方式并未约定在《协议》中。

故综合上述情况，法院认为涉案电视剧实际采取“周播”的方式播出不符合合同约定。东阳某公司关于“日播”方式并未作为双方签署《协议》的基础或前提条件的主张缺乏依据。

（二）关于北京某公司是否有权解除《协议》的问题。

首先，考虑到当时我国绝大多数电视剧均采用“日播”方式播出的实际情况及中国观众的收视习惯，对于北京某公司而言，周播剧的市场价格和日播剧的市场价格必定存在较大差别。对于东阳某公司而言，涉案电视剧采用“日播”方式播出属于其应履行的主要合同义务。因此，在涉案电视剧实际播出之前，东阳某公司将该剧的排播计划发函告知北京某公司，并告知北京某公司涉案电视剧的播出形式将采用“周播”的形式，东阳某公司系以该行为明确表示自己将不按照合同约定履行自己的主要义务，原审法院据此认为东阳某公司的行为构成法定解除的条件并无不当。北京某公司关于涉案电视剧采用“日播”方式抑或“周播”方式播出并不影响合同目的实现的主张依据不足。

其次，《协议》第4.2.1条中约定，涉案电视剧“播出过程中因电视台临时调整播出集数、进度，或乙方提供的授权节目播出介质的集数进度与电视台播出集数进度不同，导致甲方或/和甲方授权的第三方提前或延迟上线的，由乙方承担所有的责任及损失，甲方不承担任何责任”。该条约定的是涉案电视剧“播出过程中”因电视台临时调整播出集数及进度的责任承担情形，且其中约定的“由乙方承担所有的责任及损失”并不意味着北京某公司无权在符合法定条件的情况下行使解除权。故东阳某公司关于根据该条约定北京某公司无权解除合同的主张，缺乏依据。

再次，2013年7月5日，北京某公司针对涉案电视剧周播和非黄金时段播出的情形向东阳某公司发送《解约函》，东阳某公司于同月8日收到上述函件，并于同月19日将涉案电视剧的独占性信息网络传播权授予某科技有限公司，故《协议》已无履行必要及可能性。

综上，按照合同法的相关规定，因涉案电视剧采用“周播”的形式违反了双方所签订合同的本意，且东阳某公司又将涉案电视剧的独占性信息网络传播权授予了第三方，第三方在互联网上已经实际播出涉案电视剧，故综合考虑合同的实际履行情况，原审法院认为双方所签订的《协议》于2013年7月8日东阳某公司收到北京某公司发送的《解约函》之日起解除亦无不当。

北京知识产权法院二审判决：驳回上诉，维持原判。

【业内关注】

1. 著作权可授权许可使用的权利范围

2. 著作权许可使用合同如何将许可方式、内容与交易实务“完美”结合

3. 合同约定情形发生变化时如何维护自身权益

4. 因行业主管部门政策变化，电视台调整播出计划从而影响合同履行，是否构成违约

【法条链接】

1.《著作权法》

第二十四条　使用他人作品应当同著作权人订立许可使用合同，本法规定可以不经许可的除外。

许可使用合同包括下列主要内容：

（一）许可使用的权利种类；

（二）许可使用的权利是专有使用权或者非专有使用权；

（三）许可使用的地域范围、期间；

（四）付酬标准和办法；

（五）违约责任；

（六）双方认为需要约定的其他内容。

2.《著作权法实施条例》

第二十三条　使用他人作品应当同著作权人订立许可使用合同，许可使用的权利是专有使用权的，应当采取书面形式，但是报社、期刊社刊登作品除外。

第二十四条　著作权法第二十四条规定的专有使用权的内容由合同约定，合同没有约定或者约定不明的，视为被许可人有权排除包括著作权人在内的任何人以同样的

方式使用作品；除合同另有约定外，被许可人许可第三人行使同一权利，必须取得著作权人的许可。

3.《合同法》

第六十一条 合同生效后，当事人就质量、价款或者报酬、履行地点等内容没有约定或者约定不明确的，可以协议补充；不能达成补充协议的，按照合同有关条款或者交易习惯确定。

第六十二条 当事人就有关合同内容约定不明确，依照本法第六十一条的规定仍不能确定的，适用下列规定：

（一）质量要求不明确的，按照国家标准、行业标准履行；没有国家标准、行业标准的，按照通常标准或者符合合同目的的特定标准履行。

（二）价款或者报酬不明确的，按照订立合同时履行地的市场价格履行；依法应当执行政府定价或者政府指导价的，按照规定履行。

（三）履行地点不明确，给付货币的，在接受货币一方所在地履行；交付不动产的，在不动产所在地履行；其他标的，在履行义务一方所在地履行。

（四）履行期限不明确的，债务人可以随时履行，债权人也可以随时要求履行，但应当给对方必要的准备时间。

（五）履行方式不明确的，按照有利于实现合同目的的方式履行。

（六）履行费用的负担不明确的，由履行义务一方负担。

第九十四条 有下列情形之一的，当事人可以解除合同：

（一）因不可抗力致使不能实现合同目的；

（二）在履行期限届满之前，当事人一方明确表示或者以自己的行为表明不履行主要债务；

（三）当事人一方迟延履行主要债务，经催告后在合理期限内仍未履行；

（四）当事人一方迟延履行债务或者有其他违约行为致使不能实现合同目的；

（五）法律规定的其他情形。

第九十六条 当事人一方依照本法第九十三条第二款、第九十四条的规定主张解除合同的，应当通知对方。合同自通知到达对方时解除。对方有异议的，可以请求人民法院或者仲裁机构确认解除合同的效力。

法律、行政法规规定解除合同应当办理批准、登记等手续的，依照其规定。

第九十七条 合同解除后，尚未履行的，终止履行；已经履行的，根据履行情况和合同性质，当事人可以要求恢复原状、采取其他补救措施，并有权要求赔偿损失。

【理论观点】

关于著作权的许可使用，我国学界曾将其理解为著作权转让的一种方式，认为“转让版权最通常的方式是作者通过签订合同将利用自己作品的权利转让给他人”。著作权法理论虽早已抛弃了这种认识，但现有著述缺乏对著作权许可使用概念的深入研究，已有定义主要有以下几种：1. 著作权的许可使用是“作者或其他版权所有人通过合同，许可他人利用自己的版权中的一项或多项权利”。2. “著作权的许可使用，是指著作权人在保留其著作权人身份的前提下，允许他人在一定的条件下行使其著作权。”3. “著作权的许可使用是指著作权人将自己的作品以一定的方式、在一定的地域和期限内许可给他人使用的行为。”4. “所谓著作权许可，即允许他人行使著作权。许可之事项可以由许可合同约定，也可以由授权行为确定。”5. “著作权的许可使用是指著作权人以合同的方式在一定范围和期限内许可他人使用其作品的行为。”[1]

具体到著作权许可使用合同，关于著作权许可的内容、是否为要式/非要式合同、许可权利性质的一般理解为：根据不同的交易种类和商业目的，针对著作权权利种类、范围分别进行许可，如图书出版合同、表演合同、展览合同、影视改编权合同、播放合同、信息网络传播权合同等。关于著作权许可使用合同为要式合同或非要式合同，依照我国著作权法实施条例第二十三条的规定，除报社、期刊社刊登作品以外，其他许可使用合同应当采用书面形式。根据被许可人是否取得垄断使用作品的权利，许可使用合同分为专有许可使用合同与非专有许可使用合同。专有使用权是作品使用人在合同约定的使用范围和期限内独占使用作品的权利。该权利具有排他性，既排斥他人在许可使用范围和期限内以相同方式使用同一作品也排斥著作权人自身在约定范围和期限内以相同方式使用作品或将同一使用方式授权他人使用。非专有使用权是作品使用人在合同约定的使用范围和期限内非独占使用作品的权利。该权利不具有排他性，

1 刘远山、余秀宝:《论我国著作权的许可使用》,《法制与社会》2011年第13期。

著作权人在将著作权某项财产授予他人使用的同时也可在相同使用范围和期限内授予第三方或者自行以相同方式同时使用。[1]

【案例索引】

案例[2]：北京睿智天成文化传播中心与上海聚力传媒技术有限公司著作权许可使用合同案

北京知识产权法院认为：

虽然双方并未在合同中明确约定涉案电视剧在电视台和网络之间的播放顺序，但根据第2340号判决的认定，聚力公司必须在中央电视台八套或省级卫视首播之后才能够播放涉案电视剧。据此，在先判决实际上将电视台播出涉案电视剧认定为聚力公司网播该剧的条件，因该判决系本院上级法院作出的生效判决，本院无从质疑。

其次，双方在涉案合同中约定“授权节目需确保在2012年6月前在中央电视台八套或省级卫视播出”，从该条款的用语“需确保”，以及其后的约定“如果不能如约播出，乙方有权要求解除本协议，并要求甲方退还所有已经支付的款项”来看，确保涉案电视剧于2012年6月前在指定电视台播出系睿智中心应履行的义务，但直至2016年8月本案二审询问时为止，睿智中心仍未履行上述义务，故睿智中心构成违约。对此，第2340号判决认定聚力公司于2012年4月5日前在其经营的网站上播出涉案电视剧的全部内容，致使该剧未能在2012年6月前在电视台播出。

由此可知，睿智中心的违约行为系因聚力公司的在先网播行为所导致，故在上述情况发生后，睿智中心有权选择解除合同，亦有权选择履行合同并要求聚力公司对电视台播出的时间给予的合理宽限期，容其进一步联系电视台播出事宜。但双方此后并未就上述问题进行协商，依据诚实信用原则，睿智中心如果选择继续履行涉案合同，其应积极推进涉案电视剧在电视台播出，尽量避免聚力公司的损失，并确保聚力公司的合同目的能够实现。

然而，截至2015年11月20日，即在先的第2340号判决作出之日，睿智中心仍未

1　吴学文:《著作权合同法律及实务》,《上海戏剧》2003年第1期。

2　二审法院：北京知识产权法院，二审案号:（2016）京73民终561号。

履行其在电视台播出涉案电视剧的义务，此时涉案电视剧的许可期限已过3/4有余，依常理可知，睿智中心的迟延履行早已超出了合理期限。但在先案诉讼中，睿智中心仍然选择“协议不能解除”，而未选择解除合同并一并处理后续事宜，这导致第2340号判决驳回了聚力公司要求解除合同的诉讼请求。此意味着，双方的涉案合同依然要继续履行，然而，聚力公司在早已向睿智公司支付了90%合同款，履行了绝大部分合同义务的情况下，却在合同期限不足1/4之时，几乎未享受到合同权利，聚力公司履行的义务与其享受的权利显然不对等。如果聚力公司继续等待下去，很有可能直至授权期限届满，睿智中心也无法实现让涉案电视剧在指定电视台播出，以成就聚力公司播放涉案电视剧的条件，这将导致聚力公司的合同目的无法实现。基于以上情况，此时与合同签订时相比，已构成情势变更，故从公平原则出发，本院认为，聚力公司于2015年12月将涉案电视剧再次上线播出的行为是针对目前困境的一种合理选择，一审判决的相关认定正确，应予维持。

【TA评述】

《宝典》如是说[1]：

网络播映权的预购：无法按时完片或者播出的风险

目前影视剧的发行中，越来越多采取预购的方式确定网络版权的发行，即在影视剧仍在摄制甚至筹备阶段，就与网络平台签订授权许可协议，确定网络播映权的授权许可安排。

在这种模式之下，无论是影视剧的摄制方、发行方还是网络平台的运营主体，都需要考虑如果影视剧无法按计划完成摄制，无法按计划获得《公映许可证》或者《发行许可证》，或者无法按期在约定的平台进行播出，未来应如何解决。

从笔者所处理的类似影视剧项目来看，在这类问题上网络平台一般会持比较强势和确定的态度：即在无法按计划完成上述事项，且未能另行达成其他的协议的情况下，网络平台方一般会要求享有单方解除权，即解除合同并且要求退还已经支付的款项。因此，作为影视剧的摄制、发行方，在预购合同签订之时，就要对该项目未来的播出

1 王军、司若主编：《中国影视法律实务与商务宝典》，中国电影出版社2017年版，第297页。

时间及平台有相对准确的预期，否则就很有可能在影视剧摄制、报审及播出出现困难之时，同时遭遇来自网络平台的巨大压力，在商务上往往就会陷入被动。

TA观点

各方在订立著作权授权许可使用合同时应尽可能详尽地约定各项权利义务，把握谈判时机，尤其应对可能的商业风险作出评估，对于交易的利弊作出整体权衡后，就风险发生后的处理方式进行尽可能详尽的约定，尽量于交易之初对风险发生后的责任、后果作出预判及约定，以有效把控风险，降低损失。

例如，本部分重点分析的案例中，因政策原因导致卫视播出古装剧由“日播”改为“周播”，在这种情况发生时，著作权许可合同双方以何种态度、采取何种措施应对解决，将对双方利益的维护起到至关重要的作用，同时在涉及诉讼时也会成为法院的主要考量因素。在东阳某公司诉北京某公司著作权许可使用合同一案中，法院最终判定电视剧由“日播”改为“周播”的方式对该剧市场价格产生较大影响，虽合同中没有明确约定播出方式，但诸多措辞及合同订立时的市场情况可以表明双方对“日播”的默示约定，因此法院认定保证该剧以“日播”方式播出应是许可方应履行的主要合同义务。关于播出平台、播出模式及播出时间段的要求，均为著作权许可合同涉及的重要商务条款，由于许可使用费价格较高，被许可方在支付较高许可使用费对价的情况，自然会考虑获得权利后的回款或利益的回收，其中播出平台、播出模式及播出时间的变化会对被许可方利益构成一定或较大影响。当然，现实中，对于“先卫视后网络”的发行模式，在签署信息网络传播权许可合同之时，往往尚未确定播出的卫视平台及时间段，此时事先作出授权对于双方均存在一定风险和不可控因素。如果在签约之前的谈判阶段，交易双方能够对此情形进行认真全面的磋商和考量，并于协商后作出双方均可接受的合同条款，并将各种不可控情况尽可能全面地在合同中进行约定，可以有效保护双方利益，敦促双方忠实全面地履行合同，避免后续发生争议。案例索引中所列案例则从另一角度进一步说明，合同没有详尽约定而事实发生变化时双方应如何分配责任。

关于在拟写、签订信息网络传播权授权许可使用合同时有以下建议供参考：

第一，信息网络传播权授权许可使用合同的限制性约定。

为了尽可能就一部IP作品实现利益最大化，影视项目的制片方在与视频网站签订信息网络传播权合同时，可以考虑如下限制性约定：

1.限制授权许可类型：如独占许可、排他许可、普通许可等。

2.许可时间的限制：即在权利人所享有的作品权利期限内划定一个许可范围。

3.许可地域的限制：全国范围的许可使用，部分省、自治区、直辖市范围内的许可使用。

4.第三方网站链接的限制：双方可以约定，禁止被授权方以外的其他第三方网站提供可以跳转至被授权方网站的影视作品链接。

第二，关于许可使用费。

许可使用费，系著作权交易双方主要的合同义务及权利，系被许可方获得许可权利的基本对价，交易实务中，关于著作权许可使用费，存在不同的确定方式及支付方式，如果约定不清楚，则较容易引发争议，一旦发生争议，可能发生合同解除等严重的法律后果，为此对于许可使用费的确定方式、支付条件作出具有可履行性的约定，于交易双方而言均较为重要。关于许可使用费的未能如约支付的违约责任的约定，从许可方、被许可方的角度而言认为存在不同的侧重点，如从许可方的角度而言，可约定收到全部许可使用费之前对许可权利的行使作出相应限制，在发生迟延付款或逾期付款的情况下，作出提前收回许可权利的、解除合同的约定。从被许可方的角度而言，关于逾期付款的违约责任，尽量不要限制许可权利行使，并且就违约责任的承担，区分“轻、重”程度选择性接受或设置违约后果。

（撰稿人：孙宇佳）

2.2.4 著作权转让合同受让方以剧本存在权利瑕疵为由拒绝履行合同义务的认定

——北京宝某某公司与北京某文化公司著作权转让合同纠纷案[1]

【核心推介】

影视项目以联合投资、合作的方式进行开发为较为常见的商业模式，影视项目开发过程中会涉及剧本开发、投资、摄制、制作、宣发等诸多商务环节，每个商务环节有不同的开发侧重点以及存在不同的法律风险，而影视项目剧本版权系整个影视项目开发的基础和核心资源，如影视剧剧本版权存在权利瑕疵，将导致整个影视项目开发具有较高风险。在影视项目尚未开始拍摄的筹备阶段，若市场上同期在播同类题材作品，确实可能对影视项目开发的商业价值构成一定影响，但这种影响往往具有诸多不确定性，亦无法量化，如果双方对于相关商务风险及其他相关因素未在协议中予以约定并作为提前终止合作的条件，那么在双方签订的相关协议不具备法律上可被认定为无效、可撤销的情形下，则协议对于缔约各方均具有法律约束力。

【关键词】

影视项目的合作及退出　剧本版权瑕疵　合同的履行

【案情】

北京某文化公司（作为甲方）与北京宝某某影业公司（以下称宝某某公司）（作为

1　一审法院：北京市朝阳区人民法院，一审案号：（2015）朝民（知）初字第15303号。

乙方）签订《投资合作协议》，约定双方共同筹备、拍摄、制作、发行电影片《×××之战》。合同约定甲方保证拥有用以摄制影片剧本的著作权，若因剧本的著作权而产生纠纷，甲方应负责解决并承担由此给乙方造成的一切损失。宝某某公司收到北京某文化公司委托创作的剧本后称该剧本与正在某卫视播映的电视剧内容雷同，遂以北京某文化公司交付的剧本存在严重的权利瑕疵，宝某某公司面临被诉风险，且将要拍摄的电影丧失了其原有的商业价值为由将北京某文化公司诉至法院。

宝某某公司起诉称：2014年9月22日，宝某某与北京某文化公司签订《电影〈×××〉（暂定名）投资合作协议》（简称《投资合作协议》），约定双方共同筹备、拍摄、制作、发行电影片《×××》（暂定名）。2014年12月15日，双方又签订《〈×××（暂定名）投资合作协议〉之补充协议》（简称《补充协议》），约定北京某文化公司退出原协议影片合作项目，宝某某公司同意收购原协议约定的北京某文化公司投资份额，收购费用共计180万元，此费用涵盖北京某文化公司已投入的全部费用，包括但不限于剧本、劳务、公关等费用。宝某某公司以已向剧组账户支付的投资款180万元抵付宝某某公司应向北京某文化公司支付的收购费用，并约定了分期付款的条件和程序。北京某文化公司同时保证其独立享有剧本的完整版权，因剧本版权产生的纠纷由北京某文化公司自行解决，若影响到宝某某公司本协议约定权益的，宝某某公司有权选择解除协议，北京某文化公司应退还宝某某公司已支付的全部费用及30%的违约金。宝某某公司在收到北京某文化公司交付的材料之后发现北京某文化公司提交的相关剧本与已经公开播放的电视剧《一见××》在主要情节、人物角色、性格特征等方面存在大量雷同，存在严重的权利瑕疵，不但使宝某某公司面临被诉风险，且使宝某某公司将要拍摄的电影丧失其原有的商业价值。为此，宝某某公司多次向北京某文化公司提出异议，要求北京某文化公司就版权合法性问题予以说明并要求其采取必要措施化解宝某某公司面临的版权法律风险，但北京某文化公司不仅未采取任何积极措施，反而在宝某某公司不知情的情况下，违反《补充协议》的约定私自将剩余的90万元转让款转走，损害了宝某某公司的经济利益。综上，北京某文化公司交付的剧本存在严重瑕疵且其私自划款，违反了双方《补充协议》的约定，应当承担降低转让款并向宝某某公司支付违约金的法律责任。故宝某某公司要求北京某文化公司向宝某某公司返还转让款80万元，并向宝某某公司支付违约金30万元。

北京某文化公司答辩并反诉称：涉案电影剧本是北京某文化公司聘请的编剧独立创作完成的，其创作完成时间早于电视剧《一见××》的上映时间；我公司创作的涉案电影剧本具有独创性，与电视剧《一见××》不存在大量雷同之处；宝某某公司也未提供证据证明涉案电影剧本存在版权纠纷；在宝某某公司支付尾款的条件成就后，宝某某公司却不按时支付剩余款项，我公司为了维护自己的合法权益，也为了减轻宝某某公司迟延付款的违约责任，即从剧组账户上将剩余款项划走，不属于违约行为。综上，宝某某公司要求我公司降低转让款及支付违约金无任何依据。相反，宝某某公司在支付尾款的条件成就后不按时履行付款义务，违反了合同约定，损害了我公司的合法权益，应当为此承担支付逾期付款违约金的法律责任。现我公司反诉要求宝某某公司向我公司支付逾期付款违约金27万元。

宝某某公司针对北京某文化公司的反诉答辩称：北京某文化公司交付的剧本存在抄袭，第三方可能会针对宝某某公司主张权利，在此情况下宝某某公司有权拒绝支付剩余款项；北京某文化公司主张的违约金过高。综上，宝某某公司不同意北京某文化公司的反诉请求。

法院认为：宝某某公司与北京某文化公司签订的《投资合作协议》与《补充协议》是双方真实的意思表示，内容不违反法律、行政法规的强制性规定，属于合法有效的合同。根据《补充协议》约定，双方实际上以《补充协议》变更了《投资合作协议》的约定，双方应当按照变更后的《补充协议》履行自己的合同义务。

现宝某某公司认为北京某文化公司交付的涉案剧本与案外人的电视剧《一见××》存在内容雷同，因此剧本存在权利瑕疵且导致商业价值丧失，北京某文化公司违反了合同约定。首先，涉案沈某创作的剧本、孙某创作的第14稿剧本的创作完成时间均早于涉案电视剧《一见××》的播出时间，且在涉案电视剧《一见××》刚刚播出的4天后，北京某文化公司即将该两个剧本交付给了宝某某公司。宝某某公司也没有证据证明北京某文化公司在创作上述两个剧本过程中接触或可能接触过电视剧《一见××》或其剧本。其次，宝某某公司指出的涉案剧本与电视剧《一见××》近似的内容实际上有三类，第一类是主题近似（附表一和附表二的第1点、第2点），第二类是人物设置及人物关系近似（附表一的第3点、第13点和附表二的第3点、第12点），第三类是具体的故事情节近似（附表一的第4点至第12点、附表二的第4点至第11点）。关于第一类，文学作品的主题属于思想范畴，不受著作权法保护，因此两部作品的主题思想近似不能得出存在抄袭的结论。涉案剧本与电视剧《一见××》尽管都属于冤家变情侣的爱情喜剧，一个讲述了约会教练爱上拆爱专家的故事，一个讲述了分手专家爱上了婚顾的故事，但两者的故事在整个作品中的情节展开是完全不同的，两者近似的仅为“冤家变情侣”这一较为抽象的思想主题。关于第二类，判断人物设置和人物之间的关系是否实质性近似，应当将该人物以及人物之间的关系放置于故事情节的展开中进行考察，从其与具体故事情节的发展相结合的角度比对两部作品中的人物及人物关系是否近似，而不能从单纯的人物角色以及情侣关系、客户关系等这种抽象意义上对人物关系进行考察。涉案剧本与《一见××》电视剧所设置的人物仅仅是男女主人公所处的行业背景有近似之处，除此之外，两者从所设置的人物数量、人物之间具体关系、围绕人物展开的故事情节等等都不相同或近似。关于第三类，具体的故事情节属于文学作品中的表达，如果两部文学作品的故事情节实质性近似或相同，则可能会存在抄袭的情况。但根据本案的比对结果，涉案剧本与电视剧《一见××》在这些具体的情节设计上并不相同。最后，宝某某公司目前也并未因涉案剧本存在权利瑕疵与他人发生纠纷。综上，在涉案剧本创作完成时间早于涉案电视剧《一见××》上映时间，且两者在人物设置、人物关系、具体情节等方面均不相同，而仅仅是高度抽象的主题“冤家变情侣的爱情喜剧”一致的情况下，法院无法支持宝某某公司提出的涉案剧本存在权利瑕疵和丧失商业价值的起诉意见。故对宝某某公司提出的要求北京某文化公司降价，返还其80万元转让款的起诉意见不予支持。根据《补充协议》约定，在北京某文化公司将出品方变更批复、摄制许可证原件、延期批复原件交付给宝某某公司之时，宝某某公司应当将所持有的剧组账户U盾、密码函及“任某”人名章交付给北京某文化公司，即为支付剩余的90万元转让款。2015年1月23日，北京某文化公司将上述材料交付给了宝某某公司，但宝某某公司并未依约履行交付义务，在此情况下，北京某文化公司于2月27日从剧组账户将剩余90万元转让款转走，属于正当行使自己权利的行为，不构成违约。综上，北京某文化公司在履行合同过程中不存在违约行为，不应当承担支付违约金的法律责任。

剧组账户是以北京某文化公司名义开具的，开具账户时使用了北京某文化公司的营业执照和法人公章，故该账户实际上属于北京某文化公司的账户，处于北京某文化公司的控制之下，其不需要使用剧组账户U盾、密码函及“任某”人名章即能够从该账户取款，而且其实际上也未使用剧组账户U盾、密码函及“任某”人名章即将剩余款项取走并销户。因此在剩余转让款90万元于2014年10月28日即已存入该账户的情况下，宝某某公司即使未依约交付剧组账户U盾、密码函及“任某”人名章也不会实质上影响北京某文化公司在约定时间内获得该剩余转让款。因此对北京某文化公司反诉请求不予支持。

北京市朝阳区人民法院判决：一、驳回宝某某公司的诉讼请求；二、驳回北京某文化公司的反诉请求。

【业内关注】

1. 影视剧联合投资项目退出的商务风险有哪些

2. 如何避免影视剧联合投资项目中的权利瑕疵风险

3. 著作权法层面关于作品“实质性相似”的判断标准有哪些

【法条链接】

1.《合同法》

第六十条 当事人应当按照约定全面履行自己的义务。

第一百零七条 当事人一方不履行合同义务或者履行合同义务不符合约定的，应当承担继续履行、采取补救措施或者赔偿损失等违约责任。

第一百五十条 出卖人就交付的标的物，负有保证第三人不得向买受人主张任何权利的义务，但法律另有规定的除外。

第一百五十一条 买受人订立合同时知道或者应当知道第三人对买卖的标的物享有权利的，出卖人不承担本法第一百五十条规定的义务。

第一百五十二条 买受人有确切证据证明第三人可能就标的物主张权利的，可以中止支付相应的价款，但出卖人提供适当担保的除外。

2.《著作权法实施条例》

第二十五条 与著作权人订立专有许可使用合同、转让合同的，可以向著作权行政管理部门备案。

【理论观点】

第一，瑕疵担保制度。

1. 瑕疵担保责任的来源

大陆法系国家关于权利瑕疵担保责任的立法源于罗马法，在它们的民法典中有众多详细规定，如《法国民法典》中规定的“出卖人的义务”，《意大利民法典》中明确规定了权利瑕疵担保责任。大陆法系国家民法典规定某一法律制度时多是首先给予原则性的规定，再予以细化。例如，《法国民法典》总括性地规定了追夺担保的主要内容，在买卖当时没有关于担保的任何约定时出卖人亦当然对买受人负有义务，担保其出卖物不会全部或一部分受到追夺，或者担保买受人不承受在买卖成立时未予申明的有关该物的负担。《德国民法典》概括性地规定了“出卖人负有使买受人取得买卖标的物而第三人不得对买受人主张任何权利的义务”。由此可见，大陆法系对权利瑕疵担保责任的基本观点是出卖人负有转移标的物所有权于买受人，并且担保标的物不会被第三人追夺的义务。

英美法系的权利瑕疵担保责任制度经历了一个从只承认卖方的默示担保发展为承认这种担保包括默示担保及卖方的明示免除担保的过程。如美国《统一买卖法》规定，卖方负有担保买方安宁地占有标的物而不受第三人干扰的义务。美国《统一商法典》规定，买卖双方可协议免除卖方的瑕疵担保责任。但通过具体明确的语言或因下述实际情况可以改变或取消：买方有理由知道，卖方对所卖之货并未主张所有权，或者卖方意图只是出卖他或第三人所拥有的那部分权利或所有权。[1]

2. 知识产权瑕疵担保条款的意义

现今而言，瑕疵担保责任是指有偿合同中的债务人对其所提出的给付，应担保其权利完整和标的物质量合格，如果债务人违反了这一担保义务则应承担瑕疵担保责任。由此，瑕疵担保责任分为物之瑕疵担保责任与权利瑕疵担保责任两种。瑕疵担保责任存在于除劳动合同以外的一切有偿契约中，也存在于一些无偿合同中。但在买卖合同中，瑕疵担保责任表现得最为典型，也因对物或权利之给付而导致的契约乃至法律行

1 吴志忠:《论出卖人的权利瑕疵担保责任》,《中南财经政法大学学报》2006年第3期。

为都是共性的问题。因此，国外法律多将瑕疵担保责任规定在买卖合同中而对其他合同也准用。其目的都在于更好地保护消费者的合法权益和维护交易安全。[1]瑕疵担保责任是一种法定责任，但一般为非强制性规定。当事人可以特别地约定免除或限制法定瑕疵担保责任，也可以特别地约定加重法定担保责任，但如债务人明知有瑕疵而故意不告知对方，并为免除责任的约定，则其约定应当无效。因此在著作权转让合同中约定适用权利瑕疵担保责任不仅可以明确提示转让方保证权利清洁无瑕疵，同时也可以明确当权利出现瑕疵情况下的具体违约责任承担方式，可以更好地体现合同双方当事人意志，避免实际履行中发生争议。

第二，著作权侵权认定。

认定著作权侵权时需要分析判定以下内容：一是分析原作品中受著作权法保护的内容，即作品中去除思想后的具有独创性的表达部分；二是分析被诉侵权作品是否接触原作品并进行了复制行为；三是分析原作品与被诉侵权作品是否构成实质性相似；四是分析被诉侵权作品的使用行为是否具备侵权行为条件，即是否存在使用行为是合理使用等侵权阻却事由。

1. 著作权的取得

我国著作权法对作品著作权的认定采取自动取得制度，即作品创作完成之时由其作者享有著作权。由于自动取得制度下权利人取得作品著作权无需公告，因此在侵权纠纷发生时，多数被诉侵权人会首先从对方的作品“不享有著作权”为由为自己辩护。

2. 著作权法保护的作品

《著作权法实施条例》第二条规定，著作权法所称作品，是指文学、艺术和科学领域内具有独创性并能以某种有形形式复制的智力成果。可见，作品受著作权法保护必须同时具备以下条件：第一，必须是对思想观念的表达；第二，必须能以某种有形形式复制；第三，必须具有独创性。

3. 被告接触原告作品

著作权侵权行为的成立必须以被告与原作品存在接触可能性为前提。“接触”是指被告有机会看到、了解、感受到享有著作权的作品。一般来说，作品的广泛传播，

1 丁琛、张淑静：《知识产权的权利瑕疵担保问题》，《知识产权》2005年第4期。

例如公众有机会通过书店、图书馆、广播、电视等方式接触到作品，都可以推定为被告接触了原告的作品。此外，虽然作品没有公开传播，但作品是由原告专门提供给被告的，例如原、被告间存在雇佣关系、出版发行关系等，也可以推断被告接触了原告作品。[1]

4. 被诉侵权作品与原作品构成实质性相似

在被告具有接触原告作品可能性的前提下，还须证明被告作品与原告作品具有表述上的相似性。作品之间的相似有“字面相似”和“非字面相似”两种表现形式。在字面相似的情形下，被告抄袭的是原告作品的文字表达，法院可以综合考虑抄袭的数量及其在被抄袭作品中的分量。通常所抄袭的数量与构成侵权的可能性成正比，但如果抄袭的是原告作品中的精华部分，即使只是作品的一小部分，也可能构成侵权。在非字面相似的情形下，被告不是逐字逐句地复制原告作品的语言表述，而是模仿原告作品的基本要素或结构，此种相似情形较为隐蔽，因而也更难判别，法院一般会综合相似部分占原告作品与被诉侵权作品内容的比例与内容涵盖范围认定是否构成实质性相似。

5. 著作权侵权阻却事由

认定被告行为构成著作权侵权需要排除该行为属于法定许可、合理使用等。《著作权法》第二十二条规定了十二种合理使用的情形;《著作权法》第二十三条规定了法定许可的情形。

第三，著作权转让登记对抗制度。

如前所述，我国对于作品著作权的取得采取自动取得制度，即作品创作完成之时由作者享有著作权。需要注意的是，我国虽然不适用登记取得制度，但根据《著作权法实施条例》第二十五条规定，“与著作权人订立转让合同的，可以向著作权行政管理部门备案”，虽然著作权转让合同备案是自愿性的，并不产生限制生效的效力，但需要注意的是，未经登记的著作权转让不能对抗第三人，因此在著作权转让交易过程中，及时办理登记及审查交易双方权利登记证书可以有效避免因第三人对交易标的主张权利导致项目进入不稳定状态。

---

1 韩成军:《著作权侵权行为的判定》,《河南师范大学学报（哲学社会科学版）》2010年第1期。

在办理著作权转让合同备案过程中有以下几点建议供参考：

1. 首先应明确登记人享有的权利是原始权利还是经受让取得的权利。著作权的原始权利人可以进行“作品著作权登记”，经受让取得的权利可以对转让合同进行“著作权合同备案”，且进行“著作权合同备案”时版权登记中心通常只审查最后一手著作权转让合同，该合同足以证明登记人已取得相关权利即可，不需要向版权登记中心提供完整权利链条证明。

2. 著作权转让合同应尽量写明转让权利类型，对法律有明确规定的权利应以其准确名称为准，对其中非法定权利应依行业惯例、交易习惯或本次交易需求予以详细解释以免实际履行过程中产生争议。同时应注意，在办理版权登记过程中，版权中心仅可以登记著作权法明确规定的各项权利，对于双方根据交易习惯或交易需求约定的权利类型无法最终落实到登记证书中。

【案例索引】

案例[1]：华信光影（北京）影视文化传播有限公司与北京多方影视文化传播中心委托创作合同案

北京市海淀区人民法院认为：

创投季活动投稿规则及委托合同中虽未写明出现雷同剧本或影片多方影视中心即构成违约，但明确了多方影视中心对剧本应承担的瑕疵担保义务，如“相关权益与要求：投稿作品须为作者原创，不得抄袭、不得一稿多投，一经发现，随即解除合约，并索赔主办方的相关损失”，“乙方应确保相关短片制作不会侵犯第三方的任何合法权利（如剧本、音乐、图片、服装等版权、名誉权、肖像权等）”，“乙方应确保如第三方以本片或其剧本有关著作权使用许可追诉甲方和／或乙方时，应由乙方所管理及委托的制作团队承担相应责任，并承担给甲方及乙方造成的一切实际损失”等。作为委托合同的受托方以及拍摄剧本的提供方，多方影视中心应保证由其提供的剧本能够正常使用，保证据其提供的剧本所拍摄的电影短片交付于华信光影公司后，能够实现华信

1　一审法院：北京市海淀区人民法院，一审案号：（2014）海民（知）初字第20115号。

光影公司的投资价值。但与多方影视中心提供的剧本内容雷同的电影短片早于委托合同签订之前，就已经通过CNTV网站向公众提供，华信光影公司已无法实现其投资价值，无法实现合同目的。故多方影视中心提供了不符合合同要求的剧本，导致华信光影公司无法实现合同目的，构成根本违约，双方签订的委托合同应予解除。多方影视中心应向华信光影公司承担瑕疵担保义务，对剧本出现雷同的情形承担相应的不利后果及法律责任，依据委托合同中关于违约责任的约定，向华信光影公司退还其已支付的委托制作费20万元，并向华信光影公司支付违约金。委托合同中约定的25万元违约金过高，华信光影公司主张多方影视中心向其支付5万元违约金本院予以支持。多方影视中心对华信光影公司为本案支出的费用中的合理部分亦应予以赔偿。

【TA评述】

《宝典》如是说[1]：剧本几乎是一部影视作品的蓝图。剧本开发是前期筹备的基础性工作……剧本开发要从以下几方面考虑：原著作品版权购买，编剧聘用及编剧工作的进行、剧本策划及研究，剧本的审查等。

本案中原告宝某某公司获得剧本的方式相当于向被告“买剧本”，本案所涉关键问题是提供剧本的被告对剧本负有瑕疵担保责任，应保证剧本独创性且第三方不会对剧本主张权利。有关“买剧本”的其他注意事项与风险防范，可关注《宝典》一书中“6.1.3 剧本开发”“6.2‘买剧本’到底包含哪几类法律关系”。

TA观点

本案中，法院没有支持原告诉讼请求的原因主要有：第一，宝某某公司委托创作的剧本完成时间早于已播映影视剧《一见××》的时间，宝某某公司也没有证据证明北京某文化公司在完成剧本的过程中接触了《一见××》。第二，宝某某公司指称涉案剧本与《一见××》的相似内容均属于文学作品的思想范畴，不在著作权法的保护范围之内。第三，对于权利瑕疵担保，当第三人基于所有权，用益物权或担保物权等向受让人追夺标的物时，转让人即应负担保责任。法院认定，宝某某公司并未因涉案剧本存在权利瑕疵与他人发生纠纷，即无第三人就涉案作品主张相关权利。

---

1 王军、司若主编:《中国影视法律实务与商务宝典》，中国电影出版社2017年版，第221页。

版权交易过程中，于权利购买方而言，核心目的系基于对版权交易项目的商业开发获得利益，其中包括商业利益、商业信誉及IP开发品牌的建立等多重商业目的，而是否能够实现版权购买方的开发利益，不单取决于项目开发方版权运营经验及开发资源，原著作品本身的开发价值十分重要。近几年IP开发市场的竞争态势，伴随着版权侵权事件频发的现象，在版权交易中，对于原著作品的权利瑕疵保证义务于权利购买方而言尤为重要，稳定、无瑕疵的权利系未来实现版权开发利益的基础和保障。华信光影与北京多方影视中心委托创作合同纠纷一案中，法院虽未认定多方影视中心提交的剧本构成对其他作品的抄袭，但因双方的委托合同中明确了多方影视中心对剧本应承担的瑕疵担保义务，法院认为，多方影视中心应保证由其提供的剧本能够正常使用，但因剧本与其他已播映作品有雷同情节，华信光影公司已无法实现其投资价值，无法实现合同目的，因此认定多方影视中心构成根本违约，双方签订的委托合同应予解除。

为此，在版权交易合同签署过程中，对于权利瑕疵担保条款的设计，我们建议可从担保权利范围、损害赔偿范围、第三人主张权利时的处理方式及责任分担、责任承担方式及违约金等几个方面综合考虑并具体约定。

（撰稿人：孙宇佳）

2.2.5 民间文学艺术作品受到著作权法保护

——黑龙江省某族乡人民政府与郭某、某电视台等侵犯民间文学艺术作品著作权纠纷案[1]

【核心推介】

中国首例侵害民间文学艺术作品著作权纠纷案，该案明确了任何人利用民间文学艺术进行再创作，必须说明所创作的新作品的出处，这是我国著作权法中保护民间文学艺术作品的法律原则的具体体现和最低要求。另外，由于民间文学艺术具有创作主体不确定和表达形式在传承中不断演绎的特点，因此民间文学艺术的权利归属是有其特殊性的。涉案的民间曲调不属于赫哲族某一成员，但又与每一个赫哲族成员的权益有关，该案裁判明确了该民族中的任何群体、任何成员都有维护本民族民间文学艺术作品不受侵害的权利，以及可以其名义提起诉讼。

【关键词】

民间文学艺术作品　改编（编曲）作品　原告诉讼主体资格

【案情】

《乌苏里船歌》是赫哲族人民在长期劳动和生活中逐渐产生的反映赫哲族民族特点、精神风貌和文化特征的民歌。但在1999年11月12日，“99南宁国际民歌艺术节”晚会上，某电视台宣称:《乌苏里船歌》作曲为汪某某、郭某。晚会主持人还特别强调:

1 一审法院：北京市第二中级人民法院，一审案号:（2001）二中知初字第223号；二审法院：北京市高级人民法院，二审案号:（2003）高民终字第246号。该案入选最高人民法院公报案例，载《最高人民法院公报》2004年第7期（总第93期）。

“刚才郭某老师唱的《乌苏里船歌》明明是一首创作的歌曲，可长期以来我们一直把它当作是赫哲族民歌。”该民歌艺术节晚会由南宁市人民政府艺术节组委会和某电视台共同主办，该晚会还被录制成VCD向全国发行。某购物中心销售了该VCD复制品、图书和磁带。

原告黑龙江省某族乡人民政府（以下简称乡政府）诉称《乌苏里船歌》属于著作权法规定的“民间文学艺术作品”，应当受到我国著作权法的保护。被告的行为侵犯了其著作权，伤害了每一位赫哲族人的自尊心和民族感情。故诉请：1. 被告在某电视台播放《乌苏里船歌》数次，说明其为赫哲族民歌，并对侵犯著作权之事作出道歉；2. 被告赔偿原告经济损失40万元，精神损失10万元；3. 被告承担本案诉讼费以及因诉讼支出的费用8 305.43元。

被告郭某辩称:《乌苏里船歌》是郭某、胡某某、汪某某借鉴西洋音乐的创作手法共同创作的。目前全国赫哲族成建制的民族乡有三个，原告只是其中之一，他们无资格和理由代表全体赫哲族人提起诉讼；原告提出侵权指控，却未明确郭某侵犯了原告的何种权利，也未指出在哪个环节侵权，应当将原告享有著作权的作品与音乐作品《乌苏里船歌》加以对比。

被告某电视台辩称：原告的主体资格值得质疑，原告没有证据证明有权代表所有赫哲族人民就有关民间文学艺术作品主张权利；对于民间文学艺术作品的保护，著作权法只是规定了应受法律保护的原则，著作权法有关著作权人及其权利归属等相关规定并不适用于民间文学艺术作品；某电视台播出的节目中有关《乌苏里船歌》的署名完全是在尊重历史事实的基础上，经多方查阅资料而得出的结论。作为播出单位已经尽到了审查义务。且晚会主持人的一段话只是对客观事实泛泛议论，并未侵犯原告著作权；原告诉称该晚会节目被录制成VCD向全国发行没有任何证据，因为该艺术节组委会录制的数量仅有8000套，且不公开发行，只是作为资料和礼品赠送，并没有以此而进行营利活动。

被告某购物中心辩称：销售的商品是有合法、严格的进货渠道和合同的；对于知识产权问题并无审查义务，因此不应成为本案被告。

北京市第二中级人民法院审理认为，以《想情郎》和《狩猎的哥哥回来了》为代表，世代在赫哲族中流传的民间音乐曲调，属于赫哲族传统的一种民间文学艺术作品形式。关于原告乡政府是否有权以自己的名义提起对赫哲族民间音乐作品保护的诉讼问题：民间文学艺术是指某一区域内的群体在长期生产、生活中，直接创作并广泛流传的、反映该区域群体的历史渊源、生活习俗、生产方式、心理特征、宗教信仰且不断演绎的民间文化表现形式的总称。由于民间文学艺术具有创作主体不确定和表达形式在传承中不断演绎的特点，因此，在民间文学艺术的权利归属问题上是有其特殊性的。一方面它已进入公有领域，另一方面它又与某一区域内的群体有无法分割的历史和心理联系。赫哲族世代传承的民间曲调，是赫哲族民间文学艺术的组成部分，也是赫哲族每一个群体和每一个成员共同创作并拥有的精神文化财富。它不归属于赫哲族某一成员，但又与每一个赫哲族成员的权益有关。因此该民族中的每一个群体、每一个成员都有维护本民族民间文学艺术不受侵害的权利。原告作为一个民族乡政府虽不是民族自治地方的自治机关，但该民族乡政府是依据我国宪法和特别法的规定，在少数民族聚居区内设立的乡级地方国家政权，体现了我国宪法规定的民族区域自治法律制度的特点。该民族乡政府既是赫哲族部分群体的政治代表，也是赫哲族部分群体公共利益的代表。在赫哲族民间文学艺术可能受到侵害时，鉴于权利主体状态的特殊性，为维护本区域内的赫哲族公众的权益，在体现我国宪法和特别法律关于民族区域自治法律制度的原则，且不违反法律禁止性规定的前提下，原告作为民族乡政府，可以以自己的名义提起诉讼。

关于《乌苏里船歌》音乐作品的曲调是否是根据赫哲族民间曲调改编的问题：通过比较《乌苏里船歌》与《想情郎》曲调，无论从创作的艺术水平或作品整体的思想表达形式上都发生了质的变化。依据查明的事实，《乌苏里船歌》音乐作品是郭某等人在赫哲族世代流传的民间曲调的基础上，运用现代音乐创作手法再度创作完成的。郭某作为该作品的合作作者之一，享有《乌苏里船歌》音乐作品的著作权。民间文学艺术保护的宗旨是，在禁止歪曲和商业滥用民间文学艺术的前提下，鼓励合理开发、利用民间文学艺术，使其发扬光大，不断传承发展。但是任何人利用民间文学艺术进行再创作，必须要说明所创作的新作品的出处。这是我国民法通则中的公平原则和著作权法中保护民间文学艺术作品的法律原则的具体体现和最低要求。因此，郭某等人在使用音乐作品《乌苏里船歌》时，应客观地注明该歌曲曲调是源于赫哲族传统民间曲调改编的作品。

郭某在“99南宁国际民歌艺术节”开幕式晚会的演出中对主持人意为《乌苏里船歌》系郭某原创作品的失当的“更正性说明”未作解释，同时对相关出版物中所标注的不当署名方式予以认可，且坚持认为《乌苏里船歌》曲调是其原创作品，其上述行为表明郭某是有过错的。某电视台作为演出组织者，对其工作人员就未经核实的问题，过于轻率地发表议论的不当行为，应采取适当的方式消除影响。某购物中心销售了载有未注明改编出处的《乌苏里船歌》音乐作品的出版物，应停止销售行为。但某购物中心能够提供涉案出版物的合法来源，主观上没有过错，不应承担赔偿责任。北京市第二中级人民法院判决：一、郭某、某电视台以任何方式再使用音乐作品《乌苏里船歌》时，应当注明“根据赫哲族民间曲调改编”；二、郭某、某电视台于本判决生效之日起30日内在《法制日报》上发表音乐作品《乌苏里船歌》系根据赫哲族民间曲调改编的声明（声明内容需经法院准许，逾期不执行，法院将在全国发行的报纸上公布本判决内容，相关费用由郭某、某电视台负担）；三、某购物中心立即停止销售任何刊载未注明改编出处的音乐作品《乌苏里船歌》的出版物；四、郭某、某电视台于本判决生效之日起30日内各给付乡政府因本案诉讼而支出的合理费用1 500元；五、驳回乡政府的其他诉讼请求。

郭某、某电视台不服一审判决，于法定期限内上诉至北京市高级人民法院。

北京市高级人民法院经过审理，确认了一审法院查明的事实。世代在赫哲族中流传、以《想情郎》为代表的音乐曲调，属于民间文学艺术作品，应当受到法律保护。在本案中，根据鉴定人关于《乌苏里船歌》的中部乐曲的主题曲调与《想情郎》和《狩猎的哥哥回来了》的曲调基本相同的鉴定结论，以及《乌苏里船歌》的乐曲中部与《想情郎》和《狩猎的哥哥回来了》相比又有不同之处和创新之处的事实，《乌苏里船歌》的乐曲中部应系根据《想情郎》和《狩猎的哥哥回来了》的基本曲调改编而成，《乌苏里船歌》的整首乐曲应为改编作品。故判决，驳回上诉，维持原判。

【业内关注】

1.什么主体有权以自己的名义提起对侵害民间文学艺术作品著作权的诉讼

2.《乌苏里船歌》音乐作品的曲调是根据赫哲族民间曲调改编的作品还是原创作品

【法条链接】

1.《民法通则》

第四条 民事活动应当遵循自愿、公平、等价有偿、诚实信用的原则。

2.《著作权法》

第六条 民间文学艺术作品的著作权保护办法由国务院另行规定。

第十二条 改编、翻译、注释、整理已有作品而产生的作品，其著作权由改编、翻译、注释、整理人享有，但行使著作权时不得侵犯原作品的著作权。

【理论观点】

集体性是民间文学艺术的显著特征，就其创作而言，民间文学艺术最初的创作者可能是个人，但随着历史的推移，在长期的流传过程中不断被人们加工、完善，逐渐成为某一地区、某一民族的群体作品，具有鲜明的民族风格和地方特色，但作品的具体作者已无法确定。就其传播而言，在传播过程中不仅渗入了无数唱述者的思想、情感和艺术才能，也吸收了听众反映的意见和情趣，由于受时间、地域、民族和传播者思想感情等因素的影响而不断变异，因而体现了某个社会群体的集体性。[1]基于民间文学艺术的集体性，虽然其与著作权法中规定的作品要件存在差别，但民间文学艺术仍体现了文学艺术创作和传承的本质，因此民间文学艺术符合著作权法意义上作品的内涵，民间文学艺术作品应受到著作权法的保护。关于民间文学艺术作品的概念，目前尚未形成统一，在相关的国家法律和国际版权公约中对该概念的表述均有较大的差异。在我国，根据国家版权局2014年9月公布的《民间文学艺术作品著作权保护条例》（征求意见稿）第二条规定，民间文学艺术作品，是指由特定的民族、族群或者社群内不特定成员集体创作和世代传承，并体现其传统观念和文化价值的文学艺术的表达。第五条规定，民间文学艺术作品的著作权属于特定的民族、族群或者社群。

在《乌苏里船歌》案中，显然赫哲族人是以《想情郎》为代表的音乐曲调这一民间文学艺术作品事实上的权利主体，什么主体可以作为赫哲族人代表，以原告的身份

1 张革新:《〈乌苏里船歌〉案若干法律问题评析》,《法学杂志》2004年第3期。

提起对侵害民间文学艺术作品著作权的诉讼？根据我国《民事诉讼法》的规定，起诉的条件之一是“原告是与本案有直接利害关系的公民、法人和其他组织”。《乌苏里船歌》案经由司法裁判明确了该起诉条件对于权利主体状态特殊的民间文学艺术作品著作权纠纷的适用。民间文学艺术作品著作权虽然与每一个赫哲族成员的权益有关，但基于法律逻辑和实际操作性，就诉权行使主体而言，无法具体归属到赫哲族某一成员，必须经由代表来统一行使，则可从我国行政法等相关法律体系中寻找能代表某一族群的诉权行使主体及其依据。来源地地方政府、群体的代表组织及特定情形下的国家是较为常见的行使权利主体。此外，非物质文化遗产包括民间文学艺术表达，二者具有一定的交叉重叠关系。我国在非物质文化遗产方面的立法和行政管理等相对更多，可据此进一步探寻民间文学艺术作品所属的特定民族、族群或者社群。以蒙古族长调民歌为例，依据第一批国家非物质文化遗产名录（含扩展项目名录），权属地区包括内蒙古自治区、新疆维吾尔自治区巴音郭楞蒙古自治州、和布克赛尔蒙古自治县。[1]在《乌苏里船歌》案中确立的在民间文学艺术可能受到侵害时界定诉权行使主体的原则，即在体现我国宪法和特别法律关于民族区域自治法律制度的原则，且不违反法律禁止性规定的前提下，原告作为民族乡政府可以以自己的名义提起诉讼。

原创作品，是承认作者没有借鉴之前同类作品的表达形式，通过独立的智力创新形成的全新的智力成果，是该作品形式的初次表达或该表达形式的初次公开，应当得到最全面的著作权保护；改编作品，则要看改编部分和原有作品部分哪个在新的作品中占据更为中心的位置，如果改编部分构成体现作品主题的重要部分，或者改编部分足以使作品在表现手法上明显区别于原有作品，该作者可就改编部分享有著作权，但行使新作品的著作权不得侵犯原有作品的在先著作权。但如果改编作品只是增加了一些次要的情节，原有作品仍构成新作品的核心部分，它不能被认为是一部独立的新作品，也就不能获得著作权保护。[2]一审法院基于双方合意委托有关专家作出鉴定。中国音乐著作权协会接受委托，从双方当事人认可的十名候选人中，确定了三位专家作为鉴定人进行了鉴定，最后鉴定结论为《乌苏里船歌》“应属改编或编曲，而不是作曲”。一审法官在此鉴定基础上认定《乌苏里船歌》属于在原有民歌曲调基础上再创作的改

1　魏玮：《民间文学艺术表达的版权法保护困境与出路》，《暨南学报》2015年第4期。

2　李斯特：《乌苏里船歌：产权与伦理的双重变奏》，《经略网刊》总第49期。

编作品。二审支持了这个判断，同时进一步阐明了“改编”以及“音乐作品的改编”的法律含义：著作权法上的改编，是指在原有作品的基础上，通过改变作品的表现形式或者用途，创作出具有独创性的新作品。改编作为一种再创作，应主要是利用了已有作品中的独创部分。对音乐作品的改编而言，改编作品应是使用了原音乐作品的基本内容或重要内容，应对原作的旋律作了创造性修改，却又没有使原有旋律消失。

【案例索引】

案例[1]：黄自修与南宁市艺术剧院侵犯著作权案

原广西民族出版社干部黄自修以笔名“布英”在《民间文学》1958年2月号上发表了其收集整理的壮族民间传说《妈勒带子访太阳》一文。1999年南宁市艺术剧院编排的大型壮族舞剧《妈勒访天边》在广西南宁首演，此后到多个省市进行了多场演出，荣获第六届中国艺术节“优秀剧目奖”等众多奖项。黄自修认为该舞剧《妈勒访天边》系改编自其作品《妈勒带子访太阳》一文，故以侵犯了其著作权为由起诉。

一审法院南宁市中级人民法院认为：黄自修的作品内容来源于民间传说，没有证据证明其作品中的人物、情节是黄自修所独创;《妈勒带子访太阳》与舞剧《妈勒访天边》是两部不同的作品，黄自修的诉讼主张证据和理由不充分，判决驳回黄自修的诉讼请求。

二审法院广西壮族自治区高级人民法院认为：虽然黄自修主张的故事中的主要、次要人物的设置以及众人竞争找太阳（天边）、孕妇获得大家认同出发找太阳（天边）、在途中生下儿子后母子一起寻找太阳（天边）的故事情节是其独创的依据不充分，但黄自修的《妈勒带子访太阳》一文在民间传说的基础上，融合了其个人的理解和想象，运用生动活泼，通俗易懂，具有其鲜明个性特色的语言文字及表述风格进行整理、改动和加工，并把壮语中具有母、子含义的“妈勒”，独创性地改变成母亲独有的称谓，把在第一百年终于找到太阳独创性地作为故事的结局，而不是简单地把口头传说用文字的形式固定下来，不是一般意义的单纯地收集整理，是投入了个人创造性思维和劳

1　一审法院：南宁市中级人民法院，一审案号：（2007）南市民三初字第62号；二审法院：广西壮族自治区高级人民法院，二审案号：（2008）桂民三终字第15号。

动的再创作，属于著作权法保护的创作活动，其文章亦属于著作权法保护的作品范围，黄自修对《妈勒带子访太阳》应享有著作权。

但《妈勒带子访太阳》属于利用民间文学艺术再创作作品，利用民间文学艺术再创作作品和一般意义上的作品不一样，对于纯粹由作者个人创作而成的作品，作者对作品的全部享有完整的著作权，但是对于利用民间文学艺术进行再创作的作品，作者的著作权不能当然地覆盖至其中原属于民间文学艺术领域中公有的部分。对民间文学艺术作品的著作权保护，既要保护作者对作品的创造性劳动，保护作品的独创性，但又不能不恰当地把原来处于民间流传中的公有领域部分的内容纳入作者作品的保护范围，阻碍民间文学艺术的传承以及他人利用该民间文学艺术进行正常的再创作。本案中，黄自修没有证据证明南宁市艺术剧院接触过其作品《妈勒带子访太阳》；从南宁市艺术剧院的舞剧与黄自修的作品比较来看，南宁市艺术剧院的作品没有利用黄自修作品中的独创性部分，虽然舞剧《妈勒访天边》的人物设置、故事情节与黄自修的作品有相同或相似之处，但黄自修并没有举出充分的证据证明这些内容是其独创。因此，南宁市艺术剧院的舞剧《妈勒访天边》与黄自修的作品《妈勒带子访太阳》之间不构成改编法律关系，舞剧《妈勒访天边》对这些人物设置以及故事情节的使用不构成侵权。

本案审理中的事实客观反映了该民间文学艺术被发掘、流传和发扬的过程，黄自修较早地收集、整理了该民间文学故事并形成文字，为后人的创作提供了发现、发掘、采用的线索，对该民间文学故事的保存、流传具有重要的意义。黄自修的作品《妈勒带子访太阳》与南宁市艺术剧院的舞剧《妈勒访天边》客观上存在着承前启后的联系，南宁市艺术剧院的舞剧《妈勒访天边》从黄自修的作品《妈勒带子访太阳》中间接受益。民间文学艺术是宝贵的文化遗产，在代代相传和缓慢地变化中发展和流传，因此对民间文学艺术的创造、保存、发展者之间进行合理的、公平的惠益分享不仅符合民间文学艺术产生和发展的规律，也有利于鼓励民间文学艺术的保存和传承。虽然南宁市艺术剧院也未侵犯黄自修的著作权，但考虑到南宁市艺术剧院的舞剧《妈勒访天边》从黄自修的作品《妈勒带子访太阳》中间接受益，南宁市艺术剧院在本案审理中也本着实事求是，协商解决的态度处理本案的纠纷，在法院主持的调解中也同意给黄自修作适当补偿，故二审法院酌情判决由南宁市艺术剧院补偿黄自修人民币 3 万元。

【TA 评述】

在文化产业深化发展的今天，我国的民间文学艺术这一得天独厚的宝贵资源蕴藏着大量的可发掘内容，呈现出许多正是以某一民间文学艺术作品的特定来源地所具有的久远、神秘、新奇等元素作为商业化利用卖点的情形。上述案例的裁判对于鼓励民间文学艺术的传承、创造、发展，保护宝贵的民间文学艺术遗产，具有积极的探索意义。要肯定民间文学艺术作品的创造性劳动，对民间文学艺术作品予以著作权法的保护，使用民间文学艺术作品必须表明出处是对民间文学艺术作品保护的基本性要求。我国的民间文学艺术长期传承，不同地区或族群的民间文学艺术作品形成了各自的特色，一般来说要鉴定某一具体民间文学艺术作品的来源并没有想象的那么困难。使用人是以知悉使用了民间文学艺术作品为前提的，其也通常大致知晓使用的是哪个地方哪个族群的民间文学艺术作品，当使用人对正使用或欲使用的是否构成民间文学艺术作品，或对民间文学艺术作品的权利归属者没有把握时，可以查询参考相关文化部门已经建立的各级非物质文化遗产名录数据库了解情况。另外，商业化开发和利用民间文学艺术作品往往是一个长期的过程，我国全国性和地方性的民间文学艺术家协会汇集了大量相关领域的专家，获得相关专家的专业帮助不失为一个良策。[1]

民间文学艺术作品的原生形态多为口头相传的版本，难免零碎、混杂、粗陋，而且通常散存于居住在贫穷偏僻，对汉语普通话、乐谱、机械复制等现代化交流方式均不很熟悉甚至无法接触的族群之中，因此通过记录将这些作品固定下来形成较完整版本的过程是需要相当多投入的，尤其对那些濒临失传的民间文学艺术作品，记录人能将其发掘整理出来可以说功不可没。基于民间文学艺术作品的特性，在民间文学艺术作品的创作中，从事记录、汇编和改编工作，即俗称“采风”的艰难程度、重要性和创造性甚至要远远超过著作权法传统语境下的独创。[2]当然，有的采风者进行的不仅仅是记录，而是再创作，如前文提到的“乌苏里船歌”，则其形成的是民间文学艺术作品的改编作品，可以根据《著作权法》获得保护。黄自修与南宁市艺术剧院侵犯著作权纠纷案，明确了如果能够认定在后的作品和前者“采风”作品存在着明显的利用关系

1 管育鹰:《民间文学艺术作品的保护机制探讨》,《法律科学》2016年第4期。

2 韦贵红、李潭:《民间文学艺术作品的保护原则探析》,《知识产权》2015年第3期。

及间接受益，应当秉承公平合理的惠益分享原则，应当指明记录人的身份，并就记录者的劳动成果分享相应的报酬（但这不等同于民间文学艺术作品的使用费）。

虽然就民间文学艺术作品目前仍缺乏明确的专门性法律依据，但国家版权局2014年9月公布了《民间文学艺术作品著作权保护条例》（征求意见稿），其对于民间文学艺术作品的商业化开发和使用等行为具有重要的指导意义和参考价值。《民间文学艺术作品著作权保护条例》（征求意见稿）确定了事先知情同意和惠益分享的原则，即任何单位或个人使用民间文学艺术作品，应当得到特定的民族、族群或者社群的事先知情同意，并公平公正地分享由使用民间文学艺术作品所产生的惠益。著作权人无法确认时，由国务院著作权行政管理部门指定的专门机构代为行使著作权人的权利，分享的惠益用于鼓励中国民间文学艺术的传承、弘扬和发展。具体是，第八条规定：使用民间文学艺术作品，应当取得著作权人的许可并支付合理报酬，或者向国务院著作权行政管理部门指定的专门机构取得许可并支付合理报酬。使用者向专门机构申请许可的，应当说明其使用民间文学艺术作品的名称、数量、范围以及期限等信息。除非有特殊原因，专门机构不得拒绝授权。民间文学艺术作品的著作权人或者专门机构不得向任何使用者授予专有使用权。第十条规定：特定的民族、族群或者社群以外的使用者使用根据民间文学艺术作品改编的作品，除取得改编者授权外，应对其使用民间文学艺术作品的行为按照本条例第八条第一款规定取得许可并支付合理报酬。

（撰稿人：王劼昱）

2.2.6 保护民间文学艺术作品应遵循《著作权法》的基本原则

——贵州省某市文化局与张某某、某影业公司等著作权权属纠纷、侵权纠纷案[1]

【核心推介】

民间文学艺术作品是非物质文化遗产的一种重要的表现形式，该案是全国首例涉及非物质文化遗产和民间文学艺术作品司法维权的案件，是我国知识产权保护领域的新类型案件，且恰逢《非物质文化遗产法》开始施行。该案在诉讼主体、署名权的权利主体与权利客体、侵权责任认定等方面作出了有益探索，该案还界定了非物质文化遗产是否符合《著作权法》保护对象的判断标准，以及明确了对民间文学艺术作品及其衍生作品的保护同样需要严格遵循《著作权法》基本原则和规定。

【关键词】

非物质文化遗产　署名权权利主体与权利客体　《著作权法》基本原则

【案情】

原告贵州省某市文化局诉称：由被告某影业公司作为出品人、张某为制片人、张某某为编剧和导演拍摄了电影《千里走单骑》。拍摄时，安顺市詹家屯的詹学彦等八位

1　一审法院：北京市西城区人民法院，一审案号：(2010) 西民初字第2606号；二审法院：北京市第一中级人民法院，二审案号：(2011) 一中民终字第13010号。该案入选北京市高级人民法院2011年十大知识产权典型案例。

地戏演员应被告的邀请前往丽江，表演了“安顺地戏”传统剧目中的《战潼关》和《千里走单骑》，被告将八位地戏演员表演的上述剧目剪辑到《千里走单骑》影片中。但该影片中却称“云南面具戏”。被告将特殊地域性、表现唯一性的安顺地戏误导成“云南面具戏”，歪曲了“安顺地戏”这一非物质文化遗产和民间文学艺术，侵犯了原告的署名权。并在事实上已造成对中外观众误导，前往云南寻找影片中的面具戏的严重后果。现诉请法院，要求判令被告分别在《法制日报》《中国日报（英文）》中缝以外版面刊登声明消除影响；判令被告某影业公司，在以任何方式再使用影片《千里走单骑》时，应当注明“片中的云南面具戏实际上是安顺地戏”。

被告辩称：《千里走单骑》拍摄于2004年11月，上映于2005年12月，而“安顺地戏”列为国家级非物质文化遗产是在2006年5月，原告无权向被告追溯主张署名权。况且，《千里走单骑》是一部虚构的故事片，而不是一个专门介绍傩戏、面具戏或地戏的专题片或纪录片，原告不能要求作为艺术创作者的被告承担将艺术虚构与真实存在相互对接的义务。请求法院驳回原告的诉讼请求。

北京市西城区人民法院审理认为，根据史料记载，“安顺地戏”是我国贵州省安顺地区历史上“屯田戍边”将士后裔屯堡人为祭祀祖先而演出的一种傩戏。在世代相传、继承、修改和丰富下形成了现有的民间文学艺术。“安顺地戏”作为国家级非物质文化遗产，应当依法受到国家的保护、保存，任何非法侵占、破坏、歪曲和毁损等侵害和不利于非物质文化遗产保护、保存、继承和弘扬的行为都应当予以禁止和摒弃；任何使用者包括出品人、制片人、编剧和导演等都应当尊重和保护非物质文化遗产。然而，作为负有保护、保存非物质文化遗产工作的地方政府文化主管部门，在以自己名义提起与他人著作权权属和侵权纠纷时，首先应当严格依照现有《著作权法》和相关法规的规定行事。

涉案影片《千里走单骑》是一部关注人性、亲情的创作的故事影片，贯穿全剧表达的中心思想是父子情。就整体影片来说，联系两对父子的“傩戏”仅仅是故事的一个引子，并非该影片的重心。被告将真实存在的“安顺地戏”作为一种文艺创作素材用在影片《千里走单骑》作品中，但被告在具体使用时，就戏剧表演的配器及舞台形式加以一定的改动，使之表现形式符合电影创作的需要更加丰富与感人，并为了烘托整个影片反映的大环境与背景，将其称为在现实中并不存在的“云南面具戏”。此种演绎拍摄手法符合电影创作的规律，区别于不得虚构的新闻纪录片。影片《千里走单骑》

所使用“安顺地戏”片断虽根据剧情称为“云南面具戏”，但被告在主观上并无侵害非物质文化遗产的故意和过失，从整体情况看，也未对“安顺地戏”产生法律所禁止的歪曲、贬损或者误导混淆的负面效果。涉案影片《千里走单骑》使用“安顺地戏”进行一定程度创作虚构，并不违反我国《著作权法》的规定。

北京市西城区人民法院判决驳回原告贵州省某市文化局之诉讼请求。

贵州省某市文化局不服一审判决，上诉至北京市第一中级人民法院。

北京市第一中级人民法院审理认为，《非物质文化遗产法》与《著作权法》属于不同的法律体系，《非物质文化遗产法》侧重于行政保护，《著作权法》则侧重于民事保护，二者具有不同的立法宗旨、保护方式及保护条件。同时，《非物质文化遗产法》第四十四条亦规定，“使用非物质文化遗产涉及知识产权的，适用有关法律、行政法规的规定”，故“安顺地戏”被认定为国家级非物质文化遗产这一事实仅意味着其应受《非物质文化遗产法》的保护，至于其是否受《著作权法》保护，还要看其是否符合《著作权法》的相应规定。对于民间文学艺术作品这一特殊类型的作品，《著作权法》中尚无具体规定，故在国务院尚未出台相关著作权保护办法的情况下，对于民间文学艺术作品的保护可以依据《著作权法》的基本原则和规定，对其署名权的保护亦不例外。由《著作权法》第十条规定可知，署名权的权利主体是“作者”，权利客体是具体的“作品”，权利内容是在作品上标注作者的名称。也就是说，署名权中的“名”指的是权利主体（即作者）的名称，而非权利客体（即作品）的名称，他人只有在使用作品而未署“作者”的名称时，其行为才可能构成对署名权的侵犯，至于是否标注了“作品”的名称，则并非署名权调整的范围。贵州省某市文化局将署名权理解为对“作品”名称的标注，这一理解有悖于上述法律规定，法院不予支持。在此基础上，依据《著作权法》第十条署名权的规定，如果本案事实同时符合下述两要件，则可以认定涉案电影中的使用行为构成对“安顺地戏”署名权的侵犯：首先，“安顺地戏”符合《著作权法》第十条中有关署名权的要求；其次，涉案电影中将“安顺地戏”称为“云南面具戏”的行为属于受《著作权法》第十条署名权控制的署名行为。依据上述规定，只有当“安顺地戏”或者是署名权的权利主体（即作者），或者是权利客体（即作品）的情况下，其才可能获得《著作权法》署名权的保护。因“安顺地戏”显然并非权利主体（即作者），故本案的判断关键在于其是否构成署名权的权利客体（即作品）。如“安顺地戏”

构成作品，则应进一步对上诉人贵州省某市文化局主张的“安顺地戏”这一标注方式是否属于“作者”的署名予以判断。“安顺地戏”作为一个剧种，其仅是具有特定特征的戏剧剧目的总称，是对戏剧类别的划分，而非对于具体思想的表达，故“安顺地戏”并不构成受《著作权法》保护的作品，任何人均不能对“安顺地戏”这一剧种享有署名权。鉴于“安顺地戏”作为一个剧种其不构成作品，并非署名权的权利客体，故对于“安顺地戏”这一标注方式是否属于符合《著作权法》第十条规定的“作者”的署名方式这一问题已无探讨的必要。

法院进一步对于涉案电影中将“安顺地戏”称为“云南面具戏”这一行为是否属于受署名权控制的署名行为予以评述。基于与“安顺地戏”相同的理由，涉案电影中对于“云南面具戏”这一名称的使用，亦仅属于对于特定剧种名称的使用，其既非对署名权权利主体（作者）的标注，亦非对权利客体（作品）的标注，故这一使用方式不属于《著作权法》意义上的署名行为。同时，法院亦认为，涉案电影在进行艺术创作时对使用的艺术元素进行相应虚构，具有其合理性。虽涉案电影中实施了将“安顺地戏”称为“云南面具戏”的行为，且未对此予以澄清，但鉴于“安顺地戏”既非署名权的权利主体，亦非署名权的权利客体，其不符合《著作权法》第十条署名权的规定，任何主体无法对“安顺地戏”这一剧种享有署名权，且涉案电影中“云南面具戏”这一名称的使用亦并非《著作权法》意义上的署名行为，故在《著作权法》的框架下，上述行为不可能构成对“安顺地戏”署名权的侵犯。应指出的是，因贵州省某市文化局明确主张构成作品且享有署名权的是“安顺地戏”，而非其中的“具体剧目”，故法院作出的上述认定仅针对“安顺地戏”这一剧种，而未涉及其中的“具体剧目”。对于“安顺地戏”中的具体剧目（如涉案电影中使用的《千里走单骑》等剧目），法院认为，因其属于对于思想的具体表达，故可以认定构成受《著作权法》保护的作品，属于民间文学艺术作品，民事主体可以针对具体剧目主张署名权。故判决，驳回上诉，维持原判。

【业内关注】

1.同时涉及非物质文化遗产和民间文学艺术的，其著作权保护范围如何确定

2.将“安顺地戏”称为“云南面具戏”的行为是否侵犯《著作权法》中规定的署名权

【法条链接】

1.《非物质文化遗产法》

第四十四条 使用非物质文化遗产涉及知识产权的，适用有关法律、行政法规的规定。

2.《著作权法》

第六条 民间文学艺术作品的著作权保护办法由国务院另行规定。

第九条 著作权人包括：

（一）作者；

（二）其他依照本法享有著作权的公民、法人或者其他组织。

第十条 著作权包括下列人身权和财产权：

（二）署名权，即表明作者身份，在作品上署名的权利。

第十一条 著作权属于作者，本法另有规定的除外。

创作作品的公民是作者。

由法人或者其他组织主持，代表法人或者其他组织意志创作，并由法人或者其他组织承担责任的作品，法人或者其他组织视为作者。

如无相反证明，在作品上署名的公民、法人或者其他组织为作者。

第十二条 改编、翻译、注释、整理已有作品而产生的作品，其著作权由改编、翻译、注释、整理人享有，但行使著作权时不得侵犯原作品的著作权。

3.《著作权法实施条例》

第十九条 使用他人作品的，应当指明作者姓名、作品名称；但是，当事人另有约定或者由于作品使用方式的特性无法指明的除外。

【理论观点】

根据2011年6月起施行的《非物质文化遗产法》第二条规定，非物质文化遗产，是指各族人民世代相传并视为其文化遗产组成部分的各种传统文化表现形式，以及与传统文化表现形式相关的实物和场所。具体包括：传统口头文学以及作为其载体的语言；传统美术、书法、音乐、舞蹈、戏剧、曲艺和杂技；传统技艺、医药和历法；传统礼仪、节庆等民俗。可见，非物质文化遗产的内涵范围十分广泛，不仅涵盖了各族人民世代相传的传统文化的表现形式还包括了相关的实物和场所。而民间文学艺术仅限于在文学、艺术和科学领域内具有艺术特征的传统表达形式。传统礼仪、节庆等民俗、传统体育和游戏规则不是民间文学艺术。民间文学艺术在非物质文化遗产中占据重要地位，民间文学艺术属于非物质文化遗产中特殊的一类，其内涵亦很丰富，包括民间故事、民间文学、民间戏曲、民间美术、民间音乐、民间舞蹈等多种类型。[1]

对非物质文化遗产侧重于提供行政保护，我国《非物质文化遗产法》并未直接赋予非物质文化遗产的民事权利基础，而是通过不同部门法之间的保护范围来衔接。《非物质文化遗产法》第四十四条明确规定，使用非物质文化遗产涉及知识产权的，适用有关法律、行政法规的规定。则判断同时涉及非物质文化遗产和民间文学艺术的民事权利保护范围，只需根据《著作权法》的相关规定，运用思想和表达二分法的著作权法基础理论来区分其是否符合《著作权法》的客体。例如，安顺地戏如同京剧、粤剧仅是一种戏剧类型的名称，不是具体的思想的表达，即安顺地戏不是作品。而对于该案电影涉及的具体剧目《战潼关》，由于是特定的表达，是作品，从而能受到《著作权法》的保护。[2]民间文学艺术作品是一种特殊的作品，受到《著作权法》的保护，且在无特殊法规定的情况下，《著作权法》的一般原则和规定适用解决民间文学艺术作品的相关纠纷。

将“安顺地戏”称为“云南面具戏”的张冠李戴行为是否构成《著作权法》意义上的署名，需分析侵害署名权行为的各项构成要件是否具备。该案原告混淆了两个概念，《著作权法》意义上的署名和戏种的起源地标志，《著作权法》意义上作者的署名只能针对特定的作品。而安顺地戏本身并不是一部作品，甚至也不是多部作品的汇编或集合，而只是戏种的名称，其中安顺为地名，指示了这一戏种的起源地。按照安顺地戏特征所创作的每一部剧本都是戏剧作品，正如具体剧目《战潼关》，其作者在《著作权法》意义上享有对作品的署名权。演员按照安顺地戏的表演风格，对该剧本以特定的道具、服饰和唱腔的演出，构成了《著作权法》所保护的表演，其演员作为《著

1　魏清沂、罗艺:《民族民间文学艺术类非物质文化遗产保护模式的法理分析》,《甘肃政法学院学报》2012年第4期。

2　李雨峰:《涉〈千里走单骑〉影片中安顺地戏案的法律探讨》,《人民司法》2012年第2期。

作权法》意义上的表演者享有“表明表演者身份”的权利，可被称为表演者的署名权。上述两种署名权指向的是特定的作品或表演，均受《著作权法》保护。但安顺地戏只是具体作品和表演的上位概念。电影《千里走单骑》将相关剧目称为“云南面具戏”，并非在为作品或表演进行《著作权法》意义上的署名，也并非在表明作者或表演者的身份，即使将一个戏种称为“云南面具戏”说错了，也与《著作权法》无涉。[1]

此外，电影拍摄过程中，制片方邀请了安顺市西秀区旧州镇詹家屯村三国地戏队的詹学彦、曾玉华等八位民间艺人到云南丽江表演了《千里走单骑》和《战潼关》两场安顺屯堡地戏，最后制成的影片相关片断即由对这些表演的拍摄剪辑而成。显然，电影《千里走单骑》所称的“云南面具戏”，其中的演员、面具、演出的剧目、音乐、声腔、方言、队形动作等均来自贵州安顺地戏。表演者是“应邀”表演的，且片尾鸣谢清单中也包括“贵州安顺三国地戏队”。则从民间文艺表演者的表演者权这一民事权利的角度，制片方不存在侵权行为，因为其与表演者达成了某种合意，且未违反《著作权法》上关于署名权及其他权利的规定。

【案例索引】

案例[2]：洪福远、邓春香与贵州五福坊食品有限公司、贵州今彩民族文化研发有限公司著作权侵权案

原告洪福远从事蜡染艺术设计创作多年，先后被文化部授予“中国十大民间艺术家”“非物质文化遗产保护工作先进个人”等荣誉称号。2009年8月其创作完成的《和谐共生十二》作品发表在贵州人民出版社出版的《福远蜡染艺术》一书中，该作品借鉴了传统蜡染艺术的自然纹样和几何纹样的特征，色彩以靛蓝为主，描绘了一幅花、鸟共生的和谐图景。但该作品对鸟的外形进行了补充，对鸟的眼睛、嘴巴丰富了线条，使得鸟图形更加传神，对鸟的脖子、羽毛融入了作者个人的独创，使得鸟图形更为生动，对中间的铜鼓纹花也融合了作者自己的构思而有别于传统的蜡染艺术图案。2010

1　王迁：《“署名”三辨——兼评“安顺地戏案”等近期案例（上）》，《法学家》2012年第1期。

2　一审法院：贵州省贵阳市中级人民法院，一审案号：（2015）筑知民初字第17号。该案入选最高人民法院第16批指导性案例。

年8月1日，原告洪福远与原告邓春香签订《作品使用权转让合同》，合同约定洪福远将涉案作品的使用权（蜡染上使用除外）转让给邓春香，由邓春香维护受让权利范围内的著作财产权。被告五福坊公司委托第三人今彩公司进行产品的品牌市场形象策划设计服务，包括进行产品包装及配套设计、产品手册以及促销宣传品的设计等。根据第三人今彩公司的设计服务，五福坊公司在其生产销售的产品贵州辣子鸡、贵州小米渣、贵州猪肉干的外包装礼盒的左上角、右下角使用了蜡染花鸟图案和如意图案边框。洪福远认为五福坊公司使用了其创作的《和谐共生十二》作品，一方面侵犯了洪福远的署名权，割裂了作者与作品的联系，另一方面侵犯了邓春香的著作财产权。经比对查明，五福坊公司生产销售的上述三种产品外包装礼盒和产品手册上使用的蜡染花鸟图案与洪福远创作的《和谐共生十二》作品，在鸟与花图形的结构造型、线条的取舍与排列上一致，只是图案的底色和线条的颜色存在差别。

贵州省贵阳市中级人民法院审理认为：可以认定涉案作品洪福远的《和谐共生十二》画作显然借鉴了传统蜡染艺术的表达方式，创作灵感直接来源于黄平革家蜡染背扇图案。但涉案作品对鸟的外形进行了补充，对鸟的眼睛、嘴巴丰富了线条，对鸟的脖子、羽毛融入了作者个人的独创，使得鸟图形更为传神生动，对中间的铜鼓纹花也融合了作者的构思而有别于传统的蜡染艺术图案，属于传统蜡染艺术作品的衍生作品，是对传统蜡染艺术作品的传承与创新，符合《著作权法》保护的作品特征，在洪福远具有独创性的范围内受《著作权法》的保护。

本案所涉产品贵州辣子鸡等包装礼盒和产品手册中使用的花鸟图案与涉案《和谐共生十二》画作，就比对的效果来看图案的底色和线条的颜色差别已然成为侵权的掩饰手段而已，并非独创性的智力劳动；在五福坊公司生产、销售涉案产品之前，洪福远即发表了涉案《和谐共生十二》作品，五福坊公司有机会接触到原告的作品。据此，可以认定第三人今彩公司有抄袭洪福远涉案作品的故意，五福坊公司在生产、销售涉案产品包装礼盒和产品手册中部分使用原告的作品，侵犯了原告对涉案绘画美术作品的复制权。

被告五福坊公司作为产品包装的委托方，事实上并无主观故意，也没有重大过失，只是没有尽到合理的审查义务。法院主要考量以下五个方面对侵犯著作权赔偿数额的影响：第一，洪福远的涉案《和谐共生十二》作品属于贵州传统蜡染艺术作品的衍生作品，著作权作品的创作是在传统蜡染艺术作品基础上的传承与创新，涉案作品中鸟图形的轮廓与对称的美感来源于传统艺术作品，作者构思的创新有一定的限度和相对局限的空间；第二，贵州蜡染有一定的区域特征和地理标志意义，以花、鸟、虫、鱼等为创作缘起的蜡染艺术作品在某种意义上属于贵州元素或贵州符号，五福坊公司作为贵州的本土企业，其使用贵州蜡染艺术作品符合民间文学艺术作品作为非物质文化遗产固有的民族性、区域性的基本特征要求；第三，根据洪福远与邓春香签订的《作品使用权转让合同》，洪福远已经将其创作的涉案《和谐共生十二》作品的使用权（蜡染上使用除外）转让给邓春香，即涉案作品的大部分著作财产权转让给了传统民间艺术传承区域外的邓春香，由邓春香维护涉案作品著作财产权，基于本案著作人身权与财产权的权利主体在传统民间艺术传承区域范围内外客观分离的状况，传承区域范围内的企业侵权行为产生的后果与影响并不显著；第四，洪福远几十年来执着于民族蜡染艺术的探索与追求，在创作中将传统的民族蜡染与中国古典文化有机地糅合，从而使蜡染艺术升华到一定高度，对区域文化的发展起到一定的推动作用，尽管涉案作品的大部分著作财产权已经转让给了传统民间艺术传承区域外的邓春香，但洪福远的创作价值以及其在蜡染艺术业内的声誉应得到尊重；第五，五福坊公司涉案产品贵州辣子鸡、贵州小米渣、贵州猪肉干的生产经营规模、销售渠道等应予以参考。综合考量上述因素，参照贵州省当前的经济发展水平和人们的生活水平，酌情确定由五福坊公司赔偿邓春香经济损失10万元。

【TA评述】

非物质文化遗产种类繁多、形式多样，但作为其重要组成部分的民间文学艺术作品成为商业性利用对象的可能性较大。进而言之，在市场实践中商业化可能性较大的，是那些根据民间文学艺术作品演绎、改编而来的民间文学艺术衍生作品。民间文学艺术通常由两部分组成：母型和子型。母型是指体现特定的文化品质或文化遗产特性的基本范式或文化遗产特性的基本范式或程式，如民间故事中的“脚本”、剪纸中的“式样”、民间舞蹈中的基本动作和旋律、民间工艺中的造型风格等；子型则是母型的再现、模仿、表演、汇编或演绎成果。子型是母型的现代化表达，母型是隐藏在子型背后的传统文化形态。 因此，只有民间文学艺术的子型才是文学、艺术、科学领域的智力成果，属于《著作权法》意义上的民间文学艺术作品，受到《著作权法》的特别保护。民间文学艺术作品主要包括民间故事、民间文学、民间戏曲、民间美术、民间音乐、民间舞蹈等作品类型。其区别于民间文学衍生作品，民间文学艺术衍生作品是指根据民间文学艺术作品通过收集、整理、翻译、汇编、改编等手段演绎而形成的作品，民间文学艺术衍生作品属于一般作品，受著作权一般保护。因此，在判定民间文学艺术衍生作品是否存在著作权侵权时仍应以“接触+实质性近似”为标准。[1]

在洪福远、邓春香与贵州五福坊食品有限公司、贵州今彩民族文化研发有限公司著作权侵权纠纷案中，安顺蜡染作为贵州安顺地区一种传统的民间手工绘染艺术，属于国家的非物质文化遗产，而洪福远的蜡染作品就属于民间文学艺术衍生作品。安顺地区流传的民间传统蜡染作品是民间文学艺术作品，是安顺传统蜡染艺术的子型。洪福远的蜡染作品，是洪福远采用贵州安顺地区传统的民间手工绘染艺术，体现蜡染独特风格美感，独立创作的美术作品，其在线条运用、色彩搭配、图案分布等方面具有独创性，但洪福远在蜡染作品创作过程中离不开对安顺传统蜡染民间文学艺术作品的借鉴和参考。以该案为例，需要强调的是，蜡染是一种传统的民间手工绘染艺术，属于国家的非物质文化遗产，不同创作者以同一景物进行蜡染创作并不罕见，则容易产生蜡染作品的表达构成实质性相似的可能，因此，在处理民间文学艺术衍生作品相关著作权侵权纠纷时，除了实质性近似的比对，还尤其要查实被告有无独立创作的可能。如果被告有证据证明被控侵权产品上的图案系其独立创作完成，即便与原告的作品构成实质性近似，基于民间文学艺术作品的特殊性及民间文学艺术衍生作品创作的局限性，不被认定为侵权的可能性较大。

目前对民间文学艺术作品及民间文学艺术衍生作品的商业化使用的规范主要可以参考国家版权局2014年9月公布的《民间文学艺术作品著作权保护条例》(征求意见稿)。该保护条例不是简单地重复我国《著作权法》的基本原则和规则，其确立能保护民间文学艺术相关民事权益的条款，如第六条“民间文学艺术作品的著作权人享有以下权利:(一)表明身份;(二)禁止对民间文学艺术作品进行歪曲或者篡改;(三)以复制、发行、表演、改编或者向公众传播等方式使用民间文学艺术作品”；第十条“特定

1 李科峰:《案解民间文学艺术作品的知识产权法律保护——以安顺蜡染的个案保护为例》,《中国知识产权》2016年2月号。

的民族、族群或者社群以外的使用者使用根据民间文学艺术作品改编的作品，除取得改编者授权外，应对其使用民间文学艺术作品的行为按照本条例第八条第一款规定取得许可并支付合理报酬”；第十五条“侵害民间文学艺术作品著作权的，应当依法承担停止侵害、消除影响、赔礼道歉或者赔偿损失等民事责任”，等等。该保护条例通过对民间文学艺术作品权利人及使用人的义务作出明确规定，以确保民间文学艺术“受益人”的利益。[1]

此外，需要强调的是，基于民间文学艺术作品、民间文学艺术作品元素、非物质文化遗产三者之间存在的交叉重合关系，行为人就其三者的使用均应积极且准确地标明来源，以确保其三者宝贵的精神文化价值不受侵害，以及降低使用者自身的侵权风险。为弥补作为行政法的《非物质文化遗产法》在民事权利保护方面的不足，最高人民法院印发了《关于充分发挥知识产权审判职能作用推动社会主义文化大发展大繁荣和促进经济自主协调发展若干问题的意见》的通知（法发〔2011〕18号），其中提出：“二、9. 坚持来源披露原则，利用非物质文化遗产应以适当方式说明信息来源。10. 利用民间文学艺术的元素或者素材进行后续创作，无需取得许可或者支付费用；形成具有独创性作品的，作者可依法获得完整的著作权保护，但应说明其作品的素材来源。”

（撰稿人：王劼昱）

1 管育鹰：《从“安顺地戏署名权案”看非遗保护的难题》，中国法学网首发，http://www.iolaw.org.cn/showArticle.asp?id=3090，2011年9月15日。

2.2.7 具有独创性的网络游戏整体画面构成类电影作品

——上海某网络公司与广州某网络公司等著作权侵权、侵害商标权及不正当竞争纠纷案[1]

【核心推介】

游戏整体画面在其等级设置，地图名称以及地图、场景图的图案造型设计，职业角色设置及技能设计，武器、装备的造型设计等方面均具有独创性且游戏画面可以以有形形式复制时，符合《著作权法》规定的作品的构成要件，属于著作权法意义上的作品。我国著作权法规定了电影作品和以类似摄制电影的方法创作的作品，其中以类似摄制电影的方法创作，应是对创作方法的规定，不应仅是制作技术的规定，更应包括对各文学艺术元素整合的创作方法。从此意义上来讲，网络游戏也是采用对各文学艺术元素整合的创作方法。网络游戏整体画面的比对重在其整体性，且是否构成侵权的判断标准在于是否构成实质性相似。网络游戏的连续活动画面变化的场景视角、角色动作等等，游戏地图、等级设置、角色技能、武器装备、怪物、NPC等元素的相似程度构成实质性相似时即侵犯了权利人的著作权。侵权网络游戏采取“搭便车”的方式，容易导致相关公众误认为其游戏与权利人的游戏存在某种联系，造成相关公众误认，构成虚假宣传的不正当竞争行为。

1　一审法院：上海市浦东新区人民法院，一审案号：（2015）浦民三（知）初字第529号；二审法院：上海知识产权法院，二审案号：（2016）沪73民终190号。一审判决入选AIPPI 2016年度中国版权行业十大热点案件，二审判决入选2017年度中国十大传媒法事例。

【关键词】

网络游戏画面　以类似摄制电影的方法创作的作品　实质性相似　虚假宣传

【案情】

网络游戏《奇迹MU》是由韩国Webzen（网禅）公司创作的顶级网络在线游戏，一经推出便获得重大成功，被多家权威游戏机构评为2001年最佳网络游戏。该游戏自2003年在中国大陆运营，拥有数以千万计的粉丝玩家，其“MU”注册商标、游戏形象、美术作品、场景画面等因此而具有极高的知名度、美誉度。原告上海某网络公司自2012年获得了该游戏在中国大陆的独家运营权。2014年，原告发现广州某网络公司1（第一被告）开发了一款网页游戏《奇迹神话》，并授权广州某网络公司2（第二被告）通过网页游戏平台进行运营和推广，还通过上海某信息技术公司（第三被告）的网站进行推广。原告认为《奇迹神话》完全抄袭了《奇迹MU》，在作品名称、故事情节、地图场景、角色、技能、怪物、装备等的名称、造型等多个方面与《奇迹MU》构成实质性相似。

原告上海某网络公司诉称：第一被告将原告游戏改编为网页游戏的行为侵犯了原告的改编权；第二被告与第一被告深度合作运营《奇迹神话》，共同侵犯了原告的复制权、信息网络传播权；第三被告为《奇迹神话》进行推广并提供链接，存在主观过错，构成对第一被告和第二被告上述侵权行为的帮助侵权。此外，第一被告和第二被告在页游网的宣传稿中使用了“MU”商标，构成侵害商标权。“奇迹”为原告游戏的特有名称，三被告的运营和推广行为构成擅自使用原告的知名商品特有名称。《奇迹神话》的地图、场景、怪物、NPC等抄袭了《奇迹MU》，构成擅自使用原告的知名商品特有装潢。三被告在游戏的宣传中使用了“十年奇迹”“神话传奇”等用语，但被告并未做十年网游，作为中国企业也不存在韩流的继承或传承，而原告的游戏自2003年进入中国大陆的时间为十多年，故三被告行为构成虚假宣传。三被告的上述行为使得众多网友对《奇迹神话》及其所在网站与原告游戏发生混淆，误以为被告的《奇迹神话》是原告游戏的页游版本，还违反了《反不正当竞争法》第二条。第二被告熟悉网络游戏运营相关法律法规，在明知《奇迹神话》内容侵权且不具备相关证照的情况下，依然开出多台服务器大肆运营，客观上扩大了侵权游戏的传播范围。三被告的虚假宣传行为也严重分流了原告的用户，影响权利人的重大利益。据此，根据《商标法》《著作权法》《反不正当竞争法》起诉，请求判令：1. 三被告停止侵权行为并在《中国知识产权报》刊登公告，并在被告各自网站首页显著位置上连续30天刊登公告，澄清事实、消除影响；2. 第一被告、第二被告赔偿原告经济损失人民币1000万元及为维权所支付的合理费用10.5万元（其中律师费10万元，公证费、打印费及翻译费5 000元）；3. 第三被告对第四项中不正当竞争行为造成的经济损失承担50万元的连带赔偿责任。三被告审理中，原告以第三被告已停止侵权为由，撤回要求其停止侵权及不正当竞争行为的诉讼请求。审理中，原告进一步明确其主张的作品为《奇迹MU》网络游戏及构成该网络游戏的相关素材。

第一被告广州某网络公司1辩称：1. 我国法律并未规定运营权，原告据此起诉缺乏法律依据。2. 第一被告未侵犯《奇迹MU》的著作权。3. 第一被告未侵犯“MU”商标权。网禅公司的“MU”商标为图形商标，与文字“MU”存在明显差异。4. 第一被告未实施虚假宣传等不正当竞争行为。5. 原告主张巨额赔偿缺乏事实和法律依据。

第二被告广州某网络公司2同意第一被告的答辩意见，同时还辩称：1. 其作为一家网络游戏运营企业，在审查了第一被告的著作权证书和相关材料后对《奇迹神话》进行运营，已尽到审查义务，和第一被告间并无共同侵权故意。2. 第二被告在运营中系对《奇迹神话》进行推广宣传，并未使用MU商标或者奇迹MU。“奇迹”及“神话”都是国内魔幻游戏的常用词汇和表述，在游戏推广中使用此常见词汇并非虚假宣传，也未侵犯其他游戏的权利。3. 第二被告的宣传和运营行为仅限于其网站，原告主张的其他平台或媒体与第二被告无关。综上，第二被告不应承担侵权责任。

第三被告上海某信息技术公司辩称：其经营的网站系游戏资讯网站，主要提供免费的游戏信息发布平台；涉案游戏厂商信息免费发布在开服表中，未作任何收费，不存在商业推广；在游戏厂商不作任何说明的前提下，第三被告无法判断各游戏厂商的新品是否涉及侵权，且该网站已关闭。因此其不应承担侵权责任。

上海市浦东新区人民法院经审理认为:《奇迹MU》作为一款角色扮演游戏，具有一定的故事情节，由游戏玩家操作游戏角色，遵循一定的游戏规则在游戏场景中升级打怪，并可进行组队等互动性操作。该游戏的核心部分为游戏引擎及游戏资源数据库，其中游戏引擎即计算机软件，游戏资源数据库的内容包括图片、音像、故事情节、界面设计等游戏素材。当玩家开启操作时，游戏引擎按照其软件的功能设计调用上述素材并在屏幕终端呈现出文字、图片、声音等组合而成的画面，上述画面具有独创性，并能以有形形式复制，是应受著作权法保护的作品。但对于上述游戏画面属于何种作品，我国著作权法未作明确规定。关于上述画面是否构成类电影作品，根据《著作权法实施条例》的规定，电影作品和以类似摄制电影的方法创作的作品，是指摄制在一定介质上，由一系列有伴音或者无伴音的画面组成，并且借助适当装置放映或以其他方式传播的作品。从网络游戏的创作过程来看，主要包括两大阶段：一是游戏策划人员进行游戏总体设计，选择游戏引擎、模式、风格、剧情等开发方向；二是在确定需要实现的功能后交予程序员进行具体的代码编写，并由相关人员负责故事情节、各类文字、图片、音乐等游戏素材的设计。其中，游戏策划、素材设计等创作人员的功能与电影创作过程中的导演、编剧、美工、音乐、服装设计等类似，游戏的编程过程则相当于电影的拍摄。从表现形式上看，随着玩家的操作，游戏人物在游戏场景中不断展开游戏剧情，所产生的游戏画面由图片、文字等多种内容集合而成，并随着玩家的不断操作而出现画面的连续变动。上述游戏画面由一系列有伴音或者无伴音的画面组成，通过电脑进行传播，具有和电影作品相似的表现形式。虽然《奇迹MU》的创作方法不是"摄制"，但根据《伯尔尼公约》第二条第一款对于类电影作品的描述（assimilated works expressed by a process analogous to cinematography，即以类似摄制电影的方法表现的作品），其本质在于表现形式而非创作方法。我国作为《伯尔尼公约》的成员国，对类电影作品的保护不应与该公约的精神相抵触。因此，涉案游戏的整体画面是否构成类电影作品，取决于其表现形式是否与电影作品相似，故涉案游戏的整体画面可以作为类电影作品获得著作权法的保护。游戏画面由游戏引擎按照既定规则调取开发商预先创作的游戏素材自动生成，并无证据证明玩家在该游戏呈现的画面中增加了不属于开发商预设的内容。因此，在《奇迹MU》的游戏操作中，玩家的行为并不具备作品创作的特征。综上，法院认定《奇迹MU》的连续画面构成类电影作品，其著作权属于游戏开发商。

两款游戏的整体画面是否相同或实质性相似，取决于画面素材的线条、色彩等构成的造型以及不同素材的呈现方式是否相同或实质性相似，制作技术的不同对此并不产生影响。游戏的魔幻风格属于不受保护的思想，但是用于比对的诸多游戏素材系体现魔幻风格的具体表达，属于著作权法保护的范畴。原告游戏中部分素材，如木桶、石桥、弹药等虽在现实中有原型，但其在造型上做了一定设计，这也符合艺术创造源于生活又高于生活的特质，并非属于公有领域的内容。诚然，本案并未就两款游戏画面中所涉及的全部内容进行比对，但经法院多次要求，第一被告均未提供《奇迹神话》的全部游戏素材以供比对，而以开发人员流失为由仅提供了少量游戏素材。原告在《奇迹MU》的全部素材以及就两款游戏进行通关操作时所截取到的游戏画面的基础上，结合被告提供的有限的游戏素材，将两款游戏进行比对。上述比对内容在游戏画面中占据主体地位，法院根据现有证据已足以作出涉案两款游戏的连续画面构成实质性相似的判断。

第三被告作为游戏资讯网站，仅提供了被告游戏的简单信息，并提供一个通向第二被告运营官网的链接，现有证据难以证明其对第一被告和第二被告的上述侵权行为存在主观过错，故不构成侵权。

关于第一被告和第二被告是否侵犯了原告的商标权，法院认为：被诉“MU”标识的使用系指代涉案游戏的名称，不属于商标性质的使用。关于第一被告和第二被告是否构成擅自使用知名商品特有名称的不正当竞争行为。法院认为：原告上海某网络公司提供的各类游戏期刊及获奖新闻可以证明，该游戏在中国的网络游戏行业具有较高的知名度和美誉度。通过多年的经营和媒体的广泛宣传，“奇迹”在网络游戏领域与涉案游戏建立了稳定的关联，已经具备了区别于其字面含义的特定含义，包括游戏从业者及游戏玩家在内的相关公众亦能知悉“奇迹”即指涉案游戏。因此，“奇迹”作为涉案游戏名称中的主要识别部分，已经具备了区别该游戏与其他网络游戏的功能，可以将“奇迹”作为上海某网络公司的知名商品特有名称进行保护。

第二被告发布或视为由其发布的文章内容主要为介绍《奇迹神话》的风格、游戏素材、玩法等，多数使用了“十年奇迹”“将十二年前风靡一时余热至今的游戏玩法最大程度地还原”等用语，并将《奇迹神话》与《奇迹MU》进行比对介绍。结合上下文内容，上述文章并未称《奇迹神话》就是《奇迹MU》，也未直接宣传《奇迹神话》已经营十年。但是，第二被告以“十年奇迹”作为主要宣传语来推广其处于运营初期的《奇迹神话》，而“奇迹”恰为具有较高知名度的、十多年前开始在中国运营的原告游戏的主要识别部分；同时，《奇迹神话》对原告游戏的画面进行了大量抄袭，第二被告又将两款游戏的相同之处作为推广游戏的卖点进行捆绑宣传。可见，第二被告“搭便车”的主观意图和客观行为极为明显，容易导致相关公众误认为其游戏与原告游戏存在某种联系，且事实上已造成相关公众误认，构成虚假宣传的不正当竞争行为。第二被告在独家经营第一被告网络游戏过程中，为推广该游戏而发布上述宣传文章，因此而产生的收益由两被告分享，故两被告应就此承担连带责任。

故上海市浦东新区人民法院判决：（一）第一、第二被告于判决生效之日起立即停止侵害原告对《奇迹MU》享有的著作权的行为。（二）第一、第二被告于判决生效之日起立即停止擅自使用涉案知名商品特有名称及虚假宣传的不正当竞争行为。（三）第一、第二被告于判决生效之日起十日内共同赔偿原告经济损失人民币5 000 000元及为制止侵权行为所支付的合理开支人民币104 990元。（四）第一、第二被告于判决生效之日起15日内，共同在《中国知识产权报》上发布公开声明（声明内容须经法院审核），以消除其因侵犯著作权及不正当竞争行为对原告造成的不利影响，同时分别在各自的网站首页连续30日刊登相同内容的声明；如不履行，法院将在相关媒体上公布本判决的主要内容，所需费用由两被告承担。（五）驳回原告的其他诉讼请求。

第一、第二被告不服一审判决，于法定期限内上诉至上海知识产权法院。

被上诉人（一审原告）在一审中主张“奇迹”构成《奇迹MU》游戏知名商品特有名称，上诉人及上海某信息技术公司的行为侵犯其知名商品特有名称，构成不正当竞争。二审庭审之后，被上诉人申请撤回该一审主张，法院予以准许。

上海知识产权法院经过审理后判决：（一）维持上海市浦东新区人民法院（2015）浦民三（知）初字第529号民事判决第一项、第四项、第五项。（二）变更上海市浦东新区人民法院（2015）浦民三（知）初字第529号民事判决第二项为：上诉人广州某网络公司1、广州某网络公司2于判决生效之日起立即停止虚假宣传的不正当竞争行为。（三）变更上海市浦东新区人民法院（2015）浦民三（知）初字第529号民事判决第三项为：上诉人广州某网络公司1、广州某网络公司2于判决生效之日起十日内共同赔偿被上诉人上海某网络公司经济损失人民币4 000 000元及为制止侵权行为所支付的合理开支人民币104 990元。

【业内关注】

1. 游戏整体画面是否构成作品

2. 游戏整体画面可否认定为以类似摄制电影的方法创作的作品

3. “实质性相似”的判断标准是什么

4. 虚假宣传应当如何认定

【法条链接】

1.《侵权责任法》

第八条 二人以上共同实施侵权行为，造成他人损害的，应当承担连带责任。

第十五条 承担侵权责任的方式主要有：

（一）停止侵害；

（六）赔偿损失；

（八）消除影响、恢复名誉。

以上承担侵权责任的方式，可以单独适用，也可以合并适用。

2.《著作权法》

第十条 著作权包括下列人身权和财产权：

（五）复制权，即以印刷、复印、拓印、录音、录像、翻录、翻拍等方式将作品制作一份或者多份的权利；

（十）放映权，即通过放映机、幻灯机等技术设备公开再现美术、摄影、电影和以类似摄制电影的方法创作的作品等的权利。

第四十八条 有下列侵权行为的，应当根据情况，承担停止侵害、消除影响、赔礼道歉、赔偿损失等民事责任；同时损害公共利益的，可以由著作权行政管理部门责令停止侵权行为，没收违法所得，没收、销毁侵权复制品，并可以处以罚款；情节严重的，著作权行政管理部门还可以没收主要用于制作侵权复制品的材料、工具、设备等；构成犯罪的，依法追究刑事责任：

（一）未经著作权人许可，复制、发行、表演、放映、广播、汇编、通过信息网络向公众传播其作品的，本法另有规定的除外。

第四十九条 侵犯著作权或者与著作权有关的权利的，侵权人应当按照权利人的实际损失给予赔偿；实际损失难以计算的，可以按照侵权人的违法所得给予赔偿。赔偿数额还应当包括权利人为制止侵权行为所支付的合理开支。

3.《著作权法实施条例》

第四条 著作权法和本条例中下列作品的含义：

（十一）电影作品和以类似摄制电影的方法创作的作品，是指摄制在一定介质上，由一系列有伴音或者无伴音的画面组成，并且借助适当装置放映或者以其他方式传播的作品。

4.《反不正当竞争法》（1993年）

第五条 经营者不得采用下列不正当手段从事市场交易，损害竞争对手：

（二）擅自使用知名商品特有的名称、包装、装潢，或者使用与知名商品近似的名称、包装、装潢，造成和他人的知名商品相混淆，使购买者误认为是该知名商品。

第九条 经营者不得利用广告或者其他方法，对商品的质量、制作成分、性能、用途、生产者、有效期限、产地等作引人误解的虚假宣传。

5.《最高人民法院关于审理不正当竞争民事案件应用法律若干问题的解释》

第一条 在中国境内具有一定的市场知名度，为相关公众所知悉的商品，应当认定为反不正当竞争法第五条第（二）项规定的“知名商品”。人民法院认定知名商品，应当考虑该商品的销售时间、销售区域、销售额和销售对象，进行任何宣传的持续时间、程度和地域范围，作为知名商品受保护的情况等因素，进行综合判断。原告应当对其商品的市场知名度负举证责任。

6.《民事诉讼法》

第一百四十四条 被告经传票传唤，无正当理由拒不到庭的，或者未经法庭许可中途退庭的，可以缺席判决。

【理论观点】

对于网络游戏的整体画面的定性向来存在诸多争议之处，有观点主张将其作为汇编作品进行保护[1]，也有观点认为可以利用《著作权法》第三条的兜底条款对其进行保护[2]，甚至还有国内外的学者基于网络游戏的特殊性，将其归入多媒体作品（multimedia work），主张在著作立法时引入这种新的作品形态[3]。

将网络游戏整体画面作为汇编作品进行保护的观点实质上混淆了汇编作品与《著作权法》第三条规定的各类作品的关系。汇编作品是一种以体系化的方式呈现的作品、数据或其他信息的集合，因其本身的特殊性，它是一种独立于《著作权法》第三条规定的各类作品之外的新的作品类型，对第三条规定的各类作品具有“兜底”保护的作用。如果对现有各类素材进行的选择或编排能够形成具有独特文学艺术美感的表达，那么该选择或编排只能形成《著作权法》第三条规定的各类作品，并不能产生规定在第十四条的汇编作品。[4]

对于网络游戏的整体画面而言，虽然它是集文字、图形、音乐等各要素于一身的综合产物，但是网络游戏的本质要素是屏幕上显示的，随着玩家的不断操作而呈现的“连续动态的图像”，尽管一些文字、图形、音乐也可能会随着游戏进程的深入而逐渐呈现，唯有连续画面是电子游戏所不可缺少的。这是因为电子游戏并非以向玩家传达信息为目的，其本质上是一种娱乐工具，只有依赖于连续画面的展示，向玩家传达游戏的节奏，使玩家快速、轻易地理解，才可以迅速和有效地进行操作。[5]因此，网络游戏的屏幕上的“连续动态的图像”是其本质要素，也正是这一要素使其构成一种独特的外观和视觉美感可以构成电影作品。而且在表现效果上，随着玩家的不断操作，其呈现在屏幕上的是文字、图片、声音等组合而成的“连续动态的图像”，进而给玩家以

---

1 崔国斌：《认真对待游戏著作权》，《知识产权》2016 年 第 2 期 。

2 冯晓青、孟雅丹：《手机游戏著作权保护研究》，《中国版权》2014 年第 6 期；王章伟：《从〈传奇〉案看网络游戏作品的版权保护》，《2009 中华全国律师协会知识产权专业委员会年会暨中国律师知识产权高层论坛论文集（上）》2009 年 10 月期等。

3 李宗勇：《网络游戏的法律保护》，张平主编：《网络法律评论》第 6 卷，法律出版社 2005 年版，第 206–207 页；罗明通：《著作权法论 I 》，台英国际商务法律事务所 2009 年版，第 265 页 ；［德］M.雷炳德：《著作权法》，张恩民译，法律出版社 2005 年版，第 173–176 页 。

4 王迁、袁锋：《论网络游戏整体画面的作品定性》，《中国版权》2016年第4期。

5 Stamatoudi, Irini A, “Are Sophisticated Multimedia Works Comparable to Video Games?” , *Journal of the Copyright Society of the U.S.A.* , Vol. 48, Issue 3, Spring 2001, p.484.

“沉浸式”的视听体验，完全符合电影作品的含义。[1]

根据我国著作权法规定，作品是指文学、艺术和科学领域内具有独创性并能以某种有形形式复制的智力成果。游戏整体画面，在其等级设置，地图名称以及地图、场景图的图案造型设计，职业角色设置及技能设计，武器、装备的造型设计等方面均具有独创性，且游戏画面可以以有形形式复制，从形式上来说，网络游戏画面确实能够给用户带来全新的视听体验，可以构成作品。至于网络游戏画面是否属于电影或类电影作品，目前我国著作权法尚无明确定义。根据《中华人民共和国著作权法实施条例》第四条规定，电影作品和以类似摄制电影的方法创作的作品，是指摄制在一定介质上，由一系列有伴音或者无伴音的画面组成，并且借助适当装置放映或者以其他方式传播的作品。即构成电影作品主要包括两个要件：1. 表现效果 ：“由一系列有伴音或者无伴音的画面组成”；2. 制作方式 ：“摄制在一定介质上”。但根据《伯尔尼公约》第二条第一款的规定，判断以类似电影方式摄制的作品的关键在于表现形式而非创作方法。我国《著作权法》（修订草案送审稿）对视听作品的规定也已删除了“摄制在一定介质上”的条件，并且明确规定了视听作品是由“一系列有伴音或者无伴音的连续画面”组成。[2]而网络游戏整体画面正是由“一系列有伴音或者无伴音的连续画面”组成且能够给用户带来一种全新的视听体验，故符合类似摄制电影的方式创作的作品而无需利用《著作权法》第三条的兜底条款或者汇编作品进行保护。

但是，是否所有的游戏整体画面都构成类电影作品？吴跃栋律师认为游戏整体画面构成类电影作品首要构成要件即为“一系列有伴音或无伴音的连续画面”。而如棋牌游戏、卡牌游戏，又或是回合策略类游戏等，其虽然能够呈现出一系列有伴音或无伴音的画面，但由于图像本身是相对静止的，图像与图像之间的切换没有联合贯通的特性，不能给人以运动的感觉，故其整体画面无法构成“连续”，当然不能认定其为类电影作品予以保护。但若游戏本身仍设置有故事情节，抑或是画面设计具有独创性，仍可单独以文字作品、美术作品等予以作品类型认定与保护。[3]

---

1 王迁、袁锋：《论网络游戏整体画面的作品定性》，《中国版权》2016年第4期。

2 《著作权法》（修订草案送审稿）第五条规定 ：“（十二）视听作品，是指由一系列有伴音或者无伴音的连续画面组成，并且能够借助技术设备被感知的作品，包括电影、电视剧以及类似制作电影的方法创作的作品。”

3 《〈奇迹MU〉诉〈奇迹神话〉——论游戏整体画面属于类电作品的构成要件》，优秀范文网，http://www.yxtvg.com/5157403/20170412A0163L00.html，2017年8月11日访问。

"实质性相似"的判断。在Spry Fox诉北奥6Waves案中，法院应用了"内部测试"（主观地比较了同样的部分，判断者是理论上的一般观察者——第三方博客写手而非法官，标准是两部作品的整体概念与感觉是否雷同）和"外部测试"（客观地对比了两款游戏中受版权保护的元素，判断者是法官）的方法，对两款手游的实质性相似进行了判断，给我们提供了判断实质性相似的操作方法。需要注意的是，对两款游戏整体画面是否构成实质性相似的比对判断，应建立在对两款游戏的素材分别进行对比的基础上，注重的是最终的画面呈现效果，而不是对制作技术、游戏风格等进行对比。关于比对内容问题，网络游戏整体画面的比对重在其整体性，且是否构成侵权的判断标准在于是否构成实质性相似。网络游戏的连续活动画面变化的是场景视角、角色动作等等，游戏地图、等级设置、角色技能、武器装备、怪物、NPC等元素是角色扮演类网络游戏基本固定的构成元素，这些元素的相似程度能够决定网络游戏整体画面的相似程度。[1]因网络游戏的特殊性，运用内外部测试法来进行实质性相似的判断具有较高的合理性与实用性。

虚假宣传的不正当竞争的判断。《反不正当竞争法》第九条规定："经营者不得利用广告或者其他方法，对商品的质量、制作成分、性能、用途、生产者、有效期限、产地等作引人误解的虚假宣传。广告的经营者不得在明知或者应知的情况下，代理、设计、制作、发布虚假广告。"本条是禁止采用广告或其他方法对商品作引人误解的虚假宣传。最高人民法院认为，应承担民事责任的虚假宣传行为需具备经营者之间具有竞争关系、有关宣传内容足以造成相关公众误解、对经营者造成了直接损害这三个基本条件；其中对于引人误解和直接损害的后果问题，不能简单地以相关公众可能产生的与原告无关的误导性后果来代替原告对自身受到损害的证明责任。冯晓青教授认为虚假宣传的方式包括对商品作片面的宣传或者对比。即一些经营者将与竞争对手的商品信息作不对称的宣传或者对比，其目的和结果是贬低他人商品而抬高自己的商品，从而误导购买者。虽然从文字来看，所作的宣传都是真实的，但却会产生引人误解的后果。[2]

1 海淀法院课题组：《网络游戏侵犯知识产权案件调研报告》，《中关村》2016年第8期。

2 冯晓青主编：《不正当竞争及其他知识产权侵权专题判解与学理研究》，中国大百科全书出版社2010年版。

【案例索引】

案例1[1]：广州网易计算机系统有限公司与北京光宇在线科技有限责任公司等商标权权属、侵权案

北京市海淀区人民法院认为：

根据对比结果，三个游戏中的相关美术形象基本相同或实质性相似，在网易公司提起诉讼后，三被告运营的涉案游戏中对部分具体细节进行了修改，但仍存在大量的相同或近似内容。三个游戏中的相关表述中存在相同或类似的内容，但部分内容是汉语中的日常用语、地名，或是《西游记》等其他作品中使用过的内容，或是上述内容的简单组合，网易公司对上述内容并不享有著作权。同时，三被告在涉案游戏中使用了网易公司游戏的情节设计、人物关系、背景等内容，虽然由于三被告采用了文言文的形式，并对部分内容使用了同义词等进行了替换，导致三部作品的相关文字并不一致，但是上述内容应属于相同表达。故认定三被告的行为侵犯了网易公司对相关文字作品享有的合法权利。

案例2[2]：完美世界（北京）软件有限公司与上海野火网络科技有限公司、福建博瑞网络科技有限公司等侵害作品改编权案

上海市杨浦区人民法院认为：

原告完美世界公司主张保护的《笑傲江湖》是文字作品，被控侵权的《六大门派》游戏是计算机软件作品，后者是否构成对前者的改编，关键在于游戏所展现的人物、人物关系、故事情节发展与《笑傲江湖》文字作品是否构成实质性相似。

首先，从人物角度来看。(2014)京方圆内经证字第11748号公证书中，《六大门派》游戏中华山派的人物有师父君子剑（岳不群）、师娘宁女侠（宁中则），华山弟子：大师兄令狐冲、二师兄劳德诺、梁发、施戴子、高根明、陆大有、陶钧、英白罗、舒奇、

1　一审法院：北京市海淀区人民法院，一审案号：(2013)海民初字第27744号。

2　一审法院：上海市杨浦区人民法院，一审案号：(2015)杨民三（知）初字第55号。

小师妹岳灵珊，剑宗成不忧。与《笑傲江湖》文字作品中的人物名字完全相同。在原告完美世界公司发出侵权函后，从（2014）沪东证经字第20218号公证书公证的过程来看，被告野火公司将游戏中的人物名称略做改动，但也仅为同音字替换，如成不忧改为程不忧，或名字前后顺序调换，如劳德诺改为劳诺德、施戴子改为戴施子等，同时该公证书显示游戏中出现的人物还包括曲阳、曲菲菲，嵩山派左冷禅、费冰，恒山派定逸大师、仪林，衡山派莫掌门、刘正枫、项大年，青城派于人炎、余人壕、罗仁杰，福威镖局林总镖头、少主小林子，采花贼伯光。上述人物名称除同音字替换外，与《笑傲江湖》文字作品中的人物名称在呼叫上基本相同，同时人物之间的相互关系，如师徒关系、师兄关系、对手关系、好友关系也与《笑傲江湖》文字作品一致。

其次，从故事情节发展来看。如前文所述，原告完美世界公司公证的《六大门派》游戏的情节主要包括福威镖局少主小林子因打抱不平杀死青城派于人炎、青城派为夺辟邪剑谱灭福威镖局、令狐少侠从采花贼伯光手下救走恒山派仪林、衡山派刘正枫（风）金盆洗手、嵩山派指责刘正枫与魔教曲阳勾结血洗刘门、刘正枫被曲阳救走、嵩山派费冰杀曲阳孙女、莫掌门杀死费冰，上述情节与《笑傲江湖》文字作品前七章的情节发展基本相同。

最后，从细节设计来看。《六大门派》游戏中福威镖局少主小林子杀死于人炎的原因是于人炎调戏萨老头的孙女、青城派拿从福威镖局掠得的财物送给刘正枫作为贺礼、令狐少侠为救仪林设计与伯光坐斗、令狐少侠为刺激仪林先行离开谎称自己见了尼姑就倒霉，上述的细节设计也与《笑傲江湖》文字作品相同。

案例3[1]：加多宝（中国）饮料有限公司等与广州医药集团有限公司等虚假宣传案

北京市高级人民法院认为：

《反不正当竞争法》第九条第一款规定："经营者不得利用广告或者其他方法，对商品的质量、制作成分、性能、用途、生产者、有效期限、产地等作引人误解的虚假宣传。"在经营主体日益多元、经营方式日益多样、市场竞争日益激烈的市场环境

1　二审法院：北京市高级人民法院，二审案号：（2015）高民（知）终字第879号。

下，包括广告在内的各种宣传手段，已成为市场经营者参与市场竞争活动、推销相关商品和服务、建立市场知名度的重要手段。作为以鼓励和保护公平竞争为目标的《反不正当竞争法》，并不排斥经营者利用广告或者其他方式对其商品或服务加以宣传推广，但是，经营者的宣传行为必须符合公认的商业道德，不得以引人误解的宣传方式攫取不正当的竞争优势，损害其他经营者的合法权益，扰乱社会经济秩序。《不正当竞争民事案件解释》第八条第三款规定："人民法院应当根据日常生活经验、相关公众一般注意力、发生误解的事实和被宣传对象的实际情况等因素，对引人误解的虚假宣传行为进行认定。"该条第一款明确规定："经营者具有下列行为之一，足以造成相关公众误解的，可以认定为反不正当竞争法第九条第一款规定的引人误解的虚假宣传行为：（一）对商品作片面的宣传或者对比的；（二）将科学上未定论的观点、现象等当作定论的事实用于商品宣传的；（三）以歧义性语言或者其他引人误解的方式进行商品宣传的。"因此，在具体案件中对相关行为是否构成虚假宣传，不应过分纠结于广告用语等宣传内容是否真实、表达方式是否准确，而是应当根据上述法律和司法解释的具体规定和认定原则，以是否引人误解为标准加以具体认定。《不正当竞争民事案件解释》第八条第二款规定："以明显的夸张方式宣传商品，不足以造成相关公众误解的，不属于引人误解的虚假宣传行为。"显然，根据上述规定，虽然明显夸张的宣传方式所表达的内容并不真实，但如果此种宣传方式并未造成相关公众误解，则仍不应将其认定为虚假宣传；同理，即使相关宣传内容有据可查、确有出处，但如果其表述内容、表达方式失之片面，或者是以歧义性语言或者其他引人误解的方式进行宣传，则因其容易造成相关公众误解，故仍应将其认定为虚假宣传。

【TA 评述】

《宝典》如是说[1]：近年来，中国游戏市场保持着稳步上升的增长趋势，与此同时，游戏行业知识产权侵权情况以及不正当竞争也随之层出不穷。但是在我国知识产权各部门法制定之时，网游尚不具备广泛的产业规模和影响力。没有一个部门法针对网游，系统地考虑其知识产权属性，为其提供知识产权保护。一个游戏所涉及的知识产权同

1 王军、司若主编：《中国影视法律法律实务与商务宝典》，中国电影出版社2017年版，第189–190页。

时包含了游戏的音乐、动画、软件代码、故事、人物、艺术元素、游戏设计等各个方面。网游中包含的软件作品、美术作品和网游构成以类似摄制电影的手法创作的作品、网络游戏规则、技巧、网游作品的知名角色形象、游戏运作时出现的临时画面、公开传播游戏画面等，都可能成为知识产权保护的对象。对游戏的知识产权保护涉及著作权、商标权、专利权和不正当竞争四个方面。

TA观点

得益于移动互联网的发展，网络游戏的市场规模持续快速增长，能力惊人。与此同时，我国网络游戏产业的知识产权保护面临诸多困难，对于网络游戏的作品类型认定及司法保护路径，审判实践及理论界均存在较大争议。当前我国对于游戏画面著作权的保护采取分解式的保护方式，例如，将网络游戏中的游戏人物、NPC、场景、道具物品等通过美术作品进行保护；将网络游戏中的CG动画等作品类电影作品进行保护；游戏中的文字表达、人物台词等剧情类的内容作为文字作品进行保护；背景音乐则作为音乐作品进行保护。分解式的保护方式存在两个难题，一是游戏元素是否构成作品，二是如何认定侵权。在认定思想与表达、独创性以及判断“接触”时存在众多困难。而《奇迹MU》诉《奇迹神话》是全国首例通过司法裁判的方式认定网络游戏整体画面构成以类似电影方式摄制的作品的案件。对于网络游戏作品类型的司法认定作出了积极探索，有利于网络游戏作品的司法保护，遏止日渐增多的网络游戏侵权现象，从而促进网络游戏市场健康有序的发展。将网络游戏整体画面认定为类似摄制电影的方法创作的作品具有两点益处，一是便于权利人举证，其只需证明对于游戏整体享有著作权即可；二是有利于法院查明与认定权属事实，其仅需审查游戏整体画面的制作人，结合署名、软件著作权登记、宣传推广公示信息等进行相互印证。[1]

关于网络游戏侵权的实质性相似的认定问题。在著作权领域，特别是文字作品以及影视作品的侵权判断方面，主要运用的是思想与表达二分法，著作权法只保护表达而不保护思想，而如何判断“表达”即实质性相似判断的问题又衍生出了普通观众测试法、整体观感法、抽象测试法、内外部测试法等。在认定游戏侵权时运用内外部测试法是比较恰当的，这在Spry Fox诉北奥6Waves案中得到了很好的体现。但是就“接

1 2017年北京律师学院“影视作品及游戏动漫著作权热点问题”短期培训，十届律协宣联委微信公众号。

触”的判断而言，由于游戏在不断升级，新版本往往直接覆盖旧版本，导致权利人难以准确证明被侵权元素何时创作完成并用于其游戏中，从而难以证明侵权人接触过权利人的游戏，这一点是值得注意的。关于网络游戏不正当竞争问题，权利人在运用《反不正当竞争法》第二条起诉侵权人的行为构成不正当竞争时，其需要证明的关键因素是被告的竞争行为是否属于违反诚实信用原则和公认的商业道德且不具有正当性。如果权利人不能很好地证明该点，因反不正当竞争法属于补充性规范，具有后顺位适用的性质，法院可能会不支持其诉求，也就是说权利人在选择何种法律对游戏作品进行保护时需要权衡利弊。

（撰稿人：袁兰娣）

2.2.8 作品实质性相似的认定应先排除思想、必要场景等不受著作权法保护的因素

——张某某诉雷某某、赵某、山东某音像图书有限公司著作权侵权纠纷案[1]

【核心推介】

本案的争议焦点是被告《最后的骑兵》剧本及电视剧是否侵害原告《高原骑兵连》的剧本及电视剧的著作权，即“接触+实质性相似”在影视作品中的判定。在回答这个问题之前，需要先判断另两个小问题：1.首先需要区分思想和表达，哪些内容是思想，哪些内容属于表达，作品的题材究竟属于哪一个范围，属于思想范畴的内容是不会在实质性相似中被进行比较的。2.场景原则在影视作品中的判定。本案中，最高人民法院创新地将同类题材影视作品的相同人物关系设置认定为是不可避免采取的必要场景。

【关键词】

著作权侵权　影视作品　历史题材　实质性相似

【案情】

张某某于1999年改编创作剧本《高原骑兵连》，次年根据该剧本拍摄了同名电视

1　一审法院：山东省济南市中级人民法院，一审案号：(2010)济民三初字第84号；二审法院：山东省高级人民法院，二审案号：(2011)鲁民三终字第194号；再审法院：最高人民法院，再审案号：(2013)民申字第1049号。该案为最高人民法院指导案例81号。

剧，张某某为该剧的著作权人。雷某某（一审被告、二审被上诉人）为该剧的名誉制片人。另被告雷某某作为第一编剧和制片人、被告赵某作为第二编剧参与拍摄了电视剧《最后的骑兵》。2009年张某某从山东某音像公司购得《最后的骑兵》DVD光盘，发现两部剧在主要人物关系、故事情节及其他方面有较多雷同之处，认为两部剧存在近似。

张某某诉称:《最后的骑兵》构成对《高原骑兵连》的侵权，请求法院判令：三被告停止侵权，雷某某在《齐鲁晚报》上公开发表致歉声明并赔偿张某某剧本稿酬损失、剧本出版发行及改编费共计80万元。

雷某某辩称:《高原骑兵连》和《最后的骑兵》分别由两篇不同的长篇小说《雪域河源》《天苍茫》改编而成，且后者是由赵某参照自己创作的小说《骑马挎枪走天涯》重写剧本定稿。2000年雷某某与张某某签订合作协议，约定拍摄制作由张某某负责，雷某某负责军事保障，不参与艺术创作，雷某某没有看到张某某的剧本,《高原骑兵连》和《最后的骑兵》创作播出的时间不同,《最后的骑兵》不可能影响《高原骑兵连》的发行播出。

一审法院山东省济南市中级人民法院经审理后认为,《高原骑兵连》《最后的骑兵》《骑马挎枪走天涯》《天苍茫》均系以20世纪80年代中期精简整编中骑兵部队撤编为主线展开的军旅、历史题材。经中国版权保护中心版权鉴定委员会对《高原骑兵连》和《最后的骑兵》进行鉴定：两剧在主要人物设置及关系部分相似；主要线索脉络存在相似；存在部分相同或者近似的情节，但除一处情节语言表达基本相同外，其余情节的具体表达基本不同。因此，判决驳回张某某的全部诉讼请求。

张某某不服一审提起上诉，二审法院山东省高级人民法院经审理，判决：驳回上诉、维持原判。张某某不服，向最高人民法院申请再审，最高人民法院驳回张某某的再审申请。

最高人民法院的再审裁定指出，本案的争议焦点在于:《最后的骑兵》的剧本及电视剧是否侵害《高原骑兵连》的剧本及电视剧的著作权。判断作品是否构成侵权应遵循“接触+实质性相似”的公式，即被诉侵权的作者是否“接触”过请求权利保护的人的作品以及二者的作品是否构成实质性相似。我国著作权法所保护的是作品中作者具有独创性的表达，即思想或情感的表现形式，不包括作品中所反映的思想或情感本身。这里指的思想，包括对物质存在、客观事实、人类情感、思维方法的认识，是被描述、被表现的对象，属于主观范畴。思想者借助物质媒介，将构思诉诸形式表现出来，将意象转化为形象、将抽象转化为具体、将主观转化为客观、将无形转化为有形，为他人感知的过程即为创作，创作形成的有独创性的表达属于受著作权法保护的作品。著作权法保护的表达不仅指文字、色彩、线条等符号的最终形式，当作品的内容被用于体现作者的思想、情感时，内容也属于受著作权法保护的表达，但创意、素材或公有领域的信息、创作形式、必要场景或表达唯一或有限则被排除在著作权法的保护范围之外。必要场景，指选择某一类主题进行创作时，不可避免而必须采取某些事件、角色、布局、场景，这种表现特定主题不可或缺的表达方式不受著作权法保护；表达唯一或有限，指一种思想只有唯一一种或有限的表达形式，这些表达视为思想，也不给予著作权保护。在判断“雷剧”与“张剧”是否构成实质相似时，应比较两部作品中对于思想和情感的表达，看两部作品表达中作者的取舍、选择、安排、设计是否相同或相似，而不是离开表达看思想、情感、创意、对象等其他方面。结合张某的主张，从以下几个方面进行分析判断：

从作品题材主线来看，《高原骑兵连》《最后的骑兵》《骑马挎枪走天涯》《天苍茫》均系以20世纪80年代中期精简整编中骑兵部队撤编为主线展开的军旅、历史题材。军旅历史题材是社会的共同财富，不能被个人垄断，不受著作权法的保护，任何作者都有权利以自己的方式对此类题材加以利用并进行作品创作。

从作品人物设置与人物关系来看，《高原骑兵连》《最后的骑兵》《天苍茫》三部军旅历史题材的作品都包含三角恋爱关系、官兵上下关系、军民关系等人物设置和人物关系，另一部作品《骑马挎枪走天涯》因为篇幅所限没有三角恋爱关系和军民关系，因此这些关系的设置属于军旅题材作品不可避免地采取的必要场景，必要场景不受著作权法保护。

从语言表达来看，两部作品的相似的语言表达属于特定语境下的惯常用语，不属于独创性表达；从故事情节来看，用于体现作者的思想与情感的故事情节属于表达的范畴，具有独创性的故事情节应受著作权法保护，但是，故事情节中仅部分元素相同、相似并不能当然得出故事情节相同、相似的结论。四部作品都有相同或相似的情节，但相似部分的情节多属于公有领域的素材或缺乏独创性的素材，有的甚至仅是故事情节中的部分元素相同，情节展开的具体内容和表达的意义并不相同，且这种相似情节的表达是微不足道的。

总体而言，两部作品的具体情节展开不同、描写的侧重点不同、主人公性格不同、结尾不同，相似的故事情节在《最后的骑兵》中所占比例极低，且在整个故事情节中处于次要位置，不会导致读者和观众对于两部作品产生相同或相似的欣赏体验，因此，两部作品不构成实质性相似。两部作品属于《最高人民法院关于审理著作权民事纠纷案件适用法律若干问题的解释》第十五条规定的由不同作者就同一题材创作的作品，两部作品都具有独创性，各自都享有独立的著作权，一审、二审法院认定《最后的骑兵》不构成侵害《高原骑兵连》剧本和电视剧的著作权并无不当。

【业内关注】

1.“思想与表达二分法”在影视作品中的运用；作品题材属于思想范畴还是表达范畴

2.影视作品中的哪些内容可以适用“场景原则”

3.影视作品著作权侵权判定如何适用“接触+实质性相似”原则；实质性相似中主要比较哪些内容

【法条链接】

1.《著作权法》

第二条　中国公民、法人或者其他组织的作品，不论是否发表，依照本法享有著作权。

2.《著作权法实施条例》

第二条　著作权法所称作品，是指文学、艺术和科学领域内具有独创性并能以某种有形形式复制的智力成果。

3.《最高人民法院关于审理著作权民事纠纷案件适用法律若干问题的解释》

第十五条　由不同作者就同一题材创作的作品，作品的表达系独立完成并且有创作性的，应当认定作者各自享有独立著作权。

【理论观点】

从本质上讲，著作权实质上是一种相对意义上的垄断权，任何人未经许可不得使用，任何未经许可使用的行为都构成侵权。如果思想可以得到著作权法的保护，首先，这是与民主社会对思想自由的追求相悖的。我们日常生活中的语言文字的表达、文学艺术创作，都不可避免地建立在前人的思想基础之上，即使是世界级的大师所提出的观点，也都或多或少地建立在前人的思想基础之上，假设思想受到著作权法保护，我们便不能用自己的方式去表达和谈论同一思想，这显然是一种钳制思想的表现，与民主社会的追求相违背。其次，从著作权法所追求的目的和效果来看，法律赋予作者的最终目的不是奖励作者而是鼓励创作，每一部作品的创作都不是空中楼阁式的创作，都会不自觉地受到他人的启发，如果思想也可以得到著作权法的保护，那么市场上不可能出现多少作品，因为完全不借助他人思想而创作的作品几乎是不存在的，要求每一个作者都向思想的原始提出缴纳许可费之后才能使用将会极大限制创作行为。[1]因此著作权法保护作者思想的原创语言，而不保护其思想观念，任何作品的思想都属于公共财产，可供社会共享。[2]

著作权法意义上的“思想”是指想法、概念、客观事实、创意、发明和发现、程序、工艺和方法等。“表达”则是对上述思想观念的各种形式或方式的表达，如文字的、音符的、数字的、线条的、色彩的、造型的、形体动作的表达或传达等等。[3]思想是通过作者以一定形式表达于作品而附载在作品中的。作品中思想的形成过程也就是作者将各种概念、审美思想、个人喜好、观点融入作品的过程，当作者完成这一过程时，也就奠定了可保护表达的基础。[4]根据《中华人民共和国著作权法实施条例》第二条：著作权法所称作品，是指文学、艺术和科学领域内具有独创性并能以某种有形形式复制的智力成果。著作权法只保护具有独创性的表达，因此，对创意、素材、公有领域信息、创作形式、必要场景以及具有唯一性或有限性的表达方式不予保护。

1 王迁：《知识产权法教程》（第五版），中国人民大学出版社2016年版，第45页。

2 冯晓青：《著作权法中思想与表达二分法原则探析》，《湖南文理学院学报（社会科学版）》2008年第1期。

3 李明德：《美国知识产权法》，法律出版社2003年版，第137页。

4 冯晓青：《著作权法中思想与表达二分法原则探析》，《湖南文理学院学报（社会科学版）》2008年第1期。

在文学作品领域，由于版权保护的"表达"并不限于外在的形式本身，也包括文字所叙述的故事内容。如果生硬地在故事整体中划出一道思想与表达的隔离层，很容易造成对作品精神的简单割裂，最终导致故事情节的破碎，未解决"抽象概括法"在此方面运用的缺陷，"情景原则"应运而生。[1]如果根据历史事实或者人们的经验、观众的期待，在表达某一主题的时候，必须描述某些场景、使用某些场景的安排和设计，那么这些场景即使是由在先作品描述的，在后作品以自己的表达描写相同场景也不构成侵权。

认定在后作品是否对在先作品构成侵权时，国内通常的做法是遵循"接触+实质性相似"的原则，"接触+实质性相似"侵权行为认定的要点是：1. 两件作品经技术鉴定构成实质性相似，即创造在后的作品或技术与创造在先的作品或技术在思想表达形式或思想内容方面构成同一。在这里，"实质性相似"在于说明被控侵权作品或技术复制了或来源于享有知识产权的在先作品或技术，前者不构成具有创造性的新作品、新技术。2. 被控侵权作品或技术的行为人接触了享有知识产权的在先作品或技术。[2]在判断在后作品与在先作品是否构成实质性相似时，应比较两位作者在作品表达中的取舍、选择、安排、设计等是否相同或相似，先将思想、情感、创意、对象等内容剔除。有学者从法理角度分析"接触+实质性相似"认为，著作权侵权认定有两个维度：从行为角度看，侵权人未经授权而复制、改编、发行、表演了享有著作权的作品；从作品角度看，是被控侵权的作品复制或者挪用了享有著作权的作品。[3]

对于涉及故事的文学作品而言，能归入"思想"范畴的绝不仅仅是这部小说或戏剧的主题思想。从无数具体的细节，到作品的最终主题思想，这是一个由下至上的"金字塔"形结构。从金字塔底端的每一句话的文字表达，至金字塔顶端的主题思想之间，可以有一个不断地抽象和概括的过程。[4]在"Nichols vs Universal Pictures co."中，汉德法官认为："当越来越多的枝节被剔除出去以后，留下的是大量适合于任何作品的具有普遍意义的模式……这一系列的抽象在某一点上不再受到保护，否则作者将会阻止其对

1 张春艳、张玉蕊：《思想与表达的理论困境与实践突破——琼瑶诉于正案引发的思考》，《中国版权》2016年第5期。

2 吴汉东：《试论"实质性相似+接触"的侵权认定规则》，《法学》2015年第8期。

3 李明德：《美国知识产权法》，法律出版社2014年版，第365页。

4 王迁：《知识产权法教程》（第五版），中国人民大学出版社2016年版，第47页。

‘思想’的利用。”[1]在金字塔的最顶端的思想和金字塔最底端的语言文字表达之间，实际上存在着故事的情节、故事的结构、故事中的主要事件、事件之间的顺序、人物的性格、人物之间的关系等，关于这些难以界定的内容究竟属于“思想”还是“表达”的问题，国际上得到较多认同的观点是：如果故事的情节，包括事件的顺序、角色人物的交互作用和发展足够具体，则属于“表达”的范畴，将受到著作权法的保护，即如果作者创造出一个被充分描述的结构时，就有可能作为“表达”受到保护。[2]

【案例索引】

案例1[3]：庄羽与郭敬明等侵犯著作权案

北京市高级人民法院认为：

以同一时代为背景，甚至以相同的题材、事件为创作对象，尽管两部作品中也可能出现个别情节和一些语句上的巧合，不同的作者创作的作品也不可能雷同。本案中，涉案两部作品都是以现实生活中青年人的感情纠葛为题材的长篇小说，从以上本院认定的构成相似的主要情节和一般情节、语句的数量来看，已经远远超出了可以用“巧合”来解释的程度。

在小说创作中，人物需要通过叙事来刻画，叙事又要以人物为中心。无论是人物的特征，还是人物关系，都是通过相关联的故事情节塑造和体现的。单纯的人物特征，如人物的相貌、个性、品质等，或者单纯的人物关系，如恋人关系、母女关系等，都属于公有领域的素材，不属于著作权法保护的对象。但是一部具有独创性的作品，以其相应的故事情节及语句，赋予了这些“人物”以独特的内涵，则这些人物与故事情节和语句一起成了著作权法保护的对象。因此，所谓的人物特征、人物关系，以及与之相应的故事情节都不能简单割裂开来，人物和叙事应为有机融合的整体，在判断抄袭时亦应综合进行考虑。

---

1 王春燕：《作品中的表达与作品之间的实质相似》，《中外法学》2000年第5期。

2 Hugh Laddie etc.,*The Modern Law of Copyright and Designs (3rd edition)*,Butterworths, 2000.转引自王迁：《知识产权法教程》（第五版），中国人民大学出版社2016年版，第50页。

3 一审法院：北京市第一中级人民法院，一审案号：（2004）一中民初字第47号；二审法院：北京市高级人民法院，二审案号：（2005）高民终字第539号。

案例2[1]：杨伟时与安乐影片有限公司、安乐（北京）电影发行有限公司等著作权权属、侵权案

北京市东城区人民法院认为：

从著作权法的保护对象出发，实质性相似应当是作品中独创性表达的相似。在进行实质性相似的判断时，首先要将思想排除在外。著作权法所保护的不是作品所体现的主题、思想、情感，而是作者对这些主题、思想、情感的表达或表现。例如题材主线、作品构思、语言风格、故事背景这些抽象的元素，均属于思想的范畴，不受著作权法保护。在进行实质性相似的判断时，还要将公有领域方面的素材或信息排除在外。公有领域是人类一部分作品与一部分知识的总汇。这些作品和知识属于公共文化遗产和社会共同财富，任何人可以不受限制地使用和加工它们。对公有领域方面的素材或信息，任何个人或团体都不具有所有权益。公有领域方面的素材或信息，包括历史人物、历史事件、生活常识、进入公有领域的作品等。

比较上述排除公有领域素材后的表达，可以明显发现两者故事结构、人物设置和人物关系、具体情节以及场景描写存在显著差别。而“举办宴会”这一共同的故事背景则属于思想范畴，不受著作权法保护，宴会上发生的具体故事情节、人物冲突两者并不相同，亦不构成实质性相似。

【TA评述】

《宝典》如是说[2]：接触是指被诉侵权人有机会接触到、了解到或者感受到权利人享有著作权的作品。接触可以是一种推定。权利人的作品通过刊登、展览、广播、表演、放映等方式公开，也可以视为将作品公之于众进行了发表，被诉侵权人依据社会通常情况具有获知权利人作品的机会和可能，可以被推定为接触。

判断是否构成实质性相似时，需首先判断权利人主张的作品要素是否属于著作权法保护的表达。也就是说，比对与认定作品的著作权侵权与否，要从表达性元素入手，文艺作品的表达性元素主要包括：人物设置、人物关系、特定情节、情节发展、创编

1 一审法院：北京市东城区人民法院，一审案号：（2016）京0101民初16371号。

2 王军、司若主编：《中国影视法律实务与商务宝典》，中国电影出版社2017年版，第435页。

串联、人物与情节的交互关系、故事场景、台词、动作、服饰、道具等元素。

TA观点

《最高人民法院关于审理著作权民事纠纷案件适用法律若干问题的解释》第十五条规定：由不同作者就同一题材创作的作品，作品的表达系独立完成并且有创作性的，应当认定作者各自享有独立著作权。作品的题材之所以不受保护，需要追溯我国现行著作权法的制定目的，相较于为保护文学、艺术和科学作品作者的著作权，以及与著作权有关的权益，更重要的是著作权法想要鼓励有益于社会主义精神文明、物质文明建设的作品的创作和传播，促进社会主义文化和科学事业的发展与繁荣。本案中涉及的四部作品都是以20世纪80年代中期精简整编中骑兵部队撤编为主线展开的军旅历史题材作品，但他们的具体的人物、事件、情节的展开是不同的，即各自的表达是具有独创性的，假若题材受限，则必然会导致影响其他作者的创作，继而影响军旅历史文化的传播，有违著作权法的制定目的。在索引案例1中，北京市高级人民法院就指出，以同一时代为背景，甚至以相同的题材、事件为创作对象，尽管两部作品中也可能出现个别情节和一些语句上的巧合，不同的作者创作的作品也不可能雷同。法院判决中指出的这句话潜在含义即任何人都可以相同背景、相同题材、相同事件为创作对象。在索引案例2中，法院阐明著作权法所保护的不是作品所体现的主题、思想、情感，而是作者对这些主题、思想、情感的表达或表现。例如，题材主线、作品构思、语言风格、故事背景这些抽象的元素，均属于思想的范畴，不受著作权法保护。

本案中比较特殊的一个问题是法院认定人物关系的设置属于必要场景不受著作权法保护。关于人物关系是否受著作权法保护，在“陈某诉余某等侵害著作权纠纷案”中，法院在判定人物关系是否受著作权法保护的标准时，要看其有没有被用充分的语言文字描述。法院认为如果仅仅是“父子关系”“兄弟关系”“情侣关系”等，则其处于金字塔的顶端，应属于思想范畴；如果就上述人物关系加以具体化，这样的具体设计无疑将处于金字塔结构的相对下层；如果再将特定事件安插在存在特定关系的人物之间，则无疑又是对人物设置及人物关系的更为具体化设计，这样的设计又会体现在金字塔更加底层的位置。如果人物身份、人物之间的关系、人物与特定情节的具体对应等设置已经达到足够细致具体的层面，那么人物设置及人物关系就将形成具体的表达。对于人物关系是否受著作权法保护，一般是以其是否形成充分的表达的角度进行判断，但在本案中，最高人民法院却另寻蹊径，认为其他三部相同军旅题材作品同样包含三角恋爱关系、官兵上下关系、军民关系等人物设置和关系，即认定这些人物关系的设置属于军旅题材作品中不可避免的必要场景，属于有限的表达方式。

在明确了哪些是受著作权法保护的内容，哪些是不受著作权法保护的内容后，在认定作品侵权比较实质性相似时，首先应该排除不受著作权法保护的内容，如题材等属于思想范畴的内容和属于必要场景的内容，然后针对作品独创性表达部分进行判断，对具体表达部分中作者的取舍、安排、选择、设计方面进行比较，判断是否构成实质性相似。本案法院对于两部作品具有独创性表达部分的情节进行比较后认为，两部作品相似故事情节所占比例低且处于次要位置，不会导致对两部作品产生相同的体验，故判定不构成实质性相似。

在著作权侵权的认定问题上，需排除不受著作权法保护的部分后进行，像思想、公有领域信息、必要场景、唯一性表达等都是首先需要排除的内容，关于探究人物关系如何不受著作权法保护，既可以从思想与表达的金字塔式区分方式定性其为思想排除，也可通过举证其为同类作品中的必要场景进行排除。

（撰稿人：张洁颖）

1930年“真人电影”《哑情人》引出真人诉讼

1930年轰动上海的恋爱故事被时事影片公司陈拙民导演相中，决定将其拍摄成影片《哑情人》(*The Muted Lover*)。

故事说的是上海正德女校高才生吴爱容与哑巴林吉姆发生恋情，二人本要去登记婚姻，遭拒后决意私奔的事。姑娘的父亲吴氏自从爱女离家出走后，探知她跟着林吉姆跑了。便一纸呈诉，向临时法院提起诉讼。法院里准了状，一张拘票，就把一对情人拘了来，要开庭判林吉姆诱奸罪。此片涉及的案由千载难逢地应合上了民主人士力图革新包办婚姻制度的时代主题，二人在当时看来不仅具有反抗封建礼教的社会意义，况且男女二人悬殊的身份差距，也让这新闻占据了报刊头条。[1]

《哑情人》

主演电影《哑情人》的男女主角是这则社会新闻的人物原型。据1931年《影戏生活》报道：

1　范烟桥：《哑情人》，《健康家庭》1941年第3期第3卷。

两人发生恋爱后，颇为社会人士所注意。时事影片公司亦将其事摄成影片。特聘请一对哑情人担任片中主角。夫彼两者。过来人也，以己身而演己事，当能将剧中人个性，发挥殆尽。[1]

时事影片公司在1930年1月15日这天与女主角吴女士订立合同，承诺该片摄成后将在各影戏院开演。吴爱容也允诺会亲自登台表演，为影片代言、出席各类观影见面会。没曾想到，影片刚放映不久，这家公司就收到了一封发自沈楚青律师的来函，声明是代表吴杨氏、吴宝林二人。这半路杀出了的程咬金，让时事公司百般为难，花了大价钱拍的片子，怎是说销毁就销毁的？关键是此二人来头不小，吴杨氏乃是吴爱容的继母，吴宝林是其亲哥，两人以影片内容不实为由要控告制片公司侵犯名誉权，还要求登报道歉，刊登请社会局禁映影片的新闻。

岂料，进退维谷的时事影片公司又是一封律师函要告女主角吴女士违背合同，除要求停止拨付演出薪金外，还要依据合同向其追偿影片停映的损失。

且慢，本是名誉侵权案怎么会扯到了吴女士身上呢？

让我们把镜头拉回到1930年1月15日她与时事影片公司签约的这天。合同当中有一处关键条款，双方约定摄取影片，由吴女士编剧依哑恋案情形相仿之《哑情人》。并在接下来的附件三条第一条处写明：

（一）由吴氏担任编成《哑情人》剧本交与制片人任锡藩摄映。

……

自立合同日起，定期三年，双方不得无故取消。如有一方中途改变，应负责赔偿对方一切损失。恐有异言，特订有合同在案。

接到沈楚青律师代表吴杨氏、吴宝林二人发来的律师函后，时事影片公司马上延请黄德华、徐楷贤二位律师向吴爱容去函，理由是认为其暗中与吴杨氏、吴宝林二人串通，待收取了影片公司的薪金后就打算将这部真人电影销毁，正好借此作一石二鸟的打算。公司遂以合同违约之名向她施压，写明了从1930年1月15日起停付其月薪，

1 剑峯：《哑情人在广州》，《影戏生活》1931年第43期第1卷。

取消合同，并追偿一切损失等。

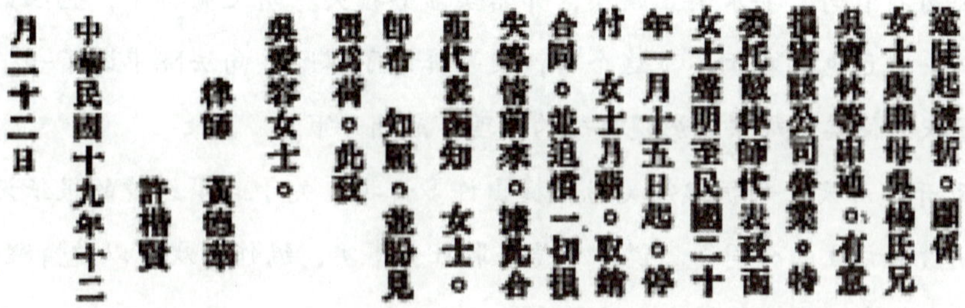
途陡起波折。關係
女士與其母吳楊氏兄
吳寶林等串通。有意
損害該公司營業。特
委托敝律師代表致函
女士聲明至民國二十
年一月十五日起。停
付 女士月薪。取銷
合同。並追償一切損
失等情前來。據此合
亟代表函知 女士。
即希 知照。並盼見
覆爲荷。此致
吳愛容女士。
律師 黃德華
許楷賢
中華民國十九年十二
月二十二日

《“哑情人”影片开映之波折》[1]

第二起和第三起案件被眼尖的出版商看中，写进了《银海星槎》第22回的小说：“谈恋爱倾心哑子怀中”。

先是第二起案件中，其父状告哑巴诱骗女子：

那胡霎云虽然一口坚决地表示都是自动，而非被诱，并且说，生是凌家人，死是凌家鬼。海可枯，石可烂，从一而终，此志不渝。怎奈法律是铁铸的，礼教是吃人的。及至判决之日，凌啧吒终于逃不了诱奸之罪，所幸他毕竟是个哑子……所以法律上得以减罪。只判了两个月徒刑，并且还得缓刑。这事一经传出，早又轰动了一般上海人，当为一种奇闻传说。

第三起案件说的是这部真人影片侵犯到剧中人物名誉权，继而以一纸诉状告到法庭：

那凌啧吒和胡霎云都在东亚公司演剧，转瞬间已是两月，看看片子大部分已经告成，于是一方面便在各报大登其预告的广告，一方面向著名的影戏院接洽先映权。这样一来，果然也轰动一时，等到开映的那一天，居然卖个客满。连那胡霎云的父亲胡文珊也带着继室黄氏前来观看。哪知看到片中有几处地方，把个黄氏描摹得凶暴刻毒，

1 《影戏生活》1931年第2期第1卷。

对胡䁰云虐待备至。当下胡黄氏看了，不由勃然大怒，回到家里，便怂恿着老头子去和影戏公司打官司，要求禁止映演，并赔偿名誉损失。胡文珊听了，也很觉得那片子到处映演，自己也实在倒不下这个霉，便果真请了律师，向法院中递了一张状子。法院里准了状，便票传那东亚影视公司的经理，定期开审。

等到开审那天，辩护律师吴勉齐提出许多证据，关于此事经过的报纸记载，与凌啧吒、胡䁰云订立的合同等。说本片是采取社会事实，编作影戏。以爱情醒世为张本，专用于社会教育。应请将原告之诉驳斥。

再询女主角胡䁰云，诉说片中所映的虐待情形，都系事实。在东亚公司拍影戏，为的是生活问题，应请堂上明鉴。

再问那男主角凌啧吒，叽叽呱呱，也说不出什么话来。法官叫他拿笔纸写了一回子，依然弄不清他说的什么，也就作罢了。

问完了，原告律师起立发表意见。主张说："被告人将错误的事实，昧然采作剧材，公然映演于众，实属故意诽谤。"

原告律师说罢，被告律师起立辩称："本案原告所称各节，被告都是根据事实编演，揆诸法律，并无不合。原告指为捏造，也未能提出反证，查被告人为了编演此剧，已花去了不少金钱，现在为保障自己的营业权利起见，万不能放弃而受牺牲。即使与原告果有名誉关系，至多也不过将此剧加以裁剪修正。至于赔偿部分，应请驳斥。"

问至此，法官宣布本案辩论终结。听候宣判，谕毕退庭。旁听的人，也就一哄而散。

出了庭，有人向律师吴勉齐道贺，佩服其辩才无碍，预祝官司当可胜利。吴律师回礼他："现在也真是我们电影界多事之秋，法院里弄得无日不有我们电影界的案子了。"

汤笔花先生题《影戏生活》[1]

因一则时事影片的改编，制片方避之不及陷入纠纷，出版商趁着舆论推波助澜。冥冥然，《哑情人》在80多年前的电影银幕上就尝试了一次“IP多版权运营”，并一连牵出三起讼案。这许多的红尘奢恋，成就了黑白光影里诉也诉不完的人间恩怨。案子判来判去，东边日出西边雨；法无亲疏，道是无情却有情。

1 http://memory.library.sh.cn/node/67838。

2.2.9 合同没有约定或约定不明，且不能达成补充协议的，可按照交易习惯确定

——西藏某网信息技术有限公司与东阳某传媒股份有限公司著作权合同纠纷案[1]

【核心推介】

合同的契约精神应当遵守，订约人应恪守约定、诚信履约。《合同法》第六十一条可看作对合同漏洞填补所设置的规定，目的在于赋予当事人解决争议的补充手段，而非变更合同确定条款的理由。本案明确了对《合同法》第六十一条的适用规则，即仅在当事人就相关内容没有约定或者约定不明确，且不能达成补充协议的情况下，可按照交易习惯确定。本案所涉协议对款项支付条件的约定是具体明确的，并不存在需要按照交易习惯确定的必要。但是对于信息网络传播权许可合同中分批支付款项的条款，存在条款先后顺序，却无明确约定支付时间先后时，合同的履行仍应基于不同批次款项付款条件的成就，而不应受合同条款先后顺序的制约。取得符合约定的节目介质是被授权方实现信息网络传播的前提，是其核心合同目的之一。

【关键词】

合同漏洞　分批支付　交易习惯

1　一审法院：北京市朝阳区人民法院，一审案号：（2016）京0105民初21897号；二审法院：北京市知识产权法院，二审案号：（2016）京73民终868号。该案入选AIPPI 2017年度中国版权行业十大热点案件。

【案情】

2015年7月1日，西藏某网信息技术有限公司（简称西藏某公司）与东阳某传媒股份有限公司（简称东阳某公司）签订《信息网络传播权独占专有许可使用协议》（简称《许可协议》），东阳某公司将《猎场》独占专有的信息网络传播权授予西藏某公司，总款项分四笔支付：6.2.1约定合同签订后10个工作日内西藏某公司支付总授权费的20%（以6800万元为基数），即1360万元；6.2.2约定西藏某公司在收到《电视剧拍摄制作备案公示表》及发票后15个工作日支付总授权费的30%，即2040万元；6.2.3约定的第三笔款项的支付条件包括（1）东阳某公司向西藏某公司提供的影视节目介质经西藏某公司确认有效且满足西藏某公司使用，（2）影视节目的播出热度满足协议约定，（3）西藏某公司收到东阳某公司交付的增值税专用发票后15个工作日内；6.2.4约定的第四笔款项的支付条件包括（1）电视剧发行许可证、授权书等权利文件经西藏某公司验收合格，（2）东阳某公司协助西藏某公司做完权利证明文件的文书公证工作，（3）西藏某公司收到东阳某公司交付的增值税专用发票后15个工作日内。协议签订后，西藏某公司按照约定支付了前两笔授权使用费共计3400万元。双方就余款支付的问题多次往返函件，但协商未果。2016年4月12日，东阳某公司向西藏某公司发出解除《许可协议》的通知。2016年4月20日，西藏某公司向一审法院提起诉讼，请求法院判令被告继续履行该《许可协议》。

西藏某公司诉称：根据《许可协议》，我公司获取电视剧《猎场》为期七年的独占专有的信息网络传播权及相关维权权利、转授权权利。协议签订后，我公司按照约定支付了前两笔授权使用费共计3400万元。因余款支付条件尚未成就，故未支付剩余款项。2016年4月12日，东阳某公司向我公司发送通知解除《许可协议》。东阳某公司称我公司违约与事实不符，其行为已构成对《许可协议》履行的蓄意阻却。故我公司诉至法院，请求法院判令东阳某公司继续履行与我公司签订的《许可协议》。

东阳某公司辩称：第一，根据《最高人民法院关于适用〈中华人民共和国合同法〉若干问题的解释（二）》，西藏某公司没有在三个月的异议期限内请求人民法院确认我公司要求解除双方合同通知无效，双方的《许可协议》已经依法解除，西藏某公司要求我公司继续履行合同没有法律依据。第二，双方《许可协议》约定存在冲突，客观上履行不能。第三，在《许可协议》约定履行方式有问题的情况下，我公司按照合同法规定的有利于实现合同目的的履行方式，根据合同目的请求西藏某公司履行合同，但西藏某公司拒不履行，之后我公司依据《合同法》第九十四条第（二）项解除合同，于法有据，双方合同确已解除。故我公司请求法院驳回西藏某公司全部诉讼请求。

北京市朝阳区人民法院认为：西藏某公司与东阳某公司签订的《许可协议》系双方自愿订立并发生法律效力的合同，双方应根据协议约定的时间、方式履行各自义务，同时双方基于该协议的权利受法律保护。双方《许可协议》对款项分批支付进行约定，是为了根据东阳某公司履行相应合同义务的情况，保证其取得相应的授权费用。6.2.3与6.2.4关于西藏某公司付款的约定虽有合同条款上的先后，但并无支付时间先后上的明确约定，上述条款约定的付款条件根据东阳某公司履行合同的情况，最终均会成立，因而上述条款并不存在因约定不明导致无法履行的情况，上述条款并非无效条款。在6.2.4约定的付款条件先成立的情况下，西藏某公司于2016年4月11日向东阳某公司发函，明确表示在东阳某公司提供第四笔款项对应的等额发票的情况下，西藏某公司可提前支付该笔款项。综合上述事实，西藏某公司在本案合同履行的过程中，并不存在东阳某公司所称的“以明确的方式表示不愿意按照《协议》的约定支付款项”的违约行为，而是根据合同约定及客观条件，积极履行其付款义务，西藏某公司上述对履行付款方式的主动变更，即属于一种按照合同法规定的有利于实现合同目的的方式的合同履行行为。且东阳某公司亦当庭认可在双方合同履行过程中，西藏某公司并不存在违约行为。西藏某公司当庭认可针对《许可协议》，东阳某公司尚未履行的主要合同义务为交付《猎场》播出介质。但根据双方协议，东阳某公司该项合同义务的履行时间、条件尚未成就。在双方合同合法有效的前提下，东阳某公司应按协议约定，履行相应的合同义务。同时，西藏某公司亦应根据东阳某公司的履行合同的情况，支付相应的授权使用费。

一审法院判决：被告东阳某公司继续履行与原告西藏某公司签订的《许可协议》。

东阳某公司不服一审判决，于法定期限内上诉至北京知识产权法院，提出：一、一审法院裁判程序错误，应予纠正。在合同履行过程中，当一方发出解除通知的情况下，另一方需先行请求法院对该解除通知的效力作出认定，之后才能就是否应该继续履行作出裁决。二、上诉人在本合同中的真实意思表示应该是上诉人向被上诉人完成全部授权手续满足其播出条件时，被上诉人应支付全部费用。现双方《许可协议》关于支付条件的冲突约定导致本合同客观上无法履行。一审法院判决继续履行，直接导致无法执行。三、上诉人的变更履行要求符合交易习惯，被上诉人的变更履行不利于实现合同目的。四、《许可协议》具备了解除的条件。综上所述，请求二审法院依法撤销原判，驳回被上诉人一审诉讼请求。

北京知识产权法院经审理认为：东阳某公司于2016年4月12日向西藏某公司发出解除通知，称自2016年4月13日起解除双方《许可协议》，西藏某公司于2016年4月20日向一审法院提起本案诉讼，并明确要求判令东阳某公司继续履行《许可协议》。在双方当事人未约定异议期的情况下，西藏某公司在收到解除通知后十日之内通过起诉的方式明确表示不接受解除通知，不违反法律规定。东阳某公司关于西藏某公司只能先行请求法院对解除通知的效力作出认定，之后才能判断是否应该继续履行的上诉理由缺乏法律依据，法院不予支持。《许可协议》6.2.3条约定第三笔款项的支付条件为东阳某公司向西藏某公司提供符合约定的影视节目介质，并同时满足《许可协议》第4.4条约定的节目播出热度。东阳某公司称将节目播出热度作为付款条件意味着西藏某公司将于《猎场》在电视台全部播出后才支付第三笔款项。法院认为，4.4条约定的是保证节目热度，并非是指已经形成实际节目热度，一般情况下，卫视平台播放影视节目会有排片计划，并非须在节目实际播放完毕才能反映节目热度。东阳某公司的该主张并无充分的事实基础。《许可协议》第6.2.4条约定第四笔款项的支付条件包括东阳某公司向西藏某公司提供5.2条至5.4条约定的物料及协助其做完权利证明文件。东阳某公司称此条表明西藏某公司在拿到授权文件时，应当支付全部授权费用。法院认为，6.2.3条与6.2.4条虽然在合同条款上有先后，但并无支付时间先后的明确约定。《许可协议》对款项支付进行分批约定，是为平衡双方权利义务，保障合同的顺利履行。取得符合约定的节目介质是西藏某公司实现信息网络传播的前提，是其通过履行《许可协议》要实现的核心合同目的之一，东阳某公司在缺乏合同约定的情况下，要求西藏某公司在节目介质交付之前就支付完毕所有款项，缺乏合理性。本案中，西藏某公司对东阳某公司要求其在节目介质交付之前一次性支付全部剩余款项的要求提出异议，不违反合同约定或法律规定，并不存在“以自己的行为表示不履行主要债务”的情形。恰好相反，西藏某公司有强烈的继续履行《许可协议》的意愿，并提出实质有利于合同履行的变通方案。《许可协议》不具备解除的条件。

北京知识产权法院二审判决：驳回上诉，维持原判。

【业内关注】

1.《合同法》第六十一条中所体现的漏洞填补原则的适用

2.在分批支付条款有先后顺序，但合同并无明确约定支付时间先后的情形下，合同的履行是否应受合同条款先后顺序的制约

【法条链接】

1.《合同法》

第八条 依法成立的合同，对当事人具有法律约束力。当事人应当按照约定履行自己的义务，不得擅自变更或者解除合同。

依法成立的合同，受法律保护。

第六十一条 合同生效后，当事人就质量、价款或者报酬、履行地点等内容没有约定或者约定不明确的，可以协议补充；不能达成补充协议的，按照合同有关条款或者交易习惯确定。

第九十三条 当事人协商一致，可以解除合同。

当事人可以约定一方解除合同的条件。解除合同的条件成就时，解除权人可以解除合同。

第九十四条 有下列情形之一的，当事人可以解除合同：

（一）因不可抗力致使不能实现合同目的；

（二）在履行期限届满之前，当事人一方明确表示或者以自己的行为表明不履行主要债务；

（三）当事人一方迟延履行主要债务，经催告后在合理期限内仍未履行；

（四）当事人一方迟延履行债务或者有其他违约行为致使不能实现合同目的；

（五）法律规定的其他情形。

第九十六条 当事人一方依照本法第九十三条第二款、第九十四条的规定主张解除合同的，应当通知对方。合同自通知到达对方时解除。对方有异议的，可以请求人

民法院或者仲裁机构确认解除合同的效力。

法律、行政法规规定解除合同应当办理批准、登记等手续的，依照其规定。

2.《最高人民法院关于适用〈中华人民共和国合同法〉若干问题的解释（二）》

第二十四条 当事人对合同法第九十六条、第九十九条规定的合同解除或者债务抵销虽有异议，但在约定的异议期限届满后才提出异议并向人民法院起诉的，人民法院不予支持；当事人没有约定异议期间，在解除合同或者债务抵销通知到达之日起三个月以后才向人民法院起诉的，人民法院不予支持。

【理论观点】

当事人在订立合同时很难对所有的情况均有周全的安排，所以在合同中出现某些漏洞，甚至某些条款的规定不明确是在所难免的。合同漏洞是指当事人在合同中对于合同条款没有约定或者约定不明确的现象。[1]合同漏洞本质是合同当事人意思表示的漏洞，通过对当事人意思表示的适当弥补使其臻于圆满，即可使合同漏洞得到补充。[2]

合同漏洞填补应当遵循一定的规则，否则会给予法官过大的自由裁量权。正如台湾学者邱聪智所说，即使“法官为知识丰富的法学者，亦充满良心及正义观之法学家，于契约解释之时，纵有评价作用，亦大都能本乎良心及正义感而为解释，惟仅凭良心及正义感之作用，并不能担保公平正义必然实现。因之，如何限制评价作用之滥用，可说甚为重要。……补充解释的目的，本就在于推论表意人在当前的契约关系中有理由被认识的意思情况”[3]。因而王利明教授在其《论合同漏洞的填补》一文中对当事人因合同条款产生争议之后，应依照何种规定及程序去考虑填补合同漏洞进行了详细的阐述，王利明教授认为法官应当依据《合同法》第六十一条和第六十二条以及第一百二十五条的规定填补漏洞，且应当按照四项程序来进行：

首先，应当由当事人达成补充协议。这是最为直接和简单的填补合同漏洞的方式，也体现了合同自由及尊重当事人意思自治的原则。

其次，如在当事人未能达成补充协议的情况下，则应当由法官按照合同的有关条

1 王利明:《论合同漏洞的填补》,《法学前沿》2000年第2期。

2 王越宏、李媛:《论合同漏洞的补充》,《中国法学》2001年第5期。

3 邱聪智:《民法研究》(一)，台湾辅仁大学1986年版，第68页。

款和交易习惯来确定。所谓按照有关合同的条款来履行，是指根据合同的性质以及现有合同的条款来确定合同究竟需要哪些条款，并在此基础上填补合同的漏洞。合同法司法解释（二）第七条解释了交易习惯前提是不违反法律、行政法规强制性规定的，且在交易行为当地或者某一领域、某一行业通常采用并为交易对方订立合同时所知道或者应当知道的做法；或当事人双方经常使用的习惯做法。对于交易习惯，由提出主张的一方当事人承担举证责任。

再次，可以根据《合同法》第六十二条的规定作出解释。该条属于任意性的规定，即合同当事人可以通过其约定来排斥该条的适用。在当事人具有特别约定的情况下，原则上应当依据当事人的约定，在当事人没有特别约定，又不能根据交易习惯来确定当事人的意图的情况下，则应当适用任意性的规定。

最后，通过合同解释的方法进行填补。《合同法》第一百二十五条规定："当事人对合同的条款的理解有争议的，应当按照合同所使用的词句、合同的有关条款、合同的目的、交易习惯以及诚实信用原则，确定该条款的真实意思。"在该条中体现了几种合同的一般解释方法，具体包括：文义解释方法、目的解释方法、整体解释方法，习惯解释、依据诚实信用原则。[1]

【案例索引】

案例[2]：深圳市魅动智能股份有限公司与梦响强音文化传播（上海）有限公司商标使用许可合同案

2013年12月25日，梦响强音公司与魅动公司签订《合作协议》，明确：梦响强音公司拥有《中国好声音》品牌标识授权资格，有权对外授权使用"中国好声音"品牌标识。协议3.2.3条梦响强音公司保证：当本合同所授权的授权标识受到第三方侵权时，梦响强音公司有义务尽量采取一切措施及时进行制止，否则，魅动公司可自行采取措施制止，所发生的费用由双方平摊。在涉案争议中，双方对于协议3.2.3条约定的理解

---

1 王利明：《论合同漏洞的填补》，《法学前沿》2000年第2期。

2 一审法院：上海市黄浦区人民法院，一审案号：（2015）黄浦民三（知）初字第71号；二审法院：上海知识产权法院，二审案号：（2017）沪73民终1号。

产生分歧。梦响强音公司认为，其已竭尽所能以快捷有效的方法制止第三方侵权，向京东、天猫投诉是制止侵权行为最有效的方式，其履行了合同约定的义务，所谓有制止的行为并非指达到杜绝侵权的效果。同时，魅动公司也负有止损的义务。魅动公司则认为，前后七次通知梦响强音公司大康公司的侵权行为，要求双方法务对接，但未得到梦响强音公司回复，梦响强音公司向天猫、京东的投诉时间迟缓，没有任何效果，不符合以快捷有效的方法制止侵权行为，不符合商业中的诚实信用原则，魅动公司可以自行维权但非必须。

上海市黄浦区人民法院认为：协议3.2.3条的约定不明，应按照合同的有关条款、交易习惯确定，并遵循有利于实现合同目的和诚实信用的原则。《合作协议》3.2.3条包含两部分内容，一是约定了梦响强音公司的合同义务，当授权标识受到第三方侵权时，梦响强音公司有尽量采取一切措施及时进行制止的义务，从文义解释的角度来看，根据《现代汉语词典》的解释，“尽量”表示力求在一定范围内达到最大限度，但何谓一定范围，何谓最大，均无定论；“一切”是指全部的，所有的，但在多大范围内的全部或所有，也无详解；“及时”是指把握时机，抓紧时间，不拖延，马上，立刻，但在时间的长度上也无具体的衡量标准；而且，对于梦响强音公司制止第三方侵权所应达到的效果也无具体、明确的约定。因此，就梦响强音公司制止第三方侵权的义务，属于双方约定不明。二是赋予魅动公司维权的权利也是义务，即如梦响强音公司未能履行上述义务或制止不力，魅动公司可以自行采取措施进行维权，所发生的费用由双方平摊，但并未赋予魅动公司合同解除权。

根据《合同法》第六十一条的规定，当合同条款没有约定或约定不明时，双方可以通过订立协议的方式进行补充，不能达成补充协议的，按照合同有关条款或者交易习惯确定。但本案当事人，就该条款前半部分的履行方式约定不明，又发生较大争议时，并未进行充分协商，加以补充明确。因此，只能按照合同的有关条款或者交易习惯确定，由于双方就制止第三方侵权仅约定了该条款，一审法院亦无法从合同其他条款中探究双方当事人的真实意思，故无法参照其他条款予以解释或推定，则只能按照交易习惯予以确定。根据合同法司法解释（二）第七条的规定，交易习惯是指在交易行为当地或者某一领域、某一行业通常采用并为交易对方订立合同时所知道或者应当知道的做法；或者指当事人双方经常使用的习惯做法。第一，法律对主观要件采取了非常严格的界定，要求必须是“知道或者应当知道”，而非“同意、认可”，即交易对方不承担了解和掌握特殊交易习惯的注意义务，本案中，魅动公司对梦响强音公司的制止第三方侵权行为虽表示不满，但其自始至终并未明确提出梦响强音公司应当采取何种措施加以制止，更没有证据证明梦响强音公司在订立合同的时间点上已经知道或者应当知道在商业标识授权领域内制止第三方侵权行为的习惯做法究竟为何种，因此，梦响强音公司只需尽到商事主体一般的注意义务即可；第二，客观要件为在交易行为的当地或某领域、某行业内通常采用，它并未要求无例外地遵守，而只要经常性地被采用就满足了客观要件，这体现了交易习惯地域性、行业性的特点，因此，本案中，应当审查在商业标识授权行业内在制止第三方侵权方面梦响强音公司是否采取了通常的习惯做法。

上海知识产权法院法院亦认同上海市黄浦区人民法院有关被上诉人梦想强音公司采取维权措施时间较为及时，符合经济和效益原则，亦符合互联网时代处理第三方侵权的惯常做法，且与上诉人魅动公司的通知相适应的分析与认定。

【TA 评述】

合同是市场经济交易中不可或缺的组成部分，影视传媒行业亦不例外。合同成立后，合同即具有了合同约束力（此处的“合同约束力”并非“合同的效力”）。我国《合同法》第八条第一款即明确了合同成立后的拘束力：除非当事人协商同意或有解除原因外，任何一方不能随意反悔、撤销、单方面废止合同。合同订立的本意是为了使得双方的交易内容具有法律上的拘束力，是为了使得当事人在交易陷入僵局时，可以依据合同约定及相关法律法规去寻求相应的救济。合同的订约人应当尊重契约，恪守诚实信用之原则。而合同漏洞填补仅在当事人就相关内容没有约定或者约定不明确，且不能达成补充协议的情况下方可适用，否则极易给随意变更合同打开一个缺口，增加契约制度的不稳定性。行业交易的参与者在订立合约时应当尽量注意合同中的几个关键要素，即：标的明确具体；期限清晰；具体交易环节周全考虑；通过合同约定避免僵局。

随着网络技术的发展与相关终端设施、设备的普及，通过信息网络提供和获得作品成为越来越主流的方式。几大视频网站为了能在日益火热的IP市场上寻求突破，尤其是面对一部具有良好市场预期的影视作品，视频网站一般会在电视剧尚未制作完成之前即以高价寻求机会与片方签署独家授权许可协议，即《信息网络传播权独占许可使用协议》，在这样的协议中，视频网站试图通过授权费的支付换取信息网络传播权。双方会对授权范围、期限、方式以及授权费的数额及支付进度有详细的约定，其中就会包括对交付播出介质的安排，因为取得符合约定的播出介质是被授权方实现信息网络传播权的前提，是其核心合同目的之一。在授权费支付条款中，一般会通过对授权方交付相关材料（授权文件、播出介质等）的安排来设计被授权方支付授权费的进度，目的是为了双方都可以对相对方的履约程度有所把控，从而避免在被授权方无法获取充足播放材料的情况下，却已付出高额对价，同时也为了避免被授权方已手握播放材料，授权方却没有获取相应的钱款。支付条款是此类协议中的关键条款之一。一个好的支付条款可以起到合同当事人之间互相约束的作用，也应当在实践中具有良好的可操作性。

（撰稿人：许燕）

第3章 影视拍摄篇

3.1 导读

影视剧的摄制阶段，是一部影视剧的前期筹备完成之后，较为集中的生产过程，一般主要包括：联合投资及联合摄制、主创人员聘用、广告植入授权等法律关系。其中，联合投资摄制及主创人员的聘用，是相关纠纷的多发区，也是考验从业者及法律服务提供者对于法律问题、合同问题及行业实务问题把握是否准确的关键所在。

影视剧的投资，具有风险大、周期短、责任难以认定等特征，因此，无论是对于此类项目的前期规划，还是纠纷解决，都需要充分考量行业特征以及行业的财务情况，才能对纠纷所产生的影响进行相对明确的分析和判断。在主创人员聘用的项目中，由于主创人员所提供的劳务工作必然具有抽象性的特征，因此如何界定和判断其工作范围和成果是否符合要求，常常是此类纠纷的难点和重点。在广告植入法律关系中，对于权利的划分和梳理，则是最为首要和关键的一点。

此外，近年来艺人解约纠纷及广告代言纠纷也常常成为行业中广为关注的一个热点，因此我们也将该类问题纳入第三章中进行讨论和分析。艺人解约纠纷由于具有人身属性和财产属性高度结合、涉及时间长、事实复杂等特征，在合同性质认定、合同存续认定以及违约金的平衡上，近年来审判机关都有了一些新的审理经验和变化，这一点也希望我们的读者朋友能够予以关注。

总体来看，第三章内容的特点在于“杂”，即在事实层面上通常具有很高的复杂性，这也就要求从业者及法律服务提供者有着更强的归纳和分析能力，抽丝剥茧，从纷繁芜杂的客观事实中，提取出最核心、最关键、最准确的法律事实，并且据此形成法律的说理和结论。这种能力，不仅来源于扎实的法律实务功底，更来自对行业的广泛了解和深入理解。

（李景健）

3.2 案例

3.2.1 影视项目联合投资摄制进程中各投资方对项目制作预算的把控

——某传媒文化发展公司诉某文化传播公司合同纠纷案[1]

【核心推介】

本案在认定影视项目制作预算的具体实施过程中如何保障投资方知情权、决定权具有重大意义。在常规的影视联合投资项目中，投资方往往通过对项目制作账户的监管权、制作预算的知情权、审计权以及发行回款过程中的监督权实现对项目的综合把控，保证自身投资的安全及预期回报。但是当制作预算金额出现具体争议时，如何对各项支出的性质进行具体认定，则是问题解决的重中之重。

【关键词】

制作预算　知情权　共同决定

【案情】

原告某传媒文化发展公司与被告某文化传播公司于2010年3月就某电影（以下称该电影）签署《合作协议书》，约定双方作为共同投资人，按照协议约定的投资比例对该电影投资，该电影版权按投资比例归双方共有，本片所产生的所有收益按照投资比例进行分成。协议约定被告负责在投资总额内严格按计划使用资金，原告有权随时了

1　一审法院：北京市海淀区人民法院，一审案号:（2013）海民初字第239号；二审法院：北京市第一中级人民法院，二审案号:（2014）一中民（商）终字第8641号。

解资金使用情况和拍摄情况；在拍摄过程中，原告享有知情权。该电影拍摄投资总额预计为7000万元，其中原告投资840万元，占本片投资金额的12%。后原告发现被告在履约过程中，存在诸多违约行为，未履行其出资义务，同时严重侵犯了原告根据协议享有的制作成本知情权、认可权、预算执行的审查监督权及根据协议明确享有的收益权等基本权利，故而诉至北京市海淀区人民法院，请求法院判令被告返还投资款共计2 113 306.81元；判令被告支付大陆院线发行收益共计5 677 830.63元、其他发行收益2 088 832.36元；判令被告在该电影片头片尾对原告署名错误进行更正，并在《北京晚报》登报致歉；判令被告向原告支付违约金共计200万元；判令被告支付损失赔偿金共计1 265 800.07元；判令被告承担本案审计费用257 500元；判令被告承担本案诉讼费用。

原告诉称:《合作协议书》第二条、第四条约定，该电影资金仅可用于双方认可的支出项目，被告应严格按照计划使用资金，原告有权随时了解资金使用情况，该电影制作完成后，投资金额有结余的，结余部分应按投资比例退还原告。在该电影投资、制作及发行过程中，被告在未经原告认可的情况下，私自列支高额的该电影行政管理费、监制费、发行代理费等非正常支出，而实际获益方为被告及其负责人，直接损害了原告及该电影其他投资方的合法权益。在协议履行过程中，原告及该电影其他投资方多次要求被告公开该电影的投资资金、宣传发行资金使用情况并提供相关合同、原始凭证以供核实，被告始终拒绝如实提供。在协议履行过程中，被告并未承担其最重要的该电影承制义务，而是在未经包括原告在内的其他投资方许可的情况下，擅自转委托给一家香港公司完成了该电影拍摄，同时擅自变更该电影的核心主创人员，构成根本违约。该电影创作完成后，被告违反协议中关于该电影需经双方共同审查通过后方可向有关主管部门送审的约定，未经原告审查就单方送审，导致该电影质量无法达到原告对该电影的制作与发行预期，并直接导致原告在该电影及该电影公映许可证中的署名错误，给原告造成重大负面影响。该电影实际于2010年9月摄制完成，于2011年4月开始在中国大陆影院公映，由于被告的严重违约行为，导致该电影投资各方至今无法确知该电影的实际制作成本及宣传发行成本，原告的巨额投资至今一分钱也未能收回，给原告造成了巨大的经济损失。

针对原告的诉讼请求，被告认为审计报告确认的该电影制作费用应当修正，大陆宣发费用及海外宣发费用均应当修正，且根据业内惯例，发行收入应当扣去被告10%的发行代理费后再行分配；关于署名，被告承认片头、片尾字幕及《电影片公映许可证》中署名有误，被告及时对《电影片公映许可证》中署名进行了更正，但该电影已经发行，其中署名无法更改，被告曾诚恳道歉，被告同时认为赔礼道歉不是合同违约的责任承担方式；另外，由于该电影海外用款特性，被告通过香港关联公司支出41 480 854.52元，远远超过协议约定的应投资金额，因此，被告没有违约，不应支付违约金；被告认为由于该电影在收益分配过程中投资方产生争议，原告等投资方积极主张并由被告操作将票房收入进行托管，因此才造成至今未能分配发行收益，该等损失应由原告造成，不应要求被告承担损失；被告认为其亦不应支付审计费及诉讼费用。

被告反诉称:《合作协议》约定原告分期向被告建立的剧组账户注入投资，未按规定期限投资，每日交纳0.5％的违约金。原告没有按约投入资金，影响了该电影拍摄，应交纳违约金21万元，反诉请求为：1. 原告支付逾期投资的违约金21万元（按照合同约定每日0.5％计算）；2. 反诉费用由原告负担。

原告针对反诉答辩称：因为开机时间延迟，且被告在项目制作中未提出制作预算，原告才延迟付款。被告未就投资金额和进度向原告进行过任何告知，也并未出过任何书面告知文件，根据合同法规定，原告的投资符合投资约定及法律规定，被告没有证据证明其已告知原告投入资金。故被告的反诉请求无事实及法律依据，且已超出诉讼时效，请法院予以驳回。

为查明事实，确认该电影支出、收益情况，2013年10月17日，一审法院委托北京某会计师事务所对该电影资料持有人被告提供的收益、支出和投资款明细表进行审计并得出审计报告。一审法院在判决书中认为，尽管已有审计报告为核心依据，但其中部分内容，因涉及具体的法律判断问题，需一并具体评析。

该电影投资部分，原告已依约投入840万元，应占到投资总额的12％。被告并未向剧组专门账户投入资金，但并不能以此说明其并未投资。

该电影收益部分，双方已核对无误，海外发行收入11 001 176.19元，国内部分共有52 706 293.94元，以上共计63 707 470.13元。

该电影的支出部分，双方在合同中明确约定该电影费用支出实行预算制，预算内由甲方自行支配，但在实际拍摄过程中，双方未确定严格的预算，被告在履约过程中将一部分合同文本交付给各投资方，但支出部分并未达到“双方认可”的程度，最终各方对部分支出产生了重大分歧，在作出最终裁判时，应首先考量合同约定，同时需对合同具体履行情况以及支出的合理性作出判断，进而对有争议的费用部分能否作为支出予以界定。

根据双方提供的证据，法院对审计报告中不能确认的部分逐一进行了分析，认定被告在未按约定及时通知原告的情况下，向未实际担任该电影监制的叶某仍支付150万元港币，向未担任电影制片人的蓝某仍支付150万元港币以及支付某公司400余万港币的行政管理费，以上费用均不予认定为正常支出；被告在协议未约定的情况下收取发行代理费的行为不予支持；被告在原告未同意的情况下确认包括向大陆某公司支付300余万元的宣传费用，不予认可为正常支出。综上，一审法院判决被告应当向原告支付的投资收益为5 961 629.84元，超过部分不予支持。

针对该电影的投资款返还，一审法院认为投资款的范畴合同已有明确约定，主要指制作费部分。原告可主张的部分为总投资额7000万元减去55 345 120.89元制作费支出的12%，金额具体为1 758 585.49元，超过部分不予支持。

针对本诉及反诉双方各自主张的违约金部分，一审法院认为合作合同违约金条款主要倾向于约束原告，且被告确实已经以实际支出的方式进行了投资，原告主张被告按照合同约定的违约金计算方法支付违约金依据不足，不予支持。而被告基于向原告要求违约金支付的反诉诉请，由于在长时期的合同履行过程中并未提出异议和主张，已过两年诉讼时效，其反诉请求不予支持。

针对原告主张的损失赔偿部分。一审法院认为在认定该电影的实际支出时已经考量了被告的违约行为及性质，就最终不能结算的结果，原告等投资方向华夏公司发出托管收入通知等事实也在客观上阻滞了收益的按时分配，本案中并不宜对原告主张的损失部分全然按照占用资金的损失并以中国人民银行贷款利率为标准计算损失，但被告的确具有更大过错，酌定为应付原告款项的5%左右，定为38万元人民币，超过部分不予支持。

一审法院未支持原告关于被告赔礼道歉的诉讼请求，并考虑到该电影最终未能结算的问题主要系被告造成，依照合同约定亦由其负责项目的具体预决算，应由其承担审计费用85 834元。

被告不服一审判决，上诉至北京市第一中级人民法院。

二审法院认为，本案的一大焦点在于由被告主导的部分该电影成本支出是否应当由原告在内的全部投资方承受，一审法院在审计基础上根据各笔支出的实际情况的分析与评估是正确的，应当予以维持。

二审法院同时认为，根据审计结果，被告存在虚报该电影摄制及宣发成本等违约事实，对于该电影收益未能按期结算的后果存在直接责任。原告请求的违约损失赔偿的理由，是由于被告存在上述违约事实，侵犯了原告基于合同享有的知情权等权利，造成该电影剩余投资款无法退还，收益无法分配，因此主张被告按照同期银行利率支付违约损失赔偿金。

综上，二审法院判决：驳回上诉，维持原判。

【业内关注】

1. 各投资方对影视项目制作预算的支出可以通过哪些方式实现控制
2. 影视项目制作预算通常由哪一主体控制，其他投资方是否可以实现动态监管

【法条链接】

1.《合同法》

第一百零七条 当事人一方不履行合同义务或者履行合同义务不符合约定的，应当承担继续履行、采取补救措施或者赔偿损失等违约责任。

第一百一十四条 当事人可以约定一方违约时应当根据违约情况向对方支付一定数额的违约金，也可以约定因违约产生的损失赔偿额的计算方法。

约定的违约金低于造成的损失的，当事人可以请求人民法院或者仲裁机构予以增加；约定的违约金过分高于造成的损失的，当事人可以请求人民法院或者仲裁机构予以适当减少。

当事人就迟延履行约定违约金的，违约方支付违约金后，还应当履行债务。

2.《民法通则》

第一百二十条 公民的姓名权、肖像权、名誉权、荣誉权受到侵害的，有权要求停止侵害，恢复名誉，消除影响，赔礼道歉，并可以要求赔偿损失。

法人的名称权、名誉权、荣誉权受到侵害的，适用前款规定。

3.《最高人民法院关于适用〈中华人民共和国民事诉讼法〉的解释》

第九十条 当事人对自己提出的诉讼请求所依据的事实或者反驳对方诉讼请求所依据的事实，应当提供证据加以证明，但法律另有规定的除外。

在作出判决前，当事人未能提供证据或者证据不足以证明其事实主张的，由负有举证证明责任的当事人承担不利的后果。

【案例索引】

案例1[1]：北京联盟影业投资有限公司诉中国电影集团公司制片分公司合同案

北京市第一中级人民法院认为：

为确认本案所涉电影《武林外传》的收入、成本数额，本院经原告联盟影业公司申请委托专业会计师事务所就收入、成本进行司法鉴定。鉴定报告的鉴定范围为《武林外传》电影版收入及成本支出所涉及的制片分公司等多个分公司与本案有关的账簿、会计记账凭证和原始凭证、合同、银行对账单等，原告联盟影业公司在未提供任何证据、仅依据行业惯例且其对行业惯例亦未能举证的情况下，推翻鉴定报告中核算的制作成本数据无事实及法律依据，本院对其该项异议不予采信。

案例2[2]：上海青竺影视文化有限公司与北京华夏金马文化传播有限公司合同案

北京市第一中级人民法院认为：

关于双方投资款及涉案电视剧收益一节，青竺公司主张其投资额为3170万元，但除佟丽娅片酬所涉费用外，华夏公司对于其他投资款并不认可。对于实际投资款，因该公司并未提供详细银行流水，且仅通过记账凭证亦难以推断出本案所涉电视剧的实

1 一审法院：北京市第一中级人民法院，一审案号：（2012）一中民初字第7644号。

2 一审法院：北京市海淀区人民法院，一审案号：（2015）海民（商）初字第02735号；二审法院：北京市第一中级人民法院，二审案号：（2017）京01民终4869号。

际投资数额。本案中，依照宏达公司《关于重组问询函回复的公告》中记载，本案所涉电视剧报告期收入为3089.64万元，成本为2188.5万元。据此，在青竺公司未能完整提交本案所涉电视剧的拍摄成本支出及投资收入证据的情况下，一审法院以宏达公司公告中所述其母公司永乐影视公司在本案所涉电视剧自认的3089.64万元确定为投资收入，青竺公司投入的拍摄成本亦以该公告中自认的2188.5万元为准。考虑到在《拍摄合同》中，双方已认可华夏公司投入的1120万元折成1000万元计入总投资款中，据此，本案所涉电视剧双方总投入款为3188.5万元。《补充协议》第一条约定，青竺公司的出资额暂占该剧总投资额的73%；若《80婚约》原约定的投资款人民币3700万元最终实际未使用完，则该剩余的出资部分须按照甲乙双方约定的投资比例进行返还。故根据该条约定，青竺公司首先应当将投资剩余款511.5万元，按照华夏公司27%的投资比例予以返还，即应当返还138.105万元。其次，青竺公司应当以其收入款3089.64万元为基数，按照华夏公司27%的投资比例支付其发行收入834.2028万元。因华夏公司该部分诉讼请求共计金额为972.3万元，故对于超出部分视为其放弃主张。

【TA评述】

《宝典》如是说[1]：影视项目的投资和支出一般以项目预算表为基础依据，甚至在决定投资时预算就已经是影视项目投资的重要参考。高质量的电影预算是影视项目拍摄、制作、发行顺利进行的保障。

以电影项目为例，大范围上，电影预算指的是电影开发的全部投资，包含影片剧本稿费、影片道具成本、影片拍摄成本、影片参与人员薪酬、影片后期制作成本、影片市场宣发成本和额外其他成本等，方向上分为制作预算、宣发预算两大块，但通常所称的预算往往是指制作预算。

预算执行过程中，投资方需要格外留意预算费用支出的监管和把控问题。摄制组中直接控制费用的是制片人，制片人充分代表投资方的意愿对费用支出进行把关，是实践中最为有效、直接的预算监管方式。但在一些情况下，制片人可能是某一强势合作方指定和选任的，那么，制片人能否有效监管实际制作费用支出就成了其他投资合

1 王军、司若主编：《中国影视法律实务与商务宝典》，中国电影出版社2017年版，第55–56页。

作方关注的问题。为此，其他投资方为了保证本方的资金监管权力有效落实，在一些时候会要求保留本方一位财务人员进组监控财务状况的权利。这种要求通常需要在联合投资摄制协议中明确下来。

TA观点

一部电影、电视剧的成功制作离不开庞大的资金支持。从寻找剧本，到建组拍摄，再到后期剪辑，影视剧开发的每一个环节都需要大量的资金投入。

在影视项目搭建过程中，更多的投资方关注的是自身投资资金在项目中的合理使用，以及在项目发行完毕后全部收益的回笼。对于影视项目的非主控投资方而言，由于具体的筹备、拍摄、制作及发行工作皆由主控投资方或专业的第三方负责，其资金安全的保障需要在联合投资摄制协议层面即设定基本的安排，常见的方式为通过协议确认该等投资方同意情况下实施预算的权利、预算支出的监管权及知情权、预算结算的同意权及审计权等。前述权利的具体实现，往往还需要该等投资方通过协议的方式确保能够在摄制组安排专业的制片人或财务人员在项目运行的各个阶段付出努力。

但是，尽管各投资方利用协议约定及人员设置等方式试图尽可能地实现对项目预算资金正确使用的监管，由于影视项目的复杂性以及主控投资方的利益诉求，现实中不排除项目的主控方利用摄制组财务制度的漏洞或监控各方的疏忽，巧立名目在制作预算中大做文章。

本案的重要意义在于，当纷繁复杂的项目支出遭到质疑时，法院既没有笼统按照投资协议约定草率认定，也没有机械地依据审计报告给出结论，而是在委托专业会计机构作出详细的审计报告基础上，根据双方争议的预算支出，一笔一笔结合影视项目的具体情况逐一分析，最终将不合理支出摘出，认定为违约方承担违约责任的基础事实。

影视项目具体运作时，仅通过协议制定有关预算使用知情权、监管权的实现方式，以及派驻制片人、财务专员的人员配置，无法全面有效把控资金风险。在前述综合方式的基础上，我们建议还可以通过设立共管账户的方式，切实落实预算管理。

共管账户设立于投资款支付完毕进入摄制组使用资金的阶段，其主要目的是监管资金使用出现失控或盗用、侵占、挪用等，并可以在资金出现危险时及时遏制资金流出。共管账户的设定需要结合银行要求，通常的做法是，投资各方预留各自特定印鉴，预留印鉴一般为各方经常使用的公司印鉴，由各方分别保管，此种方式可以直接控制账户的资金流出，使得项目预算最大限度符合各共管投资方的预期。

综上，投资方实现投资影视项目制作预算的全面监管，有效途径有三：一为通过联合投资协议设定制作预算的知情权、支出决定权，从权利层面予以保障；二为派驻制片人或财务专员，对制作预算支出的具体情况实现动态监管、及时汇报、充分知悉；三为与项目主控方直接设立共管账户，对资金流出的关键环节实施管控，从根源上遏制不合理的支出行为。

（撰稿人：王一凡）

3.2.2 投资方未按约定执行影视项目、改变影视项目性质构成根本违约及单方解约事由

——上海某传媒公司诉北京某文化传媒中心合同纠纷案[1]

【核心推介】

本案认定影视项目联合投资摄制协议中负责项目制作、行政送审一方违背协议约定，在拍摄、制作过程中未按照约定执行项目，直接改变影视项目性质的行为构成法定解除的事由，联合投资摄制协议守约方有权单方解除协议并追究违约一方的违约责任。

【关键词】

合作拍摄　合同目的　赔偿

【案情】

原告上海某传媒公司与被告北京某文化传媒中心于2014年11月12日签署《电影合作拍摄合同》(以下简称《合作拍摄合同》)，共同投资拍摄电影《都市怪谈》(以下称该项目)，协议明确项目为院线电影，其中被告负有200万元的投资义务，承制拍摄该项目并负责该项目的送审备案、公映手续，并约定该电影于2015年1月8日前开机拍摄、3月28日制作审查完成、4月5日公映，且约定由黄姓艺人出演该电影。后原告发现被告在拍摄该项目过程中将项目性质变更为微电影，且未按照约定履行相应职责，

1　一审法院：北京市海淀区人民法院，一审案号：(2015)海民(知)初字第15687号；二审法院：北京知识产权法院，二审案号：(2015)京知民终字第2448号。

黄姓艺人亦未出演该电影。经与被告交涉，其于2015年2月3日同意终止合同，退还原告投资款。后原告要求被告退款并发送律师函，但被告一直未予理睬。

原告诉称：为拍摄该项目，原告、被告签署《合作拍摄合同》，其中约定被告投资200万元，并负责剧本立项备案和审查通过、影片拍摄制作、办理与该电影有关的影片送审、取得公映许可证的相关手续，亦约定黄姓艺人出演该影片。后原告发现该项目在拍摄、制作过程中未有任何电影相关行政审批手续且无公映计划，被告未履行投资义务，未如实披露影片信息、进展，未按约定剧本拍摄，黄姓艺人未出演该电影。故原告诉至法院，请求判令解除《合作拍摄合同》，被告返还投资款160万元及利息，被告赔偿经济损失32万元。

被告辩称：首先，《合作拍摄合同》没有约定解除权，原告不应该依照合同享有单方解除权。其次，虽然合同约定被告承担取得公映许可证等相关手续的义务，但是在合同实际履行过程中，双方口头协商将影片拍摄成微电影，原告法定代表人积极参加影片拍摄，其知道影片为微电影的事实，没有提出异议，因此对影片微电影事实是认可的。微电影不需要办理立项备案手续和公映许可证。被告在影片拍摄期间，一直履行投资义务，已投资230万元。被告更换与原告法定代表人演对手戏的演员，原因是黄姓艺人档期时间无法参加，与原告协商更换了艺人，因此被告没有违约。

一审法院审理认为:《合作拍摄合同》系双方真实意思表示，依法成立，应属有效，双方均应按照合同约定履行自己的义务。

对于变更原告法定代表人的对手戏演员，根据被告提交的样片，原告法定代表人已知晓并完成演出，原告对此亦予以认可，故其对于对手戏演员的变更应视为同意，对其此项主张法院不予支持；另其关于被告未履行披露影片信息、进展构成违约的主张，缺乏合同依据，亦不予支持。

根据《合作拍摄合同》上下文文意，原告法定代表人出演“本影片第二段故事”，且约定了影片公映、发行等事宜，结合被告向原告发送的项目计划书、涉案影片剧本等，均表明涉案影片包含三个故事，被告只拍摄一个故事，不符合合同约定，构成违约。

对于被告所称涉案影片经双方协商一致变更为微电影，原告予以否认，被告认为原告法定代表人实际参演即表明其对此情况已经知晓，法院认为实际参演与同意变更影片性质并无直接关联，故在被告未提交证据证明双方达成合意变更影片性质的情况下，法院对被告的此项辩称不予采信，其未按合同约定履行立项备案、取得拍摄许可证、公映许可证以及公映等义务，构成根本违约。

综上，根据《合作拍摄合同》性质，被告作为履行拍摄义务的一方，其拍摄的影片内容和性质与约定不符，致使合同目的不能实现，其关于拍摄影片而投入的资金亦不能视为对合同的适当履行，原告可以据此主张解除《合作拍摄合同》。2015年3月17日，原告关于解除《合作拍摄合同》的通知到达被告，故《合作拍摄合同》自该日解除。

合同解除后，鉴于《合作拍摄合同》的性质，原告要求被告返还其投资款160万元及利息，应当予以支持，利息计算时间从2015年3月17日起至实际支付之日止。原告还要求被告赔偿其经济损失，计算依据是在项目计划书中被告承诺的影片盈利率，该承诺不是实际损失，且返还投资款恢复原状，已足以弥补被告违约给其带来的损失，故对其此项主张不予支持。

一审法院判决：确认涉案《合作拍摄合同》于2015年3月17日解除；被告于本判决生效之日起10日内返还原告160万元及利息（时间从2015年3月17日起至实际支付之日止，按中国人民银行同期贷款利率给付利息）；驳回原告的其他诉讼请求。

被告不服一审判决，上诉至北京知识产权法院。

二审法院认为，本案二审争议焦点是《合作拍摄合同》的解除与归责以及解除合同的法律后果。

双方当事人于2014年11月12日签订的《合作拍摄合同》为有效合同。合同明确约定双方共同投资拍摄电影片《都市怪谈》，确定《都市怪谈》的内容直接影响着对合同是否适当履行的判断。《合作拍摄合同》明确拍摄的不只一段故事。涉案电影剧本表明这三段故事分别为“囚禁”“花女”（又名“天铁”）和“梦杀”。经查明，被告与第三方公司作为联合出品方的《致命怪谈》已经于2012年拍摄完成。《致命怪谈》包括“恐惧”“黑衣女人”以及“梦杀”三段故事。显然，在签订《合作拍摄合同》时，双方约定合作制作的《都市怪谈》与已经拍摄完成的《致命怪谈》是两部各自独立、互不相关的电影。

签约后，2015年1月30日被告向原告发送《出品方变更三方协议》及《电影联合出品合同》。涉及了变更《致命怪谈》出品方以及联合出品《都市传说》（即《都市怪谈》）的内容。但是，由于并没有原告的签字盖章，原告始终否认三方达成过该协议。

但是，被告向原告发送《都市怪谈》剧本包括的“囚禁”和“梦杀”与《致命怪谈》中的“恐惧”和“梦杀”两个故事内容完全一样。之后，被告还向原告提出将原告变更为已经拍摄完毕但未公映的《致命怪谈》的联合出品方的意向。可见，《合作拍摄合同》履行之初，被告即试图以未公映的《致命怪谈》中的“恐惧”和“梦杀”两个剧本作为《都市怪谈》中的“囚禁”和“梦杀”两段故事的剧本，并通过使原告加入《致命怪谈》的联合出品方代替本案《合作拍摄合同》的履行。被告的上述行为致使原告的合同目的根本无法实现，构成违约。

另从《合作拍摄合同》第四条可以看出，双方约定制作的是院线电影。一审判决对被告提出的将院线电影变更为微电影，无需履行拍摄备案手续的主张未予认定是正确的。被告在履行合同之初就以其行为表达出其以《致命怪谈》中已经拍摄完成的故事取代本案合同的履行，并且事实上也只进行了一段故事的拍摄，未按照合同约定履行拍摄备案及取得公映许可证的义务，构成根本违约。原告投资拍摄一部电影的合同目的已经不能实现。

在《合作拍摄合同》签订之后不久，被告试图以未公映的《致命怪谈》中的两段故事“恐惧”和“梦杀”取代《都市怪谈》的“囚禁”和“梦杀”的履行，违约行为从合同履行之初即已经发生。被告应当可以预见到其违约行为为原告为履行《合作拍摄合同》投入的全部合同款，将因不能实现合同目的而成为原告的损失。在违约行为发生在合同履行之初，且构成根本违约的情况下，由于违约行为导致合同目的自履行之初即不能实现，即使违约方后续履行合同产生了相应的成本，也应当由其自行承担。就本案而言，被告拍摄“花女”产生的成本应由其自行承担。一审法院认定合同解除后被告应当返还原告投资款160万元及合同解除之日起的利息正确。

综上，二审法院判决：驳回上诉，维持原判。

【业内关注】

1.影视项目在实际拍摄过程中，摄制方非经投资各方同意变更影视剧性质是合同目的无法实现的法定解约事由吗

2.联合投资摄制协议解除后的法律后果及责任承担

【法条链接】

《合同法》

第九十四条 有下列情形之一的，当事人可以解除合同：

（一）因不可抗力致使不能实现合同目的；

（二）在履行期限届满之前，当事人一方明确表示或者以自己的行为表明不履行主要债务；

（三）当事人一方迟延履行主要债务，经催告后在合理期限内仍未履行；

（四）当事人一方迟延履行债务或者有其他违约行为致使不能实现合同目的；

（五）法律规定的其他情形。

第九十六条 当事人一方依照本法第九十三条第二款、第九十四条的规定主张解除合同的，应当通知对方。合同自通知到达对方时解除。对方有异议的，可以请求人民法院或者仲裁机构确认解除合同的效力。

法律、行政法规规定解除合同应当办理批准、登记等手续的，依照其规定。

第九十七条 合同解除后，尚未履行的，终止履行；已经履行的，根据履行情况和合同性质，当事人可以要求恢复原状、采取其他补救措施，并有权要求赔偿损失。

第一百一十三条 当事人一方不履行合同义务或者履行合同义务不符合约定，给对方造成损失的，损失赔偿额应当相当于因违约所造成的损失，包括合同履行后可以获得的利益，但不得超过违反合同一方订立合同时预见到或者应当预见到的因违反合同可能造成的损失。

【理论观点】

合同目的，《合同法》中多个条文都有它的位置。合同目的被如此众多的法律条文作为不可或缺的组成元素，可见其不可忽视性。再者，当事人订立合同均为达到一定目的，合同的各项条款及其用语均是达到该目的的手段。因此，确定合同用语的含义乃至整个合同内容自然须适合于合同目的。[1]所谓不完全履行致使合同目的不能实现，

1 崔建远主编：《合同法》（第五版），法律出版社2010年版。

可被界定为不完全履行（严重）影响了当事人订立合同所期望的经济利益。[1]

所谓根本违约，是源自英美法的一个概念，后被1980年《联合国国际销售合同公约》第二十五条所吸收。该条的中文译本是“一方当事人违反合同的结果，如使另一方当事人蒙受损害，以至于实际上剥夺了他根据合同规定有权期待得到的东西，即为根本违反合同，除非违反合同一方并不预知而且一个同等资格、通情达理的人处于相同情况中也没有理由预知会发生这种结果”。对于此处所谓“实际上”，有学者解释为损害已经现实地发生；对于此处所谓“有权期待得到的东西”，有学者解释为期待利益，即合同得到正确履行时当事人所应得到的地位或应得到的利益；对于此处所谓“以至于实际上剥夺了他根据合同规定有权期待得到的东西”，有学者解释为受害人丧失了期待利益。[2]

学界及司法界对合同目的以及无法实现合同目的、根本违约的内涵及外延的界定是比较清晰的，在合同一方通过实际行为明确其他合同方在合同中的预期利益已经不可能实现时，相应的根本违约即已经构成，对应的法定后果也是确定的：即守约方有权单方终止协议，并要求违约方承担相应的违约责任。

【案例索引】

案例1[3]：博超影视传媒有限公司诉汪齐朝合同案

安徽省合肥高新技术产业开发区人民法院认为：

本案中事实争议焦点为双方终止合作的原因。博超影视诉称因汪齐朝未在事先提供所聘用的全体演职人员名单，未在事先提供与剧组各部门及个人之间签订的聘用合同及费用支付的时间节点等详细信息，未在事先提供设备租赁清单费用等合同，更换剧组主要人员没有事先报备且未经同意，所有费用支出前未报经驻组总监制审核同意，事后又不能提供正规单据等行为导致合同目的无法实现，汪齐朝已经构成根本违约。

但本案事实表明，在协议履行初期，双方均按照约定履行了各自的义务。博超影

1 崔建远：《合同法总论》中卷，中国人民大学出版社2012年版。

2 王利明：《合同法研究》第二卷（修订版），中国人民大学出版社2011年版。

3 一审法院：安徽省合肥高新技术产业开发区人民法院，一审案号：（2017）皖0191民初607号。

视公司支付了18万元投资款，汪齐朝也招募了演职人员并开机拍摄。同时，该协议中对演职人员的调换、资金的使用、资金的审核以及支付凭证的标准均未明确约定，双方就此协商未能达成一致导致合作终止，但汪齐朝的行为并未导致合同目的无法实现，博超影视公司据此认定汪齐朝根本违约于法无据，其要求汪齐朝返还18万元不予支持。

案例2[1]：北京舸斐木影视文化有限公司诉美天美娱文化传播（北京）有限公司合作创作合同案

北京市朝阳区人民法院认为：

合同法第九十七条规定，合同解除后，尚未履行的，终止履行，已经履行的，根据履行情况和合同性质，当事人可以要求恢复原状、采取其他补救措施，并有权要求赔偿损失。本案中，合同解除的原因为美天美娱公司获得华纳公司版权授权期限截止，《摄制协议书》约定的合作拍摄电视剧的合同目的无法实现。而上述授权期限届满，美天美娱公司并未提供明确证据证明系因舸斐木公司过错所导致。同时在双方协议解除前，美天美娱公司虽向舸斐木公司支出该剧的投资款，但如期支付该剧的投资款项是根据双方《摄制协议书》美天美娱公司应当承担的义务。为完成该剧的前期拍摄准备工作，舸斐木公司亦有权基于双方《摄制协议书》的约定自行决定支出上述投资款以完成项目制作。在非因舸斐木公司造成该电视剧制作项目无法继续进行的情况下，美天美娱公司主张舸斐木公司退回全部已付投资款的反诉诉讼请求并无事实及法律依据，本院依法不予支持。

【TA评述】

《宝典》如是说[2]：我国《合同法》对于合同的终止进行了相关规定，一般情况下，合同的终止存在多种情况，如：合同已经按照约定履行完毕；合同被解除；合同当事人互相负的债务彼此抵销了；合同一方当事人免除了另一方的所有义务等。而在行业实践当中，合同的解除，是最为常见的一类终止合同的做法……所谓合同解除，就是

1　一审法院：北京市朝阳区人民法院，一审案号：（2015）朝民（知）初字第47634号。

2　王军、司若主编：《中国影视法律实务与商务宝典》，中国电影出版社2017年版，第115、117页。

指在合同成立以后，基于一方或双方的意思表示，使基于合同发生的债权债务归于消灭的行为。

一个有效的影视传媒行业合同，需要达成两个目标。一是能够保证商业需求，即使基本的商业目的得以实现，同时为未来业务扩展留出空间。二是能够控制商业风险，如能够利用合同条款予以有效制约对方违约，或对方出现违约行为以后，能够解除合同；同时我方不得已违约时，潜在的风险能够得以控制，以及保证项目变化时，双方能够变更或退出合同。

TA观点

联合投资摄制是影视项目确立的常规商业模式，拥有版权、资金、技术、宣发渠道的各方主体，通过联合投资摄制协议明确各方在影视项目运行过程的职责及收益分配方式。实务中，存在仅投入资金并享受回报的投资主体，也有兼具投资、制作能力的复合型主体，还有通过原始版权的授权，获得项目投资及收益份额的主体。

在有若干表现方式的投资摄制组合中，一方既有投资义务，也负责项目剧本形成、开机拍摄、后期制作工作，往往在该项目中具有掌握、执行项目整体预算的权力。对于该项目的其他投资主体，监控、参与管理项目资金流向、项目运行状态的主动性则显得尤为重要。

随着新媒体的发展，影视项目亦呈现出多元化的趋势，商业院线电影、艺术院线电影、网络大电影、网络剧、电视剧等不同影视项目性质也决定了该项目的商业回报预期及项目品质。以联合摄制的方式制作院线电影，是影视项目搭建过程中规格相对较高的形式。而一部电影如果希望在未来登陆大银幕，根据我国法律法规规定，需要先后经过剧本立项备案审查、公映许可审查等严格的行政审批手续，且在发行阶段需要投入大量资金以换取包括宣传资源、院线资源在内的发行成果。

因此，在影视项目既定为院线电影，且由投资一方主导项目版权资源整合、拍摄制作及报审的前提下，如其未能按照联合投资摄制协议约定完成院线电影相关的行政审批、拍摄、发行安排，而是通过客观行为擅自将项目实质改变为诸如网络电影等相对在资金、资源方面要求较低的形式，则将导致合作基础不复存在。我们认为本案法院综合考量行业及实际交易的相关事实，适用《合同法》第九十四条“法定解除权条款”规定的“当事人一方迟延履行债务或者有其他违约行为致使不能实现合同目的”情形，认定守约方有权解除联合摄制协议并要求违约主体承担相应违约责任是非常正确的。

此外，本案另一重要价值在于确认了联合投资摄制协议基于上述法定解除情形予以解除后，法定解除后果的具体实现方式。本案双方签署的《合作拍摄合同》解除后，《合作拍摄合同》未履行的部分双方均不再履行。合同解除后是否适用恢复原状应当考虑合同的性质和履行情况。恢复原状的含义是使双方当事人恢复到合同订立前的状态。《合作拍摄合同》的性质决定了双方付出的成本和劳动已经全部凝结在部分完成的作品中，客观上不可能恢复。同时，本案被告在《合作拍摄合同》签署之初，即希望通过已经完成的其他项目替代该合同的相关履行，且在项目筹备开始阶段即未按照约定的院线电影方式进行操作。因此，在违约行为发生在合同履行之初，且构成根本违约的情况下，由于违约行为导致合同目的自履行之初即不能实现，守约方为项目付出的投资全款应当退还，且即使违约方后续履行合同产生了相应的成本，也应当由其自行承担。从商务操作的角度，影视项目联合投资摄制协议缔结时，非主控项目的投资方往往需要关注能够形成有效项目监控的条款设置，以及对应的协议退出机制的形成。本案特殊之处在于主控项目的一方自协议订立之初即发生了根本违约，而通常的项目运行过程中，实际的违约情形往往会更为复杂，相对复杂的违约情形是否确定构成合同目的无法实现这一结果，存在争议的可能；且在合同终止之后，具体应当如何判断合同终止的后果，也同样存在一定的争议空间，这当然都会给守约方根据《合同法》的法定事由提出单方解约，并且通过这一诉求保障本方的商业利益造成更大的难度及不确定性。因此，在协议中建立相对完善、具体的合同解除条款，明确具体的解约情形以及合同解除之后的处理方式，对于界定合同权责、维护联合投资摄制交易的稳定性，特别是对于非主控方能够及时止损、控制风险，都是非常必要的。

（撰稿人：王一凡）

3.2.3 艺人擅自与经纪公司解约应承担损害赔偿责任

——窦某诉北京某影业公司演出经纪合同纠纷案[1]

【核心推介】

本案的核心问题是窦某和北京某影业公司的演出经纪合同是否应当解除，以及合同解除后损害赔偿数额如何计算。北京市高级人民法院二审认为，本案的演出经纪合同是综合性质合同，不能依据合同法关于代理合同或行纪合同的规定由合同相对方单方行使解除权；合同法第一百一十条是关于违约责任的规定，不涉及对于合同权利义务是否终止的判断，不能依据这一条规定解除合同；北京某影业公司也不存在任何过错及违约行为。尽管如此，考虑到窦某已经明确表示不再履行合同主要义务，而北京某影业公司对于合同解除也存在意向，且解除涉案合同将有利于双方当事人各自合同利益，因此依法判决合同解除。合同解除后，窦某应当就其违约行为向北京某影业公司赔偿损失，包括窦某擅自参加第三方的演艺活动而应当向北京某影业公司支付的收益分成，以及窦某拒不履行合同义务给北京某影业公司带来的预期利益损失。对于窦某擅自参加演艺活动给北京某影业公司造成的损失数额，应当由窦某提供合同原件等证据加以证明，在窦某不提供的情况下由法院综合考虑多种因素酌定。对于窦某擅自解约给经纪公司造成的预期利益损失，应当充分考虑到演艺市场收益波动较大的因素，结合多因素综合考量确定。

---

1 一审法院：北京市第二中级人民法院，一审案号：（2012）二中民初字第16451号；二审法院：北京市高级人民法院，二审案号：（2013）高民终字第1164号。该案入选2013年中国法院50件典型知识产权案例。

【关键词】

合同性质　合同解除　损害赔偿

【案情】

原告窦某诉称：窦某与被告北京某影业公司签订了《合约》，约定北京某影业公司为窦某提供演艺工作机会，但北京某影业公司不具有营业性演出经营的主体资格，且该《合约》违反《出境入境管理法》《教育法》等法律法规的强制性规定，因此应属无效合同。即使合同有效，因合同的性质属于委托合同，窦某作为委托人有权随时解除合同，且窦某已经通过发送律师函的方式行使了解除权。此外，北京某影业公司并未按照合同约定为窦某提供工作机会，构成根本违约。窦某请求法院确认双方的合同为无效合同，或者合同已经解除，并请求法院判令北京某影业公司向窦某赔偿损失。

被告北京某影业公司辩称：双方的《合约》合法有效，北京某影业公司已经按照合同约定向窦某提供了包括《山楂树之恋》《金陵十三钗》电影角色等工作机会，不存在根本违约情形。相反，窦某擅自参加了第三方的59场演艺活动，并未与北京某影业公司进行分成，且窦某恶意解约，给北京某影业公司造成损害。北京某影业公司提出反诉，请求法院确认合同合法有效且应继续履行，并请求法院判令窦某承担其擅自参加第三方演艺活动而给被告造成的损失人民币494万元，以及因其恶意解约而给被告造成的损失暂计人民币2000万元。

一审法院经审理认为：1.关于涉案合同的性质问题。涉案合同的性质为演出经纪合同。 2.关于涉案合同的效力问题。涉案演出经纪合同真实有效，不因北京某影业公司缺乏相关资质、窦某的外国人身份或者《教育法》及学校有关规定而无效。3.关于涉案合同能否解除的问题。窦某关于北京某影业公司未履行涉案合同为其提供工作的主张缺乏依据，窦某不能以北京某影业公司根本违约为由主张解约；演艺经纪合同既非代理性质也非行纪性质，是综合性合同，窦某关于随时解除涉案合同的主张不能成立；涉案合同具有特定人身属性的非金钱债务的性质，可以适用《合同法》第一百一十条的规定予以解除，但窦某应当依法承担相应的违约责任。4. 关于窦某承担违约责任的问题。北京某影业公司关于窦某违约擅自与第三方签约参加演艺活动并获取报酬的主张，缺乏依据，不予采信，故其相应的判令窦某向其赔偿经济损失494万元的反诉请求，不予支持。关于北京某影业公司提出的因窦某毁约给公司造成经济损失2000万元的反诉请求，因涉案合同中并无违约责任的约定，且北京某影业公司亦未就此提出证据予以证明，故对于北京某影业公司提出的该项反诉请求不予支持。

一审法院判决：一、确认窦某与北京某影业公司签订的《合约》是有效合同；二、窦某与北京某影业公司签订的《合约》于判决生效之日起解除；三、驳回窦某的其他诉讼请求；四、驳回北京某影业公司的其他反诉请求。

北京某影业公司不服一审判决，于法定期限内上诉至北京市高级人民法院。北京某影业公司请求撤销一审判决第二项、第四项，依法判令窦某向北京某影业公司交付其擅自参加演艺活动的全部合同并说明每份合同的履行情况，由窦某赔偿因其在《合约》有效期间擅自参加演艺活动的违约行为给北京某影业公司造成的经济损失人民币494万元；判令窦某继续履行与北京某影业公司签订的《合约》或判令窦某赔偿因其恶意毁约给北京某影业公司造成的经济损失暂计人民币2000万元。

二审法院认为：1.关于涉案合同的效力问题。窦某与北京某影业公司签订的涉案《合约》系双方当事人真实意思表示，且内容并未违反相关法律、法规的强制性规定，应属合法有效，一审判决对此认定正确。2.关于窦某是否应当向北京某影业公司承担因其擅自参加59项活动而产生的违约责任以及违约金如何确定。由于窦某系参加涉案59场演艺活动的当事人，其应当持有相关活动的合同文本，其中对具体活动是否存在报酬以及相应数额应当进行了明确约定，窦某不向法院提交合同文本的不利后果应归于窦某而非北京某影业公司；同时北京某影业公司在一审诉讼中明确向法院提出过要求调查取证的申请，一审法院对此未予处理，亦存在不当。综合考虑北京某影业公司所主张涉案59场活动的性质、规模以及窦某作为艺人的知名度、影响力，并且结合窦某以往接受此类商业活动的酬金情况等方面的因素，法院酌定由窦某向北京某影业公司支付因其在《合约》期间擅自参加演艺活动所造成的损失人民币100万元。3.一审法院关于演艺经纪合同为综合性质合同，不适用任意解除权的认定是正确的。但《合同法》第一百一十条系规定在第七章违约责任部分，该法条系关于非金钱债务的违约责任的规定，并不涉及合同权利义务终止的认定，而合同法关于合同解除的规定应当适用该法第九十四条的相关规定。因此一审判决仅适用第一百一十条从而认定合同解除，显然存在适用法律错误，二审法院予以纠正。考虑到涉案《合约》的履行需要双方当事人在相互信任的基础上实现合同的根本目的，有利于艺人和经纪公司的共同发展，在窦某已经明确表示不再履行合同主要义务，而北京某影业公司对于合同解除亦存在意向的情况下，应当本着有利于合同当事人实现各自利益及发展，本着公平、有价、平等的基本原则，在实现合同当事人真实意思的情况下，确定合同权利、义务关系。若涉案《合约》解除，在窦某赔偿相应损失的情况下，不仅北京某影业公司作为经纪公司能够实现培养艺人的经济收益，而且窦某亦能够正常发展其自身演艺事业。故综合考虑在案情况，依法解除涉案《合约》将有利于双方当事人各自合同利益，一审判决解除涉案《合约》的认定结论并无不当，二审法院予以确认。4. 解除涉案《合约》后，北京某影业公司关于要求窦某赔偿其恶意毁约给北京某影业公司造成的经济损失人民币2000万元是否应予支持。涉案《合约》的解除，系因窦某根本违约所致，窦某应当依法承担相应的违约责任，赔偿北京某影业公司相应的经济损失。实际损失的确定，包括合同履行后可以获得的利益，但不得超过违反合同一方订立合同时预见到或者应当预见到的因违反合同可能造成的损失。由于演艺活动因市场波动产生的收益变化较大，因此北京某影业公司依据窦某此前的年收入平均数，乘以剩余合同履行期的计算方式显然缺乏事实依据，法院不予采纳。由此在窦某应当承担的赔偿数额的确定上，应综合考虑北京某影业公司前期对窦某演艺发展的培养投入、宣传力度，艺人自身的影响力、知名度、发展前景以及可能给经纪公司带来的收益等因素。在综合以上因素的情况下，法院酌定此部分赔偿数额为人民币200万元。

法院经过审理后判决：一、维持一审判决第一、二、三项；二、撤销一审判决第四项；三、窦某赔偿因其擅自参加演艺活动给北京某影业公司造成的经济损失人民币100万元；四、窦某赔偿因其毁约给北京某影业有限公司造成的经济损失人民币200万元；五、驳回北京某影业有限公司的其他诉讼请求。

【业内关注】

1. 窦某是否有权解约，单方提出解约的后果是什么

2.《合同法》第一百一十条可否作为解除合同的法定依据

【法条链接】

1.《合同法》

第五条 当事人应当遵循公平原则确定各方的权利和义务。

第六条 当事人行使权利、履行义务应当遵循诚实信用原则。

第五十二条 有下列情形之一的，合同无效：

（五）违反法律、行政法规的强制性规定。

第六十条第一款 当事人应当按照约定全面履行自己的义务。

第九十四条 有下列情形之一的，当事人可以解除合同：

（一）因不可抗力致使不能实现合同目的；

（二）在履行期限届满之前，当事人一方明确表示或者以自己的行为表明不履行主要债务；

（三）当事人一方迟延履行主要债务，经催告后在合理期限内仍未履行；

（四）当事人一方迟延履行债务或者有其他违约行为致使不能实现合同目的；

（五）法律规定的其他情形。

第九十七条 合同解除后，尚未履行的，终止履行；已经履行的，根据履行情况和合同性质，当事人可以要求恢复原状、采取其他补救措施，并有权要求赔偿损失。

第一百零七条 当事人一方不履行合同义务或者履行合同义务不符合约定的，应当承担继续履行、采取补救措施或者赔偿损失等违约责任。

第一百一十条 当事人一方不履行非金钱债务或者履行非金钱债务不符合约定的，对方可以要求履行，但有下列情形之一的除外：

（一）法律上或者事实上不能履行；

（二）债务的标的不适于强制履行或者履行费用过高；

（三）债权人在合理期限内未要求履行。

2.《教育法》

第四十三条 受教育者应当履行下列义务：

（二）遵守学生行为规范，尊敬师长，养成良好的思想品德和行为习惯。

［2015年被修订为第四十四条第（二）项。］

3.《出境入境管理法》

第四十三条 外国人有下列行为之一的，属于非法就业：

（一）未按照规定取得工作许可和工作类居留证件在中国境内工作的；

（二）超出工作许可限定范围在中国境内工作的；

（三）外国留学生违反勤工助学管理规定，超出规定的岗位范围或者时限在中国境内工作的。

4.《营业性演出管理条例》

第六条 设立文艺表演团体，应当有与其演出业务相适应的专职演员和器材设备。

设立演出经纪机构，应当有3名以上专职演出经纪人员和与其业务相适应的资金。

（2016年被修订为："文艺表演团体申请从事营业性演出活动，应当有与其业务相适应的专职演员和器材设备，并向县级人民政府文化主管部门提出申请；演出经纪机构申请从事营业性演出经营活动，应当有3名以上专职演出经纪人员和与其业务相适应的资金，并向省、自治区、直辖市人民政府文化主管部门提出申请。文化主管部门应当自受理申请之日起20日内作出决定。批准的，颁发营业性演出许可证；不批准的，应当书面通知申请人并说明理由。"）

5.《最高人民法院关于民事诉讼证据的若干规定》

第七十五条 有证据证明一方当事人持有证据无正当理由拒不提供，如果对方当事人主张该证据的内容不利于证据持有人，可以推定该主张成立。

【理论观点】

在本案中，法院认为，《合同法》第一百一十条仅仅是对违约责任的规定，也即某些情况下不能要求强制履行，但不涉及对合同解除与否的判断。由此引发的问题是，如果合同确实具有人身性而不宜强制履行，但又不具备法定或者约定的解除条件，则会导致合同既不能继续履行又不能解除的两难情况。对此，崔建远教授认为，强制履行和合同解除的目的相悖，因而两种救济方法是相互排斥的。《合同法》第一百一十条本身是针对强制履行的，并不属于合同解除制度的范畴，但它在与合同解除制度相联系的时候，便作为合同解除的特别原因，或与《合同法》第九十三条第二款相结合，或与《合同法》第九十四条第（一）项相联系，或与《合同法》第九十四条第（四）

项相联系，或与《合同法》分则中或其他单行法中的解除规定相联系。[1]

在本案中，法院认为合同解除是由窦某的根本违约造成的，窦某对于擅自参加演艺活动以及擅自解约而给北京某影业公司造成的损失应当予以赔偿。前者属于已经发生的损失，相对来说争议较小，而后者属于预期利益损失，争议较大。在计算预期利益损失时，法院认为演艺市场具有不确定性，因此不能以窦某此前的年收入平均数乘以剩余合同履行期的方式计算预期利益损失。法院综合考虑了北京某影业公司前期对窦某演艺发展的培养投入、宣传力度，艺人自身的影响力、知名度、发展前景以及可能给经纪公司带来的收益等因素，酌定了赔偿额。

吴行政博士从可预见性规则的角度对于司法实践中预期利益损失较少受到支持的情况进行了分析。他认为，可预见性规则的内容应明确规定为损害的类型而非程度。《合同法》第一百一十三条第一款并没有明确规定是否要预见到损害的程度或数额。虽然从学理上看，对预见的内容确立为只要求预见损害类型而无须预见损害的程度，但由于立法规定的不明确，在司法实践中人民法院常常以违约人没有预见到损害的程度或数额为由，为违约人的损害赔偿责任进行开脱。有鉴于此，我国应出台司法解释，明确规定可预见的内容为损害的类型而非损害的程度。[2]

王利明教授针对预期利益损失的问题，对于民法典合同编的制定提出了建议。他认为，民法典合同编应当从如下方面完善可得利益赔偿的规则：一是明确可得利益损失的范围，二是明确可得利益损失的计算规则，三是明确可得利益损失的排除规则，四是要明确因根本违约导致的合同解除。[3]

1 崔建远主编：《合同法》（第六版），法律出版社2016年版，第258–259页。

2 吴行政：《合同法上可得利益赔偿规则的反思与重构——从〈中华人民共和国合同法〉第113条适用的实证考察出发》，《法商研究》2012年第2期。

3 王利明：《民法分则合同编立法研究》，《中国法学》2017年第2期。

【案例索引】

案例1[1]：阿来·阿依达尔汗诉中视亚太国际传媒广告（北京）有限公司合同案

北京市第二中级人民法院认为：

关于《合约书》的解除，由于阿来·阿依达尔汗依据现有证据不能证明中视亚太国际传媒广告（北京）有限公司存在违约行为，故阿来·阿依达尔汗以中视亚太国际传媒广告（北京）有限公司存在严重违约行为为由要求行使合同法定解除权缺乏依据。但是考虑到本案所涉合同内容具有很强的人身性，该合同的成立以及履行均以当事人之间的特殊信赖为基础，且一审庭审中阿来·阿依达尔汗亦明确陈述双方之间的合同已无继续履行的可能，阿来·阿依达尔汗既已失去对中视亚太国际传媒广告（北京）有限公司的信任，合同目的已无法实现，在此情形下，法院认为应解除双方的合同为宜。故法院对中视亚太国际传媒广告（北京）有限公司反诉要求判令阿来·阿依达尔汗继续履行与中视公司签订的《合约书》的诉讼请求不予支持。

就阿来·阿依达尔汗的履约行为，尽管阿来·阿依达尔汗主张其与第三方经纪公司没有实际签约，但现有证据表明，阿来·阿依达尔汗存在未经中视亚太国际传媒广告（北京）有限公司认可，仍与其他公司商谈签约、参加演出活动、不遵守中视亚太国际传媒广告（北京）有限公司安排等行为，已构成违约，应当承担相应的民事责任。阿来·阿依达尔汗主张其不存在违约行为，与事实不符。

关于阿来·阿依达尔汗承担的违约金数额问题，该违约金具有赔偿中视亚太国际传媒广告（北京）有限公司损失的性质，既包括中视亚太国际传媒广告（北京）有限公司的实际损失，也包括中视亚太国际传媒广告（北京）有限公司的预期利益损失。中视亚太国际传媒广告（北京）有限公司主张阿来·阿依达尔汗应当依照《合约书》的约定承担责任，但根据中视亚太国际传媒广告（北京）有限公司提供的证据，均不能有效证明其实际发生的损失与主张相符，且就预期利益损失而言，由于《合约书》

1　一审法院：北京市西城区人民法院，一审案号：(2014）西民初字第7778号；二审法院：北京市第二中级人民法院，二审案号：(2015）二中民（商）终字第04890号。

的特殊性质，即使正常履行也会受到多种因素的影响，其合同利益具有不稳定和不确定的特点。因此，一审法院综合考虑中视亚太国际传媒广告（北京）有限公司的实际损失情况、阿来·阿依达尔汗目前的知名度、阿来·阿依达尔汗所参加过的活动、双方实际履行合同的时间、中视亚太国际传媒广告（北京）有限公司对阿来·阿依达尔汗的投入成本等因素，酌定违约金50万元，处理正确。中视亚太国际传媒广告（北京）有限公司上诉主张的违约金数额，缺乏事实依据，法院亦不予支持。

案例2[1]：李素萍诉上海灿星文化传播有限公司合同案

上海市长宁区人民法院认为：

现有证据不能证明上海灿星文化传播有限公司存在违约行为，但鉴于合同的履行依赖于合同双方当事人的相互信赖，现双方已经缺失信任基础，且上海灿星文化传播有限公司也同意解约，法院依法判决合同解除，但李素萍应当承担损害赔偿责任。李素萍签约时已经34岁，对于歌手而言其发展可能已经缺乏竞争优势，其今后发展状况存在较多不确定因素。因此，上海灿星文化传播有限公司以2013年收益作为预测剩余7年多合同未履行期间的预期利益损失的依据，有失客观、合理、公允。法院依照公平原则将违约金调整为380万元。

案例3[2]：广州艺讯演出经纪有限公司诉周樵委托合同案

广州市天河区人民法院认为：

关于广告报酬，广州艺讯演出经纪有限公司对于周樵主张的广告报酬不予确认，但是周樵提交的其与第三方公司签订的《广告代言人合约书》《PPG演员演出协议书》《肖像权许可协议书》均为合同原件，在广州艺讯演出经纪有限公司未能提供相反证据反驳的前提下，本院对于上述《广告代言人合约书》《PPG演员演出协议书》《肖像权许可协议书》的证据效力予以确认，上述3个广告报酬共计11万元。对于周樵提交的其他广告拍摄合同，由于没有原件，法院不予确认。由于原、被告双方均不能提供有

1 一审法院：上海市长宁区人民法院，一审案号：（2014）长民一（民）初字第6875号。

2 一审法院：广州市天河区人民法院，一审案号：（2008）天法民二初字第199号。

效证据证明周樵拍摄“波司登”羽绒服广告、“伊利牛奶”广告、中华皓白步奏牙膏广告、第一财经片头广告、石库门上海老酒广告的可得报酬，而分析《广告代言人合约书》《PPG演员演出协议书》《肖像权许可协议书》，周樵在同期的广告代言费大致为3万元（肖像权使用期为1年）、5万元（肖像权使用期为2年），故根据公平原则，法院酌情认定周樵拍摄“波司登”羽绒服广告、“伊利牛奶”广告、中华皓白步奏牙膏广告、第一财经片头广告、石库门上海老酒广告可得广告报酬约为20万元。综上，周樵因私拍“波司登”羽绒服广告等8个广告可得报酬约为31万元，应赔偿原告佣金损失9.3万元。

【TA评述】

《宝典》如是说[1]：

经纪公司对艺人任意解约的约束

由于经纪合同的合作期间较长，发生艺人单方解约的可能性较大，经纪公司因艺人单方解约所受损失一般难以计算，为避免未来赔偿数额的不确定性，建议在经纪合同中除明确艺人需要赔偿损失之外，还需对违约金具体数额进行明确约定。

TA观点

艺人“经纪权”的归属，首先要看经纪合同的签约主体，一方即使对艺人有挖掘、培养之恩，也需与艺人订立经纪合同，才能成为名正言顺的“东家”。在本案中，北京某影业公司就是这个名正言顺的“东家”。

窦某想要与“东家”解约，需要有法定或者约定的依据。在本案中，窦某并不具有这些依据，但法院基于合同目的、双方意愿、双方利益的角度判决解除了合同。

法院还认为，窦某的根本违约行为导致合同解除，如果因为艺人的违约行为导致经纪合同解除，则艺人需向经纪公司赔偿损失，包括经纪公司为培训、包装、推广艺人投入的成本，艺人拒绝参加经纪公司安排的演艺活动而给经纪公司造成的损失，艺人在合同解除之前擅自进行演艺、代言等活动所得收益分成，经纪公司在合同剩余年限内预期可以获得的收益分成等，本案中涉及的主要是后两项损害赔偿。

1 王军、司若主编:《中国影视法律实务与商务宝典》，中国电影出版社2017年版，第359页。

在计算艺人在合同解除之前擅自进行演艺、代言等活动所得收益分成时，首先涉及举证责任问题，也就是由谁来证明艺人擅自参加活动并获得了报酬，以及未能举证证明的不利后果由谁承担。本案一审法院认为举证责任在经纪公司，并以经纪公司未能完成举证责任为由，没有支持该项损害赔偿请求。二审法院认为，艺人是参加活动并持有参加活动的合同的一方，根据证据规则，应当由艺人拿出相关活动的合同来证明自己获得的收入，否则法院将根据艺人参加这些活动的次数、性质、规模，艺人知名度、艺人以往参加同类活动的收入情况等酌定损害赔偿金额。

在计算经纪公司在合同剩余年限内预期可以获得的收益分成时，一种思路是以艺人往年的年收入水平乘以合同剩余年限；另一种思路则认为，演艺市场以及艺人的商业价值具有很大的不确定性，再结合艺人的具体情况，以这种方式来计算经纪公司的预期利益损失可能有失公允，本案二审法院就采用了这种思路，综合考虑艺人自身的影响力、知名度、发展前景以及可能给经纪公司带来的收益等因素来酌定损害赔偿金额。

对于经纪公司而言，与艺人签约的初衷是希望双方优势互补、合作共赢，在提升艺人演艺事业的同时创造并获得经济利益。但事情的发展可能会偏离最初的设想，在双方不得不解除合同的情况下，经纪公司也应当考虑如何保护自己的利益，或者换句话说，如何获得尽可能多的损害赔偿金。一方面，当事人的过错是法院判定赔偿金数额的考量因素，经纪公司应当良好地履行己方合同义务，降低己方过错；另一方面，经纪公司应当注意证据的收集和保管，比如艺人进行了哪些违约行为，艺人以往进行同类活动的收入，艺人的知名度、影响力，等等。

艺人，特别是初出茅庐的年轻艺人，可能在经纪合同的签订和履行过程中都处于相对弱势的地位。为了更好地保护自己的利益，艺人应当尽可能在合同中对经纪公司的义务加以明确和量化，并对单方解除合同的条件进行约定，避免因为约定不明确而使法院认为艺人是在经纪公司没有违约或者没实质违约的情况下任意解约，进而判决艺人承担较高的违约金。

（撰稿人：赵燕）

“好莱坞”明星合同千奇百怪的“禁条”

影星们所订的合同大多是关于日期或薪水的限制，以约束演员与经纪公司的关系。除此之外的私人行动，以至于身体发肤，公司并无权过问。但就好莱坞早期的经纪合同来看，竟有许多明星合同规定着稀奇古怪的条件。

一、不许发笑

默片时代红极一时的滑稽明星巴斯特·基顿（Buster Keaton，也称裴斯·开登），因呆萌的脸庞而获得观众宠爱，他的合同上有一条特别规定，“不得在拍戏时显露开一丝笑容”，否则制片公司便将以违约之责向法院起诉，哭笑不得的巴斯特·基顿因而被称为“冷面笑匠”。

不许笑的喜剧演员巴斯特·基顿[1]

1　图片来源：http://www.baike.com/wiki/%E5%B7%B4%E6%96%AF%E7%89%B9%C2%B7%E5%9F%BA%E9%A1%BF。

二、不许留须

阔嘴巴乔 · E. 布朗（Joe E. Brown）的合同中，规定他不许留须，因为他表演的动人之处，就在他大如面盆的润嘴。假使留了胡须，岂不是要把他的特点遮盖了吗？

阔嘴明星乔 · E. 布朗出演《热情似火》(*Some Like It Hot*)[1]

三、完全休息

埃罗尔 · 弗林（Errol Flynn）于合同中，订明他于摄制二片之间，须有两星期的完全休息时间。在此期间，公司里不论有何重大事项，都不要询问他。

埃罗尔 · 弗林[2]

1 图片来源：《亚洲影讯》1940 年第 17 期第 3 卷。

2 图片来源：http://www.theerrolflynnblog.com/tag/errol/。

四、条件详细

琼·克劳馥（Joan Crawford）的合同最为详尽，琐碎到写明何时到场工作，何时返家，均一一言明，其性格可见一斑。

琼·克劳馥伏案读剧本[1]

五、不准参观

神秘女郎葛丽泰·嘉宝（Greta Garbo）在她的合同上订有凡嘉宝拍戏时，公司不能强迫她与公众交际，禁止来宾参观，少有人有幸一睹其真姿态。

There is no one who would have me – I can't cook.[2]

1 图片来源：http://www.rogerebert.com/balder-and-dash/the-feminine-grotesque-on-the-warped-legacy-of-joan-crawford。

2 图片来源：http://www.azquotes.com/author/5323-Greta_Garbo。

六、重量规定

斯坦·劳莱和奥利弗·哈戴（Stan Laurel & Oliver Hardy）的合同中，均有明文规定，二人体重必须在某一重量之上或之下，逾此即有解约危险，因而二人对于各类体育活动，不得不特别注意，以免体形的发胖或消瘦。

斯坦·劳莱和奥利弗·哈戴在《小兵进行曲》（*Babes in Toyland*）中剧照[1]

七、看钟朋友

华雷斯·皮莱（Wallace Beery）是出了名的“看钟朋友”，只要时间一到，他便不顾一切，不问这幕戏是如何重要，这幕布景是费了多少金钱，他总是毫无关系似的大踏步而出。公司中人奈他无何，因为合同中就是这样订立的，只好眼睁睁地看他离去。

1 图片来源：http://pazzmagazine.com/movie-review/hodges-holiday-farebabes-in-toyland-aka-march-of-the-wooden-soldiers-1934/。

华雷斯·皮莱凭《自由万岁》(*Viva Villa!*)一片获1934年威尼斯电影节最佳男主角[1]

八、庐山真面

绰号“千面人”的大明星郎·却乃(Lon Chaney，也称朗·钱尼)，他的化装术真是好到了极点，在他化装后，就是他的朋友也难辨其人，所以公司视之如珍宝，规定不许其以“真面目”示人，除非先向公司疏通不可。[2]

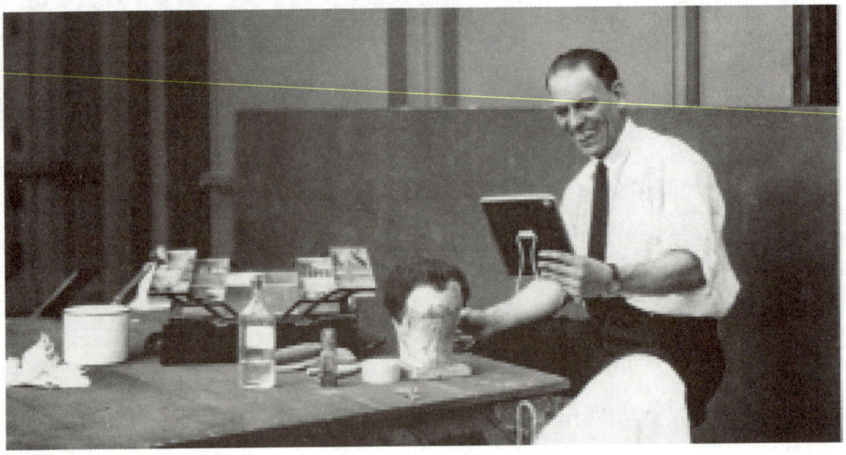

郎·却乃在《千面人》(*The Man of a Thousand Faces*)中[3]

1 图片来源：http://www.hollywoodreporter.com/gallery/pedro-almodovars-im-excited-36-583224/2-viva-villa-1934。

2 《是事实还是宣传？明星合同里的怪条件：怪得有点匪夷所思》,《好莱坞》1941年第119期。

3 图片来源：http://www.pbs.org/wnet/americanmasters/lon-chaney-the-man-of-a-thousand-faces/552/。

九、亵渎行为

美国电影和舞台上的艳星梅·惠斯特（Mae West）素以表演风情女郎见长，摄影场上的工作人员多疑她生性浪漫，每逢遇见她的时候，总有把持不住的人与她调笑戏谑。梅·惠斯特不胜其扰，便在合同上言明不许有人对她有亵渎行为，往往有跃跃欲试的工匠者违背了上述合同款项，而被解职。

梅·惠斯特在《侬本多情》(*She Done Him Wrong*) 中[1]

如此说来，当影迷在为“狼叔”休·杰克曼（Hugh Jackman）17年的节食塑身之路暗自抹泪时，可能这些都出于明星对合同规定的恪尽其责。

1 图片来源：http://www.criticalcommons.org/Members/ccManager/clips/mae-west-and-cary-grant-in-she-done-him-wrong/view。

3.2.4 双方缺乏信任并不是解除经纪合同的法定依据

——黄某诉湖南某影视公司合同纠纷案[1]

【核心推介】

本案的核心问题是湖南某影视公司是否存在违约行为足以导致经纪合同解除，以及黄某能否以双方信赖基础丧失为由解除经纪合同。湖南省长沙市开福区人民法院认为，黄某主张的湖南某影视公司存在违约行为缺乏合同和事实依据。双方虽然在合同履行中产生了分歧，但并不存在合同无法履行的法定情形。双方当事人之间的信任虽是履行合同的重要基础，但缺乏信任并非享有合同解除权的法定理由。黄某以缺乏信任为由主张行使合同解除权，于法无据，法院不予采纳。

【关键词】

经纪合同　合同解除　法定解除　信任

【案情】

原告黄某起诉称：2016年3月，被告湖南某影视公司以邀请黄某出演某剧女二号为前提，与黄某签订了《演艺人员—经理人合约》。签约时，黄某为上海某戏剧学院大一学生。合同约定，湖南某影视公司作为黄某所有演艺事业的独家及全权经理人和代理人，负责协助黄某发展演艺事业，并为黄某进行策划、宣传、培训。黄某称，湖

1　一审法院：湖南省长沙市开福区人民法院，一审案号：（2017）湘0105民初443号。

南某影视公司在多个方面违反合同约定，包括没有让黄某出演某剧女二号、不为黄某提供专业培训、不对黄某进行宣传推广、频繁进行人事变动并更换黄某的经纪人等等，湖南某影视公司甚至单方中止了合同的履行。湖南某影视公司不积极履行合同义务导致黄某演艺事业停止，严重影响了黄某的发展，因而黄某要求解除合同，并要求湖南某影视公司向其支付违约金。

被告湖南某影视公司答辩称：其一直严格按照合同约定履行义务，原告黄某请求解除合同于法无据。第一，湖南某影视公司向某剧剧组推荐黄某演女二号，但因为该剧修改剧本导致拍摄延期，而延期后黄某要顾全学业而无法参演。第二，双方在合同中并没有就培训时间和培训项目进行约定，湖南某影视公司根据黄某的自身情况，为其安排的是专项性短期突击培训，并为履行培训义务联系了导师、支付了费用。第三，湖南某影视公司一直通过被告人脉、自媒体、官网对原告进行宣传。第四，湖南某影视公司的人事变动系其内部事务，并未影响到合同履行。事实上，湖南某影视公司中止合同履行是因为黄某多次提出不想在学业期间从事演艺事业，黄某可随时恢复合同的履行。

湖南某影视公司提出反诉请求：1. 黄某继续履行《演艺人员—经理人合约》。2. 黄某向湖南某影视公司支付违约金人民币200万元。3. 黄某承担反诉的全部诉讼费用。

一审法院湖南省长沙市开福区人民法院认为，本案的争议焦点在以下三个方面：

第一，《演艺人员—经理人合约》性质的认定以及黄某是否享有合同任意解除权。法院认为，《演艺人员—经理人合约》是湖南某影视公司与黄某所签订的关于发展黄某未来演艺事业的多种权利义务关系相结合的综合性质合同，并非单纯的委托代理或者行纪性质，因此黄某不享有单方任意解除权，仍应适用《合同法》第九十四条关于合同解除的一般规定。

第二，湖南某影视公司是否存在违约行为以及黄某能否据此解除合同。本案中，黄某主张合同解除权的理由是湖南某影视公司在多方面违反合同约定，不积极履行合同义务导致合同目的无法实现，法院针对黄某主张的五项违约行为分别进行阐述。1. 湖南某影视公司是否未履行签约前承诺，致使黄某失去了出演某剧女二号的机会。首先，黄某没有举证证明双方就参演该剧达成过协议；其次，合同签订后，在湖南某影视公司的推荐下，某剧片方有意邀请黄某出演某剧女二号，后因电视剧剧本需要修改，开机时间延迟，此时黄某已经入学，因为学业原因没有档期参加拍摄。因此，黄某主张的这项违约行为与事实不符，法院不予采纳。2. 湖南某影视公司是否不为黄某提供专业培训机会，并拒绝原告提出的培训请求。首先，《演艺人员—经理人合约》中并未对培训内容、方式、频率等进行具体约定，现合约履行期限尚未届满；其次，湖南某影视公司作为演艺经纪公司，其主要合同义务在于为黄某提供演艺经纪服务、发展黄某的演艺事业，故黄某以湖南某影视公司未履行培训义务为由主张其存在根本违约行为，没有合同依据，法院不予支持。3. 湖南某影视公司是否对黄某没有进行任何宣传推广。据已查明事实，湖南某影视公司在其官网及官方微博上均有与黄某相关的宣传介绍，黄某的主张与事实不符。4. 湖南某影视公司是否频繁进行人事变动，屡屡更换黄某经纪人致使其演艺经纪工作迟迟不能开展，签约至今没有为其安排任何演艺工作。首先，湖南某影视公司进行频繁人事变动是公司内部事务，与黄某无关；其次，根据已查明事实，湖南某影视公司为黄某提供了演艺机会，均因黄某要顾全学业而没有参加。故黄某主张的这项违约行为与事实不符，法院不予采纳。5. 双方是否缺乏信任导致合同无法继续履行。法院认为，双方虽然在合同履行过程中产生了分歧，但并不存在合同无法继续履行的法定情形。双方当事人之间的信任虽是履行合同的重要基础，但缺乏信任并非享有合同解除权的法定理由。黄某以缺乏信任为由主张行使合同解除权，于法无据，法院不予采纳。

第三，黄某要求解除合同及拒绝参加湖南某影视公司提供的演艺机会是否构成违约及违约责任的承担。《演艺人员—经理人合约》约定，湖南某影视公司为黄某安排的工作以不影响黄某学业为准，黄某为顾全学业没有参加湖南某影视公司为其提供的演艺活动，不构成违约。《演艺人员—经理人合约》约定，双方协商一致的，可以终止本合约，黄某单方面向湖南某影视公司提出解约申请，是其在正当行使合同的约定解除权，于合同有据，不构成违约。因此，黄某不需要承担违约责任。

法院判决：一、驳回黄某的诉讼请求；二、黄某与湖南某影视公司的《演艺人员—经理人合约》继续履行；三、驳回湖南某影视公司的其他反诉请求。

【业内关注】

1. 艺人究竟能否以双方信赖关系破裂为由主张解约

2. 本案是个案还是法院对艺人解约案件审理态度的新风向标

【法条链接】

1.《合同法》

第六十条 当事人应当按照约定全面履行自己的义务。

当事人应当遵循诚实信用原则，根据合同的性质、目的和交易习惯履行通知、协助、保密等义务。

第九十四条 有下列情形之一的，当事人可以解除合同：

（一）因不可抗力致使不能实现合同目的；

（二）在履行期限届满之前，当事人一方明确表示或者以自己的行为表明不履行主要债务；

（三）当事人一方迟延履行主要债务，经催告后在合理期限内仍未履行；

（四）当事人一方迟延履行债务或者有其他违约行为致使不能实现合同目的；

（五）法律规定的其他情形。

第一百零七条 当事人一方不履行合同义务或者履行合同义务不符合约定的，应当承担继续履行、采取补救措施或者赔偿损失等违约责任。

2.《最高人民法院关于适用〈中华人民共和国民事诉讼法〉的解释》

第九十条 当事人对自己提出的诉讼请求所依据的事实或者反驳对方诉讼请求所依据的事实，应当提供证据加以证明，但法律另有规定的除外。

在作出判决前，当事人未能提供证据或者证据不足以证明其事实主张的，由负有举证证明责任的当事人承担不利的后果。

【理论观点】

在本案中，经纪公司行使了继续履行请求权，但艺人经纪合同具有人身性，不适宜强制履行。合同不适宜强制履行能否作为继续履行请求权的抗辩理由？王洪亮教授认为，继续履行请求权真正的含义在于强制债务人实际履行所负担的标的物给付义务，属于履行请求权或给付请求权的一个效力，即诉请执行力。故其在构成上并不以违约为前提，履行是否可能，亦不属于构成前提问题，而属于抗辩权之范畴。法律上不能与事实上不能是强制履行的排除事由，也是无须主张的抗辩事由，而经济上不能与人身上不能则属于强制履行的须主张的抗辩事由。[1]

本案面临的潜在问题是，如果合同确实具有人身性而不宜强制履行，但又不具备法定或者约定的解除条件，则会导致合同既不能继续履行又不能解除的两难情况。对此，崔建远教授认为，强制履行和合同解除的目的相悖，因而两种救济方法是相互排斥的。《合同法》第一百一十条本身是针对强制履行的，并不属于合同解除制度的范畴，但它在与合同解除制度相联系的时候，便作为合同解除的特别原因，或与《合同法》第九十三条第二款相结合，或与《合同法》第九十四条第（一）项相联系，或与《合同法》第九十四条第（四）项相联系，或与《合同法》分则中或其他单行法中的解除规定相联系。[2]

如果如艺人所主张的，双方信赖基础丧失，导致合同目的无法实现，则是否就满足了法定解除条件？如何理解"合同目的无法实现"？对此，崔建远教授考察了《合同法》第九十四条的立法过程，认为"不能实现合同目的"与"（严重）影响订立合同所期望的经济利益"具有相同或相似的含义。我们应从违约行为给守约方造成的经济损失的角度界定不能实现合同目的的意义。如此，所谓不完全履行致使合同目的不能达成，可被界定为不完全履行（严重）影响了当事人订立合同所期望的经济利益。[3]

【案例索引】

案例1[4]：蔡盛与北京紫骏影视文化传媒有限公司合同案

北京市通州区人民法院认为：

1　王洪亮：《强制履行请求权的性质及其行使》，《法学》2012年第1期。

2　崔建远主编：《合同法》（第六版），法律出版社2016年版，第258–259页。

3　崔建远：《合同一般法定解除条件探微》，《法律科学》2011年第6期。

4　一审法院：北京市通州区人民法院，一审案号：（2014）通民（商）初字第13278号。

蔡盛提出的北京紫骏影视文化传媒有限公司违约的主张不能成立，但是双方在合约中的约定体现出蔡盛较强的人身依附性，合约目的的实现有赖于双方间的真诚合作及各自对合约的切实履行，现蔡盛主张解除合约，紫骏公司亦反诉要求蔡盛赔偿违约金，双方已丧失继续履行合同的信任基础，故蔡盛要求解除合同的请求，本院予以支持。

案例2[1]：辛蕾诉广州天姬演艺经纪有限公司合同案

一审法院广东省广州市天河区人民法院认为：

辛蕾与广州天姬演艺经纪有限公司签订的《合约》是双方的真实意思表示，双方均应依约信守。《合约》不仅约定了辛蕾与广州天姬演艺经纪有限公司双方之间的委托事项，还涉及劳动关系、培训、投资、知识产权归属等，属综合性合同，且《合约》已明确载明辛蕾放弃依《中华人民共和国合同法》第四百一十条及第二百六十八条规定的解除合同的权利，辛蕾不享有委托合同的任意解除权。《合约》签订后广州天姬演艺经纪有限公司已向辛蕾提供大量的培训、宣传和演艺机会，且已支付生活费和收入分成，广州天姬演艺经纪有限公司并未构成根本违约，辛蕾无权依法解除《合约》。虽然辛蕾通过委托律师向广州天姬演艺经纪有限公司发送了解约通知，但所述解约事由均不成立，一审法院对此不予确认。虽然广州天姬演艺经纪有限公司要求辛蕾继续履行《合约》，但基于《合约》本身的人身属性、演艺事业性质、辛蕾的解约意愿，该《合约》只有建立在诚实信用、自愿公平的基础上才能有利于辛蕾和广州天姬演艺经纪有限公司的共同发展；现双方争议过程中已产生诸多矛盾、诉前和诉中协商均未成，双方已缺乏继续合作的信赖基础，据此一审法院判决双方签订的《合约》解除，解约时间为本案一审判决日。

二审法院维持了此项判决。

1　一审法院：广东省广州市天河区人民法院，一审案号：（2015）穗天法民二初字第1561号；二审法院：广州市中级人民法院，二审案号：（2016）粤01民终12828号。

案例3[1]：刘虎诉北京颂德文化经纪有限公司合同案

一审法院北京市朝阳区人民法院认为：

北京颂德文化经纪有限公司在刘虎签约之后未能够为刘虎创造合同约定的演艺机会，没有完成合同载明的每年剧集量，已经构成根本性违约。从合约的违约成本和北京颂德文化经纪有限公司已经获取的收益角度来看，刘虎现在解除经纪合约并不会给北京颂德文化经纪有限公司造成经济损失。从经纪合同的性质来看，艺人经纪合约更多地受合作双方主观意志因素影响，需要艺人与经纪公司相互配合才能更好地履行合同。目前刘虎已经就合同的履行与北京颂德文化经纪有限公司产生了分歧，北京颂德文化经纪有限公司已经两年之内未为刘虎争取到足够的影视剧出演机会，北京颂德文化经纪有限公司目前无法找到合适的方法消除刘虎的顾虑，彼此重新建立信任。而演员的演艺生涯较短，五年的时间可能决定演员的演艺道路是否能够继续。综合以上情节，法院认为北京颂德文化经纪有限公司的行为已经构成根本性违约，符合合同法“在履行期限届满之前，当事人一方明确表示或者以自己的行为表明不履行主要债务”的情形，故法院对于刘虎主张解除《全约演艺经纪合约》的请求予以支持。

北京颂德文化经纪有限公司提出上诉，二审法院驳回上诉，维持原判。

【TA评述】

《宝典》如是说[2]：

经纪公司对艺人任意解约的约束

为避免艺人拥有单方解除经纪合同的权利，建议不以委托合同的形式进行经纪合同的签署，而以双方合作的形式进行签署，且在合同中应明确约定艺人无权单方解除经纪合同。

TA观点

以往的艺人解约案件往往都以经纪合同解除告终，但本案让我们意识到，经纪合同解除并不是艺人解约纠纷的必然结果，应当结合案件的具体情况进行分析。我们认

1 一审法院：北京市朝阳区人民法院，一审案号：（2015）朝民（商）初字第38579号；二审法院：北京市第三中级人民法院，二审案号：（2016）京03民终5196号。

2 王军、司若主编：《中国影视法律实务与商务宝典》，中国电影出版社2017年版，第359–360页。

为，导致本案中法院判决合同继续履行的原因是多方面的。

第一，法院认为经纪合同是综合性质的合同，而不单纯是艺人委托经纪公司处理事务的委托合同，因此艺人不能单方解约。事实上，经纪公司为挖掘、培养艺人而付出的努力是不应当被忽视的考虑因素。

第二，从在案证据来看，艺人黄某主张的经纪公司的违约行为不能成立。这也提醒我们，“打官司就是打证据”，艺人要想证明经纪公司违约，需要拿出强有力的证据。此外，经纪合同中对于经纪公司义务的约定方式也是非常重要的，对于经纪公司的义务约定得越具体、明确、细致，对艺人越有利。比如，在索引案例3中，经纪合同约定经纪公司需保证安排艺人每年参与拍摄影视剧拍摄戏量不低于签约前拍摄戏量，这为衡量经纪公司的履约情况提供了非常具体的量化标准，也成为法院认定经纪公司根本违约的重要理由。

第三，从双方缺乏信赖基础是否导致合同目的不能实现的角度来看，本案法院认为，双方虽然在合同履行过程中产生了分歧，但并不存在合同无法继续履行的法定情形；双方当事人之间的信任虽是履行合同的重要基础，但缺乏信任并非享有合同解除权的法定理由。但在索引案例1中，法院认为，考虑到系争经纪合同本应建立在诚实信用、自愿公平的基础上，才有利于经纪公司与艺人的共同发展。但事实上，双方在履行系争合约过程中已产生了诸多矛盾，双方已缺乏继续合作的信赖基础，因此双方的经纪合同可于判决生效之日解除。可见，同样是缺乏信赖基础，能否导致合同解除因案而异。我们认为，事实基础仍然是影响法官判断的重要依据，艺人和经纪公司之间究竟是产生了无法调和的矛盾，还是可以愈合的分歧，最终会影响到法官对于合同目的能否实现的判断，并最终决定了艺人能不能成功解约。

本案是否会成为艺人解约案件的风向标尚有待观察，但本案给我们带来的重要启示就是，在艺人无法证明经纪公司存在根本违约行为的情况下，一句“双方缺乏信赖基础”并不必然导致合同解除。双方仍然要回到合同约定以及合同履行的具体情况，用事实说话。

（撰稿人：赵燕）

3.2.5 艺人与经纪公司存在矛盾并不必然导致经纪合同解除

——孙某某诉上海某文化公司其他合同纠纷案[1]

【核心推介】

本案的核心问题是孙某某与上海某文化公司之间的矛盾是否足以导致涉案合同解除。孙某某诉称：其与经纪公司上海某文化公司签订了《演艺经纪合同》，但上海某文化公司严重违反了合同约定，双方已经丧失了信赖基础，故涉案合同应当予以解除。一审法院认为，上海某文化公司不存在严重违约行为，虽然本案所涉的《演艺经纪合同》并不能由任何一方当事人单方解除，但考虑到该合同具有较强的人身属性，且双方在履行系争合同的过程中已产生了诸多矛盾，双方已明显缺乏继续合作的信赖基础，合同亦难以继续履行，合同目的难以实现，故一审法院认定，双方间的《演艺经纪合同》可于判决生效之日解除。二审法院则认为，从在案证据来看，双方的矛盾主要在于孙某某对上海某文化公司向其提供的经纪人马某的能力表示不满，孙某某与上海某文化公司之间并无实质性矛盾，且上海某文化公司在二审审理过程中亦表示要为孙某某重新聘请新的经纪人，孙某某与上海某文化公司就涉案合同仍有继续履行的基础。鉴于涉案合同的解除条件尚未成就，双方均应依约继续履行。

【关键词】

经纪合同　合同解除　信任

1　一审法院：上海市松江区人民法院，一审案号：（2016）沪0117民初7714号；二审法院：上海市第一中级人民法院，二审案号：（2016）沪01民终13315号。

【案情】

原告孙某某起诉称：其与被告上海某文化公司签订了《演艺经纪合同》，但上海某文化公司向其隐瞒拍戏片酬，侵害了他的知情权，几乎没有对他进行包装、宣传、培养，不断地在微信朋友圈上发布告知书，称他毫无演戏经验。上海某文化公司的行为严重违反了合同约定，双方已经丧失了信赖基础，故涉案合同应当予以解除。

被告上海某文化公司答辩称：双方并没有失去信赖基础。孙某某并没有表示对上海某文化公司缺乏信任，只是对上海某文化公司向其提供的经纪服务人员的能力不满。孙某某虽然对上海某文化公司为其提供的演艺机会及宣传不满意，究其原因还是孙某某和上海某文化公司的经纪人之间的矛盾，但这一点双方是可以在以后的合作基础上相互改进的，不至于到解除合同的程度。上海某文化公司为了推出孙某某，投入了大量的时间、金钱、物资和人力。因此，涉案合同应当继续履行。

上海市松江区人民法院审理认为：双方签订的《演艺经纪合同》系双方的真实意思表示，合法有效，双方均应依照合同约定履行各自的义务。至于该合同的性质，鉴于演艺经纪合同既涉及代理艺人对外沟通交涉的内容，又存在为艺人进行包装宣传的要求，还具有一定的内部管理职能，存在较强的特殊性和行业特征；其不仅具备委托合同的主要特征，也同时具有劳动合同、行纪合同和居间合同等其他合同特征，故一审法院认定该合同属于包含多种权利义务关系的综合性合同。根据法律规定，依法成立的合同对当事人具有法律约束力，在无法定事由的情况下，双方均不得擅自变更或者解除合同。本案中，上海某文化公司为孙某某安排参演影视剧，也进行了一定程度的宣传和推广，并按约进行演艺收入的结算及向孙某某支付相关演艺报酬，已经基本履行了合同项下的主要义务。即使存在孙某某所称的少量片酬结算差异，也不应认定为根本违约。至于孙某某主张的上海某文化公司经纪水平差导致其发展不利，一审法院认为，艺人的发展系由多方面因素共同决定，并非仅受经纪水平的影响；而经纪人水平的高低虽然可能会影响到合同履行的效果，但在没有特殊约定的情况下，是否违约考量的是当事人有无依照合同约定完全履行义务，而非履行义务后产生的实际效果。现综合考量上海某文化公司的履约行为，并不存在严重违约的情形，而双方签订的合同性质上亦不属于单纯的委托合同，故孙某某行使法定解除权和任意解除权以解除合同的主张，缺乏依据，一审法院不予采纳。孙某某于2016年2月4日向上海某文化公司发送的解除合同的《律师函》，并不产生解除《演艺经纪合同》的法律效力，双方合同仍成立有效，双方在合同中约定的权利义务关系也继续存在。然，虽然本案所涉的《演艺经纪合同》并不能由任何一方当事人单方解除，但考虑到该合同具有较强的人身属性，亦是基于双方的信赖关系所订立，基于孙某某坚持解除合同的意思表示，考虑到系争《演艺经纪合同》本应建立在诚实信用、自愿公平的基础上，才有利于双方的共同发展，客观上，双方在履行系争合同的过程中已产生了诸多矛盾，且经多次协商仍未达成一致，可见双方已明显缺乏继续合作的信赖基础，合同亦难以继续履行，合同目的难以实现，故一审法院认定，双方间的《演艺经纪合同》可于判决生效之日解除。

上海某文化公司不服一审判决，在法定期限内向上海市第一中级人民法院上诉，请求：撤销一审判决，改判双方之间的《演艺经纪合同》继续履行。

上海市第一中级人民法院认为，本案的争议焦点在于：上海某文化公司是否存在严重违反合同的行为从而导致涉案合同必须解除？诚如一审法院所述，上海某文化公司为孙某某安排参演影视剧，进行一定程度的宣传和推广，并按约进行演艺收入的结算及向孙某某支付相关演艺报酬，已经基本履行了合同项下的主要义务，即使存在孙某某所称的少量片酬结算差异，也不应认定为严重违约。从孙某某于一审时提交的微信截图、谈话录音等证据的内容来看，孙某某与上海某文化公司的矛盾主要在于孙某某对上海某文化公司向其提供的经纪人马某的能力表示不满，孙某某与上海某文化公司之间并无实质性矛盾，且上海某文化公司在二审审理过程中亦表示要为孙某某重新聘请新的经纪人，孙某某与上海某文化公司就涉案合同仍有继续履行的基础。孙某某并不享有法定或者约定的合同解除权。原审法院以双方缺乏继续履行合同的信赖基础作为解除合同的事由，缺乏法律依据，二审法院难以认同。鉴于涉案合同的解除条件尚未成就，双方均应依约继续履行。二审法院撤销原判，改判合同继续履行。

【业内关注】

1. 艺人与经纪公司之间发生什么样的矛盾才会使法院判决解约
2. 不支持艺人的解约请求会成为“新常态”吗

【法条链接】

1.《合同法》

第六十条 当事人应当按照约定全面履行自己的义务。

当事人应当遵循诚实信用原则，根据合同的性质、目的和交易习惯履行通知、协助、保密等义务。

第九十四条 有下列情形之一的，当事人可以解除合同：

（一）因不可抗力致使不能实现合同目的；

（二）在履行期限届满之前，当事人一方明确表示或者以自己的行为表明不履行主要债务；

（三）当事人一方迟延履行主要债务，经催告后在合理期限内仍未履行；

（四）当事人一方迟延履行债务或者有其他违约行为致使不能实现合同目的；

（五）法律规定的其他情形。

第一百零七条 当事人一方不履行合同义务或者履行合同义务不符合约定的，应当承担继续履行、采取补救措施或者赔偿损失等违约责任。

2.《最高人民法院关于适用〈中华人民共和国民事诉讼法〉的解释》

第九十条 当事人对自己提出的诉讼请求所依据的事实或者反驳对方诉讼请求所依据的事实，应当提供证据加以证明，但法律另有规定的除外。

在作出判决前，当事人未能提供证据或者证据不足以证明其事实主张的，由负有举证证明责任的当事人承担不利的后果。

【理论观点】

在本案中，争议的关键问题在于，是否存在违约行为以及双方之间的矛盾导致合同目的不能实现，进而导致解除合同？一审法院判决合同解除的理由是艺人和经纪公司双方已明显缺乏继续合作的信赖基础，合同亦难以继续履行，合同目的难以实现，而二审法院则认为双方并无实质矛盾，合同仍有继续履行的基础，因而判决合同继续履行。一审和二审之所以出现不同结果，除了两个法院在事实层面的不同认定之外，还与对法定解除权的理解有关，即如何理解“合同目的不能实现”这个法定解除条件。

崔建远教授认为，合同目的包括典型交易的合同目的（客观目的）和某些情况下的动机（主观目的）。所谓合同的典型交易目的，即给与所欲实现的法律效果。这种典型交易目的在每一类合同中是相同的，不因当事人订立某一具体合同的动机不同而改变。典型交易目的在典型合同（有名合同）中相对容易确定，例如，在赠与合同中，典型交易目的是移转赠与物的所有权，但在非典型合同（无名合同）中寻觅典型交易目的则务须区分情形，逐个甄别，而后下结论。不过，总是机械地将典型交易目的一律作为《合同法》第九十四条第（四）项所说的合同目的，绝对排斥其他原因作为合同目的，有时也会出现极不合理的现象。因此，不宜总是把合同目的局限于典型交易目的，应当视案情的不同而在某些情况下将动机也作为合同目的。在当事人明确地将其签订合同的动机告知了对方当事人，并且作为成交的基础，或者说作为合同的条件；或者虽然当事人在签订合同时没有明确告知，合同中也没有将该动机条款化，但有充分且确凿的证据证明该动机就是该合同（交易）成立的基础，也可以甚至应当将此类动机视为合同目的。关于何为“合同目的不能实现”，崔建远教授认为，考察《合同法》的立法史可知，在《合同法》上，“不能实现合同目的”与“（严重）影响订立合同所期望的经济利益”具有相同或相似的含义。如此，所谓不完全履行致使合同目的不能实现，可被界定为不完全履行（严重）影响了当事人订立合同所期望的经济利益。与“合同目的不能实现”相关的概念是根本违约。崔建远教授认为，根本违约应指涉及合同根基的性质严重的违约，债务人违约使债权人得不到合同正常履行所带来的主要利益，使债权人遭受较为严重的损失，与《合同法》第九十四条所用不能实现合同目的接近。[1]

赵惠琳法官认为，对于何为“合同目的”，法并无明确的解释，按学术界的一般理解，“合同目的”是当事人通过订立合同的行为所想要得到的结果，这种结果通常表现为一种经济利益。合同目的因当事人及合同性质不同而不同。赵惠琳法官认为，可以借鉴刑法理论中相关理论，引入“动机”的概念，以利于更好理解合同法原理。“合同动机”是指驱使行为人实施订立合同行为以达到合同目的的内心起因，仅仅是合同当事人的内心想法而并不当然构成合同目的。如果当事人希望其主观动机转化为合同的

1 崔建远:《论合同目的及其不能实现》,《吉林大学社会科学学报》2015年第3期。

目的，当事人一方就应当以明示或默示的方式告知合同相对方，在对方当事人知悉并合意的情况下，订立合同的动机才转化为合同的特殊目的。赵惠琳法官认为，只有在一方重大违约，导致合同目的无法实现，使经济合同履行成为不必要的情况下，另一方才有权行使解除权，否则另一方无权行使解除权。[1]

【案例索引】

案例1[2]：阿来·阿依达尔汗诉中视亚太国际传媒广告（北京）有限公司合同案

一审法院北京市西城区人民法院认为：

关于《合约书》的解除，由于阿来·阿依达尔汗依据现有证据不能证明中视亚太国际传媒广告（北京）有限公司存在违约行为，故阿来·阿依达尔汗以中视亚太国际传媒广告（北京）有限公司存在严重违约行为为由要求行使合同法定解除权缺乏依据。但是考虑到本案所涉合同内容具有很强的人身性，该合同的成立以及履行均以当事人之间的特殊信赖为基础，且一审庭审中阿来·阿依达尔汗亦明确陈述双方之间的合同已无继续履行的可能，阿来·阿依达尔汗既已失去对中视亚太国际传媒广告（北京）有限公司的信任，合同目的已无法实现，在此情形下，法院认为应解除双方的合同为宜。故法院对中视公司反诉要求判令阿来·阿依达尔汗继续履行与中视亚太国际传媒广告（北京）有限公司签订的《合约书》的诉讼请求不予支持。

二审法院北京市第二中级人民法院认为：

阿来·阿依达尔汗与中视亚太国际传媒广告（北京）有限公司签订的《合约书》合法有效。当事人应当按照约定全面履行自己的义务。根据《合约书》的内容，包括了委托、服务、演艺经纪等在内的合同性质，其履行以当事人之间的主观信任为基础，具有较强的人身性，现阿来·阿依达尔汗已经明确表示《合约书》无继续履行的可能，勉强维持双方之间的合同关系，势必会影响实现《合约书》订立的目的。因此，一审

1　赵惠琳：《正确理解和适用合同目的及根本违约规则》，《政治与法律》2003年第5期。

2　一审法院：北京市西城区人民法院，一审案号：（2014）西民初字第7778号；二审法院：北京市第二中级人民法院，二审案号：（2015）二中民（商）终字第04890号。

法院确认解除《合约书》，处理并无不当。

案例2[1]：上海东锦文化传播有限公司诉贾青合同案

一审法院上海市徐汇区人民法院认为：

贾青主张的上海东锦文化传播有限公司的违约行为没有依据。考虑到演艺经纪合同应当建立在诚实信用、自愿公平的基础上，有利于公司和演员的共同发展。鉴于演艺经纪合同的履行需要合同双方积极主动的为一定行为，但上海东锦文化传播有限公司与贾青双方在履约过程中产生了诸多矛盾，贾青在向上海东锦文化传播有限公司发出解除函后，实际也与案外人签订了演员聘用合同，并参加了相关电视剧的拍摄工作，继续履行合同已经不利于双方的共同发展，故对上海东锦文化传播有限公司要求继续履行合同的诉讼请求不予支持。上海东锦文化传播有限公司不服一审判决，上诉至上海市第一中级人民法院。

二审法院上海市第一中级人民法院认为：

演艺经纪合同的履行应当考虑到双方当事人的合意，现履行过程中双方矛盾较深，贾青已通过与他人签订演员聘用合同等行为表明其不愿再履行本案系争合同，故双方合同已无继续履行的必要。故一审法院驳回上海东锦文化传播有限公司要求继续履行与贾青所签经纪合同的诉讼请求，是属正确，但需予以明确的是系争合同的解除日期为本判决生效之日。上海市人民检察院抗诉至上海市高级人民法院。

再审法院上海市高级人民法院认为：

鉴于本合同的特殊性，继续履行合同显然对双方均无益处，因此一审判决对东锦公司要求继续履行合同的诉请未予支持，二审法院对该观点予以认同，并无不当，本院予以维持。考虑到一审判决对上海东锦文化传播有限公司要求继续履行合同的申请未予支持的同时没有确定合同解除的日期，实属不当，二审判决虽对此作了补正，但以判决生效之日作为双方合同解除之日，可能造成双方损失扩大，故结合双方合同履行情况等，本院认为双方合同解除的日期宜变更为一审判决日。

1 一审法院：上海市徐汇区人民法院，一审案号：(2012) 徐民二（商）初字第1610号；二审法院：上海市第一中级人民法院，二审案号：(2013) 沪一中民一（民）终字第532号；再审法院：上海市高级人民法院，再审案号：(2014) 沪高民一（民）再提字第8号。

【TA评述】

本案中关于合同是否应当解除，一审法院和二审法院持不同观点。一审法院所持观点与索引案例1、索引案例2以及其他很多艺人解约案中的观点相同，即一方面不认可演艺经纪合同为委托合同以及艺人作为委托人享有任意解除权，另一方面认为如果艺人和经纪公司双方之间存在重大矛盾，则合同没有继续履行的可能性或者必要，继续履行对双方没有好处，无法实现合同目的，因此判令解约。二审法院则一方面不认可演艺经纪合同为委托合同以及艺人作为委托人享有任意解除权，另一方面认为艺人与经纪公司之间并无实质性矛盾，不存在合同无法履行的法定情形，双方就涉案合同仍有继续履行的基础。

可以看到，演艺经纪合同究竟能不能解除，一方面取决于事实层面的合同履行情况，另一方面也取决于法官的自由裁量。在什么情况下双方的信赖基础丧失足以使得合同目的无法实现，什么情况下双方的信赖基础丧失不会影响合同目的的实现，其实并没有一个清晰明确的界限。在这种情况下，经纪公司和艺人从各自的立场出发，事实以及法庭呈现的证据就决定了合同最终能不能解除。如何解读“合同目的”，如何将艺人和经纪公司签约之时的动机反映到合同文本中并影响法官到对“合同目的”的判断，可能也是法务人员以及代理律师所要考虑的问题。

（撰稿人：赵燕）

知产史话

“上海滩”明星合同千奇百怪的“约定”

民国时期对影星的行业规定，不仅体现在道德层面，诸如婚事、家事、儿女情长之事等皆是常事。

一、不准结婚

胡蝶与明星公司订立的合同中，有一条要求是“在合同未满期内，不准结婚”。

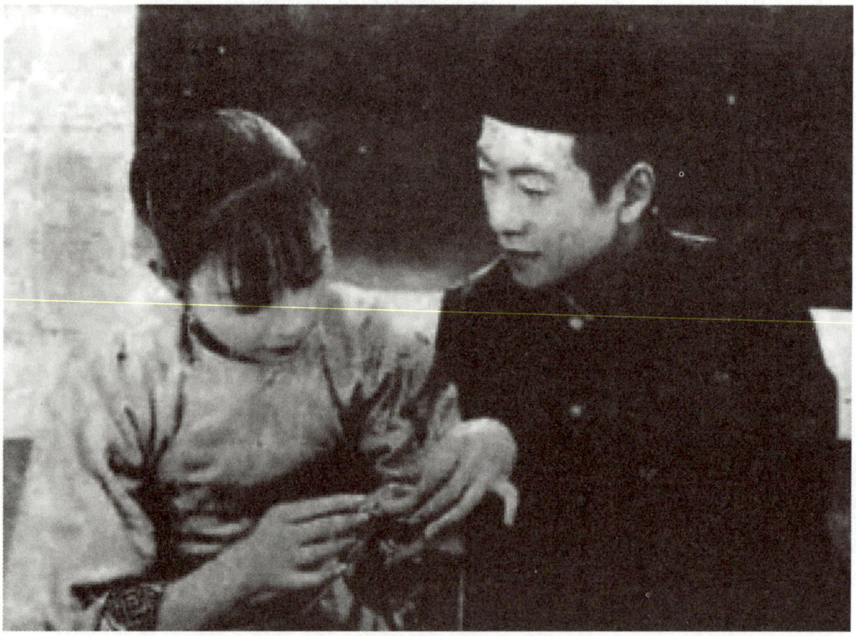

1927年《女律师》中胡蝶饰演Portia，金玉如饰演Bassanio[1]

1 图片来源：http://www.chinesemirror.com/index/page/5/。

二、不准产子

高倩苹与明星公司约定了“不准产子”条款。

高倩苹、高占非夫妇[1]

三、指定摄影师

陈燕燕的合同订立得最为私密，自其在《孤城烈女》一片演出走红后，其未婚夫黄绍芬向华安当局提议，合同上须注明以后陈燕燕主演的影片须由黄氏担任摄影师。因《孤城烈女》此前有陈氏露出身体的镜头，而该片导演王次龙在黄氏与其交涉后，表面允诺将该镜头剪去，过后在金城放映时并未将该镜头作剪辑处理，在座的陈燕燕见到不禁面红耳赤，黄氏因此勃然大怒，追加了此特殊条款。

1　1936年高倩苹改行做律师。图片来源：http://baike.baidu.com/item/%E9%AB%98%E5%80%A9%E8%8B%B9。

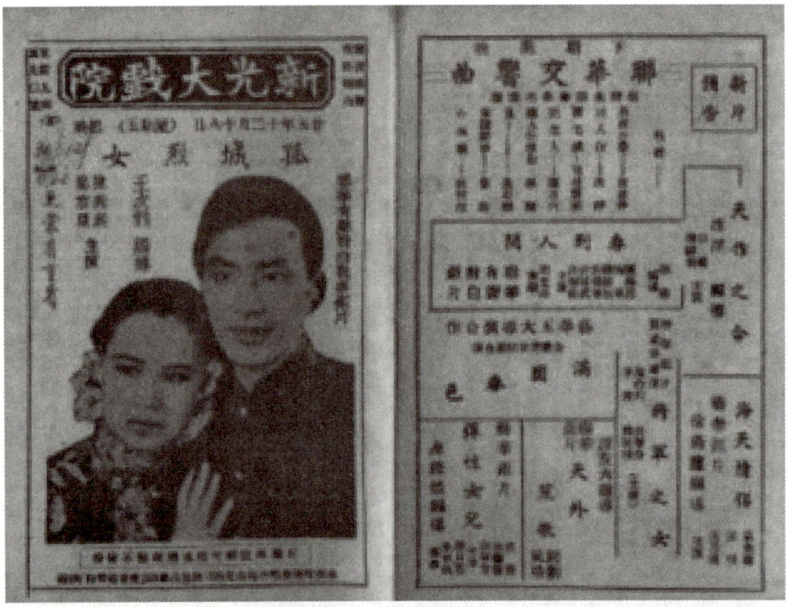

陈燕燕、郑君里主演《孤城烈女》(1936年)[1]

四、父母保驾

父母亲自为影星保驾的情形也有，袁美云与公司的合同就曾有一条：“拍外景去，无论路途远近，必须其母随往。”

袁美云贺年片[2]

1 图片来源：http://www.cfa.org.cn/tabid/532/InfoID/5815/frtid/544/Default.aspx。

2 图片来源：http://211.144.107.196/oldpic/node/25971。

五、自选角色

男影星金焰的合同中给予了他很大的尊重，“他饰演戏中的人物，有他自选之自由”[1]。

金焰与秦怡[2]

六、必须运动

对于形象气质方面的条款，往往是围绕着体重或体态展露而各显神通。黎莉莉的合同上写着“每日必须运动”以保持体态。

“甜姐儿”黎莉莉[3]

1 《金焰与联华续订合同》，《影画》1934年第6期第1卷。

2 图片来源：《青春电影》1949年第19期。

3 图片来源：《影坛》1935年第1期。

七、保持体重

喜剧演员“瘦皮猴”韩兰根先生的合同上明写着“身体不得再胖，附裸体照片为标准”，以成哈代、劳瑞也。[1]殷秀岑和联华公司的签约则大不相同，要求其“体重不得减至二百七十磅以下，否则合同注销”[2]。

韩兰根与殷秀岑剧照[3]

八、保持其美感

在银幕形象方面，公司尽管根据演员类型角色尽可能量体裁衣，但也略为苛刻，比如，明星公司因需要一时尚的性感明星，与白杨的合同有一条是“拍戏时的服装须袒胸露肩时，不得拒绝，以保持其美感”[4]。

1 李定祺：《明星合同的特殊性》，《三六九画报》1940年第10期。
2 严次平：《明星们合同上的禁条》，《青春电影》1937年复刊第1期。
3 图片来源：http://blog.sina.com.cn/s/blog_e56db9df0102wgzw.html。
4 严次平：《明星们合同上的禁条》，《青春电影》1937年复刊第1期。

《十字街头》中白杨剧照[1]

明星合同中的条件，常有异想天开令人不敢深信的，许多是为着“宣传”需要的噱头而已。如果真要写一部影星全史，将这些影星们与其公司的合同拿来作参本，必是一幕生动的影坛情景剧。

1　图片来源：《良友》1937年第126期。

3.2.6 影片最终剪辑权归属优先依据合同约定确定

——章某诉江苏某影业公司聘用合同纠纷案[1]

【核心推介】

无论影视制作行业采取导演中心制还是制片人中心制，有关影视剧创作的最终决定权特别是最终剪辑权的归属问题，应当首先依合同约定加以确定，即合同明确约定导演享有最终剪辑权或者投资方享有最终剪辑权的，均应当从其约定。若合同约定不明时，可依据《合同法》第六十一条规定，根据行业惯例加以确定。

【关键词】

艺术创作最终决定权　最终剪辑权

【案情】

2012年2月9日，被告江苏某影业公司（甲方）与原告章某（乙方）签订《聘请合约》，约定内容主要包括：1. 甲方聘请乙方担任影片的总导演并指导导演张某工作，乙方同意并向所有投资方负责；2. 乙方指导影片导演拍摄工作并指导监督后期制作工作；3. 影片拷贝上如有主创人员的片头字幕时，乙方的名字及职衔独立排名在片头字幕出现；4. 乙方对该片的艺术创作具有最终的决定权。

1 一审法院：江苏省南京市中级人民法院，一审案号：（2013）宁知民初字第164号；二审法院：江苏省高级人民法院，二审案号：（2014）苏知民终字第0185号。该案入选2014年度江苏法院知识产权司法保护十大典型案例、2014年度南京法院十大知识产权案件。

合同签署后，原告章某向被告提供了其剪辑版本，但被告在其公映的版本中未采纳原告剪辑版本，双方据此发生争议。

原告诉称：原告作为总导演对剧组和影片的艺术创作进行了全面且具有决定性的工作，被告将自己盲目剪辑的版本制作完成后，送往国家广电总局审查通过。已获得《公映许可证》的影片的导演显示为张某，并无总导演原告的姓名（署名权），且没有采用原告最终剪辑的影片版本。另外，被告还拒不向原告支付合同约定的余下的20万元酬金，其行为构成严重违约。

被告辩称：从对合同约定的理解、签订合同的目的以及行业交易习惯，被告拥有影片剪辑版本的最终决定权。且在剪辑过程中，原告的剪辑版本显然违背了合同约定的对“剧情结构不做大的改动”的要求，导致其丧失了合同约定的所谓艺术创作的最终决定权。另外，因原告已通过《声明》和短信单方宣布退出影片后期制作，双方在合同履行过程中均已同意终止履行合同，事实上也终止了合同的履行。被告已在影片中将原告署名为前期总导演并支付了80万元报酬，故被告不存在任何违约行为。

被告反诉称：在影片剪辑过程中，章某在与导演张某发生意见分歧的情况下离开剧组，并强令他人退出剧组，后期制作受到了重大影响。由于原告的退出和干扰，致影片整整推迟数个月公映，使得被告不能及时收回投资，无法按时偿还借款，产生直接经济损失。此外，章某在影片公映的前夕，通过有关媒体、网络大肆散布对影片极为不利的信息，因而使该影片的票房受到影响，给被告造成了更大的经济损失。

就被告反诉，原告辩称：原告已严格按照双方约定的协议履行义务，没有任何违约行为，更没有强令他人退出剧组。原告在发出声明后，一直在等待被告关于影片后期制作的明确答复，但是被告没有给任何说法。被告是背着原告做了后期工作。另外，被告反诉的事实和证据与原告无关并且虚假不成立，请求法院驳回其反诉请求。

一、二审法院就该争议围绕谁拥有影片剪辑版本最终决定权，原、被告是否有违约行为等三个问题进行集中审理。

（一）合同明确约定剪辑版本最终决定权为原告拥有。

一审法院认为，涉案合同涉及影片剪辑的相关约定存在不明确甚至自相矛盾之处。二审法院却认为，首先，本案双方就“艺术创作最终决定权”的争议事实上集中于最终剪辑权（终剪权）的争议。该争议亦体现了目前影视行业较为突出的导演中心制与制片人中心制的争论。在我国历史上曾长期实行导演中心制，即导演在影视创作中占据主导地位，而代表投资方的制片人居于次要地位，但近年来随着影视行业市场化和产业化的快速发展，影视行业的资本投入和利润回报亦不断增大，制片人通过对整个影视制作全过程的审查和管理，以期获得最大的商业利益，而与此同时，导演在影视创作中的核心地位也正越来越被投资方所削弱，纷争时有所见。目前我国影视行业正处于导演中心制向制片人中心制的过渡时期，而完善的制片人中心制亦尚未完全确立。无论影视制作行业是采取导演中心制还是制片人中心制，有关影视剧创作的最终决定权特别是终剪权的归属问题，都应当首先依合同约定加以确定，即合同明确约定导演享有终剪权或者投资方享有终剪权的，均应当从其约定，只有在合同约定不明时，才考虑以行业惯例加以确定。

其次，本案应认定合同关于终剪权归属的约定是明确的。双方在合同第八条明确约定："乙方作为该片总导演，对该片的艺术创作具有其最终的决定权。"二审法院认为，由于合同第八条非常明确地约定总导演对艺术创作具有最终决定权，而影视剧的艺术创作包括前期筹备、中期拍摄及后期制作过程，故除非合同明确约定将终剪权排除在外，总导演对艺术创作的最终决定权应当包括终剪权。至于被告主张合同约定总导演同意向所有投资方负责，就意味着投资方享有终剪权，二审法院认为，在合同条款未明确将总导演同意向所有投资方负责定义为投资方享有终剪权的前提下，对该条款的常规理解应当是总导演依据合同完成导演工作任务并保证其应当达到的艺术水准就是对投资方负责。基于以上理由，二审法院认为，被告认为总导演的艺术创作必须服从投资方的要求，进而直接解释为投资方享有终剪权，明显不符合合同约定，属于不适当地扩张了投资方的权利。

最后，本案的特殊之处在于被告法定代表人张某既代表投资方，同时又是电影的第二编剧和导演，其多重身份亦增加了影片艺术创作过程中发生冲突的可能性。法院亦理解，正是由于影视剧拍摄投资风险巨大，作为投资方除关注影片艺术价值外，可能更关注投资的直接市场回报，更何况被告称其作出最终剪辑版本选择之前已经进行了市场调研，但无论如何，影视剧的制作首先是艺术创作活动，有其基本的艺术创作规律，而投资方在聘请导演时，肯定事先对导演的艺术水准有着基本认同。当投资方与导演在艺术创作上产生重大分歧时，双方首先应当协商解决，如协商解决不成，则投资方仍应当秉持契约精神，尊重合同约定。当然，为防止纠纷，双方亦应当就终剪权的归属事先在合同中以明确的术语表达加以约定。

（二）原告不存在违约行为。

二审法院通过组织双方分别对原告剪辑版本、公映版本与16稿剧本进行了详细比对，认为原告已根据合同约定的16稿剧本全面执导完成了影片的拍摄工作且原告剪辑版本符合合同约定，原告已适当完成合同约定的总导演工作，应当依约享有电影作品总导演的署名权及剩余的20万元酬金。

（三）被告存在违约行为。

就原告是否已单方退出合同履行且合同是否已事实上终止履行的问题。一、二审法院均认为，因被告并未在原告的声明上签字，故双方合约并不发生自然终止的法律效果。在影视创作过程中，一般情况而言，导演聘用合同不能由单方任意解除，这既是对导演权利的必要保护，同时也是对投资方利益的必要保护，因为如果允许任何一方单方任意解除合同，则势必造成合同履行的极度不稳定，并进而造成双方利益的损害。鉴于章某已经完成导演工作，并已提交用于“监督指导后期制作”的总导演剪辑版本，尤其是公映版本全部采用了章某执导拍摄的全部镜头，故根据合同第七条的约定，被告应当在片头字幕上给章某以“总导演”独立署名并支付余款，除非章某本人对此予以放弃，只要求“前期总导演”的署名，并且放弃剩余酬金。被告未按合同约定在电影片头字幕上以独立字幕给章某署名为总导演，且拒绝给付剩余20万元酬金的行为构成违约。

二审法院就本案还提出了关于投资方利益与导演利益平衡的问题。二审法院认为，影视创作是文化创意产业的重要组成部分，其高投入、高风险且艺术创作活动极其复杂的特性，决定了对艺术与市场两方面都有很高的要求。就投资方而言，在关注影视作品投资与回报的同时，要强调尊重艺术创作的规律；就导演而言，在专注艺术创作的同时，也应当适度兼顾投资方投资利益的回报，如此才能实现双方利益的平衡。影视创作合同的履行，明显不同于标的为工业品的普通商事合同。在创作过程中，因艺术创作或者市场需求所进行的必要创作调整并不少见，然而无论是导演还是投资方提出的调整，都应本着善意协商进行，且以不损害艺术创作水准为原则。如果协商不成，则强调契约精神，遵守合同约定，仍具有相当程度的必要性，如此才能有效减少纠纷，减少不必要的损害，从而真正促进影视艺术创作的繁荣，促进影视产业的发展。

一审法院判决：1. 本诉被告在判决生效之日起15日内将本诉原告的名字、职衔（总导演）独立排名在电影片头字幕上；2. 本诉被告支付本诉原告合同约定报酬20万元；3. 驳回本诉原告的其他诉讼请求；4. 驳回反诉原告的诉讼请求。

二审法院认为，尽管一审判决认定“涉案合同关于谁拥有涉案影片剪辑版本最终决定权的约定并不明确”不妥，但总体上认定事实清楚，适用法律和实体处理结果正确，故判决：驳回上诉，维持原判。

【业内关注】

影视剧的最终剪辑权应归导演所有还是投资方所有

【法条链接】

1.《合同法》

第六条　当事人行使权利、履行义务应当遵循诚实信用原则。

第六十条　当事人应当按照约定全面履行自己的义务。

当事人应当遵循诚实信用原则，根据合同的性质、目的和交易习惯履行通知、协助、保密等义务。

第六十一条　合同生效后，当事人就质量、价款或者报酬、履行地点等内容没有约定或者约定不明确的，可以协议补充；不能达成补充协议的，按照合同有关条款或者交易习惯确定。

第一百零七条　当事人一方不履行合同义务或者履行合同义务不符合约定的，应当承担继续履行、采取补救措施或者赔偿损失等违约责任。

第一百一十三条第一款　当事人一方不履行合同义务或者履行合同义务不符合约定，给对方造成损失的，损失赔偿额应当相当于因违约所造成的损失，包括合同履行后可以获得的利益，但不得超过违反合同一方订立合同时预见到或者应当预见到的因违反合同可能造成的损失。

第一百二十二条　因当事人一方的违约行为，侵害对方人身、财产权益的，受损害方有权选择依照本法要求其承担违约责任或者依照其他法律要求其承担侵权责任。

2.《著作权法》

第十五条 电影作品和以类似摄制电影的方法创作的作品的著作权由制片者享有，但编剧、导演、摄影、作词、作曲等作者享有署名权，并有权按照与制片者签订的合同获得报酬。

电影作品和以类似摄制电影的方法创作的作品中的剧本、音乐等可以单独使用的作品的作者有权单独行使其著作权。

第十七条 受委托创作的作品，著作权的归属由委托人和受托人通过合同约定。合同未作明确约定或者没有订立合同的，著作权属于受托人。

【理论观点】

电影导演是否享有电影的最终剪辑权？在奉行制片人中心主义的美国和奉行导演中心制的法国，对此问题有截然不同的回复。制片人中心制是指由制片人主导电影的制作创作，负责电影的投融资、发行、放映、衍生品等商业运营的各个环节的电影运作模式，所以电影制片人通常掌握电影的最终剪辑权。导演中心制，顾名思义，指在影片摄制的全过程中，建立以导演为核心的创作班子，在摄制组内，导演掌握艺术创作领导权和指挥权，遇有不同意见时导演有最终决定权。[1]

国内电影市场上长期奉行导演中心制，但如今导演中心制与电影市场快速发展存在不协调，过于强调导演个人风格和偏好，忽视市场需求和偏好，导致制片方利益常常无法保障，这也是导致导演和制片人矛盾不断的原因，双方矛盾主要集中在电影创作过程中电影剪辑决定权归属哪一方享有。这种分歧矛盾迫使双方在签订导演聘用合同时，需要明确思考最终剪辑权应归谁所有。从尊重合同双方意思自治的角度而言，在未违反法律、行政法规的强制规定的情形下，应以合同明确约定为准，而无需纠结制片人中心制还是导演中心制。在合同没有明确约定的情形下，且从合同解释上也无法得出影视剧最终剪辑权归属时，则可以参照行业惯例处理，此时，才需要考虑制片人中心制和导演中心制的行业惯例。

那么当下我国电影市场上奉行长期以来的导演中心制，还是开始有意向制片人中

1 方瑾：《〈著作权法〉修订，制片人中心制的倒退（一）》，威科先行®法律信息库，2015年6月28日发布。

心制转移呢？我们认为，无论从《中华人民共和国著作权法》第十五条规定的电影作品和以类似摄制电影的方法创作的作品的著作权由制片者享有，但编剧、导演、摄影、作词、作曲等作者享有署名权，并有权按照与制片者签订的合同获得报酬，还是当下多数制片方与导演签署的聘用合同的约定来看，电影市场正开始向制片人中心制倾斜。

【TA评述】

《宝典》如是说[1]：

合拍片中的导演合同关键条款（甲方指聘请导演方，乙方指导演所属公司，乙方成员指导演）

⑨最终剪辑权

关于该电影所有宣传品的设计和包装，包括但不限于海报、预告片等，甲方享有最终决定权。甲方拥有该电影画面的剪辑权，并拥有该电影最终剪辑版本的决定权。

TA观点

随着中国电影产业的发展壮大，制片人中心制已成为电影人无法绕开的话题，导演与制片人纠纷在国内频繁发生。《肩上蝶》导演张之亮因“影片剪辑归属权”问题与片方产生重大分歧，单方面宣布退出所有宣传工作；《假装情侣》导演刘奋斗因与片方在创作过程中观点不一致，非但没有出席该片在电影节上的发布会，其在影片中的署名由“总导演”变成“前期导演”。而本案更是导演与制片人纠纷上升到诉讼程序中。本案在承认当前影视行业中正处于导演中心制向制片人中心制过渡时期，且制片人中心制尚未完全确立的前提下，关于影视创作的最终决定权特别是终剪权的归属问题，在本案中明确了“应当首先依合同约定加以确定，即合同明确约定导演享有终剪权或者投资方享有终剪权的，均应当从其约定，只有在合同约定不明时，才考虑以行业惯例加以确定”。

在导演聘用合同中如何约定终剪权归属？本案涉案合同未直接用终剪权或者剪辑版本的最终决定权的明确表述，而是用“艺术创作最终决定权”表述，直接引发了一审和二审法院分歧，一审判决认定“涉案合同关于谁拥有涉案影片剪辑版本最终决定

1 王军、司若主编：《中国影视法律实务与商务宝典》，中国电影出版社2017年版，第347页。

权的约定并不明确”，二审法院通过合同解释方法，认为合同第八条非常明确地约定总导演对艺术创作具有最终决定权，而影视剧的艺术创作包括前期筹备、中期拍摄及后期制作过程，故除非合同明确约定将终剪权排除在外，总导演对艺术创作的最终决定权应当包括终剪权。

为防止此类纠纷发生，我们同本案的二审法院一样，建议应当就终剪权以明确的术语表达，如“最终剪辑权”“电影剪辑版本的最终决定权”等，并在合同中就终剪权的归属进行明确约定，以防后续对此发生争议。

（撰稿人：左璀璀）

3.2.7 合同纠纷进入诉讼程序前应做好证据留存

——湖南某文化公司诉尹某导演聘用合同纠纷案[1]

【核心推介】

证据是证明案件事实的依据，是诉讼的核心问题。“谁主张，谁举证”是民事诉讼的基本原则之一，诉讼案件的当事人对自己主张的事实或诉讼请求负有举证责任，若其未能提供证据或者提供证据不足以证明的，将承担举证不能的不利后果。证据不仅仅在纠纷进入诉讼程序后才开始搜集整理，而更应在整个合同履行过程中进行有意识地证据留存。

【关键词】

证据　举证责任

【案情】

2012年6月30日，长沙某文化公司（湖南某文化公司更名前，一审本诉原告、反诉被告）与尹某（一审本诉被告、反诉原告）签订《聘请导演合同书》，约定聘请尹某担任某电视剧的导演。但合同签订后，双方就合同履行发生争议。

原告诉称：原告已按合同约定将第一笔酬金24万元支付给尹某，被告尹某自2012年6月16日开始参与电视剧的筹拍工作，但自8月15日后，尹某未再参与电视剧的筹

1　一审法院：长沙市望城区人民法院，一审案号：（2012）望民初字第01230号；二审法院：长沙市中级人民法院，二审案号：（2015）长中民二终字第02385号。

拍工作，之后也未参加该剧的拍摄工作。因尹某没有履行筹拍期的义务，原告主张第一笔酬金24万元为预付款，应予返还，且要求尹某赔偿经济损失10万元。

被告辩称：因原告签约代表邓某在2012年8月14日口头表示单方解除合同，系原告违约，且8月15日后被告仍在积极地履行合同义务，参与剧本的修改，并进行了选景。被告据此提起反诉，且主张由原告赔偿因其违约而遭受的经济损失101万元。

原告与被告在本诉和反诉中均请求解除《聘请导演合同书》。

一审法院认为：

第一，关于原、被告之间谁违约的问题。

本案中《聘请导演合同书》依法产生法律效力，双方均应按合同约定全面履行自己的义务。虽被告主张是原告公司签约代表邓某在2012年8月14日口头表示单方解除合同，系原告违约，尹某又两次委托律师向邓某邮寄《律师函》，要求原告以书面方式明确不履约的意思表示，否则应继续履行合同。但尹某并未提供相应的证据证明原告口头或书面单方解除合同，且邓某否认向尹某口头表示解除合同。根据《最高人民法院关于民事诉讼证据的若干规定》第二条的规定：当事人对自己提出的诉讼请求所依据的事实或者反驳对方诉讼请求所依据的事实有责任提供证据加以证明。没有证据或者证据不足以证明当事人的事实主张的，由负有举证责任的当事人承担不利后果。尹某提供的证据不足以证明原告口头或书面单方解除合同。同时，尹某在两份《律师函》中，均表示原告没有书面通知解除合同，则合同应继续履行。

尹某主张8月15日后仍在积极地履行合同义务，在北京参与剧本的修改，并进行了选景。但根据涉案合同的约定，甲方（即原告）尊重并积极配合乙方（即被告）的导演工作，剧本修改、剧组主创人员和演员的遴选等重要工作，由甲、乙双方共同协商决定。乙方严格按照甲方所提供的剧本进行拍摄，保证本剧的艺术质量。故尹某应按原告提供的剧本进行拍摄，即使要对剧本进行修改也需共同协商决定，但双方并未就剧本的修改进行协商决定，故尹某主张自8月15日后仍在参与剧本的修改并不是依合同约定履行义务。对尹某主张自8月15日后仍参与电视剧选景工作的问题。拍摄地在8月15日前就已确定为长沙靖港古镇，故尹某作为导演没有理由不知道电视剧的拍摄地为长沙靖港古镇，也没有理由在拍摄地已明确的情况下仍然去其他地方进行选景。且尹某未按合同约定履行开机拍摄的义务。因此，尹某在8月15日以后没有相应的事实和证据证明仍在继续履行合同，违反了合同约定的义务。

第二，违约责任。

因尹某没有按合同约定履行义务，现电视剧已拍摄完毕，且原、被告双方均请求解除《聘请导演合同书》，故予以支持。

关于原告请求尹某返还预付酬金24万元的问题。虽原告认为尹某在工作期间有懈怠行为，各项筹备工作推进缓慢，无履行合同的诚意，没有履行筹拍期的义务，主张第一笔酬金24万元为预付款，应予返还。但原告没有提供相应的证据予以佐证尹某没有履行筹拍期的义务，且合同约定第一次酬金支付为本合同签订生效后三个工作日之内支付总酬金的20%，该款已明确约定酬金的支付方式，并未约定支付的酬金为预付款。

关于原告主张由尹某赔偿经济损失10万元的诉讼请求。根据合同第六条约定，本合约生效后，任何一方违约，应赔偿给对方造成的实际损失。原告没有提供相应的证据证明因尹某的违约所造成的实际损失，故不予支持。

关于尹某主张由原告赔偿因原告违约而遭受的经济损失101万元的诉讼请求。尹某未按合同约定全面履行义务，且未参与电视剧正式摄制和后期制作，依合同约定不能取得报酬，且尹某没有向法院提交直接损失的事实依据，故该诉讼请求不予支持。

一审法院判决：一、解除原、被告双方于2012年6月30日签订的《聘请导演合同书》；二、驳回原告湖南某文化公司的诉讼请求；三、驳回反诉原告尹某的诉讼请求。

双方当事人均不服一审判决提起上诉，二审法院经审理，判决：驳回上诉，维持原判。

【业内关注】

1. 合同纠纷中举证责任如何分配，举证不能的法律后果
2. 证据搜集是否仅在纠纷争议发生后才开展

【法条链接】

1.《合同法》

第四十四条 依法成立的合同，自成立时生效。

法律、行政法规规定应当办理批准、登记等手续生效的，依照其规定。

第六十条 当事人应当按照约定全面履行自己的义务。

当事人应当遵循诚实信用原则，根据合同的性质、目的和交易习惯履行通知、协助、保密等义务。

2.《最高人民法院关于民事诉讼证据的若干规定》

第二条 当事人对自己提出的诉讼请求所依据的事实或者反驳对方诉讼请求所依据的事实有责任提供证据加以证明。

没有证据或者证据不足以证明当事人的事实主张的，由负有举证责任的当事人承担不利后果。

【理论观点】

贯穿民事诉讼法的“以事实为根据，以法律为准绳”（《民事诉讼法》第七条：人民法院审理民事案件，必须以事实为根据，以法律为准绳）基本原则，揭示了诉讼案件主要围绕事实问题和法律问题开展进行。《最高人民法院关于民事诉讼证据的若干规定》第六十三条规定，“人民法院应当以证据能够证明的案件事实为依据依法作出裁判”。所以，事实问题的查明有赖于诉讼案件的当事人能否提供证明本方主张事实的证据。若诉讼案件的当事人对自己事实主张或诉讼请求未能提供证据或者提供证据不足以证明的，则负有举证责任的当事人将承担不利后果。故证据是证明案件事实的依据，是诉讼的核心问题。可以说全部诉讼活动都是在围绕证据的搜集和运用进行的。[1]

证据的准备除了争议纠纷发生后进行搜集和整理之外，愈来愈多的人意识到纠纷发生之前，应当留存或预留证据。因为证据是组织和举示的，而不是“创造”或“炮制”的。[2]故证据留存或预留，具有事后查找证据难望其项背的优越性。

1 曹守晔：《民事诉讼证据制度的完善和发展》，《人民司法·应用》2013年第5期。

2 姜仲波：《论企业法人合同行为中的证据预留》，《经济与法》2012年第11期。

【案例索引】

案例1[1]：刘恺诉北京科影传媒有限公司劳务合同案

北京市第二中级人民法院认为：

依法成立的合同，对当事人具有法律约束力。当事人应当按照约定全面履行自己的义务。当事人应当遵循诚实信用原则，根据合同的性质、目的和交易习惯履行通知、协助、保密等义务。当事人对自己提出的诉讼请求所依据的事实或者反驳对方诉讼请求所依据的事实有责任提供证据加以证明。没有证据或者证据不足以证明当事人主张的，由负有举证责任的当事人承担不利后果。科影传媒公司上诉称刘恺在实拍结束后向其提出不参与后期制作工作并出国，双方的《电视剧导演聘用合同》在进入后期制作时已经解除，对此刘恺不予认可，称其一直积极要求参与后期制作，合同约定的后期制作时间与出国时间并不冲突、未接到后期制作时间发生变动的通知等，科影传媒公司不能提供充分证据证明刘恺向其明确表示不参与后期制作，亦不能提供充分证据证明后期制作开始时通知了刘恺，故本院对科影传媒公司的此项上诉主张不予采纳。科影传媒公司上诉称刘恺未参与后期制作、不应支付劳务费，根据本案现有证据表明，刘恺未参与后期制作的责任不能归咎于刘恺，科影传媒公司应当依约向刘恺支付劳务费，故本院对科影传媒公司此项上诉主张不予支持。科影传媒公司上诉称刘恺在实拍过程中未依约履行导演职责造成科影传媒公司损失，刘恺应当承担相应责任，因科影传媒公司在原审中并未就此提出反诉，本院对此不予处理。

案例2[2]：廖崇博诉上海下一秒文化传播有限公司劳务合同案

上海市第一中级人民法院认为：

依法成立的合同，对当事人具有法律约束力，当事人应当按照约定履行自己的义

1 一审法院：北京市西城区人民法院，一审案号：（2014）西民初字第12402号；二审法院：北京市第二中级人民法院，二审案号：（2015）二中民终字第03966号。

2 一审法院：上海市闵行区人民法院，一审案号：（2015）闵民一（民）初字第5730号；二审法院：上海市第一中级人民法院，二审案号：（2016）沪01民终8857号。

务。本案中，下一秒公司员工与廖崇博助理间经多次商讨，就《导演聘用协议》达成一致意见，虽双方尚未签字盖章，但廖崇博已部分履行合同约定的主要义务，且下一秒公司予以接受，故该协议合法有效成立，下一秒公司与廖崇博均应按约履行。在协议约定拍摄日期为6日，下一秒公司支付廖崇博的费用包括参加摄制的酬金、补助费、劳务费、加班费、补拍费、后期制作费等内容的情况下，廖崇博实际参与拍摄2天后，未继续履行合同约定的义务，一审法院据此认定廖崇博存在违约，并酌定下一秒公司支付导演费3万元，并无明显不当，本院予以认同。廖崇博称，其未再继续履行系下一秒公司于2014年11月3日未派车接其前往拍摄现场，而且其为该项目前期撰写脚本付出大量精力，应在报酬中予以体现，下一秒公司还需支付导演费3万元。对此本院认为，廖崇博2014年11月3日未继续履行合同义务是事实，但在案并无证据显示廖崇博未履行义务系下一秒公司不当行为所致，反而通过廖崇博在二审中的陈述可知，其对继续履约系处于一种消极被动状态；至于报酬，双方协议并未就撰写脚本事项有过明确约定，且协议中仅是约定了费用总数，并未分阶段对具体费用进行量化，工作内容与报酬之间亦缺乏明确的对应关系。因此，廖崇博上述上诉理由，均缺乏充分依据，本院不予认可。

案例3[1]：赵青诉东阳大唐娱乐影视制作有限公司劳务合同案

上海市松江区人民法院认为：

双方2012年8月23日签订的《导演聘用合同书》系双方真实意思的表示，合法有效，本院予以确认，原、被告双方应当就该合同的约定履行各自的义务，如一方违约的，应当根据约定承担违约责任。本案原告根据合同约定，担任导演，在约定的时间内完成剧本的拍摄工作，最终所拍摄的电视剧也通过了有关部门的审查，获得了发行许可证，因此可以认定原告已按合同约定履行了义务，被告应当按约支付原告报酬。被告未按约支付原告报酬，存在违约行为，因此原告要求被告支付导演酬金并支付违约金的请求，本院予以支持。负责指导现场拍摄工作仅是导演的职责之一，因此不能认定原告在部分剧情的拍摄时未亲临现场指导，就没有履行导演职责，没有付出劳动，存在违约。且被告也无证据证明所拍摄的电视剧存在整体质量问题，故被告认为原告

1　一审法院：上海市松江区人民法院，一审案号：（2013）松民一（民）初字第7509号。

未按约履行拍摄义务，未独立完成全部导演义务，存在违约行为，依据不足，本院不予采信，被告反诉要求原告支付违约金的请求，本院不予支持。现场拍摄，由于场地条件、周围环境等原因，对录音的效果质量有一定的影响，因此在后期制作过程中进行补录应该是一种较常规的做法，被告也无充分的证据证明是因原告在拍摄时存在过错造成的，故被告要求原告赔偿因进行补录而支付的费用的请求，本院也不予支持。关于被告应当支付的酬金的金额，第四期72万元，按约定应在拍摄完成前三日内支付，现拍摄已全部完成，故被告应当全额支付；第五期24万元，按约在拿到发行许可证后一周内支付，被告在2013年8月12日已拿到许可证，理应支付，但原告在后期制作过程中未全程参与，虽然原告辩称系被告的违约行为造成的意见可以成立，但本案系劳务纠纷，根据等价有偿原则，对原告未付出劳动部分的报酬应当予以减付，故本院根据实际情况，对于第五期酬金，酌情由被告支付19.2万元；关于原告主张的超出约定集数的酬金，根据合同约定被告应当在播出后一周内支付，现原告无证据证明支付条件已成就，故该部分酬金本院现不予支持，原告可待条件成就以后再行主张。综上，扣除原告认可的5万元，被告应当支付原告导演酬金86.2万元。关于违约金的金额，被告已按约支付了部分酬金，因此原告依约按合同总金额20%主张违约金过高，被告的意见本院予以采纳，并予以调整。根据本案实际情况，本院按被告应当支付的酬金金额86.2万元，根据约定的违约金的计算比例20%，确定为17.24万元。

【TA评述】

《宝典》如是说[1]：合同的履行，包括履行过程的沟通、履行的时间安排、履行过程中时刻保存证据的意识等等，其重要程度绝不亚于合同的签订。

TA观点

进行证据留存，除在合同履行全过程中都应有意识时刻保存证据之外，还需注意留存的证据未来是否能被法院或仲裁机构采信。判断证据是否可以被采纳，需结合证据的真实性、合法性和关联性等证据效力的角度判定。其中，合法性主要强调不伪造证据；因预先判断证据是否有关联性而决定留存会导致疏漏，故实践中留存证据暂无

1 王军、司若主编:《中国影视法律实务与商务宝典》，中国电影出版社2017年版，第117页。

需更多考虑关联性的问题；证据的真实性主要指证据的可信度，即被法院或仲裁机构采信的可能性有多大。就证据的可信度而言，原始证据的可信度高于传来证据，直接证据的可信度高于间接证据，实物证据的可信度要大于言词证据。故留存证据过程中，尽量留存原件证据、直接证明事实的证据、书面证据。本案中，尹某主张原告法定代表人邓某曾口头表示解除合同，但邓某表示否认，因尹某不能提交证据证明该主张，因此法院并未采信。如果本案邓某解除合同的意思表示虽以口头方式表达，但尹某进行了录音或者要求邓某再以书面方式确认，或者邓某直接以书面沟通方式解除合同，则尹某在诉讼中提交相关录音或者书面证据将对法院支持其主张十分有利。

实践中证据留存，还需注意以下事项：

首先，证据留存最好为原件。最原始的纸面文件往往是证明效力最高的，复印件、传真件、电子邮件、短信甚至QQ、微信聊天记录等在效力层面都可能存在一些问题，收款凭证最好是正规发票，如果仅为收条，则最好以转账记录、支付凭证等与之相配合佐证。如：复印件和传真件容易被怀疑造假，电子邮件、短信以及聊天记录等往往还需要证明发出方的身份。当然考虑到交易的便捷性，合同履行过程中全都要求对方提供书面盖章签字的原件也不现实。鉴于电子邮件的可靠程度相比短信、微信和QQ的聊天记录更高，尤其是合同履行过程中需要重点沟通的问题和事项时，建议以邮件方式沟通。另外，合同履行过程中双方用于沟通的电子邮箱建议明确记载在合同联系方式中，或者有此前的实际履行行为能够对该电子邮箱发出的内容确定为合同相对人予以验证。除了邮件沟通以外，现在最常用的沟通方式为微信沟通，基于微信沟通保存在个人手机或者电脑上，而非保存在服务器上，微信沟通记录丢失的可能性很大，所以，建议经常进行微信沟通记录截屏，以照片形式留存在电脑中或者利用App软件导出微信聊天记录，以备后续之需。

其次，多数情况下，事先将所有的事项都做到证据留存是不现实的，这就涉及证据缺失的补救。关于证据缺失的补救，并没有特别的方法，补救的方式可以不拘一格，视具体情况而定。例如，要求对方在邮件中确认其电话或口头陈述的意见、进行必要的录音或录像、在会谈之后要求在会议记录上签字等。

最后，关于证据留存的时间，建议尽量长时间留存，并定期整理，避免遗失。

（撰稿人：左璀璀）

3.2.8 制片方违反植入广告播出平台相关约定，广告主可以主张扣减费用

——北京某影视制作有限责任公司与北京某文化传媒有限公司广告合同纠纷案[1]

【核心推介】

针对电视剧植入广告的合作事宜，品牌方或品牌代理方通常会与影视作品制片方签署相应的《广告植入合同》。在《广告植入合同》中就相应影视作品未来的播出方式、播出平台数量、播出时间以及相应款项性质等相关事项作出明确约定的情况下，对于影视作品播出的相关约定即等同于植入广告的投放时间、方式、范围的约定，成为植入广告费用回报对价的必要组成部分，同时也成为制片方应当全面履行的合同义务。如相关影视作品未能按照合同约定播出，则品牌方或代理方有权扣减部分植入广告费用。

本案中，涉案《电视剧广告植入合同》明确约定：该剧播出不少于10个电视台，含直辖市、省电视台，省会、城市台或卫星电视台，其中卫星电视台不少于2个。《补充协议》中亦明确约定款项的性质为赞助宣传制作费用。因此，制片方若要得到全部款项，就应当履行合同义务，即除应完成合同约定的广告植入，亦应完成合同约定的播出电视台数量及播出频道性质（例如卫视上星频道、地面频道、付费频道、开放频道等等），品牌代理方才应付出相应对价。涉案电视剧在电视台的播出数量未达到10个，且在已播出的电视台列表中也没有卫星电视台，由此可以确认，制片方并未完全

---

1 一审法院：北京市海淀区人民法院，一审案号：（2015）海民（商）初字第02778号；二审法院：北京市第一中级人民法院，二审案号：（2015）一中民（商）终字第4908号。

完成合同中约定的植入广告回报事项。此外，虽然合同中对于该剧的播出时间没有约定截止期限，但根据合同有关该剧拟于2013年下半年开始向全国各级电视台发行并陆续播出、播出电视台的数量以及电视台的性质的约定以及实际播出情况，制片方没有完成合同约定的义务，构成违约。制片方要求品牌代理方全额支付合同约定价款的诉讼请求没有被支持，而品牌代理方要求扣减部分价款的主张被支持。

【关键词】

植入广告　播出平台　植入广告回报事项　扣减费用

【案情】

2012年12月10日，被告北京某文化传媒公司（下称文化传媒公司）与原告北京某影视制作公司（下称影视制作公司）签订《电视剧广告植入合同》，就文化传媒公司代理客户某医院在影视制作公司制作电视剧《七年不痒》（下称该剧）中投放植入广告事宜达成协议。约定：文化传媒公司提供某医院拍摄场地及现金赞助20万元。文化传媒公司代理某医院在该剧中投放软性广告，以剧中道具、情节、片尾字幕等形式出现。该剧于2012年10月15日开机，计划于2013年1月关机，该剧拟于2013年下半年开始向全国各级电视台发行并陆续播出。文化传媒公司负责向影视制作公司支付广告发布费。影视制作公司承诺给予文化传媒公司代理客户如下的植入广告回报：在该剧中尽可能地展示文化传媒公司代理客户的品牌标识，整体露出不少于5个场景，时长不少于5分钟（包含场景、产品、品牌植入镜头和专就该产品设计的剧情情节长度累加，桥段示例见附件）……影视制作公司承诺该剧播出不少于10个电视台，含直辖市、省电视台，省会、城市台或卫星电视台，其中卫星电视台不少于2个……付款方式及时间：本合同签订后3天内，文化传媒公司应向影视制作公司支付4万元。自该剧拍摄全部完成，影视制作公司向文化传媒公司提供含文化传媒公司代理客户权益的拍摄图片3日内，文化传媒公司应向影视制作公司支付8万元。该剧首播3日内，文化传媒公司应向影视制作公司支付8万元。文化传媒公司延迟付款应承担向影视制作公司支付每天万分之五的违约金，延迟超过3天，影视制作公司有权单方解除协议或采用法律救济手段，违约金不够弥补影视制作公司损失的文化传媒公司继续承担赔偿影视制作公司全部损失。如影视制作公司没有按照承诺完成给与文化传媒公司代理客户植入广告回报，文化传媒公司有权扣减广告费。

2013年6月20日，文化传媒公司与影视制作公司签订《电视剧广告植入合同》补充协议，约定如下：原合同约定文化传媒公司向影视制作公司支付的赞助宣传制作总费用20万元，双方确认本协议签订后该条款变更为文化传媒公司向影视制作公司支付赞助宣传制作总费用16万元。针对余款12万元，文化传媒公司于2013年6月30日前向影视制作公司支付6万元；在该剧首播3日内，文化传媒公司向影视制作公司支付赞助宣传制作费用6万元。本协议为原协议的补充，变更、修改事宜以本协议为准，其他条款以原合同为准。本协议适用原合同法律条款。

该剧已于2014年3月9日在吉林电视台都市频道首播，于2014年4月25日在上海电视台电视剧频道播出。

原告影视制作公司诉称：双方之间签订的合同合法有效，影视制作公司已履行了广告植入义务，且该剧已经播出，故应支付款项。其向法院请求：1. 判令文化传媒公司支付赞助宣传制作费用12万元；2. 判令文化传媒公司支付逾期付款违约金（以12万元为基数，自2014年3月12日计算至实际给付日止，按每日万分之五的标准计算）；3. 诉讼费用由文化传媒公司负担。

被告文化传媒公司辩称：不同意影视制作公司的诉讼请求。合同约定电视剧在不少于10个电视台进行播出，现影视制作公司没有达到约定的电视台播放数量。同时合同约定，如果没有达到约定的播放数量，双方可以相互协商。

北京市海淀区人民法院经审理认为：双方签订的《电视剧广告植入合同》及其《补充协议》反映了双方真实意思表示，未违反国家法律及行政法规的强制性规定，应确认有效。依据该合同及《补充协议》，文化传媒公司向影视制作公司支付16万元，影视制作公司在其制作的电视剧《七年不痒》中植入文化传媒公司代理某医院的软性广告，并约定植入广告的具体回报事项。虽然该协议中对于款项名称既有赞助宣传费用也有广告发布费用的表述，但结合合同内容，该两种表述的实质是一致的，即在电视剧《七年不痒》中植入某医院的相关软性广告的对价。本案中，文化传媒公司主张该剧播出的电视台数量没有达到合同约定，且没有在卫星电视台播出，故依据合同约定要求扣减费用。对此，影视制作公司不同意扣减费用，并主张依据《补充协议》约定的付款时间及条件，文化传媒公司应支付剩余费用，且合同对于该剧的播出时间没有约定。影视制作公司虽主张该剧已经在吉林、上海、哈尔滨、辽宁、南宁的地方电视台进行播出，但依据影视制作公司提交的证据以及双方陈述，无法确认该剧已在哈尔滨、辽宁、南宁的地方电视台进行播出，且该剧没有在卫星电视台播出。合同中虽然对该剧的播放时间没有约定，但对该剧播出电视台的数量以及电视台的性质作出明确约定。据此，可以确认合同中约定的植入广告回报事项并未完全成就。《补充协议》虽然对付款时间作出约定，但是由于文化传媒公司支付款项的对价为植入广告的回报，故付款条件是否成就应与植入广告回报事项是否成就相对应。现植入广告回报事项未完全成就，文化传媒公司主张依据合同约定扣减费用的主张，有事实依据，法院对此予以采信。影视制作公司仅依据《补充协议》的付款时间要求付款的主张，法院不予采信。由于双方对于扣减费用无法达成一致，法院结合植入广告回报事项的完成度以及回报事项的重要程度，对于扣减的费用酌定为4万元。故文化传媒公司应向影视制作公司支付8万元，超出部分的金额，法院不予支持。由于植入广告回报事项未完成，故影视制作公司主张逾期付款违约金的诉讼请求，不予支持。

北京市海淀区人民法院判决：一、文化传媒公司向影视制作公司支付8万元，于本判决生效后十日内付清；二、驳回影视制作公司的其他诉讼请求。

影视制作公司不服一审判决，于法定期限内上诉至二审法院。请求：1. 撤销一审判决；2. 改判文化传媒公司向影视制作公司支付宣传制作费用12万元及逾期付款违约金；3. 全部诉讼费用由文化传媒公司承担。其主要上诉理由是:《补充协议》是双方真实意思表示，该协议中确定了相关的宣传制作费用由20万元整变更为16万元整，并约定了付款期限和方式。该协议中没有其他任何条件的约定。故影视制作公司认为只要达到了首播的条件，文化传媒公司即应支付完毕款项（该款项不以是否完成在卫星电视台播出为前提条件），这是对原合同的变更。基于该变更的原因即该笔费用是制作费用而非广告费用，影视制作公司已经完成了将文化传媒公司的场景植入到电视剧中的任务，影视制作公司为此已经支付了对价，故该条款应得到遵守。一审法院抛开该《补充协议》，另行判决没有任何依据。此外，特别需要指出的是目前相关电视剧仍然在各地电视台播出，如果影视制作公司按照法院判决认定的逻辑完成了全部上星播出的任务，影视制作公司能否继续主张剩余款项，对此，一审法院并没有确定。这同样是影视制作公司无法接受的。综上，望二审法院予以改判。

北京市第一中级人民法院经过审理后认为：双方签订的《电视剧广告植入合同》及其《补充协议》是双方当事人真实意思表示，未违反国家有关法律及行政法规的强制性规定，应确认有效。《补充协议》约定，原合同约定文化传媒公司向影视制作公司支付的赞助宣传制作总费用20万元，双方确认本协议签订后该条款变更为16万元；约定了支付方式；并明确约定“本协议为原协议的补充，变更、修改事宜以本协议为准，其他条款以原合同为准”。由此可以认定，《补充协议》仅是对《电视剧广告植入合同》中有关赞助宣传制作费用数额、支付时间条款的变更，除此之外，原合同约定的双方其他权利义务，《补充协议》未做免除，原合同中约定的其他条款仍然有效，对双方仍然具有约束力。因此，影视制作公司关于《补充协议》没有对付款方式进行任何限定的上诉理由不能成立。

《电视剧广告植入合同》第三条明确约定了乙方即影视制作公司的权利和义务，其中“3. 乙方承诺给予甲方代理客户如下的植入广告回报：乙方承诺该剧播出不少于10个电视台，含直辖市、省电视台，省会、城市台或卫星电视台，其中卫星电视台不少于2个”；《补充协议》中亦明确约定款项的性质为赞助宣传制作费用。因此，影视制作公司若要得到全部款项，就应当履行合同义务，即除应完成合同约定的广告植入，亦应完成合同约定的电视台播出数量及性质，文化传媒公司才应付出相应对价。根据已查明事实，该剧在电视台的播出数量至今亦未达到10个，且在已播出的电视台列表中也没有卫星电视台，由此可以确认，影视制作公司并未完全完成合同中约定的植入广告回报事项。此外，虽然合同中对于该剧的播出时间没有约定截止期限，但根据合同有关该剧拟于2013年下半年开始向全国各级电视台发行并陆续播出、播出电视台的数量以及电视台的性质的约定以及实际播出情况，影视制作公司没有完成合同规定的义务，构成违约。一审法院将文化传媒公司应当向影视制作公司支付的费用扣减并酌定为4万元并无不当，影视制作公司仅依据《补充协议》的付款时间要求文化传媒公司付款的主张，法院不予采信。

据此，影视制作公司上诉理由不能成立。但鉴于一审判决作出后，文化传媒公司向影视制作公司履行了判决内容，支付了全部款项及一审案件受理费，双方的债权债务关系归于消灭，故二审法院应对一审判决作出相应变更。综上，二审法院判决：

一、撤销北京市海淀区人民法院（2015）海民（商）初字第02778号民事判决；二、驳回北京某影视制作有限责任公司的诉讼请求。

【业内关注】

1.违反影视作品播出平台相关约定对于实现植入广告合同目的有哪些影响

2.植入广告费用扣减的条件和依据

【法条链接】

《合同法》

第六条 当事人行使权利、履行义务应当遵循诚实信用原则。

第八条 依法成立的合同，对当事人具有法律约束力。当事人应当按照约定履行自己的义务，不得擅自变更或者解除合同。

依法成立的合同，受法律保护。

第六十条 当事人应当按照约定全面履行自己的义务。

当事人应当遵循诚实信用原则，根据合同的性质、目的和交易习惯履行通知、协助、保密等义务。

第一百零七条 当事人一方不履行合同义务或者履行合同义务不符合约定的，应当承担继续履行、采取补救措施或者赔偿损失等违约责任。

第一百零九条 当事人一方未支付价款或者报酬的，对方可以要求其支付价款或者报酬。

【理论观点】

植入广告，是一种将产品或品牌标志巧妙植入节目剧情的广告形式。[1]将品牌、产品或服务具有代表性的视听品牌符号融入影视或舞台作品中，给观众留下印象，以达到为特定产品或品牌进行宣传或营销的目的。植入式广告的广告主和电影、电视等作品的制作方之间通常都存在金钱的支付关系[2]，也属于影视作品制片方的一种融资手段。

---

1 谢晓尧、段芸蕾：《植入式广告的法律思考》，《社会科学研究》2011年第6期。

2 李威娜：《〈广告法〉如何对植入式广告进行规范》，《政法论丛》2011年第3期。

无论该项费用是否以广告对价的名义存在，均不影响支付是广告的有偿性认定。[1]因此，植入广告属于商业广告的范畴，广告主与制片方签署《广告植入合同》的主要合同目的，在于实现对品牌、产品或服务的宣传营销目的。

植入广告实现其广告价值的方式也在于通过一定的媒介和形式进行发布，但与传统广告的发布方式存在差别。植入广告由于其本身为影视作品的一部分，其发布方式必然依赖于影视作品的发行和播出。

从目前研究来看，植入广告效果的影响因素主要有五个方面：电影、电视节目等内容因素，产品或品牌，观众，其所处环境因素以及产品或品牌的植入过程。内容因素包括其制作质量、吸引力以及制片公司、电视台、栏目的知名度等。产品或品牌植入过程涉及植入模式的选择、植入的深度与广度，即产品或品牌与节目内容的关联度，对其情节发展的重要性，以及产品或品牌出镜的时间、频率和显著度等。产品或品牌是指其原有的知名度、企业的信誉等。观众因素包括其对节目的关注程度、对广告植入的态度及对品牌的熟悉度等。除此之外，媒体的报道和影片、电视节目的宣传与植入企业有关促销活动等，都将对植入效果产生影响。按照广告的效果层次理论，植入式广告的效果具体变量可以从认知—情感—行为这三个层面来设定。认知层面包括品牌植入的识别、回忆和对植入品牌的类型、特性的认知。情感层面包括品牌植入与故事特性、情景关联性的意义识别，受众能够进行品牌描绘，产生品牌认同和形成品牌态度。行为层面包括购买意向、品牌选择和品牌使用习惯。[2]

基于植入广告效果的上述影响因素，影视作品的发行平台级别和数量、发行时间均属于足以影响观众对于植入广告所载内容产生认知的重要因素，将直接影响植入广告的投放效果。影视作品的发行平台级别和数量、发行时间与品牌方订立《广告植入合同》的合同目的是否能够充分实现，具有紧密联系。因此，通常情况下，《广告植入合同》中会约定植入内容的播出要求。

我国《合同法》明确规定，依法成立的合同，对当事人具有法律约束力。当事人应当按照约定履行自己的义务，不得擅自变更或者解除合同。当事人一方不履行合同义务或者履行合同义务不符合约定的，应当承担继续履行、采取补救措施或者赔偿损

1 李威娜：《〈广告法〉如何对植入式广告进行规范》，《政法论丛》2011年第3期。

2 薛敏芝：《植入式广告的国际运营及国内发展趋势》，《中国广告》2007年第9期。

失等违约责任。

当合同中明确约定了植入广告的播出平台级别、播出数量要求时，无论该要求是否约定在付款条款部分，都可以构成为实现合同目的而由制片方应当履行的合同义务。如不履行或不完全履行，均将构成一定程度的违约，而应当承担相应的违约责任。

【案例索引】

案例1[1]：农夫山泉股份有限公司与北京麦趣文化传媒有限公司广告合同案

杭州市西湖区人民法院认为：

本案争议焦点有三，一是被告是否存在违约行为，二是被告如违约，应承担何种违约责任，三是双方合同应否解除。关于争议焦点一，根据《合同法》第六十条之规定，当事人应当按照约定全面履行自己的义务。本案合同第5.1条明确约定了案涉电视剧第一轮播出平台应为北京、上海、江苏、浙江、安徽五家卫视中的一家至两家，但实际上该剧在济南电视台新闻频道等非卫视电视台进行了第一轮播出，已构成违约。关于争议焦点二，首先，根据合同第7.3条之约定，如被告无故不履行或不能部分履行合同，被告除应退还原告已支付的合同价款外，另应向原告支付合同标的总额20%的违约金。此处的“不能部分履行合同”，结合该条款上下文，应指未完全履行合同。案涉电视剧未在约定的电视台进行首轮播出，属于未完全履行合同，构成违约，被告应当依据上述约定退还已付合同价款。其次，根据《合同法》第一百一十四条之规定，当事人可以约定一方违约时应当根据违约情况向对方支付一定数额的违约金，也可以约定因违约产生的损失赔偿额的计算方法。约定的违约金低于造成的损失的，当事人可以请求人民法院或者仲裁机构予以增加；约定的违约金过分高于造成的损失的，当事人可以请求人民法院或者仲裁机构予以适当减少。本案中，原告未能举证证明其实际损失情况，双方约定的违约金标准应属过高，结合被告的违约程度及合同的实际履行情况，本院酌情调整为2 000元。关于争议焦点三，原告与被告缔结合同的目的在于

1　一审法院：杭州市西湖区人民法院，一审案号：（2016）浙0106民初5111号；二审法院：浙江省杭州市中级人民法院，二审案号：（2016）浙01民终7834号。

原告通过在电视剧内植入产品的方式宣传、推广其品牌和产品。被告在电视剧中植入了原告的产品，且该剧已被电视台等媒体播出，虽然被告存在违约行为，其履行合同的行为未完全符合合同约定，但仅在一定程度影响了广告效果，且随着该剧的继续播出，广告效果还将持续。故被告的违约行为并未导致原告的合同目的无法实现，原告要求解除合同的理由并不充分，故本院对原告的该请求不予支持。

浙江省杭州市中级人民法院认为：

本案二审的争议焦点为麦趣公司是否构成违约。案涉《电视剧植入广告合同》第一条1.3款约定了“乙方保证农夫山泉为该剧饮用水产品唯一植入赞助品牌商，同类产品不得出现在该剧中。若有违反，甲方有权拒付全额广告费用”，本案中，麦趣公司亦对镜头中出现其他品牌桶装水的事实予以认可，虽其辩称该桶装水仅为剧情布景所需道具，但客观上违反了案涉合同关于“同类产品不得出现在该剧中”之约定，应认定该节事实构成违约。案涉《电视剧植入广告合同》第五条5.1款约定，案涉电视剧第一轮播出为：1—2家卫视（拟定播出平台北京、上海、江苏、浙江、安徽之内其中一家卫视），麦趣公司对该电视剧首先于2016年1月10日起先后在济南电视台新闻频道、聊城电视台新闻综合频道、陕西电视台新闻综合频道、徐州电视台经济生活频道、青岛电视台新闻综合频道、连云港电视台公共频道、常州电视台都市频道和北京电视台影视频道播出的事实亦予以认可，虽其辩称该播出系预热播出，为电视剧行业宣传手段，但结合案件事实，该电视剧首次在电视台平台播出确非案涉合同所约定的卫视平台，且案涉合同中对“预热播出”有别于第一轮播出并无约定，故对于上诉人麦趣公司的该主张，本院不予支持，该节事实同样构成违约。

案例2[1]：广东南方传媒国际旅行社有限公司与广州市杰司野广告有限公司广告合同案

广东省广州市越秀区人民法院认为：

南方传媒公司与杰司野广告公司签订的《广告经营总代理合同》是双方当事人的

---

1 一审法院：广东省广州市越秀区人民法院，一审案号：（2015）穗越法民二初字第1713号；二审法院：广东省广州市中级人民法院，二审案号：（2016）粤01民终17747号。

真实意思表示，内容没有违反法律法规的强制性规定，合法有效，对双方均有法律约束力。协议约定，南方传媒公司将邮轮旅游频道的所有电视广告和栏目冠名的经营委托交由杰司野广告公司独家代理经营，杰司野广告公司向南方传媒公司支付代理费，南方传媒公司必须保证邮轮旅游频道是开放频道，不是另外付费收看的频道。现根据南方传媒公司提供并认可其真实性的（2013）穗仲案字第2072号裁决书所查明的事实，涉案频道实际为经批准开办的付费频道，南方传媒公司违反双方关于保证涉案频道不是另外付费收看的频道的约定。

广东省广州市中级人民法院认为：

关于双方对涉案邮轮旅游频道的性质的约定问题。根据双方签订的《广告经营总代理合同》中第五条“甲方（即上诉人）的权力和责任”中第2点约定“甲方必须保证邮轮旅游频道是开放频道，不是另外付费收看的频道”和第十一条“其他”中第3点约定“甲方确定拥有邮轮旅游频道的经营权和决定权，并确定邮轮旅游频道在本合同期限内为无须付费即可收看的频道，如届时变为付费频道的，乙方可以选择解除本合同，并根据届时的情况结算相关款项”，可见双方对于涉案旅游频道的性质有明确约定为“开放频道”“不是另外付费收看的频道”“无须付费即可收看的频道”。上诉人主张上述约定是对“开放播出”的约定，并非“非付费频道”的约定，而被上诉人认为该约定是对“非付费频道”的约定。对此，本院认为，根据双方涉案合同第十一条约定中的“如届时变为付费频道的”，可说明“无须付费即可收看的频道”是与“付费频道”相对应的概念，应理解为“非付费频道”，而非“开放频道”。现根据广州仲裁委员会作出的（2013）穗仲字第2072号裁决书，该裁决书证明该频道的性质是付费频道。且根据《广播电视有线数字付费频道业务管理暂行办法（试行）》第二十五条规定，付费频道不得播出除推销付费频道的广告之外的商业广告。因涉案频道为付费频道，而上诉人违反了双方关于涉案频道性质的约定，导致被上诉人在该频道投放广告进行营利的目的无法实现，故上诉人应为其违约行为承担相应的法律责任。

【TA评述】

《宝典》如是说[1]：随着影视传媒行业的不断发展，植入式广告变得越发频繁，无论是影视剧还是综艺节目、网络游戏中都会进行植入式广告。植入广告不仅使得很多影片在上映前就收回了成本，还能在很大程度上缓解随着演员片酬和制片成本不断上涨对投资方造成的压力，依靠植入降低制片成本，减少风险。因此商业植入所带来的收益越加成为制片方重视的创收来源。

对于广告投放方而言，其最为关注影视广告投放的次数和效果；而对于制作方而言，其最为关注的则是广告植入应当不影响节目效果，并且考虑到节目拍摄、制作、剪辑过程中不可控因素较多，制片方还需要避免因广告投放不达标而发生违约。

在制片方与广告商客户的合同当中，还需要注意赞助商对于广告播出的平台、时段等是否有特殊要求，如制片方与相关平台的合约不能保证该等要求的实现，则很可能导致制片方无法收齐广告费用甚至承担更重的违约责任。同时，对于广告商对广告的播出时间、播出形式等方面的具体要求，制片方也应注意给已方预留灵活的调整空间，避免出现一旦不符合双方约定的时间或形式就构成违约的风险。

TA观点

植入广告含有传统广告的传播、宣传目的，其有偿性决定了植入广告为商业广告的属性，即以相应的投放标准实现传播效果为根本目的和广告款支付对价。品牌方与制片方签署《广告植入合同》的根本合同目的亦如此。基于商业交易行为，品牌方支付广告植入费用，制片方按照合同约定进行植入广告的制作，并通过影视作品的发行和播出，实现植入广告的投放和传播。

植入广告因其植入于影视作品当中，为影视作品无法分割的一部分，其投放和传播均依赖于影视作品的发行和播出。无论从品牌方的角度还是影视作品制片方的角度，对于植入广告未来的播出方式、播出平台的级别和数量、播出时间、播出次数等进行约定，均有利于实现双方的合同目的，即，品牌方实现品牌、产品、服务的营销宣传目的；制片方实现融资、收益目的。同时，有利于避免争议发生，实现共赢。

需要注意的是，在签署《广告植入合同》过程中，制片方应当向品牌方充分披露

---

1 王军、司若主编:《中国影视法律实务与商务宝典》，中国电影出版社2017年版，第306、309、451页。

影视作品所处的摄制阶段以及未来可能的发行安排。基于诚实信用的原则，避免为了获得高额植入款而作出超出未来发行计划的发行承诺、与广电行政管理机关目前关于发行的相关要求存在冲突的发行承诺或客观上无法实现的发行承诺，也就避免将自身置于高违约风险的境地。作为品牌方，则需要注意在签署相关《广告植入合同》之时，制片方是否就相关影视作品已有发行计划，或者品牌方自己期待的发行平台是否包含在制片方发行计划当中。

但基于影视作品制作周期客观较长，又存在诸多影响发行的客观因素，如签署合约时确实无法确定发行平台安排的，则可以考虑约定相应的违约责任。例如，若相关影视作品发行平台级别降低或减少，则相应扣减植入款。如双方能据此达成合意，则既给了制片方未来发行平台安排的空间，也保障了品牌方对于植入广告投放效果的需求。未来发生相应情况时，双方对于争议的解决以及扣款金额的确定也能够有据可依。

（撰稿人：王晗晨）

3.2.9 品牌植入内容展现标准应在合同中明确约定

——某国际文化公司诉北京某传媒公司合同纠纷案[1]

【核心推介】

品牌方（及／或品牌代理方）与制片方对于广告植入款的结算，往往依赖于广告植入的最终展现效果。如影视作品成片中相关品牌植入内容的展现效果与合同约定不符，必然导致品牌方对相关影视作品进行广告植入的核心目的无法充分实现，那么制片方必然面临品牌方扣减植入款或者与品牌方就此发生争议。因此，品牌方与制片方在签订有关植入的合作协议时，对于植入内容的展现时长、形式、桥段、内容、标准等约定，应当尽可能明确、具体，避免因约定不清或双方对于合同条款理解不同而发生争议。

从本案一审和二审法院共同的观点可以看出，双方对于“品牌元素”的具体含义约定不明，因此无法计算出电影成片中“品牌元素”的实际植入时长，没有支持原告提出的因“品牌元素”植入时长不足构成违约的主张。但双方对于6个植入桥段的约定较为清楚明晰，制片方擅自变更了双方约定的植入情节，一审法院和二审法院均认定制片方因此而构成违约。

【关键词】

植入桥段　植入时长　品牌元素

1　一审法院：北京市朝阳区人民法院，一审案号：（2014）朝民初字第03598号；二审法院：北京市第三中级人民法院，二审案号：（2016）京03民终3374号。

【案情】

2011年10月28日，北京某传媒公司（被告）作为甲方与某国际文化公司（原告）作为乙方签订了《电影合作协议》（以下简称《合作协议》），约定：北京某传媒公司是电影《富春山居图》的出品方之一，拥有该片的市场开发权；双方共同确认某国际文化公司赞助商作为该片在赞助商所属行业的独家合作伙伴，就该片享有行业排他权，北京某传媒公司不再就该片项下任何权益寻求有赞助商所属行业元素的合作；北京某传媒公司保证自行或委托第三方进行的市场开发不涉及某国际文化公司赞助商所属相关行业；北京某传媒公司在该片拍摄、后期制作、主管部门审片等过程中，应尽力确保按照上述《赞助商合作权益确认单》落实相关回报，在每次拍摄与某国际文化公司赞助商有关的内容前应提前至少3个工作日通知某国际文化公司安排赞助商现场监督拍摄，在与乙方赞助商有关的每个桥段拍摄后、该片初剪后和成片送审前均应由某国际文化公司赞助商确认与其相关的内容；如实际拍摄有调整或与原《赞助商合作权益确认单》存在差异的，北京某传媒公司应当及时告知某国际文化公司并按照某国际文化公司要求进行调整，如实际情况无法进行调整的由北京某传媒公司提供相关替代方案，如替代方案不能被某国际文化公司接受的或最终影片放映时未能完全实现相关回报，则双方同意另行协商解决，协商结果不能被某国际文化公司赞助商接受的由北京某传媒公司承担因此给某国际文化公司和某国际文化公司赞助商带来的一切责任。

2011年10月28日，北京某传媒公司作为甲方与某国际文化公司作为乙方还签订了《电影商务合作合同》（以下简称《商务合作合同》），约定：本片乙方赞助商品牌元素实际植入时长应不少于100秒，内容包括但不限于本合同附件《赞助商合作权益确认单》所列的6个桥段，如不足100秒，则每少1秒，乙方有权扣除赞助合作费用5万元。

2013年12月，某国际文化公司诉称：北京某传媒公司在履约过程中，双方约定的大量电影植入桥段被无端取消，品牌植入时长大幅缩短等，严重地损害了某国际文化公司的合法利益。故某国际文化公司诉至法院，要求北京某传媒公司赔付相关费用335万元（植入品牌元素时长比约定少67秒，每少1秒赔偿5万元），赔偿损失165万元。

北京某传媒公司辩称：某国际文化公司与北京某传媒公司对于开展合作的内容和方式有明确约定，北京某传媒公司严格遵守了双方之间的约定，不存在违约情形。北京某传媒公司严格按照约定对某国际文化公司代理的某保险公司的品牌进行了内容植入，同时，也履行了安排某保险公司相关领导出席电影宣传活动等各项附随义务。某国际文化公司主张赔偿的335万元相关费用和165万元损失无事实和法律依据。

一审法院经审理认为：某国际文化公司与北京某传媒公司签订的《合作协议》《商务合作合同》系双方当事人的真实意思表示，合同内容未违反法律法规的规定，合法有效。本案争议的焦点为双方违约情况的认定。关于某保险公司的情节桥段植入，双方约定赞助商品牌元素实际植入时长应不少于100秒，而双方对于“品牌元素”的理解存在分歧，从双方合同的约定中亦无法判断该“品牌元素”的具体含义，故双方约定不明，无法自电影成片中计算出“品牌元素”的实际植入时长。但双方于《商务合作合同》中约定了6个植入桥段，该桥段的描写较为清楚明晰，北京某传媒公司认可电影成片与桥段描写存有出入，而未提交证据证明北京某传媒公司按照合同约定就桥段的变更与某国际文化公司进行了协商并经过某国际文化公司的认可，故北京某传媒公司就此存在违约。北京某传媒公司所存在的违约行为必然造成某国际文化公司的相关损失，且该损失系难于量化之损失，故法院对北京某传媒公司应赔偿某国际文化公司所主张的两项损失数额予以酌定。

一审法院判决：北京某传媒公司于判决生效之日起十日内赔偿某国际文化公司损失300万元；驳回某国际文化公司的其他诉讼请求。

某国际文化公司不服一审判决，向二审法院提起上诉，请求：一、追加判决由北京某传媒公司向某国际文化公司支付违约金35万元（总计335万元），支付其他违约损失165万元；二、一、二审诉讼费用全部由北京某传媒公司承担。其主要上诉理由为：合同按照品牌元素实际植入时间约定了违约金，一审判决未予以认定。双方签订了真实有效的《合作协议》《商务合作合同》，其中对6个植入桥段及100秒赞助商品牌元素实际植入时长作了明确约定，二者在合同中是并列关系，而非包含关系，即100秒赞助商品牌元素实际植入时长是独立于植入桥段的单独约定，合同约定的6个植入桥段时间本就大大超过100秒，所以不可能是指6个桥段。合同中约定的品牌元素显然是指电影对白或者屏幕场景中包含能够直接清楚地认定为某保险公司品牌的元素。对于品牌植入元素的定义只有上述一种解释，即能够直接指向某保险公司的植入元素，明确、不可替代。双方在合同中已经明确约定，不足100秒植入时长，每少1秒，乙方有权扣除赞助合作费用5万元，故赔偿损失数额应为335万元（较约定时长少67秒，每1秒赔偿5万元），既然已经明确约定，则不宜在数额认定时再予以酌定。

北京某传媒公司不服一审判决，也向二审法院提起上诉，请求：一、依法撤销一审判决第一项；二、依法判令某国际文化公司承担本案和反诉的案件受理费用。其主要上诉理由为：一、一审判决在事实认定方面的严重错误在于：某国际文化公司未举证证明其损失的真实发生，一审判决却认定北京某传媒公司“所存在的违约行为必然造成某国际文化公司的相关损失”并酌定其损失为300万元。这种酌定实质上豁免了某国际文化公司举证责任，违反和破坏了基本举证规则。按照民诉法第六十四条、民事诉讼法司法解释第九十条的规定，某国际文化公司应当主张其损失是真实发生的。二、一审判决对某国际文化公司损失的酌定违背了《合同法》的可预期规则、减损规则、损益相抵规则等损失确认规则，并事实上使某国际文化公司因北京某传媒公司的所谓违约而获益。三、一审判决抛弃约定的100秒时长的违约考核机制，不去考量6个桥段植入有出入是否影响了某保险公司的植入效果和是否缩减了植入时长，而以审判权强加给北京某传媒公司另一套、以文字表述是否“出入”的违约考核机制，不符合双方合同的目的和约定的评价标准，违背了电影创作规律，不符合当事人意思自治。四、一审判决酌定某国际文化公司的300万元损失缺乏基本公平，远超北京某传媒公司的违约预期，使某国际文化公司因北京某传媒公司的“违约”获得收益。

二审法院认为：根据本案查明的事实，双方对《合作协议》《商务合作合同》《补充协议》的真实性、合法性均无异议，且三份合同不违背法律规定，应属合法有效。在合同履行中双方均主张对方存在违约行为，故综合双方观点，本案争议的焦点是：某国际文化公司与北京某传媒公司在履行《合作协议》《商务合作合同》《补充协议》中是否存在违约行为，如存在违约，则相应法律责任如何认定。

首先，北京某传媒公司是否构成违约问题。关于某保险公司广告植入时长问题，双方合同约定“本片乙方赞助商品牌元素实际植入时长应不少于100秒，内容包括但不限于本合同附件《赞助商合作权益确认单》所列的6个桥段”。对于“赞助商品牌元素”如何定义，双方理解存在分歧。应当指出，电影作为文化艺术形式，创作人员对植入赞助商的品牌有权根据剧情等进行再创作，而以生硬、照搬的方式体现赞助商品牌元素背离电影的本质。本案中，由于双方对植入品牌元素约定不明，而北京某传媒公司亦实际植入了赞助商品牌，某国际文化公司主张北京某传媒公司应以视觉、听觉的方式直接体现品牌元素时长，要求过于苛刻。故某国际文化公司主张北京某传媒公司因“品牌元素”植入时长不足，构成违约，法院不予支持。依据合同约定，双方对于6个植入桥段有明确约定，而北京某传媒公司在未与某国际文化公司协商的情况下，对6个桥段进行变更，构成违约。综上，北京某传媒公司构成违约，一审法院对此认定是正确的。

综上，由于北京某传媒公司在签订合同后擅自变更协议内容，构成违约。二审法院判决：驳回上诉，维持原判。

【业内关注】

1.品牌植入的展现标准应如何约定

2.合同约定不清时，对于核心争议条款的解释应遵循何种原则

【法条链接】

1.《合同法》

第六十条 当事人应当按照约定全面履行自己的义务。

当事人应当遵循诚实信用原则，根据合同的性质、目的和交易习惯履行通知、协助、保密等义务。

第一百零七条 当事人一方不履行合同义务或者履行合同义务不符合约定的，应当承担继续履行、采取补救措施或者赔偿损失等违约责任。

第一百一十四条 当事人可以约定一方违约时应当根据违约情况向对方支付一定数额的违约金，也可以约定因违约产生的损失赔偿额的计算方法。

约定的违约金低于造成的损失的，当事人可以请求人民法院或者仲裁机构予以增加；约定的违约金过分高于造成的损失的，当事人可以请求人民法院或者仲裁机构予以适当减少。

当事人就迟延履行约定违约金的，违约方支付违约金后，还应当履行债务。

2.《最高人民法院关于民事诉讼证据的若干规定》

第二条 当事人对自己提出的诉讼请求所依据的事实或者反驳对方诉讼请求所依

据的事实有责任提供证据加以证明。

没有证据或者证据不足以证明当事人的事实主张的，由负有举证责任的当事人承担不利后果。

【理论观点】

1.“品牌元素”在影视作品植入过程中的合理展现方式应如何界定?

在影视剧诸多商务开发合作当中，植入广告始终占有重要一席。品牌方为了实现产品和服务的宣传目的，往往对于品牌元素的出镜时间、出镜方式、出镜次数都有明确的要求，甚至要求针对品牌特性单独定制剧情情节。但由于植入广告需要依托于影视作品而不能独立存在的这一客观情况，制片方在品牌植入的方案制定和植入情节拍摄的过程中，不得不考虑相应品牌的商业元素的介入与影视作品本身艺术表达的平衡。

欧盟影音媒体服务法令［Audiovisual Media Services Directive，AVMSD（影音媒体服务法令）］明确规定，植入式广告“不得影响媒体服务提供者的节目内容以及节目表达责任感与编辑独立”（第11.3条［a］），这一规定可视为充分尊重节目的艺术性与制片人的决定权。但问题在于：究竟植入到何种程度即会影响节目内容与编辑独立？这一问题的判断，在很大意义上是一个具体的场景标准，必须纳入具体个案中去衡量，评判标准应依据普通观众的判断为宜。[1]对于植入广告的植入程度，或者说植入广告与影视作品本身艺术表达的融合与平衡，一直是整个影视制作行业所面临的共通性问题。

某著名导演曾直言自己很反感植入广告这种方式，他认为这种做法容易让导演妥协，作为导演没人会喜欢。[2]

国内某影片的制作总裁也曾表示，植入手法不自然，但面对广告主的压力，不植入又感到心虚。[3]

植入广告与传统广告最大的区别在于其依托于影视作品而存在。品牌方所期待的宣传效果的实现依赖于影视作品中的植入内容“到达”观众，为观众所看到。影视作品如何能让更多的观众喜欢并看到，本质上还是依赖于影视作品本身的艺术价值和受

1 谢晓尧、段芸蕾:《植入式广告的法律思考》,《社会科学研究》2011年第6期。

2 《成都晚报》2010年10月20日。

3 《扬子晚报》2007年12月10日。

欢迎程度。因此，将植入的产品和服务很好地与情节融合在一起，甚至成为故事发展不可缺少的一部分，将更有效地实现品牌方的核心目的。

在判断“品牌元素”植入的合理界限时，应当尊重影视作品艺术创作的大前提，而非要求制片方按照传统广告的展现形式，机械、生硬地进行品牌元素植入。诚如本案二审判决所言，“电影作为文化艺术形式，创作人员对植入赞助商的品牌有权根据剧情等进行再创作，而以生硬、照搬的方式体现赞助商品牌元素背离电影的本质”，“以视觉、听觉的方式直接体现品牌元素时长，要求过于苛刻”。

我国现行法律并没有针对影视作品植入广告的明确规定。对于品牌元素在影视剧中的植入方式通常由品牌方（及／或品牌代理方）与制片方通过签订品牌植入合同进行约定。但往往约定不够清晰或者合同履行过程中不够谨慎而导致争议发生。因此，在相关协议中进行明确的约定，逐渐形成行业所认同的商业模式和交易习惯，才是平衡制片方和品牌方在植入广告交易中双方利益的有效方式。

2. 合同约定不清时，对于核心争议条款的解释应遵循何种原则？

清华大学法学院崔建远教授认为：首先，解释系争合同条款，应当探求已经表示出来的当事人的真意，除非当事人的真意违反了法律、行政法规的强制性规定，损害了社会公共利益，违背了社会公德。这是《民法通则》第四条及《合同法》第四条所定自愿原则的题中应有之义。其次，解释合同条款，应当遵从我国正在通行的有关规程的要求。因为这些规程也是法律，是人们应当遵循的行为规范。再次，解释合同条款，应当尽可能地符合专业、行业的知识和原理。复次，解释合同条款，还要尽量考虑当事人双方利益的平衡。[1]

中国人民大学法学院王利明教授认为：合同的解释不同于《民法总则》中所规定的意思表示的解释，后者原则上是在合同尚未成立情况下对意思表示所作的解释，如果合同已经成立，则应考虑合同解释的问题。合同解释是指对合同及其相关资料的含义所作出的分析和说明。我国《合同法》规定了合同解释制度，为法院和仲裁机构通过合同解释的方法处理大量的纠纷提供了基本的准则和依据。但从我国司法的现状来看，由于《合同法》所规定的合同解释规则比较简略，难以发挥对法官的指引和拘束

1 崔建远:《合同解释与法律解释的交织》,《吉林大学社会科学学报》2013年第1期。

作用。因此未来合同编有必要详细规定合同解释的重要规则，具体而言，第一，系统全面地规定合同解释的方法。《合同法》第一百二十五条对合同的解释方法作出了规定，其基本解释方法包括文义解释、体系解释、目的解释、习惯解释、依诚信原则解释等，但仍然缺少“按照通常的理解进行解释规则（plain-meaning rule）”，它又称为“避免荒谬解释的规则”，是指按照一般人的理解，对合同的文本进行解释。这是合同解释的最基本方法。第二，具体规定合同解释的重要规则。例如，应当具体规定“尽量作有效解释规则（utres magis valeat guam preat）”，该规则也称为“促进合同有效原则（favor contractus）”，这就是说，对合同的解释要以最大限度地促进合同的成立为解释方向，促成合同的实际履行，尽量避免宣告合同不成立或无效。这一原则在判例法中也被广泛采用。从鼓励交易出发，在合同既可以被解释为有效，又可以被解释为无效时，应当尽量将其解释为有效合同。再如，“明示其一，排斥其他（expressio unius exclusio alterius）”的规则，该规则简称为“明示排除其他”，是指当事人在合同中明确提及特定种类的一种或者多种事项，可以视为以默示的方法排除了该种类以外的其他事项。第三，明确交易习惯作为填补合同漏洞的重要方法。从目前《合同法》第六十条的规定来看，其将法律的任意性规定作为填补合同漏洞的方法，但并没有明确交易习惯在补充性合同解释中的地位。事实上，习惯使人们产生一种规则的事实上的约束力，可以用来填补合同漏洞，民法典合同编应当肯定其可以作为合同漏洞填补的重要方法。第四，在合同解释部分增加合同漏洞填补的规则。合同漏洞填补在广义上也属于合同解释的范畴。笔者认为，合同漏洞的填补规则应当和合同解释规则放在一起规定，二者共同构成了完整的合同解释规则体系：一方面，尽管合同漏洞是在合同履行过程中发现的，但合同漏洞应当是运用合同解释规则发现的，即通过各种合同解释方法无法填补合同的内容，才能认定构成合同漏洞。从这一意义上说，没有解释就无法发现漏洞。另一方面，合同漏洞的填补也要运用合同解释的规则。例如，许多合同漏洞需要运用交易习惯和诚实信用原则予以填补。这就需要在合同解释中增加相关的合同漏洞填补规范，以更好地发挥合同解释制度的功能。[1]

1 王利明：《民法分则合同编立法研究》，《中国法学》2017年第2期。

【案例索引】

案例1[1]：上海睿艾广告传媒有限公司与北京世纪融媒国际文化发展有限公司广告合同案

一审法院北京市海淀区人民法院认为：

本案争议的焦点是双方合同中约定的宣传片是否应植入海尔产品LOGO。

首先，根据双方合同的文意，应当植入海尔产品LOGO的“综艺节目《升级到家》”应指“正月初一至正月十五每晚18:50至19:30播出”的《升级到家》节目本身，而并不包含双方合同中约定的“《升级到家》宣传片”。其次，双方合同中对于《升级到家》节目和《升级到家》宣传片的播出都有相应约定，但仅约定了《升级到家》节目播出过程中海尔产品LOGO的曝光次数，而对于《升级到家》宣传片的播出，双方仅约定了宣传片本身的播放次数，并未约定该宣传片播放过程中海尔产品LOGO的曝光情况。如果双方的本意为《升级到家》节目和《升级到家》宣传片中均应植入海尔产品LOGO，则双方合同中的前述不同约定内容显然与常理不符。再次，虽然融媒公司在双方签订合同前向睿艾公司发送过植入海尔产品LOGO的宣传片，但此时双方尚在合同磋商过程中，该宣传片并不能当然成为双方合同之内容。而如前所述，双方后来签订的《合作协议》中亦没有约定应在宣传片中植入海尔产品LOGO或播出宣传片时应曝光海尔产品LOGO，故睿艾公司仅以此认为应在实际播放的宣传片中植入海尔产品LOGO的主张，显然证据不足，本院对其该主张不予采信。综合以上分析，睿艾公司称实际播放的《升级到家》宣传片中应植入海尔产品LOGO的主张，缺乏事实和法律依据，本院不予采信。当事人应当按照约定全面履行自己的义务。本案中，双方合同中不仅约定了《升级到家》节目播出的次数及在该节目中海尔产品LOGO应曝光次数，而且还同时约定了《升级到家》宣传片应当播放的次数。虽然双方均确认《升级到家》节目播出的次数及在该节目中海尔产品LOGO应曝光次数符合双方合同约定，但融媒公司向本院提交的证据仅显示《升级到家》宣传片在双方合同约定的期限内播

1 一审法院：北京市海淀区人民法院，一审案号：（2015）海民（商）初字第05805号；二审法院：北京市第一中级人民法院，二审案号：（2016）京01民终2457号。

放78次，而未达到双方约定的220次。在此情况下，融媒公司称其履行了全部合同义务的主张，显然与事实不符。如前所述，《升级到家》宣传片中没有海尔产品LOGO的广告植入，其广告价值显然要小于植入有海尔产品LOGO的《升级到家》节目本身，但《升级到家》宣传片作为《升级到家》节目的宣传手段，其播出次数减少对《升级到家》节目的知名度和收视率势必会产生相应的不利影响，并据此会对《升级到家》节目中植入海尔产品LOGO的广告效果产生相应不利影响。在此情况下，双方合同约定的广告费用亦应相应减少。根据双方约定的合同款总额、节目和宣传片相应播出次数及相应广告效果，本院将应减少的广告费酌定为30万元。当事人一方未支付价款或者报酬的，对方可以要求其支付价款或者报酬。

二审法院北京市第一中级人民法院认为：

根据双方的诉、辩意见和本案的审理情况，本案双方争议的焦点在于涉案合同中约定的宣传片是否应植入海尔产品LOGO。

本案中，睿艾公司主张《升级到家》宣传片中应植入产品LOGO，但融媒公司对此予以否认，在此情况下，根据谁主张谁举证的原则和法律规定，睿艾公司应对其该主张承担举证责任，但睿艾公司未能对此提供可令本院采信的证据予以证明。同时，根据双方签订的涉案《合作协议》载明的内容，其中只约定了综艺节目《升级到家》播出过程中海尔产品LOGO的曝光次数，并未约定该节目宣传片播放中海尔产品LOGO的曝光情况，而仅约定了该宣传片的播放次数，由此可见，睿艾公司该主张亦缺乏合同依据。

顾名思义，“《升级到家》宣传片”是为《升级到家》之综艺节目进行宣传，因此，对于双方合同中约定的“综艺节目《升级到家》”和“《升级到家》宣传片”，不论是按合同文意理解，还是按常理或常识理解，均应指两个不同的播放行为和内容，即前者系该综艺节目本身，而后者系为提高该综艺节目知名度和收视率而进行宣传之节目，由此睿艾公司认为“综艺节目《升级到家》”中应当既包括“宣传片”内容，又包含“节目中”内容的上诉主张显然不能成立，一审判决认定“综艺节目《升级到家》”不包含“《升级到家》宣传片”并无不妥。

如上所述，“《升级到家》宣传片”旨在为提高《升级到家》之综艺节目的知名度和收视率进行宣传，进而提高在该综艺节目中所投放的海尔产品LOGO的广告效应，而宣传片的播放次数显然与此成正比。由此，睿艾公司关于如果宣传片中不植入产品LOGO则无必要在协议中约定宣传片播放次数、宣传片无助于实现合同目的之上诉主张不能成立。同时，也基于此，一审法院根据在案证据显示的宣传片播放次数未达到合同约定的播放次数之情况，并综合案件审理情况，对涉案广告费予以相应酌减，此处理并无不妥。

案例2[1]：北京亦美互动传媒广告有限公司与广厦传媒有限公司（原东阳福添影视有限公司）广告合同案

一审法院浙江省杭州市上城区人民法院认为：

亦美互动公司主张广厦传媒公司在电视剧中植入了寿全斋牌红糖姜茶的广告，从而违反了协议中关于剧中不得植入与亦美互动公司客户或植入产品存在直接竞争关系的同类产品之约定，对此，法院认为，从亦美互动公司所主张的电视剧片段来看，并未出现任何寿全斋红糖姜茶的标识，并不构成对该品牌的红糖姜茶进行广告植入，故本院对亦美互动公司的该项主张不予采纳。根据电视剧《柠檬初上》广告植入协议的约定，广厦传媒公司应当在电视剧《柠檬初上》中完成广告情节植入不少于4个，道具植入不少于10次，且均应当完整清晰地露出植入产品的品牌LOGO。广厦传媒公司主张其于第12、13、18、22、23、25、27、29、30、31、32、33、34、38、42集均投放了植入广告，并主张其于第28集第9分8秒至11分20秒完成了一次广告情节植入，但根据其所提供的电视剧录像光盘播放情况来看，仅有第29集第6分48秒至6分54秒、第30集第20分14秒至20分26秒、第31集第33分32秒至33分34秒、第32集第38分42秒至38分47秒，共计4次完整清晰露出碧生源产品名称或品牌LOGO的道具植入，而广厦传媒公司所主张的第28集第9分8秒至11分20秒的广告情节植入并未完整清晰露出产品名称或品牌LOGO，也未能通过台词或行为暗示烘托体现产品特点。因此，本院认为，广厦传媒公司仅完成了符合合同要求的4次道具植入。综上，本院认为广厦传媒公司未能依照电视剧《柠檬初上》广告植入协议中的约定完全履行合同义务，植

1 一审法院：浙江省杭州市上城区人民法院，一审案号：（2016）浙0102民初2874号；二审法院：浙江省杭州市中级人民法院，二审案号：（2017）浙01民终2800号。

入广告回报事项并未完全成就，致使亦美互动公司无法实现其合同目的以及广告投入效益，故亦美互动公司有权行使合同解除权，广厦传媒公司主张亦美互动公司再行向其支付广告费40万元及违约金的诉讼请求，依据不足，本院不予支持。但鉴于涉案电视剧已拍摄完毕，并已经于江苏卫视以及搜狐视频网站进行播放，广厦传媒公司为亦美互动公司产品广告植入已作了一定投入，即在解除合同之后亦美互动公司也可获得一定的广告效益。因此，本着合同双方利益平衡及公平原则，并结合植入广告的完成程度，本院酌定由广厦传媒公司返还亦美互动公司广告费15万元。

二审法院浙江省杭州市中级人民法院认为：

根据本案所涉广告植入合同的内容及形式，应属广告制作合同，归于承揽合同类。根据《合同法》第二百六十八条关于“定作人可以随时解除承揽合同，造成承揽人损失的，应当赔偿损失”的规定，亦美互动公司在合同效力存续期间以诉讼方式要求解除与广厦传媒公司所签广告植入协议于法有据，但对于广厦传媒公司已完成的工作部分所应当获得的报酬应予支付。鉴于剧中确有4次完整清晰露出碧生源产品名称或品牌LOGO的道具植入，且剧集已在江苏卫视及搜狐视频网站播放，亦美互动公司在客观上已经部分实现了对代理的品牌进行宣传展示的合同目的，原审法院本着合同双方利益平衡及公平原则，结合植入广告完成程度，酌定亦美互动公司应当向广厦传媒公司支付广告费20万元应属合理。

【TA评述】

《宝典》如是说[1]：植入广告的费用主要来自于广告主（品牌方）。对于广告投放方而言，其最为关注影视广告投放的次数和效果；而对于制片方而言，其最为关注的则是广告植入应当不影响节目效果，并且考虑到节目拍摄、制作、剪辑过程中不可控因素较多，制片方还需要避免因广告投放不达标而发生违约。

为了使得植入广告的价值得以充分实现，妥善地处理与广告主之间的关系就显得尤其重要。需要尤其关注以下两点：

1 王军、司若主编：《中国影视法律实务与商务宝典》，中国电影出版社2017年版，第307、309页。

①广告植入方案的确认

在实务中，对于广告植入方案的确认一般有两种方式，一种方式是广告植入方案在广告植入合同签订之时实际已经确认，在这种情况下一般双方会选择将既已确认的植入方案作为合同的附件，这种对于植入方案的确认方式相对简单、直接。而另一种，也是更加常见的方式是，在广告植入合同签订之时，双方尚未确定广告植入方案，而需要在合同的履行过程中共同商定植入方案，在这种情况下，植入方案的商定就具有一定的不确定性，如果迟迟无法确定双方都满意的植入方案，更可能影响影片的正常摄制。因此作为制片方，在合同中就应当考虑尽可能对未来的植入方案范围进行细化，例如明确可能的植入总时长、植入的风格等。另外，为了保证合同的顺利推进，双方最好能够对植入方案的最终决定权达成一致，以避免出现僵局。

②植入内容的使用问题

在广告植入项目中，除了在电影播出以植入情节、镜头的形式体现对品牌、产品的宣传之外，广告主还常希望能够对植入内容进行进一步的使用，例如将含有植入内容的剧照、视频片段，特别是与知名艺人共同出现的剧照、片段独立地使用于对品牌的宣传中。

对于这一问题，制片方应当尤其注意，在未获得艺人明确许可的情况下，如果制片方许可广告主将含有艺人形象的剧中内容进行独立使用，则很有可能构成对艺人肖像权的侵权，从而导致艺人追究广告主的侵权责任，或者进一步追究制片方的侵权责任。

基于此，我们建议对广告主所提出的，希望对植入内容的独立使用的要求，应当充分意识到其潜在风险，并且慎重评估、考量。以防止出现不必要的纠纷，特别是来自艺人的追究。

TA观点

广告植入收入已经成为当前影视剧商业收入的重要组成部分。在广告植入合作中，比较常见的植入方式包括：道具植入、LOGO露出、演员台词口播、定制植入情节等等。对于植入效果展现的要求和标准往往体现为：约定的植入方式以及每种植入方式所对应的数量、时间等相关要求是否一一实现，事先约定的植入情节内容是否完整展现，等等。而植入效果的展现标准往往与植入款结算的方式存在对应的关系。由于目前并无相关法律对于植入广告存在明确的规定，当前的司法实践中对于“行业惯例”的举证责任依然由主张“行业惯例”的一方当事人承担，且此种举证往往相对困难。因此，在广告植入合同中对于植入效果的约定尽量准确，将极大地避免日后因约定不清而发生争议。尤其需要注意以下几点：

1. 设置植入方案的最终决定权，避免出现合作僵局。

在实务中，对于品牌植入方案的确认一般有两种方式，一种方式是品牌植入方案在广告植入合同签订之时实际已经确认，在这种情况下一般双方会选择将既已确认的植入方案作为合同的附件，这种对于植入方案的确认方式相对简单、直接。而另一种，也是更加常见的方式是，在广告植入合同签订之时，双方尚未确定品牌植入方案，而需要在合同的履行过程中共同商定植入方案，在这种情况下，品牌植入方案的商定就具有一定的不确定性，如果迟迟无法确定双方都满意的品牌植入方案，更可能影响影片的正常摄制。因此作为制片方，在合同中就应当考虑尽可能对未来的品牌植入方案范围进行细化，例如明确可能的植入总时长、植入的展现方式等。另外，为了保证合同的顺利推进，双方最好能够对品牌植入方案的最终决定权达成一致，如约定“在双方无法达成一致的情况下，为尊重该剧的艺术效果和制作质量，制片方有最终决定权”，也可以同时约定给予品牌方其他合作权益，以补偿品牌方无法在剧中予以展现的植入需求，避免出现合作僵局。

2. 植入款结算标准（数据核算标准和扣款标准）应当明确具体。

由于影视剧都要经过广电部门的审核才能播出，那么植入的内容则很可能因为广电部门的审核而无法最终展现。因此最后很有可能发生播出的实际时长或者镜头与植入方案约定不符的情况。因此，对于植入款结算标准应尽可能明确具体，如按照最后播出版的秒数等方式。

3. 应注意参演艺人对于植入目标实现的影响，避免艺人追究权利的情况。

影视剧的参演艺人自身往往同时担任若干产品或品牌的代言人。一般而言，在这些艺人的代言合同中，常常存在着对于竞品合作（包括植入广告的拍摄）的限制性条款。例如，艺人担任代言人期间不能参演具有相同品类产品广告植入的影视剧或者在参演中不能与代言同品类的产品同框、不能出现使用同品类产品的镜头等。因此，制片方在进行艺人聘用协议洽谈的阶段，就应当与艺人方就其代言事项，以及代言合同中对广告植入事项是否具有限制性约定，这种限制性约定具体的安排等进行充分沟通，并且在制定品牌方案之时充分考虑。防止与广告主确认的品牌方案无法获得艺人的配合而造成进退维谷的被动局面。在制片方与品牌方落实合作合同时应该明确以下几点：（1）品牌方对相关素材的使用不得侵犯演员的肖像权或其他合法权益；（2）如果制片方与相关艺人之间已经签署的演员聘用协议中对相关素材的使用方式有明确的排除约定的，该等排除也应一并明确写入与品牌方之间的协议中以限制品牌方的使用行为；（3）明确品牌方违反上述约定所应承担的违约责任。

（撰稿人：王晗晨）

3.2.10 植入广告损害其他竞争者或消费者合法权益，构成不正当竞争

——北京某网络科技有限公司与上海某影视有限公司、上海某珠宝有限公司不正当竞争纠纷案[1]

【核心推介】

本案是国内首起判决的电视剧植入广告虚假宣传案。本案明确了植入广告在何种情况下构成我国广告法意义上的商业广告，对植入广告构成虚假宣传的判断标准进行了充分的论述，同时对广告主和影视剧摄制方在植入广告构成不正当竞争的情况下是否应当承担责任以及承担何种责任进行了阐述。本案对于规范当前的植入广告市场及影视剧的制作具有一定的指导作用，有利于促进广告市场的健康发展。

【关键词】

植入广告　虚假宣传　连带责任

【案情】

原告北京某网络科技有限公司与被告上海某珠宝有限公司均经营首饰饰品。原告设计、制作、销售了“天使之翼”项链吊坠，并进行了著作权登记。被告上海某影视有限公司是电视剧《夏家三千金》（下称《夏》剧）的摄制者及著作权人。两被告商定，

1　一审法院：上海市浦东新区人民法院，一审案号：（2011）浦民三（知）初字第694号；二审法院：上海市第一中级人民法院，二审案号：（2012）沪一中民五（知）终字第212号。该案入选2012年上海法院知识产权司法保护十大案件。

《夏》剧剧组使用被告上海某珠宝有限公司厦门店的经营场所进行拍摄，不支付场地费；剧组为其免费做品牌广告宣传。拍摄中，剧组向该店要了一个带有被告上海某珠宝有限公司品牌英文标识的首饰盒，告知将作为道具根据剧情使用，但没有说明用于什么具体情节。随后，剧组将从案外人（非原告或原告销售商）处购得的与原告设计、制作、销售的“天使之翼”吊坠款式相同的项链放入首饰盒中用于拍摄。向公众播出的《夏》剧中有以下情节：男主人公与其母亲来到有明显被告上海某珠宝有限公司品牌标识的珠宝店选购首饰。男主人公将首饰送给女主人公，首饰盒上显示有明显的被告上海某珠宝有限公司标识，打开首饰盒后为“天使之翼”项链吊坠的特写镜头。《夏》剧播出后，有消费者致电被告上海某珠宝有限公司询问该款吊坠的情况。

原告北京某网络科技有限公司诉称：两被告构成虚假宣传及违反诚实信用原则的不正当竞争行为，请求法院判令两被告公开赔礼道歉、赔偿原告经济损失15万元及制止侵权的合理开支7 521元。

被告上海某珠宝有限公司辩称：其仅作为终端消费者使用系争作品，剧中使用系争产品不是其主动策划的，产品也不是其提供给剧组的，对于展示珠宝的过程其并不知情。剧中项链的使用由导演自由发挥，其无主观过错，依法不应承担任何法律责任。

被告上海某影视有限公司辩称：其没有实施生产、销售侵权产品的行为，不应承担法律责任。剧中珠宝产品由剧组自备，被告上海某珠宝有限公司只提供了拍摄场地。原告北京某网络科技有限公司没有证据证明其实施了不正当竞争行为。

上海市浦东新区人民法院审理认为，两被告已形成事实上的广告合作关系，《夏》剧中的前述情节是在电视剧中插入的植入广告，构成对被告上海某珠宝有限公司品牌的广告宣传。在珠宝首饰的广告中，独特的吊坠款式能够引起消费者的关注，提高品牌的吸引力。系争吊坠并非被告上海某珠宝有限公司生产或销售，植入广告却将其与带有明显被告上海某珠宝有限公司品牌标识的首饰盒一并使用，且特写镜头持续了一定时间，容易使得相关公众误以为该款式为被告上海某珠宝有限公司设计或销售，使得喜欢该款式的公众对被告上海某珠宝有限公司品牌产生一定的兴趣，从而使其获取更多的商业机会，构成对原告的不正当竞争。故判决两被告连带赔偿原告经济损失2万元及合理费用7 521元。

上海某珠宝有限公司不服一审判决，提起上诉。二审中双方和解，上海某珠宝有限公司撤回上诉。

【业内关注】

1. 植入广告是否属于广告法意义上的商业广告

2. 植入广告虚假宣传的认定标准

3. 广告主和影视剧摄制方应如何承担责任

【法条链接】

《反不正当竞争法》(1993年)

第九条 经营者不得利用广告或者其他方法，对商品的质量、制作成分、性能、用途、生产者、有效期限、产地等作引人误解的虚假宣传。

第二十条 经营者违反本法规定，给被侵害的经营者造成损害的，应当承担损害赔偿责任，被侵害的经营者的损失难以计算的，赔偿额为侵权人在侵权期间因侵权所获得的利润；并应当承担被侵害的经营者因调查该经营者侵害其合法权益的不正当竞争行为所支付的合理费用。

被侵害的经营者的合法权益受到不正当竞争行为损害的，可以向人民法院提起诉讼。

【理论观点】

1. 植入广告是否属于商业广告?

我国《广告法》(2015年修订)第二条规定:“商品经营者或者服务提供者通过一定媒介和形式直接或者间接地介绍自己所推销的商品或者服务的商业广告活动，适用本法。”我国《广告法》所规范的对象明确为商业广告，因此只有植入广告属于商业广告的范畴，才能对植入广告进行我国广告法为主的相关法律法规的规范。

植入广告是和传统广告相对应的概念，根据CTR媒介智讯对植入广告的定义，植入广告又称植入式营销，是指将产品服务、品牌、代表性的视觉符号甚至传统广告片策略性地融入电影、电视剧、电视节目等各种媒介内容中，通过场景的再现，让观众留下产品及品牌印象，继而达到营销目的的一种营销方式。通过国内外比较有代表性的植入广告定义不难看出，植入广告的最终目的在于营销。广告法认为商业广告是以营利为目的的，植入广告定义揭示的营销目的正好符合此项。由此可见，植入广告无论其表现形式多么多样，植入手段如何隐蔽，其根本的营销目的最终决定了它商业广告的性质，决定了它属于广告法约束的范畴之内。

植入广告不同于传统广告的直白阐述介绍，其首要特征就是隐蔽性，采用潜移默化宣传广告意图的方式，让人们在不知不觉中接受广告信息，达到广告目的。正如上述案例，广告方并未向影视制作方支付任何费用，而是采取其他方式予以回报补偿的，并不影响对商业广告性质的认定。根据国家工商行政管理局1998年1月13日发布的工商广字［1998］第12号文件的规定，新闻媒介以介绍、推销商品、服务为目的的收费项目，属于广告栏目。在此类栏目中发布的介绍、推销商品和服务的信息，媒介因种种原因免收广告费，或者协议采用其他方式回报补偿的，也应认定为广告。因此，这种情况还是应当界定为商业广告。进一步假设，如果广告主和影视制作方在没有书面协议，且双方均不承认有广告植入的行为，还能否认定为广告？在这种情形下是运用了植入广告的首要特征隐蔽性，影视剧出于再现生活场景的需要，难免会出现一些带有商业元素的商品。而植入广告通常与剧情融合，广告宣传内容往往被作为道具、背景或台词呈现给观众，植入广告与节目密切融合性也使得植入广告的宣传相比于传统广告的直接介绍来说显得更加委婉和间接。

因此，判断某个影视剧情节是否属于植入广告，可以从以下几点进行考虑：

（1）商家与影视剧拍摄者之间关于广告植入或品牌宣传是否达成合意，通常相应的广告合作合同是确定双方广告合作关系的前提和基础。

（2）具有商业元素的信息的出现及其方式是否为剧情所需。

（3）以理性人的标准，观众能否辨识出该情节系植入广告。

如果某情节满足上述三点，则可以认定为构成植入广告。至于商家是否与拍摄方正式签订植入广告合同、企业是否实际支付了广告费，抑或是双方是否有明确具体关于植入情节的约定，是不影响对植入广告性质认定的。[1]

植入广告的隐蔽性特征还会为其带来广告法合规和监管上的其他难题：

（1）我国《广告法》第十四条规定，广告应当具有可识别性，能够使消费者辨明

1 徐飞：《影视剧植入广告的辨识及虚假宣传的认定》，《人民司法》2013年第16期。

其为广告。通过大众传播媒介发布的广告应当显著标明“广告”，与其他非广告信息相区别。对于植入广告的识别性要求便是一个非常棘手的问题，尤其是在目前影视作品中植入广告越来越复杂的情况之下。植入广告由于与剧情相融合，难以在每个植入情节中加广告标记，片首或片尾字幕通常是标识广告主的主要方式。但由于在字幕中相关的广告商均集中出现，从而难以避免地存在是否能落实识别性以及一一对应的问题。在索引案例深圳瑞红首饰有限公司与深圳市凯诗珠宝有限公司、北京拉风影视投资有限公司虚假宣传纠纷案中，便是在无其他相关证据材料能证明诉争植入商品具体来源的情况下，法院判定电视剧片尾所标注的同类型首饰广告商均可能提供该诉争植入商品，从而让原告承担了举证不利的后果。

（2）我国《广告法》第九条和第二十二条明确规定的禁播广告包括烟草广告，含有淫秽、色情、赌博、迷信等广告。由于传统广告形式历经多年的发展，相关的审查制度、行业规范、实操等各方面都相对比较成熟和完善，因此禁播广告目前在传统的广告形式中几乎已经绝迹。但是，植入广告出现之后，由于其与电视、电影剧情紧密结合的特性，实践中出现了广告主为逐利而冒险在植入广告中展示禁播广告。例如，经典电影《疯狂的石头》中“捡个烟屁股都捡不到红塔山”的对白或者特写镜头包含有特定广告品牌烟盒等的，这些都属于植入广告在变相为烟草做广告。[1]

（3）从保护观众的收视利益角度出发，我国对于广播、电视节目中插播广告的时间是有具体规定的。根据广电总局下发《〈广播电视广告播出管理办法〉的补充规定》，决定自2012年1月1日起，全国各电视台播出电视剧时，每集电视剧中间不得再以任何形式插播广告。该俗称的“限广令”实际上刺激植入广告包括植入手段、植入形式等新广告形式的大大增多。然而，对影视作品中的植入广告进行定量控制是相当困难的。

前述难题的解决，一方面需要广告业和影视业均加强行业自律，自觉遵循以广告法为核心的相关广告法律法规的立法本意，以高度的道德准则和注意义务来面对植入广告。在受众需求挑剔、广告竞争日益激烈、广告法律法规逐渐完善的环境下，植入广告要想不走传统广告被大家厌恶的老路、不因粗制违规而被追责处罚，就要变被动约束治理为主动规范，自觉进行自我审查与监督。[2]另一方面，需要加强相关立法和执

1　周培勤:《对影视植入广告的伦理和法律思考》,《电影艺术》2008年第2期。

2　刘克克:《新广告法视角下植入广告的问题与对策研究》，河南大学硕士学位论文，2016年。

法，发挥法律和监管应有的作用，使得植入广告有章可循。我国对广告行为的规范贯穿广告行为始终，从广告经营者的准入到广告制作前的审查、广告内容的监管、广告费用的公布，再到广告制作的备案制度等等。而植入广告的发展现状与传统的广告法律体系的要求不相符合或者难以适用，因此对植入广告立法规范的设置不仅应坚持其商业广告的本质，还应强调植入广告自身的特性。[1]

2.关于植入广告虚假宣传的认定标准。

所谓引人误解的虚假宣传是指经营者为获取市场竞争优势和不正当利益，对其提供的商品或服务进行虚假和引人误解的宣传行为。宣传内容产生了足以引人误解的可能是构成虚假宣传行为的前提，在引人误解的判断上，对宣传内容的含义应从整体上给受众所形成的印象来解读，并结合相关公众的知识、经验及一般注意力来判断是否产生了引人误解的可能。经营者在陈述真实事实时使用贬义色彩的言辞，并非必然构成商业诋毁。[2]把握住“虚假”和“引人误解”这两个条件，就把握住了引人误解的虚假宣传之不正当竞争行为的本质。

关于如何判断是否构成引人误解存在两种不同观点：一种观点认为，只要经营者对商品或服务进行了虚假宣传，就必然引人误解，构成不正当竞争；另一种观点认为，当发生虚假宣传时，并不必然引人误解，此时，还要根据原告、被告的举证情况进行综合判断。[3]

为避免分歧，《最高人民法院关于审理不正当竞争民事案件应用法律若干问题的解释》第八条第二款和第三款规定：“以明显的夸张方式宣传商品，不足以构成相关公众误解的，不属于引人误解的虚假宣传行为。人民法院应当根据日常生活经验、相关公众的一般注意力、发生误解的事实和被宣传对象的实际情况等因素，对引人误解的虚假宣传行为进行认定。”此为法定判断引人误解的一般标准。

对于判断植入广告是否达到虚假宣传的程度，需要在鼓励创作，保护同业竞争者的合法权益、消费者利益之间进行合理的平衡。既要鼓励创作，保护合理的道具使用

1　李威娜：《〈广告法〉如何对植入式广告进行规范》，《政法论丛》2011年第3期。

2　范静波：《虚假宣传行为认定中“引人误解”的判断——UBM公司诉游戏工委、汉威公司不正当竞争纠纷案》，《中国知识产权报》2014年6月。

3　祝建军：《如何认定引人误解的虚假宣传行为——评深圳创互公司诉深圳多门公司不正当竞争纠纷案》，《中国知识产权报》2016年6月。

行为，避免将带有商业元素的信息一概认定为植入广告；也要规范影视剧植入广告市场，使得制作者和广告主都能审慎对待广告植入，避免使得植入广告损害其他竞争者的合法权益或者消费者的利益。在具体案件中，可以结合日常生活经验、相关行业产品广告的特点、公众对该类广告的一般注意力、发生误解的事实和被宣传对象的实际情况等因素，判断涉嫌虚假宣传的内容是否足以引起公众的误解，公众是否会基于其植入广告内容而误以为真地对该植入广告所指向的产品或服务产生兴趣，从而为商家带来现实或潜在的商业利益。如果植入广告本身有虚假的成分，但根据日常生活经验、该行业一般广告的特点，以相关公众一般注意力为标准，足以辨别出是虚假的信息，不会使相关公众产生误解，则不应认定为虚假宣传。植入广告的作用就在于使得原本对某个品牌或商家没有兴趣的消费者在观看某个影视剧的同时，通过广告植入的内容对该品牌或商家产生兴趣，激发其潜在的购买力，从而为商家争取到更多的商业机会。[1]广告中的元素很多，有些元素对吸引消费者眼球有重要作用，有的则无足轻重。以前文所述的北京某网络科技有限公司与上海某影视有限公司、上海某珠宝有限公司不正当竞争纠纷案为例，对于诉争涉及的珠宝广告而言，款式通常是最吸引眼球的元素。根据日常生活经验，常见的珠宝首饰广告中，无论是静态的图片广告，还是动态的电视广告，都会将项链吊坠、耳环或手镯等的款式作为展示的重点，有的还配以明星佩戴的画面，加强宣传效果。可见，首饰款式在珠宝首饰广告中发挥着极其重要的作用，是吸引相关公众注意、使公众对某一品牌迅速产生认知的重要工具。

因此，在具体个案判断是否引人误解时，可以首先考虑从该广告所在行业及其广告元素特点的角度切入。此外，虚假宣传的构成，并不要求广告主必须有故意，过失也可以构成虚假宣传。广告主作为广告植入的受益方，应当对广告宣传的后果对外承担责任。该案例中的被告上海某珠宝有限公司即使没有主动参与诉争植入广告情节的设计，但在其与剧组存在广告合作关系，知道该剧将为其进行品牌宣传，且首饰盒将根据剧情被使用的情况下，仍向剧组提供了带有其品牌标识的首饰盒，其应当预见到该首饰盒可能被用于剧中宣传其品牌，则其对诉争植入广告宣传内容及可能产生的宣传后果没有尽到合理的注意义务。该案例明确了，针对植入广告的虚假宣传行为，即

1　徐飞:《影视剧植入广告的辨识及虚假宣传的认定》,《人民司法》2013年第16期。

使广告主主观上没有误导消费者的故意，但客观上产生了误导的效果，也获得了不属于自己的商业利益，应当对外承担民事责任。

【案例索引】

案例[1]：深圳瑞红首饰有限公司与深圳市凯诗珠宝有限公司、北京拉风影视投资有限公司虚假宣传案

原告瑞红首饰公司诉称：其是外观设计专利首饰（红玛瑙—弦月神曲SHP0560Z0）的专利权人，其发现湖南卫视播放的电视剧《亲爱的，回家》中女主角佩戴的一款首饰的设计及图案与上述专利公告图案相似。被告拉风影视公司系上述电视剧的出品单位之一，被告凯诗珠宝公司系该剧的珠宝赞助商。原告认为二被告未经同意，擅自利用电视剧植入广告的行为对女主角佩戴的首饰进行引起人误解的虚假宣传，构成了虚假宣传的不正当竞争行为，应共同承担责任。

被告凯诗珠宝公司辩称：涉案电视剧中的诉争吊坠不是其提供的产品，依据其与涉案电视剧制作单位东阳拉风公司签订的合同，其仅提供钻饰赞助。涉案电视剧片尾还显示有时尚配饰赞助商、服装赞助商等署名，其均有可能提供相关饰品。被告拉风影视公司辩称：其不是本案适格主体，涉案电视剧的制作单位和著作权人是东阳拉风公司。且诉争吊坠只是作为道具出现，涉案电视剧中并没有对吊坠的商品信息进行描述，不会引起相关公众的误解。

北京市朝阳区人民法院认为：首先，依据现有证据不足以证明涉案电视剧中相关人物佩戴的诉争吊坠系被告凯诗珠宝公司的植入广告。一方面，被告凯诗珠宝公司否认诉争吊坠系其提供，并就此提交了其与东阳拉风公司签订的《电视剧品牌植入合作合同书》，该合同明确约定凯诗珠宝公司仅提供钻饰赞助，而按照瑞红首饰公司的主张，诉争吊坠为玛瑙类饰品。另一方面，涉案电视剧的制作单位和著作权人系东阳拉风公司，拉风影视公司仅为该剧署名的出品单位之一，在瑞红首饰公司本案坚持起诉拉风影视公司，且拉风影视公司表示不清楚诉争吊坠具体来源的情况下，瑞红首饰公

1　一审法院：北京市朝阳区人民法院，一审案号：（2013）朝民初字第02491号。

司也未进一步提供证明诉争吊坠系凯诗珠宝公司的证据。同时考虑到涉案电视剧片尾在标注“珠宝赞助商：CASVIRA”字样的同时亦标注有“时尚配饰赞助商：FABI”字样，故无法据此推定诉争吊坠系凯诗珠宝公司提供。其次，瑞红首饰公司指称的植入广告不足以引人误解。植入广告一般是指在影视作品、综艺节目或舞台表演中插入经营者的产品或标识以达到吸引消费者、进行营销的一种广告方式。判断植入广告是否构成虚假宣传同样应当以是否足以引人误解为标准。本案中，虽然涉案电视剧画面中多次出现剧中人物佩戴诉争吊坠的画面，但相关画面上并未出现凯诗珠宝公司的信息，诉争吊坠并非是作为凯诗珠宝公司的产品形象出现或者与凯诗珠宝公司的品牌标识相联系，该吊坠更主要的是起到道具的功能，按照相关公众的一般注意力，即使相关公众因诉争吊坠的独特设计对其产生兴趣，仅依据上述情节亦不足以使其误认为该吊坠系凯诗珠宝公司生产。因此，即便诉争吊坠系凯诗珠宝公司的植入广告，相关宣传内容亦不足认定足以引人误解，不构成虚假宣传。

最终法院判决驳回原告瑞红首饰公司的诉讼请求。

【TA评述】

《宝典》如是说[1]：虚假宣传行为，是指经营者利用广告或者其他方法，对商品的质量、制作成分、性能、用途、生产者、有效期限、产地等做引人误解的虚假宣传，广告的经营者在明知或者应知的情况下代理、设计、制作、发布虚假广告，导致客户或消费者误解的行为。

我国《反不正当竞争法》规制的是经营者的不正当竞争行为，而经营者则是指从事商品经营或者营利性服务的法人、其他经济组织和个人。那么，影视传媒市场中的各类主体包括但不限于制片商、发行商、放映商等，也归属于《反不正当竞争法》的规制范畴。

判断某个影视剧情节是否属于植入广告，应以商家与影视剧拍摄者是否存在广告合作关系、相关公众以理性人的标准能否辨识出该情节系植入广告，及具有商业信息的道具的出现及其出现方式是否为剧情所需为标准。认定植入内容是否构成虚假宣传

1 王军、司若主编：《中国影视法律实务与商务宝典》，中国电影出版社2017年版，第179–181页。

不正当竞争，应结合日常生活经验、相关行业产品广告的特点、公众对该广告的一般注意力等进行判断，如果广告中涉嫌虚假宣传的内容足以使原本对广告指向的产品或服务不感兴趣的公众因误解而产生兴趣，为广告主带来现实或潜在的商业机会，并损害了其他经营者的合法权益，则应认定为构成虚假宣传不正当竞争。

TA观点

植入广告如今在影视作品中已非常常见，影视剧出于再现生活场景或情节的需要，难免会出现一些带有商业元素的商品。因此，在影视剧中植入广告已经成为商家重要的商业营销模式之一，也成为影视剧拍摄者解决拍摄资金、场地、道具等问题的有效途径。

而这些场景或情节是否属于植入广告、植入广告是否属于商业广告、商业广告是否涉及虚假宣传，这些都是影视剧植入广告需要注意的问题。

通过北京某网络科技有限公司与上海某影视有限公司、上海某珠宝有限公司不正当竞争纠纷案，法院就植入广告的广告主与影视剧拍摄者因广告宣传内容而产生的法律责任进行了认定，有利于引导商家及拍摄者审慎对待影视剧的广告植入。建议广告主和影视剧制片方都应结合我国广告法等相关法律规范，以及植入广告商务合作的行业规范，事先有约定，摄制有依据，责任有承担。

植入广告合同的签订过程中，应当针对相应的法律风险明确约定广告主和影视剧制片方的相关权利义务及违约责任，从而厘清一旦与第三方发生争议的责任承担问题。具体可从以下几点进行考量：

1.广告主对产品、服务的合法性承诺和保证。

承前所述，植入广告在一定情况下满足《广告法》关于“广告”的认定条件，应受到我国法律、法规对于广告内容的约束，这些规定集中体现在我国的《广告法》以及国务院和工商总局等各部门的相关法律法规中。例如：烟草广告在大众传播媒体、公共场所、户外媒体中被严格禁止；医药广告发布前需经相关主管部门的审核；具有虚假宣传嫌疑的虚假广告不得发布；不能贬低同类产品；不能有反动、淫秽、迷信、荒诞内容等。由于违反相关法律法规的后果较为严重，轻则责令删除相关情节，重则可能涉及经济赔偿甚至刑事犯罪，因此，制片方在进行广告植入时应首先关注这一点，不能违反法律、法规及相关的行业管理规定。

对此，在签署植入广告合同的过程中，为保证广告主和制片方在合法的条件下实现双赢，建议设定广告主对于产品、服务合法性的承诺和保证条款，同时明确相应的责任承担方式。

2.对于拍摄道具、品牌元素的合法性承诺和保证。

植入广告的拍摄和制作离不开产品和服务的拍摄道具和品牌元素，如产品实物道具、品牌展板、门店实景、商标图样、产品设计图样、品牌LOGO矢量图以及品牌LOGO使用的设计图样和字体等元素。如上述拍摄道具或者品牌元素存在侵权或者引发侵权，将会给广告主和制片方以及相关影视剧均造成严重损失。因此，在签约之初对于拍摄道具、品牌元素的合法性承诺和保证就显得尤为重要。具体可根据相关物料的提供方进行承诺和保证。同时在植入广告合同履行过程当中，各方应注意对相关物料的交接流程进行固化，例如签署物料交接单，明确物料提供方和接受方、品种、数量、实物照片等信息，以便拍摄结束后对物料进行归还或其他处理，同时也便于在争议发生后厘清各方责任。

3.双方（广告主和制片方）对于品牌植入方案的事先确认程序。

植入方案的实现离不开参演艺人的配合。在相关植入方案的设定过程中，还应当充分考虑参演艺人是否能够配合以及配合程度。我国广告法对于未成年人代言以及出演广告均明确禁止，因此，制片方应当尽量避免未成年人演员出现在可能被认定为商业广告的植入情节当中。同时，影视剧的参演艺人自身往往同时担任若干产品或品牌的代言人。一般而言，在这些艺人的代言合同中，常常存在着对于竞品合作（包括植入广告的拍摄）的限制性条款。例如，艺人担任代言人期间不能参演具有相同品类产品广告植入的影视剧或者在参演中不能与代言同品类的产品同框、不能出现使用同品类产品的镜头等。因此，制片方在进行艺人聘用协议洽谈的阶段，就应当与艺人方就其代言事项，以及代言合同中对广告植入事项是否具有限制性约定，这种限制性约定具体的安排等进行充分沟通，并且在制定品牌方案之时充分考虑。防止与广告主确认的品牌方案无法获得艺人的配合而造成进退维谷的被动局面。

在实务中，对于品牌植入方案的确认一般有两种方式，一种方式是品牌植入方案在广告植入合同签订之时实际已经确认，在这种情况下一般双方会选择将既已确认的植入方案作为合同的附件，这种对于植入方案的确认方式相对简单、直接。而另一种，也是更加常见的方式是，在广告植入合同签订之时，双方尚未确定品牌植入方案，而需要在合同的履行过程中共同商定植入方案，在这种情况下，品牌植入方案的商定就具有一定的不确定性，如果迟迟无法确定双方都满意的品牌植入方案，更可能影响影片的正常摄制。因此作为制片方，在合同中就应当考虑尽可能对未来的品牌植入方案范围进行细化，例如明确可能的植入总时长、植入的风格等。

为了保证合同的顺利推进，双方最好能够对品牌植入方案的最终决定权达成一致，如约定“在双方无法达成一致的情况下，为尊重该剧的艺术效果和制作质量，制片方有最终决定权”，也可以同时约定给予品牌方其他合作权益，以补偿品牌方无法在剧中予以展现的植入需求，避免出现合作僵局。

4. 双方（广告主和制片方）对于植入方案拍摄执行过程中的权利义务约定。

在植入广告拍摄过程中可能会遇到各类突发事件（如相关情节的参演艺人伤病、天气恶劣、拍摄环境存在问题、植入方案与导演／编剧对于整部剧的艺术创作方向冲突而需要调整等等）导致植入情节的无法实现或者无法充分实现，事先约定突发事件发生后的应急处理办法及事后替代性解决办法将有效避免合约履行僵局的出现。

同时，如广告主要求拍摄相关情节时进行探班，则事先约定探班人员有协助制片方应对突发事件的权利和义务，也可以在一定程度上实现植入合作的顺利进行，避免相关植入情节的拍摄制作因未事先得到广告主确认而导致重拍、补拍或者其他不利后果。

5. 双方（广告主和制片方）对于拍摄成果的事后确认程序。

由于植入广告是内嵌在影视作品当中的，因此，在相关影视作品拍摄工作结束之后，再进行植入情节的重拍、补拍或者追加／变更植入情节内容，需要召回剧组、召回相关艺人，不仅耗费额外的成本而且受限于相关艺人的档期，实现的难度很大。故，在影视作品拍摄过程中完成植入方案的拍摄、制作并在剧组关机前对相关拍摄成果进行确认，就显得尤为重要。

拍摄成果具体确认的方式和程序可以参照植入方案确认的方式和程序来设定。

需要广告主和制片方共同理解的是，影视剧植入广告的拍摄和制作毕竟是在植入方案（文字内容）基础上的再次创作，受限于拍摄内容和整个影视剧艺术效果的融合性需求，很可能最终拍摄效果无法与事前根据文字方案想象的画面完全一致。双方在植入方案设计、拍摄制作、拍摄成果的确认过程中，都应保持及时有效的沟通。

6.责任承担。

一旦因植入广告与第三方发生争议，在是否对外需要共同承担法律责任的方面，应当首先明确争议内容是否构成商业广告，其次明确诉争广告的相关宣传内容是否实际存在违法情形，从而确定是否需要共同对外承担责任。但在广告主和制片方之间，仍然是可以按照植入广告合同的事先约定来确定具体责任承担的分配。

（撰稿人：王晗晨）

3.2.11 形象代言合同解除的法律后果

——浙江某影视公司与成都某广告公司合同纠纷案[1]

【核心推介】

在《形象代言合同》约定合同期内艺人不得参加相同产品的形象代言的情况下，如果因聘用方违约导致合同解除，且艺人一方已按约在合同期内未参加相同产品的代言活动，则聘用方因解除合同而向艺人方支付的损失赔偿中，应当包括艺人一方的合理预期利益损失。

【关键词】

代言人　相同产品　合同解除　预期利益

【案情】

2013年5月14日，被告成都某广告公司邀请原告浙江某影视公司艺人沈某担任被告代理的四川某家具公司所生产的该品牌家具产品的形象代言人，原、被告就此签订了《形象代言合同》。《形象代言合同》约定，原告艺人于2013年6月1日至2019年5月31日，在中国大陆区域内担任由被告代理的四川某家具公司所生产的家具的形象代言人，具体代言活动如下：1. 2013年6月1日至2015年5月31日期间且被告支付了首笔款项后，原告艺人为被告拍摄产品平面广告一次并出席代理产品宣传活动一次；

1　一审法院：杭州市西湖区人民法院，一审案号：(2015)杭西民初字第3346号；二审法院：杭州市中级人民法院，二审案号：(2016)浙01民终83号。

2. 2015年6月1日至2017年5月31日期间，原告艺人为被告拍摄产品平面广告一次并出席代理产品宣传活动一次；3. 2017年6月1日至2019年5月31日期间，原告艺人为被告拍摄产品平面广告一次并出席代理产品宣传活动一次。代言费用总计138万元，被告应于合同签订之日起5个工作日内向原告支付18万元；于首次拍摄平面广告前三日（最迟不得晚于2013年5月20日）支付18万元；于2015年6月1日前支付46万元；于2017年6月1日前支付56万元。合同期内，原告保证艺人不得参加相同产品的形象代言。若被告迟延支付酬金的，每日按照应付酬金总额的千分之六向原告支付违约金；迟延超过15日的，原告享有单方解除权，并有权要求被告支付未付的代言费（即代言费总额138万元减去已经支付的代言费）及违约金，违约金为合同中双方约定的代言费总额。守约方有权要求违约方支付的赔偿费用，包括但不限于：律师费、公证费、公告费、鉴定费、诉讼费等直接及间接损失。

合同签订后，被告依约支付了前两笔代言费用共36万元，原告艺人沈某完成了第一期代言活动。后被告未依约付款。2015年6月9日，原告致函被告，确认被告已完成了前两笔代言费的支付，但第三笔代言费迟迟未付，应承担违约责任。并告知被告，若延期履行支付义务超过15日的，原告有权单方面解约。该函于2015年6月12日达到被告处。2015年9月1日，原告再次致函被告，通知被告解除双方于2013年5月14日签订的《形象代言合同》。该函于2015年9月2日到达被告处。

原告认为被告拒绝支付代言费的行为已经构成违约，故原告诉至杭州市西湖区人民法院，原告诉称：合同签订后，原告积极履行已方义务，但是被告在向原告支付了第一期和第二期的代言费后，就不再向原告支付第三期代言费，经原告多次口头和书面催款，被告仍拒绝付款，原告于2015年9月1日向被告邮寄了《解除合同通知函》，已签收，合同于签收之日解除。合同约定的第三期款项应在2015年6月1日前交付，而合同的解除时间为2015年9月2日，故合同解除前被告未交付的第三期代言费46万元仍应交付，且每日应按照酬金总额的千分之六支付违约金。合同同时约定，若被告迟延支付酬金超过15日的，原告有权要求被告支付未付的代言费（即代言费总额138万元减去已经支付的代言费）。故合同解除后，被告还应交付第四期代言费56万元。原告请求判令：1. 被告支付代言费46万元，并支付至2015年9月1日的延期付款违约金25.116万元；2. 确认原告与被告于2013年5月14日签订的《形象代言合同》自2015年9

月2日起解除；3. 被告支付剩余未付代言费56万元；4. 被告承担原告支付的律师费5万元；5. 本案的诉讼费用由被告承担。

被告一审辩称：原告陈述的事实和理由是真实的，被告近期经济状况不佳，确实难以履约。

一审法院认为，当事人可以约定一方解除合同的条件，解除合同的条件成就时，解除权人可以解除合同，合同自通知到达对方时解除。《形象代言合同》约定，若被告迟延支付酬金超过15日的，原告享有单方解除权。现被告迟延支付第三期代言费用远超过15日，原告单方解除合同的条件成就，原告的解除行为有效，原、被告于2013年5月14日签订的《形象代言合同》于原告解除函到达被告之日，即2015年9月2日解除。双方《形象代言合同》约定，若被告迟延支付酬金，每日按照应付酬金总额的千分之六向原告支付违约金；迟延超过15日的，原告享有单方解除权，并有权要求被告支付未付的代言费（即代言费总额138万元减去已经支付的代言费）及违约金，违约金为合同中双方约定的代言费总额。案涉合同约定了违约的两种情形，并约定了不同违约情形下的违约责任，两种违约责任并不能同时主张。鉴于双方合同已解除，尚未履行的，应当终止履行。故原告关于要求被告支付第三期代言费46万元及延期付款违约金的诉请不予支持。关于原告要求被告承担违约责任，即支付未付代言费56万元的诉请，鉴于案涉《形象代言合同》约定，合同期内原告艺人不得参加相同产品的形象代言，被告的违约会对原告造成一定预期利益的损失。一审法院兼顾合同的履行情况、当事人的过错程度以及预期利益等综合因素等，酌情认定违约金为50万元。案涉合同约定，守约方有权要求违约方支付的赔偿费用，包括但不限于：律师费、公证费、公告费、鉴定费、诉讼费等直接及间接损失。对于原告诉请的律师费5万元予以支持。

一审法院判决：确认浙江某影视公司与成都某广告公司于2013年5月14日签订的《形象代言合同》于2015年9月2日解除；成都某广告公司支付浙江某影视公司违约金50万元；成都某广告公司支付浙江某影视公司律师费5万元；驳回浙江某影视公司的其他诉讼请求。

成都某广告公司不服一审判决提起上诉称：浙江某影视公司一审诉请的第三项为支付剩余未付代言费56万元，而不是要求支付违约金。案涉合同解除后，浙江某影视公司要求支付剩余未付代言费56万元，违反法律规定，应予以驳回。一审法院直接判决成都某广告公司支付违约金50万元，违反了不告不理的民事诉讼原则，即便将未付代言费56万元视为违约金，一审法院酌定50万元违约金也太高，应调低至5万元左右。被告是受四川某家具公司的委托与浙江某影视公司签订形象代言合同，故被告只是受该家具公司的委托，浙江某影视公司应向该家具公司主张费用。

二审法院认为，根据《形象代言合同》第八条第五款的约定，合同期内浙江某影视公司保证其艺人不得参加相同产品的形象代言，现成都某广告公司违约必然会对浙江某影视公司可得利益造成一定的损失，故成都某广告公司应当承担相应的违约责任。案涉合同第十条违约责任第二款约定成都某广告公司延迟支付酬金的，每日按照应付酬金总额的千分之六向浙江某影视公司支付违约金；迟延超过15日的，浙江某影视公司享有单方解约权，并有权要求成都某广告公司支付未付的代言费及违约金，违约金为案涉合同中双方约定的代言费总额。可见支付未付的代言费是成都某广告公司承担违约责任的方式之一，据此浙江某影视公司提出一审诉请内容，二审中浙江某影视公司亦明确未付代言费的性质相当于违约金，故一审酌情确定成都某广告公司违约金50万元并未超出浙江某影视公司一审的诉请范围。成都某广告公司以合同解除为由主张其不应支付剩余未付代言费，二审法院不予支持。至于违约金是否过高的问题，综合案涉合同履行情况、双方当事人的过错程度、浙江某影视公司的可得利益等因素，一审确定的违约金50万元并无不当。

二审法院判决：驳回上诉，维持原判。

【业内关注】

1. 合同解除的法律后果
2. 合同解除后损失赔偿的计算依据

【法条链接】

1.《合同法》

第九十三条 当事人协商一致，可以解除合同。

当事人可以约定一方解除合同的条件。解除合同的条件成就时，解除权人可以解除合同。

第九十六条 当事人一方依照本法第九十三条第二款、第九十四条的规定主张解除合同的，应当通知对方。合同自通知到达对方时解除。对方有异议的，可以请求人民法院或者仲裁机构确认解除合同的效力。

第九十七条 合同解除后，尚未履行的，终止履行；已经履行的，根据履行情况和合同性质，当事人可以要求恢复原状、采取其他补救措施，并有权要求赔偿损失。

第一百一十三条 当事人一方不履行合同义务或者履行合同义务不符合约定，给对方造成损失的，损失赔偿额应当相当于因违约所造成的损失，包括合同履行后可以获得的利益，但不得超过违反合同一方订立合同时预见到或者应当预见到的因违反合同可能造成的损失。

2.《最高人民法院关于适用〈中华人民共和国合同法〉若干问题的解释（二）》

第二十九条 当事人主张约定的违约金过高请求予以适当减少的，人民法院应当以实际损失为基础，兼顾合同的履行情况、当事人的过错程度以及预期利益等综合因素，根据公平原则和诚实信用原则予以衡量，并作出裁决。

【理论观点】

预期利益损失也称为可得利益损失。可得利益是指在合同履行前并不为当事人所拥有，而为当事人所期望在合同履行以后可以实现和取得的财产权利。可得利益损失是指违约行为的发生导致受害人所丧失的可得利益。可得利益损失的赔偿，是我国《合同法》完全赔偿原则的体现，可以使非违约方最大限度获得赔偿。[1]合同法的目的是在一方违约时，将守约方置于假若违约方履约，守约方本应得到的预期利益的位置。基于预期利益的损害赔偿的目的，是在一方违约时通过金钱赔偿将被承诺的一方（即非违约方、守约方）置于假如违约方实际履行承诺非违约方所应处的也是他所期待的位置。[2]但同时法律采取预见性限制预期利益损害赔偿范围的随意扩大，即预期利益是可预见的。预见性有三个要件：一是预见的主体为违约人，而不是非违约人。二是预见的时间为订立合同之时，而不是违约之时。三是预见的内容为立约时应当预见的违约的损失，预见不到的损失，不在赔偿范围之列。

1 曾春红:《预期利益损失赔偿之探析》，威科先行网站。

2 张利宾、邓正来:《基于预期利益的损害赔偿》,《人民法院报》2005年9月5日。

【案例索引】

案例[1]：广西梧州索芙特保健品有限公司、广西索芙特集团有限公司与张柏芝广告合同案

在本案中，原告广西梧州索芙特保健品有限公司、广西索芙特集团有限公司与著名艺人张柏芝签订合约，聘请张柏芝担任其美体瘦身系列产品的形象代言人，并在合同中约定：在合约期内，张柏芝不得与任何品牌签署同类瘦身、瘦脸产品的广告合约。除瘦身、瘦脸产品外，其他任何类型产品广告均可接拍。但在合约期内，张柏芝担任了婷美瘦暖内衣形象代言人，虽然被告主张上述两种产品属于商标分类表的不同品类，属于不同商品，但法院经审理认为，审查该广告合约，其签约目的是通过张柏芝为索芙特腹部苗条霜、纤脸滋润霜做广告来打动消费者，扩大产品销售。如果允许被告再为同类功效产品做广告，将会分散消费者注意力，降低购买欲望，无法达到广告合同目的。

就赔偿金额问题，法院在本案中认为：合同法规定的全部赔偿包括赔偿期待利益是指原告举证证明的因被告违约所导致的原告的期待利益的损失，而非被告违约所获得的直接利益，这也必须建立在举证的基础之上。现原告并未举证证明其存在违约损失，其要求本院酌定200万元经济损失并无法律依据。因此，虽然张柏芝已构成违约，但因原告未举证证明其违约损失的存在及数额，对原告要求张柏芝赔偿200万元的诉请未予以支持。

从本案中，我们可以发现：

1. 对于艺人在合约期内不能代言的“相同或者类似商品”的合同解释及认定，不应当简单拘泥于商品的客观品类，而应当以合同的签约目的及市场影响，是否可能造成消费者的混淆等因素来进行综合考量。

2. 就期待利益损失的认定问题，期待利益并不能简单等同于违约人因违约所获得的直接利益，而主张期待利益的一方应当进行必要的举证，否则，很可能产生诉求无法得到支持的风险。

1　一审法院：广州市中级人民法院，一审案号：（2007）穗中法民四初字第29号。

【TA评述】

《宝典》如是说[1]：经纪公司代表艺人签署聘用合同，首先需要留意的一个问题是，聘用事项及服务内容应尽量避免与艺人其他工作事务发生冲突。比较常规的是档期冲突，这个冲突也相对容易避免一些。需要特别提示的冲突事项是其他合作限制冲突。比如，一些影视项目中会有植入广告的投入，但也有很多艺人有与其他合作方的代言关系，在这些代言关系合同中往往是要严格限制艺人的同类代言的，比如给竞品或竞争对手代言，都可能是合作方对艺人严格限制的部分，甚至在较高规格的代言合作中，合作方可能严格限制艺人在任何情况下与竞争对手或竞品同框出现。如果有这样的合作背景，艺人在后续接受其他项目聘请时就要严格留意，切勿形成合作冲突，否则将可能直接导致艺人对前手合同的违背。

TA观点

品牌方聘请艺人作为其广告代言人，其目的是利用了艺人个人形象、知名度影响品牌方产品在消费者心中的形象，使消费者对品牌及产品产生好感和信任感，提升品牌知名度。鉴于艺人较高的代言费及品牌推广效果，品牌方通常会在广告代言合同中要求艺人不得在代言期间为其他相同、相似品牌、产品代言或参加相同、相似品牌、产品以及与本方具有竞争关系的产品、品牌的推广、宣传活动。

因此，艺人在代言期间就丧失了与代言产品相同或相似的其他品牌、产品合作的机会，亦不能从中获得收入。而艺人同意这样的安排，是鉴于品牌方完整履行广告代言合同，即艺人广告代言费用完整的收取。因此，如果品牌方违约导致合同解除，品牌方应该就艺人这部分预期利益予以赔偿。

同理，品牌方同意支付艺人较高的代言费，同样考虑到了禁止艺人代言竞品或参加竞品活动的对价。如艺人违反该条款，会导致消费者的误解和混淆，降低了品牌方推广宣传自己品牌及产品的效果，如艺人因此违约亦应当赔偿品牌方期待利益的损失，但是对于这种损失的计算，主张期待利益的一方应当负有举证责任，换句话说，也要承担举证不力的法律风险。从实务中来看，此种期待利益的举证的确是具有一定难度

---

1 王军、司若主编:《中国影视法律实务与商务宝典》，中国电影出版社2017年版，第360页。

的，因此目前行业实务中通常采取在合同中约定一个相对明确的违约金数额作为违约责任的承担方式。此种做法虽然能够一定程度上为此类交易提供必要的稳定性基础，但是也同样可能产生一方主张约定违约金过分高于/低于实际损失而导致调减或者调增的情况。

（撰稿人：王超）

3.2.12 超过代言期限继续使用代言人肖像的法律责任

——李某与聊城某乳业公司肖像权、姓名权纠纷案[1]

【核心推介】

随着经济的发展，越来越多的品牌方聘请明星作为其代言人，利用明星的知名度、影响力推广产品，吸引更多的消费者认同、购买其产品，明星也会从广告代言中对应获得代言收益，这一趋势使得人格权被日益商业化利用。因此，未经授权擅自使用他人的肖像、姓名、声音等人格权利，不仅损害了权利人的精神利益，同时也损害了权利人的财产利益。

【关键词】

人格权　营利性目的使用　财产利益　判赔考量因素

【案情】

聊城某乳业公司聘请李某于2011年8月1日到2013年7月31日担任核桃、杏仁、花生等蛋白乳饮品产品形象大使，形象广告使用范围：平面广告、户外广告、杂志广告、企业网站、产品外包装以及终端展示的各类宣传品，合同约定肖像使用期限为2011年8月1日到2013年7月31日，到期后有两个月的肖像撤离期，使用费共计43万

1 一审法院：北京市朝阳区人民法院，一审案号：(2015)朝民初字第11418号；二审法院：北京市第三中级人民法院，二审案号：(2016)京03民终588号。

元。2014年11月，李某发现聊城某乳业公司在其网站中仍使用其肖像，并注明是形象代言人，李某对网页信息进行了公证，并于2014年12月给聊城某乳业公司发函，要求其删除。聊城某乳业公司在接到李某上述函件后即将上述网站中李某的照片和姓名删除。

原告李某诉称：其作为国内著名主持人、影视演员，其形象具有一定商业价值。聊城某乳业公司在其网站中擅自将其照片用于产品宣传，侵犯了其肖像权和姓名权。故诉至法院，要求被告：1. 删除其网站中有关原告的内容；2. 在全国公开发行的报纸上向原告公开赔礼道歉，致歉内容应包含判决书案号以及侵权图片名称和位置，致歉版面面积不小于6.0cm × 9.0cm；3. 赔偿原告经济损失80万元、精神损害抚慰金10万元、维权成本5 000元。

被告聊城某乳业公司辩称：其与李某原有合同关系，是有权使用李某肖像用于宣传的。合同到期后，由于其疏忽，未及时将网页中有关李某的信息撤下，其应承担的是违约责任，而不是侵权责任，且李某主张的损失金额过高，缺乏依据。被告没有盗用、冒用李某姓名，没有侵犯李某的姓名权。故不同意李某全部诉讼请求。

一审法院认为，公民的肖像权和姓名权受法律保护，未经本人同意，不得以营利为目的使用公民的肖像、姓名。聊城某乳业公司经李某许可使用李某肖像、姓名的时间为2011年8月1日到2013年7月31日，按照合同约定聊城某乳业公司应于之后的两个月内在其投放的广告中撤掉李某的肖像和姓名，但聊城某乳业公司直到2014年12月李某发函时仍在使用李某的肖像和姓名，侵犯了李某的肖像权和姓名权，应向李某赔偿经济损失。李某对其经济损失未举证，法院参照李某授权聊城某乳业公司使用其姓名和肖像的标准酌定。精神损害抚慰金，缺乏依据，法院不予支持。维权成本、公证费合法有据，法院支持，律师费未举证，法院不予支持。现聊城某乳业公司已删除其网页中有关李某的内容，故对于李某第一项诉讼请求，法院不再支持。至于李某要求聊城某乳业公司赔礼道歉，符合法律规定，法院综合考虑聊城某乳业公司使用李某肖像、姓名的形式和范围确定赔礼道歉的具体方式。

一审法院判决：1. 聊城某乳业公司于判决生效后七日内向李某书面赔礼道歉，致歉内容须经法院审核，如逾期不执行上述内容，则由法院选择一家全国范围内公开发行的报纸，刊登判决主要内容，刊登费用由聊城某乳业公司负担；2. 聊城某乳业公司赔偿李某经济损失25万元，维权成本1 000元；3. 驳回李某的其他诉讼请求。

判决后，聊城某乳业公司不服，提起上诉，其上诉理由及要求为：1. 聊城某乳业公司因疏忽未撤下李某的肖像及姓名，故不构成对李某的侵权；2. 如构成对李某的侵权，原审法院判决的赔偿数额过高，缺乏事实依据。要求二审法院降低赔偿数额。

二审法院认为，《中华人民共和国民法通则》第九十九条规定：公民享有姓名权，有权决定、使用和依照规定改变自己的姓名，禁止他人干涉、盗用、假冒。第一百条规定：公民享有肖像权，未经本人同意，不得以营利为目的使用公民的肖像。最高人民法院《关于贯彻执行〈中华人民共和国民法通则〉若干问题的意见》第一百三十九条规定：以营利为目的，未经公民同意利用其肖像做广告、商标、装饰橱窗等，应当认定为侵犯公民肖像权的行为。本案中，聊城某乳业公司与北京某传媒公司签订《演员肖像使用合同》，约定聊城某乳业公司可以使用传媒公司艺人李某的肖像用于聊城某乳业公司的产品宣传中。肖像使用期限从2011年8月1日到2013年7月31日。李某另签署品牌形象授权书给聊城某乳业公司。故李某虽非《演员肖像使用合同》的合同签署方，但聊城某乳业公司与传媒公司通过订立合同的方式约定了李某肖像权的使用范围、使用时间等内容，李某通过授权书的形式认可了该合同中关于使用其肖像权的条款。此时聊城某乳业公司获得在特定时期内使用李某肖像为该公司进行产品宣传的权利。在该合同履行完毕后，合同约定留有两个月的肖像撤离期。而在该撤离期结束后，聊城某乳业公司的网站上仍然存在李某的肖像及姓名并作为形象代言人为该公司产品进行宣传。聊城某乳业公司的行为违反了《演员肖像使用合同》中的约定，亦未另行得到李某本人的授权。故其行为属于侵害李某肖像权、姓名权的行为。现李某起诉要求聊城某乳业公司停止侵权行为并赔偿合理损失的请求，于法有据。上诉人聊城某乳业公司主张因疏忽未予撤销李某的肖像和姓名，故不构成侵权的意见，缺乏事实与法律依据。

关于李某因聊城某乳业公司侵权行为遭受损失的赔偿标准问题。《中华人民共和国侵权责任法》第二十条规定：侵害他人人身权益造成财产损失的，按照被侵权人因此受到的损失赔偿；被侵权人的损失难以确定，侵权人因此获得利益的，按照其获得的利益赔偿；侵权人因此获得的利益难以确定，被侵权人和侵权人就赔偿数额协商不一致，向人民法院提起诉讼的，由人民法院根据实际情况确定赔偿数额。本案中，聊城某乳业公司在合同约定的肖像撤离期结束后至该公司实际撤下李某的肖像约一年有余。在该段侵权期内，李某的肖像权、姓名权未经其本人同意被作为商业宣传使用，其实际损失难以衡量，但侵权人聊城某乳业公司在此期间内获得了李某作为形象代言人宣传公司产品的利益。根据法律规定，可以以侵权人所获利益作为赔偿标准。《演员肖像使用合同》及以往李某代言该公司产品的合同中约定的酬劳标准，可以作为该赔偿标准的参考。依据该赔偿标准，原审法院核算的李某的经济损失数额恰当，与客观事实相符。聊城某乳业公司不同意依据该赔偿标准计算李某经济损失的意见，理由不充分。

二审法院判决：驳回上诉，维持原判。

【业内关注】

1. 品牌方与知名人士存在代言合同的情况下，品牌方超出代言期限等授权范围使用知名人士的肖像、姓名，涉及侵权责任和违约责任的竞合

2. 未经许可，以营利为目的使用知名人士的肖像权、姓名权等人身权利的赔偿数额的确定

【法条链接】

1.《民法总则》

第一百一十条 自然人享有生命权、身体权、健康权、姓名权、肖像权、名誉权、荣誉权、隐私权、婚姻自主权等权利。

2.《民法通则》

第九十九条 公民享有姓名权，有权决定、使用和依照规定改变自己的姓名，禁止他人干涉、盗用、假冒。

第一百条 公民享有肖像权，未经本人同意，不得以营利为目的使用公民的肖像。

第一百二十条 公民的姓名权、肖像权、名誉权、荣誉权受到侵害的，有权要求停止侵害，恢复名誉，消除影响，赔礼道歉，并可以要求赔偿损失。

3.《侵权责任法》

第二十条 侵害他人人身权益造成财产损失的，按照被侵权人因此受到的损失赔偿；被侵权人的损失难以确定，侵权人因此获得利益的，按照其获得的利益赔偿；侵

权人因此获得的利益难以确定，被侵权人和侵权人就赔偿数额协商不一致，向人民法院提起诉讼的，由人民法院根据实际情况确定赔偿数额。

【理论观点】

1. 关于违约责任和侵权责任的竞合。责任的竞合是指行为人的一个行为同时触犯了数个法律规定，产生数个法律责任。我国《合同法》第一百二十二条规定，因当事人一方的违约行为，侵害对方人身、财产权益的，受损害方有权选择依照本法要求其承担违约责任或者依照其他法律要求其承担侵权责任。该条所说的违约责任和侵权责任的竞合是指当事人一种违约行为同时损害了对方当事人的财产权和人身权，该违约行为不仅违反了合同约定，也符合侵权责任的构成要件，但受害方只能在违约责任和侵权责任中选择一种责任提出请求，而不能同时基于两种责任提出请求。违约责任和侵权责任区别主要在于：（1）归责原则不同。违约责任适用过错推定原则或严格责任原则，而侵权责任通常以过错责任为基本原则。（2）责任形式不同。违约责任主要采取违约金形式，违约金是由法律规定或当事人约定的，因而在违约事实发生以后，违约金的支付并不以对方发生损害为条件。而侵权责任主要采取损害赔偿的形式，损害赔偿是以实际发生的损害为前提条件的。此外，当事人可以在合同中约定对于违反合同而产生的损害赔偿额的计算方法，但侵权责任不可能通过此种办法来解决。（3）责任范围不同。合同的损害赔偿责任主要是财产损失的赔偿，不包括对人身伤害的赔偿和精神损害的赔偿责任。对于侵权责任来说，损害赔偿不仅包括财产损失的赔偿，而且包括人身伤害和精神损害的赔偿，除要求侵权人承担赔偿责任外，受害人还可要求侵权人承担恢复名誉，消除影响，赔礼道歉的责任。[1]

2. 关于人格权的商业化使用。传统民法理论，把民事权利分为人身权利和财产权利，这两种权利泾渭分明。但随着市场经济的发展，为了吸引消费者，品牌方会利用具有影响力和号召力的知名人士的人格特征，比如肖像、姓名、声音去宣传、推销其产品。人格权具有一定的利用价值，并日益被商业化使用，因此未经他人许可商业性地使用他人的人格权，会直接涉及他人的人格标识的商业化开发中的财产利益问题，

1 王利明：《再论违约责任与侵权责任的竞合——兼评合同法第122条》，《中国对外贸易》2001年第2期。

而不仅仅局限于他人精神痛苦范围之内。[1]人格权商品化相关制度已经为很多国家的立法和法律实践所确立，由此产生了两种人格权商品化的保护模式，即德国模式和美国模式。德国模式指在人格权制度范围内解决人格权益中经济价值的法律保护问题，而不将人格权中的经济价值作为一种独立的权利进行保护。美国模式认为应当从人格权中将其具有财产价值的部分分离出来，上升为公开权单独进行保护。[2]虽然我国法律未就人格权的商品化权益作为单独的权利进行保护，但司法实践中，对于侵害人格权的赔偿范围已不局限于精神层面的赔偿，而扩展到了物质利益层面的赔偿。

【案例索引】

案例1[3]：张柏芝与梧州远东美容保健用品有限公司肖像权案

在本案中，被告梧州远东美容保健用品有限公司未经原告张柏芝同意，擅自在其生产和销售的“索芙特瘦身沐浴露”“索芙特OB2深层减肥香皂”“索芙特瘦脸洗面奶”三种产品的包装上使用原告肖像进行商品宣传。法院认为，被告梧州远东美容保健用品有限公司擅自在其产品的外包装上使用张柏芝的肖像，侵害了原告的肖像权。生产销售单位聘请身为演艺明星的张柏芝为产品代言，意在通过其影响力占领市场，获取利润。因此，梧州远东美容保健用品有限公司使用张柏芝的肖像，既损害了张柏芝的精神利益，更损害其物质利益。

关于赔偿金额的问题，梧州远东美容保健用品有限公司使用张柏芝肖像显然出于营利目的，对于以营利为目的的侵害肖像权的赔偿金额，不仅要考虑梧州远东美容保健用品有限公司的过错程度，侵权行为的具体情节，侵权后果和具体影响，还要参照一般有偿使用张柏芝肖像的付费标准。

1 杨立新、林旭霞：《论人格标识商品化权及其民法保护》，《福建师范大学学报（哲学社会科学版）》2006年第1期。

2 王利明：《论人格权商品化》，《法律科学》2013年第4期。

3 二审法院：江苏省高级人民法院，二审案号：（2006）苏民终字第109号。

案例2[1]：福建雅客食品有限公司与周迅人格权案

周迅曾担任福建雅客食品有限公司的形象代言人，代言期限截至2014年11月24日，停止使用期限截至2015年1月24日。福建雅客食品有限公司在代言期满后，未经周迅许可，擅自在其主办的涉诉网站中继续使用周迅的姓名、肖像用于商业广告宣传。

关于赔偿数额的问题，法院认为，因人格权商业化利用的价值难以准确计算，对于人格权侵害所造成的经济损失应当依据该人格权的许可使用价格和侵权人因此而获得的利益等因素予以酌定。周迅作为演艺人员具有较高的社会知名度，其姓名、肖像具有较高的商业价值，福建雅客食品有限公司使用周迅姓名和肖像长达一年半以上的时间，使用范围非常广泛，使用方式足以让公众误以为周迅继续作为福建雅客食品有限公司相关产品的代言人，且在周迅提出异议后福建雅客食品有限公司并未停止其侵权行为，在酌定周迅的经济损失时，应综合考量周迅与福建雅客食品有限公司此前的代言酬劳，福建雅客食品有限公司使用周迅姓名和肖像的数量、时间、过错程度等侵权情节，福建雅客食品有限公司给周迅造成的损失情况，福建雅客食品有限公司的获益情况等因素。

【TA评述】

《宝典》如是说[2]：姓名权、肖像权，在我国现有民法体系下属于人格权内容，传统的人格权主要保护的是权利人的精神性利益，而忽视了权利人凝结在上述权利中重要的财产性利益。然而，随着媒体、广告业的不断发展，自然人的姓名、肖像等人格标识被商业性利用的现象越来越普遍。普通人尚且如此，明星艺人此现象更加频繁，艺人为某种产品或服务做广告，通过许可他人对自己的姓名、肖像的商业利用来实现一定经济价值。艺人所拥有的知名度大多是靠他们长期的努力奋斗与辛勤劳动才积累起来的，因而艺人拥有收获其努力的报偿的权利，艺人的人格因素所带来的商业效益不容忽视。

1 二审法院：北京市第三中级人民法院，二审案号：（2017）京03民终8354号。

2 王军、司若主编：《中国影视法律实务与商务宝典》，中国电影出版社2017年版，第184–185页。

TA观点

1. 品牌方和知名人士签署的代言合同会明确约定代言期限，品牌方只能在代言期限内使用知名人士肖像、姓名。一般而言，在代言期限届满后一个月至两个月内为品牌方的撤销期，在撤销期内，品牌方需要把市场上载有知名人士肖像、姓名的宣传物料进行回收，对代言产品包装进行更换等。撤销期后，如品牌方继续使用知名人士的肖像、姓名，则必然会违反代言合同的约定，同时也侵犯了知名人士的肖像权、姓名权等人身权，这就会发生前述违约责任和侵权责任的竞合问题。对于违约之诉和侵权之诉的选择问题，则需要结合品牌方的具体行为方式、合同违约责任的约定以及知名人士追究品牌方责任的目的（是否需要品牌方赔礼道歉等）等综合评估后确定。

2. 品牌方聘请知名人士为其产品代言，意在通过知名人士的影响力占领市场，获取利润。如品牌方未经他人授权，擅自使用他人的肖像、姓名等人格标识宣传自己的产品，则品牌方不仅损害了他人的精神权利，同时也损害他人的财产性利益。在此情况下，对于侵权赔偿数额可以综合考虑如下因素：

（1）被侵权人相同或相似情况下的授权费用。该授权费用，一方面说明了侵权人的获益数额，即如果侵权人合法使用被侵权人的肖像、姓名等人格标识，应当支付而没有支付的报酬；另一方面也说明了被侵权人的财产损失，即如果被侵权人实际授权了侵权人使用，将会期待得到的报酬，但由于侵权人的侵权使用，将导致此部分期待报酬难以实现。

（2）侵权的具体情节，包括侵权时间、使用地域范围、使用方式、涉及的产品种类等。比如，侵权时间越长，涉及产品种类越多，则给被侵权人造成的损失就越大。

（3）过错程度。过错程度的考虑因素包括是否明知未经授权使用，是否以营利为目的使用等。

（4）被侵权人的知名度。品牌方使用知名人士的肖像、姓名等人格标识的目的在于通过知名人士的影响力和知名度，增加品牌方产品的知名度，将知名人士的粉丝转化为品牌方产品的潜在消费者和实际购买者，从而获得更多的收益。因此，肖像权人的知名度越高，品牌方的产品就越容易为人们所熟知，消费者购买产品的概率也越高，品牌方收益越高。同理，肖像权人的知名度越高，受到侵权的影响也越大，受到的精神和物质损失也越多。

（5）侵权人与被侵权人之间是否有在先的约定，如果侵权人与被侵权人在侵权行为发生之前已经就肖像的使用等问题达成了一致（如双方在此之前已经有了肖像授权为内容的协议，但被授权方超越授权期限及范围使用了授权人的肖像），那么在判定侵权的数额之时，就应当充分参考在先约定中的数额及计算方式。

（撰稿人：王超）

3.2.13　影片未获行政审批，著作权仍受保护

——浙江某影视发行公司诉吉林某电影频道侵害作品广播权纠纷案[1]

【核心推介】

涉案电影作品为香港影视作品，有关主体引进、播出该电影作品依照《广播电视管理条例》需履行相应的行政审批程序。就著作权权属认定，国家版权局"同意香港影业协会作为香港地区版权认证机构，承担香港影视作品在大陆出版、发行的授权人主体资格之认证"。所以在没有相反证据足以推翻的情况下，法院将以香港影业协会出具的《发行权证明书》及其附页作为认定有关香港电影作品著作权归属及其许可、转移的证据。在著作权权利认定上，涉案影片没有经国务院广播电视行政部门或者其授权的行政部门审查批准原告引进、播放涉案电影作品，但是涉案电影作品并不涉及反动、淫秽、暴力等内容，在这种情况下，对本案原告浙江某影视发行公司依法所享有的禁止他人未经其许可擅自实施涉案电影作品电视广播行为的民事权利仍应给予保护。被告吉林某电影频道在未经原告授权或许可且未支付任何报酬的情况下，擅自播放涉案电影作品的行为侵犯了原告依法享有的权利，应承担相应的民事责任。但原告引进、播放涉案电影作品未经行政审批，该情节将影响原告以通过自己或者授权他人行使并按照约定或者法律的规定获得报酬的方式行使电视广播权。

【关键词】

行政审批　香港地区版权认证　电影片公映许可证　电视广播权

1　一审法院：长春市中级人民法院，一审案号：(2014)长民三初字第310号。

【案情】

原告是浙江某从事影视制作和发行业务的公司，从香港某影视公司处取得了电影《香港厨神》在中国内地的发行权，但该电影并未报送电影审查机构审查，未取得《电影片公映许可证》或《影片审查决定书》。被告吉林某电影频道未经许可，于2012年4月24日播放了电影《香港厨神》。根据原告的委托，某公司于2012年4月24日通过电脑录制的方式对某电影频道播放电影《香港厨神》的过程进行了监播，并出具监播报告。

原告诉称：原告系知名电影作品《香港厨神》的著作权人，在中国大陆（不包括台湾、香港及澳门特别行政区）范围内独占性享有电视广播权及与之相关的转授权和维权权利。原告经查证发现，被告未经原告许可，于2012年4月24日，通过其所有的电影频道非法传播了原告享有著作权的电影作品《香港厨神》。原告认为被告的行为已经违反了著作权法等相关法律法规的规定，侵犯了原告的著作权，给原告造成了重大的经济损失。故提起诉讼，请求判令：1. 被告立即停止侵权，即未经权利人授权，不得再次通过其所有的任何频道播放电影作品《香港厨神》；2. 被告赔偿原告经济损失共计人民币2万元整；3. 被告承担原告为制止侵权行为所支付的合理费用5 000元整；4. 被告承担本案全部诉讼费用。

被告答辩称：1. 被答辩人诉讼主体不适格。电影《香港厨神》的著作权人是境外Y公司，该影片于2003年在香港完成。香港电影公司又转授权给被答辩人在中国内地发行。但被答辩人并没有经营进口影片的资质，其进口的影片也未经国家相关行政部门的审批。被答辩人违法取得进口影片在中国内地的相关维权及转授权的权利，依法不能行使上述权利，其诉讼主体不适格。2. 被答辩人所举《发行权证明书》不能证明自己获得中国内地电视播映权（即广播权）许可，其无权就涉案电影作品提起诉讼。著作权法中发行权与广播权是不同的权利，不容混同。依据国家版权局《关于同意香港影业协会作为香港地区版权认证机构的通知》，国家版权局并未同意香港影业协会承担香港影视作品在中国内地电视播映权的授权认证工作。被答辩人并未向法庭提交对其享有电视播映权等著作权在国家版权局的授权、许可合同。3. 被答辩人所举《电视台节目播放监播报告》不能证明答辩人实施了侵权行为，依法应当不予采信。报告人某节目监播公司自述其监播过程全程并无任意第三人或公证机关监督见证，其违法形成证据保全，依法不应采信。4. 被答辩人主张的经济损失明显过高且无合法损失可言。被答辩人在中华人民共和国境内没有涉案电影作品的发行权和电视播映权，且其违法取得的涉案电影播映权也无法实现，因此被答辩人无合法损失可言。综上，请求法院依法驳回原告全部诉讼请求。

法院经审理认为：

关于原告的诉讼主体问题。国家版权局于1993年6月25日发布的《关于同意香港影业协会作为香港地区版权认证机构的通知》中载明：国家版权局“同意香港影业协会作为香港地区版权认证机构，承担香港影视作品在大陆出版、发行的授权人主体资格之认证”。所以在没有相反证据足以推翻的情况下，法院将以香港影业协会出具的《发行权证明书》及其附页作为认定有关香港电影作品著作权归属及其许可、转移的证据。根据经公证的香港影业协会《发行权证明书》及其附页，可以认定原告经香港电影公司授权，在发行地区及发行期限内依法独占性享有涉案电影的电视广播权及相关转授权权利和维权权利。因此原告是适格的主体，依法享有对侵犯涉案电影电视广播权的行为提起诉讼的权利。

关于原告能否在中国内地行使广播权问题。涉案电影作品为香港影视作品，有关主体引进、播出该电影作品依照《广播电视管理条例》需履行相应的行政审批程序。本案中原告没有提交证据证明国务院广播电视行政部门或者其授权的行政部门审查批准原告引进、播放涉案电影作品，如果原告引进、播放涉案电影作品确实未经行政审批，该情节将影响原告以通过自己或者授权他人行使并按照约定或者法律的规定获得报酬的方式行使电视广播权。但是涉案电影作品并不涉及反动、淫秽、暴力等内容，在这种情况下，对原告依法所享有的禁止他人未经其许可擅自实施涉案电影作品电视广播行为的民事权利仍应给予保护。被告所属影视频道采用地面有线方式向公众传播电影作品，属于广播权所涵盖的行为方式，该行为方式也在原告对涉案电影作品所享有的电视广播权涵盖范围内。被告在未经原告授权或许可且未支付任何报酬的情况下，擅自播放涉案电影作品的行为侵犯了原告依法享有的上述权利，应承担相应的民事责任。

关于某节目监播公司出具的监播报告能否证明被告曾播放过涉案电影作品的问题。某节目监播公司应原告委托对被告所属影视频道播放涉案电影的过程进行监播并未超越其经营范围，某节目监播公司出具的有关监播报告具有证据意义上的合法性。由于工商登记行政管理机关的年检并非行政许可行为，某公司是否按期在其工商登记行政管理机关进行年检，不影响其从事上述监播行为的权利。经当庭审查某节目监播公司通过适当手段获取的关于被告播放涉案电影作品的视听资料，视听资料反映内容连续完整，并无人为剪辑、拼接痕迹，故合议庭对该视听资料予以认可。

关于原告的损失问题。本案中，原告未能举证证明其因为被告的侵权行为而遭受的实际损失，亦不能举证证明被告播放涉案电影作品的违法所得，权利人的实际损失和侵权人的违法所得均无法确定，符合法定赔偿的适用条件。根据本案侵权的事实、作品类型、作品公映的档期情况、播出时间、节目覆盖范围等情节，酌情确定相应的赔偿数额，该赔偿数额包括原告为制止侵权行为支出的部分交通费435元，综合本案案情，原告索赔数额过高，对原告的索赔请求予以部分支持。

法院判决如下：一、被告吉林某电影频道于本判决生效后立即停止侵权行为，即未经权利人授权，不得再次通过其所有的任何频道播放电影作品《香港厨神》；二、被告电影频道于本判决生效之日后十日内赔偿原告经济损失（包括原告为制止侵权行为所支出的部分交通费）5 000元；三、驳回原告其他诉讼请求。

本案一审生效。

【业内关注】

1. 中国内地影视公司取得香港影视作品发行权，能否获得内地司法承认

2. 进口影视剧未经行政审批，能否阻止他人侵害著作权中的复制权、发行权、广播权、信息网络传播权等权利

3. 进口影视剧未经行政审批，能否就他人侵害上述权利的行为主张赔偿

【法条链接】

1.《著作权法》

第三条　本法所称的作品，包括以下列形式创作的文学、艺术和自然科学、社会科学、工程技术等作品：

（三）音乐、戏剧、曲艺、舞蹈、杂技艺术作品。

第十条 著作权包括下列人身权和财产权：

（一）发表权，即决定作品是否公之于众的权利；

……

著作权人可以许可他人行使前款第（五）项至第（十七）项规定的权利，并依照约定或者本法有关规定获得报酬。

著作权人可以全部或者部分转让本条第一款第（五）项至第（十七）项规定的权利，并依照约定或者本法有关规定获得报酬。

第四十六条 电视台播放他人的电影作品和以类似摄制电影的方法创作的作品、录像制品，应当取得制片者或者录像制作者许可，并支付报酬；播放他人的录像制品，还应当取得著作权人许可，并支付报酬。

第四十八条 有下列侵权行为的，应当根据情况，承担停止侵害、消除影响、赔礼道歉、赔偿损失等民事责任；同时损害公共利益的，可以由著作权行政管理部门责令停止侵权行为，没收违法所得，没收、销毁侵权复制品，并可处以罚款；情节严重的，著作权行政管理部门还可以没收主要用于制作侵权复制品的材料、工具、设备等；构成犯罪的，依法追究刑事责任：

（一）未经著作权人许可，复制、发行、表演、放映、广播、汇编、通过信息网络向公众传播其作品的，本法另有规定的除外。

第四十九条 侵犯著作权或者与著作权有关的权利的，侵权人应当按照权利人的实际损失给予赔偿；实际损失难以计算的，可以按照侵权人的违法所得给予赔偿。赔偿数额还应当包括权利人为制止侵权行为所支付的合理开支。

权利人的实际损失或者侵权人的违法所得不能确定的，由人民法院根据侵权行为的情节，判决给予五十万元以下的赔偿。

2.《最高人民法院关于审理著作权民事纠纷案件适用法律若干问题的解释》

第七条 当事人提供的涉及著作权的底稿、原件、合法出版物、著作权登记证书、认证机构出具的证明、取得权利的合同等，可以作为证据。

第二十五条第一款及第二款 权利人的实际损失或者侵权人的违法所得无法确定的，人民法院根据当事人的请求或者依职权适用著作权法第四十八条第二款的规定确定赔偿数额。

人民法院在确定赔偿数额时，应当考虑作品类型、合理使用费、侵权行为性质、后果等情节综合确定。

第二十六条第二款 人民法院根据当事人的诉讼请求和具体案情，可以将符合国家有关部门规定的律师费用计算在赔偿范围内。

3. 国家版权局《关于同意香港影业协会作为香港地区版权认证机构的通知》[1]

国家版权局已同意香港影业协会作为香港地区版权认证机构，承担香港影视作品在大陆出版、发行的授权人主体资格之认证工作。自本通知发出之日起，凡出版、发行香港影视作品的，国家版权局将依据香港影业协会出具的“版权证明书”及“发行权证明书”对授权人主体资格进行核实，并对合同进行审核登记。

国家版权局再次重申，凡出版、发行海外音像制品，其合同须经国家版权局审核登记。

4. 国务院《广播电视管理条例》

第三十九条第一款 用于广播电台、电视台播放的境外电影、电视剧，必须经国务院广播电视行政部门审查批准。用于广播电台、电视台播放的境外其他广播电视节目，必须经国务院广播电视行政部门或者其授权的机构审查批准。

5. 国务院《电影管理条例》

第三十条 电影进口业务由国务院广播电影电视行政部门指定电影进口经营单位经营；未经指定，任何单位或者个人不得经营电影进口业务。

第三十一条 进口供公映的电影片，进口前应当报送电影审查机构审查。

报送电影审查机构审查的电影片，由指定的电影进口经营单位持国务院广播电影电视行政部门的临时进口批准文件到海关办理电影片临时进口手续；临时进口的电影片经电影审查机构审查合格并发给《电影片公映许可证》和进口批准文件后，由电影进口经营单位持进口批准文件到海关办理进口手续。

【理论观点】

按照著作权法的一般理论，著作权作为一种绝对性的权利，作品一旦产生并满足

---

1 1993年6月25日发布，国权（1993）37号。

一定的条件，即获得著作权。我国《著作权法》第二条也规定了："中国公民、法人或者其他组织的作品，不论是否发表，依照本法享有著作权。外国人……享有的著作权，受本法保护。"但同时，我国对境外影视作品进入中国内地市场实施进口审批制度，境外影视作品未经审查批准不得在境内出版发行。《伯尔尼公约》第十七条"本条约的规定绝不妨碍本联盟每一成员国政府以立法或行政程序行使允许、监督或者禁止任何作品或其制品的发行、演出或者展出的权利，如果有关当局认为有必要行使这种权利的话"，也承认了其成员国内部对作品的审查权。我国对于境外影视作品的审批制度规定，散落于《音像制品管理条例》《电影管理条例》《广播电视管理条例》等法规中。例如，《音像制品管理条例》第五条规定："国家对出版、制作、复制、进口、批发、零售音像制品，实行许可制度；未经许可，任何单位和个人不得从事音像制品的出版、制作、复制、进口、批发、零售等活动。"《电影管理条例》第三十条规定："电影进口业务由国务院广播电影电视行政部门指定电影进口经营单位经营；未经指定，任何单位或者个人不得经营电影进口业务"；第三十一条规定："进口供公映的电影片，进口前应当报送电影审查机构审查"。《广播电视管理条例》第三十九条规定："用于广播电台、电视台播放的境外电影、电视剧，必须经国务院广播电视行政部门审查批准。用于广播电台、电视台播放的境外其他广播电视节目，必须经国务院广播电视行政部门或者其授权的机构审查批准。"

在司法裁判中，有法院主张以作品未经行政审批否定著作权的行使，但随着著作权法的修改，更多司法界判决采取了承认著作权权利与否定损害赔偿二分的做法。对此，有学者认为，境外影视作品若要获得我国司法界全面的救济保护，须遵守我国的行政审批制度，不能通过损害赔偿"变相引进"，给予境外影视作品"超国民待遇"。在我国，影视作品的创作及传播也需要获得行政审批，因此行政部门对境外作品进行审查也未违反《伯尔尼公约》的"国民待遇"原则，但若法院在判决中给予原告经济损失的赔偿，就是绕过行政审批环节为权利人提供了"灰色获益"的途径，即赋予境外作品"超国民待遇"[1]。但也有学者认为，行政审批不能成为我国降低著作权保护水平的原因。如西南政法大学学者万里鹏认为，虽然目前司法实践中多肯定未经审批的境

1　许根华、郭杰：《未经行政审批的境外影视作品的著作权保护》，《人民司法》2011年第9期。

外影视作品的著作权，但没有赋予侵犯未经审批境外影视作品著作权的赔偿损失等救济方式，降低了我国著作权保护水平，《音像制品管理条例》《电影管理条例》法规的目的在于规范音像制品进口，其背后逻辑是尊重境外作品的播放权，然而如今却成为限制境外作品著作权内容的依据。[1]

【案例索引】

案例1[2]：北京优朋普乐科技有限公司与中国电信股份有限公司荆州分公司侵犯著作财产权案

湖北省高级人民法院认为：

其一，《窈窕淑女》等没有提交《发行权证明书》及附页（一）等资料的影片，且在北京普乐公司未提交正规出版物的情形下，对其在本案中主张其享有《窈窕淑女》等影片信息网络传播权的请求，不予支持；其他影片的《发行权证明书》均载明影片版权持有人及信息网络传播权转让事宜。故而法院认定上诉人北京普乐公司在本案中享有除《窈窕淑女》等之外的44部影片（以下简称《文雀》等44部影片）的信息网络传播权。

其二，著作权作为一种绝对权，任何人未经权利人许可或授权都负有不得侵犯该项权利的不作为义务。涉案影片因未按照相关行政法规的规定获得行政审批，并不同时就意味或代表着其不能禁止他人在我国大陆行使由著作权人所控制的复制、发行、信息网络传播等行为。禁止传播，更禁止侵权。如果他人未经权利人许可而实施了复制、发行、信息网络传播等由著作权人所控制的行为，权利人仍有权依据《著作权法》及其相关法律规定，要求他人承担相应的民事责任。

其三，著作权其财产权性质，表现在权利人在利用作品过程中所体现出来的经济利益。由于涉案影片并未取得《电影片公映许可证》，并不存在实际的经济损失，因而对北京普乐公司要求赔偿经济损失的主张不予支持。

---

1 万里鹏：《未经审批的境外影视作品著作权保护研究》，《法制与社会》2010年10月上期。

2 一审法院：湖北省荆州市中级人民法院，一审案号：（2009）鄂荆中民四初字第20号；二审法院：湖北省高级人民法院，二审案号：（2010）鄂民三终字第58号。

案例2[1]：北京网尚文化传播有限公司诉江西广播电视网络传输有限公司等侵犯信息网络传播权案

江西省高级人民法院认为：

音像制品进口合同（协议）必须符合《中华人民共和国合同法》《中华人民共和国著作权法》等法律、法规的有关规定。按照《VOD协议》和2007年9月17日授权书（二），网尚公司从香港TVB公司获得《布衣神相》的信息网络传播权，应依照《音像制品管理条例》报国务院文化行政部门进行内容审查，然后持国务院文化行政部门的批准文件和《中华人民共和国海关法》要求的其他文件到海关办理进口手续。网尚公司按照《VOD协议》从香港TVB公司进口涉案电视剧《布衣神相》的信息网络传播权无国家文化部颁发《进口音像制品批准单》，未向海关申报并办理相关手续。因此，即使网尚公司获得涉案电视剧《布衣神相》的信息网络传播权的授权，但该信息网络传播权从香港特别行政区进口到中国大陆未得到国家文化部批准、未向海关申报并办理相关手续，该信息网络传播权网尚公司在中国大陆不能合法行使。

案例3[2]：广东珠江电影院线有限公司诉广东省电影公司著作权侵权案

广州市中级人民法院认为：

原告享有影片《张思德》在广州市（含省属单位）含市、县、区范围内的35毫米拷贝发行工作（不包括胶片拷贝之外的其他载体，如电视台、网络的影片播放，VCD、DVD的转载和音像发行等）和版权保护工作。具体包括商业院线在内、二级市场和校园电影院线等市场的35毫米影片发行工作，并全权处理影片《张思德》在其发行范围内的版权保护事宜。授权有效期限从2005年1月15日起至2005年12月30日止。原告享有在广州地区上述范围内的专有发行权。至于被告所称第三人广东文化发展有限公司在发行过程中应当遵守的有关行政法律法规而未遵守的，可以要求有关行政机关进

1　一审法院：江西省南昌市中级人民法院，一审案号：（2009）洪民三初字第31号；二审法院：江西省高级人民法院，二审案号：（2010）赣民三终字第1号。

2　一审法院：广州市中级人民法院，一审案号：（2005）穗中法民三知初字第224号。

行处理，但不影响第三人享有的对该影片的民事权利。

案例4[1]：美亚长城影视文化（北京）有限公司与长影集团电影频道经营有限公司侵害作品广播权案

长春市中级人民法院认为：

涉案电影作品为香港影视作品，有关主体引进、播出该电影作品依照该条例需履行相应的行政审批程序。本案中原告没有提交证据证明国务院广播电视行政部门或者其授权的行政部门审查批准原告引进、播放涉案电影作品，如果原告引进、播放涉案电影作品确实未经行政审批，该情节将影响原告以通过自己或者授权他人行使并按照约定或者法律的规定获得报酬的方式行使电视广播权。但是涉案电影作品并不涉及反动、淫秽、暴力等内容，在这种情况下，本院对原告依法所享有的禁止他人未经其许可擅自实施涉案电影作品电视广播行为的民事权利仍应给予保护。被告所属影视频道向公众传播电影作品，属于广播权所涵盖的行为方式，该行为方式也在原告对涉案电影作品所享有的电视广播权涵盖范围内。《中华人民共和国著作权法》第四十六条规定：电视台播放他人的电影作品和以类似摄制电影的方法创作的作品、录像制品，应当取得制片者或者录像制作者许可，并支付报酬；播放他人的录像制品，还应当取得著作权人许可，并支付报酬。被告在未经原告授权或许可且未支付任何报酬的情况下，擅自播放涉案电影作品的行为侵犯了原告依法享有的上述权利，应承担相应的民事责任。

【TA评述】

我国对于境外影视、音像作品进口实行审批制，根据进口影视、音像作品的种类、播放渠道的不同，《音像制品管理条例》《电影管理条例》《广播电视管理条例》等法规均有相应规定。本案的涉案影片为香港影片，若中国内地电视台试图合法播放该影片，在取得权利人授权的情况下，还需要依据《电影管理条例》取得行政审批部门发放的《电影片公映许可证》。在索引案例2中，进口音像制品，也应获得文化部颁发的《进口音像制品批准单》。但是，两起案件的司法判决截然不同。本案代表了大多数法院的

1　一审法院：长春市中级人民法院，一审案号：（2014）长民三初字第304号。

判决思路：对虽未经行政审批，但不含有反动、淫秽等非法内容的作品，依据著作权法予以保护，并根据案件情况及原告诉求，判令被告承担停止侵权、赔偿损失等民事责任；但对于具体的赔偿数额，法院通常会将原告的作品未取得《电影片公映许可证》、未公开出版发行的情况作为酌定赔额的重要因素予以考虑，未取得相应审批，一般则意味着原告难以就影片获得合法的收益，原告因此难以举证已方因侵权行为造成的实际损失，故而法院一般会比照已合法出版发行或已经行政审批的作品适当从低酌定赔偿数额。索引案例1、索引案例3、索引案例4的审理法院均根据双方举证情况，在不同程度承认了原告获得的著作权相关权利，该权利并不会因影片未获得行政审批而消灭。不过，索引案例2则提供了另一个判决思路：法院认为涉案作品作为进口音像制品，未能取得文化部相应的审批文件，故而原告公司不能在中国内地行使涉案的信息网络传播权。不过，索引案例2在法院裁判中属个案，特别是在《著作权法》修法之后，越来越多的法院在判决中认可了进口影片享有的著作权权利，但是正如部分学者所述，由于影片未取得在中国内地公开放映的权利，我国法律不能给予该作品“超国民待遇”的著作权保护水平，法院在审理中往往也不会支持权利人就损失主张的大部分赔偿。

权利人取得境外作品发行权后，若想被中国内地司法承认，权利人须在诉讼中提交符合我国诉讼程序法的权利证明，还应考虑相应证据的证明力。就香港影视作品而言，国家版权局于1993年发布了《关于同意香港影业协会作为香港地区版权认证机构的通知》，“同意香港影业协会作为香港地区版权认证机构，承担香港影视作品在大陆出版、发行的授权人主体资格之认证”。基于此，在没有相反证据足以推翻的情况下，法院往往以香港影业协会出具的《发行权证明书》及其附页作为认定有关香港电影作品著作权归属及其许可、转移的证据。但需要说明的是，国家版权局指定认证机构对涉外引进版权合同进行权利认证，其目的是防止境外伪造虚假授权，降低国内作品使用者的侵权风险，确保涉外版权交易合法进行。仅凭《证明书》证明进口影片权属也非万无一失，法院在实践中还会审查《证明书》中的权利主体与电影作品上的署名能否互相印证等问题。如双方当事人提交的证据之间出现矛盾之处，或者被告就涉案作品权属提出了相反证据，又或者原告不能提交补强证据或对矛盾之处作出合理解释的，则法院有较大可能判处原告承担举证不能的不利后果。

（撰稿人：段英子）

3.2.14 未经行政审批不影响对作品内容的合法性判断

——北京甲影视公司诉北京某网络公司侵害著作权纠纷案[1]

【核心推介】

我国《电影管理条例》规定，进口供公映的电影片，进口前应当报送电影审查机构审查，取得《电影片公映许可证》。本案原告北京甲影视公司享有信息网络传播权的13部涉案影片未经过行政审批，但并非含有反动、淫秽等内容的作品。本案被告北京某网络公司主张其中7部影片在时光网被设置为限制级电影，但这不足以证明作品的违法性。故本案涉案作品应当依据著作权法予以保护。本案原告北京甲影视公司明确表示未授权相关网站播出涉案影片，而本案被告北京某网络公司未举证证明其所链接的网站以涉案方式播出涉案影片的行为经过相关授权、其对此尽到了应有的审查义务，以及被告在自己网站上整理、筛选影片来源以供用户观看的行为客观上扩大了涉案影片的侵权传播范围等情况下，法院据此确认北京某网络公司提供筛选、整理后的链接，从而使网络用户可以经由该公司的网站选择相关片源网站来观看涉案影片的行为，具有主观过错，侵犯了北京甲影视公司的信息网络传播权，应当承担相应的法律责任。但涉案13部影片未取得《电影片公映许可证》的情况将作为法院酌定赔偿数额的重要因素予以考虑，比照已合法出版发行或已经行政审批的作品适当从低确定赔偿数额。

1 一审法院：北京市海淀区人民法院，一审案号：（2014）海民（知）初字第21000号；二审法院：北京知识产权法院，二审案号：（2015）京知民终字第673号。

【关键词】

行政审批　电影片公映许可证　电影分级

【案情】

本案原告北京甲影视公司是一家影视发行公司。2009年10月20日，上海某电影公司、河南某影视公司、北京乙影视公司、天津某影视公司出具《著作权授权书》，载明天津某影视公司经著作权转让获得电视剧《家里家外》唯一著作权，并由该公司将“在中国大陆对第三方侵犯该剧信息网络传播权行为进行法律责任追究的权利转让给”原告北京甲影视公司，授权期限为2009年10月28日至2012年10月27日。而电视剧《家里家外》也于2009年9月25日获国产电视剧发行许可证，共28集。此外，原告北京甲影视发行公司还从香港影视公司处取得《九二黑玫瑰对黑玫瑰》《机动部队之同袍》等14部影视作品的独占性信息网络传播权，并获香港影业协会出具的《发行权证明书》认可。在上述15部作品中，除《机动部队之同袍》《家里家外》外，其余13部影片均未取得《电影片公映许可证》。影片《机动部队之同袍》等7部影片在香港地区属限制级第Ⅱ级（ⅡA、ⅡB级）影片。在被告北京某网络公司经营的网站中，通过电影海报图片搜索上述部分影片，结果项下页面跳转到丙网站，有丙网站标识并可在线播放；通过空白框键入影片名称搜索上述部分影片，结果项下页面跳转到P网站，有P网站标识并可在线播放。

原告诉称：我公司享有影视作品《九二黑玫瑰对黑玫瑰》等15部影视作品的独占性信息网络传播权。北京某网络公司未经许可，擅自在其经营的网站www.y.com上向社会公众传播上述影片，侵犯了我公司的信息网络传播权。故诉至法院，请求判令北京某网络公司：赔偿我公司经济损失和合理支出共计15万元。

被告辩称：北京甲影视公司起诉超过诉讼时效；其提供证据不足以证明其对涉案影片享有著作权；我公司仅提供链接，没有直接提供涉案影片，不构成直接侵权；构成帮助侵权的前提是第三方提供涉案影片构成直接侵权，且我公司不存在主观过错，故不构成侵权。故请求驳回北京甲影视公司的全部诉讼请求。诉讼中，被告主张香港地区电影实行分级制度，涉案影片《机动部队之同袍》等7部影片含有大量暴力、色情等镜头，属限制级第Ⅱ级（ⅡA、ⅡB级）影片，不应予以保护，为此，被告提交了香港电影分级介绍、时光网关于涉案影片的分级记录。

北京市海淀区人民法院一审认为，根据现有证据，可以认定原告北京甲影视公司获得了涉案影片在授权期限内的独家信息网络传播权。北京某网络公司在其网站上设置视频页面，该页面中设置有分类检索并配有涉案影片的介绍，在该栏目下可以浏览相应电影海报图片并可在线播放涉案影片，没有尽到合理的注意义务，其行为构成侵权，应当承担侵权责任。对于赔偿数额，法院将依据作品情况、侵权情节等酌情考虑。综上，一审法院判决：一、本判决生效之日起十日内，北京某网络公司赔偿北京甲影视公司经济损失及合理支出共计6.8万元；二、驳回北京甲公司的其他诉讼请求。

北京某网络公司不服一审判决，向北京知识产权法院提起上诉，请求撤销一审判决第一项，其主要上诉理由为：一、北京甲影视公司提交的证据不足以证明其对涉案影片享有独占性信息网络传播权；二、北京某网络公司是网络服务提供者，仅为涉案电影提供搜索链接服务，一审法院认定北京某网络公司提供涉案电影并构成直接侵权属认定事实错误；三、北京甲影视公司未提交涉案影片的正版光盘，无法证明其享有权利的影片与涉案网站搜索、链接涉案影片相同，且影片未取得《电影片公映许可证》，不得在国内传播。北京甲影视公司无法依靠传播或者许可涉案影片传播获得任何经济利益，因此，被控侵权行为不可能给北京甲影视公司造成任何经济损失。

北京知识产权法院认为，二审涉及以下焦点问题：北京甲影视公司是否享有涉案影片的信息网络传播权、北京某网络公司的行为性质、北京甲影视公司的主张应否予以支持。

关于北京甲影视公司是否享有涉案影片的信息网络传播权问题，争议焦点有三：1.依据国家版权局1993年《关于同意香港影业协会作为香港地区版权认证机构的通知》，香港影业协会“承担香港影视作品在大陆出版、发行的授权人主体资格之认证工作”，因北京甲影视公司已经提交了经过公证的香港影业协会出具的《发行权证明书》，明确记载了其所获得的授权，故北京甲影视公司已经完成其举证责任，法院对《发行权证明书》所载内容予以认定。2.北京甲影视公司未能提供上述影片的正版光盘，但法院认为，北京甲影视公司作为权利人已经初步提交了相关证据，虽然其提交的光盘为自行刻制，并非公开出版物，但光盘内容与公证内容一致且其版权署名与《发行权证明书》一致，北京某网络公司虽因该光盘并非公开出版物而提出异议，但并未提交证据证明存在相同名称的不同权利人及内容的影片，其所提异议不足以推翻北京甲影视公司提交的初步证据，故法院对其主张不予支持。3.虽然北京某网络公司主张《家里家外》的电视剧发行许可证所载版权人为（河南）某影视公司，而《著作权授权书》中的授权主体为河南某影视公司，二者主体不一致，但依据北京某网络公司提交的工商查询记录，并未查询到“（河南）某影视公司”的主体，而北京甲影视公司提交了“河南某影视公司”的工商查询记录，故上述瑕疵不足以否定北京甲影视公司获得电视剧《家里家外》信息网络传播权的事实。

关于北京某网络公司的行为性质问题，法院认为，通过电影海报图片搜索、通过空白框键入影片名称搜索，均链接至北京某网络公司外部网站，由两种情况可见在实际播放影片时已经脱离了涉案网站，本案并无证据表明涉案影片的内容实际存储在涉案网站的服务器上，北京甲影视公司虽主张北京某网络公司系与第三方视频网站进行合作，共同提供涉案影片的在线观看，但并未提交任何证据，其提交的证据均不能证明该项主张，其仅依据地址栏中有“y”的显示即主张涉案网站提供了涉案影片内容，不能成立。根据公证书的相关内容，法院认定涉案网站就涉案影片所提供的系搜索、链接服务，一审法院对北京某网络公司涉案行为的性质未予以明确，其相关认定有误，二审予以纠正。

关于北京甲影视公司主张是否应予支持问题，法院认为，北京甲影视公司明确表示未授权相关网站播出涉案影片，而北京某网络公司未举证证明其所链接的网站以涉案方式播出涉案影片的行为经过相关授权，其对此尽到了应有的审查义务，以及北京某网络公司在自己网站上整理、筛选影片来源以供用户观看的行为客观上扩大了涉案影片的侵权传播范围等情况下，法院确认北京某网络公司提供筛选、整理后的链接，从而使网络用户可以经由该公司的网站选择相关片源网站来观看涉案影片的行为，具有主观过错，侵犯了北京甲影视公司的信息网络传播权，应当承担相应的法律责任。北京甲影视公司要求北京某网络公司赔偿经济损失，于法有据，法院应予支持。《电影片公映许可证》是行政审批的相关文件，涉案13部影片虽未经过行政审批，但没有证据证明其系含有反动、淫秽等内容的作品，北京某网络公司主张的7部影片在时光网被设置为第Ⅱ级亦不足以证明该事实，故应当依据著作权法予以保护，但涉案13部影片未取得《电影片公映许可证》的情况将作为法院酌定赔偿数额的重要因素予以考虑，比照已合法出版发行或已经行政审批的作品适当从低确定赔偿数额。

二审法院判决如下：一、撤销北京市海淀区人民法院（2014）海民（知）初字第21000号民事判决第一项；二、本判决生效之日起十日内，北京某网络公司赔偿北京甲影视公司经济损失及合理支出共计3.2万元。

【业内关注】

1. 进口影视剧未经行政审批，能否就侵权行为主张救济和赔偿

2. 影视剧发行方未向法院提供公开出版的影视剧光盘，能否主张权利

【法条链接】

1.《著作权法》

第四十八条 有下列侵权行为的，应当根据情况，承担停止侵害、消除影响、赔礼道歉、赔偿损失等民事责任；同时损害公共利益的，可以由著作权行政管理部门责令停止侵权行为，没收违法所得，没收、销毁侵权复制品，并可处以罚款；情节严重的，著作权行政管理部门还可以没收主要用于制作侵权复制品的材料、工具、设备等；构成犯罪的，依法追究刑事责任：

（一）未经著作权人许可，复制、发行、表演、放映、广播、汇编、通过信息网络向公众传播其作品的，本法另有规定的除外。

第四十九条 侵犯著作权或者与著作权有关的权利的，侵权人应当按照权利人的实际损失给予赔偿；实际损失难以计算的，可以按照侵权人的违法所得给予赔偿。赔偿数额还应当包括权利人为制止侵权行为所支付的合理开支。

2. 国家版权局《关于同意香港影业协会作为香港地区版权认证机构的通知》[1]

国家版权局已同意香港影业协会作为香港地区版权认证机构，承担香港影视作品在大陆出版、发行的授权人主体资格之认证工作。自本通知发出之日起，凡出版、发行香港影视作品的，国家版权局将依据香港影业协会出具的“版权证明书”及“发行

1 1993年6月25日发布，国权（1993）37号。

权证明书”对授权人主体资格进行核实，并对合同进行审核登记。

国家版权局再次重申，凡出版、发行海外音像制品，其合同须经国家版权局审核登记。

3.国务院《电影管理条例》

第三十条 电影进口业务由国务院广播电影电视行政部门指定电影进口经营单位经营；未经指定，任何单位或者个人不得经营电影进口业务。

第三十一条 进口供公映的电影片，进口前应当报送电影审查机构审查。

报送电影审查机构审查的电影片，由指定的电影进口经营单位持国务院广播电影电视行政部门的临时进口批准文件到海关办理电影片临时进口手续；临时进口的电影片经电影审查机构审查合格并发给《电影片公映许可证》和进口批准文件后，由电影进口经营单位持进口批准文件到海关办理进口手续。

【理论观点】

本案法院在判决中延续了《影片未获行政审批，著作权仍受保护——浙江某影视发行公司诉吉林某电影频道侵害作品广播权纠纷案》的裁判思路，认定涉案影视作品虽未取得《电影片公映许可证》和进口批准文件，但其著作权依旧受到保护。但本案案情特殊之处在于，被告主张，《机动部队之同袍》等7部影片含有大量暴力、色情等镜头，属限制级第Ⅱ级（ⅡA、ⅡB级）影片，不应予以保护。限制级电影，或广义的“非法作品”著作权能否在我国《著作权法》第四条下得到保护，其理论争论曾成为我国在WTO知识产权第一案“中美知识产权WTO争端”的核心争议点之一。

2007年4月10日，美国向WTO提出针对中国的两起申诉：中国追究盗版者刑事责任的门槛过高；中国对外来图书音像产品设置了准入门槛。同年9月，WTO成立中美知识产权争端专家组。2009年1月26日，WTO专家组向各成员公布最终报告，在三项争议裁决中，中国两项部分败诉。美国方面请求磋商的事项有“否定尚未获准在中国境内出版或传播的作品的著作权、相邻权及其权利保护”。当时，我国《著作权法》第四条第一款的规定是：“依法禁止出版、传播的作品，不受本法保护。”美国方面称，这与中国在TRIPS协定第9.1条（其中吸收的《伯尔尼公约》第五条第一款和第五条第二款）、第41.1条规定下应承担的义务不一致。WTO专家组认为，《伯尔尼公约》

第五条第一款规定："对于受本公约保护的作品，作者在来源国之外的本联盟各成员国，享有各该国法律法规现在赋予或将来赋予其国民的权利，以及本公约特别赋予的权利。"WTO专家组认为，根据我国《著作权法》第四条第一款，"依法被禁止的作品"不受著作权法保护，也就不受我国《著作权法》第十条的保护。由此，WTO专家组认为我国《著作权法》第四条第一款违反了中国根据《伯尔尼公约》第五条第一款承担的义务。[1]此后，2010年《著作权法》进行了修订，删掉了备受争议的第一款内容，将原第二款提至第一款第一句，变为："著作权人行使著作权，不得违反宪法和法律，不得损害公共利益。"

有学者认为，即使原《著作权法》第四条第一款未被删除，也不能否定我国著作权法对非法作品著作权权利的承认。1998年国家版权局曾在《关于〈侵华日军投降内幕〉一书著作权纠纷给最高人民法院的答复》中指出："《著作权法》第4条所称'依法禁止出版、传播的作品'，仅指内容非法（反动、淫秽、宣扬迷信等）的作品……如果内容不违法，仅仅是出版、传播方式非法或不符合有关出版规定，则不是《著作权法》第4条所称的'依法禁止出版、传播的作品'。"华东政法大学教授王迁认为，该条款所关注的只是作品的内容，而不是出版、传播的程序，只要作品内容并不违反宪法和危害公共利益，即使其在中国出版、传播之前没有根据法律、法规的要求送交相关部门进行审查，或是尚处于等待审查结果的阶段，甚至是在出版、传播过程中有其他违法行为（如买卖书号等），都可以受到著作权法的保护。王迁教授还指出，在一部作品因内容根本违法而被禁止出版、传播的情况下，包括作者本人在内的任何人也都不得以任何方式公开利用作品，作者根本无从合法地从作品中获得任何经济利益，在"填平制"的赔偿原则下，更无法就此请求法院判决侵权人赔偿损失，即使从著作权法中删掉此条款，也不会改变非法作品的著作权无法得到实质性救济的现实。[2]

法院在目前的司法实践中往往主动审查作品内容是否合法，并在认定作品内容合法的基础上对作品的著作权予以保护。但是，学界却对此有相反观点。有学者认为，这种做法未能正确处理行政审批与著作权民事侵权纠纷的关系，判断某作品实质上是

1 金海军：《解析"中国WTO知识产权争端第一案"专家组报告》，《法制日报》2009年2月25日。

2 王迁：《WTO"中美知识产权争端"：美国赢得了什么？——评专家组对我国〈著作权法〉第4条的裁决》，《华东政法大学学报》2009年第4期。

否合法，是法律授予行政审查部门的行政审批权，但法官若在司法裁判中审查某影片内容是否实质性合法，即是越权行为。据此，学者建议引入事后审批制度，即在诉讼中，若涉案作品未经审查，则法院应暂时中止审理，并要求原告方将作品提交行政主管部门审查以取得审查结果，或法官依职权将涉案作品提交审查部门审批，待行政机关审查结论确定后再依法进行判决。[1]

【案例索引】

案例1[2]：北京优朋普乐科技有限公司与滨州市人民政府新闻办公室、滨州分众传媒有限责任公司侵犯著作财产权案

山东省高级人民法院认为：

北京普乐公司主张被控侵权网站提供播放的电影侵犯了其对涉案电影享有的信息网络传播权，应当提交证据证明被控侵权电影与涉案电影为同一部影片，但该公司仅提交了自行刻录的光盘，并明确表示不能提交涉案影片正版光盘。对此，本院认为，北京普乐公司对涉案十部影片享有信息网络传播权，其应当并有能力提交涉案电影的正版光盘或者来源可靠的影片资源用以比对，而其提交的光盘来源不明，无法用以证明涉案电影的权利内容，无从判断被控侵权网站的相关电影是否为其享有信息网络传播权的涉案电影。对此，北京普乐公司应承担举证不能的不利后果。北京普乐公司主张山东滨州市新闻办等实施了侵犯其信息网络传播权的行为，证据不足，本院不予支持。

案例2[3]：段佳诉北京电视台侵犯著作权案

北京市海淀区人民法院认为：

原告段佳准予华龙公司参展即已准许该公司洽商影片出售，而原告段佳在写有世纪梦公司字样的宣传板上亲自书写获得华表奖足以说明段佳对世纪梦公司参与宣传推

1　万里鹏：《未经审批的境外影视作品著作权保护研究》，《法制与社会》2010年10月上期。

2　二审法院：山东省高级人民法院，二审案号：（2014）鲁民三终字第8号。

3　一审法院：北京市海淀区人民法院，一审案号：（2005）海民初字第11448号。

广发行是明知而且认可。北京电视台据此与世纪梦公司签约播放，应视为获得了段佳的许可。关于播出版本上缺少主创人员署名一节，电视台是否审查有误，首先，按广播电影电视部参加中外电影节展的管理规定，只有获得了电影公映许可证的影片才可以参展，按此行业要求，用户一般有理由相信参展影片应为获得许可证的影片，但北京电视台对此未作进一步的审查，虽然其实际播放涉案作品确系在影片获得电影发行许可证之后，但对发行许可证的审查义务仍存在风险；其次，动画电影有其特定的表现方式，如涉案作品在片头以印章方式表现段佳二字，但仍需符合电影制作的要求，北京电视台对电影署名不完全的情况未加注意。但因世纪梦公司的销售业经段佳的许可，世纪梦公司提供给北京电视台的版本应视为经过段佳许可。因此，段佳允许该片参展现又以用户未尽审查义务为由、允许购买又以播出带署名不全为由主张电视台侵权并要求对方承担包括巨额赔偿在内的侵权责任，本院实难支持。

案例3[1]：东阳神话影视发行有限公司诉合一信息技术（北京）有限公司著作权权属、侵权案

北京市海淀区人民法院认为：

根据香港影业协会出具的《发行权证明书》与东阳公司提交的光盘及合一公司提交的《版权声明及授权书》等证据互相印证，本院认定东阳公司自2011年6月1日至2011年12月5日期间，专有独占性享有影片《僵》片在中华人民共和国（不包括台湾、香港及澳门特别行政区）的信息网络传播权，并享有该期间内维权之权利。尽管合一公司辩称，《僵》片是一部限制级别的描述封建迷信僵尸的电影，内容违反了相关的审查规定。但是，作品的具体内容与著作权的产生二者并无直接联系，基于一定的价值判断，某些作品的传播可能受到限制甚至禁止，然而作品一经创作则产生著作权。合一公司的辩称不足以否认东阳公司对《僵》片享有的权利。合一公司未经许可，通过其经营的网站传播东阳公司享有信息网络传播权的《僵》片，侵犯了东阳公司的合法权益，应承担相应的侵权责任。至于赔偿数额，基于《僵》片内容确有强烈暴力与惊吓场面、粗俗语言及含蓄性相关语，其传播范围在一定程度上必然受到限制，东阳公

1 一审法院：北京市海淀区人民法院，一审案号：（2013）海民初字第2196号。

司主张的赔偿数额较高，本院不予全部支持。本院综合考虑《僵》片的内容性质，结合合一公司侵权行为的期间、方式、过错程度等因素，酌情确定赔偿数额。至于合一公司在其网站上不加限制地对含有暴力与惊吓场面、粗俗语言及含蓄性相关语内容的影片进行传播的不适当性，因不是本案的审理范围，故在此不赘述。

案例4[1]：北京说说唱唱文化传媒有限公司与上海聚力传媒技术有限公司侵害作品信息网络传播权案

上海市浦东新区人民法院认为：

被告主张涉案电影制作于2010年，距今时间长，影片十分冷门，导演、演员均无知名度，类型题材普通，且涉案电影在台湾是属于限制级影片。但法院认为，被告未经原告许可，通过网络在其网站上直接向公众提供涉案电影的在线播放，使用户可以在其个人选定的时间和地点观看涉案电影的行为，侵害了原告对涉案电影享有的信息网络传播权，应当依法承担停止侵权、赔偿损失的民事责任。鉴于被告已删除涉案电影，原告放弃要求被告停止侵权的诉讼请求，与法不悖，本院予以准许。关于赔偿数额，因原告未能举证证明其因被侵权所遭受的实际损失或被告因侵权所获得的利益，法院综合考虑涉案电影的类型、知名度、电影未经过引进也未在中国大陆公映、被告侵权行为的性质及后果等情节综合确定。

【TA评述】

对于未取得行政审批的作品，我国司法界目前采取二分做法，一是审批与权利的二分，即作品未获得审批不影响对作品著作权的实质判断，二是权利与赔偿的二分，即承认内容不违法的涉案影视作品享有著作权，但在损失赔偿的衡量方面，法院会比照可以完整行使的著作权来降低权利人基于该著作权所能取得的赔偿。索引案例2的原告以电视台未尽审查义务为由索要赔偿，即被法院认定相关权利转让与对行政审批证件的审查不相影响。

在对影片著作权权利进行审查之前，法院一般会依职权审查涉案作品是否为非法

1 一审法院：上海市浦东新区人民法院，一审案号：（2016）沪0115民初54060号。

作品。旧《著作权法》第四条第一款称，“依法禁止出版、传播的作品，不受本法保护”，2010年新修《著作权法》删掉了此款规定，但在实务中，各法院往往在判决书中载明这一审查事项，以论证涉案作品的著作权依法得到保护。根据司法界的通常观点，旧法中“依法禁止出版、传播的作品”，仅指内容非法，即宣扬反动、淫秽等的作品，必要时，法院亦会征求有关行政主管部门的意见。我国尚未实行电影分级制度，若涉案影片在境外属限制级影片，法院在审理时往往不会受境外分级制度影响。在本案中，涉案影片有7部在香港属限制级影片，但北京知识产权法院在审理时认为香港分级制度所列的限制级级别，不足以证明涉案影片属于内地行政主管部门把握的反动、淫秽等尺度。在索引案例3中，法院亦未根据《僵》片描述的封建迷信僵尸剧情认定该作品内容非法，但在酌定赔偿时，法院根据该影片题材的小众性相应调低了赔偿金额。在索引案例4中，尽管被告主张涉案影片在台湾属限制级影片，但该情节未对法院判罚造成任何影响，法院依旧依据著作权侵权有关法律法规进行审理。

本案还涉及另一实务问题：未取得相应行政审批手续的影片，往往不能获得公开出版的权利，因此权利人往往不能通过公开出版物证明涉案影片与其拥有权利的影片的同一性问题。对此问题的审理，各法院暂未形成统一观点。在索引案例1中，山东省高级人民法院认为，原告作为涉案影片的权利人，其应当并有能力提交涉案电影的正版光盘或者来源可靠的影片资源用以比对，而原告公司提交的光盘来源不明，无法用以证明涉案电影的权利内容，无从判断被控侵权网站的相关电影是否为原告公司享有信息网络传播权的涉案电影，对此，原告公司应承担举证不能的不利后果。在本案中，尽管被告公司援引了索引案例1，试图说服北京知识产权法院否定涉案影片与原告享有权利的影片的同一性，但北京知识产权法院明显考虑到了未取得行政审批的影片难以提供公开出版物的现状。法院在将原告公司提供的自刻影片认定为初步证据的基础上，审查了光盘内容与公证内容的一致性，以及影片版权署名与《发行权证明书》的一致性，在被告公司仅就非公开出版的光盘提出异议但并未提交相反证据的情况下，法院认定原告公司提交的初步证据具有证明力。

（撰稿人：段英子）

第4章

商业利用篇

4.1 导读

在影视娱乐领域中，除作品创作及影视拍摄之外，还有对影视作品及其权利进行商业利用并获取利润的环节。在这个环节中，影视作品及其相关元素的经济价值被充分利用，可能产生极大的经济收益，如果权利人进行合法的商业利用无可厚非，但如果商业利用人与权利人并非同一主体，则可能导致争议及纠纷的发生。

近年来，随着影视娱乐作品商业价值水涨船高，该环节的争议也呈日渐上升的趋势，此类纠纷的主要焦点及问题表现为：1. 绝对性权利与影视作品衍生利益之间的矛盾。如商标权系一种绝对性权利，但如果影视娱乐作品权利人没有及时对相关作品元素进行商标注册，却被他人抢注，则可能导致商标权与影视作品相关利益之间产生矛盾与冲突。2. 市场竞争行为正当性及合法性与否的判断有一定难度。随着影视娱乐市场的不断孕育成熟，相关市场行为层出不穷，“搭便车”、蹭热度的行为也屡见不鲜，但是否构成不正当竞争行为，还需要满足法定的要件，而对于不正当竞争行为的认定，实践中存在难点和不同认识。3. 影视作品商品化权益维权有难度。在2017年的“功夫熊猫”商标异议复审行政案中，法院认为“功夫熊猫”电影名称及形象享有的“商品化权”属于《商标法》应予保护的在先权利，从而认定两枚商标均损害了第三人的商品化权。该案因其具有的典型意义和价值被评为北京知识产权法院2017年典型案例。但由于商品化权并非一项法定权利，因此有关商品化的理论争议也一直不断，针对商品化权益的问题，司法界也逐渐回到谦抑和谨慎的轨道。4. 人格权与商业利益之间的矛盾。姓名、肖像、名誉权等人格性权利应当被尊重和维护，未经许可和授权不得被随意使用和侵犯。对于明星而言，这些权利就与商业利益密切相关。一些市场主体为追逐经济利益，可能会视他人权利于不顾，则容易引发和导致侵权行为。本章将主要结合上述难点和问题，从商标权纠纷、不正当竞争纠纷、商品化权益纠纷、名誉权纠纷、姓名权及肖像权纠纷五个方面以案例的方式进行剖析和解读。

（白小莉）

4.2 案例

4.2.1 电视节目名称是否构成商标侵权的判断

——金某诉江苏某电视台、深圳某信息技术有限公司侵害商标权纠纷案[1]

【核心推介】

电视节目名称经长期使用、大量宣传，相关公众能将该节目名称与电视台的某档节目之间建立特定联系，使得电视节目名称具有一定的显著性，并且具有标示出处的功能，即可认定为商标性使用。根据我国商标法规定，注册商标的专用权，以核准注册的商标和核定使用的商品或服务为限。未经商标注册人的许可，在同一种商品或服务上使用与其注册商标相同的商标，属于侵犯注册商标专用权的行为；在同一种商品或服务上使用与其注册商标近似的商标，或者在类似商品/服务上使用与其注册商标相同或近似的商标，容易导致混淆的，亦构成侵权。据此，在商标侵权裁判中，必须对被诉标识与注册商标是否相同或近似、两者使用的商品或者服务是否相同或类似，以及是否容易引起相关公众的混淆误认作出判断。

【关键词】

电视节目名称　商标性使用　商标侵权

【案情】

原告金某于2009年2月16日向商标局申请注册“非诚勿扰”商标，并于2010年9

1　一审法院：广东省深圳市南山区人民法院，一审案号：（2013）深南法知民初字第208号；二审法院：广东省深圳市中级人民法院，二审案号：（2015）深中法知民终字第927号；再审法院：广东省高级人民法院，再审案号：（2016）粤民再447号。该案入选最高人民法院发布的2016年中国法院十大知识产权案件。

月7日获得授权，核定使用的服务项目为第45类，包括“交友服务、婚姻介绍所”等。被告一江苏某电视台旗下的某卫视于2010年开办了以婚恋交友为主题、名称为“非诚勿扰”的电视节目。被告二深圳某信息技术有限公司为“非诚勿扰”节目推选相亲对象，提供广告推销服务，并曾在深圳市招募嘉宾，报名地点设在深圳市南山区。原告以二被告侵害其注册商标专用权为由，向深圳市南山区人民法院提起诉讼，请求法院判令卫视频道立即停止使用“非诚勿扰”栏目名称等。

原告注册商标	被诉节目标识（一）	被诉节目标识（二）
非誠勿擾	非诚勿扰	非诚勿扰

一审法院认为，首先，江苏某电视台使用“非诚勿扰”是商标性使用。“非诚勿扰”既是电视节目的名称，也是一种服务商标。如果仅仅将“非诚勿扰”定性为节目名称，而不承认其具有标识服务来源的功能，与大量节目名称注册为商标（包括江苏某电视台也将该电视节目名称注册为商标）的客观事实不相符，也与江苏某电视台在该电视节目中反复突出使用“非诚勿扰”并且进行广告招商等客观事实不相符。其次，金某的文字商标“非诚勿扰”与江苏某电视台电视节目的名称“非诚勿扰”是相同的。因此，两者的商标是相同的。判断是否构成商标侵权的关键在于两者使用的商品（服务）是否属于同类商品（服务）。

金某涉案注册商标“非诚勿扰”所核定使用的商品/服务系“交友服务、婚姻介绍”，即第45类；而江苏某电视台的商标“非诚勿扰”所对应的商品/服务系“电视节目”，即第41类。从服务的目的、内容、方式、对象等方面综合考察，江苏某电视台的《非诚勿扰》电视节目虽然与婚恋交友有关，但终究是电视节目，相关公众一般认为两者不存在特定联系，不容易造成公众混淆，两者属于不同类的商品/服务，故不构成商标侵权。判决：驳回金某的诉讼请求。

金某不服，向深圳市中级人民法院提起上诉。二审法院认定的事实与一审法院认定的事实一致。但是，二审法院认为，从《非诚勿扰》节目简介、开场白、结束语，以及参加报名条件、节目中男女嘉宾介绍等互动内容，以及广电总局的发文、媒体评论，均印证了江苏某电视台的《非诚勿扰》为相亲、交友节目，从服务的目的、内容、方式、对象等判断，均是提供征婚、相亲、交友的服务，与金某第7199523号“非诚勿扰”商标注册证上核定的服务项目“交友、婚姻介绍”相同，故构成商标侵权。二审法院判决：1. 撤销一审判决；2. 江苏某电视台立即停止使用“非诚勿扰”栏目名称；3. 深圳某信息技术有限公司立即停止使用“非诚勿扰”名称进行广告推销、报名筛选、后续服务等行为。

江苏某电视台不服，向广东省高级人民法院提出申诉。江苏某电视台申请再审时主张：（一）二审判决对于涉案被诉《非诚勿扰》节目名称是否属于商标法意义上的使用未作审查，以“上诉人和被上诉人均无异议”来认定商标性使用，属于法律适用错误。江苏某电视台对于节目名称的使用并未产生商标区分产源的功能，不属于商标性使用。被诉标识图样多样、位置多变，不符合商标使用的规范，而被诉电视节目左上角固定显示的某卫视台标，才是标注商品/服务来源的商标性使用。（二）金某涉案注册商标指定使用的服务类别为“交友服务、婚姻介绍所”，该服务与《非诚勿扰》电视节目的服务目的、内容、方式、对象均不相同，被诉节目系对现实生活的二度艺术加工，是精神文化产品，二审法院未作细化考虑，将该节目认定为“交友、婚姻介绍”服务，属于对电视节目的属性认定错误。（三）《非诚勿扰》节目与金某涉案注册商标不会造成混淆或反向混淆，不构成侵权。1. 金某涉案注册商标系对知名电影《非诚勿扰》名称的简单复制，其注册商标的目的系诉讼而非真实使用。2. 涉案注册商标本身无法产生区分产源的商标功能，被诉《非诚勿扰》节目名称与涉案注册商标存在明显差异，不存在混淆可能性。3. 金某并未对涉案注册商标进行商业性使用，不存在混淆前提。（四）金某不应对通过侵权获得的涉案注册商标享有权利，在江苏某电视台获得原始权利人华谊兄弟传媒股份有限公司（以下简称华谊公司）授权而使用的情况下，被诉行为不应被认定侵权。（五）二审判决不仅严重损害江苏某电视台权利，也将严重损害社会公共利益，与商标法立法精神相悖。故请求法院判令：1. 撤销二审判决；2. 驳回金某全部诉讼请求；3. 由金某负担本案一、二审费用。

广东省高级人民法院再审认为，首先，相关标识具有节目名称的属性并不能当然排斥该标识作为商标的可能性，而被诉标识在电视节目上的显示位置及样式是否固定、使用的同时是否还使用了其他标识，亦非否定被诉标识作为商标性使用的充分理据。判断被诉“非诚勿扰”标识是否属于商标性使用，关键在于相关标识的使用是否为了指示相关商品/服务的来源，起到使相关公众区分不同商品/服务的提供者的作用。

本案中，“非诚勿扰”原是江苏某电视台为了区分其台下多个电视栏目而命名的节目名称，但从本案的情况来看，江苏某电视台对被诉“非诚勿扰”标识的使用，并非仅仅为概括具体电视节目内容而进行的描述性使用，而是反复多次、大量地在其电视、官网、招商广告、现场宣传等商业活动中单独使用或突出使用，使用方式上具有持续性与连贯性，其中标识更在整体呈现方式上具有一定独特性，这显然超出对节目或者作品内容进行描述性使用所必需的范围和通常认知，具备了区分商品/服务的功能。江苏某电视台在播出被诉节目同时标注该电视台下属频道台标的行为，客观上并未改变“非诚勿扰”标识指示来源的作用和功能，反而促使相关公众更加紧密地将“非诚勿扰”标识与江苏某电视台的下属频道相联系。随着该节目持续热播及广告宣传，被诉“非诚勿扰”标识已具有较强显著性，相关公众看到被诉标识，将联想到该电视节目及其提供者江苏某电视台下属频道，客观上起到了指示商品/服务来源的作用。而且，在不少广告中，将被诉“非诚勿扰”标识与其下属频道台标及“途牛”“韩束”等品牌标识并列进行宣传，在再审审查程序中提交的证据表明江苏某电视台曾就该标识的使用向华谊公司谋求商标授权，以上均直接反映江苏某电视台主观上亦存在将被诉标识作为识别来源的商标使用、作为品牌而进行维护的意愿。因此，江苏某电视台仅以“非诚勿扰”属于节目名称、同时标注台标明晰来源为由，否认相关行为属于商标性使用，不能成立。

其次，关于被诉标识与涉案商标是否相同或近似的问题。本案中，将被诉“非诚勿扰”文字标识及图文标识分别与金某涉案第7199523号注册商标相比对，文字形态上均存在繁体字与简体字的区别，在字体及文字排列上亦有差异。被诉图文组合标识与金某注册商标相比，还多了颜色及图案差异。故该两被诉标识与金某涉案第7199523号注册商标相比，均不属于相同标识。该两被诉标识与金某涉案注册商标的显著部分与核心部分均为“非诚勿扰”，文字相同，整体结构相似，在自然组成要素上相近似。但客观要素的相近似并不等同于商标法意义上的近似。商标法所要保护的，并非仅以注册行为所固化的商标标识本身，而是商标所具有的识别和区分商品/服务来源的功能。如果被诉行为并非使用在相同或类似商品/服务上，或者并未损害涉案注册商标的识别和区分功能，亦未因此导致市场混淆后果的，不应认定构成商标侵权。

再次，关于两者服务类别是否相同或类似的问题。江苏某电视台经过长期对《非诚勿扰》节目及标识的宣传和使用，已使社会公众将该标识与被诉节目、江苏某电视台下属频道相联系。这种使用，从相关服务的目的、内容、方式、对象等方面情况来看，正是典型的使用在电视文娱节目上。被诉《非诚勿扰》节目系一档以相亲、交友为题材的电视文娱节目，其服务目的在于向社会公众提供旨在娱乐、消遣的文化娱乐节目，凭节目的收视率与关注度获取广告赞助等经济收入；服务的内容和方式为通过电视广播这一特定渠道和大众传媒方式向社会提供和传播文娱节目；服务对象是不特定的广大电视观众等。而第45类中的“交友服务、婚姻介绍”系为满足特定个人的婚配需求而提供的中介服务，服务目的系通过提供促成婚恋配对的服务来获取经济收入；服务内容和方式通常包括管理相关需求人员信息、提供咨询建议、传递意向信息等中介服务；服务对象为特定的有婚恋需求的未婚男女。故两者无论是在服务目的、内容、方式和对象上均区别明显。以相关公众的一般认知，能够清晰区分电视文娱节目的内容与现实中的婚介服务活动，不会误以为两者具有某种特定联系，两者不构成相同服务或类似服务。

此外，金某涉案注册商标中的“非诚勿扰”文字本系商贸活动中的常见词汇，用于婚姻介绍服务领域显著性较低，其亦未经过金某长期、大量的使用而获得后天的显著性。故本案对该注册商标的保护范围和保护强度，应与金某对该商标的显著性和知名度所作出的贡献相符。反观被诉《非诚勿扰》节目，其将“非诚勿扰”作为相亲、交友题材节目的名称具有一定合理性，经过长期热播，作为娱乐、消遣的综艺性文娱电视节目为公众所熟知。即使被诉节目涉及交友方面的内容，相关公众也能够对该服务来源作出清晰区分，不会产生两者误认和混淆，不构成商标侵权。

最后，鉴于已经认定江苏某电视台的行为不构成商标侵权，故关于深圳某信息技术有限公司协助就《非诚勿扰》节目开展广告推销、报名筛选、后续服务，构成共同侵权的主张不能成立，法院不予支持。至于深圳某信息技术有限公司是否在被诉节目之外，还存在单独使用“非诚勿扰”标识进行婚姻介绍、交友服务的问题，并非本案的审理范围，不予评述。

综上，江苏某电视台与深圳某信息技术有限公司关于被诉行为不构成商标侵权的再审请求和理由成立。广东省高级人民法院判决：1.撤销二审判决；2.维持一审判决。

【业内关注】

1. 电视节目名称是否构成“商标性使用”

2. 商标是否“相同或近似”的判断

3. 如何认定“相同或类似”服务

4.“商标侵权”的判断

【法条链接】

1.《商标法》

第四十八条 本法所称商标的使用，是指将商标用于商品、商品包装或者容器以及商品交易文书上，或者将商标用于广告宣传、展览以及其他商业活动中，用于识别商品来源的行为。

第五十七条 有下列行为之一的，均属侵犯注册商标专用权：

（一）未经商标注册人的许可，在同一种商品上使用与其注册商标相同的商标的；

（二）未经商标注册人的许可，在同一种商品上使用与其注册商标近似的商标，或者在类似商品上使用与其注册商标相同或者近似的商标，容易导致混淆的。

2.《最高人民法院关于审理商标民事纠纷案件适用法律若干问题的解释》

第九条 商标法第五十二条第（一）项规定的商标相同，是指被控侵权的商标与原告的注册商标相比较，二者在视觉上基本无差别。

商标法第五十二条第（一）项规定的商标近似，是指被控侵权的商标与原告的注册商标相比较，其文字的字形、读音、含义或者图形的构图及颜色，或者其各要素组合后的整体结构相似，或者其立体形状、颜色组合近似，易使相关公众对商品的来源产生误认或者认为其来源与原告注册商标的商品有特定的联系。

第十条 人民法院依据商标法第五十二条第（一）项的规定，认定商标相同或者近似按照以下原则进行：

（一）以相关公众的一般注意力为标准；

（二）既要进行对商标的整体比对，又要进行对商标主要部分的比对，比对应当在比对对象隔离的状态下分别进行；

（三）判断商标是否近似，应当考虑请求保护注册商标的显著性和知名度。

第十一条 商标法第五十二条第（一）项规定的类似商品，是指在功能、用途、生产部门、销售渠道、消费对象等方面相同，或者相关公众一般认为其存在特定联系、容易造成混淆的商品。

类似服务，是指在服务的目的、内容、方式、对象等方面相同，或者相关公众一般认为存在特定联系、容易造成混淆的服务。

商品与服务类似，是指商品和服务之间存在特定联系，容易使相关公众混淆。

第十二条 人民法院依据商标法第五十二条第（一）项的规定，认定商品或者服务是否类似，应当以相关公众对商品或者服务的一般认识综合判断；《商标注册用商品和服务国际分类表》《类似商品和服务区分表》可以作为判断类似商品或者服务的参考。

3.《民事诉讼法》

第一百七十条 第二审人民法院对上诉案件，经过审理，按照下列情形，分别处理：

（二）原判决、裁定认定事实错误或者适用法律错误的，以判决、裁定方式依法改判、撤销或者变更。

第二百零七条 人民法院按照审判监督程序再审的案件，发生法律效力的判决、裁定是由第一审法院作出的，按照第一审程序审理，所作的判决、裁定，当事人可以上诉；发生法律效力的判决、裁定是由第二审法院作出的，按照第二审程序审理，所作的判决、裁定，是发生法律效力的判决、裁定；上级人民法院按照审判监督程序提审的，按照第二审程序审理，所作的判决、裁定是发生法律效力的判决、裁定。

【理论观点】

商标作为承载企业商誉的无形资产，其价值与商标的实际使用情况紧密相连。商标权的本质在于商标权人与注册商标、核定使用商品之间的联系，而商标权正是对该联系的支配权，即没有使用行为的存在，商标权人与注册商标之间的联系便无法建立。[1]而判断商标侵权成立与否的前提是该侵害行为必须为“商标性使用”。所谓商标性使用，根据我国《商标法》第四十八条规定，是指“将商标用于商品、商品包装或者容器以及商品交易文书上，或者将商标用于广告宣传、展览以及其他商业活动中，用于识别商品来源的行为”。虽然该规定仅是针对商品商标而言，但也可以适用于服务商标。

有观点认为，节目名称作为作品标题的一种，其功能和特征具有一般作品标题的共性。第一，描述性使用，用于提炼主题及浓缩内容；第二，标题性使用，用于标示特定作品；第三，广告性使用，促进推销作品与商品化运作；第四，商标性使用，用于标示作品出处。然而并非所有作品标题都能发挥商标意义上表示功能，在节目制作、发行、传播之初，标题可能仅具备原初的描述功能，随着时间及市场的影响，使得相关公众因为对电视节目产生关注，而逐渐强化对该标题与电视节目之间的联系，节目名称因此具备了标示出处的功能，故可以因此得知作品标题从标示特定作品到标示特定出处，是一段需要经过历练的过程。[1]

此外，还有观点认为，“非诚勿扰”虽是电视节目名称，但作为节目名称可以具有标识服务来源的功能。因为在实践中，很多电视台的节目名称是被注册为商标的，即使没有被注册为商标，只要其使用行为实现了标识服务来源的功能，就应当认定为商标性使用。本案中电视台主张其使用涉案标识的行为不构成商标性使用的观点，并不符合实际情况，“非诚勿扰”标识通过在电视和官网及相关场合进行了大量宣传和使用，在很多情况下属于突出使用，并且使用行为具有连续性和持续性以及标识整体上呈现方式的独特性。再者，由于节目的持续热播和宣传，观众已经将“非诚勿扰”与电视台的此类节目之间建立了特定联系，使“非诚勿扰”电视节目名称具有了相当的显著性和知名度。因此，在本案一、二审及再审判决中，法院均认定江苏某电视台使用“非诚勿扰”标识的行为属于商标性使用行为。

然而，纵使一审、二审及再审法院均认为电视台使用“非诚勿扰”标识行为属于商标性使用，但是二审却作出与一审、再审相反的判决，其主要原因是法院对于二者涉及的服务是否相同或者类似存在认识分歧。因此，在此基础之上，认定商标是否侵

1 郑其斌:《论商标权的本质》，人民法院出版社2009年版，第125–126页。

1 彭学龙、郭威:《论节目名称的标题性与商标性使用——评“非诚勿扰”案》，《知识产权》2016年第1期。

权的关键，还需要进一步明确以下问题：1.二商标是否相同或者近似。2.二商标使用的服务是否相同或者类似。3.在认定商标不相同的情况下，如果服务类别相同或者类似，是否需要进一步认定是否有“混淆可能性”[1]。其中，第2点为本案的关键。

有观点认为，首先，对“相同商品或服务”的认定应采用客观标准，在最高人民法院的相关司法解释中，仅存在关于认定“商标相同”和“商标近似”的规定[2]，以及有关认定“类似商品”“类似服务”和“商品与服务类似”的规定[3]，但没有认定“相同商品或服务”的规定。其中最为重要的原因在于申请商标注册必须以商品与服务分类表中商品与服务的具体名称为客观标准划分商品与服务的类别，即以分类表作为认定依据。其次，在以客观标准认定“相同商品或服务”的同时，还应对“相同商品或服务”做严格解释。即在比较注册商标核定使用的服务与被控侵权人实际提供的服务时，应当注重后者的整体性，不能将整体服务中的有机构成部分单独与注册商标核定使用的服务进行比对。因此，关于本案《非诚勿扰》节目的制作与播出是一个整体，与作为节目内容的现场活动不可分割。“非诚勿扰”是节目的名称，起到的是识别节目来源的功能。在判断江苏某电视台对节目的制作和播出属于分类表中哪一类服务时，必须以节目本身为依据，而不是节目中涉及的某一项活动。故在制作与播出《非诚勿扰》节目与原告注册商标核定使用的提供“婚姻介绍、交友服务”服务的目的、内容、方式和对象都有很大差异的情况下，二者并不属于“相同服务”[4]。又根据最高人民法院司法解释，其将“相关公众一般认为其存在特定联系、容易造成混淆的”商品或服务规定为类似商品或服务。[5]同时还要求“以相关公众对商品或者服务的一般认识综合判断”商品或服务是否类似，并明确将《商标注册用商品和服务国际分类表》和《类似商品和服务区分表》的作用定位为判断类似商品或者服务的“参考”，而不是“标准”。既然如此，在认定“类似商品或服务”时，就不能只考虑商品或服务自身客观存在的特

1 冯晓青：《服务商标侵权如何界定：以“非诚勿扰”商标侵权纠纷案为例》，《中国审判》2017年第3期。

2 《最高人民法院关于审理商标民事纠纷案件适用法律若干问题的解释》第九条第一、二款和第十条；《最高人民法院关于审理商标授权确权行政案件若干问题的意见》第十四、十六条。

3 《最高人民法院关于审理商标民事纠纷案件适用法律若干问题的解释》第十一条第一、二、三款和第十二条；《最高人民法院关于审理商标授权确权行政案件若干问题的意见》第十五条。

4 王迁：《论“相同或类似商品（服务）”的认定——兼评“非诚勿扰”案》，《知识产权》2016年第1期。

5 《最高人民法院关于审理商标民事纠纷案件适用法律若干问题的解释》第十一条第一、二款。

征，还必须将所有影响相关公众认知的因素都纳入考察范围。

针对本案，从性质上而言，《非诚勿扰》节目实际上属于电视节目类别，未从事过交友、婚介服务；从内容及服务目的而言，二者亦有很大的差异，电视观众观看《非诚勿扰》节目寻求的精神享受恐怕难以在婚恋介绍所获得满足，而寻找婚恋对象的男女也极少能通过观看《非诚勿扰》电视节目即找到伴侣；从整体而言，电视台建立一个平台，通过相关的互动表演活动，吸引观众并传达一种正能量的婚恋观，这与开设一个婚介所进行交友婚介的宗旨和目的完全不同。二者的竞争性和互补性极弱，在此种情况下，难以认定二者为“类似服务”，故再审法院判决认定电视台不构成对涉案注册商标专用权的侵犯。

【案例索引】

案例1[1]：赵光辉与湖北广播电视台侵害商标权案

湖北省高级人民法院认为：

对于文字注册商标而言，商标权人并不能绝对限制他人使用与其注册商标相同或近似的文字。如果行为人使用的系文字本身固有的含义，亦未发挥区分商品或服务来源的作用，则行为人的使用属正当使用，此种行为被法律所允许，商标权人无权禁止。本案中，湖北广电的涉案行为是否构成正当使用，需从行为人的使用意图、使用方式、使用效果等三个因素进行考量。

（一）使用意图。在判断行为人的使用意图时，需要考量其真实目的是否为了使用词汇的固有含义来描述商品或服务具有的某些特点、是否存在攀附商标商誉的主观故意等因素。湖北广电以“如果爱”作为电视节目名称，就是使用词汇本身的固有含义来概括节目的内容与主题，并无攀附涉案商标商誉的故意，其主观上为善意。首先，“如果爱”文字高度提炼与浓缩了整个节目内容的风格和主题，具有描述商品或服务特点的性质。该真人秀节目，各期节目虽场景、人物、情节有所不同，但风格特点、主体思想趋同，向观众展现了明星嘉宾之间“是否会产生爱”“如何产生爱”的系列过程。

1 二审法院：湖北省高级人民法院，二审案号：（2016）鄂民终法109号。

湖北广电以“如果爱”作为涉案电视节目的名称，契合了该节目的主题及风格，起到了标明作品内容、范围或中心的功能，体现了涉案电视节目的主旨与精华，系对电视节目内容的准确阐释。其次，湖北广电使用“如果爱”文字作为电视节目名称不具有攀附涉案商标商誉的故意。依据现有证据可以认定，赵光辉的涉案商标未在电视娱乐节目等服务类别上使用，不具有市场知名度。此外，湖北广电作为一家省级大型电视台，具有覆盖面广、受众多、影响大的特点，其完全可以利用自身优势，通过电视媒介进行广告营销或宣传等方式来提高涉案电视节目的知名度，无需采取攀附在行业内不具知名度及影响力的商标商誉的方式来获得知名度。

（二）使用方式。湖北广电使用“如果爱”文字的具体情形主要包括三个方面：一是在电视节目中使用；二是在涉案网站上使用；三是在《湖北卫视》“如果爱”栏目官方微博上使用了“如果爱”文字。上述具体使用方式是否属于正当使用，应从其使用方式是否规范、是否符合商业惯例、是否符合语言使用习惯等方面分析。

首先，在电视节目中，湖北广电在使用“如果爱”文字时，通常采取艺术化处理并结合其他与爱相关的图案组合使用，文字颜色与图案颜色往往相同或近似，文字大小与图案大小相差无异，视觉效果较为协调。在相关网站、官方微博中，“如果爱”一般作为节目名称出现在介绍、宣传文字中。以上具体使用中，不论是字体颜色，还是字体大小，均较为规范、合理，没有证据显示存在突出、放大使用的情形。

其次，湖北广电在节目开始及插播广告阶段在电视荧幕的正中间、右上角、右下角及左下角等位置上标注“如果爱”节目名称，也是为了向电视观众提示或介绍即将播放或正在播放的电视节目，该使用行为未超出节目名称使用的常规方式，符合电视台播放电视节目的一贯做法和电视媒体经营的商业惯例。

最后，关于语言使用习惯的判断，当具有表达效果相近的可替代性词汇时，社会公众应当对商标权人的商标文字词汇进行合理避让，尽量选择可替代性词汇进行使用。但是，当该词汇能够更精准地表达该商品或服务的特点或更符合语言简洁及用语习惯时，商标权人应当给予社会公众使用该词汇的空间。本案中，“如果爱”文字本身并非臆造词汇，其具有较为稳定及固有的含义，也为日常生活中人们普遍使用。即使商标权人将其注册成为商标，其也有显著性弱的天然缺陷。而湖北广电制作的“如果爱”明星恋爱真人秀节目，主要讲述的就是明星在特定设置的各种任务中，通过多次与异性明星的接触、配合，逐渐产生感情并最终成为情侣的过程。“如果”系汉语中的连词，表示假设；“爱”在汉语中既可为动词，也可为名词，“如果爱”的字面含义可理解为“假设产生爱恋”。用“如果爱”作为节目名称，不仅能够更加精准地表述该节目内容的特点，使节目名称与节目内容完美契合，而且简明扼要，一目了然，符合汉语表达言简意赅的使用习惯。

（三）使用效果。商标的主要功能在于区别商品或服务的来源，如果行为人使用被控标识或文字的行为，并未产生区分商品或服务来源的作用，则不属于商标使用。湖北广电使用涉案“如果爱”文字的行为，未发挥商标的标识性功能。

第一，湖北广电在本案中使用涉案文字的行为并未影响涉案注册商标功能的实现。正当使用在对社会公众利益予以倾斜的同时，也是对注册商标权利人的限制，一旦认定被控行为构成正当使用，势必会一定程度上影响商标权人注册商标功能的实现。湖北广电在电视节目中使用“如果爱”文字时，多出现于播放荧幕或页面的片头或片中插播广告阶段，而按照电视节目制作服务的通常做法，注册商标多标注于片尾。与“如果爱”文字间断性出现的方式不同，湖北卫视的台标在整个涉案电视节目播放过程中，始终出现在荧幕或页面的左上角。即电视观众可以清楚地知道“如果爱”只是电视节目的名称，而湖北广电是电视节目的制作方。故在涉案电视节目播放中，指明节目出处或来源的是电视台台标，而不是电视节目名称“如果爱”文字，“如果爱”文字的使用并未达到标识节目来源或出处的功能，进而也未发挥商标的标识性功能，当然亦不会对涉案注册商标的功能实现造成影响。

第二，相关公众不会造成混淆。两者的消费群体不同，因涉案商标主要使用于婚纱摄影等服务上，其主要消费群体为具有婚纱摄影需求的消费者，而湖北广电的消费群体主要是普通电视观众，两者虽有极少量交叉，但仍差异明显。涉案商标在电视娱乐节目服务上未获得市场影响力和知名度。对于普通电视观众而言，通过节目的特定场景、音乐、主持人、节目名称甚至广告等特征，可以清楚地判断“如果爱”是湖北卫视制作的一档电视节目的名称，不会认为该节目与赵光辉的注册商标具有某种关联。综上，湖北广电将“如果爱”文字作为电视节目名称，仅是使用文字本身固有含义，其目的是为更好地体现节目内容及风格特点，主观上并无攀附涉案商标商誉的故意；客观上，湖北广电的使用行为规范、合理，符合电视行业的商业惯例及语言表达习惯，

“如果爱”文字未发挥标识涉案电视节目来源或出处的功能，亦不会导致相关公众的混淆，湖北广电的涉案行为属于正当使用，不构成对赵光辉商标专用权的侵害。

案例2[1]：南京同舟知识产权事务所有限公司与江苏省广播电视总台、长江龙新媒体有限公司侵害商标权案

江苏省高级人民法院认为：

首先，长江龙公司对“非常了得”文字及图形组合作品享有在先权利。长江龙公司提供证据证实，电视节目“非常了得”的“非常了得”文字加图形的LOGO作品创作完成于2011年4月28日。长江龙公司进行了版权登记。该作品中“非常了得”文字的特殊字形、倒金字塔图形以及文字与图形的组合具有独创性，属于著作权法保护的作品。该作品的创作完成早于同舟公司“非常了得”普通文字商标的申请注册时间以及核准时间。因此，长江龙公司对其“非常了得”文字及图形组合的LOGO享有在先著作权，其和省电视台有权在其电视节目中正当使用该标识。

其次，长江龙公司和省电视台不存在侵犯同舟公司商标专用权的主观过错。一档题材新颖的电视节目及其LOGO的设计需要一段时间的创作过程。长江龙公司提供的证据显示，省电视台于2011年3月提出创作“非常了得”电视节目的设想，同年4月28日创作完成电视节目的文案作品及LOGO作品，同年5月31日召开新闻发布会向社会发布该节目名称及内容，同年6月8日首播该节目，使用该LOGO。而同舟公司提供的证据显示其于同年5月26日委托他人代理“非常了得”注册申请，同年6月22日提出注册申请。长江龙公司和省电视台无论是对节目名称的提出，还是对节目LOGO的设计完成，均早于同舟公司“非常了得”文字商标的提出及申请注册时间。长江龙公司和省电视台在庭审中亦对该LOGO的设计思路作了合理解释。故长江龙公司和省电视台并不存在侵犯同舟公司商标专用权的主观故意。

再次，长江龙公司和省电视台使用“非常了得”节目不会造成相关公众的混淆与误认。由于同舟公司注册“非常了得”商标后，使用不多，并未通过使用或宣传使该商标产生较强的显著性、影响力和识别力。相反，省电视台“非常了得”电视节目的

---

1 再审法院：江苏省高级人民法院，再审案号：（2015）苏审三知民申字第1号。

播出当天，在国内获得极高的电视收视率，产生强烈的轰动效果和广泛的社会影响力。公众并不会将长江龙公司和省电视台的电视节目与同舟公司的商标进行关联，从而对二者的服务产生误认或混淆。

综合考虑上述因素，一、二审法院判决长江龙公司和省电视台使用涉案标识，并不侵犯同舟公司商标专用权正确。

案例3[1]：北京星光大道影视制作有限公司与中央电视台侵害商标权案

北京市第一中级人民法院认为：

本案主要焦点问题在于中央电视台对“星光大道”文字的使用是否构成对涉案商标专用权的侵犯。首先，中央电视台《星光大道》栏目是以录制播出的形式向电视观众提供节目内容，在后的电视播放需以在先的节目制作为前提和基础。节目制作与电视播放之间虽存在一定关联，但就其本质而言，二者仍属于在时间和空间上可以区分且各自独立的行为阶段，故对于各个阶段对“星光大道”文字的使用不能一概而论，应就具体问题具体分析。根据本院查明的事实可知，被告已于2009年6月7日在第38类电视播放等服务上获准注册第4966182号“星光大道”商标，目前该商标处于合法存续状态。中央电视台有权在电视播放等核定使用服务上自行使用或许可他人使用上述“星光大道”商标，此为其享有注册商标专用权的应有之义。因此，中央电视台在《星光大道》栏目播放时的片头和电视屏幕右下角对“星光大道”文字的使用，是对其核定使用在电视播放服务上的“星光大道”商标专用权的合法行使，该行为不构成对涉案商标的侵犯。

其次，中央电视台在《星光大道》栏目录制现场的舞台背景屏幕和观众背景屏幕使用“星光大道”文字是否构成对涉案商标的侵犯。《商标法》第五十二条第（一）项规定，未经商标注册人的许可，在同一种商品或者类似商品上使用与其注册商标相同或者近似的商标的，构成对注册商标专用权的侵犯。本案中，《星光大道》栏目系由中央电视台制作，且在节目录制现场的舞台背景屏幕和观众背景屏幕上均使用了“星光

1 一审法院：北京市第一中级人民法院，一审案号：（2013）一中民初字第11888号。

大道”文字。由于《星光大道》栏目的内容主要体现为由选手参加的才艺选拔形式，故其表现形式上也属于组织竞赛的范畴。中央电视台所使用的“星光大道”文字与涉案商标在文字构成上相同，仅在字体上存在一定差异，二者构成相近似的标识。尽管如此，本院仍然认为中央电视台在节目录制现场舞台背景屏幕和观众背景屏幕使用“星光大道”文字的行为，并不当然构成对涉案商标的侵犯，对此还应结合商标的本质及其功能予以综合考虑。

商标的外观表现为符号，《商标法》第五十二条第（一）项（修改前的《商标法》）的规定若仅从表面上看，也体现了一种对商标符号的保护，即他人未经许可，不得擅自在相同或类似商品上使用与注册商标相同或近似的商标。但如果仅是在符号学意义上对商标进行保护，则不仅不符合商标的本质，有违商标法价值取向，而且会不适当地扩展商标权的保护范围，进而使得侵权认定扩大化。商标是在商品流通领域中发挥产源识别作用的商业标识，其功能在于将不同生产经营者所提供的商品或服务相区分，以此确保相关公众免受混淆误认之苦。此种区分力的形成，是由于市场主体将商标符号在其所提供的商品或服务上进行了商业上的使用，进而使得该商标符号所标示的商品或服务能够在与之相同或类似的商品或服务市场中，与其他市场主体所提供的商品或服务相区分。因此，商标法之所以保护商标而不保护商标符号，是因为商标符号在进入商品或服务流通领域之前，其仅具有符号学意义，此时即便有他人对商标符号的使用，该使用也仅能被视为对商标符号的使用，并不为市场中的相关公众所知悉，更不可能在市场中发挥商标区分不同商品或服务提供者的产源识别功能，进而建立上述特定联系，自然亦不存在造成相关公众混淆误认的可能。在此情况下，注册商标专用权人的合法利益并未受有损害，亦无必要对其予以救济。

中央电视台制作《星光大道》栏目是为了进行后续的电视播放，制作时使用“星光大道”文字是为了使电视观众能够更加清楚地知悉其所播放的电视节目名称，故中央电视台并无搭涉案商标便车、刻意造成相关公众混淆误认的故意。因此，中央电视台主观上并无侵犯涉案商标专用权的故意，客观上其对“星光大道”文字的使用仅是一种对于涉案商标符号的使用，并未进入电视节目制作和组织竞赛服务的商业流通领域之中，不会造成相关公众的混淆误认，不构成对涉案商标的侵犯。综上，中央电视台在其《星光大道》栏目播放片头、录制现场舞台背景屏幕、录制现场观众背景屏幕、播放时电视屏幕右下角使用“星光大道”文字的行为，并不构成对涉案商标专用权的侵犯。

【TA评述】

《宝典》如是说[1]：

影视行业与商标

影视行业中最中心的知识产权话题是版权，出现纠纷的案件类型也多以版权纠纷为主。不过随着行业的发展和衍生商品化的日益繁荣，商标问题也逐渐凸显。影视行业现存较多的商标纠纷主要涉及影视娱乐明星的姓名、影视作品名称或其中主要角色名称等内含元素相关商标问题以及植入广告相关的商标的使用问题。

为了充分保障影视作品及其组成元素市场开发的后续潜力，影视作品相关权益人应当尽早对包括影视作品名称、艺人姓名等具有品牌价值的资源进行商标注册申请，一来防范他人的抢注，二来也便于日后开展相关衍生品商业开发。由于商标是使用在商品或服务上的标志，应当依照企业具体商业需求和计划，针对所需的商品或服务的类别进行注册申请。但这里需要注意的是，商标的保护对于影视公司或影视作品而言并不是足够到位的，在很多情况下，与影视行业有关的商标被列入服务类商标之下，也就是说，商标的最终指向并不是某一作品，而是商标所有人以该商标对外宣传提供某些服务，这样一来，商标与商品之间的关联度看来还是不够切实的。这就导致了在影视行业类似事件的维权活动中需要多方考虑商标权纠纷、著作权纠纷、不正当竞争纠纷等多个案由和维权举措，出现了维权“组合拳”的局面。

TA观点

电视节目名称、电影名称是否可以涵盖到商标法的保护范围内，是一个有趣又值得思考的问题。商标的核心功能在于发挥商品或者服务提供者或者来源的识别作用，商标权保护的本质在于对商誉的保护，而不仅是对商标标识本身的保护，因此判断是否构成商标侵权的前提是需先判断该标识是否属于商标性使用。节目名称通常具有描述、标示和广告等多重功能，其使用方式又可分为描述性使用、标题性使用、商标性使用和广告性使用，节目名称亦会随着节目热播的程度而从原先的标题性，发展至因反复

1 王军、司若主编:《中国影视法律实务与商务宝典》，中国电影出版社2017年版，第173–174页。

使用而使观众产生联想从而获得标示出处的商标性使用。目前，我国影视娱乐行业正处于迅速汰旧换新、大整合的时代，出于追逐利益的考量，节目越成功，可能被诉的风险就越大，那么，如何平衡对节目名称及对商标权的保护，应否在二者中划定界线以及如何在二者中划分界线范围，节目名称的使用者与商标权人的利益该如何进行有效且合理的区分，既保护电视台对其制播电视节目及其名称的合法权益，又保护依法取得商标权之权利人的相关权益，是值得深入探究的实务问题。

（撰稿人：吴楹婕）

知产史话

王汉伦开办美容院的头等事：商标注册

王汉伦（1903—1978），原名彭剑青，曾在“明星”公司第一部长故事片《孤儿救祖记》当中担任女主角“余蔚如”，这部名震四海的影片也令年满20芳龄的她早早地荣膺了“第一代影后”的桂冠。一位苏州大户状元府邸人家的小姐，走出深闺，在影坛上流光飞舞十余年，尝试了自己制片拍电影，又用从影起家的身价子钱办起了专为打造时尚潮人的美容院。1930年“汉伦美容院”开张营业，王汉伦做的第一件事便是在电影杂志上刊载注册商标，广而告之。

最早走出国门、红遍南洋的女影星有着超前的商标意识，在20世纪30年代的中国影坛尚属一件高调的事。只因那时的王汉伦也是法律新闻报道的常客，在演艺圈婚姻案的头条屡有出镜。而真正让她打定主意，对自己美容产品看护备至的乃是同年与烟草公司的一桩名誉侵权案。

这年她与一家擅制“汉伦牌香烟”的烟草公司涉诉，烟草公司获得胜诉。王汉伦的性子也真挺倔气，她招来记者登报说明案件原委，本来“汉伦牌香烟”是秘密发行的，这家建华烟厂知道她是住在上海，不敢在上海发售。恰巧这一年王汉伦到河北省去，在市上发现了这种香烟。就追问发行的店家，一方面以法律起诉。据调查结果，该香烟系由建华烟厂向上海大东南烟草公司的定制品。于是王汉伦赶到上海，延请律师向法庭控告，经法庭判决，烟草公司停止出售。但由于建华烟草并无发行卷烟的行为，法院以原告起诉主体不适格判决诉费归王汉伦出。听了之后，王汉伦很觉不服，正想再请律师上诉。这时大东南忽然挽人前来疏通，并且答应赔偿她四千元的损失费，还要求允许他们继续出售。王汉伦考虑到案件所涉及的名誉问题，给毅然拒绝了。

吃了官司的王汉伦，息影后改去开美容院，她心里颠来覆去想着律师说的那句话，觉得在理：“查人之名誉，乃系无底价值，被告将他人姓名作为商标，此非名誉损害耶。”[1]受了香烟诉讼的影响，王汉伦更重视对其专属名誉权及财产权的保护，避免不良商家对“女星商标化”的过度滥用。也因此举，成为首位在中国电影期刊上花钱刊载“注册商标”并为自己产品代言的明星老板。[2]

这场烟草官司让王汉伦长了个心眼儿，格外敏锐地防控讼案风险。很快，她为“汉伦美容院”聘任了一位法律顾问，在电影期刊上发表了《蓝绪彰律师受任王汉伦女士及汉伦美容院法律顾问通告》，蓝绪彰律师特受聘为王汉伦及汉伦美容院的常年法律顾问。“嗣后如有人侵害王女士及该院名誉并一切法益者。本律师当尽依法保障之责。此启。”[3]为免防不胜防，她继续在《影戏生活》购买了整一页版面刊登完善后的商标广告，专攻帮人祛雀斑、修皱纹、拔肉刺等一条龙美容服务，还兼职烫头发、做指甲，为人出点子如何穿衣打扮，装扮艳丽。在民国时期的娱乐圈吃了不公的官司，又诉诸法律另谋生路的女影星，趁着这股国产电影商机回澜的时势，王汉伦未曾想，正是自己成就了演艺圈的这一桩商标案奇谈。

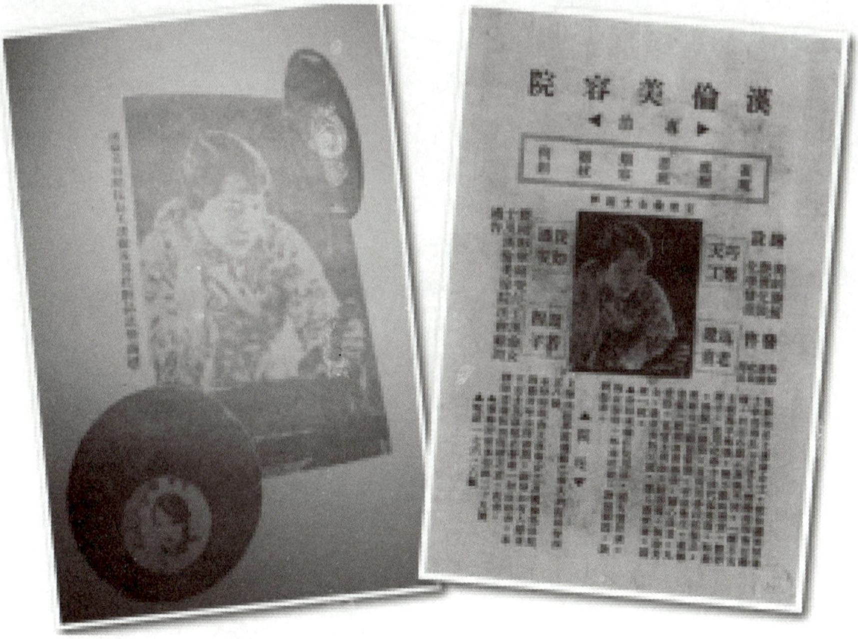

“汉伦美容院”院长王汉伦及其化妆品注册商标

1 《王汉伦香烟案：吕美玉案有例可援，名誉损失诉追三万》，《益世报》1930年12月4日。
2 《汉伦美容院院长王汉伦及其化妆品注册商标》，《影戏生活》1930年第12期第1卷。
3 《汉伦美容院广告》，《影戏生活》1930年第13期第1卷。

汉伦美容院DIY出品的面霜口碑甚好，领衔了“妇女国货年与化妆品”的市场，被测评为国货当中的上等品之一，也为国产化妆品工业的发展平添了女辈传奇。[1]

从影坛女伶中脱颖而出的实业家，怎么众口评说，不过是轻舟已过万重山。汉伦美容院为抗战后安身立命的她留了一笔活钱，在命运的激流中，还有这张商标见证了中国第一代电影明星的创业史，令她的视界在民国一别经年的十里洋场，显出了不凡。

1 雪友:《妇女国货年与化妆品》,《申报》1934年2月1日。

4.2.2 将与他人商标相同的文字作为游戏名称使用构成商标侵权

——某科技（深圳）有限公司等诉北京某科技有限公司等侵害商标权纠纷案[1]

【核心推介】

游戏名称的主要识别部分与他人享有的在先注册商标相同，并将该游戏产品利用网络平台投放于市场供相关公众得以自由下载，从中获利，符合《商标法》中关于商标侵权的构成要件，属于侵犯他人商标专用权的行为。根据商标法相关规定，将商标用于商品、商品包装或装潢以及商品交易文书上，或者将商标用于广告宣传、展览以及其他商业活动中，用于识别商品来源的行为，属于商标的使用行为。其次，将商标作为商品或服务的名称，或者将商标作为商品或服务名称的主要部分，足以起到识别商品或服务来源作用的，即属于商标的使用行为。另外，关于手机端网络游戏与PC端网络游戏，根据游戏产品定性，差异仅在游戏软件运行的平台不同而已，二者均为射击类网络游戏，属于相同类别的商品。使用与他人商标相同的游戏名称用于相同种类的商品上，容易导致相关公众误认为其游戏与权利人的游戏存在某种联系，构成侵犯他人商标专用权的行为。

【关键词】

商标使用　商标侵权　商标相同或近似

1　一审法院：北京市海淀区人民法院，一审案号：（2015）海民（知）初字第15256号；二审法院：北京知识产权法院，二审案号：（2016）京73民终87号。

【案情】

网络游戏《穿越火线》是韩国笑门公司开发的一款网络在线游戏，2014年5月14日，韩国笑门公司授予第一原告某科技（深圳）有限公司、第二原告深圳某计算机公司（以下合称二原告）在中国大陆独家代理运营《穿越火线》游戏，授权期限自2014年5月14日至2016年7月24日，授权范围包括该游戏的著作权、商标权等专有许可；二原告亦有权以自己的名义或转委托第三方，对在中国境内侵犯该游戏中包括商标权在内的知识产权的侵权行为进行维权。

二原告诉称：自其代理运营《穿越火线》游戏以来，凭借着强大的运营及推广能力，使得该游戏在中国市场取得了良好的业绩和口碑，成为最受网络玩家欢迎的第一人称网络射击游戏。第一被告北京某科技有限公司、第二被告北京某科技股份有限公司（以下合称二被告），共同开发并向市场推出一款名为《穿越火线2（反恐精英版）》（以下简称涉案游戏）的第一人称射击类手机游戏，在游戏名称上恶意抄袭模仿《穿越火线》游戏名称。二被告不仅在网站上大力宣传涉案游戏并提供下载服务和玩家抽奖活动，且通过国内各主流手机应用平台大肆推广和提供游戏下载，非法获利巨大。第一被告为该游戏的开发商和运营商，第二被告为该游戏的著作权人和提供商，严重侵害了二原告享有的“穿越火线”注册商标专用权，构成共同侵权。请求法院判令二被告：1.停止侵权，停止就涉案游戏通过电信支付继续获利；2.连带赔偿二原告经济损失及合理开支100万元（合理开支为公证费8 170元）；3.连续一个月在指定网站的第一版显著位置刊登声明，消除影响。

二被告于一审中共同答辩称：第一，韩国笑门公司的授权书中未授权二原告独家排他的权利，故二原告提起本案诉讼缺乏权利基础，不适格。第二，涉案游戏是二被告自主开发经营的，并享有著作权，与二原告的游戏有所区别。第三，二被告游戏名称与“穿越火线”商标不同，涉案游戏侧重于反恐精英，且为手机单机游戏，二原告的《穿越火线》游戏则是PC端网络游戏，两款游戏名称不同，类别不同，不会引起用户混淆。第四，涉案游戏于2014年9月至2015年4月期间使用涉案名称，时间短，接到本案起诉状后立即将该游戏下线，并通知了三大运营商关闭计费，目前均已关闭计费，涉案游戏的收入共9 652元，二原告索赔金额过高。故不同意二原告的诉讼请求。

北京市海淀区人民法院（以下称一审法院）经审理认为：首先，关于涉案注册商标。根据我国商标法的规定，他人未经商标注册人许可，不得在同一种商品上使用与其注册商标相同的商标。本案中，二原告经授权取得第6208641号“穿越火线”商标（第41类）、第6208642号“穿越火线”商标（第9类）在中国境内的独占性权利，有权提起本案诉讼。二被告提出的质疑缺乏法律依据，一审法院对此不予支持。

其次，本案中双方确认涉案游戏为第二被告自主开发、二被告共同运营，其官方网站由第一被告经营。关于二被告在共同经营的涉案游戏中使用“穿越火线”名称，且通过网站宣传、下载游戏，属于未经许可，在与第6208641号、第6208642号“穿越火线”商标的相同类别商品上，使用与该注册商标相同的商标，侵害了二原告享有的注册商标专用权。二被告主张抗辩侵权的理由主要有三项：（一）涉案游戏系二被告自主开发且对此享有著作权，与二原告的游戏不同；（二）涉案游戏名称与涉案商标不同，涉案游戏侧重于反恐精英，且为手机单机游戏，与二原告的PC端网游，在游戏名称和类别上均不同，不会造成用户混淆；（三）涉案游戏使用“穿越火线”名称时间短且游戏收入少。

对于上述理由，一审法院作如下评述：

第一，二原告仅主张涉案游戏名称侵犯其注册商标专用权，涉案游戏为第二被告自主开发并享有著作权，并非是二被告否认涉案游戏所用名称侵害二原告享有的注册商标专用权的有效抗辩理由。

第二，涉案游戏名称为“穿越火线2（反恐精英版）”，显然，其中“穿越火线”为该名称中最具显著性的部分，“反恐精英版”的标注通常理解为游戏版本，且涉案游戏开始界面显示游戏名称时，相较于“反恐精英版”文字，“穿越火线”文字更突出醒目；二被告在其网站上就涉案游戏所做的活动宣传，以及多家游戏下载平台中对涉案游戏介绍中，均将涉案游戏指称为“穿越火线2”。因此，涉案游戏名称的主要部分为“穿越火线”，二被告在涉案游戏名称中的使用行为构成商标意义上的使用行为。双方游戏均属于射击类网络游戏，二被告在涉案游戏已经推出市场较长时间，且获得较高市场认知度的情况下，仍将游戏名称设置为与涉案注册商标相同的“穿越火线”，并且无法作出合理的更名解释，一审法院认为二被告侵权的主观故意明显。

第三，涉案游戏实际运营时间及其所得收入情况，并不影响认定二被告使用“穿越火线”为涉案游戏名称侵害涉案商标专用权的行为性质。

综上，二被告的侵权抗辩理由不成立，一审法院不予支持。

综上所述，一审法院作出判决：（一）二被告停止在游戏名称中使用“穿越火线”；（二）二被告共同在指定网站及指定手机应用平台游戏栏目首页连续48小时刊登声明，就本案侵权行为为二原告消除影响；（三）二被告赔偿二原告经济损失30万元及合理开支8 170元；（四）驳回二原告的其他诉讼请求。

二被告不服一审判决，于法定期限内共同向北京知识产权法院（以下称二审法院）提出上诉，请求撤销一审判决，依法改判驳回二原告的一审全部诉讼请求；判令其承担本案一审、二审的诉讼费用。

二审审理主要涉及以下争议焦点：

（一）二原告是否系本案适格原告。

根据本案查明的事实，二原告经笑门公司授权取得第6208641号及第6208642号“穿越火线”商标在中国境内的独占性商标权，并有权对中国境内侵犯《穿越火线》游戏中包括商标权在内的知识产权的侵权行为提起诉讼。因此，二原告有权以上诉人游戏侵犯其享有的涉案商标专用权为由，对二被告提起本案诉讼，属于本案适格原告。

（二）二被告的涉案行为是否侵犯二原告享有的涉案商标专用权。

根据《最高人民法院关于审理商标民事纠纷案件适用法律若干问题的解释》等相关规定，所谓商标相同，是指被控侵权的商标与权利人的注册商标相比，二者在视觉上基本无差别。所谓商标近似，是指被控侵权的商标与权利人的注册商标相比较，其文字的字形、读音、含义或者图形的构图及颜色，或者其各要素组合后的整体结构相似，或者其立体形状、颜色组合近似，易使相关公众对商品的来源产生误认或者认为其来源与原告注册商标的商品有特定的联系。所谓类似商品，是指在功能、用途、生产部门、销售渠道、消费对象等方面相同，或者相关公众一般认为其存在特定联系、容易造成混淆的商品。所谓类似服务，是指在服务的目的、内容、方式、对象等方面相同，或者相关公众一般认为存在特定联系、容易造成混淆的服务。

根据本案查明的事实，二被告在其共同经营的涉案游戏中使用“穿越火线2”或“穿越火线2（反恐精英版）”名称，并在网站及国内多家主流手机应用平台对该游戏进行宣传推广并提供相应下载的行为显然能起到识别游戏来源的作用，已构成商标意义上的使用行为。

关于商标相同或近似问题，二审法院认为涉案游戏名称中的“反恐精英版”及“2”的标注通常被相关公众认为系对游戏版本的描述，故“穿越火线”构成涉案游戏名称中的最显著认读部分；且涉案游戏开始界面显示游戏名称时，相较于“反恐精英版”文字，“穿越火线”文字更突出醒目；故涉案游戏名称的主要识别文字应当认定为“穿越火线”，涉案游戏名称与涉案商标已构成近似商标。关于商品、服务的相同或类似问题，尽管双方游戏存在手游、端游的差别，但均属于射击类网络游戏，已构成相同类别的商品、服务。二被告主张涉案游戏系其自主开发并享有著作权的主张，亦不能成为其否认该游戏所用名称侵害二原告涉案注册商标专用权的有效抗辩理由。

（三）二被告的侵权责任承担问题。

二被告的相关上诉理由及所依据的证据，主要围绕其违法所得展开，即为支持其有关侵害二原告涉案商标专用权的获利数额远远低于一审法院确定的赔偿数额的主张，但如上所述，一方面，一审法院综合考虑前述的多重因素，对二被告提交的相关运营商后台账户信息统计所得的收入数额等违法所得证据的客观性、完整性不予认可并无不当。另一方面，一审法院确定的赔偿数额并非仅仅根据二被告的违法所得数额确定的，而是综合二原告获得商标授权的时间及使用涉案商标推广游戏的市场情况、二被告使用“穿越火线”游戏名称的恶意程度、二被告在本案中未能及时制止电信支付通道等情节，酌情确定的本案的赔偿数额。综合本案情况，二审法院认为一审法院确定的赔偿数额并无明显不当。

综上，二审法院判决：驳回上诉，维持原判。

【业内关注】

1.“近似商标”的判断

2.“相同或类似的商品、服务”的判断

3.如何认定“商标的使用”

【法条链接】

1.《侵权责任法》

第八条 二人以上共同实施侵权行为，造成他人损害的，应当承担连带责任。

第十五条 承担侵权责任的方式主要有：

（一）停止侵害；

（六）赔偿损失；

（八）消除影响、恢复名誉。

以上承担侵权责任的方式，可以单独适用，也可以合并适用。

2.《商标法》

第四十八条 本法所称商标的使用，是指将商标用于商品、商品包装或者容器以及商品交易文书上，或者将商标用于广告宣传、展览以及其他商业活动中，用于识别商品来源的行为。

第五十七条 有下列行为之一的，均属侵犯注册商标专用权：

（一）未经商标注册人的许可，在同一种商品上使用与其注册商标相同的商标的；

（二）未经商标注册人的许可，在同一种商品上使用与其注册商标近似的商标，或者在类似商品上使用与其注册商标相同或者近似的商标，容易导致混淆的。

第六十三条 侵犯商标专用权的赔偿数额，按照权利人因被侵权所受到的实际损失确定；实际损失难以确定的，可以按照侵权人因侵权所获得的利益确定；权利人的损失或者侵权人获得的利益难以确定的，参照该商标许可使用费的倍数合理确定。对恶意侵犯商标专用权，情节严重的，可以在按照上述方法确定数额的一倍以上三倍以下确定赔偿数额。赔偿数额应当包括权利人为制止侵权行为所支付的合理开支。

3.《最高人民法院关于审理商标民事纠纷案件适用法律若干问题的解释》

第三条 商标法第四十条规定的商标使用许可包括以下三类：

（一）独占使用许可，是指商标注册人在约定的期间、地域和以约定的方式，将该注册商标仅许可一个被许可人使用，商标注册人依约定不得使用该注册商标。

第九条 商标法第五十二条第（一）项规定的商标相同，是指被控侵权的商标与原告的注册商标相比较，二者在视觉上基本无差别。

商标法第五十二条第（一）项规定的商标近似，是指被控侵权的商标与原告的注册商标相比较，其文字的字形、读音、含义或者图形的构图及颜色，或者其各要素组合后的整体结构相似，或者其立体形状、颜色组合近似，易使相关公众对商品的来源产生误认或者认为其来源与原告注册商标的商品有特定的联系。

第十一条 商标法第五十二条第（一）项规定的类似商品，是指在功能、用途、生产部门、销售渠道、消费对象等方面相同，或者相关公众一般认为其存在特定联系、容易造成混淆的商品。

类似服务，是指在服务的目的、内容、方式、对象等方面相同，或者相关公众一般认为存在特定联系、容易造成混淆的服务。

商品与服务类似，是指商品和服务之间存在特定联系，容易使相关公众混淆。

4.《民事诉讼法》

第一百七十条 第二审人民法院对上诉案件，经过审理，按照下列情形，分别处理：

（一）原判决、裁定认定事实清楚，适用法律正确的，以判决、裁定方式驳回上诉，维持原判决、裁定。

【理论观点】

商标的“商业性使用”与“混淆可能性”是判断商标是否构成侵权的两个独立要件，若不符合其中任何一个条件，就不可能构成商标侵权。[1]对于游戏名称与商标权之间产生冲突时，游戏名称的应用是否构成商标性使用，又应如何来进行保护？

首先，关于游戏名称的使用是否能认定为商标性使用，是判断是否构成侵害注册商标专用权行为的前提。商标性使用是指商标必须在商业活动中使用，而该使用是为了标识商品或服务的来源，通过使用可以让相关公众得以区分不同商品或服务的提供者，判断行为人的使用方式和行为是否会构成相关公众对商品或服务的来源产生混淆误认，一般可以分为以下两种情形：其一，相关公众误认被控侵权标识所标示的商品或服务来源于商标专用权人；其二，相关公众误认为被控侵权商标所标示的商品来源与商标专用权人之间存有特定的联系。《最高人民法院关于审理商标民事纠纷案件适用法律若干问题的解释》第八条规定，商标法所称相关公众，是指与商标所标识的某类商品或者服务有关的消费者和与前述商品或者服务的营销有密切关系的其他经营者。[2]亦即当行为人有将商业标示“用于识别商品来源”的行为，才有可能构成对权利人注册商标权的侵害；反之，如果行为人对商业标识的使用，并不会起到区分商品或服务

1 黄晖:《商标法》，法律出版社2015年版，第113–116页。

2 姚建军:《使用约定俗成的扑克游戏名称是否构成侵权》，《人民法院报》2013年10月31日。

来源的作用，即使将商标文字或图案使用于相同或类似商品或服务上，亦不属于商标禁用权控制的范围。[1]

关于注册商标本身的知名及显著程度，注册商标经权利人大量、长期的使用，使得相关公众熟悉该注册商标，当行为人使用与该商标相同或近似的标志时，将造成相关公众对该标志产生联想或混淆误认的可能。在进行商标侵权判断时，要先判断商标的相同或近似与商品的相同或类似，再判断是否存在混淆可能性。如果商标和商品有一者不相同但近似或者类似，则不一定构成商标侵权，还需要确定是否存在混淆可能性，只有同时具备相似性与混淆可能性，才构成商标侵权。如果商标和商品既不相同也不近似或类似，则直接判定不构成商标侵权，不再判断是否存在混淆可能性。[2]就商标近似的判断，有观点指出应采用客观标准，两商标是否近似即指二者经比较后，文字商标在形、音、义方面是否有部分要素相同或相似；图形商标在颜色、构图是否近似；文字与图形相结合商标整体结构方面是否相似。[3]例如，“白人”牙膏争议案[4]，“白人”商标与“黑人”商标以一般审查基准而论，不应当属近似商标，照理说无需进一步认定混淆可能性，然而商标审查部门考虑到“黑人”牙膏商标已经过相当时间的使用，具有了较高的知名度，当相关公众在同一种类商品上看到“白人”商标时，可能会误认二者之间存有某种联系，从而对商品来源产生误认，应认定二者为近似商标而不予注册。故相似性与混淆可能性之间关系的不同理解对于商标侵权判断具有重大影响。

针对本案，有观点主张以游戏名称的使用时间和注册商标的取得时间为落脚点，“在后的游戏名称构成对在先商标权的侵犯”，游戏名称与商标一样，实际上在发挥着区别不同商品或服务来源者的作用，供玩家区分辨识，故游戏名称属于商标意义上的使用。实务上，存在很多游戏使用与在先商标相同或相似的名称，其目的就是想引起玩家的注意，使相关公众对该游戏和在先商标所属的产品或服务产生联想，进而引导其进入游戏。因此，当商标所有人获得商标注册的时间早于游戏使用名称的时间时，若游戏名称与注册商标相同或相似，即构成在游戏类别上使用与他人注册商标相同或

1 祝建军:《判定商标侵权应以成立“商标性使用”为前提——苹果公司商标案引发的思考》,《知识产权》2014年第1期。

2 王太平:《商标侵权的判断标准：相似性与混淆可能性之关系》,《法学研究》2014年第6期。

3 余静:《商标侵权的判断标准——以商标权客体为视角》,《中华商标》2012年第5期。

4 《关于第1164601号“白人WHITEMAN”商标复审裁定书》[商评字(2001)第2692号]。

相似的商标，构成商标侵权。[1]

最后，关于行为人的主观恶意，商标侵权判定并不以行为人主观过错为要件，然而其使用与他人注册商标相同的游戏名称，具有故意攀附在先注册商标知名度等意图的，无疑会增加相关公众混淆误认的可能性。[2]

【案例索引】

案例1[3]：腾讯科技（深圳）有限公司与北京盛天游网络科技有限公司等侵害商标权案

北京知识产权法院认为：

被诉侵权网络游戏名称及所用标识“穿越火线”与第6208641号“穿越火线”商标、第6208642号“穿越火线”商标在文字构成方面完全一致，构成相同商标；被诉侵权网络游戏名称及所用标识“穿越火线”与第11134060号“穿越火線”商标仅有“线”字的简繁体之别，构成近似商标；被诉侵权网络游戏名称及所用标识“穿越前线”与第6208641号“穿越火线”商标、第6208642号“穿越火线”商标、第11134060号“穿越火線”商标在文字组成、读音、整体外观方面上相近，构成近似商标。因此，相关公众施以一般注意力极易对涉案被诉侵权网络游戏的来源产生误认，认为被诉侵权网络游戏的来源为原告或者同其有特定的联系，涉案被诉侵权网络游戏名称及所用标识与涉案注册商标相近似，容易使相关公众对来源产生混淆，误认为涉案被诉侵权网络游戏为原告公司所提供，一审法院认定三被告的行为具有主观过错并无不当。三被告的涉案被诉侵权网络游戏名称及所用标识“穿越火线”“穿越前线”已构成对原告商标专用权的侵犯。

1 陈娟、郭浩:《当游戏名称撞衫商标，我来告诉你该怎么办》,《知产力》2015年5月28日。

2 杨静安:《判断游戏名称商标侵权的关键》,《中国工商报》2016年2月2日。

3 二审法院：北京知识产权法院，二审案号:（2016）京73民终307号。

案例2[1]：腾讯科技（深圳）有限公司等与广州萌游网络科技有限公司侵害商标权案

广东省深圳市中级人民法院认为：

二原告运营的《英雄联盟》是一款电脑端的网络游戏，被告开发运营的《英熊联盟》是一款手机端游戏，而手机端的游戏与电脑端的网络游戏均属计算机游戏软件。将被告开发运营的《英熊联盟》游戏软件上使用的“英熊联盟”标识与原告享有独占性商标专用权的文字商标“英雄联盟”和文字图形组合商标“英雄联盟”进行比对，其主要构成要素“英熊联盟”与“英雄联盟”仅存在“熊”与“雄”的差别，在读音、字形等方面均无差别，又“英雄联盟”文字是该商标的显著性部分，被告使用的“英熊联盟”标识与原告注册商标中的“英雄联盟”中文显著性部分相近似，二者均标注在计算机软件游戏上，对于相关公众而言，被告的行为可能导致相关公众对二者提供的计算机软件游戏的来源产生混淆，该行为属于侵犯原告注册商标专用权的行为。

案例3[2]：腾讯科技（深圳）有限公司与广州君海网络科技有限公司、广州掌域信息科技有限公司侵害商标权案

广州知识产权法院认为：

原告系第10177879号、第10324730号商标的注册人。其主张权利的第10177879号、第10324730号注册商标分别为“逆战”文字加左轮手枪弹夹背景图案、“逆战”文字加三角形金属板的背景图案的组合，两商标的主体色调均为黑灰色，呈现金属质感，两商标的“逆战”二字均横向排列，居于背景图案的中心地位，并以艺术字体突出显示，因相关公众对中文文字的识别力更强，故腾讯公司主张权利的两个注册商标中“逆战”两字具有显著性。

被告掌域公司、君海公司的《逆战三国志》游戏软件属于手机游戏计算机软件，与原告主张权利的第10177879号注册商标核定使用在第9类商品上的“计算机软件（已

1　二审法院：广东省深圳市中级人民法院，二审案号：（2016）粤03民终13497号。

2　二审法院：广州知识产权法院，二审案号：（2016）粤73民终584号。

录制）”属于同一类商品，同时提供在线游戏服务，与腾讯公司主张权利的第10324730号注册商标核定在第41类服务项目上的“（在计算机网络上）提供在线游戏”属同一类服务。掌域公司、君海公司上诉所称的客户端大小、下载时长、游戏情节、运行设备终端等因素的差异并不影响两者属于同一类产品或服务的判断。

另外，原告主张权利的二注册商标中的“逆战”二字均居于背景图案的中心地位，并以艺术字体突出显示，“逆战”二字较背景图片而言具有较强的识别性，构成商标的主要部分。掌域公司、君海公司使用的图标中“逆战”二字亦居于背景图案的中心地位，并以不同的艺术字体突出显示。上述图标与涉案商标字数相等、文字相同、读音一致，客观上构成近似。虽然两者在字形、构图及背景图案方面有差别，但不足以影响对近似商标的认定。因两者相似，相关公众在下载游戏时，足以导致混淆和误认。掌域公司、君海公司上诉称两款游戏并非同一商品、提供同一种服务，《逆战三国志》突出“逆战”二字的图标与《逆战》商标不相似，不会造成相关公众的混淆和误认的观点不成立。故掌域公司、君海公司未经腾讯公司的许可，在同一种商品或服务上使用与权利人注册商标近似的商标，且容易导致混淆，侵犯了原告的注册商标专用权。

【TA评述】

《宝典》如是说[1]：

商标法保护

根据商标法关于商标侵权行为的规定，游戏商标侵权通常是未经商标注册人许可，在同种商品或者类似商品上使用与其注册商标相同或者近似的商标的行为。判定游戏商标侵权，要结合商标侵权判定的要素，再结合实际情况进行分析，综合考虑被诉侵权商标使用行为是商标性使用还是描述性使用、被侵权商标是否是通用名称、被诉行为的混淆可能性、原告商标的知名度及使用情况以及被告恶意等。

TA观点

随着计算机技术的更新换代和互联网经济的介入，加速了网络游戏市场的迅猛发展且带来巨大的增长潜力。根据中国音数协游戏工委提供的数据显示，2018年1—6月，

1 王军、司若主编:《中国影视法律实务与商务宝典》，中国电影出版社2017年版，第190页。

中国游戏市场的实际销售收入达到人民币1050亿元，同比增长5.2%。其中，自主研发网络游戏市场的实际销售收入较往年增长15.1%。特别值得关注的是，在游戏产业的带动下，游戏直播市场在2018年上半年获得24.3亿元收入，同比增长54.1%。可见网络游戏产业日益在国民经济中占据重要地位，并且其发展潜力不容小觑。

网络游戏产业迅速发展的同时，也带来了与游戏相关的著作权、商标权、不正当竞争等各类纠纷。近年来，在网络游戏名称上"搭便车"的行为，使用与在先知名网络游戏名称相同或近似的名称，借以攀附在先网络游戏积累的商誉或意图造成消费者混淆误认，从而瓜分其网络游戏运营市场，获取不正当利益的现象更是屡见不鲜。因此，对于游戏名称是否可以通过商标法、著作权法或反不正当竞争法来进行保护或维权，在司法实践中逐渐受到重点关注。从已有的司法裁判进行分析，我们认为，人民法院对于此类案件采取的审理思路是依照商标法的相关规定，从维护、规范游戏市场的经营秩序以及有利于促进市场公平竞争的角度进行裁决。

（撰稿人：吴楹婕）

4.2.3 未经授权却宣称是"翻拍"构成虚假宣传

——穆某某、陈某某与北京某影视文化传媒有限公司、福建某电影发行有限公司、北京某互联网信息服务有限公司不正当竞争纠纷案[1]

【核心推介】

对影视作品的翻拍必然涉及对该影视作品剧本的使用，虽然同一剧本可许可他人多次翻拍，但除却文学名著以及经典剧目外，通常剧本被翻拍的机会必定有限，且经历次翻拍后剧本的翻拍价值可能逐次递减，翻拍与再创作的表达空间亦会逐次缩减，故剧本如被宣传已被翻拍，极可能会减少该剧本的拍摄机会进而影响或减少剧本著作权人的交易机会及经济收益。本案首次论证了未获授权的翻拍影视剧在宣传中声称"翻拍"他人影视作品的行为是否构成不正当竞争，并首次论证了被"翻拍"影视作品剧本的著作权人有权基于反不正当竞争法主张权利。本案从著作权视角和反不正当竞争法视角对该行为进行了详细的分析、定性，对规范影视剧行业中的此类虚假宣传行为具有较为重要的指导意义。

【关键词】

电影翻拍　虚假宣传　不正当竞争

1 一审法院：北京市海淀区人民法院，一审案号：(2015)海民(知)初字第20815号；二审法院：北京知识产权法院，二审案号：(2016)京73民终156号。该案入选北京知识产权法院成立两周年发布之典型案例。

【案情】

穆某某、陈某某是电影《黑楼孤魂》（以下简称《黑》片）的编剧，对《黑楼孤魂》电影剧本（以下简称《黑》片剧本）享有包括摄制权在内的著作权，有权许可他人翻拍。原告曾授权深圳影业公司将该剧本拍摄成同名电影，并于1989年上映，获得广泛好评。穆某某、陈某某在本案中主张由北京某影视文化传媒有限公司出品、福建某电影发行有限公司发行的电影《枉死楼之诡八楼》（以下简称《枉》片）未经穆、陈的授权，在其海报及其他推广活动中称该片"翻拍1989年禁映恐怖电影《黑楼孤魂》"，北京某互联网公司在其经营的网上发布了《枉》片的先导海报、预告片，撰写并发表了介绍该电影且含有不实信息的文章。三被告借由穆、陈作品的社会影响作为宣传其《枉》片的噱头，搭穆、陈两人作品之便车，使穆、陈的合作伙伴误认为其已许可他人翻拍《黑》片剧本的情形下，仍与其商谈影片的重拍事宜，从而对穆、陈的形象产生负面影响。三被告的行为侵害了穆、陈的合法权益，构成《反不正当竞争法》中规定的虚假宣传，故诉至法院，请求判令三被告：1.立即停止涉案虚假宣传行为；2.在搜狐网及腾讯新闻上刊登声明，向两原告赔礼道歉，并消除影响；3.连带赔偿两原告经济损失及诉讼合理支出共计100万元；4.承担本案的诉讼费用。

被告一辩称：一、原、被告之间并不存在《反不正当竞争法》中规定的竞争关系，穆、陈是《黑》片的编剧而非制片者，其并非本案的适格原告；二、《枉》片的宣传内容不足以造成相关公众的误解，未构成《反不正当竞争法》中规定的引人误解的虚假宣传；三、《黑》片拍摄时间较早，且穆、陈提起本案诉讼的主体不适格，被告一并未给原告造成经济损失，故不同意原告的全部诉讼请求。

被告二辩称：一、《黑》片的著作权人为深圳影业公司而并非原告，原告仅对《黑》片剧本享有著作权，对《黑》片仅享有署名权，不构成《反不正当竞争法》中的经营者，故原告提起本案诉讼的主体不适格。二、《枉》片的宣传内容不构成引人误解的虚假宣传，原因为：1.《枉》片的取材背景虽与《黑》片基本一致，题材同属诡异电影，但没有对《黑》片做片面对比和宣传；2.《黑》片已被禁映，不应再受法律保护，故翻拍被禁映的电影不构成侵权；3.翻拍不是歧义性语言，《黑》片在1989年被禁映，社会知名度一般，《枉》片的宣传内容不会造成相关公众的误解，不会对《黑》片造成损害，更不会对《黑》片剧本造成损害；4.原告主张的赔偿数额缺乏事实与法律依据。综上，被告二不同意原告的全部诉讼请求。

被告三辩称：同意被告一、被告二的答辩意见。同时，被告三发布《枉》片的宣传内容系提供免费服务，故被告三并非广告发布者，不承担广告发布者的相应责任。此外，《枉》片的宣传素材为被告一、被告二提供，被告三并不明知或应知该宣传行为是否构成虚假宣传的不正当竞争行为，且被告三已于收到本案起诉书后删除了《枉》片的相关宣传内容，故被告三主观上并无过错，不应与被告一、被告二承担连带责任。被告三不同意原告的全部诉讼请求。

北京市海淀区人民法院经审理认为：原告作为《黑》片剧本的编剧，系向市场提供智力成果的市场主体，就其作品享有相应交易机会和经济利益，构成《反不正当竞争法》中的经营者。同时，被告一与被告二作为影片的出品人和发行人，被告三作为网络媒体，在影视文化、娱乐媒体等经营领域与原告存在竞争关系，故原告作为本案原告主体适格。

被告一作为《枉》片的出品人，享有《枉》片的著作权，应为该片承担法律责任。被告二作为《枉》片的发行人，与被告一共同向被告三提供《枉》片的宣传内容，被告二与被告一应共同为其提供的涉案宣传内容承担法律责任。

从著作权法意义上并依据常理理解，影视作品的“翻拍”系指经原影视作品或原剧本（以下简称原作）著作权人的许可，在原作基础上的重新拍摄再创作，翻拍作品与原作在作品内容上存在承继关系或关联关系。同时，影视作品的内容及表现手法来源于剧本，必然与剧本紧密相关、不可分割，故对影视作品的翻拍也必然涉及对影视作品剧本的使用。

而被告一作为《枉》片的著作权人，未经《黑》片剧本著作权人原告或《黑》片著作权人深圳影业公司的许可而翻拍其作品，被告一与被告二亦未举证指出《枉》片与《黑》片在作品内容上存在何种承继关系或关联关系，却在《枉》片的图文宣传及预告片中宣称《枉》片系“翻拍1989年禁映恐怖电影《黑楼孤魂》”，“破禁公映”，“将因为放映之时吓死观众的1989年被禁映恐怖片《黑楼孤魂》重新搬上大银幕”，“借鉴了89版《黑楼孤魂》中的种种恐怖惊悚元素”等。此后观影人给出的《枉》片影评中有“《诡八楼》：定位不准、乱造舆论是否属于虚假宣传”，“恐怖片做宣传，整天都会是啥以前上映时候吓死过人，其实年代久远，几乎无法证实，但是，今天我看了以后，我忽然有个疑问：他们当年，是被气死的吧”等内容，可见此一宣传已经在相关公众中产生误导及负面影响，认为《枉》片与《黑》片存在“翻拍”的关联关系。被告一与被告二存在主观过错，其行为已构成引人误解的虚假宣传，应承担相应法律责任。

本案的主要争议焦点在于，被告一与被告二的不正当竞争行为对原告是否造成负面影响及经济损失。原告已提交证据证明因《枉》片的虚假宣传使其错失了合作机会，虽然同一剧本可许可他人多次翻拍，但除却文学名著以及经典剧目外，通常剧本被翻拍的机会必定有限，且经历次翻拍后剧本的翻拍价值可能逐次递减，翻拍与再创作的表达空间亦会逐次缩减，故剧本如被宣传已被翻拍，必然会减少该剧本的拍摄机会进而影响或减少剧本著作权人的交易机会及经济收益。同时，涉案虚假宣传行为已造成相关公众的误认，影评中对《枉》片的负面评价亦对《黑》片以及《黑》片剧本产生不良影响。因此，被告一与被告二应就其不正当竞争行为向原告承担消除负面影响、赔偿经济损失的法律责任。

另外，本案为不正当竞争纠纷，不正当竞争纠纷之性质属侵权纠纷，被告一、被告二的行为构成虚假宣传的源起在于其未经授权却宣称为“翻拍”，故本案诉争法律关系的基础为原告就其剧本享有的摄制权，为著作权中的财产性权利。同时，《反不正当竞争法》亦旨在保护市场经营者公平竞争的机会以及通过公平交易获得经济利益的权利。原告另在本案中主张基于其编剧或导演身份对《黑》片享有的人格利益和精神利益，并称涉案不正当竞争行为给其造成了精神损害，要求被告一、被告二及被告三向其赔礼道歉。对此一审法院认为，原告对《黑》片仅享有编剧或导演的署名权，原告亦明确表示《枉》片与《黑》片的内容不相同也不相似，故其对《枉》片不享有著作权意义上的任何权利，而被告一、被告二及被告三的宣传行为并未侵犯原告对《黑》片享有的署名权。依据本案的客观情况及常理，被告一、被告二及被告三亦应不具有通过拍摄、宣传《枉》片以达到损害原告的人格利益的主观过错。况且，涉案虚假宣传行为造成的《枉》片与《黑》片或《黑》片剧本存在关联关系的误认可通过公开消除影响的方式予以救济，故一审法院对原告的上述主张及相应诉讼请求不予支持。

被告二另辩称翻拍被禁映的电影不构成侵权，一审法院认为，首先，《枉》片对《黑》片并非真正意义上的翻拍；其次，影片禁映为国家行政管理程序，与原告对《黑》

片剧本享有的摄制权无关，影片是否禁映不影响原告基于《黑》片剧本应享有的财产权利和经济利益。被告一、被告二及被告三的行为若构成侵权，仍应承担侵权责任。

再有，关于被告三的责任，被告三作为网络宣传媒体，涉案虚假宣传内容为被告一、被告二提供，其亦免费提供宣传服务，故不应对被告三苛以过高的审查义务，且《黑》片的知名度尚未达到令被告三明知或应知宣传内容已构成虚假宣传的程度，被告三亦于原告起诉后及时删除了涉案宣传内容，因此被告三无主观过错，不应承担侵权责任。

同时，鉴于该网站中的虚假宣传内容已不存在，原告要求被告一、被告二及被告三停止不正当竞争行为已无实际履行意义，一审法院对原告的相应诉讼请求不再予以支持。

关于被告一、被告二为原告消除影响的具体方式和持续时间，一审法院依据相关公众对《黑》片的评价、《枉》片的宣传途径及宣传范围、相关公众对《枉》片的评价等因素予以判定。原告主张的虚假宣传内容发布于搜狐网，故一审法院对原告要求被告一、被告二于搜狐网中发表声明以消除影响的诉讼请求予以支持。被告三与此相关，应予配合。

至于被告一、被告二的具体赔偿数额，鉴于原告并未提交证据证明其实际损失或被告一、被告二侵权获利的具体数额，一审法院综合考虑《黑》片及其剧本本身的价值，被告一、被告二的主观过错程度，虚假宣传行为的方式、期间、范围等情节予以酌定。原告主张的赔偿数额过高，一审法院不予全额支持。

法院判决：一、被告一、被告二于搜狐网（网址：www.sohu.com）首页持续48小时发布声明，为原告消除影响；二、被告一、被告二共同向原告穆某某、陈某某赔偿经济损失15万元；三、驳回原告的其他诉讼请求。

被告一、被告二不服一审判决，于法定期限内上诉至北京知识产权法院，请求撤销一审判决第一、二项，改判驳回原告的全部诉讼请求并承担全部诉讼费用。上诉人的上诉理由为：一、被上诉人并非本案适格原告，其无权提起本案诉讼。二、上诉人对《枉》片进行的相关宣传不构成引人误解的虚假宣传。三、上诉人无须对被上诉人承担任何法律责任。

北京知识产权法院经过审理后判决：驳回上诉，维持原判。

【业内关注】

1. 声称电影翻拍的虚假宣传应当如何认定

2. 网络服务平台的责任如何承担

3. 虚假宣传的赔偿数额应如何计算

【法条链接】

1.《反不正当竞争法》(1993年)

第一条 为保障社会主义市场经济健康发展，鼓励和保护公平竞争，制止不正当竞争行为，保护经营者和消费者的合法权益，制定本法。

第二条 经营者在市场交易中，应当遵循自愿、平等、公平、诚实信用的原则，遵守公认的商业道德。

本法所称的不正当竞争，是指经营者违反本法规定，损害其他经营者的合法权益，扰乱社会经济秩序的行为。

本法所称的经营者，是指从事商品经营或者营利性服务（以下所称商品包括服务）的法人、其他经济组织和个人。

第九条 经营者不得利用广告或者其他方法，对商品的质量、制作成分、性能、用途、生产者、有效期限、产地等作引人误解的虚假宣传。

第二十条 经营者违反本法规定，给被侵害的经营者造成损害的，应当承担损害赔偿责任，被侵害的经营者的损失难以计算的，赔偿额为侵权人在侵权期间因侵权所获得的利润；并应当承担被侵害的经营者因调查该经营者侵害其合法权益的不正当竞争行为所支付的合理费用。

被侵害的经营者的合法权益受到不正当竞争行为损害的，可以向人民法院提起诉讼。

2.《民法通则》

第一百三十条 二人以上共同侵权造成他人损害的，应当承担连带责任。

3.《最高人民法院关于审理不正当竞争民事案件应用法律若干问题的解释》

第八条 经营者具有下列行为之一，足以造成相关公众误解的，可以认定为反不正当竞争法第九条第一款规定的引人误解的虚假宣传行为：

（一）对商品作片面的宣传或者对比的；

（二）将科学上未定论的观点、现象等当作定论的事实用于商品宣传的；

（三）以歧义性语言或者其他引人误解的方式进行商品宣传的。

以明显的夸张方式宣传商品，不足以造成相关公众误解的，不属于引人误解的虚假宣传行为。

人民法院应当根据日常生活经验、相关公众一般注意力、发生误解的事实和被宣传对象的实际情况等因素，对引人误解的虚假宣传行为进行认定。

第九条 有关信息不为其所属领域的相关人员普遍知悉和容易获得，应当认定为反不正当竞争法第十条第三款规定的“不为公众所知悉”。

具有下列情形之一的，可以认定有关信息不构成不为公众所知悉：

（一）该信息为其所属技术或者经济领域的人的一般常识或者行业惯例；

（二）该信息仅涉及产品的尺寸、结构、材料、部件的简单组合等内容，进入市场后相关公众通过观察产品即可直接获得；

（三）该信息已经在公开出版物或者其他媒体上公开披露；

（四）该信息已通过公开的报告会、展览等方式公开；

（五）该信息从其他公开渠道可以获得；

（六）该信息无需付出一定的代价而容易获得。

【理论观点】

虚假宣传行为并非是我国本土发展出来的，而是在对知识产权的保护中，借鉴国外的立法和经验衍生出来的。孔祥俊老师将虚假宣传行为定义为：“以捏造、虚构、歪曲事实或其他误导性方式，对商品质量作出的与实际情况不相符的宣传。”[1]顾功耘等将虚假宣传行为定义为“经营者利用广告或其他方法对商品或服务的信息进行虚假宣传，导致消费者误解的行为”[2]。上述学者的定义都表达了其各自的认识，第一种概念将虚假宣传仅界定在对质量的虚假宣传，具有一定的局限性，显而易见，我们所说的虚假宣传并不一定仅指对质量的虚假信息传递，还包括其他的方面，如产地、名称等。

1 孔祥俊:《反不正当竞争法原理》，知识产权出版社2005年版，第293页。

2 顾功耘:《经济法教程》，上海人民出版社2006年版，第410页。

第二种概念与我国目前竞争法学界大多数学者的观点具有相似性。我国竞争法学界大多数的学者将虚假宣传界定为:“是指经营者利用广告或其他方法，对商品或者服务在市场中所呈现给消费者的一切信息，作引人误解的虚假宣传。”[1]我们可以发现其相似之处在于，虚假宣传行为都应当是具备“虚假”“误导”这两个关键词的。

《反不正当竞争法》(1993年)是我国第一部关于规制市场竞争秩序的法律。[2]对虚假宣传行为的规制主要包括：该法第二章第五条将虚假宣传行为列为不正当竞争行为之一；第九条对引人误解的虚假宣传进行的界定；第四章中对虚假宣传行为的法律责任进行简单介绍。在第九条对虚假宣传行为进行界定时指“用广告或者其他的方法”进行宣传，这一规定具有进步意义。我们都知道，随着科技的进步，宣传的手段及方法是多种多样的，广告是最普遍的一种方法但并不是唯一的，例如在生活中我们随处可见的网络、口头演讲、电影植入等方式。该条将“其他方法”作为“兜底性条款”也列入了虚假宣传的途径，这是符合时代发展规律的，赋予法律更大的灵活性，弥补了法律的空缺。[3]

根据宣传的手段不同,可把引人误解的虚假宣传划分为虚假广告行为与其他虚假宣传行为。[4](一)虚假广告行为是指通过报刊、广播、电视、路牌、橱窗、墙壁、霓虹灯、电子显示牌、实物等广告媒介和形式直接或间接地不真实地介绍商品或服务情况，欺骗和误导购买者的行为。虚假广告行为的具体表现形式复杂多样，常见的主要有：1.滥用各种夸张性语言或绝对化语言；2.滥用公众对名人、专家、国家领导人、权威机构的信任，利用他们与商品或服务无任何联系的名义和形象作广告宣传；3.使用含糊其辞、模棱两可的语言或形象作广告，设置圈套让购买者产生错误理解；4.虚构产品或服务的获奖情况、商标权或专利权的授予情况、销售地区或数量等情况；5.隐瞒商品或服务本身具有法律、法规要求应予明示的瑕疵；6.无根据地使用各种数据、百分比作广告宣传；7.利用广告宣传未经审批的活动，非法骗取集资费、培训费、医疗费、服务费等；8.假冒他人注册商标、专利、厂商名称等侵权性广告，让购买者误认为所宣传

1 张菡:《虚假宣传行为法律规制探析》,《法制与经济》2010年第2期。

2 朱慈蕴:《反不正当竞争法的实践之路》,《中国工商管理研究》2012年第7期。

3 赵巧峰:《虚假宣传行为法律规制研究》，山东大学硕士学位论文，2015年。

4 罗超:《市场营销中的不正当竞争行为研究》，武汉大学硕士学位论文，2004年。

的商品或服务是被侵权人的商品或服务。[1]（二）其他虚假宣传行为：是指利用广告以外的其他方法对商品或服务作欺骗和误导性宣传的行为。我国《反不正当竞争法》第九条规定“经营者不得利用广告或者其他方法”对商品作引人误解的虚假宣传。其中，“其他方法”术语的使用是一种周全而缜密的规定，可以把一切形式的引人误解的虚假宣传行为涵盖，避免因对“广告”一词的不同理解而使部分引人误解的虚假宣传逃避惩罚。这里的“其他方法”主要是指以下情况：1.举办展览会、展销会、博览会、订货会等各种交易性活动；2.发表文章或举办新闻发布会、产品鉴定会、座谈会等各种商品介绍性活动；3.公共场合下领导人讲话；4.买卖双方或其代理人的直接接触或正式谈判中对商品的宣传；5.价格标签行为。[2]

【案例索引】

案例1[3]：北京万合天宜影视文化有限公司与四川广播电视台等不正当竞争案

北京知识产权法院认为：

《反不正当竞争法》第二条所规定的经营者是指从事商品经营或者营利性服务的法人、其他经济组织和个人。一般而言，经营者之间应当具有竞争关系，但《反不正当竞争法》所规制的竞争关系并不局限于同行业者之间直接的竞争关系，只要实质上存在违反诚实信用原则，损人利己、搭车模仿等以不正当竞争的手段争夺交易机会、损害其他经营者竞争利益的可能性，从而形成损害与被损害的关系，即可认定经营者之间存在竞争关系。本案中，万合天宜公司与四川电视台的经营范围虽不完全一致，难以认定二者为直接的同业竞争者，但二者同为视听节目的制作者和经营者，在用户群体、播放渠道、盈利模式等方面存在相同或近似之处，在经营过程中，存在一方搭车模仿、攀附商誉从而损害另一方竞争利益的可能性，故应当认定二者存在竞争关系。万合天宜公司作为网络剧《万万没想到》的出品方之一，在另一出品人合一公司明确

1 种明钊主编:《竞争法》：法律出版社1997年版，第227页。

2 种明钊主编:《竞争法》：法律出版社1997年版，第229页。

3 二审法院：北京知识产权法院，二审案号：(2015)京知民终字第2004号。

表示不主张权利的情况下，有权单独就他人涉嫌不正当竞争的行为提起诉讼。

案例2[1]：北京某网络科技有限公司与上海某影视有限公司、上海某珠宝有限公司不正当竞争案

上海市浦东新区人民法院认为：

一、商业广告是商品经营者或服务提供者自己或委托他人通过一定的媒介和形式介绍和推销其商品或服务的一种宣传活动。本案中，首先，从两被告之间的关系看，被告上海某珠宝有限公司免费为被告上海某影视有限公司的电视剧提供拍摄场地，上海某影视有限公司免费在该剧中为上海某珠宝有限公司的品牌进行宣传。双方之间虽无书面合同，但形成了事实上的广告合作关系。其中，上海某珠宝有限公司是实际的广告主，上海某影视有限公司是实际的广告经营者，对价即为相互免除的场地费和广告费。其次，从电视剧的相关内容看，在《夏家三千金》剧中，主人公先在有着明显“CRD克徕帝”标识的珠宝店中选购首饰；后又在家中打开带有明显“CRD克徕帝”标识的首饰盒；片尾还显示“CRD克徕帝　浪漫一刻　幸福一生”字幕，该些内容具有明显的植入广告的特征，构成对“克徕帝”“CRD”品牌的广告宣传。其中，系争项链吊坠与首饰盒一同出现，已成为植入广告的组成部分，客观上能够起到广告宣传的效果，亦构成对被告上海某珠宝有限公司品牌的广告宣传。

二、系争植入广告容易引人误解，损害了原告的合法权益。广告宣传，必须客观、真实，与被宣传对象的实际情况相符合。在珠宝首饰的广告宣传中，独特的首饰款式能够迅速引起消费者的关注，提高品牌的吸引力。本案中，被告上海某珠宝有限公司并不设计、生产或销售系争款式的项链吊坠，但被告上海某影视有限公司却在电视剧的植入广告中将该款式的项链吊坠与上海某珠宝有限公司的品牌标识一并使用，向相关公众展示了打开带有明显“CRD”标识的首饰盒，并显示出系争项链吊坠，继而主人公将项链戴于颈上的情节，且首饰盒与系争项链均为特写镜头，项链特写镜头的持续时间更有4秒之久，加之选购场景及片尾字幕中的“CDR克徕帝”标识，足以使相关公众误认为该吊坠款式由“CRD”品牌设计、生产、销售。使得喜欢该吊坠款式的

1　一审法院：上海市浦东新区人民法院，一审案号：（2011）浦民三（知）初字第694号。

公众对“CRD”品牌产生一定的兴趣，吸引其进一步了解该品牌或购买该品牌产品，从而为上海某珠宝有限公司争取到更多的商业机会，使其不正当地取得一定的竞争优势，进而获取一定的商业利益。原告与被告上海某珠宝有限公司均系珠宝首饰产品的经营者，相互存在竞争关系。原告作为《天使之翼吊坠》美术作品的著作权人，享有将该美术作品复制到首饰产品上并获得收益的权利。系争植入广告利用原告的饰品款式为被告上海某珠宝有限公司的品牌进行宣传，势必对原告因该特有款式而产生的竞争优势产生影响，或使相关公众误认为原告饰品仿照了被告的款式，损害了原告的合法权益，构成对原告的不正当竞争。

三、本案中，上海某影视有限公司是电视剧《夏家三千金》的制作者和发行者，同时也是系争植入广告的制作者和发布者。其明知系争项链吊坠与被告上海某珠宝有限公司无关，却将其与有着明显被告品牌标识的首饰盒一并使用，导致引人误解的后果，损害了原告的合法权益，应当就原告损失承担赔偿责任。被告上海某珠宝有限公司作为实际上的广告主，虽然没有主动参与剧情设计，但提供了带有其品牌标识的首饰盒，并且知道该首饰盒将根据剧情被使用，也知道该剧将为其品牌进行宣传，却未对宣传内容及可能产生的宣传后果尽到合理的注意义务，亦应对原告损失承担赔偿责任。

案例3[1]：朱德庸、上海唯众影视传播有限公司、上海第一财经传媒有限公司与北京电视台不正当竞争上诉案

北京市第一中级人民法院认为：

本案中，朱德庸主张的不正当竞争行为仅限于：《上班》节目的名称与《关》书名称具有一定的近似性，宣传短片和海报中出现了与《关》书第一章引言近似的内容。但这些行为根据上述标准，并不属于通过广告或者其他方法，对节目的质量、制作者、内容、来源等进行虚假陈述，难以认定是虚假宣传。并且，《关》书是一部四格漫画作品，而《上班》节目是一档无固定台本的脱口秀节目，两作品表达方式迥异。根据相关公众一般日常生活经验不会认为二者在内容上存在联系，也不会对两者的关系产生

1 二审法院：北京市第一中级人民法院，二审案号：（2010）一中民终字第12577号。

误认，事实上《上班》节目的内容也并未涉及《关》书，因此亦不能证明上述宣传足以造成相关公众误解。

此外，“上班”是一种社会现象，也是任何人均可以进行评论的公共话题。《关》书及《上班》节目存在的关联之处，仅在于其讨论的均是“上班”这一相同的话题。朱德庸不能因为著有《关》书，就禁止他人就同一题材创作不同内容和形式的作品，否则将会妨碍社会公共利益。因此，朱德庸主张的被控侵权行为并不具有不正当性，且其不会损害朱德庸基于其作品产生的合法权益，亦不会扰乱社会经济秩序，因此不构成不正当竞争。原审法院认定被控侵权行为构成不正当竞争不妥，本院予以纠正。

【TA 评述】

《宝典》如是说[1]：根据《反不正当竞争法》第二条的规定，经营者在市场交易中，应当遵循自愿、平等、公平、诚实信用的原则，遵守公认的商业道德。经营者违背反不正当竞争法特别规定，损害其他经营者的合法权益，扰乱社会经济秩序的行为，属于不正当竞争行为。

对于反不正当竞争法未做特别规定予以禁止的行为，如果给其他经营者的合法权益造成损害，确属违反诚实信用原则和公认的商业道德而具有不正当性，不制止不足以维护公共竞争秩序的，同样应认定为不正当竞争行为予以规制。也就是说，如果某种行为不属于反不正当竞争法特别规定的不正当竞争行为，判断该行为是否构成不正当竞争行为，应当从前述提到的不正当竞争的构成要件进行分析，即：

①诉争行为是否属于具有不正当性的行为；

②诉争行为是否对原告的合法权益造成损害；

③对诉争行为不加以制止是否不足以维护公平竞争秩序。

TA 观点

《反不正当竞争法》的立法宗旨是鼓励和保护公平竞争，因此并不排斥经营者利用广告或者其他方式对其商品或服务加以宣传推广。但此种宣传行为应以善意为出发点，

1 王军、司若主编：《中国影视法律实务与商务宝典》，中国电影出版社2017年版，第182–183页。

且必须符合市场规则，不得以引人误解的宣传方式攫取不正当的竞争优势，损害其他经营者的合法权益，扰乱社会经济秩序。

法院在认定市场宣传是否构成不正当竞争中的虚假宣传时，一般是从“引人误解”上着手，这是认定虚假宣传的判断标准。如果宣传信息内容不真实，一般足以认定为引人误解的虚假宣传；如果内容真实，但由于不准确或者不全面的原因，足以导致该商品的销售者或者消费者对商品产生错误认识，误解该商品具有本不存在的品质特征或者其他特点，经营者由此得到利益或者竞争优势，也应认定违反了诚实信用的原则，同样构成引人误解的虚假宣传的不正当竞争行为。

（撰稿人：李玥琳）

4.2.4 未经授权抓取用户数据构成不正当竞争

——北京某网络技术有限公司与北京某某技术有限公司、北京某某科技发展有限公司不正当竞争纠纷案[1]

【核心推介】

大数据时代，合法使用用户信息、注重用户信息保护是衡量经营者行为正当性的重要依据，也是反不正当竞争法保护消费者合法权益、维护公平竞争市场秩序这一立法宗旨和目的的重要内容。本案是全国首例社交网络平台不正当竞争纠纷案，也是将消费者权益保护作为判断经营者行为正当性依据的典型案件，获得社会各界的广泛关注。本案对于大数据时代背景下网络用户信息的保护作出了如下指引：用户信息获得适当保护是消费者个人合法权益的重要体现。用户有权在充分表达自由意志的情况下向他人提供自己的信息或不提供信息，也有权充分了解他人使用自己信息的方式、范围，并对不合理的用户信息使用行为予以拒绝。同时，用户信息是互联网经营者重要的经营资源，如何展现这些用户信息是经营活动的重要内容。保护社交网络平台上的各类用户信息，不仅是互联网经营者开展正常经营活动、维持并提升用户活跃度、保持竞争优势的必要条件，也是对广大用户权益的尊重和保障。其他经营者在与社交媒体网络平台开展合作时，不仅要合法获取社交网络平台的用户信息，也应妥善保护并正当使用用户信息。

【关键词】

用户数据　非法抓取　不正当竞争

1　一审法院：北京市海淀区人民法院，一审案号：2015年海民（知）初字第12602号；二审法院：北京知识产权法院，二审案号：（2016）京73民终588号。该案入选2016年度北京法院知识产权十大典型案例。

【案情】

原告诉称：我公司独立运营新浪微博。二被告共同运营脉脉软件。新浪微博与脉脉软件同属于社交类软件，二被告与我公司存在竞争关系。二被告通过脉脉软件对我公司实施了四项不正当竞争行为：第一，非法抓取、使用新浪微博平台用户信息，包括头像、名称（昵称）、职业信息、教育信息及用户自定义标签、用户发布的微博内容。第二，通过脉脉用户手机通讯录中联系人，非法获得、非法使用这些联系人与新浪微博用户的对应关系。第三，模仿新浪微博的加V认证机制及展现方式。第四，对我公司进行商业诋毁。二被告的不正当竞争行为造成新浪微博开放平台计划运营受阻，微博用户误认为我公司措施不当导致信息泄露，致使用户流失、活跃度下降，损害我公司声誉，直接影响我公司运营收入。我公司诉至法院，请求判令二被告：1.立即停止四项不正当竞争行为；2.在www.maimai.cn网站首页显著位置及App应用显著位置连续30天刊登声明，消除影响；3.赔偿我公司经济损失1000万元及合理开支30万元（合理开支包括律师费20万元、公证费等其他费用10万元）。

二被告共同辩称：1.二被告一直遵守《开发者协议》，由于原告的关联公司负责人向二被告法定代表人提出非法要求未获同意，原告将二被告的微博接口关停。2.二被告与原告非同业竞争者，不存在竞争关系。3.原告的开放平台授权二被告可以获取新浪微博用户的相关信息，二被告未绕开新浪微博的开放接口抓取用户数据，二被告未获取被授权用户联系方式中的邮箱等联系方式，联系方式中的手机号不是从新浪微博获取的。4.原告提出二被告取得的非授权用户信息，并非全部从新浪微博获得，二被告从新浪微博网页获取的未授权用户信息系基于与原告的合作关系，也已经取得用户的同意，且仅针对授权用户显示，不向不特定的第三方用户显示，并非针对原告的不正当竞争行为。5.二被告未抄袭新浪微博的设计及相关内容，也未诋毁原告的商誉。6.除了律师费和公证费外，原告未提交任何证据证明其经济损失。二被告不同意原告的诉讼请求。

一审法院认为本案的争议焦点主要有二：一是二被告与原告是否存在竞争关系；二是二被告的行为是否对原告构成不正当竞争。

关于第一项争议焦点，法院认为新浪微博和脉脉软件并不因其外在形式的不同而影响双方都提供网络社交服务的实质。双方用户群体、业务模式、经营范围都存在交叉重叠，双方在经营活动中也都涉及尽可能吸引用户注册、登录、留存用户信息，并高效安全地使用用户信息等行为，而且本案主要的争议也是针对某某技术公司、某某科技公司在脉脉软件中是否合法使用并展示新浪微博用户的相关信息等。因此，一审法院认为，双方在对相关用户社交类信息的使用等方面存在竞争利益，具有竞争关系。

关于第二项争议焦点，针对原告对二被告主张的第一、第二项不正当行为，法院认为：鉴于双方曾经存在合作关系，在二被告明确了解需要通过申请获得微博用户相关信息的接口权限，且合作终止后应当及时删除从新浪微博获取的用户信息的情况下，二被告在合作期间超出许可范围抓取并使用新浪微博用户职业信息、教育信息，并在合作终止后较长一段时间内仍然使用来自新浪微博的用户信息作为脉脉软件中非脉脉用户的相关信息；同时，非法获取并在一度人脉中展示用户手机通讯录联系人与新浪微博用户的对应关系，使大量非脉脉用户的新浪微博信息及好友关系展现在脉脉软件中，便于脉脉软件拓展自身用户群，某某技术公司、某某科技公司的行为主观故意明显。

众所周知，用户信息是互联网经营者重要的经营资源，如何展现这些用户信息也是经营活动的重要内容。原告在多年经营活动中，积累了数以亿计的新浪微博用户，这些用户根据自身需要及原告提供的设置条件，公开、向特定人公开或不公开自己的基本信息、职业、教育、喜好等特色信息。这些用户信息不仅是支撑原告作为庞大社交媒体平台开展经营活动的基础，也是其向不同第三方应用软件提供平台资源的重要内容。规范、有序、安全地使用这些用户信息，是原告维持并提升用户活跃度、开展正常经营活动、保持竞争优势的必要条件。本案中，某某技术公司、某某科技公司的行为违反了诚实信用的原则，违背了公认的商业道德，危害到新浪微博平台用户信息安全，损害了原告的合法竞争利益，对原告构成不正当竞争。

针对原告主张的第三项不正当竞争行为，法院认为加V认证机制属于业务模式范畴，同时，就本案证据所显示的对用户进行加V标注的情况，仅能体现经营者对其实名注册用户简单必要的展示方式，无法形成经营者独特的应受法律保护的合法权益，故一审法院对原告提出的此项请求，不予支持。

针对原告主张的第四项不正当竞争行为，法院认为脉脉软件突出宣传原告的不当行为而回避自身不正当竞争行为，已构成对原告的商业诋毁。对于原告的此项主张予以支持。

综上，一审法院判决：一、二被告停止涉案不正当竞争行为；二、二被告共同在脉脉网站首页、脉脉客户端软件首页连续48小时刊登声明，就本案不正当竞争行为为原告消除影响；三、二被告共同赔偿原告经济损失200万元及合理费用208 998元；四、驳回原告的其他诉讼请求。

二被告不服一审判决，遂向北京知识产权法院提起上诉。二审法院确定四项争议焦点：第一，二上诉人获取、使用新浪微博用户信息的行为是否构成不正当竞争行为；第二，二上诉人获取、使用脉脉用户手机通讯录联系人与新浪微博用户对应关系的行为是否构成不正当竞争行为；第三，二上诉人是否对被上诉人实施了商业诋毁行为；第四，一审判决有关民事责任的确定是否适当。

第一，二上诉人获取、使用新浪微博用户信息的行为是否构成不正当竞争行为。

（一）二审法院根据举证责任分配规则，推定二上诉人通过Open API方式获取新浪微博用户的职业信息、教育信息。认为一审法院就上诉人如何获取职业信息、教育信息的技术手段没有查明就直接认定“不论二被告采取何种技术措施，都能认定二被告在双方合作期间存在抓取涉案新浪微博用户职业信息、教育信息的行为”不妥，二审予以纠正。

（二）针对二上诉人获取并使用新浪微博用户信息行为性质的问题，二审法院认为Open API开发合作模式是在互联网环境下实现数据信息资源共享的新途径。《开发者协议》是约束Open API合作双方的协议。同时，按照相关法律规定，网络服务提供者收集、利用用户信息应当遵循合法、正当、必要的原则并经被收集者同意。故，Open API开发合作模式中数据提供方向第三方开放数据的前提是数据提供方取得用户同意，同时，第三方平台在使用用户信息时还应当明确告知用户其使用的目的、方式和范围，再次取得用户的同意。因此，在Open API开发合作模式中，第三方通过Open API获取用户信息时应坚持“用户授权”+“平台授权”+“用户授权”的三重授权原则。

本案中，二上诉人并没有基于《开发者协议》在取得用户同意的情况下读取非脉脉用户的新浪微博信息，没有充分尊重《开发者协议》的内容，未能尊重用户的知情权及自由选择权，一定程度上破坏了Open API合作开发模式。互联网技术飞速发展，当面临可能触及消费者利益时，网络经营者应当本着诚实信用的原则，而不是任凭技术的能力获得相关的数据信息或竞争优势。

（三）被上诉人可以就第三方应用使用其用户数据的不正当行为主张自身权益。二审认为，二上诉人未经新浪微博用户的同意，获取并使用非脉脉用户的新浪微博信息，节省了大量的经济投入，变相降低了同为竞争者的新浪微博的竞争优势。且其作为提供职场动态分享、人脉管理、人脉招聘、匿名职场八卦等功能的交友平台，用户信息更是其重要的商业资源，其掌握用户的数量与其竞争优势成正相关。二上诉人获取并使用非脉脉用户的新浪微博信息，无正当理由地截取了被上诉人的竞争优势，被上诉人基于其Open API合作开发提供数据方的市场主体地位，可以就开发方未按照《开发者协议》约定内容、未取得用户同意、无正当理由使用其平台相关数据资源的行为主张自己的合法权益。

（四）本案中，从现有证据来看，在双方合作终止后数月期间，脉脉软件中仍存在大量新浪微博用户基本信息，且在清理相关数据期间，二上诉人仍在持续使用相关数据信息。因此，一审法院认定合作关系结束后，二上诉人仍存在非法使用新浪微博用户信息的行为并无不当。

二审法院认为，二上诉人获取新浪微博信息的行为存在主观过错，违背了在Open API开发合作模式中，第三方通过Open API获取用户信息时应坚持“用户授权”+“平台授权”+“用户授权”的三重授权原则，违反了诚实信用原则和互联网中的商业道德，故其获取并利用新浪微博用户信息的行为不具有正当性。

第二，二上诉人获取、使用脉脉用户手机通讯录联系人与新浪微博用户对应关系的行为是否构成不正当竞争行为。

首先，二审法院根据证据举证规则的适用，推定二上诉人在获取手机通讯录联系人与微博信息对应关系时存在通过手机号码、其他类似手机号码的用户精准信息进行匹配的行为。

其次，根据这一事实，二审法院分析了二上诉人展示用户通讯录联系人与新浪微博用户之间的对应关系的行为构成不正当竞争的原因。（一）二上诉人的行为违反了诚实信用原则和公认的商业道德。本案中，二上诉人作为市场经营主体，应当遵守公认的商业道德，履行《开发者协议》中规定的义务，在通过Open API接口获得相关信息时应取得用户的同意。此外，脉脉通过用户上传手机通讯录展示非脉脉用户的微博信息，损害了非脉脉用户的知情权和选择权。（二）二上诉人将对应关系进行展示亦不属于行业惯例。二上诉人表示新浪微博、微信、人脉通、得脉等其他应用软件也展示涉案对应关系，但从公证书的内容来看，新浪微博、微信、人脉通、得脉软件中展示的对应关系是手机通讯录与其自身软件注册的关系，而并非展示手机通讯录与其他应用软件之间的对应关系。因此，现有证据不能证明上诉人展示的对应关系符合行业惯例。（三）二上诉人获取并展示对应关系的行为损害了公平的市场竞争秩序，同时，一定程度上损害了被上诉人的竞争利益。市场竞争主体在自由竞争时应遵守公认的商业道德，维护公平的市场秩序。对社交软件而言，拥有的用户越多将吸引更多的用户进行注册使用，该软件的活跃用户越多则越能创造出更多的商业机会和经济价值。二上诉人违反《开发者协议》，未经用户同意且未经被上诉人授权，获取新浪微博用户的相关信息并展示在脉脉应用的人脉详情中，侵害了被上诉人的商业资源，不正当地获取竞争优势，这种竞争行为已经超出了法律所保护的正当竞争行为。

综上，二上诉人未经新浪微博用户的同意及新浪微博的授权，获取、使用脉脉用户手机通讯录中非脉脉用户联系人与新浪微博用户对应关系的行为，违反了诚实信用原则及公认的商业道德，破坏了Open API的运行规则，损害了互联网行业合理有序公平的市场竞争秩序，一定程度上损害了被上诉人的竞争优势及商业资源，因此其展示对应关系的行为构成不正当竞争行为。

第三，一审法院对二上诉人实施的涉案行为构成对被上诉人的商业诋毁认定正确。

北京知识产权法院二审判决：驳回上诉，维持原判。

【业内关注】

1. 未经同意抓取第三方数据是否构成不正当竞争
2. “用户授权”+“平台授权”+“用户授权”的三重授权原则应如何适用
3. 商业诋毁的构成要件有哪些
4. 不正当竞争的损害赔偿应如何确定

【法条链接】

1.《反不正当竞争法》（1993年）

第一条 为保障社会主义市场经济健康发展，鼓励和保护公平竞争，制止不正当竞争行为，保护经营者和消费者的合法权益，制定本法。

第二条 经营者在市场交易中，应当遵循自愿、平等、公平、诚实信用的原则，遵守公认的商业道德。

本法所称的不正当竞争，是指经营者违反本法规定，损害其他经营者的合法权益，扰乱社会经济秩序的行为。

本法所称的经营者，是指从事商品经营或者营利性服务（以下所称商品包括服务）的法人、其他经济组织和个人。

第九条 经营者不得利用广告或者其他方法，对商品的质量、制作成分、性能、用途、生产者、有效期限、产地等作引人误解的虚假宣传。

第十四条 经营者不得捏造、散布虚伪事实，损害竞争对手的商业信誉、商品声誉。

第二十条 经营者违反本法规定，给被侵害的经营者造成损害的，应当承担损害赔偿责任，被侵害的经营者的损失难以计算的，赔偿额为侵权人在侵权期间因侵权所获得的利润；并应当承担被侵害的经营者因调查该经营者侵害其合法权益的不正当竞争行为所支付的合理费用。

被侵害的经营者的合法权益受到不正当竞争行为损害的，可以向人民法院提起诉讼。

2.《侵权责任法》

第十五条 承担侵权责任的方式主要有：

（一）停止侵害；

（二）排除妨碍；

（三）消除危险；

（四）返还财产；

（五）恢复原状；

（六）赔偿损失；

（七）赔礼道歉；

（八）消除影响、恢复名誉。

以上承担侵权责任的方式，可以单独适用，也可以合并适用。

【理论观点】

1993年《反不正当竞争法》对互联网不正当竞争行为的规制主要依赖于第二条（“经营者在市场交易中，应当遵循自愿、平等、公平、诚实信用的原则，遵守公认的商业道德。本法所称的不正当竞争，是指经营者违反本法规定，损害其他经营者合法权益，扰乱社会经济秩序的行为……”）的规定。该法第二条规定在实务中通常被默视为“一般条款”。最高人民法院在“海带配额案”[1]中说明了对其适用所应具备的条件。虽然对我国《反不正当竞争法》（1993年）事实上是否存在一般条款一直争议不断，学者们也是仁者见仁，智者见智，但从多年来的司法实践中可以看出，法院早已把《反不正当竞争法》第二条默示为一般条款，大众也普遍接受了一般条款说。

一般条款（General Clause）又称为“兜底条款”（Miscellaneous Provisions），它通常是一种概括性表述，它将所有其他条款没有包括的或者目前预测不到的情况，都包括在这个条款之中，弥补法律的不周延性和滞后性，也是为了应对突发的情势变更。我国的《反不正当竞争法》诞生于1993年，是依据当时的社会背景和条件制定的。在当时比较落后的市场环境下，大家只知道实体交易活动，就是拿着货币去市场上买回所需的实物，经营者售卖产品也都是在实体门店进行，这是传统的市场交易运行规则。当时的网络市场更是落后至极，互联网还未像现在这般进入千家万户，连几岁的孩童都已经接触到网络的神奇之处，那时甚至很多人还不知道互联网这个概念的存在。互联网进入我国的时间很短，其发展时间也很有限，所以我国的相关法律在规制互联网市场秩序方面做得不太充分，关于互联网不正当竞争行为的法律制度有很多缺失。然而随着互联网市场经济在我国的逐渐深入发展，1993年《反不正当竞争法》已经出现很多问题，其中明显体现在网络不正当竞争行为规制方面缺乏相关具体规范。[2]之前国内出现的一系列关于互联网不正当竞争行为的著名案例，法院判决所依据的法条都很有限，险些出现了无法可依的情形，很多此类案件的判决，法院几乎都是援引该法第二条的一般条款，很多的案例判决都阐述了加害行为违反了诚实信用原则或者是违反

1　再审法院：最高人民法院，再审案号：（2009）民申字第1065号。

2　霍晶：《互联网领域不正当竞争行为的法律规制》，吉林大学硕士学位论文，2017年。

了商业道德，以此作为判决依据。[1]

商业模式是企业创造价值的商业逻辑，是企业参与市场竞争的手段，其本质是企业的竞争行为。商业模式可以概括为：包含一系列要素及其关系的概念性工具，用以实现企业价值创造的商业逻辑。反不正当竞争法禁止排斥公平竞争的不正当竞争行为，但维护市场主体合理的自由竞争行为，即经营者的合法利益。因此，判断商业模式是否属于反不正当竞争法所保护的范畴，关键在于其是否具有正当性，即不得违反反不正当竞争法的禁止性规定和一般性规定。

最高人民法院指出："免费平台与广告或增值服务相结合的商业模式是本案争议发生时，互联网行业惯常的经营方式，也符合我国互联网市场发展的阶段性特征。事实上，本案上诉人也采用这种商业模式。这种商业模式并不违反反不正当竞争法的原则精神和禁止性规定，被上诉人以此谋求商业利益的行为应受保护，他人不得以不正当干扰方式损害其正当权益。"

通过一般条款判断竞争行为正当与否的问题较为复杂，需要结合具体的行业公认标准和通行做法作出认定，若存在行业公约，则可以在认可公约所确定的行业公认的行为或商业道德标准的合理性的基础上，进行参考。[2]

按照华东政法大学高富平教授的提法，以不同的标准，数据大致可分为：功能性信息、产品信息；商业秘密、独有信息、身份性信息、公共信息等。新近，行业较为流行的方式，是将数据信息分为版权数据与非版权数据，此论大体以非版权数据展开。

数据与知识产权具有相似的特征，在物理上，均具有无形性与可传输性；于经济学视角而言，均具有非竞争性与非排他性，可归入公共物品；从竞争的角度，我们不得不承认，基于投资激励的需要，数据在制度设计上是有可能作为一种排他性财产权存在的［按照霍菲尔德（Wesley Newcomb Hohfeld）的分析法学理论，财产权可指向有体物、法律拟制与法律关系］。

可以看到，既有的诉讼与争议原则性地承认，数据平台对于平台内的信息具有一定的控制权，即使在现阶段是否赋予其"劳动成果权"还存有一些争议，这当然是基于激励投资与创新的考虑。基于商业竞争的考虑，具有数据优势的平台（包括社交平

1 邵建东：《竞争法教程》，知识产权出版社2003年版，第38–44页。

2 吴莉娟：《互联网不正当竞争案件中商业模式的保护》，《竞争政策研究》2015年第2期。

台、电商平台、内容平台等）倾向于将“数据”资源作为竞争优势在自有体系与合作伙伴之间传导，“数据孤岛（data island）”由此形成，特别是在移动互联网时代，App具有天生的隔离优势，数据抓取方在全网抓取更为困难。[1]

【案例索引】

案例1[2]：上海汉涛信息咨询有限公司、上海杰图软件技术有限公司与北京百度网讯科技有限公司不正当竞争案

上海知识产权法院认为：

关于百度公司实施的被控行为是否构成不正当竞争行为：《反不正当竞争法》第二条系反不正当竞争法的一般条款，适用一般条款应满足以下三个要件：一是法律对该种竞争行为未作出特别规定；二是其他经营者的合法权益确因该竞争行为而受到了实际损害；三是该种竞争行为因确属违反诚实信用原则和公认的商业道德而具有不正当性或者说可责性。就上述要件的适用而言，各方当事人的主要争议点在于，一是汉涛公司的利益是否因百度公司的行为受到损害，二是百度公司的行为是否违反诚实信用原则和公认的商业道德。以下分别进行评述：

（一）汉涛公司的利益是否因百度公司的行为受到损害。

汉涛公司在本案中主张百度公司的行为违反反不正当竞争法一般条款的规定，需要满足其是否具有可获得法律保护的权益。本案中，汉涛公司的大众点评网站通过长期经营，其网站上积累了大量的用户点评信息，这些点评信息可以为其网站带来流量，同时这些信息对于消费者的交易决定有着一定的影响，本身具有较高的经济价值。汉涛公司依据其网站上的用户点评信息获取利益并不违反反不正当竞争法的原则精神和禁止性规定，其以此谋求商业利益的行为应受保护，他人不得以不正当的方式侵害其正当权益。

在案证据显示，用户在百度地图和百度知道中搜索某一商户时，尤其是餐饮类商户时，所展示的用户评论信息大量来自于大众点评网，这些信息均全文显示且主要位

1　田小军：《数据竞争的思考，我们如何对待未来新石油》，腾讯研究院。

2　二审法院：上海知识产权法院，二审案号：（2016）沪73民终242号。

于用户评论信息的前列，并附有“来自大众点评”的跳转链接。法院认为，虽然百度公司在百度地图和百度知道产品中使用涉案信息时，提供了跳转链接，但基于日常消费经验，消费者逐一阅读所有用户评论信息的概率极低，对于相当数量的消费者而言，在百度地图和百度知道中阅读用户评论信息后，已经无需再跳转至大众点评网阅看更多的信息。而查明的事实表明，仅汉涛公司公证抽取的百度地图商户中，就有784家商户使用的评论信息中超过75%的比例来自大众点评网。就提供用户评论信息而言，百度公司在百度地图和百度知道产品中大量使用来自大众点评网用户的评论信息，已对大众点评网构成实质性替代，这种替代必然会使汉涛公司的利益受到损害。

（二）百度公司的行为是否违反诚实信用原则和公认的商业道德。

在自由、开放的市场经济秩序中，经营资源和商业机会具有稀缺性，经营者的权益并非可以获得像法定财产权那样的保护强度，经营者必须将损害作为一种竞争结果予以适当的容忍。本案中，汉涛公司所主张的应受保护的利益并非绝对权利，其受到损害并不必然意味着应当得到法律救济，只要他人的竞争行为本身是正当的，则该行为并不具有可责性。本案中，百度公司的行为是否构成不正当竞争，还需考虑其行为是否违反诚实信用原则和公认的商业道德。在反不正当竞争法意义上，诚实信用原则更多地体现为公认的商业道德。关于百度公司的行为是否违反公认的商业道德，法院评述如下：

本案中，大众点评网上用户评论信息是汉涛公司付出大量资源所获取的，且具有很高的经济价值，这些信息是汉涛公司的劳动成果。百度公司未经汉涛公司的许可，在其百度地图和百度知道产品中进行大量使用，这种行为本质上属于“未经许可使用他人劳动成果”。

法院认为，当某一劳动成果不属于法定权利时，对于未经许可使用或利用他人劳动成果的行为，不能当然地认定为构成反不正当竞争法意义上的“搭便车”和“不劳而获”，这是因为“模仿自由”，以及使用或利用不受法定权利保护的信息是基本的公共政策，也是一切技术和商业模式创新的基础，否则将在事实上设定了一个“劳动成果权”。但是，随着信息技术产业和互联网产业的发展，尤其是在“大数据”时代的背景下，信息所具有的价值超越以往任何时期，愈来愈多的市场主体投入巨资收集、整理和挖掘信息，如果不加节制地允许市场主体任意地使用或利用他人通过巨大投入所获取的信息，将不利于鼓励商业投入、产业创新和诚实经营，最终损害健康的竞争机制。因此，市场主体在使用他人所获取的信息时，仍然要遵循公认的商业道德，在相对合理的范围内使用。

商业道德本身是一种在长期商业实践中所形成的公认的行为准则，但互联网等新兴市场领域中的各种商业规则整体上还处于探索当中，市场主体的权益边界尚不清晰，某一行为虽然损害了其他竞争者的利益，但可能同时产生促进市场竞争、增加消费者福祉的积极效应，诸多新型的竞争行为是否违反商业道德在市场共同体中并没有形成共识。

就本案而言，对于擅自使用他人收集的信息的行为是否违反公认的商业道德的判断上，一方面，需要考虑产业发展和互联网环境所具有信息共享、互联互通的特点；另一方面，要兼顾信息获取者、信息使用者和社会公众三方的利益，既要考虑信息获取者的财产投入，还要考虑信息使用者自由竞争的权利，以及公众自由获取信息的利益，在利益平衡的基础上划定行为的边界。

只有准确地划定正当与不正当使用信息的边界，才能达到公平与效率的平衡，实现反不正当竞争法维护自由和公平的市场秩序的立法目的。这种边界的划分不应完全诉诸主观的道德判断，而应综合考量上述各种要素，相对客观地审查行为是否扰乱了公平竞争的市场秩序。在判断百度公司的行为是否违反商业道德时，应综合考虑以下几个因素：1.百度公司的行为是否具有积极的效果。2.百度公司使用涉案信息是否超出了必要的限度。本案中，百度公司通过搜索技术抓取并大量全文展示来自大众点评网的信息，本院认为其已经超过必要的限度。3.超出必要限度使用信息的行为对市场秩序所产生的影响。4.百度公司所采取的“垂直搜索”技术是否影响竞争行为正当性的判断。

综上所述，百度公司的行为损害了汉涛公司的利益，且其行为违反公认的商业道德，构成不正当竞争。百度公司的相关上诉请求，法院不予支持。

案例2[1]：上海汉涛信息咨询有限公司与爱帮聚信（北京）信息技术有限公司不正当竞争案

北京市第一中级人民法院认为：

1.关于总体定性：

爱帮网和大众点评网都为用户提供分类信息查询服务，其网站展示的商户简介和用户点评的数量和质量直接影响其服务的水平和质量，并进而影响其商业信誉和商业利益。大众点评网的商户简介和用户点评，是汉涛公司搜集、整理和运用商业方法吸引用户注册而来。汉涛公司为此付出了人力、财力、物力和时间等经营成本，由此产生的利益应受法律保护。

对于大众点评网的商户简介和用户点评，爱帮科技公司未付出劳动、未支出成本、未作出贡献，却直接利用技术手段在爱帮网上展示，并以此获取商业利益，属于反不正当竞争法理论中典型的“不劳而获”和“搭便车”的行为。爱帮科技公司的这一经营模式违反公平原则和诚实信用原则，违反公认的商业道德，构成不正当竞争。

2.关于垂直搜索和摘要：

垂直搜索是一种专业搜索引擎，该搜索服务为用户提供具有针对性的信息搜索，通常针对的是某一领域、某一特定人群或某一特定需求的特定信息，如餐饮信息、旅游信息等。垂直搜索引擎抓取的信息主要来源于其所关注的特定行业网站。此种服务可在一定程度上解决通用搜索引擎的信息量大、查询不准确、深度不够等问题。爱帮公司辩称其系垂直搜索，从技术上分析具有较高可信度。但是，垂直搜索在实施过程中仍须遵守反不正当竞争法的相关规定。鉴于垂直搜索引擎技术客观上会为网络用户提供更为准确的搜索服务，会促进搜索引擎行业的发展，因此该技术本身并不具有违法性。但技术的合法性并不表明垂直搜索网站在使用该技术时可以不受任何限制。使用垂直搜索技术的网站对于特定行业网站的信息的利用，应控制在合理的范围内，不得对该网站造成市场替代的后果。

爱帮网使用的源于大众点评网的内容中，商户简介和大众点评网完全一致，用户

---

1 二审法院：北京市第一中级人民法院，二审案号：（2011）一中民终字第7512号。

点评和大众点评网也没有实质性区别。通过爱帮网，用户可直接获取商户简介的全部内容和用户点评的绝大部分内容，基本实现获取信息的目的。虽然爱帮网注有“在大众点评发表”字样和链接标识，但爱帮网已对全部商户简介内容和绝大部分点评内容进行了充分展示，网络用户一般不会再选择点击大众点评链接标识。因此，爱帮版的商户简介和用户点评已经构成对大众点评网相应内容的实质性替代，必将不合理地损害汉涛公司的商业利益。

因此，爱帮科技公司关于垂直搜索和摘要的抗辩依据不足。爱帮科技公司使用大众点评网商户简介和用户点评，构成不正当竞争。

案例3[1]：北京鑫秀伟烨科技发展有限公司与上海客齐集信息技术有限公司不正当竞争案

上海市浦东新区人民法院认为：

认定了被告推广员存在“收集原告用户邮箱并采用发送（甚至群发）邮件的形式推广被告网站的行为”。擅自使用知名服务特有名称的不正当竞争行为和虚假宣传的不正当竞争行为未被认定。

但是，就已经被认定的“收集原告用户邮箱并采用发送（甚至群发）邮件的形式推广被告网站”这一行为，法院认为：“批量采集邮箱和群发邮件的软件均可在互联网上下载所得，无需专业技术，故就被告推广员采集原告用户邮箱并发送推广邮件的行为本身并不属于《反不正当竞争法》范畴的违法行为”，“用户资源本身因相关信息的公开性，使包括邮箱等在内的信息不能成为原告专有的知识产权权利”，“由于交易的不确定性”“对原告网站的用户资源不一定造成影响”。因此，最终认定被告这一行为“尚未构成不正当竞争”。

此外，法院认为：“被告应对其采用推广员推广其网站的制度予以反省”，“这种推广行为实际上并不是一种有效的推广方式”，“被告网站应以其他有效合理的方式提高其网站的知名度和用户量以及在同行业网站中的竞争力，这样才能促进分类信息网站的有序发展”。

1　一审法院：上海市浦东新区人民法院，一审案号：（2011）浦民三（知）初字第691号。

【TA评述】

在互联网时代，数据的流动、分享、重组构建了几乎整个互联网，数据的价值变得越来越重要。本案二审判决确立了三重授权原则，三重授权原则是指第三方通过Open API获取用户信息时应坚持“用户授权”+“平台授权”+“用户授权”的三重授权。这个原则很好地解决了本案中数据流动与数据保护之间的冲突。

在著作权法的维度上存在“公共领域”的概念，这是现代版权制度存在的重要基础。数据同样如此，在我们考虑为数据赋权，或者数据平台对数据存在事实控制权的前提下，有必要研究数据权的“公共领域”以在平台权利与信息流动之间寻求平衡。

事实上，因为平台数据多涉及用户隐私、数据安全、消费者利益以及平台利益等问题，数据平台方可以通过平台协议、Robots协议、API限制以及技术保护措施等手段控制、限制数据合作与数据保护的范围与方式。

（撰稿人：李玥琳）

4.2.5 影视行业“寄生营销”构成不正当竞争

——北京某某文化发展有限公司与北京某某影业有限公司、北京某某影视传媒有限公司不正当竞争纠纷案[1]

【核心推介】

本案是国内影视行业首例典型的经营者以不正当竞争方式“寄生营销”而被判承担责任的案件。近年来，影视行业中因电影电视剧名称近似而“寄生营销”的情况屡有发生，对于此类行为能否依法予以规制，如何进行规制，之前鲜有审判实践。本案在运用《反不正当竞争法》一般条款和具体条款规制相关侵权行为方面做了有益的探索和尝试。在判定不正当竞争行为的同时，法院并未局限于此，而是进一步对正当与不正当竞争行为的界限做了重申，在判决中强调指出，《反不正当竞争法》规制的是不正当的竞争行为，公平与否是判断竞争行为是否正当的根本标准。本案通过创新性司法，弥合了法律与现实的差距，满足市场竞争新需求，在有效遏制不正当竞争行为的同时，准确划定自由与公平的边界，维护经营者的合法权益和自由竞争的基本价值。

【关键词】

虚假宣传　寄生营销　不正当竞争

【案情】

原告于2012年、2013年陆续制片、出品了电影《笔仙》《笔仙Ⅱ》，并在《笔仙

1　一审法院：北京市第三中级人民法院，一审案号：（2014）三中民初字第06412号；二审法院：北京市高级人民法院，二审案号：（2014）高民（知）终字第3650号。

Ⅱ》首映时宣布了《笔仙Ⅲ》将于2014年7月17日上映。被告一于2012年出品了电影《笔仙惊魂》，之后被告一和被告二在没有拍摄《笔仙惊魂2》的情况下直接拍摄《笔仙惊魂3》并于2014年4月4日公映，还在媒体宣传中称《笔仙惊魂3》为"'笔仙'系列的恐怖升级之作"，"作为'笔仙'系列的续集，《笔仙惊魂3》中如何设置'召唤笔仙'的场景一定是该片的重中之重"，"作为'笔仙'故事系列又一力作，《笔仙惊魂3》定档于2014年4月4日……与之前的'笔仙'系列影片相比，此次的《笔仙惊魂3》提高标准制作，力求打造一部较高水平的恐怖电影"，"《笔仙惊魂3》是笔仙系列的升级版作品，在恐怖元素的开发方面全面升级"，等等。原告认为，被告一和被告二意图通过一系列虚假宣传和不正当竞争行为，故意造成公众混淆，将《笔仙惊魂3》误认为是《笔仙Ⅲ》而去观影，给原告造成了严重经济损失。故原告以不正当竞争为由诉至法院。被告一同时提起反诉称：原告抢用其《笔仙》片名构成不正当竞争行为。

北京市第三中级人民法院认为：制片单位在取得《电影片公映许可证》之后，可以自主决定电影的公映时间，原告关于电影的公映时间应当按取得《电影片公映许可证》的先后顺序进行安排的主张，于法无据，对其关于《笔仙惊魂》在《笔仙》之前公映构成不正当竞争的主张不予支持。

被告一主张电影《校花诡异事件》就是《笔仙惊魂2》，但其就此主张只提交了一份电影文学剧本打印件，并无完整的证据链条加以佐证，由该份证据无法得出《校花诡异事件》就是《笔仙惊魂2》，其该项主张证据不足，不予支持。被告一和被告二关于电影片名叫《笔仙惊魂3》是因为故事情节涉及第三者插足，且有笔仙再三显灵之义的主张，不符合"笔仙惊魂"加数字后缀这一形式片名的通常认读理解，显属牵强附会，不予支持。被告一和被告二主张没有规则规定电影系列必须按照自然数列顺序连续拍摄，但本案的特殊之处在于原告的《笔仙Ⅲ》与被告一、被告二的《笔仙惊魂3》片名近似，且属于悬疑惊悚片类型，两部影片本身就存在一定程度的相似性。在此种情况下，原告已经公映了《笔仙》和《笔仙Ⅱ》且已收获了一定的票房和知名度，并在《笔仙Ⅱ》首映时宣布了《笔仙Ⅲ》将于2014年7月17日上映。与此同时，被告一和被告二跳过《笔仙惊魂2》直接拍摄《笔仙惊魂3》并于2014年4月4日公映，并在媒体宣传中称《笔仙惊魂3》为"'笔仙'系列的恐怖升级之作"等，其行为容易使相关公众将《笔仙惊魂3》误认为《笔仙》《笔仙Ⅱ》的续集，对《笔仙惊魂3》和《笔仙Ⅲ》

产生混淆，从而使《笔仙惊魂3》借助《笔仙》《笔仙Ⅱ》已经取得的票房影响力和《笔仙Ⅲ》的宣传营销来推广扩大其知名度，提高其票房收入，不公平地利用了原告已开拓的电影市场成果，违反了诚实信用原则和商业道德，构成不正当竞争，应承担相应的法律责任。

原告的电影《笔仙》《笔仙Ⅱ》在公映后取得了一定的票房和知名度，但“笔仙”一词本身的主要含义是指一种占卜游戏，并不具有相当的区别性特征和显著性，故电影《笔仙》的片名不应被认定为知名商品特有的名称。

《笔仙Ⅱ》的海报与《笔仙惊魂3》的海报中主要字体及其位置不同，整体构图方式不同，图中主要元素的呈现方式亦不相同。从整体观感来看，《笔仙Ⅱ》的海报所突出展现的是“笔仙”占卜游戏，而《笔仙惊魂3》的海报所传达的是手握作为凶器的铅笔之意。故两幅海报不构成相似，不会造成相关公众混淆。

原告主张被告一、被告二在宣传《笔仙惊魂》《笔仙惊魂3》的过程中实施了三项不正当竞争行为。

原告主张被告一和被告二在发给电影院线的“《笔仙惊魂3》电影推荐书”中把《笔仙惊魂3》与《笔仙》《笔仙Ⅱ》并列，且称“三部‘笔仙’系列电影贡献票房：1.7亿元”，但相关证据不足，不予支持。

导演关某并非被告一和被告二的法定代表人，关某在其个人微博中建议想看《笔仙惊魂2》的观众去观看《校花诡异事件》的行为亦不属于企业法人的工作人员在其职权范围内以法人名义从事经营活动，故关某的行为并非职务行为，不应被视为被告一和被告二的公司行为，其行为后果亦不应由被告一和被告二承担。

原告已经公映的《笔仙》和《笔仙Ⅱ》取得了一定的票房和知名度，并即将上映《笔仙Ⅲ》。因此被告一和被告二在媒体宣传中称《笔仙惊魂3》是“‘笔仙’系列的恐怖升级之作”中的“‘笔仙’系列”属于歧义性语言，既有“笔仙”游戏典故、笔仙题材之义，也有指称原告的《笔仙》和《笔仙Ⅱ》电影系列之义。被告一和被告二的该项行为属故意以模棱两可的歧义性词语宣传《笔仙惊魂3》，足以使相关公众产生误解，将《笔仙惊魂3》与原告的《笔仙》《笔仙Ⅱ》系列相混淆，构成虚假宣传，应当承担相应的法律责任。

并无在案证据显示电影已经备案的片名具有排他效力，且被告一将其曾经备案的

《笔仙》片名更改为《公映许可证》上的《笔仙惊魂》片名，却无充分证据证明其更名过程系原告通过不正当竞争手段所致，故被告一关于原告采用不正当竞争的手段抢用了《笔仙》的片名取得公映许可证并将《笔仙》电影公映，原告应当停止使用《笔仙》片名及“笔仙”+数字后缀形式的片名，将“笔仙”的片名归还给被告一的反诉主张缺乏事实和法律依据，不予支持，对其相应的赔偿经济损失及合理支出费用的反诉主张亦不予支持。

北京市第三中级人民法院判决：一、被告一和被告二在搜狐网和《北京晚报》上发表公开声明，澄清事实，消除因涉案不正当竞争行为给原告造成的影响；二、被告一和被告二连带赔偿原告经济损失及合理支出费用50万元；三、驳回原告的其他诉讼请求；四、驳回被告一的反诉请求。

被告一、被告二均不服原审判决，向北京市高级人民法院提起上诉。

二审法院经审理认为，原审判决认定事实清楚，适用法律正确，证据充分，判决：驳回上诉，维持原判。

【业内关注】

1. 电影的合法营销方式

2. 虚假宣传的赔偿数额标准

【法条链接】

1.《反不正当竞争法》（1993年）

第二条 经营者在市场交易中，应当遵循自愿、平等、公平、诚实信用的原则，遵守公认的商业道德。

本法所称的不正当竞争，是指经营者违反本法规定，损害其他经营者的合法权益，扰乱社会经济秩序的行为。

本法所称的经营者，是指从事商品经营或者营利性服务（以下所称商品包括服务）的法人、其他经济组织和个人。

第九条 经营者不得利用广告或者其他方法，对商品的质量、制作成分、性能、用途、生产者、有效期限、产地等作引人误解的虚假宣传。

第二十条 经营者违反本法规定，给被侵害的经营者造成损害的，应当承担损害赔偿责任，被侵害的经营者的损失难以计算的，赔偿额为侵权人在侵权期间因侵权所获得的利润；并应当承担被侵害的经营者因调查该经营者侵害其合法权益的不正当竞争行为所支付的合理费用。

被侵害的经营者的合法权益受到不正当竞争行为损害的，可以向人民法院提起诉讼。

2.《民法通则》

第四十三条 企业法人对它的法定代表人和其他工作人员的经营活动，承担民事责任。

3.《最高人民法院关于审理不正当竞争民事案件应用法律若干问题的解释》

第八条 经营者具有下列行为之一，足以造成相关公众误解的，可以认定为反不正当竞争法第九条第一款规定的引人误解的虚假宣传行为：

（一）对商品作片面的宣传或者对比的；

（二）将科学上未定论的观点、现象等当作定论的事实用于商品宣传的；

（三）以歧义性语言或者其他引人误解的方式进行商品宣传的。

以明显的夸张方式宣传商品，不足以造成相关公众误解的，不属于引人误解的虚假宣传行为。

人民法院应当根据日常生活经验、相关公众一般注意力、发生误解的事实和被宣传对象的实际情况等因素，对引人误解的虚假宣传行为进行认定。

第十七条 确定反不正当竞争法第十条规定的侵犯商业秘密行为的损害赔偿额，可以参照确定侵犯专利权的损害赔偿额的方法进行；确定反不正当竞争法第五条、第九条、第十四条规定的不正当竞争行为的损害赔偿额，可以参照确定侵犯注册商标专用权的损害赔偿额的方法进行。

因侵权行为导致商业秘密已为公众所知悉的，应当根据该项商业秘密的商业价值确定损害赔偿额。商业秘密的商业价值，根据其研究开发成本、实施该项商业秘密的收益、可得利益、可保持竞争优势的时间等因素确定。

【理论观点】

“寄生”，书面解释是指一种生物体依附在另一种生物体中以求供给养料、提供保护或进行繁衍等而得以生存，引申为依附他人而生活。具体到影视圈，则泛指向别的影视作品或栏目“借光”，来提高自己作品或栏目的知名度，从而达到事半功倍的效果及利益回报。说到底，就是投机取巧，不劳而获。[1]

寄生营销的主要手段就是模仿片名，而对于电影作品名称的保护在著作权法上存在争议。有观点认为，如果著作权法对作品的名称进行垄断保护，不利于新作品的诞生，因为语言文字有一定的表达局限性。但也有观点认为，对于一些独创性非常强的作品名称，著作权法可以进行垄断保护。但名称独创性如何界定一般都需要个案判断，较难制定统一的认定标准。[2]

此外，还有法律业内人士提出，以注册商标的方式来保护电影名称，但也存在争议：将已经注册为商标的短语用作电影名称，是否构成商标性使用？商标的功能是标识和区分产品或服务的来源，而电影名称则是电影作品的组成部分，其作用在于点睛式地表达电影的主要内容、情节，并不能起到标识电影的提供者即制片方的作用。因此，电影名称与注册商标是否构成冲突，注册商标是否能用来保护电影名称，答案并不必然是肯定的。所以，从实际情况来看，单一的电影片名很少能被注册为商标，除非是像“哈利·波特”那样的系列电影，为便于开发衍生商品而注册成商标。

在实践中，很多商业化利用电影名称的行为只涉及对名称本身的使用，而没有侵害电影的具体内容。但是，即使只是对电影名称的利用，也可以令电影庞大的观众群基于同名而产生来源误认和混淆。由此不难看出，对于电影名称的保护，也可以通过提高作品知名度和影响力的方法，一旦他人对电影名称进行商业化利用，就可以通过反不正当竞争法的途径获得保护。

有观点认为，电影标题要想获得反不正当竞争法上受到保护的权益，除了需要证明权利人付出了足够的知识性劳动和投资因而在法律上应当享有的某种利益外，还应当确保该电影标题具有最低程度的知名度和显著性：之所以要求具有最低程度的知名度，是因为法律保护的必要性与权益的重要性成正比，如果没有足够的知名度就没有足够的值得法律保护的法益；之所以要求具有最低程度的显著性，则是由于商业活动

1 中国广播电影电视社会组织联合会电视制片委员会：《制片人代表：探析影视领域侵权纠纷　聚焦互联网+影视作品》，《中国艺术报》2015年8月17日。

2 李婧：《电影被“寄生”了，怎么办？》，《中国文化报》2015年1月3日。

中商业标识区分产品来源的功能使然，如果没有足够的显著性，同样不能形成值得法律干预的权益。[1]

【案例索引】

案例1[2]：暴雪娱乐有限公司、上海网之易网络科技发展有限公司与上海游易网络科技有限公司擅自使用知名商品特有装潢、虚假宣传及其他不正当竞争案

上海市第一中级人民法院认为：

1.关于被告行为是否应认定为擅自使用知名商品特有装潢的不正当竞争行为。

就本案而言，虽然依据本院查明的事实可以认定《炉石传说》具有一定的知名度，游戏中的炉石标识、单个战斗场地界面、382张卡牌及套牌组合有一定的独特性，但是，能否就此认定属于特有装潢为反不正当竞争法所保护，仍须综合考量是否具备区别商品来源的功能。《炉石传说》游戏于2013年10月23日才开始正式向中国公众开放，距离被告于2013年10月25日首次发布《卧龙传说》仅隔两天。鉴于相关公众对于《炉石传说》标识的接触和知晓需要一段时间持续的过程，在被控不正当竞争行为发生之时，游戏运行过程中才能逐渐展示给相关公众的炉石标识、单个战斗场地界面、382张卡牌无法为相关公众所普遍知晓，更难以具备区别商品来源的功能。因此，被告即便使用了与《炉石传说》相近似的装潢，也不会因此而造成相关公众的混淆与误认。

2.关于被告是否实施了虚假宣传的不正当竞争行为的认定。

认定虚假宣传行为主要在于陈述的虚假或者不当，以及这种虚假或不当是否引人误解。两原告主张被告在官方网站上发布《惊现中国版〈炉石传说〉》一文，通过“换皮复制”“中国版”“太快、太慢”等歧义性用语和比较性用语，使相关公众对《卧龙传说》游戏来源产生误认，贬低原告作品，抬高被告作品，构成虚假宣传的不正当竞争行为。本院认为，《惊现中国版〈炉石传说〉》一文确实具有攀附原告及《炉石传说》游戏实施宣传的意图，但并不属于反不正当竞争法第九条第一款所规制的虚假宣传行

1　袁博：《从“美人鱼”看电影标题的保护》，《中国新闻出版广电报》2016年5月19日。

2　一审法院：上海市第一中级人民法院，一审案号：（2014）沪一中民五（知）初字第22号。

为。从本院查明的事实来看，被告的《卧龙传说》游戏的确存在大量的对原告《炉石传说》游戏的模仿甚至“抄袭”，因此就文章内容而言，虽然用语较为夸张、谐谑，但还尚难以认为被告作了虚假陈述。

3.关于被告是否实施了违反自愿、平等、公平、诚实信用的原则，以及公认的商业道德的不正当竞争行为。

电子游戏远不只仅为大众娱乐而存在，而是具有极大的商业价值，游戏行业作为新兴行业，已经成为经营者投资获利的重要市场。为了规范游戏行业的健康发展，中国软件行业协会还组织制定了《中国游戏行业自律公约》，鼓励游戏行业从业者开展合法、公平、有序的竞争。本案原、被告均为游戏产品的同行业竞争者，理应恪守反不正当竞争法及游戏行业自律公约的相关规定，开展公平竞争。本案中，原告游戏作为一种特殊的智力创作成果，需要开发者投入大量的人力、物力、财力，凝聚了很高的商业价值。被告并未通过自己合法的智力劳动参与游戏行业竞争，而是通过不正当的抄袭手段将原告的智力成果占为己有，并且以此为推广游戏的卖点，其行为背离了平等、公平、诚实信用的原则和公认的商业道德，超出了游戏行业竞争者之间正当的借鉴和模仿，具备了不正当竞争的性质。

案例2[1]：戏逍堂（北京）娱乐文化发展有限公司与陈威、北京世纪光年广告有限公司、北京红色江山文化传媒有限公司不正当竞争案

北京市朝阳区人民法院认为：

按照2006年11月30日轩昂文化公司和陈威签订的《编剧合作协议》，陈威将《满城全是金字塔》（简称《满》剧）的名称权转让给轩昂文化公司所有。而此后轩昂文化公司又依据2007年5月18日与戏逍堂文化公司签订的《剧本转让协议》，将其从《编剧合作协议》获得的权利转让给了戏逍堂文化公司。现《编剧合作协议》和《剧本转让协议》均系合同各方的真实意思表示，系合法有效的合同，故戏逍堂文化公司享有对《满》剧的相应名称权。现《满》剧多轮次和88场的演出场次，已经使得《满》剧的名称在相关公众中形成了较大影响力。这种影响力已经形成了戏逍堂文化公司的经营利

1 一审法院：北京市朝阳区人民法院，一审案号：（2007）朝民初字第15270号。

益。作为《满》剧的名称权人，戏逍堂文化公司有权禁止他人不正当地借用《满》剧名称影响力的行为。

本案中，戏逍堂文化公司主张三被告在《盗版DVD》之《疯人院飞了》(简称《疯》剧)宣传时，使用"大鬼创作兵团《满城全是金字塔》第二部"的字样系虚假宣传的不正当竞争行为，不正当地借用了《满》剧知名度。分析《疯》剧的涉案宣传行为，在于对"大鬼创作兵团《满城全是金字塔》第二部"这句宣传语的理解。这句宣传语，按照语法规则，是三个名词的叠加，中心词是"第二部"。前面的"大鬼创作兵团"和"《满城全是金字塔》"均是作为对"第二部"范围的限定。该宣传语强调的意思是：大鬼创作兵团创作的话剧《满城全是金字塔》的第二部。红色文化公司辩称其使用该宣传语，想表达的意思是：大鬼创作兵团继话剧《满城全是金字塔》之后创作的第二部话剧。红色文化公司对该宣传语的解释显然不符合汉语用法，该意见不能成立。现本案中红色文化公司、陈威和戏逍堂文化公司均认可《疯》剧和《满》剧在剧情上无任何联系。因此，就红色文化公司将《疯》剧宣传为《满》剧第二部系作出了与事实不符的虚假陈述，使得相关公众误认为《疯》剧就是《满》剧的第二部，从而将《满》剧享有的影响力，不正当地借用到了对《疯》剧的宣传中来，这属于"搭便车"的行为。因此，红色文化公司对涉案的侵权行为，应当承担相应侵权责任。

案例3[1]：上海玄霆娱乐信息科技有限公司与上海游方网络科技有限公司、广州市晖景计算机技术开发有限公司等其他不正当竞争案

上海市普陀区人民法院认为：

本案中，首先，三被告涉及涉案游戏这一商品的经营包括开发及运营，而原告也已涉猎游戏产业，显然双方存在同业竞争关系。其次，小说和游戏虽然在功能方面有所不同，但两者的用途都是为了丰富相关公众的文化生活，而且，一般而言，经小说改编的同名游戏所涉及的内容、题材、人物是基本一致的，而基于对同一内容、题材、人物的喜欢和欣赏，使得两者在消费对象上亦存在极大的重合。目前将知名小说改编

1 一审法院：上海市普陀区人民法院，一审案号：(2015)普民三(知)初字第324号。

为游戏包括手游、网游，已经成为游戏经营者的一种主要经营方式，由于知名小说积聚了庞大且忠实的读者群，因而游戏经营者利用相关读者对知名小说的黏性，不仅可以聚集与小说同名的游戏在上线之初的人气，亦可增强该等游戏被相关公众的认可程度，以最大程度共享知名小说的读者群，因此，涉案小说与同名游戏之间在消费对象方面显然存在极大的重合。鉴于一般情况下，改编自小说的游戏也需获得小说作者的授权，故相关公众一般会对涉案小说与同名游戏之间，产生具有共同来源、关联关系或忠于原作等特定联系的认知。此外，本院注意到，涉案游戏经更名后于2014年3月27日另取得以“九星天辰诀”为名的软件版权登记证，并自3月25日起陆续登陆各大平台，而涉案小说完结于当年4月，可见涉案游戏发行上线之际正值涉案小说临近完结之时，一般而言，连载小说的结局往往牵动着众多“追剧”者的心，此时读者对涉案小说的关注度亦会趋近峰值，并且小说完结后众多读者往往仍然会沉浸或回味于整部小说，及时推出的与小说有关的各类衍生产品也势必会受到原读者的追捧，以寄托对小说的喜爱和留恋之情。涉案游戏在更名、上线时间上“良苦用心”的安排，正是为了抓住“追剧”读者在涉案小说临近完结之际对小说本身所投入的情感，以期最大化共享小说读者群，加之，趣点公司将一款以三国为背景的游戏更名成具有玄幻色彩的名称，其给出理由之牵强，本院无需过多评价。综上，不难看出，被告方的上述行为属于刻意攀附涉案小说《九星天辰诀》知名商品的商誉，利用了本属于原告的竞争优势，是俗称“搭便车”的不正当竞争行为。

虽然涉案游戏介绍中确实强调其是一款三国游戏，并未直接宣传涉案游戏与涉案小说存在关联，但是否会造成混淆误认并不以是否直接表述关联为唯一判断标准。本院注意到，各平台包括游方公司官网上标明游戏名称的“九星天辰诀”文字字体多为加粗或黑体，在视觉上，较之“九星天辰诀”游戏介绍部分所用文字更为显著突出，况且高度概括或提炼出的标题或名称对受众所形成的视觉及思维影响显然要高于由诸多文字堆砌的介绍，特别是当游戏名称还与知名小说同名时，对小说的忠实读者来说，名称对其的吸引可见一斑，正如在涉案游戏的玩家评价中出现的“跟《九星天辰诀》这本书一点关系都没有，真扯”，“小说不错，就是这游戏……”，“侮辱了蜗牛的小说”，“小说还不错，这游戏太侮辱”，“和小说一点关系都没有，大家别下载”，“看到名字进来的顶我”等点评字句，无不反映出诸多玩家因其误认涉案游戏是发飙的蜗牛所著《九星天辰诀》改编而进行下载运行，显然已事实上造成了混淆误认。综上，三被告的上述行为，违反了《反不正当竞争法》第五条第（二）项的规定，构成不正当竞争。

【TA评述】

《宝典》如是说[1]：一些情况下，为了推动影视作品的营销，一些片方会将自己的影视作品定名为与其他作品相类似的名称，当观众看到这些片名时，不免会在彼此间产生联想，对各个作品产生混淆，甚至由于混淆而错误消费。这种依托他人既有的、具有一定知名度的影视作品，制作与之具有相同或相似名称或其他元素的新作品，并在宣传中使观众产生混淆的行为，即构成“寄生营销”。

TA观点

影视剧寄生营销不正当竞争行为主要集中在采取相近似的名称、采取相同主演以及在宣传过程中采取引人误解的宣传等手段，让相关公众误认为是此前影视剧的续集或衍生作品，让相关公众产生关联关系的联想或混淆，进而获得市场上的竞争优势。

从影视剧的名称保护角度来看，由于影视剧的名称往往比较简短，独创性较低，因而能够获得著作权保护的可能性较低。而若想成为《反不正当竞争法》意义上的知名商品的特有名称，则需要该影视剧有较高的知名度，且该名称不应为传统作品名称等通用名称，比如《红楼梦》《西游记》或《少林寺》等。因此，影视剧的制片方在拟拍摄前，首先应当考虑选择一个具有独创性或显著性的名字，其次应当考虑影视剧名称注册为商标的可能性，特别是考虑到影视剧可能存在拍摄系列片，或者进行书籍、游戏或动漫等品牌衍生开发计划时，更应该提前予以注册防患于未然。

从因影视剧的宣传而产生侵权的情况看，影视剧的相关方在宣传过程中应当避免与其他影视剧进行比较的不当言论，一方面需要避免因为比较而产生对其他影视剧产生贬损性的言论，另一方面需要避免虚假不实，或者让相关公众混淆和误认的言论，否则，影视剧的商业宣传可能会构成商业诋毁或虚假宣传等不正当竞争行为。

---

1 王军、司若主编：《中国影视法律实务与商务宝典》，中国电影出版社2017年版，第180页。

此外，由于影视剧的剧本是影视剧的核心元素之一，而剧本通常可能衍生出不同类型的作品，因此，影视剧的制片方应在商业衍生开发的视角下，考虑与编剧、原作者、导演、主演等主创人员和合作方书面约定各自的权责和利益分配，以避免因影视剧的爆红而产生的寄生营销的风险。

（撰稿人：李玥琳）

"走马上映"的林肯传记:《伊利诺斯州的林肯》作者诉《青年林肯》制片方不正当竞争案

1940年美国雷电华电影公司的《伊利诺斯州的林肯》(*Abe Lincoln in Illinois*)仅在二十世纪福克斯公司发行《青年林肯》(*Young Mr. Lincoln*)后的九个月就匆匆推向市场,两部影片均围绕林肯生前重要政治事件,邀请到知名影星饰演这位在暴风眼中左右美国内战时局的总统先生。而为何《伊利诺斯州的林肯》要赶着趟儿上架,除了美国大萧条时期政治意识形态的考虑之外,更与早前二十世纪福克斯公司因制片纠纷被控有着直接的关联。当电影人在为《青年林肯》中法庭戏的桥段几度揣思时,这部讲述林肯青年时代律师执业经历的影片,也正因电影的制片争议成了以案说法的现实读本。

事件的起因是美国著名作家罗伯特·E.舍伍德(Robert E. Sherwood)与美国剧本出品公司(American Playwrights Producing Co.)联名控告好莱坞二十世纪福克斯公司不正当竞争。因舍伍德曾著有美国林肯总统少年时代的传记《伊利诺斯州的林肯》一书,该书被改编为戏剧,于1938年10月15日首次在纽约普利茅斯剧院(Plymouth Theatre)[1]上演,演出次数不少于472场。1939年舍伍德因该剧获得普利策奖,美国剧本出品公司买下该书版权拟编成剧本。

普利茅斯剧院(236 W. 45th St.)[2]

1 Plymouth Theatre也即后来所称的The Gerald Schoenfeld Theatre。

2 图片来源:http://www.basilrathbone.net/potpourri/homes/broadway.htm。

不久听闻二十世纪福克斯公司正着手摄制林肯传记新片《青年林肯》，并据此认为这部影片是根据舍伍德原作编成，而并未获得原著作权人及出版人之同意。二十世纪福克斯公司当局矢口否认该片采用舍伍德书中材料。所称理由是，《青年林肯》一片的故事素材来自林肯居住尼亚萨兰卡荣谷镇时青年时代的生活，“系参考多种林肯传记及林肯本人之演讲行述等文籍而摄制。盖林肯为美国伟人之一，言行昭然于世，决无专利权之可言也”[1]。发行时，片方特意在海报上打出一栏广告语“THE STORY OF ABRAHAM LINCOLN THAT HAS NEVER BEEN TOLD”。

《青年林肯》[2]

1 《摄制林肯影片廿世纪福克斯公司被控剧本版权问题发生争执》，《好莱坞》1939年第33期。

2 图片来源：https://en.wikipedia.org/wiki/Young_Mr._Lincoln。

法院在舍伍德诉二十世纪福克斯公司案（Sherwood vs Twentieth Century Fox Films）[1]中判决两部影片首先从标题来看并不会产生令公众混淆误认的效果，并不属于不正当竞争中的混淆行为[2]，而基于公众政治人物的生平实例改编为影片也并未构成对原告著作权的侵权，即使原著作者声称是自己最先对这部分历史资料的发掘与运用才引起了公众的关注，但并不能据此享有对该部分资料的排他性占有。[3]

《伊利诺斯州的林肯》[4]

1　18 N.Y.S.2d 388 (1940).

2　*Copyright and Related Topics: A Choice of Articles*, Edited by The Los Angeles Copyright Society and The UCLA School of Law, Berkeley and Los Angeles, California: University of California Press, 1964, p.294.

3　https://casetext.com/case/sherwood-v-twentieth-century-fox-film-corp。

4　图片来源：https://www.amazon.com/Abe-Lincoln-Illinois-Gene-Lockhart/dp/B0027IPV3Y。

美国雷电华电影公司随即以25万美金买下版权[1]，几乎是紧随其后，在1939年8月7日至9月29日期间赶工完成开拍，于1940年正式上映。也就是说，为了抢夺影片摄制发行的最佳商机，《伊利诺斯州的林肯》仅在《青年林肯》发行后的数月内就推向市场了。

对比两部影片在美国电影学会的片目记录，从制作及发行的日期来看，争分夺秒，打的是时间战。

《青年林肯》（1939年）和《伊利诺斯州的林肯》（1940年）[2]

片中饰演林肯者，一位是亨利·方达（Henry Fonda），另一位是雷蒙德·梅西（Raymond Massey），两人演技不分伯仲。雷蒙德·梅西后在1962年《西部开拓史》（*How the West Was Won*）中再度演绎林肯一角。

电影史中常会将这两部生而逢时的政治性传记片拿来比较，1969年《电影手册》的编辑们犀利地洞察到约翰·福特的《青年林肯》对国家机器的美化，以及罗斯福新政对此间社会意识形态的影响——他极力主张将“联邦”介入整个国家的经济和社会中去，这也包括被纳入国家公共社会服务体系的电影。而同样，《伊利诺斯州的林肯》首次公映时，正值总统大选政府班底洗牌，雷蒙德·梅西、舍伍德等好莱坞名角也因

1　Brian J. Snee, *Lincoln before Lincoln: Early Cinematic Adaptations of the Life of America's Greatest President*, Lexington: The University Press of Kentucky, 2016, p.85.

2　图片来源：http://www.afi.com/members/catalog/DetailView.aspx?Movie=5054。

此片成为罗斯福总统的座上宾客。

两部为美国总统竞选预热的林肯传记片[1]

1　图片来源：Old Hollywood Films。

4.2.6　借助电影知名度宣传原著衍生品构成不正当竞争

——浙江某影视公司、上海某电影公司诉广州某游戏公司等著作权侵权、不正当竞争纠纷案[1]

【核心推介】

电影《风声》一经上映便取得了高票房，并获得众多业界大奖，具有很高的知名度和标识利益，已构成知名商品的特有名称。某游戏公司经原著小说作家麦家授权，将“风声”作为游戏名称系合法使用，并未侵犯影视公司就电影《风声》享有的特有名称权。但游戏公司对“风声”的英文译名使用的是电影公司在电影《风声》中根据“信息传递”的故事主线进行的独创性翻译，故游戏公司应承担相应的侵权责任。同时，游戏公司在游戏宣传中宣称该游戏系以电影《风声》为背景设计，并具有电影《风声》的改制版权，还使用电影《风声》的人物剧照、将其与游戏《风声》的人物进行对比介绍，极易致使社会公众误认为游戏《风声》与电影《风声》之间存在关联，系利用电影《风声》的市场知名度而为自身牟利，已构成反不正当竞争法规定的引人误解的虚假宣传行为，应承担停止侵权、赔偿损失的民事责任。

【关键词】

衍生品开发　利用电影知名度　虚假宣传　不正当竞争

1　一审法院：北京市东城区人民法院，一审案号：（2011）东民初字第08214号。

【案情】

2007年10月，南海出版公司出版小说《风声》，作者为麦家。2007年11月、2008年7月，本案第一原告浙江某影视公司与小说《风声》作者麦家签订《电影改作权受让合约》及其《补充协议》，先后取得小说《风声》的电影改作权与电脑游戏、网络游戏改作权。2008年11月，浙江某影视公司与本案共同原告上海某电影公司签订《合作投资拍摄电影〈风声〉合同》，约定双方共同拥有《风声》电影剧本版权，并由第一原告浙江某影视公司全权负责该电影在全世界的商务开发、宣传和发行（包括对外签订著作权法规定的各种权项的授权协议，并全权处理实际产生的各种侵权行为）。2009年9月，电影《风声》在北京首次公映，一经上映便取得了高票房，其主演与电影在随后获得众多业界大奖，积累了较高的知名度。2010年1月开始，本案第二被告广州某游戏公司制作并发行了《风声》游戏，游戏表现载体为纸牌桌游及单机版、在线版的网络游戏，该公司称其游戏制作时间始于2009年8月。2011年6月，被告游戏公司与上海麦庭影视文化工作室（即小说《风声》作者麦家投资的个人工作室）签订《〈风声〉桌游、网上在线桌游授权合同》，其中约定，麦家工作室授予被告游戏公司在合同有效期内开发《风声》桌游、网上在线桌游的权利，并由被告游戏公司自主经营，被告游戏公司利用自身资源所开发的《风声》桌游、网上在线桌游及衍生品的著作权属游戏公司所有，且合同期满后，被告游戏公司有权自行继续开发、经营《风声》桌游、网上在线桌游。但在游戏制作和宣传过程中，被告游戏公司使用了电影“风声 THE MESSAGE”的名称，并在游戏中使用了部分电影角色形象、剧照。

二原告浙江某影视公司、上海某电影公司诉称：二原告系电影《风声》的著作权人，依法对该电影的电影剧照、人物形象、服装造型、剧情，以及该电影名称的字体设计等享有著作权（包括但不限于复制权、发行权、修改权、改编权、保护作品完整权、信息网络传播权等各项权利）。电影《风声》在市场上具有非常高的知名度，为社会公众所熟知，而“风声”为该知名电影的特有名称。同时，第一原告作为影视娱乐公司为了完善产业链布局的需要，已经开发了部分游戏项目，旨在成为“综合影视娱乐集团”。并且，第一原告浙江某影视公司经原《风声》小说作者授权，有权进行《风声》电脑游戏、网络游戏的开发。被告广州某游戏公司与第一原告浙江某影视公司同属娱乐文化行业，其在未经原告公司授权的情况下，公然在其经营的“风声”在线游戏、“风声”桌面游戏、“风声”纸质游戏中使用二原告电影名称的字体设计、电影剧照、人物形象、人物名称、剧情等，已构成对二原告电影《风声》的著作权侵权。被告游戏公司自称“风声”桌游系以电影《风声》为背景设计的，并购买了电影改制版权，但二原告从未授权许可该游戏公司将电影《风声》改编成同名桌游“风声”。被告游戏公司明显是利用原告及原告电影在社会公众中的知名度，对其经营的游戏“风声”进行宣传，并获得相关利益，且该行为能够足以导致相关社会公众误认为游戏“风声”与电影《风声》甚至与原告有关联。二原告认为，第二被告游戏公司违反诚实信用原则，虚假宣传，利用电影《风声》的知名度，开发、销售同名且类似情节的游戏产品，造成公众的混淆误认，已构成不正当竞争行为，应当依法承担相应民事责任；第一被告北京某书店未经原告授权，销售第二被告游戏公司的侵权产品并获取非法利益，应同第二被告承担共同侵权的连带责任。故起诉要求：1.第一被告北京某书店停止销售“风声”游戏；2.第二被告广州某游戏公司停止侵犯电影《风声》著作权的行为和不正当竞争行为；3.第二被告广州某游戏公司在搜狐网、《中国青年报》上公开向二原告赔礼道歉（基于被告侵犯原告的修改权和保护作品完整权）；4.二被告赔偿原告浙江某影视公司经济损失50万元（包括诉讼合理支出的公证费5 600元、律师费15万元、工商查询费42元、购买侵权产品的费用59元，其余款项为经济损失），二被告赔偿原告上海某电影公司经济损失25万元；5.二被告承担本案诉讼费。

被告北京某书店未到庭，其书面答辩意见称：该书店销售的涉案音像制品是从合法渠道购进的，已经尽到合理注意义务，不存在侵权行为，不同意原告的诉讼请求。

被告广州某游戏公司辩称：首先，被告二未侵犯原告电影《风声》著作权。本案中，原告电影《风声》改编自麦家的小说《风声》，原告仅对其改编作品部分享有著作权。电影《风声》中的主要故事情节、人物关系、人物特征以及“风声”名称等均来自于小说《风声》。被告游戏公司可以证明其开发“风声”游戏是基于《风声》小说作者合法授权的，并且“风声”游戏与电影《风声》中改编后的部分并不构成实质性相似，因此被告未侵犯原告著作权。其次，被告游戏公司不存在不正当竞争行为。被告游戏公司是一家专业的游戏公司，现已推出多款游戏产品。而原告作为电影公司，其主要业务领域是电影的制作和发行。原告公司从成立至今没有一款游戏产品问世，这正说明原告并未涉足游戏行业。且电影行业与游戏行业的受众群体并不产生冲突，原告不会因被告的游戏而遭受任何损失。另外，被告游戏公司备案网站上存在的一些不当用语是由于工作人员失误所致，其并没有在网站的显著位置对上述用语加以刻意突出，被告完全没有进行引人误解的虚假宣传之恶意。最后，被告游戏公司将“风声”作为游戏名称亦不属于不正当竞争。“风声”名称的权利人应当为小说《风声》的作者麦家，被告使用该名称是经过麦家合法授权的。综上，被告游戏公司不同意原告的诉讼请求。

法院在审理时就电影《风声》和游戏《风声》中的相关元素进行了比对并认定：

一、关于“风声 THE MESSAGE”的比对：原告提交了浙江某影视公司与许某签订的《委托设计合同》，约定由许某为其拍摄的电影《风声》设计标准字，要求标准字应突出电影《风声》的特点，并具有一定的寓意；标准字的形态、风格、主色等应符合电影《风声》的性质。原告在其电影《风声》的片头、海报、音像制品上使用了“风声 THE MESSAGE”的美术作品，作品背景为天色昏暗、风起云涌、以灰暗的深色调为主。被告游戏公司在其网站及纸牌游戏上使用了“风声 THE MESSAGE”“千智风声 THE MESSAGE”的美术作品。被告游戏公司称其“风声”字体来自网络字库。经比对，被告使用的美术作品中“风声”“千智风声”“THE MESSAGE”的字体与原告的不同，作品背景亦不相同。二者不具有一致性。

二、关于原告电影剧照、海报、人物形象、情节、台词等与被告游戏中相关元素的比对：被告游戏中刀锋一角具有的军装、持刀这两点元素与原告电影中的武田（黄晓明饰演）形象一致，且两者面部特征相似，刀锋形象也不像小说中所述的“举手投足略显女态”，故被告游戏中的刀锋形象并非小说语言表达的直接呈现，而系来自电影《风声》中的武田形象，二者具有相似性；被告游戏中的译电员形象并非小说语言表达的直接呈现，而系来自电影《风声》中的李宁玉（李冰冰饰演）形象，二者具有相似性，且被告对游戏人物译电员“情报比生命还重要吗”的角色诠释与原告电影中李宁玉的角色台词完全一致；被告游戏中小白一角的女性特质与原告电影中白小年（苏有朋饰演）的形象一致，被告游戏中的小白形象并非小说语言表达的直接呈现，而系来自电影《风声》中的白小年形象，二者具有相似性；经比对，被告游戏中的老枪、老鬼、老金形象均并非小说语言表达的直接呈现，而系来自电影《风声》中的老枪（吴志国，张涵予饰演）、老鬼（顾晓梦，周迅饰演）、金生火（英达饰演）形象，二者具有相似性。但被告游戏中的“情报处长”一角与王志文在电影《风声》中饰演的角色并不相同。

法院经审理认为，关于原、被告的不正当竞争纠纷一节：二原告与被告广州某游戏公司均属于从事娱乐服务产业的市场主体，存在同业竞争关系。第一，根据查明的事实，电影《风声》一经上映便取得了高票房，并获得众多业界大奖，具有很高的知名度和标识利益，已构成知名商品的特有名称。二原告与被告游戏公司对小说《风声》的使用均经过该小说作者麦家之授权，基于对原始作者著作权的保护，法院认定被告游戏公司将“风声”作为游戏名称系合法使用，其并未侵犯二原告就电影《风声》享有的特有名称权。第二，被告游戏公司在其运营的网站上宣称游戏《风声》系以电影《风声》为背景设计，并具有电影《风声》的改制版权。该被告还使用了电影《风声》的人物剧照、将其与游戏《风声》的人物进行对比介绍。且通过事实查明部分的比对情况可以看出，游戏《风声》中的老金、刀锋、译电员、小白、老枪、老鬼形象与电影《风声》中的金生火、武田、李宁玉、白小年、吴志国、顾晓梦形象十分相似，同时游戏《风声》中对其角色的若干描述与情节设置同电影《风声》的人物台词和情节具有一致性。被告游戏公司的前述行为极易致使社会公众误认为游戏《风声》与电影《风声》之间存在关联，系利用电影《风声》的市场知名度而为自身牟利，已构成反不正当竞争法规定的引人误解的虚假宣传行为。该行为违背了诚实信用、公平交易的市场行为准则和公认的商业道德，并给原告的合法权益带来损害，为此被告游戏公司应承担停止侵权、赔偿损失的民事责任。另，被告游戏公司对“风声”的英文翻译使用了“THE MESSAGE”。“THE MESSAGE”是“信息”的意思，是原告在电影《风声》中根据“信息传递”的故事主线进行的翻译，该翻译具有独创性，故被告游戏公司对“THE MESSAGE”的使用行为亦构成不正当竞争，应承担相应的侵权责任。

关于原、被告的著作权侵权纠纷一节：经法院比对，二原告在其电影《风声》的片头、海报、音像制品上使用的“风声 THE MESSAGE”的美术作品与被告游戏公司在其网站及纸牌游戏上使用的“风声 THE MESSAGE”“千智风声 THE MESSAGE”的美术作品不构成实质性相似，故被告游戏公司并未侵犯二原告的美术作品著作权。此外，二原告关于被告游戏公司侵犯电影《风声》剧照、人物形象、人物名称、剧情等著作权之主张，缺乏事实与法律依据，故法院对此不予支持。

法院判决如下：一、自本判决生效之日起，被告广州某游戏公司停止涉案的不正当竞争行为，被告北京某书店停止销售含有涉案侵权内容的游戏；二、自本判决生效之日起十日内，被告广州某游戏公司就其不正当竞争行为赔偿原告浙江某影视公司经济损失人民币21万元及合理支出人民币3万元、赔偿原告上海某电影公司经济损失人民币9万元；三、驳回原告浙江某影视公司、上海某电影公司的其他诉讼请求。

本案一审生效。

【业内关注】

1.经原著权利人授权开发的衍生品是否可以使用根据原著改编的影视剧之剧名、译名

2.仅获得原著的衍生品开发权，可否在衍生品中使用同名影视剧中的角色、情节元素

3.使用他人小说、影视剧作品中的元素开发衍生品，是否构成侵权

【法条链接】

1.《反不正当竞争法》（1993年）

第二条第一款 经营者在市场交易中，应当遵循自愿、平等、公平、诚实信用的原则，遵守公认的商业道德。

第九条 经营者不得利用广告或者其他方法，对商品的质量、制作成分、性能、用途、生产者、有效期限、产地等作引人误解的虚假宣传。

广告的经营者不得在明知或者应知的情况下，代理、设计、制作、发布虚假广告。

2.《最高人民法院关于审理不正当竞争民事案件应用法律若干问题的解释》

第八条 经营者具有下列行为之一，足以造成相关公众误解的，可以认定为反不正当竞争法第九条第一款规定的引人误解的虚假宣传行为：

（一）对商品作片面的宣传或者对比的；

（三）以歧义性语言或者其他引人误解的方式进行商品宣传的。

【理论观点】

小说、漫画、影视剧的衍生品开发，可以追溯到20世纪30年代美国迪士尼公司就米老鼠、唐老鸭等动画形象开发的大量廉价商品。在此后数十年的判例和学术研究的发展中，美国、日本等国已经形成了一套较为完整的对衍生品的保护制度，知识产权学界在讨论时往往称为“商品化权”。与著作权保护的悠久历史不同，商品化权是现代经济社会生活发展到一定阶段才出现的新型权利或利益，世界知识产权组织（WIPO）国际局在其《角色商品化报告》中称，角色商品化（Character Merchandising）是指权利人将虚拟角色或真人角色的基本人物特征（例如名称、肖像或外观）使用于各种商品或服务中，以消费者对这些角色的喜爱来激发这些消费者对商品或服务的购买欲。[1]我国尚未在法律中设立商品化权，虽已有个别法院在判决时大胆援引了商品化权作为判决理由，但多数法院在判决时往往避免使用这一舶来概念。根据具体案件情形和案由的不同，我国法院对衍生品商品化权（虽大多数判决不会提及商品化概念）的保护可能有著作权法、商标法、反不正当竞争法等多重进路。

美国设立形象权制度以保护上述衍生品的商品化权利，美国法院采取的是著作权法、商标法、反不正当竞争法的综合性保护进路。在著作权法领域，美国判例将角色行为分为文学作品角色、卡通角色、影视作品角色。文学作品角色主要出现在小说中，美国司法实践中较有影响力的标准是“充分描述”标准和“故事讲述”标准，前者指被侵权的原创角色要在作品中被给予充分的描述，同时侵权角色必须极其相近地模仿被侵权角色，而后者指代的角色必须构成“正在被讲述的故事”，其保护的范围更小，只有被侵权角色单纯构成了作品的全部内容时才能受到保护；美国司法对卡通角色的保护条件较宽松，因为卡通角色往往有独立的著作权（我国著作权法的规定亦是如此，卡通角色的造型形象往往构成美术作品，受到著作权法的保护）；影视作品角色在美国司法中的保护标准不一，有的法院往往将其作为文学作品对待。相较而言，商标法和反不正当竞争法的保护范围更加宽泛，首先，因为它们保护的是公众依据特定标识辨别商品与服务来源的能力，因此，虚拟角色必须和某一特定商品或服务来源相对应，才

1 Heijo E. Ruijsenaars, “The WIPO Report on Character Merchandising”, *International Review of Industrial Property (IIC)*,Vol 25, No.4, 1994, pp.532–542.

能够成为公众辨别该来源的标志；而未经许可对他人作品角色的使用可以归结为两种不正当竞争行为：一是混淆商品或服务的来源，二是不合理地利用他人已被消费者承认的成果，对应“假冒之诉”和“盗用之诉”[1]。日本司法实践则是通过对商业标识理论的发展，从来源识别功能、品质保障功能以及宣传广告功能的发挥角度，也在一定程度上给予了虚拟角色等商品化权的防止混淆、防止不正当竞争保护。例如，在“NFL标识案”中，日本最高法院通过承认广义的混淆概念，认定被告擅自销售带有原告拥有的球队名称及标识的商品，将会导致消费者误认被告销售的商品也是经过原告授权的，因此对于顾客吸引力的“搭便车”转化为了对于商誉的混淆与不当利用。该案之后，日本法院也逐渐将此种精神扩展到动漫角色的商品化开发活动中，以反不正当竞争法上对知名标识的保护来保证动漫角色商品化管理主体的诉权。[2]

近十余年来不断有司法界人士和学者主张为上述衍生品的商品化利益保护设立专门的权利，如设立商品化权，并规定其可以构成在先权，使知名形象商品化权与著作权、商标权或外观设计专利权成为不同的权利。[3]吴汉东教授认为，若将保护对象扩展到泛指一切可以商品化的对象，其保护范围失之过宽，诸如标记、标题、作品片断等，并非规范意义上的形象，可以直接交由知识产权法调整，但若对形象理解拘泥于某一方面，其保护范围失之过窄，因此，他主张效法美国法设立形象权，将保护对象界定为真实人物形象与虚构角色形象，并将此类权利概称为形象权，即指主体对其知名形象进行商品化利用并享有利益的权利。[4]但是，就目前来看，我国立法尚无单独设立商品化权或形象权的趋势。北京大学知识产权学院朱槟曾指出，角色的商品化权是不断发展的新问题，必须承认角色的形象、名称包括题目有别于传统著作权法保护的对象，因而保护方法也应该有所区分，可以将角色的商品化权看成准著作权，对此，反不正当竞争法的保护可能更为周全，但若著作权人实施角色的商品化经营前未能作为经营者而受到反不正当竞争法的保护，也可以考虑为角色注册商标以保护自己的权益。[5]

1 刘亚军、曹军婧：《虚拟角色商品化权法律保护刍议——美国实践的启示》，《当代法学》2008年第4期。

2 张鹏：《日本商品化权的历史演变与理论探析》，《知识产权》2016年第5期。

3 刘红：《商品化权及其法律保护》，《知识产权》2003年第5期。

4 吴汉东：《形象的商品化与商品化的形象权》，《法学》2004年第10期。

5 朱槟：《关于角色的商品化权问题》，《中外法学》1998年第1期。

抽象来看，本案的游戏公司侵害的就是电影公司就其演绎的角色形象的衍生品商品化权利，采取的是反不正当竞争法的保护进路。法院认为被告游戏公司的行为“极易致使社会公众误认为游戏《风声》与电影《风声》之间存在关联，系利用电影《风声》的市场知名度而为自身牟利”，实际上将知名的形象与商品结合起来以提升自身的市场竞争力，恰恰是衍生品商品化的目的所在。对商品化权的侵权行为会对身为同行竞争者的权利主体带来竞争威胁，非法使用商品化权即属于不正当竞争行为，因此在处理商品化问题时原则上适用反不正当竞争法存在着合理性。[1]

【案例索引】

案例1[2]：北京畅游时代数码技术有限公司诉北京微游互动网络科技有限公司等不正当竞争案

北京市海淀区人民法院认为：

北京微游公司等未经授权、未付成本，于其开发的涉案游戏中大量使用了与涉案作品中相同或相似的人物名称、武功、武器名称，并将小说情节浓缩为游戏关卡名称的行为，即利用金庸作品元素开发制作了涉案游戏，非法行使了本应属于北京畅游公司的权利，获取了不应有的竞争优势，违反了市场经营者应秉持的诚实信用原则，构成不正当竞争。涉案游戏官网使用的宣传语使相关公众误认为涉案游戏与金庸作品之间存在授权关系或某种关联关系，借助金庸及其作品的知名度吸引用户使用涉案游戏，从事了虚假宣传的不正当竞争行为。

1　唐萨娌:《我国〈反不正当竞争法〉对商品化权保护的研究》，吉林财经大学硕士学位论文，2010年。

2　一审法院：北京市海淀区人民法院，一审案号:（2014)海民（知）初字第27636号；二审法院：北京知识产权法院，二审案号:（2015）京知民终字第2256号。该案为2016年度北京法院知识产权十大创新案例。

案例2[1]：完美世界（北京）软件有限公司诉上海野火网络科技有限公司、福建博瑞网络科技有限公司等侵害作品改编权、虚假宣传、其他不正当竞争案

上海市杨浦区人民法院认为：

原告完美世界公司从查良镛处获得的授权包括以作品名称、故事、人物、武功、地名为蓝本，参考改作为专供移动终端用户使用的游戏软件，以及公开发表和运营“改编软件”的权利。因此，尽管《六大门派》游戏不构成对《倚天屠龙记》《射雕英雄传》和《神雕侠侣》三部文字作品的改编，但是被告上海野火公司在《六大门派》游戏中整体上将四部小说予以糅合，将经典元素、桥段、人物使用于《六大门派》游戏中，同时在游戏的对外宣传中提及“马景涛所饰演的无忌绝对是我们童年中不能被替代的永久经典回忆”，“那么83版《射雕》中黄日华所饰演的靖哥哥，则是我们童年中的最经典之一”等。上述宣传结合游戏内容会吸引《笑傲江湖》《倚天屠龙记》《射雕英雄传》《神雕侠侣》文字作品的爱好者成为《六大门派》游戏的玩家，抢占市场，抢夺属于原告完美世界公司的玩家群体，对完美世界公司开发运营相关游戏产生不利影响，扰乱市场正常的经济秩序，因此被告上海野火公司的行为构成对原告完美世界公司的不正当竞争。

案例3[2]：梦工厂动画影片公司诉国家工商行政管理总局商标评审委员会公司商标异议复审行政案

北京市高级人民法院认为：

梦工厂动画公司主张的其对“功夫熊猫KUNGFUPANDA”影片名称享有的“商品化权”确非我国现行法律所明确规定的民事权利或法定民事权益类型，但当电影名称或电影人物形象及其名称因具有一定知名度而不再单纯局限于电影作品本身，与特

1 一审法院：上海市杨浦区人民法院，一审案号：（2015）杨民三（知）初字第55号；二审法院：上海知识产权法院，二审案号：（2016）沪73民终39号。

2 一审法院：北京市第一中级人民法院，一审案号：（2014）一中行（知）初字第4268号；二审法院：北京市高级人民法院，二审案号：（2015）高行（知）终字第1973号。

定商品或服务的商业主体或商业行为相结合，电影相关公众将其对于电影作品的认知与情感投射于电影名称或电影人物名称之上，并对与其结合的商品或服务产生移情作用，使权利人据此获得电影发行以外的商业价值与交易机会时，则该电影名称或电影人物形象及其名称可构成适用2001年《商标法》第三十一条“在先权利”予以保护的在先“商品化权”。同时，需要指出，虽然“功夫熊猫KUNGFUPANDA”作为梦工厂公司知名电影名称及知名电影人物形象名称的商品化权应受到保护，但其保护范围仍需明确。在判断他人申请注册与该商品化权所指向的名称相同或近似的商标是否侵害该商品化权益时，需要综合考虑如下因素：一是知名度高低和影响力强弱。二是混淆误认的可能性。在目前的商业环境下，电影作品衍生品已涵盖了多类商品，但商品化权的保护范围并不当然及于全部商品和服务类别，仍应根据诉争商标指定使用的商品或服务与电影衍生商品或服务是否密切相关，是否彼此交叉或者存在交叉可能，容易使诉争商标的权利人利用电影的知名度及影响力获取商业信誉及交易机会，从而挤占了知名电影权利人基于该电影名称及其人物形象名称而享有的市场优势地位和交易机会等因素综合判断。

案例4[1]：迪斯全球有限公司诉国家工商行政管理总局商标评审委员会商标争议行政案

北京市高级人民法院认为：

知名服务的特有名称、知名电视节目名称、知名卡通形象名称的知名度是通过大量劳动与资本的投入累积形成的，承载着巨大的商业价值和经济利益，如他人将其作为商标使用，容易使相关公众误认为该商品与知名服务、电视节目或者卡通形象具有关联，从而不正当地借用他人的知名度，违反诚实信用原则，损害公平的竞争秩序。因此，知名服务的特有名称、知名电视节目名称、知名卡通形象名称作为合法权益应予保护，被诉裁定及原审判决的相关认定错误，应予纠正，商标评审委员会应在考虑迪斯公司提交证据的基础之上就争议商标的注册是否损害上述相关在先权益进行评述。

1 一审法院：北京市第一中级人民法院，一审案号：(2013)一中知行初字第2327号；二审法院：北京市高级人民法院，二审案号：(2014)高行(知)终字第2484号。

【TA评述】

《宝典》如是说[1]：所谓衍生品，是对影视作品本身以及其中的故事、情节、人物、造型、服装、场景、道具进行商业化开发后产生的作品或商品。因此，对影视作品进行衍生开发的权利基础必然来源于影视作品的著作权。由此，《宝典》提示著作权人在衍生开发授权阶段，应当对衍生开发的产品类型尽可能的细化，并在授权时间、授权地域加以限制，而不能将衍生产品开发权一揽子授权给他方；同时，《宝典》也提示开发者应保证其衍生开发权利无瑕疵，以使其在未来的衍生产品开发过程中不会受到任何他方对此权利的侵权主张。

TA观点

我国法律并没有明确规定“商品化权”这一项权利，但随着影视衍生品保护需求的日益强烈，商品化权的概念在实务界和理论界已愈发被接受。在实务界，这一概念一般是指文学作品角色和卡通角色商品化应用所产生的利益。在“功夫熊猫”案中，北京市高级人民法院曾大胆地在判决书中援引了商品化权的概念，但是在北京市高级人民法院和其他法院的后续判决中，均未再出现过“商品化权”这一我国法律并未规定过的权利概念。在实务中，权利人面临的部分商品化利益纠纷，可以在我国《著作权法》《商标法》中寻得权利基础，并寻求相应的法律保护；而在《反不正当竞争法》领域，商品化利益纠纷更多的是从商誉攀附或虚假宣传的角度，转化为不正当竞争纠纷。在本案及相似案例中，知名影视作品中独创性的角色设计、知名文学作品中人物名称或武功招数，乃至知名影视剧片名称、节目名称、服务名称，虽并非单独构成某项权利（如著作权）的载体，但均以不同的权利形态，在不同程度上得到了法院的保护。

在“功夫熊猫”案和擅自使用金庸文学作品元素开发游戏的案件中，侵权人往往在自行开发的产品中盗用、冒用知名作品的角色形象、名称等。此等虚假宣传的不正当竞争行为较易被识别，影视行业从业人员也有较强的意识去避免自身产生此类行为，以降低自身产品开发的涉诉风险，或有较强的意识去识别他人对自身权利的侵害行为。但本案的特殊之处在于，原告影视公司和被告游戏公司均从原著小说作者处获得了不同种类的衍生品开发权利，但被告未能意识到权利需要严格在授权范围内行使。被告

1　王军、司若主编:《中国影视法律实务与商务宝典》，中国电影出版社2017年版，第312页。

在其游戏中擅自使用了同名影视剧作品在原著小说之上的独创性元素，并宣称游戏《风声》系以电影《风声》为背景设计，并具有电影《风声》的改制版权，这样的宣传极易致使社会公众误认为游戏《风声》与电影《风声》之间存在关联，系利用电影《风声》的市场知名度而为自身牟利，违反了诚实信用原则，对影视剧片方构成不正当竞争。此外，尽管游戏公司经原著小说作家麦家授权，将“风声”作为游戏名称系合法使用，但“风声”的英文译名“THE MESSAGE”是电影公司在电影《风声》中根据“信息传递”的故事主线进行的独创性翻译，故游戏公司在游戏中使用此英文译名应承担相应的侵权责任。此案警示业内，在进行某一个IP的衍生品开发时，需要确定自己得到的授权是否具有完整的权利基础和来源，并且要严格在自己得到的授权范围内开发衍生品，否则便会在不经意间侵害他人合法权利。但在另一个视角上我们也可以看到，原著《风声》的小说作者为其作品的衍生品开发作出了前期规划，将各项权利细致约定分拆给不同的衍生品开发公司，为业内创作者的IP布局提供了有益的借鉴。

（撰稿人：段英子）

4.2.7 特殊职务作品中的卡通角色形象著作权归属法人

——胡某某、吴某某诉上海某美术电影公司著作权权属纠纷案[1]

【核心推介】

知名动画作品中的卡通形象具有巨大的商业价值，但该形象的著作权权属发生争议时，著作权归属造型设计的作者，还是动画作品的制片方，则须通过个案判断。本案“葫芦娃”造型设计的作者首次以线条勾勒出“葫芦娃”的基本造型，并以七色区分七兄弟，既表明兄弟的身份又以示区别，体现了作者的匠心独运与绘画技巧，该角色造型已不再停留于抽象的概念或者思想，其所具有的审美意义、艺术性、独创性和可复制性，符合我国著作权法规定的作品的构成要件，应当受到我国著作权法的保护。但在涉案影片创作的当时，我国正处于计划经济时期，被告作为全民所有制单位，影片的创作需严格遵循行政审批程序，影片的发行放映需严格遵循国家的计划安排。在作品创作的当时，两原告作为被告方的造型设计人员完成被告交付的工作任务，正是其职责所在，其创作的成果归属于单位是毋庸置疑的行业惯例，也是整个社会的一种约定俗成。因此，法院认定“葫芦娃”角色造型美术作品的著作权由被告上海某美术电影公司享有，两原告仅享有表明其作者身份的权利。

1 一审法院：上海市黄浦区人民法院，一审案号：（2010）黄民三（知）初字第28号；二审法院：上海市第二中级人民法院，二审案号：（2011）沪二中民五（知）终字第62号。该案入选2012年中国法院知识产权司法保护十大案件；最高人民法院公报案例，载《最高人民法院公报》2013年第4期（总第198期）。

【关键词】

美术作品 职务作品 著作权归属

【案情】

本案原告胡某某和吴某某均从事动画制作领域的动作设计、造型设计、导演等工作。二人分别于1953年和1964年进入被告上海某美术电影公司工作，历任动作设计、造型设计、导演等职。1984年被告美术电影公司文学组成员根据民间故事《七兄弟》，创作了《七兄弟》文学剧本大纲。1985年11月9日被告美术电影公司向文化部电影局上报1986年题材计划，在暂定节目项下共有各类影片40本，其中包含剪纸片《七兄弟》（民间故事）8本。1985年底被告成立《七兄弟》影片摄制组，指派胡某某等人担任导演，胡某某、吴某某担任造型设计。经时任涉案影片的动作设计等人证实，1986年左右，导演等创作人员均需完成被告美术电影公司创作办公室每年下达的任务指标，导演每年需完成一部长片（约20分钟）或两部短片（约10分钟），主要由被告指派任务，其他创作人员跟随导演完成相应工作量，创作成果均归属于单位。被告还经常组织创作人员深入生活或组织与业务相关的培训等。1988年原告胡某某先后绘制《葫芦小金刚》六集分镜头台本，“金刚葫芦娃”的造型与“葫芦娃”基本一致，仅改为身穿白衣、颈项佩戴金光闪闪的葫芦挂件，以示“金刚葫芦娃”由葫芦七兄弟合体而成。《葫芦兄弟》《葫芦小金刚》每集的美术设计基本上均署名为吴某某、胡某某等人。除工资、福利外，在影片完成后，创作人员均取得了相应的酬金和获奖奖励分配。

两原告诉称：早在《葫芦兄弟》摄制组成立之前的1984年，原告胡某某即开始创作“葫芦娃”造型美术作品并酝酿被告美术电影公司的第一部系列剪纸动画片。1984年3月和1984年5月原告胡某某分别绘制《葫芦兄弟》第三集和第一、第二集的分镜头台本，并勾勒出包含“葫芦娃”发型、脸形、体形、服装、颈饰等特征的基本美术造型，确立用七色区分七兄弟的原则。原告吴某某强化其葫芦冠饰，并勾画出“葫芦娃”美术造型的正面完善稿、侧面稿和彩色稿，该美术造型经征集评选于1985年底被被告全部采用，并运用于影片之中，故两原告成为“葫芦娃”角色造型形象的原创作者。《葫芦兄弟》及其续集《葫芦小金刚》的每集片尾均标明“造型设计：胡某某、吴某某”，即表明被告承认两原告系“葫芦娃”角色造型的创作人员。另，两原告从未利用被告的物质技术条件创作涉案影片的分镜头台本，原、被告双方就角色造型美术作品的著作权也无任何约定。虽然“葫芦娃”角色造型美术作品的最终定稿系被告决定，但其创作却并非体现被告意志，而是两原告主动而为，应属于职务作品，而非法人作品。在美术电影中，人物角色表演的载体是由人创作的美术作品所虚拟的形象造型，其角色造型美术作品先于电影而存在，根据著作权法的规定，可以独立于影片而由作者即两原告享有著作权，而且映射在影片中的“葫芦娃”形象的著作权也应归两原告所有，故请求法院确认《葫芦兄弟》及其续集《葫芦小金刚》系列剪纸动画电影中“葫芦娃”（即葫芦兄弟和金刚葫芦娃）角色形象造型原创美术作品的著作权归原告胡某某、吴某某所有。

被告辩称：系争角色造型是由两原告等人绘制草稿张贴于摄制组内，经组内人员集体讨论修改，并经公司创作办公室、艺术委员会反复讨论提出修改意见不断完善，最终由公司艺术委员会审定。原告胡某某依据定稿的剧本、角色造型、背景设计，绘制分镜头台本，该项工作是导演的职责。署名为两原告，是因为成立摄制组时确定的工作岗位是由两原告负责造型设计，并由两原告具体执笔。涉案影片的摄制是在计划经济体制的背景下，被告根据国家下达的制片任务指标编制拍摄计划，报电影局审批后成立摄制组投入拍摄，所有的摄制人员均受被告指派，工作任务由被告分配，影片完成后由国家按计划统包统销。涉案影片的主创人员深入生活、投资拍摄、制作、出版发行等费用均由被告承担。另，角色造型不可以脱离影片单独使用，即使可以单独使用，也应由被告享有著作权，这样更有利于动漫产业的发展。综上，被告请求驳回原告的诉讼请求。

上海市黄浦区人民法院一审认为：

第一，“葫芦娃”造型设计的作者首次以线条勾勒出“葫芦娃”的基本造型，并以七色区分七兄弟，既表明兄弟的身份又以示区别，体现了作者的匠心独运与绘画技巧，其通过手工绘制而形成的视觉图像，结合线条、轮廓、服饰以及颜色的运用形成特定化、固定化的“葫芦娃”角色造型，已不再停留于抽象的概念或者思想，其所具有的审美意义、艺术性、独创性和可复制性，符合我国著作权法规定的作品的构成要件，应当受到我国著作权法的保护。此外，涉案影片的影片目录、每集的完成台本和1996

年美术电影公司出品的《葫芦兄弟》系列VCD光盘的每集片尾工作人员名单均显示，造型设计：吴某某、胡某某，对该署名自影片创作完成至今双方均无异议，被告亦承认两原告对系争造型所作的贡献。法院据此认定，两原告共同创作了“葫芦娃”角色造型美术作品。

第二，在涉案影片创作的当时，我国正处于计划经济时期，被告作为全民所有制单位，影片的创作需严格遵循行政审批程序，影片的发行放映需严格遵循国家的计划安排。在作品创作的当时，两原告作为被告方的造型设计人员完成被告交付的工作任务，正是其职责所在，其创作的成果归属于单位是毋庸置疑的行业惯例，也是整个社会的一种约定俗成。就系争作品的创作，两原告已取得远高于工资性奖金的酬金和奖励，自涉案影片最初播映的1986年起至2010年两原告起诉之日前的24年间，也没有证据表明两原告曾就此向被告提出过异议。而且，在系争作品创作完成的24年间两原告也从未就系争造型的著作权向被告提出异议。综上，可以认定“葫芦娃”角色造型美术作品的著作权由被告享有，两原告仅享有表明其作者身份的权利。

第三，关于“葫芦娃”角色造型能否作为可以单独使用的作品并由作者单独行使其著作权问题，法院在审理时参考了我国《著作权法》第十五条第二款关于“电影作品和以类似摄制电影的方法创作的作品中的剧本、音乐等可以单独使用的作品的作者有权单独行使其著作权”的规定。法院认为该法条的适用前提有三个，一是身份系作者，其意义在于进一步保护电影作品中合作作者的单独的著作权；二是著作财产权归属于该位作者，即只有在作者已获得著作财产权的前提下，编剧、词曲作者等才能够独立地行使著作权，反之，如著作财产权归属于法人或其他组织，则即使确系作品的作者也无权行使该作品的著作财产权，更谈不上独立行使其著作权；三是作品可以单独使用，该法条虽然仅列举剧本、音乐两类作品，但由于系争角色造型可以从电影中抽离出来，并独立地使用在其他的商品或服务标识之上，事实上，多年来原、被告分别起诉的众多著作权侵权案件，也从侧面印证了系争作品已被他人进行独立于影片的单独使用。上述三个前提条件只有在同时满足的情况下才能适用该法条，由于两原告并不享有系争作品除署名权以外的著作权，故两原告不得援引该条款获得法律的保护。

第四，就存在于影片中的每一个“葫芦娃”形象而言，当系争的角色造型美术作品进入影片以后，经动作设计、背景设计、绘制、摄影、编剧、导演、配音等人员的创造性劳动，形成了“葫芦娃”具有个性特征的完整形象，该形象由包含姓名、身份、造型、声音、性格等个性特征，人物在特定环境下的经历和故事等情节以及人物对人的反应和对物的反应等组成，上述形象确认因素构成一个具有整体性的“葫芦娃”形象，当人们看到静态的“葫芦娃”形象时，它已不是单纯的一幅美术作品，而是包含个性特征、情节、反应等要素的生动形象。因此，法院认定被告对于“葫芦娃”形象的整体性作出了贡献。因此，从民法的公平原则角度出发，对于“葫芦娃”形象的整体性和知名度所作的贡献均应归功于被告，故两原告关于影片中“葫芦娃”形象的著作权归其所有的主张，法院不予支持。

胡某某、吴某某不服一审判决，向上海市第二中级人民法院提起上诉，请求撤销一审判决，依法改判认定其对“葫芦娃”职务作品享有完整的著作权，而非仅有署名权。

二审法院认为，动画电影中的角色形象应有在先的静态造型，该造型如构成美术作品，应受到著作权法的保护。但法院认为，在《葫芦兄弟》动画片拍摄过程中，时任上海某美术电影公司创作办公室主任的蒋某曾明确要求创作人员不得对外投稿，而作为创作人员的胡某某等人并未对此提出异议，即胡某某等人以实际行为遵守了电影公司的规定。这一事实表明，双方当事人均认可电影公司可对包括胡某某在内的创作人员提出上述要求，即电影公司有权对动画电影的角色形象造型进行支配。因此，从诚信的角度出发，胡某某等人不得在事后作出相反的意思表示，主张系争角色造型美术作品的著作权。故判决：驳回上诉，维持原判。

【业内关注】

1. 在影视作品中，独立角色形象的著作权能否被单独保护
2. 该独立角色形象的著作权应归属创作者，还是影视制片方

【法条链接】

1.《著作权法》

第十一条 著作权属于作者，本法另有规定的除外。

创作作品的公民是作者。

由法人或其他组织主持，代表法人或者其他组织意志创作，并由法人或者其他组

织承担责任的作品，法人或者其他组织视为作者。

如无相反证明，在作品上署名的公民、法人或者其他组织为作者。

第十五条 电影作品和以类似摄制电影的方法创作的作品的著作权由制片者享有，但编剧、导演、摄影、作词、作曲等作者享有署名权，并有权按照与制片者签订的合同获得报酬。

电影作品和以类似摄制电影的方法创作的作品中的剧本、音乐等可以单独使用的作品的作者有权单独行使其著作权。

第十六条第二款 有下列情形之一的职务作品，作者享有署名权，著作权的其他权利由法人或者其他组织享有，法人或者其他组织可以给予作者奖励：

（二）法律、行政法规规定或者合同约定著作权由法人或者其他组织享有的职务作品。

2.《著作权法实施条例》

第四条 著作权法和本条例中下列作品的含义：

（八）美术作品，是指绘画、书法、雕塑等以线条、色彩或者其他方式构成的有审美意义的平面或者立体的造型艺术作品；

……

（十一）电影作品和以类似摄制电影的方法创作的作品，是指摄制在一定介质上，由一系列有伴音或者无伴音的画面组成，并且借助适当装置放映或者以其他方式传播的作品。

第十一条 著作权法第十六条第一款关于职务作品的规定中的“工作任务”，是指公民在该法人或者该组织中应当履行的职责。

【理论观点】

相比于知名作品中的名称、素材的商品化利益，动画作品中的角色形象的造型设计往往可以构成著作权法中的美术作品并得到保护。本案葫芦娃形象作为家喻户晓的知名动画角色，其形象的商品化利益受到保护自不必言，当事人双方核心争议焦点在于对特殊职务作品著作权归属的认定，即动画角色形象的作者和动画的制片方，何者可以拥有该角色形象的完整著作权，并享受其财产性利益。本案背后核心的理论问题是智力投入与财力投入分离情况下的著作权利益分配问题，我国《著作权法》对委托作品、法人作品、职务作品的规定，正是在试图解决这一问题。

首先，对著作权法上的“作者”界定扩展到投资者，有助于提升作品利用效率。原中南财经政法大学法学院知识产权研究中心教授熊琦认为，著作权法是激励创作的制度工具，“作者”范畴内部权利配置的差异会影响到作品利用的效率，若将著作权的财产性利益给予投资者，可以降低创作者的信息成本、协商成本等。[1]长春理工大学法学院副教授邹晓红认为，随着人们娱乐化的需求增多、方式多样化，作为娱乐载体的作品及其传播就并非单个作者能够胜任，商业投资者对作品创作和传播的深度参与形成了文化产业，不过，商业投资者一旦成为创作活动的经济投入者，不仅承担了创作中的经济风险，也开始对创作的产品（即作品）要求产权。[2]

其次，我国著作权法对职务作品的著作权权属规定杂糅了英美法系与大陆法系传统。大陆法系受到“人格价值观”的影响，对自然人作者的创造力及其应被赋予的权利更为看重，因此，多数大陆法系国家主张出资人、雇主、委托人一般不能成为著作权主体；英美法系的著作权法构筑在“财产价值观”上，认为著作权的价值在于它是一项可以转移于他人的财产，更注重保护作为投资者雇主的利益，从而最大限度地刺激作品的生产和投资。[3]我国著作权法对职务作品的著作权归属规定分为一般原则和例外原则，一般情况下职务作品著作权归属于作者，即采取大陆法系对自然人作者赋予作品的人格价值的保护模式，但在《著作权法》第十六条第二款规定的特殊情况下，著作权归属于法人，即采取了英美法系对作品财产属性的保护模式。

最后，我国著作权法对委托作品、法人作品、职务作品、特殊职务作品的分类有边界不清之处，若相关作品的著作权权属发生争议，需要在司法实务界根据个案判断。例如，一般情况下区分法人作品与职务作品的标志在于辨析该作品是否体现了法人的意志，但当作为创作者的自然人与法人之间存在劳动工作关系时，作品的权属界定便会产生争议。华东政法大学教授王迁认为，我国著作权在相关条款上同时借鉴了两大

1　熊琦:《著作权法中投资者视为作者的制度安排》,《法学》2010年第9期。

2　邹晓红、许辉猛:《智力投入者和财力投入者分离下的著作权归属研究——评我国的委托作品、职务作品和法人作品制度》,《湖南大学学报（社会科学版）》2010年第2期。

3　张晓玲、张莎莎:《职务作品著作权归属探析》,《科技与法律》2005年第3期。

法系，但并未厘清不同立法例背后的价值观念，此等矛盾之处只有重构我国著作权法体系中的“法人作品”才可解决，例如，采用大陆法系对自然人作者的著作权保护，并以此激励法人通过事先的合同争取获得作品的著作权。[1]

【案例索引】

案例1[2]：上海美术电影制片厂诉曲建方、电子工业出版社著作权权属、侵权案

上海知识产权法院认为：

其一，从涉案角色造型的使用来看，涉案角色造型创作完成后，上海美术电影制片厂将其投入拍摄并出版发行了相关音像制品，另还曾许可他人在银行卡上使用涉案角色形象；而曲建方在涉案影片公开发行前，即使用涉案作品在期刊上发表连环画和形象插图，后又持续以涉案作品对外投稿并在公开出版物上发表，使用或授权他人使用阿凡提等角色形象拍摄动画片，或在产品包装、广告宣传及手机动漫项目等载体上使用。其二，从当事人对涉案角色造型的权利支配和主张来看，曲建方于1996年取得“阿凡提”美术作品著作权登记证书，上海美术电影制片厂并未提出异议，且上海美术电影制片厂和曲建方均因他人未经授权使用涉案角色形象而以提起诉讼的方式主张过权利，也分别被相关法院确认为涉案角色形象的权利人。其三，从涉案角色造型作品的知名度和内涵价值来看，其最初确实直接受益于上海美术电影制片厂将其投入涉案影片及后续影片的拍摄、发行及通过发行音像制品等形式传播，涉案影片的获奖也进一步提升了涉案角色造型的知名度和价值；而曲建方以各种方式持续使用涉案作品，不仅丰富了涉案作品的内涵，且其使用或授权他人使用阿凡提等涉案角色造型作品拍摄的影片的获奖同样也对提升涉案角色造型的知名度和价值作出了一定的贡献。此种情况下若将涉案作品的著作权财产权归属一方当事人单独享有，显然会导致权利失衡，也有违公平原则。原审法院基于当事人对涉案作品著作权的行使情况，并考虑公平、

1 王迁：《论“法人作品”规定的重构》，《法学论坛》2007年第6期。

2 一审法院：上海市徐汇区人民法院，一审案号：（2013）徐民三（知）初字第1048号；二审法院：上海知识产权法院，二审案号：（2015）沪知民终字第200号。该案入选上海知识产权法院2015年度十大典型案例。

诚信等因素，确认涉案角色造型美术作品的著作权财产权由美影厂和曲建方共同享有，并无不当，本院予以认同。

案例2[1]：杭州大头儿子文化发展有限公司诉央视动画有限公司著作权侵权案

浙江省杭州市中级人民法院认为：

大头儿子动画片的人物造型本身属于美术作品，其作者刘泽岱有权对自己创作的部分单独行使其著作权；95版动画片中三人物形象包含了刘泽岱原作品的独创性表达元素，同时中央电视台创作团队在原作品基础上进行了艺术加工，构成了对原作品的演绎作品，故电视台享有95版动画片人物形象的著作权。无论是95版动画片，还是2013版动画片的人物形象均集合了刘泽岱和电视台两方面的独创性劳动，虽然刘泽岱为95版动画片创作了人物形象的草图，但该作品未进行单独发表，没有任何知名度的积累，而电视台创作团队最终完成了动画角色造型的工作和整部动画片的创作，并随着动画片的播出，使大头儿子、小头爸爸、围裙妈妈成为家喻户晓的知名动画人物，其对动画片人物形象的知名度和影响力的贡献亦应当得到充分考量。原审法院在综合考虑当时的创作背景、本案实际情况，平衡原作者、后续作品及社会公众的利益以及公平原则的基础上，判令央视动画公司不停止侵权，但以提高赔偿额的方式作为责任替代方式并无不妥，既符合本案客观实际，也在其合理的裁量范围之内。

1　一审法院：浙江省杭州市滨江区人民法院，一审案号：（2014）杭滨知初字第634号；二审法院：浙江省杭州市中级人民法院，二审案号：（2015）浙杭知终字第356号；申请再审法院：浙江省高级人民法院，再审案号：（2016）浙民申3072号。该案入选2016年中国法院知识产权司法保护十大案件。

案例3[1]：双叶株式会社诉上海恩嘉经贸发展有限公司等侵害著作权案

上海市第一中级人民法院认为：

本案中，被告上海恩嘉经贸发展公司在其销售的产品上使用蜡笔小新卡通形象等，已在其产品上形成了涉案作品的有形复制件，并通过出售的方式向公众提供了涉案作品的副本，构成实施著作权法意义上的复制、发行行为。被告在公司网络宣传中使用涉案作品，使公众得以在个人选定的时间和地点获得作品，亦构成著作权法上的信息网络传播行为。因此，被告实施了应由原告双叶株式会社专有控制的复制、发行和信息网络传播行为，构成对原告著作权的侵犯。关于被告认为其系合法使用注册商标专用权的抗辩理由，本院认为，著作权与注册商标专用权作为各自独立的民事权利，具有各自的权利边界，权利人在行使自己合法权利的同时，亦不应侵犯他人的合法权利。被告在行使其商标许可实施权过程中擅自实施了在先著作权人专有控制的行为，仍构成著作权侵权，应当承担相应的侵权责任。

【TA评述】

知名影视作品或动画作品中的独立角色形象往往蕴含着巨大的商业价值。当某一知名角色与商品或服务绑定在一起时，消费者往往会将对某一角色的喜爱移情至商品或服务中，从而激发消费者对某一商品或服务的购买欲望。在动画作品中，由于某一角色形象的造型设计本身往往会构成著作权法意义上的美术作品，权利人从而可以单独就此作品行使著作权，这也就意味着，何人拥有对某一知名角色的著作权，即拥有了该著作权中所蕴含着的巨大的财产性利益。在索引案例3中，法院对蜡笔小新角色著作权的保护可以将其视为在先权利用以对抗商标专用权，更加深了业界对独立的角色

1 一审法院：上海市第一中级人民法院，一审案号：(2004)沪一中民五（知）初字第156号；二审法院：上海市高级人民法院，二审案号：(2005)沪高民三（知）终字第110号；再审法院：最高人民法院，再审案号：(2007)民三监字第14-1号；最高人民法院指令再审法院：上海市高级人民法院，再审案号：(2008)沪高民三（知）再终字第1号；上海市高级人民法院指令审理一审法院：上海市第一中级人民法院，案号：(2009)沪一中民五（知）再初字第1号。

形象保护的认知。

但是，某一作品的作者并非当然是该作品的完整的著作权人。《著作权法》第九条规定的著作权人既包括创造了作品的自然人意义上的作者，也包括其他依法取得著作权的公民、法人或其他组织，后者可以通过委托作品约定著作权归属，或因法人作品、特殊职务作品享有著作权。本案和索引案例对某一角色形象的著作权权属争议，背后也包含着对著作权上承载着的巨大的财产性利益的争取。何人为这些财产性利益的增值作出了主要的贡献，也成了法院权衡系争著作权归属的基础之一。在本案中，法院认为通过葫芦娃系列作品的播放和宣传，人们看到静态的“葫芦娃”形象已不是单纯的一幅美术作品，而是包含个性特征、情节、反应等要素的生动形象，这应当归功于为这一“葫芦娃”形象的整体性作出了贡献的美术电影公司。在索引案例2的“大头儿子”案中，法院也考量了电视台对该角色形象的贡献，最终判令电视台属动画公司不停止播放衍生动画片。在索引案例1的“阿凡提”案中，法院认为该角色形象其最初确实直接受益于电影公司将其投入涉案影片及后续影片的拍摄、发行等，但角色作者在后续对该角色形象的使用和授权他人使用也为丰富阿凡提的形象内涵作出了贡献，同时，阿凡提角色的作者对美术作品进行了著作权登记，其后电影公司从未表达过异议，双方还曾共同就他人对作品的侵权行为进行维权，即双方以实际行动表达了对共同行使著作权的认可。

尽管知名角色形象陷入权属纠纷会影响当事人对该角色形象的商业开发，但在法律上亦有诸多预先防范此类风险之法。最为直接的方法是，影视公司与作者可在创作初期通过合同形式约定著作权的归属，以此避免今后就作品著作权权属产生纠纷，以追求作品的商业价值最大化，这也是大陆法系多数国家立法里鼓励的方式之一。我们在此提醒各影视从业者，为全方位、有保障地维护相关权利，除必要时通过诉讼维权外，也应及时就作品进行相关著作权登记和商标注册申请。

（撰稿人：段英子）

4.2.8 网络服务提供者未尽及时删除义务应对网络用户的侵权行为承担连带责任

——吴某一诉吴某、甲公司、乙公司名誉权纠纷案[1]

【核心推介】

网络侵权发生后，除侵权的网络用户需要承担责任之外，网络服务提供者是否需要承担责任呢？考虑到网络服务提供者客观上无法对海量的信息是否侵权进行逐一审查，因此，我国法律为网络服务提供者设置了“避风港原则”，《侵权责任法》第三十六条规定，“网络用户利用网络服务实施侵权行为的，被侵权人有权通知网络服务提供者采取删除、屏蔽、断开链接等必要措施。网络服务提供者接到通知后未及时采取必要措施的，对损害的扩大部分与该网络用户承担连带责任。网络服务提供者知道网络用户利用其网络服务侵害他人民事权益，未采取必要措施的，与该网络用户承担连带责任”。如果网络服务提供者对于侵权行为不知情，则无需承担责任；但是只要有证据证明网络服务提供者知情（如接到被侵权人通知、举报等），则网络服务提供者就需要采取有效措施防止侵权行为的扩大，如删除、屏蔽、断开链接等，如果采取的措施没有达到有效防止侵权行为扩大的效果，则网络服务提供者需就损害扩大部分与侵权人一起承担侵权责任。

【关键词】

名誉权　网络服务提供者　避风港原则

1　一审法院：北京市朝阳区人民法院，一审案号：（2014）朝民初字第07644号；二审法院：北京市第三中级人民法院，二审案号：（2015）三中民终字第07733号。

【案情】

乙公司所有、甲公司实际运营的某网站实名认证用户吴某于2013年10月2日01：55：54发了一条辱骂吴某一及其母亲的言论："@吴某二（系吴某一在该网站实名认证名）他娘亲……他妈……他……"吴某一注意到该言论后，即在2013年10月2日上午07：32举报，甲公司和乙公司受理。二公司接到举报后，先根据其网站内部的《管理规定》"受理之后，1.若涉及行为明显违规，由站方根据本规定直接处理，并建立卷宗公示结果；2.若涉及行为并非明显违规，进入普通委员会判定阶段"，二公司认为应属于第二种情况，故要求吴某一举证，并按网站的投票系统对该言论是否违规进行确认，在这段时间里，这条言论在数小时内被转发了两千多次。吴某一就此向甲公司网站社区管理员发帖质疑，但发帖5次都被删除，并且甲、乙二公司的网站管理员通知禁言吴某一48小时。

原告吴某一诉称：依据最基本的常识及最底线的道德标准，甲公司和乙公司完全可以并且应当认定吴某发的言论为恶劣侮辱性的人身攻击言论，但二公司未尽任何审慎审查义务，仍然任由吴某公开发表该言论。在吴某一举报之后，对这则根据最基本常识及最基本道德准则即可认定明显违规的恶毒人身攻击言论，二公司完全可以并且应当直接判定吴某严重违规，并删除该言论。综上，吴某一认为吴某、乙公司、甲公司的行为构成侵权，请求法院判决：一、吴某、乙公司、甲公司在某某网站等网络媒体及北京发行的平面媒体上赔礼道歉；二、吴某、乙公司、甲公司共同赔偿吴某一精神损害抚慰金1万元。

被告吴某辩称：一、吴某一起诉主体不适格，根据现有证据，看不出所涉言论中的吴某二与吴某一之间存在利害关系。二、侵权行为的构成要件包括侵害他人权利，有损害的发生，行为须是违法，损害他人权利的行为与损害结果之间有因果关系。1.侵权认定的前提必须是该行为违反法律规定，本案中吴某一句宣泄情绪的话，虽然不符合道德的规范性标准，但是没有违反任何法律规定。2.侵害名誉权的构成要件要求必须造成了损害后果。本案中仅仅凭借吴某在凌晨发的一条不存在的事实言论是完全不会使吴某一的社会评价降低，因此不存在损害后果。3.主观上，吴某不存在主观上的故意和过失。本案的起因是吴某一曾多次用语言激怒吴某，吴某一有过错在先。4.侵害名誉权的行为对象要求是特定的人，本案所涉言论中没有主语，“@”在该网站，是提醒、提示的意思，用户在使用的时候也是明知此功能的，所以这只是在提醒吴某二看，没有指向他。其中这句话中的三个“他”字，也并不特指是谁。综上，吴某并不构成名誉侵权。

被告甲公司辩称：甲公司并非网站的经营方，吴某一所诉主体不适格，根据ICP查询，乙公司是涉案网站的实际经营方。

被告乙公司辩称：一、该网站在经营过程中并不存在对吴某一的侵权故意或者过失，无主观过错，不符合侵权行为的主观要件，不构成侵权行为。乙公司作为网络经营者，不可能对每一篇言论都核对其内容的真实性。要求乙网络公司对用户所发表的内容的真伪进行判断，显然超出了乙公司应具备的审查能力。二、乙公司在吴某一通过网站举报功能进行举报后，经过审查，及时删除了涉案言论。作为网络服务提供商，已经尽到了相应的义务和责任。综上，乙公司没有侵权的故意和过失，其行为完全符合《侵权责任法》第三十六条的相关规定，不构成侵犯吴某一的名誉权。恳请法院依法驳回吴某一的全部诉讼请求。

一审法院经审理认为：根据司法解释，是否构成侵害名誉权的责任，应当根据受害人确有名誉被损害的事实、行为人行为违法、违法行为与损害后果之间有因果关系、行为人主观上有无过错予以认定。首先，就过错和违法行为而言。本案中，吴某系网络用户，其编辑言论的内容明显具有侮辱性，应认定为过错。乙公司作为网站经营者在收到举报后，在明知的情况下，对于该明显具有侮辱性内容的言论未立即删除，而自行决定进入24小时辩论，客观上延长了侮辱性内容的存续时间，且在删除后，在处理结果公示页面中仍保留已删除言论的完整内容，用户仍可以检索方式查找此信息，处理失当，亦应认定为存在一定程度的过错。吴某、乙公司认为“@”在网络语言使用中仅具有提示、提醒作用，不具有内容的指向性。对此，法院认为，目前“@”在网络语言语境下的作用具有非规范性和随意性，其使用范围和意义无权威界定，本案涉案言论属于非直接对话语境，吴某在“@”之后的言论内容中三次使用“他”，使一般用户从整体理解上可以建立吴某一与内容之间的联系，也就具备了针对吴某一的明确指向。此外，根据审理查明的情况，甲公司并非涉案网站的经营者，亦未实施侵权行为，吴某一要求其承担责任无事实依据。其次，需要判断相关涉侵权言论是否会造成吴某一名誉权受损的后果。对此，法院认为，言论具有向不特定网民广泛传播的特性，言论上针对特定个体的信息的传播必然会导致网民对该特定个体产生内心评价。部分评价以网民跟帖、点赞等方式表现在网络媒体上，部分评价则并不一定在网络媒体上得以体现。根据吴某一提供的网页照片，可以看到相应转发达1626次，评论538次，点赞112次。因此，根据网络媒体的传播特性，可以认定上述侵权言论已导致了吴某一社会评价的降低。另，吴某、乙公司对吴某一与吴某二主体同一性提出异议。对此，通过网页截屏照片以及吴某一当庭演示登录情况可以确定吴某一即吴某二，吴某、乙公司未就其异议提供反证，法院不予采纳。

综上，吴某发表侮辱性言论，具有过错，构成侵害名誉权，应承担侵权责任。乙公司在采取删除措施上存在不足，导致损害扩大，应就扩大部分的损害与吴某承担连带责任。据此吴某一要求吴某、乙公司赔礼道歉的诉讼请求，法院予以支持，但具体方式应与损害程度相一致，由法院判决。吴某、乙公司应向吴某一支付一定数额的精神损害抚慰金，具体数额由法院根据其各自过错、损害程度裁酌。

一审法院判决：一、吴某于判决生效后七日内在其个人账号连续发布致歉声明三天，内容由法院审定，如吴某拒绝履行，法院将在全国发行的报纸上刊登判决书主要内容，费用由吴某负担；二、乙公司于判决生效后七日内在其经营的言论网站首页刊登致歉声明三天，内容由法院审定，如乙公司拒绝履行，法院将在全国发行的报纸上刊登判决书主要内容，费用由乙公司负担；三、吴某于判决生效后七日内赔偿吴某一精神损害抚慰金6 000元，乙公司在1 000元范围内与吴某承担连带赔偿责任；四、驳回吴某一其他诉讼请求。

乙公司不服一审判决，于法定期限内上诉至北京市第三中级人民法院，请求撤销原审判决第二项及第三项中要求乙公司与吴某承担连带赔偿责任的判决内容，驳回针对乙公司的全部诉讼请求。理由为：一、就本案言论而言，从吴某一对涉诉言论提出异议到乙网络公司处理完毕一共仅23小时，乙公司的处理是及时的。乙公司在涉案言论下加了评注，评注的内容是“此言论内容违反规定和相关法律法规，请谨慎转发”。乙网络公司已经对涉案言论采取了相应的措施，不应以是否删除涉案言论作为是否处置的唯一判定标准。二、乙公司作为网络运营商，在处理网站相关言论的过程中，需要对言论的内容进行考量，这种考量包括言论指向是否是举报人、言论是如何发出的、是否在发表言论时双方发生过其他矛盾等。而涉案言论中，“@”形式在言论平台中的典型用途是提示某人查看，而并非唯一性或确定直接针对言论对象。当时的情况是，乙公司通过网络查询，核实了在涉案言论发出的一段时间内，吴某一与吴某存在一定的往来，吴某一本人发出的言论也包含攻击性措辞，其对事件的发展也负有责任。且吴某一以“吴某二”为昵称的言论平台上，并不存在其真实姓名“吴某一”的公开介绍信息，“吴某二”实为网络环境中的虚拟身份，以虚拟身份为言论对象，是否可导致现实生活中相关用户社会评价的降低，并形成侵犯用户名誉权的效果，乙公司确需必要时间进行核实及综合评判。

吴某一同意原审判决，不同意乙公司的上诉请求和理由。其认为：一、涉案言论的表述是明显的侵权，并非难以判断，不应当进入到委员会判定程序，也就是说24小时自辩程序是不应当存在的。正是因为乙公司的拖延导致侵权后果的扩大，吴某一对于事件的发展没有过错。二、关于@吴某二的身份问题。吴某二是实名认证账号，需要本人提供身份信息和联系方式才能通过审核。吴某一与吴某从来没有见过面，也没有交集，乙公司称吴某一与吴某之间有攻击性言论需要提交相应证据予以证实。

北京市第三中级人民法院经过审理后认为：综合当事人的诉辩和查明的事实，本案争议焦点为乙公司对于吴某的侵权行为是否承担连带责任。本案中，吴某发表侮辱性言论，具有过错，且导致了吴某一社会评价的降低，其行为已构成侵害名誉权，应承担侵权责任。甲公司并非涉案言论的网络服务提供者，其亦并未实施侵权行为，不承担侵权责任。故就此争议焦点需要着重考量的是乙公司作为涉案言论的网络服务提供者是否采取了及时必要的措施，阻隔了涉案言论的不良影响扩大化。乙公司在本可以直接删除涉案言论的情况下，启动24小时自辩程序，致使涉案言论被不断转发、评论，从而扩大了涉案言论的不良影响，实为采取措施不当，对此应当就侵权损害扩大部分与吴某承担连带责任。

二审法院判决：驳回上诉，维持原判。

【业内关注】

1. 网络服务提供者与网络用户承担连带侵权责任标准的判定

2. 名誉权侵权的判定标准

【法条链接】

1.《侵权责任法》

第六条　行为人因过错侵害他人民事权益，应当承担侵权责任。

根据法律规定推定行为人有过错，行为人不能证明自己没有过错的，应当承担侵权责任。

第十五条　承担侵权责任的方式主要有：

（一）停止侵害；

（二）排除妨碍；

（三）消除危险；

（四）返还财产；

（五）恢复原状；

（六）赔偿损失；

（七）赔礼道歉；

（八）消除影响、恢复名誉。

以上承担侵权责任的方式，可以单独适用，也可以合并适用。

第二十二条　侵害他人人身权益，造成他人严重精神损害的，被侵权人可以请求精神损害赔偿。

第三十六条　网络用户、网络服务提供者利用网络侵害他人民事权益的，应当承担侵权责任。

网络用户利用网络服务实施侵权行为的，被侵权人有权通知网络服务提供者采取删除、屏蔽、断开链接等必要措施。网络服务提供者接到通知后未及时采取必要措施的，对损害的扩大部分与该网络用户承担连带责任。

网络服务提供者知道网络用户利用其网络服务侵害他人民事权益，未采取必要措施的，与该网络用户承担连带责任。

2.《最高人民法院关于审理名誉权案件若干问题的解答》

七、问：侵害名誉权责任应如何认定？

答：是否构成侵害名誉权的责任，应当根据受害人确有名誉被损害的事实、行为人行为违法、违法行为与损害后果之间有因果关系、行为人主观上有过错来认定。

以书面或者口头形式侮辱或者诽谤他人，损害他人名誉的，应认定为侵害他人名誉权。

对未经他人同意，擅自公布他人的隐私材料或者以书面、口头形式宣扬他人隐私，致他人名誉受到损害的，按照侵害他人名誉权处理。

因新闻报道严重失实，致他人名誉受到损害的，应按照侵害他人名誉权处理。

【理论观点】

1.网络服务提供者与网络用户承担连带侵权责任标准的判定。

我国《侵权责任法》第三十六条规定：

网络用户、网络服务提供者利用网络侵害他人民事权益的，应当承担侵权责任。

网络用户利用网络服务实施侵权行为的，被侵权人有权通知网络服务提供者采取删除、屏蔽、断开链接等必要措施。网络服务提供者接到通知后未及时采取必要措施的，对损害的扩大部分与该网络用户承担连带责任。

网络服务提供者知道网络用户利用其网络服务侵害他人民事权益，未采取必要措施的，与该网络用户承担连带责任。

根据该条款，网络服务提供者与网络用户承担连带侵权责任主要分为以下两种情形：

第一，网络服务提供者接到通知之后未及时采取必要措施，对损害的扩大部分与该网络用户承担连带责任。

关于这种情形，张新宝教授认为：《侵权责任法》第三十六条第二款被称为网络侵权责任的“通知条款”。通知条款意味着：被侵权人在知道了网络用户实施的侵权行为之后，有权通知网络服务提供者采取必要的协助措施防止损害后果的进一步扩大；网络服务提供者在接到被侵权人的通知后，应当采取必要的删除、屏蔽、断开链接措施以防止损害的扩大；如果网络服务提供者未对侵权行为采取必要措施，而该网络用户的行为被最终确认为侵权行为，则未采取必要措施的网络服务提供者应当对接到通知之后的损害扩大部分承担侵权责任。换句话说，网络服务提供者没有接到通知，或者接到通知后即采取了必要措施的，则不需要承担侵权责任。[1]《侵权责任法》第三十六条的通知条款赋予了被侵权人对于侵权行为通知的权利，并不意味着被侵权人可以不经法院的审理，自行判断侵权行为的成立。通知中所述行为是否构成侵权以及网络服务提供者是否需要承担连带的侵权责任，仍然需要经过法院审判作出最终的判决。如果经过法院审理认为通知中所述行为不构成侵权，没有侵犯通知发出人的合法权益，而因为删除、屏蔽、断开链接等措施给相关的网络用户造成了损失而需要承担违约责任的，通知发出人应当对由此造成的损失承担责任。国务院《信息网络传播权保护条例》第二十四条即规定了因权利人的错误通知而给服务对象造成损失的，权利人应当承担赔偿责任。[2]

第二，网络服务提供者知道网络用户利用其网络服务侵害他人民事权益，未采取必要措施的，与该网络用户承担连带责任。

关于这种情形，王利明教授认为："我国《侵权责任法》第三十六条第三款规定：网络服务提供者知道网络用户利用其网络服务侵害他人民事权益，未采取必要措施的，与该网络用户承担连带责任。对于其中的'知道'如何理解，虽然民法学家们说法不一，但目前占主流的观点是'知道'可以包括'明知'和'应知'两种主观状态。"[3]

《最高人民法院副院长在全国法院知识产权审判工作座谈会上的讲话》(2010年4月28日)也指出:《侵权责任法》第三十六条第三款规定的"知道"这一主观要件，包括"明知"和"应知"两种情形，这与条例（《信息网络传播权保护条例》）第二十二条和第二十三条的规定精神并无本质不同，实践中要注意研究总结"应知"的具体认定标准。[4]

北京知识产权法院副院长陈锦川认为：网络服务提供者的过错形态应当包括"明知"和"应知"，即故意和过失。对于明知的认定需要有充分的证据予以证明，因而在实践中较容易把握。但就"应知"或者"有合理理由应当知道"的把握，则是一个极

1 张新宝、任鸿雁:《互联网上的侵权责任:〈侵权责任法〉第36条解读》,《中国人民大学学报》2010年第4期。

2 张新宝、任鸿雁:《互联网上的侵权责任:〈侵权责任法〉第36条解除》,《中国人民大学学报》2010年第4期。

3 王利明主编:《中华人民共和国侵权责任法解读》，中国法制出版社2010年版，第185页。

4 王利明主编:《中华人民共和国侵权责任法解读》，中国法制出版社2010年版，第185页。

具实务操作的难题，在网络环境下更是如此。对此要充分考虑到网络服务提供者系为他人信息传播提供技术等中间服务的地位和作用的特点，既不能施之过严，也不能操之过宽。具体而言，应遵循以下规则：第一，网络服务提供者的“应知”或者“有合理理由应当知道”应当指向特定的作品、表演、录音录像制品，一般指网络服务提供者有合理理由应当知道他人利用其服务传播被诉作品、表演、录音录像制品构成侵权。第二，“应知”或者“有合理理由知道”的前提是侵权事实非常明显，即当存在着明显侵权行为的事实或者情况，网络服务提供者从中应当能够意识到侵权行为的存在时，就可以认定其有过错。第三，网络服务提供者对他人利用其技术服务传播作品、表演、录音录像制品是否侵权一般不负有事先进行主动审查、监控的义务，即网络服务提供者是否有过错，只能通过相关事实来证明，不能仅仅从网络服务提供者没有监控网络，没有事先发现和制止侵权行为这一事实本身推定其有过错。因此，将其过错定位在具有明显的侵权事实存在的前提下是妥当的，只有网络服务提供者具有重大过失时，才认定其具有过错。[1]

2. 名誉权侵权的判定标准。

关于这个问题，《最高人民法院关于审理名誉权案件若干问题的解答》第七条有明确的规定，详见“法条链接”。

【案例索引】

案例1[2]：向华强诉广州网易计算机系统有限公司名誉权案

广州市中级人民法院认为：

依照《中华人民共和国侵权责任法》第三十六条及《最高人民法院关于审理利用信息网络侵害人身权益民事纠纷案件适用法律若干问题的规定》第三条的规定，网络服务提供者利用网络侵害他人合法权益的，应承担侵权责任。网易公司旗下网站“网易女人”及“网易娱乐”发布的涉案文章称向华强涉黑并曾因盗窃被捕等言论，均以肯定的句式予以描述，对向华强遵纪守法及个人品行方面作出负面认定。上述内容无相关司法部门

---

1 陈锦川：《网络服务提供者过错认定的研究》，《知识产权》2011年第2期。

2 二审法院：广州市中级人民法院，二审案号：（2017）粤01民终2166号。

的调查及法律文书为依据，未经查证属实，在网络上公开传播，降低了向华强的社会综合评价，对其名誉产生负面影响。网易公司未尽审查管理义务，导致上述不实文章被公开发布，在网络传播，对向华强的名誉造成了损害，存在过错。向华强委托律师于2015年3月3日通过电子邮件向网易公司网站公布的举报邮箱发送《律师函》，2015年5月15日再次通过快递向网易公司住所地发送《律师函》，均提出删除侵权文章、赔礼道歉、消除影响等要求。但网易公司直到向华强2015年11月向一审法院起诉后才删除涉案文章，未及时采取必要措施防止不实言论扩散，消除影响。网易公司对此存在过错。

综合上述分析，网易公司侵犯向华强的名誉权，应承担侵权责任。依照《最高人民法院关于审理名誉权案件若干问题的解答》第十条之规定，“恢复名誉、消除影响、赔礼道歉可以书面或者口头的方式进行，内容须事先经人民法院审查。恢复名誉、消除影响的范围，一般应与侵权所造成不良影响的范围相当。公民、法人因名誉权受到侵害要求赔偿的，侵权人应赔偿侵权行为造成的经济损失；公民并提出精神损害赔偿要求的，人民法院可根据侵权人的过错程度、侵权行为的具体情节、给受害人造成精神损害的后果等情况酌定”。网易公司的行为确已损害向华强的名誉，网易公司应当采取措施恢复名誉、消除影响并赔偿损失。

一审认定网易公司在“网易女人”和“网易娱乐”首页连续3天刊登致歉声明，处理得当，本院予以维持。向华强因本案纠纷产生的公证费、差旅费、律师费等，属于为制止侵权行为所支付的合理开支，并有相关票据为证，依照《最高人民法院关于审理利用信息网络侵害人身权益民事纠纷案件适用法律若干问题的规定》第十八条的规定，向华强要求赔偿上述费用符合法律规定，应予支持。一审核算为38 944元理据充分，本院予以维持。关于精神损害抚慰金。涉案文章网友参与人数达163 568人，跟帖条数达28 324条，参与人数众多，会给向华强造成精神痛苦及困扰，依照《最高人民法院关于审理利用信息网络侵害人身权益民事纠纷案件适用法律若干问题的规定》第十七条的规定，向华强请求赔偿精神损害抚慰金，应予支持。网易公司虽有侵权行为，但未造成严重后果，涉案文章内容早已见诸于网络，并非网易公司首发，上述内容对向华强名誉的负面影响并非完全由网易公司造成。且网易公司已删除涉案文章，停止侵害。结合上述情节，网易公司关于一审认定精神损害抚慰金50 000元过高应予调整的上诉理由成立，本院酌情调整为5 000元。

案例2[1]：胡某与光明网传媒有限公司名誉权侵权案

北京市第二中级人民法院认为：

《中华人民共和国民法通则》第一百零一条规定，公民享有名誉权，公民的人格尊严受法律保护，禁止用侮辱、诽谤等方式损害公民的名誉。《中华人民共和国侵权责任法》第三十六条规定，网络用户、网络服务提供者利用网络侵害他人民事权益的，应当承担侵权责任。光明网传媒有限公司主办的光明网文化频道上载的署名“康春翔”的《批判诸葛亮的“著名教授”竟然是“文盗”》一文所论述的胡某剽窃他人学术观点的内容是否属实属于知识产权侵权纠纷，不属名誉权纠纷的审理范围，故本案不予涉及。光明网文化频道虽系提供学术交流的平台，但无论文章主张的观点是否属实，文章的内容都应限制在正当的学术交流、学术批评的范围内，不应有侮辱、贬损他人人格的内容，《批判诸葛亮的“著名教授”竟然是“文盗”》一文中“伪君子、冒牌货、寄生虫、无容身立足之地，能够充分尊重原创人，保护原创人，一旦发现了‘文盗’，就要像对待肚子里的蛔虫一样，及时消灭排入粪坑……”等内容明显带有人身攻击的辱骂性质，已经超出了学术争论的合理范畴，该文章登载后，多家网站予以转载并发表评论，对胡某的个人形象及人格评价造成不良影响，虽然光明网在胡某向其提出登载的文章构成侵权后，又登载了胡某撰写的反驳文章，但光明网没有及时删除侵权文章，损害后果仍然存在，应认定《批判诸葛亮的“著名教授”竟然是“文盗”》一文的部分内容对胡某构成名誉侵权。光明网传媒有限公司虽然不是侵权文章的作者，但其不能提供文章作者的真实身份，且对作者的来稿进行了编辑、筛选，应当认定为侵权文章的发布者，其对明显含有人身侮辱性言辞的文章在经过编辑、筛选后仍对该部分内容予以发布，主观上负有过错，应承担直接侵权责任。

案例3[2]：王×1、王×2、胡×1、胡×2、胡×3、秦×1与高×、炫一下（北京）科技有限公司名誉权案

北京市第三中级人民法院认为：

1 二审法院：北京市第二中级人民法院，二审案号：（2014）二中民终字第00385号。

2 二审法院：北京市第三中级人民法院，二审案号：（2017）京03民终3161号。

一审判决认定事实清楚，适用法律正确，应予维持。

一审法院北京市顺义区人民法院认为，《中华人民共和国民法通则》第一百零一条规定：公民、法人享有名誉权，公民的人格尊严受法律保护，禁止用侮辱、诽谤等方式损害公民、法人的名誉。《最高人民法院关于审理名誉权案件若干问题的解答》第七条规定：是否构成侵害名誉权的责任，应当根据受害人确有名誉被损害的事实、行为人行为违法、违法行为与损害后果之间有因果关系、行为人主观上有过错来认定。经查明，王×1制作并上传了相关视频，视频中，王×2宣读了相关材料，胡×3、秦×1均出现在该视频内，故该四人均参与了视频的制作及传播。相关材料中的内容，涉及高×是否有私生子，以及高×是否存在职务侵占行为。针对私生子一节，仅为王×2等人的个人推测，没有相应证据予以证实；针对涉嫌职务侵占一节，相关部门尚未作出认定，《中华人民共和国刑事诉讼法》第十二条规定，未经人民法院依法判决，对任何人都不得确定有罪，在相关部门并未作出认定前，即使认为高×有存在职务侵占之嫌，王×2等人亦应向有关部门予以举报，不宜公开予以散布。故该四人应承担赔礼道歉、恢复名誉的相应责任，法院酌定赔礼道歉的方式及赔偿数额。《中华人民共和国侵权责任法》第三十六条第二款规定，网络用户利用网络服务实施侵权行为的，被侵权人有权通知网络服务提供者采取删除、屏蔽、断开链接等必要措施。网络服务提供者接到通知后未及时采取必要措施的，对损害的扩大部分与该网络用户承担连带责任。本案中，炫一下公司属于网络服务提供者。根据上述法律规定，该公司是否承担侵权责任在于该公司是否接到高×的删帖通知并采取了必要措施。一审审理过程中，高×并未直接通知炫一下公司，该公司在接到网信办通知、一审法院传票后已经删除相应的视频，故不存在扩大损失的部分，不应承担赔偿责任。

【TA评述】

网络侵权有着成本低、“见效快”、维权成本相对较高、侵权人较难锁定等特点，近年来，网络侵权频发，尤其集中在侵犯人身权（如名誉权、肖像权）、知识产权（如著作权、商标权等）领域。为了平衡网络服务提供者与权利人的利益，我国相关法律法规规定了“避风港”原则，即只有当网络服务提供商实际知道或者应当知道用户的侵权行为，却没有及时采取必要措施，才可能承担责任。根据“避风港”原则，作为网络服务提供者，虽然并没有义务对用户所发表和上传的言论或者文件进行一一审查，但是仍有义务进行一定程度的监管，采取必要的措施来减少网络侵权的发生。我国《侵权责任法》第三十六条和《信息网络传播权保护条例》相关条款对于网络服务提供者在何种情况下需要承担什么样的责任做了详细的规定。对于网络服务提供者，如何最大限度地规避自身承担责任的风险，我们给出如下建议：

1.做好预防措施，提高注意义务。

在侵权行为发生之前，可以通过技术手段防止一些侵权行为的发生。如对一些敏感字词、需要付费才能获得的作品（如影视作品、音乐作品、文字作品等）、正在上映的院线电影名称等侵权行为高发名词进行筛选屏蔽，这样可以从源头上屏蔽掉一些侵权行为，免去后续不必要的麻烦。

2.建立完善的举报机制。

网络服务提供者应建立完善的举报机制，电话、邮箱等举报系统应该24小时有人值守，快速作出反应。另应配备专业的审核团队，对被举报的内容进行初步判定是否侵权，对于完全不涉及侵权的内容，对举报者作出专业回复，对于涉嫌侵权的内容，应先及时断开连接，并可建议被侵权人去法院主张权利。

3.应采取实名制注册。

侵权行为发生后，网络服务提供者有义务配合法院提供侵权人的相关资料，如果网站进行实名制注册的话，则锁定侵权人则会容易很多，同时实名制注册也会使侵权人因为害怕承担责任而注意自己的言论。

4.应对处理侵权内容过程建立存档。

网络服务提供者应对举报人、举报事件、举报内容及链接、处理方式、处理的时间节点等信息进行完整记录，这样不仅有利于尽快锁定侵权事实，也有利于证明尽到网络服务提供者的义务。

5.对发布过侵权内容的用户进行高度注意。

对于发布过侵权内容的用户进行高度注意，如该用户连续发布侵权内容，则可考虑对其发布的内容进行逐条审查甚至封号的措施。

（撰稿人：徐晓芳）

4.2.9 公众人物对名誉权侵权容忍度的界限

——吴某与天津某出版公司名誉权纠纷案[1]

【核心推介】

与公众人物相关的新闻易受到大众关注，会带来巨大的阅读和关注流量，具有极高的商业价值，因此，很多媒体甚至一些自媒体都乐于争相报道与公众人物有关的信息，尤其是涉及公众人物的婚恋、家庭、是否整容等较为敏感和私人的信息。诚然，作为公众人物，理应承担一定的社会责任，达到公众人物个人权利与公众的合理知情权、社会公共利益的平衡，公众人物对媒体的言论需要具有比普通公众更高的容忍义务。但是这并不意味着公众人物的生活可以随意被歪曲、揣度或猜测。公众人物容忍义务应以新闻媒体的真实披露为前提，媒体不应一味地“追热度”“博眼球”，也应该承担一定的社会责任，其中保证新闻报道客观真实、对新闻内容尽到审核义务不仅是媒体职业操守和专业素养的体现，而且也是媒体担当社会责任的体现。

【关键词】

公众人物　名誉权侵权　容忍度　新闻真实

【案情】

原告吴某是一位女明星，《W周刊》系被告主办的杂志。该杂志某一期“头条新闻”栏目刊登了《离异产生共鸣——潘某吴某急重组家庭》（下称《离》文）的文章并

1　一审法院：北京市朝阳区人民法院，一审案号：（2013）朝民初字第35480号；二审法院：北京市第三中级人民法院，二审案号：（2014）三中民终字第06367号。

配有相关图片。该文章中刊登了潘某与吴某的一些生活和工作照片，并配有一些“离异”“重组家庭”“关系已比普通朋友更进一步”“微博示爱”等文字。

原告诉称：其系我国台湾著名艺人，集歌手、演员、作家、主持人、编剧多种身份于一身。2013年8月15日，原告获知，在由被告主办的杂志《W周刊》的封面及第32页至34页分别用醒目标题，并配以大篇幅图片刊登了严重失实报道《离》文。在《离》文中用较大篇幅进行了歪曲事实的报道和无中生有的分析、解密，以上种种行为极其严重地毁坏了原告以及第三人潘先生的名誉。原告认为，被告所刊发文章完全无中生有、恶意捏造，已远远超出了“言论自由”的底线，同时背离了媒体本应恪守的职业操守，对原告的名誉造成了极其严重、难以挽回的损害，须依法承担致歉、赔偿的侵权责任。故原告诉至法院，要求被告收回并销毁所有涉嫌侵权的《W周刊》；在全国公开发行的报纸以及《W周刊》上向原告公开赔礼道歉；赔偿原告精神抚慰金人民币20万元。

被告辩称：被告刊登的文章是善意的，词汇和文章的内容是积极和鼓励的，原告引用个别词语来起诉，没有引用赞美原告的词汇，对原告大方懂事等正面评价和祝福没有提及。被告已经与原告及其经纪人沟通，刊登了致歉信。本案没有损害结果的发生，损害与被告没有因果关系。综上，不同意原告的起诉意见，请求驳回原告的诉讼请求。

北京市朝阳区人民法院经审理认为，本案主要涉及以下六个问题：

第一，涉案报道是否属于新闻真实。法院认为，新闻真实与客观真实确实存在区别。鉴于新闻的特点及人们认识程度的有限性，新闻真实并不要求与客观真实完全一致。在名誉侵权案件中，新闻真实作为抗辩的成立需要具备一定条件。即只有在新闻工作者遵循了职业道德和行业规范，并尽最大可能确保客观真实，但由于客观条件所限，而未能完全与客观真实相一致的情况下，新闻真实才能构成一项有效的抗辩。具体到本案，被告辩称“吴某与第三人恋爱”是媒体的共识，涉案报道属于新闻真实，故其不应承担责任。首先，纵观涉案报道，被告大量篇幅和文字都是一种事实叙述的行文和表达，从一般读者角度来看，并不会认为只是该媒体的一种主观评论和推断。其次，鉴于新闻面对的是不特定多数的社会大众，且新闻报道应当是对事实的报道，故在新闻报道中，应尽可能避免进行主观评价。如确有必要进行评价的，也应确保评价尽可能贴近客观事实，杜绝没有任何事实根据的主观臆造，并使用如“本编认为”“我们推断”等字眼加以特别提示和说明。再次，新闻报道应建立在充分调查和必要采访的基础上，并尽可能地追求客观真实。涉案报道未经充分采访和调查，仅凭几张偷拍的照片便对当事人较为私密的感情生活进行猜测和想象，已经偏离了追求客观真实的轨道，突破了新闻真实的界限，不符合新闻行业的职业规范。最后，“媒体共识”并不等同于新闻真实。新闻真实必须是记者根据自身调查得来的事实，而并非媒体根据一些信息片段得出的所谓“共识”。另外，被告在其“致歉启示”中已经明确承认“吴某彻夜留宿”“二人恋爱，着急重组家庭”等内容不准确，并表示歉意。可见，涉案报道并不构成新闻真实。

第二，被告过错及行为性质。被告在发布涉案报道过程中存在以下过错：首先，对新闻报道真实性未尽足够注意义务，应核实未核实。其次，对新闻报道客观性未尽足够注意义务，为增强文章的可读性和娱乐性，涉案报道充斥着主观性、判断性的词语，感情色彩浓厚，倾向性明显，背离了新闻报道客观性的基本要求。最后，针对当事人私生活及个人名誉的语言，未尽足够谨慎的注意义务。涉案报道中有关“寄居潘家”“彻夜留宿”“失婚猛追”等涉及当事人私生活及个人名誉的描述，显然是负面甚至是贬低性的语言和表述。总之，被告作为从事新闻工作的主体，应当恪守新闻工作者的职业道德和行业规范，确保新闻的真实性和客观性，避免侵犯他人合法权利。被告在应知《离》文没有足够事实依据的情况下，仍然进行捏造和散布，属于一种放任的心理状态，构成间接故意的主观过错。被告因过错捏造散布虚假事实的行为，构成名誉侵权中的诽谤。

第三，涉案报道是否超出公众人物容忍限度。公众人物在享有普通公民所不能享有的社会知名度、关注度、影响力、号召力等特有利益时，还应受到一定制约机制的约束，其权利尤其是名誉权、隐私权也相应要受到一定的限制。因此，公众人物的名誉权，呈现出公众兴趣性、与公共利益的冲突性及法律保护的有限性等特点。公众人物容忍度界限应遵循以下原则：1.公共利益原则。当公众人物的人格权特别是名誉权、隐私权保护与公共利益发生冲突时，就要服从公共利益的需要，在一定程度上个人权利的保护要相应地受到限制。娱乐明星的个人感情等私生活内容，虽然社会大众较为关心和关注，但该项关注与社会公共利益无关，故并不能因为关注的人为大多数，而使其成为一种社会公共利益需要，从而要求公众人物对此予以容忍。2.非营利性原则。出于营利目的的需要，将公众人物的隐私或私生活作为卖点的行为，不应得到法律的保护。公众人物私权利的保护与公众知情权的博弈之间，应尽可能寻求二者的平衡点。营利性系一项重要的衡量标准，即如果信息披露以营利为目的，而公众人物的私权利仍要受限制的，则对公众人物有失公平。3.真实性原则。公众人物权利应当受到限制，但并不意味着公众人物对于虚假、错误的信息披露具有容忍的义务。故公众人物容忍度应以真实的披露为前提，如披露的事实不真实，则不能构成公众人物容忍度的有效抗辩。具体到本案，原告的个人感情生活并不涉及公共利益，虽然社会公众有知晓该事项的需求，但该需求并非正当并应得以保护和鼓励的公共需求，而被告的行为系营利性行为，且涉案报道并不属实，故被告有关公众人物容忍度的抗辩不能成立。

第四，被告行为是否损害原告名誉权。名誉权的核心是社会评价，社会评价是否降低是构成名誉侵权的一个结果判断标准。只有在行为人所实施的侮辱、诽谤等行为影响到社会公众对受害人的评价时，才能构成对名誉的侵害。因此，名誉权受损的判断标准是客观的，受害人的感受及行为人的观念等主观因素并非判断名誉受损的标准，而是一般公众的客观评价标准。具体到本案，庭审中，被告辩称即使原告与潘某恋爱不属实，也不构成侵犯原告名誉权，认为“恋爱不丢人”。需要说明的是，新闻报道应当确保真实，如歪曲和捏造事实，则均有可能造成对公众的误导，并导致当事人社会评价降低。如果不存在该事实，让社会公众误认为该事实存在，则可能导致社会公众对原告产生不真实、不合理的评价，从而导致原告的社会评价降低。涉案报道中存在大量类似“寄居潘家”“彻夜留宿”“鬼祟怕见人”“失婚猛追”等明显带有倾向性的语言文字和表述，必然严重影响社会公众对原告的评价，不可避免地对原告名誉权造成损害。

第五，被告行为是否导致原告精神损害。侵犯名誉权的行为还可能产生精神损害及财产损害的后果，该两类后果并不影响名誉侵权的构成，但却是侵权责任承担的重要考量因素。精神损害即被侵权人的精神利益受到损害，在确定精神损害程度时，应从具体标准和一般标准两个层面进行衡量。具体标准是指应考察受害人对侵权行为的反应，受害人因侵权行为遭受精神损害的具体表现；一般标准是指除考虑个体的精神状态之外，还应考虑侵权行为在一般情况下可能造成的精神痛苦。具体到本案，一方面要用一般标准进行考察，针对涉案报道而言，侵权行为中可以抽象出“彻夜留宿”“失婚猛追”这些关键词。通过类型化的分析，足以得出一般情况下必然会导致精神损害的结论。另一方面，还要具体考察原告本人的心理反应，原告本人当庭所陈述的对涉案报道的主观感受及心理状态，是衡量其精神损害程度的重要参考因素。

第六，名誉侵权责任承担方式的具体适用。名誉侵权责任承担方式主要有停止侵害、消除影响、恢复名誉、赔礼道歉、赔偿损失等，其中，赔偿损失分财产损失赔偿和精神损失赔偿。精神损失赔偿，应当从侵权人的过错程度、侵权行为的表现形式、名誉权受侵害的程度、精神损害后果的严重性等方面具体确定。上述责任承担方式可以单独适用，也可以合并适用。具体到本案，被告对原告构成诽谤，属于名誉侵权。首先应当停止侵权行为。关于消除影响、恢复名誉和赔礼道歉，被告应当在侵权行为影响范围内或在大于侵权行为影响范围内对事实进行澄清，从而消除对原告名誉的损害。被告虽然已经作出道歉，但其刊登的位置及影响程度与其侵权行为不相适应。故法院将判令被告以适当形式向原告赔礼道歉。关于精神损失赔偿，法院将综合案件情况确定赔偿金额。

一审法院判决如下：一、被告天津某出版公司于本判决生效之日立即停止对原告吴某的侵权行为。二、被告天津某出版公司于本判决生效后七日内在其主办的《W周刊》杂志的显著位置连续刊登致歉声明三次，内容由法院审定，如被告拒绝履行，法院将在全国发行的报纸上刊登本判决书主要内容，费用由被告承担。三、被告于本判决生效后七日内给付原告吴某精神损害抚慰金4万元。四、驳回原告吴某的其他诉讼请求。

一审判决作出后，天津某出版公司向北京市第三中级人民法院提起上诉，请求撤销一审判决一、二、三项，改判驳回原告的全部诉讼请求。

北京市第三中级人民法院经审理认为：公民的人格尊严受法律保护，禁止用侮辱、诽谤等方式损害公民、法人的名誉；因新闻报道严重失实，致他人名誉受到损害，应按照侵害他人名誉权处理。《W周刊》作为媒体，载有不实报道的期刊一旦发行，本身就会造成相关消息为公众所知，相应的，吴某的名誉权不可避免地受到侵害，天津某出版公司关于其并非其他媒体相关报道提供者的陈述即使属实，也不能免除其就发行刊载不实报道应承担的侵权责任。有关该出版公司主张吴某作为公众人物在名誉权保护上应进行适当让渡的问题，经法院审查，原审法院以吴某的个人感情生活并不涉及公共利益，且该出版公司的行为系营利性行为，涉案报道并不属实为由未采纳该出版公司的抗辩意见，理由充分，处理妥当，二审法院予以确认。

二审法院判决：驳回上诉，维持原判。

【业内关注】

1. 公众人物的判定标准

2. 公众人物人格权是否应弱化保护

3. 公众人物对于名誉权侵权容忍度的界限

【法条链接】

1.《民法总则》

第一百一十条 自然人享有生命权、身体权、健康权、姓名权、肖像权、名誉权、荣誉权、隐私权、婚姻自主权等权利。

2.《侵权责任法》

第二条 侵害民事权益，应当依照本法承担侵权责任。

本法所称民事权益，包括生命权、健康权、姓名权、名誉权、荣誉权、肖像权、隐私权、婚姻自主权、监护权、所有权、用益物权、担保物权、著作权、专利权、商标专用权、发现权、股权、继承权等人身、财产权益。

第六条 行为人因过错侵害他人民事权益，应当承担侵权责任。

根据法律规定推定行为人有过错，行为人不能证明自己没有过错的，应当承担侵权责任。

第八条 二人以上共同实施侵权行为，造成他人损害的，应当承担连带责任。

第十五条 承担侵权责任的方式主要有：

（一）停止侵害；

（二）排除妨碍；

（三）消除危险；

（四）返还财产；

（五）恢复原状；

（六）赔偿损失；

（七）赔礼道歉；

（八）消除影响、恢复名誉。

以上承担侵权责任的方式，可以单独适用，也可以合并适用。

第三十六条 网络用户、网络服务提供者利用网络侵害他人民事权益的，应当承担侵权责任。

网络用户利用网络服务实施侵权行为的，被侵权人有权通知网络服务提供者采取删除、屏蔽、断开链接等必要措施。网络服务提供者接到通知后未及时采取必要措施的，对损害的扩大部分与该网络用户承担连带责任。

网络服务提供者知道网络用户利用其网络服务侵害他人民事权益，未采取必要措施的，与该网络用户承担连带责任。

3.《最高人民法院关于审理名誉权案件若干问题的解答》

七、问：侵害名誉权责任应如何认定？

答：是否构成侵害名誉权的责任，应当根据受害人确有名誉被损害的事实、行为人行为违法、违法行为与损害后果之间有因果关系、行为人主观上有过错来认定。

因新闻报道严重失实，致他人名誉受到损害，应按照侵害他人名誉权处理。

【理论观点】

1.公众人物的判定标准。

北京市第一中级人民法院丁宇翔法官认为：公众人物的构成要件有二，分别是主观要件和客观要件。主观要件是指受公众关注的主观愿望……客观要件是指被公众关注或知悉的客观事实或状态……如果只强调主观要件，将因没有客观标准而导致无法认定“公众人物”；如果只强调客观要件，则会因不考虑当事人主观方面而导致“公众人物”范围的无限扩大。所以，只有既具备主观愿望又有被公众关注的客观事实，方可被认定为“公众人物”……但是，必须指出，上述构成要件并不是实践中认定公众人物的绝对指针，在具体案件中还需结合个案情况进行个别的认定。[1]

1 丁宇翔：《人格权侵权中“公众人物抗辩”的裁判规则》，《法律适用》2016年第6期。

2.公众人物人格权是否应弱化保护。

关于这个问题，美国著名的“萨利文案”便确立了对公共官员进行人格权弱化保护的原则：1960年3月29日，《纽约时报》刊登了一则整版的文字广告，标题为《请留意他们的呼声正不断增长》。文章的内容是批评南部一些地方官员对民权运动的指责、对和平斗争暴力镇压以及非法的其他手段。这版广告攻击和指出的问题是真实的，但也存在不少的、非实质性的事实出入。警官萨利文指责文章对当地警察局的行动报道是虚假和诽谤性的，要求赔偿50万美元，一审萨利文胜诉。《纽约时报》上诉到联邦最高法院后，1964年3月9日，联邦法院以9对0票否定了州法院的判决。大法官认为，公共官员应当接受公众的监督，而新闻媒介在报道公共官员时是很难做到不出一点错误的，这种犯错误的权利必须受到法律的保护，因为真理需要这种生存空间。[1]自此，就确立了这样的原则：公共官员如果要对媒体提起诽谤指控并且胜诉，除了要证明新闻不实并且伤害了自己以外，还必须证明对方含有实际上的恶意，即明知新闻虚假或者毫不顾及新闻的真假轻率地予以发表。这就为新闻媒体提供了宪法上的保护，在美国的新闻法上被称为诽谤指控的宪法性抗辩。

我国学界有学者也认为：公众人物的名誉权、隐私权同一般公民的名誉权、隐私权是有差异的，但本质上还是体现了社会事务信息公开与个人隐私保密之间的均衡关系。公众人物的名誉权、隐私权有别于一般人名誉权、隐私权的保护，公众人物的言行直接影响到公共事务，因此他们的言行应当接受公众的监督。但同时公众人物也是自然人，他们享有包括名誉权、隐私权等基本权利在内的人格权利，他们依法享有对自己的个人私事和社会评价进行维护的权利，但是，他们的社会地位决定了他们有更多接触媒体为自己辩解的机会，因此，在司法实践中，对公众人物的名誉权、隐私权实行弱化保护。[2]

3.公众人物对人格权侵权容忍度的界限。

我国的理论界和司法实践比较主流的观点是：公众人物的人格权应该弱化保护，但公众人物仅有义务容忍轻微侵权，对于较为严重的侵权行为，如涉及公众人物较为私密的隐私，或者媒体进行不实报道等，公众人物是没有容忍的义务的。在对公众人

1 宋克明：《美英新闻法制与管理》，中国民主法制出版社1998年版，第26页。

2 王军：《舆论监督与公众人物名誉权保护》，《法学杂志》2005年第1期。

物人格权弱化保护的同时应平衡公共利益与个人利益、公众监督权和公众人物隐私权的关系。

我国学界有学者认为：从根本上说，对公众人物的名誉权弱化保护并非因为他们的个人权利低于一般公民，而是法律面对个人利益和社会公共利益的冲突所作的调节。个人隐私一般应受到保护，但当个人私事甚至隐私与最重要的公共利益——政治生活发生联系的时候，个人的私事就已经不是一般意义的私事，而属于公共利益的一部分，它就可能不受隐私权的保护了。他们的事业不仅是他们自己的，也是社会的、公众的。因此，他们不能像普通公民那样享有完全的隐私权，这是公共利益优先原则的体现。对于新闻媒体来说，公众人物名誉权的反向倾斜为新闻自由创造了条件。[1]

北京市第一中级人民法院丁宇翔法官认为：诉讼中主张“公众人物抗辩”的正当性基础：对公众人物人格权进行适当限制一方面是历史发展的产物，另一方面也是人格权与其他权利或价值之间平衡的结果。具体而言，主要基于以下几点理由：第一，衡平公共利益与私人利益的需要。第二，衡平公众人物社会影响力与普通人社会影响力的需要。第三，衡平舆论监督权和公众人物人格权的需要。[2]

【案例索引】

案例1[3]：汪峰诉韩炳江名誉权案

北京市第三中级人民法院认为：

本案系因韩炳江2015年4月20日在其个人微博（用户名：中国第一狗仔）上发布题为“赌坛先锋我无罪，影坛后妈君有情。分享全民星探新闻:【独家】章子怡汪峰领证蜜月会友妇唱夫随”的微博而引发的纠纷，汪峰认为微博中“赌坛先锋”一词构成对自己的侮辱和诽谤，造成其自身社会评价的降低，侵犯其名誉权。韩炳江认可“赌坛先锋”系指本案的原告汪峰，故本案的争议焦点在于韩炳江所发布的微博中“赌坛先锋”一词是否对汪峰构成名誉侵权。

1　王军:《舆论监督与公众人物名誉权保护》,《法学杂志》2005年第1期。

2　丁宇翔:《人格权侵权中“公众人物抗辩”的裁判规则》,《法律适用》2016年第6期。

3　二审法院：北京市第三中级人民法院，二审案号:（2016）京03民终2764号。

应将本案审查的重点放在“赌坛先锋”是否会使不特定的公众产生负面理解并进一步降低对汪峰的社会评价上。汪峰虽诉称其在中国境内并未参加过任何能够认定为赌博的活动，但并不否认在中国境外参加过赌博娱乐活动。韩炳江依靠公共媒体报道获取的信息，将其主观对汪峰行为的认知通过微博的形式发布，虽然该主观评论的用词较为尖锐且带有夸张的成分，但该主观评论所依据的基础事实是真实的。此外，“赌坛先锋”仅系涉案微博中的标题，标题所展示、传达给公众的内容相对有限，而涉案微博的内容及相关链接页面中并未有与“赌坛先锋”相关的论述，仅仅依标题中的词语难以认定构成诽谤。韩炳江关于“赌坛先锋”的措辞虽然尖锐，但仍在个人主观感受范围内而非带有明显恶意的侮辱。综合以上分析，汪峰上诉认为“赌坛先锋”一词系韩炳江对其个人的侮辱和诽谤的上诉理由，法院不予采信。

另，汪峰上诉认为截至原审法院审结本案时，涉案微博的点赞量和阅读量很高，由此可以看出因涉案微博的不良影响造成了自己的社会评价降低。法院以为，韩炳江所发布的微博中称汪峰为“赌坛先锋”虽有言语不当之处，但并不构成侮辱及诽谤，且根据微博发布人的身份、微博标题与内容，作为理性的社会人也难以仅凭涉案微博即对汪峰作出否定性评价。值得注意的是，本案系因微博而引发的纠纷，作为具有“自媒体”特性的微博，其特点在于寥言片语、即时表达对人对事所感所想，是分享自我的感性平台，与正式媒体相比，微博上的言论随意性更强、主观色彩更加浓厚，而微博的评论功能中所发表的内容同样具有以上的特点，在判断某言论是否会造成某人社会评价降低时不能单纯以此作为依据，还应结合其他证据综合判断，而在本案中尚无其他证据能够证明汪峰因涉案微博造成其社会评价有所降低。

案例2[1]：杨颖诉大连瑞丽医疗美容门诊部有限公司名誉权案

一审法院北京市朝阳区人民法院认为：

瑞丽美容公司在其主办的网站www.dlzx.cc中发布了题为《Angelababy整形失败网友称下巴极不自然》的文章，且在该文章中使用了载有杨颖肖像的照片作为配图，并

1 二审法院：北京市第三中级人民法院，二审案号：（2015）三中民终字第6418号。

在文章末尾对自身的整形业务进行了宣传。瑞丽美容公司在上述文章中声称杨颖“整形失败”，且未提交证据证明其具有关于杨颖“整形”以及“失败”的可信消息来源，故其上述言论已经构成对杨颖的诽谤和侮辱，侵犯了杨颖的名誉权。瑞丽美容公司在上述文章中关于杨颖“整形失败”的言论侵犯了杨颖的名誉权，且该侵犯名誉权的行为足以致使杨颖受到精神损害，杨颖可以据此要求瑞丽美容公司支付精神损失费。

二审法院北京市第三中级人民法院认为：

关于瑞丽美容公司的行为是否侵害了杨颖的名誉权的问题，瑞丽美容公司在该公司开办的网站上刊登关于杨颖整形的报道，因杨颖作为公众人物，本身从事影视表演等活动，其职业特点必然会引起社会大众对其外形或行为产生特定的关注，并由此发生相应的评论。对于该类评论，源于职业特点及作为公众人物，杨颖应具有高于普通人的容忍度。但本案中，瑞丽美容公司刊登杨颖整形的报道，与一般对于影视明星外形的评论报道不同，其目的在于宣传该公司的经营项目，结合刊登报道的内容，在客观上造成了杨颖社会评价的降低，故杨颖主张瑞丽美容公司侵害其名誉权的请求，法院予以支持。

案例3[1]：方舟子与周鸿祎名誉权案

北京市第三中级人民法院认为：

周鸿祎涉案微博信息主要内容为方舟子抹黑360产品背后有操纵力量、方舟子充当百度打击360产品的打手、方舟子是假打等，周鸿祎就其上述言论的真实性，未提供相应的证据，仅凭一己之见，即对方舟子作出了否定性的负面评价，且周鸿祎在发表言论时使用了带有贬义性的词汇，对方舟子的名誉权构成侵害。本案双方争议焦点在于周鸿祎构成名誉侵权应承担责任的方式和范围。承担责任的方式和范围，应综合考虑争议主体、损害后果、微博言论特点等各方面因素。第一，在周鸿祎发表涉案言论的同时，方舟子通过其网络平台发表了针锋相对的言论，对相关事实进行了解释和说明，其发言得到众多网民转发和关注，方舟子的话语平台起到强大的消除损害后果的作用，社会公众当可从此两方面相反的言论中明辨是非、甄别取舍；第二，周鸿祎自

1 二审法院：北京市第三中级人民法院，二审案号：（2014）三中民终字第04779号。

行删除了涉案微博，停止了侵权行为，并在一、二审庭审过程中均主动赔礼道歉，周鸿祎通过自己的言行减轻了侵权行为造成的损害后果；第三，网络平台具有较强的随意性，微博言论主观色彩比较浓厚，网民在自由发表言论的同时，亦应具有一定的承受力和容忍力。

【TA评述】

《宝典》如是说[1]：与一般公民相比，影视明星受社会关注度高，为媒体所追踪，本身具有极强的公共性与娱乐性，有的明星为了制造话题，提升自身热度与知名度，不惜利用自身信息进行炒作，并借此获得更多的经济利益。因此，从理论上讲，影视明星作为公众人物，其名誉权的维护应与一般公民有差别。

由于行业的特殊性，艺人自身形象具有极高的商业价值，一旦被谣言中伤，社会的反响更为激烈，会损害其社会形象，导致其社会评价降低，贬损其商业价值。因此近年来，面对损害自身名誉权的行为，越来越多的影视明星会选择用法律手段来保护自己，维护自身名誉。通过对若干受社会关注度较高的明星维权案件的分析，我们可以看出：①艺人提起维护名誉权诉讼的原因有多种，包括被代言、被结婚、被离婚、被传整容，甚至会有被传诈骗或盗窃，导致艺人不堪舆论攻击，选择用法律来捍卫自身的权益；②艺人维护名誉权诉讼胜诉率较高。对于名誉权纠纷，明星胜诉情况下，法院多判决被告赔礼道歉、赔偿经济损失、给付精神抚慰金以及公证费等合理费用，只是在何处发表道歉声明以及赔偿金额方面有所不同。艺人名誉权以及影视公司的企业名誉权也具有明显的财产属性。捏造、歪曲事实的恶劣行为和言论，严重侵犯艺人名誉权利的同时，会给其身心造成极大伤害，导致其无法正常工作、生活，被迫取消部分预定的演艺工作及其他商务活动。而这种巨大的财产性损失，与传统人格权理论中所认为的损失，在理论上和计算方式上都是有一定差异的，因此我们认为，艺人包括著名的艺术家、企业家的名誉权，由于其具有极高的市场价值，因此对于其认定，特别是损失的认定应当有别于一般公众的名誉权，这样才能使得司法判决更符合社会经济生活的实际需要。

1　王军、司若主编：《中国影视法律实务与商务宝典》，中国电影出版社2017年版，第185、186、445页。

TA观点

公众人物的界定：

判断是否构成“公众人物”需要同时符合两个要件，即主观要件和客观要件。主观要件是指有受到公众关注的主观愿望；客观要件是指被公众关注或知悉的客观事实或状态。

公众人物对于名誉侵权容忍度界限应遵循以下原则：

一、公共利益原则。当公众人物的人格权特别是名誉权、隐私权保护与公共利益发生冲突时，就要服从公共利益的需要，在一定程度上个人权利的保护要相应地受到限制。

二、非营利性原则。出于营利目的的需要，将公众人物的隐私或私生活作为卖点的行为，不应得到法律的保护。如果信息披露以营利为目的，而公众人物的私权利仍要受限制的，则对公众人物有失公平。

三、真实性原则。公众人物权利应当受到限制，但并不意味着公众人物对于虚假、错误的信息披露具有容忍的义务。

媒体和自媒体发布有关公众人物的新闻报道需要遵循以下原则：

一、保证新闻的客观真实。虽然新闻真实并不等于客观真实，且在名誉侵权案件中，新闻真实可以作为一项抗辩提出，但是该抗辩的成立需要具备一定条件。即只有在新闻工作者遵循了职业道德和行业规范，并尽最大可能确保客观真实，但由于客观条件所限，而未能完全与客观真实相一致的情况下，新闻真实才能构成一项有效的抗辩。

二、转载也需要尽到审查义务。如果转载没有尽到审查义务的话，可能会因为未尽注意义务放任侵权新闻的传播，而被认定构成间接故意的主观过错，从而承担侵权责任。

三、用词尽量中立，不可带有侮辱诽谤的成分。侮辱和诽谤是侵犯名誉权的两种主要表现形式。所谓诽谤是指捏造并散布某些虚假事实来破坏他人的名誉。所谓侮辱，一般是指用语言或行为损害、丑化、贬低他人人格。在新闻报道和言论中，除了要注意内容的真实性，还要注意用词不可带有较为强烈的贬低他人的主观色彩。

四、如发现有侵权行为，应主动赔礼道歉，及时删除，防止损害后果的扩大。

（撰稿人：徐晓芳）

4.2.10 转载不构成侵犯名誉权的免责理由

——李某诉厦门M医疗美容机构名誉权纠纷案[1]

【核心推介】

明星作为社会公众人物会引起较高的关注度，而对明星的报道文章一般也会引起比较大的关注，这些文章也往往会被媒体互相转载。作为转载者，虽然并没有参与文章的撰写，但是仍需要对转载的文章进行审查，对于涉及公众人物负面的或者私生活内容的文章，如果未经核实，亦没有确凿的证据证明文章内容的真实性，则尽量不要转载；此外，尽可能转载权威度较高的媒体的文章。若转载的文章侵犯了他人的名誉权，则转载者也有可能承担一定责任。

【关键词】

媒体　转载　名誉权

【案情】

李某系我国知名影视演员。厦门M公司系一家医疗美容机构。厦门M公司分别于2013年7月16日、11月5日以及2014年5月17日在其微信公众号“厦门M”中分别发布标题为《明星今昔对比图看看他们都整了哪里》《技术级解析李某雕塑脸哪里动了刀》《【M分享】李某一张爆款脸引发的躺枪》3篇文章，并使用李某的十余张照片作为文章配图。文章内容提及李某整形，文章后载有相关美容项目的推介等。上述微信公众

1　一审法院：北京市丰台区人民法院，一审案号：（2016）京0106民初13091号；二审法院：北京市第二中级人民法院，二审案号：（2017）京02民终5178号。

号的功能介绍为：厦门M整形医院，针对不同年龄、不同性别、不同的美丽愿望，为客人提供“量体裁衣”式的个性化方案，M专家团队以精湛的医术、国际顶级仪器设备、厦门民营医院首家千级层流手术室，为顾客提供安全可靠的专属定制。2016年3月31日，李某对上述内容进行了公证保全。后涉案文章及图片已被删除。

李某向一审法院起诉，请求法院判令厦门M公司：1.在全国公开发行的报纸上公开赔礼道歉，要求：致歉内容应包含本案判决书案号、侵权图片名称、侵权图片及使用位置，致歉版面面积不小于：6.0cm × 9.0cm（名片大小）；2.赔偿经济损失200 000元，精神损失费50 000元，维权成本等合理开支3 000元，以上各项共计253 000元。

一审法院经审理认为：公民依法享有肖像权、名誉权，公民的肖像权、名誉权受到侵害的，有权要求侵权人停止侵害、恢复名誉、消除影响、赔礼道歉，并可以要求赔偿损失。本案中，厦门M公司在其以对外进行诊疗业务宣传为内容的微信公众号上，未经李某的同意即在其发布的文章中使用李某的照片作为配图，文章标题及内容涉及李某整形，已构成对李某肖像权和名誉权的侵犯。厦门M公司应向李某赔礼道歉，并赔偿其经济损失和一定的精神损害抚慰金，具体形式及数额由法院根据厦门M公司的过错程度、侵权内容，侵权照片的大小、位置及李某的知名度等因素依法予以确定。对于李某主张的维权成本，缺乏证据，法院不予支持。

一审法院判决：一、厦门M公司于判决生效后七日内在其微信公众号“厦门M”上向李某刊登致歉声明（刊登时间不得少于一个月，该致歉声明的内容及刊登位置须通过法院审查，如逾期未履行上述判决义务，将由法院选择一家全国发行的报刊登载本判决书主要内容，费用由厦门M公司负担）；二、厦门M公司于判决生效后七日内赔偿李某经济损失50 000元、精神损害抚慰金5 000元；三、驳回李某的其他诉讼请求。

厦门M公司不服一审判决，于法定期限内上诉至北京市第二中级人民法院。

厦门M公司的上诉主张及请求为：请求二审法院改判驳回李某的全部诉讼请求，并判令李某承担本案全部诉讼费。事实和理由：我公司首先对未经李某同意，擅自转载含有其肖像的文章向李某表示歉意，并愿意当庭致歉。其次，涉案公众号为自媒体平台，涉及很多内容，并非单纯的商业广告。涉案文章大多带有娱乐性，不是我公司原创，均是转载，职工对文章及图片使用的法律性质不清楚并非故意侵权，且我公司收到其他法院给的其他案件材料后就已断开链接、删除了文章。再次，涉案文章不属于侵犯肖像权和名誉权的法定情形，即便被认定构成侵权，李某的请求也缺乏事实及法律依据，赔偿计算毫无依据。另外，至今，大的门户网站上仍有涉案文章，李某多年来并未就此积极主张权利，客观上放任侵权事实的存在，也应负一定责任。

二审法院经审理后认为：公民依法享有肖像权、名誉权，公民的肖像权、名誉权受到侵害的，有权要求侵权人停止侵害、恢复名誉、消除影响、赔礼道歉，并可以要求赔偿损失。厦门M公司在其对外进行诊疗业务宣传的微信公众号上，未经李某同意发布使用李某照片做配图的涉案文章，且在没有事实依据的情况下文章标题及内容均涉及李某整形一节，已构成对李某肖像权和名誉权的侵犯。厦门M公司辩称该微信公众号并非完全用于商业宣传，但结合涉案文章内容、刊登情况及版面显示，足以认定其发布涉案文章明显具有商业宣传目的。故李某有权要求厦门M公司赔礼道歉，并赔偿经济损失和精神损害抚慰金。一审法院根据厦门M公司的过错程度、侵权内容，侵权照片的大小、位置及李某的知名度等本案具体情况，酌情确定了具体赔偿数额，并无不当。对于厦门M公司上诉提出的李某没有从源头上解决侵权问题，不是免除或者减轻其侵权责任的合理抗辩；同时即便是其转载的网上文章，也不当然就是免除其侵权责任的理由，况且，涉案文章还有其自行编辑的情况存在。

二审法院判决：驳回上诉，维持原判。

【业内关注】

1. 转载是否能作为侵犯名誉权的免责理由
2. 如何认定转载媒体的过错

【法条链接】

1.《民法总则》

第一百一十条 自然人享有生命权、身体权、健康权、姓名权、肖像权、名誉权、荣誉权、隐私权、婚姻自主权等权利。

2.《民法通则》

第一百零一条 公民、法人享有名誉权，公民的人格尊严受法律保护，禁止用侮辱、诽谤等方式损害公民、法人的名誉。

3.《侵权责任法》

第二条 侵害民事权益，应当依照本法承担侵权责任。

本法所称民事权益，包括生命权、健康权、姓名权、名誉权、荣誉权、肖像权、隐私权、婚姻自主权、监护权、所有权、用益物权、担保物权、著作权、专利权、商标专用权、发现权、股权、继承权等人身、财产权益。

第六条 行为人因过错侵害他人民事权益，应当承担侵权责任。

根据法律规定推定行为人有过错，行为人不能证明自己没有过错的，应当承担侵权责任。

第十五条 承担侵权责任的方式主要有：

（一）停止侵害；

（二）排除妨碍；

（三）消除危险；

（四）返还财产；

（五）恢复原状；

（六）赔偿损失；

（七）赔礼道歉；

（八）消除影响、恢复名誉。

以上承担侵权责任的方式，可以单独适用，也可以合并适用。

第二十二条 侵害他人人身权益，造成他人严重精神损害的，被侵权人可以请求精神损害赔偿。

第三十六条 网络用户、网络服务提供者利用网络侵害他人民事权益的，应当承担侵权责任。

4.《最高人民法院关于审理名誉权案件若干问题的解答》

七、问：侵害名誉权责任应如何认定？

答：是否构成侵害名誉权的责任，应当根据受害人确有名誉被损害的事实、行为人行为违法、违法行为与损害后果之间有因果关系、行为人主观上有过错来认定。

以书面或者口头形式侮辱或者诽谤他人，损害他人名誉的，应认定为侵害他人名誉权。

对未经他人同意，擅自公布他人的隐私材料或者以书面、口头形式宣扬他人隐私，致他人名誉受到损害的，按照侵害他人名誉权处理。

因新闻报道严重失实，致他人名誉受到损害的，应按照侵害他人名誉权处理。

【理论观点】

（一）转载是否能作为侵犯名誉权的免责理由。

在司法实践当中，近年来相关诉讼的结果显示：新闻侵权案件一旦进入司法程序，转载网站败诉成为常态，司法判决想以此释放这样的信号：通过网络转载侵害他人名誉权亦须承担法律责任。在这点上，司法将所有的媒体同等看待，不会刻意对网络媒体网开一面。我国近年来规范转载行为与公民名誉权的相关法条经历了几个阶段：

1. 转载侵害名誉权可以起诉。《最高人民法院关于审理名誉权案件若干问题的解释》（1998）第三条规定：新闻媒介和出版机构转载作品，当事人以转载者侵害其名誉权向人民法院提起诉讼的，人民法院应当受理。这一司法解释在法理上赋予了被侵权人可以向转载网站“亮剑”的权利。

2. 主观恶意转载侵权。《最高人民法院 最高人民检察院关于办理利用信息网络实施诽谤等刑事案件适用法律若干问题的解释》（2013）第一条第二款规定：将信息网络上涉及他人的原始信息内容篡改为损害他人名誉的事实，在信息网络上散布，或者组织、指使人员在信息网络上散布的；明知是捏造的损害他人名誉的事实，在信息网络上散布，情节恶劣的，以“捏造事实诽谤他人”论。该司法解释明确对具有主观恶意的网络转载侵害他人名誉权的行为进行法律规制。

3. 转载侵权责任承担。原最高人民法院民事审判第一庭副庭长姚辉解读《最高人民法院关于审理利用信息网络侵害人身权益民事纠纷案件适用法律若干问题的规定》（2014）时指出：“在责任承担上，转载者的责任和一般的侵权责任没有什么区别，媒介二次转载影响巨大。”

4. 举证责任更加有利。《中华人民共和国刑法修正案（九）》（2015）针对第二百四十六条中的侮辱罪、诽谤罪扩充了新的内容，“通过信息网络实施第一款规定的行为，被害人向人民法院告诉，但提供证据困难的，人民法院可以要求公安机关提供协助”，认定转载媒体侵害名誉权问题的举证责任更有利于原告。由此可以看出，我国关于网站转载侵害名誉权的相关法律本着“从严”的姿态，在不断发展完善中更加有利于原告，这集中体现在以下两点：(1)可诉讼。法条显示新闻媒介转载他人作品，被侵权人以转载者侵害其名誉权向人民法院提起诉讼的，法院应当受理。(2)可处罚。转载媒体未履行审核义务造成转载作品侵害他人名誉的，可以认定为侵害名誉权行为；明知属于侵害他人名誉权的内容仍然予以转载，属于侵害名誉权行为。

由此可见，我国法律对转载作品侵害名誉权处罚时只要满足下列两个要件之一即可：一是过失，转载媒体未尽到审查义务。二是故意，转载侵权作品，包括明知是侵犯名誉权的内容而予以转载和有明显的侮辱性语言而予以转载两类情况。[1]

(二)如何认定转载媒体的过错。

按照侵权法基本原理，行为人是否违背其注意义务是判断过错与否的依据。那么媒体转载时，是否需要对内容真实性尽到审核义务呢？学界对此有两种代表性的意见：一种观点认为，转载其他媒体仍需对真实性负责，需要尽到审核的义务。典型如魏永征教授的看法：“如果未做审查核实，发表了失实或其他非法内容，造成损害，就应该认为未尽注意义务具有过错而承担侵权责任。”[2]此种看法有现实的行政管理规范作为依据，如原国家新闻出版总署2011年发布的《关于严防虚假新闻报道的若干规定》第二条第四款写道：“新闻机构必须完善新闻转载的审核管理制度。转载、转播新闻报道必须事先核实，确保新闻事实来源可靠、准确无误后方可转载、转播，并注明准确的首发媒体。不得转载、转播未经核实的新闻报道，严禁在转载转播中断章取义，歪曲原新闻报道事实，擅自改变原新闻报道内容。”另一种观点认为，凡是合法媒体刊登的新闻，都应当是真实可信的，转载者不需再进行严格的审查。[3]也有学者将此概括为“推定公信力”。对此，有文章认为，要求媒体对转载报道尽到审核义务，是基于新闻媒体“用事实说话”、对真相负责的内在要求之上的，新闻媒体作为公共信息的传播者理应对各种来源的信息尽到审核义务以实现称职的目标。[4]

---

1 曹小娟、慕明春：《“免责”还是“处罚”——关于网络转载是否承担名誉权侵权责任的思考》，《陕西师范大学学报(哲学社会科学版)》2016年第5期。

2 魏永征：《“如实报道”不实传闻的法律责任》，《青年记者》2014年第25期。

3 曹瑞林：《新闻法制前沿问题探索》，中国检察出版社2006年版，第130页。

4 展江、王锦东：《公众人物抗辩意义何在？——梁惠民诉〈财经〉杂志案再审思》，《新闻界》2017年第1期。

新闻媒介自身的巨大影响力会给被侵权人的人格利益造成严重的损害。从保护公民合法的人格权出发，自应对新闻单位进行严格要求。虽然一般来说，已经在新闻媒介上发表的作品应该是经过了新闻单位的审查核实，但也可能并未经过严格审查，仍然存在错误。实践中发生的众多新闻侵权案件就有力地证明了并非所有已发表的作品内容都是正确无误的。因此，对转载媒体课以一定的审查核实义务是必要的。事实上，转载媒体转载其他新闻媒介上的新闻作品，也要经过转载媒体编辑部编辑人员的审查和编辑。但是，这种审查责任是不同于首刊媒体的审查核实责任的。对于一篇新闻作品，新闻媒体的审查核实有两个方面，一个是内容上的审查，一个是形式上的审查。对于转载媒体来说，内容上的审查义务是判断转载作品中有无作为新闻媒体职业要求明显可以判断的虚假事实或者侮辱、诽谤语言。比如，含有谩骂、侮辱语言和荒诞不经的内容，“而不是深入到第一线审查核实”。形式上的审查义务是所要转载的新闻作品的作者、刊发的新闻单位等是否具有可信性等。

同时，我们认为，对于转载媒体来说，判断转载媒体本身过错程度的标准并不应该仅限于审查核实义务，要根据新闻转载的特性，综合考虑多种因素。首先，要结合转载来源看，此篇转载作品是否来源于合法、合理的新闻媒体或者出版单位。如果转载来源是国内的权威的新闻单位，比如《人民日报》、新华社等的新闻报道，是否可以判断转载媒体具有按照一般新闻经验，对此不存在过错呢？其次，从转载作品的内容来看，如果转载的新闻作品与首刊媒体的新闻作品内容一致，无转载者的添加、删减、篡改等内容，无进一步对侵权内容添油加醋等行为，可以说，转载媒体对于新闻侵权内容的传播存在比首刊媒体更轻微的过失过错。或者，全文转载侵权作品或保留原作品的主要侵权内容，应承担相对较重的民事责任。反之，如果对原作品进行了某些删节改动，降低了作品的损害程度，则可认定其尽到了合理的审查注意义务，承担相对较轻的民事责任，甚至不承担。[1]

1 张盈盈：《新闻转载的人格侵权责任探析》，厦门大学硕士学位论文，2011年。

【案例索引】

案例1[1]：英达与人民网股份有限公司名誉权案

2014年10月15日00:05，人民网湖北频道转载了某文，因其中涉及的相关内容，英达将人民网告上法庭，诉讼请求为：1.判令人民网在人民网首页发表致歉声明，公开赔礼道歉、消除影响，持续时间为连续7天；2.判令人民网赔偿经济损失21 520元；3.判令人民网赔偿精神损害抚慰金10万元。4.诉讼费由人民网承担。

一审法院认为：根据法律规定，公民、法人享有名誉权，公民的人格尊严受法律保护，禁止用侮辱、诽谤等方式损害公民、法人的名誉。转载单位转载其他媒介刊物发表报道文章时，应该预见所转载的报道文章可能存在失实之处给他人造成损害，故应对转载报道文章进行必要审查，该审查义务不因网站采取自动转载技术而免除。人民网公司在转载涉案文章时，既未向文中所述的“爆料者”核实，也未向原发者核实，在包括其自身在内的多家网站已发表辟谣文章的情况下，仍在湖北频道转载了标题失实及部分内容失实的文章，应认定人民网公司在转载文章时未尽必要审查义务，存在过错，侵犯了英达的名誉权。

一审法院判决：1.人民网在人民网湖北频道（网址为http://hb.people.com.cn）首页上向英达赔礼道歉以消除影响，持续时间不得少于三日；2.人民网股份有限公司赔偿英达精神损害抚慰金5 000元及合理支出3 000元；3.驳回英达的其他诉讼请求。

二审法院认为：本案二审的争议焦点是：人民网公司对转载不实报道导致的损害后果如何承担法律责任。损害后果责任的承担在本案中分为三个部分，即英达诉讼请求所对应的公开赔礼道歉、消除影响的时间；经济损失（律师费、公证费）以及精神损害抚慰金。

一、关于公开赔礼道歉、消除影响的时间一节，根据《最高人民法院关于审理利用信息网络侵害人身权益民事纠纷案件适用法律若干问题的规定》第十六条规定，人民法院判决侵权人承担赔礼道歉、消除影响或者恢复名誉等责任形式的，应当与侵权

1 一审法院：北京市海淀区人民法院，一审案号:（2015）海民初字第3789号；二审法院：北京市第一中级人民法院，二审案号:（2015）一中民终字第03108号。

的具体方式和所造成的影响范围相当。本案中，人民网公司虽然存在侵害英达名誉权的行为，但其发布侵权文章确属转载行为，不具有主观故意，且在得知侵权文章存在后已经自动删除了该文章，因此原审法院据此判令人民网公司在其湖北频道首页持续不得少于三日向英达赔礼道歉以消除影响并无不当。

二、关于经济损失（律师费、公证费）一节，根据《最高人民法院关于审理利用信息网络侵害人身权益民事纠纷案件适用法律若干问题的规定》第十八条规定，被侵权人为制止侵权行为所支付的合理开支，可以认定为侵权责任法第二十条规定的财产损失。合理开支包括被侵权人或者委托代理人对侵权行为进行调查、取证的合理费用。人民法院根据当事人的请求和具体案情，可以将符合国家有关部门规定的律师费用计算在赔偿范围内。本案中，英达为证明其财产损失，提交了公证书、公证费发票、委托代理合同、律师费发票加以佐证。鉴于双方当事人对公证费数额并无异议，本院不再赘述。关于律师费，本院认为，英达为维护自己的名誉权委托专业律师进行调查、取证及进行诉讼，属于合理的维权行为，由此而支付的律师代理费属于被侵权人为实现其权利的合理支出，英达提供的委托代理合同及律师费发票可以证实确实为此次诉讼活动实际支出了这笔费用，且该律师费符合相关法律法规的规定，数额合理，故本院对英达主张的2万元律师费予以支持。

三、关于精神损害抚慰金一节，本院根据《最高人民法院关于确定民事侵权精神损害赔偿责任若干问题的解释》第十条的规定，精神损害抚慰金应综合侵权人的过错程度，侵害的手段、场合、行为方式等具体情节，侵权行为所造成的后果，侵权人的获利情况等因素确定。本案中，英达未提供证据证明人民网公司转载涉案文章被广泛传播，并由此给英达造成严重的精神伤害，因而原审法院综合人民网公司的侵权行为的性质、主观恶意程度及损害后果等因素，酌定人民网公司赔偿英达精神抚慰金5 000元并无不当。

二审法院判决：一、维持一审判决第一项；二、撤销一审判决第二项、第三项；三、本判决生效后七日内，人民网股份有限公司赔偿英达精神损害抚慰金5 000元及合理支出21 520元；四、驳回英达的其他诉讼请求。

案例2[1]：陈建刚与检察日报社名誉权案

陈建刚曾担任吴××因微博言论被刑事拘留案件的侦查阶段的委托代理人。检察日报社在新浪网站实名注册其微博，并于2013年7月31日15时02分，转发中国新闻网的微博原文，内容为："今日中午，代理律师陈建刚称，此前发'我想炸建委'微博被拘留的吴××，因警方并未向北京朝阳区检察院提请批捕吴××，现律师请求从刑事拘留转为行政拘留已被批准，吴××有望在十天内被释放"，而该微博内容也系转载《南国早报》于2013年7月31日首次在其官方微博所刊登。而事实上，作为吴××的代理律师，陈建刚从未请求警方将吴××女士从"刑事拘留"转为"行政拘留"，检察日报社捏造这一虚假信息，足以导致公众产生重大误解，即认为陈建刚作为吴××女士的代理律师，已经公开自认吴××女士的行为构成违法，应当受到行政处罚。陈建刚认为其始终公开表态认为吴××女士的行为不构成任何犯罪，亦不属于被处于行政处罚之违法行为，警方所采取的所有强制措施是完全错误的和不适当的。检察日报社发布这一虚假信息，不仅与陈建刚公开表态的内容完全违背，导致社会公众对陈建刚职业操守的质疑，侵害了陈建刚的名誉权，而且足以误导公众对警方所实施行政处罚措施的合法性及正当性的合理质疑，并导致吴××女士未来对此主张权益面临这一错误的舆论导向被变得更加困难重重。另，该微博内容截至庭审时，被转发208次，评论90条。

陈建刚诉至法院，请求法院判令：1.检察日报社就其在新浪微博上发表的针对陈建刚所代理案件散布的虚假信息赔礼道歉，并在其新浪微博首页上公开发布更正说明及道歉内容；2.本案诉讼费用由检察日报社承担。

检察日报社辩称：首先，陈建刚诉称侵权的微博并非如其在起诉状所称"检察日报社捏造虚假信息"，而系检察日报社转载。这一信息来自7月31日《南国早报》官方微博，被中国新闻网、中国广播网等国内多家网站转载。本报官方微博在转载时，以@中国新闻网的方式加以标注，并在文尾添加其链接地址，明示此微博为转载。其次，陈建刚认为，这一信息"不仅与陈建刚公开表态内容完全违背，而导致社会公众对陈

1 一审法院：北京市石景山区人民法院，一审案号：（2013）京石民字第6285号；二审法院：北京市第一中级人民法院，二审案号：（2014）一中民终字第06843号。

建刚职业操守的质疑”，检察日报社不便评价，但即使这是事实，这一责任也不应由答辩人承担。因为检察日报社方既无侵权故意，也无过失。吴××案全国关注，作为媒体，转载有关其最新进展的报道，系检察日报社满足公众知情权的所在，检察日报社和陈建刚素无往来，更无恩怨，故意侵权自无从谈起。检察日报社也不存在过失，如果报道存在明显法律硬伤，检察日报社转载时自应慎重，并有核实义务。但案件从“刑事拘留”转为“行政拘留”并不违背法律，《南国早报》报道中写明“律师请求”，报道并没有硬伤。至于陈建刚所称“从未请求”和《南国早报》“律师请求”之间的矛盾系事实方面的争议，转载者无从预见，转发行为不存在过失。

一审法院认为：当事人对自己提出的主张有收集或提供证据的义务，并有运用该证据证明主张的案件事实成立或有利于自己的主张的责任，否则将承担不利后果。陈建刚主张检察日报社所转发微博内容造成公众对其职业操守的怀疑，构成侵犯其名誉权。对于名誉权纠纷的构成要件，法院认为应该包括：受害人确有名誉被损害的事实、行为人的行为违法、违法行为与损害后果之间有因果关系、行为人主观上有过错几个要素。对此，陈建刚未提交任何证据予以证实，仅凭微博内容本身无法认定其主张事实成立，故法院对陈建刚的诉讼请求不予支持。对于陈建刚主张的检察日报社转发微博内容与行为足以误导公众对警方所实施行政处罚措施的合法性及正当性的合理质疑，并导致吴××女士未来对此主张权益面临这一错误的舆论导向变得更加困难重重，这一主张与本案原告无法律关系，即便有相应证据证实亦应由适格的原告另行主张，本案不予处理。

一审法院判决：驳回陈建刚之诉讼请求。

二审法院认为：公民的名誉权是个人就其品行、德行、名声、信用等社会评价享有的权利。公民享有名誉权，公民的人格尊严受法律保护，禁止用侮辱、诽谤等方式损害公民的名誉。是否构成侵害名誉权的责任，应当根据受害人确有名誉被损害的事实、行为人行为违法、违法行为与损害结果之间有因果关系、行为人主观上的过错程度来认定。

检察日报社在发布涉案微博时，以@中国新闻网的方式加以标注，并在文尾添加其链接地址，以表示此微博为转载；检察日报社转发的微博中并未有侮辱性语言，也不存在用诽谤、泄露隐私等方式损害陈建刚名誉权。陈建刚主张检察日报社转发的微博散布了其所代理案件的虚假信息，但其不能证实微博内容失实，也不能证实检察日报社转发微博的内容造成公众对其职业操守的怀疑，使其社会评价降低。综上，检察日报社转发涉案微博不构成对陈建刚名誉权的侵害，陈建刚要求检察日报社赔礼道歉，并在该社新浪微博首页上公开发布更正说明及道歉内容的上诉请求，本院不予支持。

二审法院判决：驳回上诉，维持原判。

【TA评述】

根据我国相关法律法规的规定，是否构成侵害名誉权的责任，应当根据受害人确有名誉被损害的事实、行为人行为违法、违法行为与损害后果之间有因果关系、行为人主观上有过错来认定。因此，只要转载文章的行为符合了上述四个要件，则就应该承担相应的法律责任，转载并不能成为免责的事由。我国法律对转载作品侵害名誉权处罚时只要满足下列两个要件之一即可：一是过失，转载媒体未尽到审查义务。二是故意，转载侵权作品，包括明知是侵犯名誉权的内容而予以转载和有明显的侮辱性语言而予以转载两类情况。

那么转载者在转载文章的过程中，应注意什么问题可以最大限度地避免承担责任的风险呢？我国《最高人民法院关于审理利用信息网络侵害人身权益民事纠纷案件适用法律若干问题的规定》第十条规定："人民法院认定网络用户或者网络服务提供者转载网络信息行为的过错及其程度，应当综合以下因素：（一）转载主体所承担的与其性质、影响范围相适应的注意义务；（二）所转载信息侵害他人人身权益的明显程度；（三）对所转载信息是否作出实质性修改，是否添加或者修改文章标题，导致其与内容严重不符以及误导公众的可能性。"

结合本部分案例以及其他理论学说，媒体在转载文章时应注意以下问题，方可最大限度地避免承担法律责任的风险，同时又可以节省审核转载文章的时间，从而在一定程度上保证新闻的时效性并节省媒体资源：

第一，对内容进行初步审查。对于具有比较明显的虚假内容，含有明显的侮辱、谩骂的语言和涉及公众人物负面的或者私生活内容的文章，如果没有确凿的证据证明文章内容的真实性，则尽量不要转载，因为这类文章的涉及名誉侵权的风险性极高。

第二，对转载来源进行初步审查。尽量转载权威的、比较大的新闻媒体的文章，对于自媒体、小媒体等一些不权威不正规的媒体的内容，应加大审查义务，尽到更高的注意义务。

第三，对于比较明显的可以降低他人社会评价的文章，如确有必要转载的，则尽量不要篡改内容，如果文章中有特别明显的侮辱和谩骂的字眼，建议对此进行删减。如果发生侵权行为，可以降低作品的损害程度，从而承担相对较轻的民事责任，甚至不承担。

第四，如已经转载的文章确属侵权。建议在知晓侵权事实之后，第一时间删除文章，并发表澄清事实的更正报道。

（撰稿人：徐晓芳）

4.2.11 姓名权商业化利益的保护

——迈克尔·乔丹与国家工商行政管理总局商标评审委员会等商标争议行政纠纷案[1]

【核心推介】

姓名权作为公民的一项人格权，是受到法律所保护的。公民有权决定、使用和依照规定改变自己的姓名，禁止他人干涉、盗用、假冒。当公民的姓名权受到侵害时，公民有权主张侵权方承担侵权责任。在我国目前的商业大环境下，公民（尤其是明星）的姓名很可能被其他人（特别是商业使用者）进行侵权使用，以获取相应的商业利益。随着经济的发展，姓名权不仅要保护自然人的人格利益，更要保护姓名中所蕴含的财产性利益。

有时，虽然姓名很难与自然人产生唯一的对应关系，但不影响自然人姓名权的行使；对于名人而言，其姓名权的保护可能不仅限于其姓名全称，盖因名人有诸多昵称、简称等，如果名人就特定名称主张姓名权保护的，该特定名称应当符合以下三项条件：其一，该特定名称在我国具有一定的知名度、为相关公众所知悉；其二，相关公众使用该特定名称指代该自然人；其三，该特定名称已经与该自然人之间建立了稳定的对应关系。

1 本案为美国篮球运动员迈克尔·乔丹（Michael Jordan）针对乔丹体育公司已注册的80个“乔丹”系列商标提起的一系列行政诉讼，原告为Michael Jordan，被告为国家商标评审委员会，第三人为乔丹体育公司。本部分以该系列案件中一案为例进行分析。一审法院：北京市第一中级人民法院，一审案号：（2014）一中行（知）初字第9163号；二审法院：北京市高级人民法院，二审案号：（2015）高行（知）终字第1915号；再审法院：最高人民法院，再审案号：（2016）最高法行再27号。该系列案件入选2016年度人民法院十大民事行政案件。

【关键词】

姓名权侵权　商业价值　假冒盗用

【案情】

2012年10月31日，迈克尔·乔丹（以下简称乔丹）向商标评审委员会提出撤销注册商标争议申请，请求撤销乔丹公司的第6020569号“乔丹”商标（以下简称争议商标）。乔丹申请撤销争议商标的主要理由为：（一）乔丹是世界知名的美国篮球运动体育明星，在我国具有极高的知名度。相关公众看到与“乔丹”“QIAODAN”相同或者相似的标志，就会将其与乔丹关联在一起。乔丹公司及其关联公司在明知或应知乔丹知名度的情况下，将包括“乔丹”“QIAODAN”在内的大量与乔丹相关的标志申请注册为商标，属于《中华人民共和国反不正当竞争法》第二条规定的违反诚实信用原则的行为，以及第五条第（三）项规定的“擅自使用他人的企业名称或姓名，引人误认为是他人的商品”的不正当竞争行为。（二）争议商标的注册损害了乔丹的在先权利。争议商标容易导致相关公众将之与乔丹相关联。乔丹公司未经乔丹许可，擅自将与乔丹中文译名相同或近似的标志申请注册为商标，属于2001年修正的《中华人民共和国商标法》（以下简称商标法）第三十一条规定的“损害他人现有的在先权利”的情形。（三）乔丹公司的行为属于商标法第十条第一款第（八）项规定的“有其他不良影响”的情形，以及商标法第四十一条第一款规定的“以其他不正当手段取得注册”的情形。商标评审委员会经审查后裁定维持争议商标。乔丹遂诉至北京市第一中级人民法院，请求撤销被诉裁定。

北京市第一中级人民法院认为，本案证据尚不足以证明单独的“乔丹”明确指向乔丹。而且，争议商标指定使用的商品与乔丹具有影响力的篮球运动领域差别较大，相关公众不易将使用在指定商品上的争议商标与乔丹相联系。现有证据亦不足以证明争议商标的注册与使用不当利用了乔丹的知名度，或可能对乔丹的姓名权造成其他影响。乔丹公司使用争议商标这一事实与乔丹及耐克公司从事的商业活动并存市场已长达近20年。通过各自较大规模的宣传、使用，双方已分别形成了各自的消费群体和市场认知，以及较为稳定的竞争秩序，故争议商标不应被撤销。因此，争议商标的注册未违反商标法第十条第一款第（八）项、第四十一条第一款的规定。综上，一审法院判决维持被诉裁定。

乔丹上诉至北京市高级人民法院，请求撤销一审判决，依法改判撤销被诉裁定。其主要上诉理由为：（一）争议商标的注册违反商标法第三十一条的规定。（二）争议商标的注册违反商标法第十条第一款第（八）项、第四十一条第一款的规定。

北京市高级人民法院审理认为：（一）关于商标法第十条第一款第（八）项。如果有关标志的注册仅损害特定民事权益，由于商标法已经另行规定了救济方式和相应程序，不宜认定其属于商标法第十条第一款第（八）项规定的“有其他不良影响”的情形。本案中，争议商标标志本身并不具有“有害于社会主义道德风尚或者有其他不良影响”的因素，商标评审委员会认定争议商标不属于“有害于社会主义道德风尚或者有其他不良影响的标志”并无不当。争议商标的使用是否会造成相关公众的混淆误认，不属于商标法第十条第一款第（八）项规定调整的范围。（二）关于商标法第四十一条第一款。本案证据不足以证明争议商标系以欺骗手段或者其他不正当手段取得注册。争议商标的使用是否会造成相关公众的混淆误认，亦不属于商标法第四十一条第一款规定调整的范围。二审法院判决驳回上诉，维持原判。

乔丹不服二审判决，向最高人民法院申请再审，请求撤销被诉裁定以及一审、二审判决，判令商标评审委员会对争议商标重新作出裁定。

最高人民法院审理认为：在适用商标法第三十一条关于“不得损害他人现有的在先权利”的规定时，自然人就特定名称主张姓名权保护的，该特定名称应当符合以下三项条件：其一，该特定名称在我国具有一定的知名度、为相关公众所知悉；其二，相关公众使用该特定名称指代该自然人；其三，该特定名称已经与该自然人之间建立了稳定的对应关系。对于第一、二项条件，最高人民法院引用对“引人误认为是他人的商品”的司法解释，认为该不正当竞争行为本质上也是损害他人姓名权的侵权行为，因而可以“具有一定的市场知名度、为相关公众所知悉”为保护条件。对于第三项，最高人民法院认为在解决本案涉及的在先姓名权与注册商标权的权利冲突时，应合理确定在先姓名权的保护标准，平衡在先姓名权人与商标权人的利益，自然人所主张的特定名称与该自然人已经建立稳定的对应关系时，即使该对应关系达不到“唯一”的程度，也可以依法获得姓名权的保护。因本案现有证据足以证明“乔丹”在我国具有较高的知名度、为相关公众所知悉，我国相关公众通常以“乔丹”指代乔丹，并且“乔丹”已经与乔丹之间形成了稳定的对应关系，故乔丹就“乔丹”享有姓名权。[1]

综上，最高人民法院认为，争议商标的注册违反商标法第三十一条的规定，依照商标法第四十一条第二款的规定应予撤销，应由商标评审委员会就争议商标重新作出裁定。最高人民法院再审判决：一、撤销北京市第一中级人民法院（2014）一中行（知）初字第9163号行政判决；二、撤销北京市高级人民法院（2015）高行（知）终字第1915号行政判决；三、撤销国家工商行政管理总局商标评审委员会商评字〔2014〕第052058号关于第6020569号“乔丹”商标争议裁定；四、国家工商行政管理总局商标评审委员会对第6020569号“乔丹”商标重新作出裁定。

【业内关注】

1. 姓名权的商业化利益如何获得保护
2. 姓名权侵权如何认定

【法条链接】

1.《民法总则》[2]

第一百一十条 自然人享有生命权、身体权、健康权、姓名权、肖像权、名誉权、荣誉权、隐私权、婚姻自主权等权利。

法人、非法人组织享有名称权、名誉权、荣誉权等权利。

2.《侵权责任法》

第二十条 侵害他人人身权益造成财产损失的，按照被侵权人因此受到的损失赔偿；被侵权人的损失难以确定，侵权人因此获得利益的，按照其获得的利益赔偿；侵权人因此获得的利益难以确定，被侵权人和侵权人就赔偿数额协商不一致，向人民法院提起诉讼的，由人民法院根据实际情况确定赔偿数额。

1 本案涉及众多法律问题。为本章讨论之目的，此处仅对法院对乔丹姓名权相关问题的观点予以介绍。

2《中华人民共和国民法通则》（2009年修正）第九十九条：公民享有姓名权，有权决定、使用和依照规定改变自己的姓名，禁止他人干涉、盗用、假冒。第一百二十条：公民的姓名权、肖像权、名誉权、荣誉权受到侵害的，有权要求停止侵害，恢复名誉，消除影响，赔礼道歉，并可以要求赔偿损失。

第二十二条 侵害他人人身权益，造成他人严重精神损害的，被侵权人可以请求精神损害赔偿。

3.《最高人民法院关于贯彻执行〈中华人民共和国民法通则〉若干问题的意见（试行）》

第一百五十条 公民的姓名权、肖像权、名誉权、荣誉权和法人的名称权、名誉权、荣誉权受到侵害，公民或者法人要求赔偿损失的，人民法院可以根据侵权人的过错程度、侵权行为的具体情节、后果和影响确定其赔偿责任。

4.《最高人民法院关于确定民事侵权精神损害赔偿责任若干问题的解释》

第一条 自然人因下列人格权利遭受非法侵害，向人民法院起诉请求赔偿精神损害的，人民法院应当依法予以受理：

（一）生命权、健康权、身体权；

（二）姓名权、肖像权、名誉权、荣誉权；

（三）人格尊严权、人身自由权。

违反社会公共利益、社会公德侵害他人隐私或者其他人格利益，受害人以侵权为由向人民法院起诉请求赔偿精神损害的，人民法院应当依法予以受理。

【理论观点】

随着社会经济的发展，请明星做代言人、将名人姓名注册成商标等传统利用方式屡见不鲜；同时，与明星合作推出品牌联名款、合作款商品，将明星的声音植入导航软件等新型利用方式层出不穷。这些利用方式都涉及人格权的商业化利益这一问题。

有些人格权只具有单纯的精神利益，比如生命权、隐私权等；而含有商业化利益的人格权通常是那些能够指示人格权符号与权利人本人之间的联系的权利，比如肖像权、姓名权等，这类人格权又被称为标表型人格权。

标表型人格权之所以能够产生商业利益，其原因在于权利人本身的知名度。对于人格权商业化利益的定位，学界有不同的认识，有人认为其介于传统知识产权与人格权之间，应当属于反不正当竞争法范畴；有人认为其虽属支配权，但和所有权、知识产权有所不同，应当是一种特殊的财产权；有人认为干脆称为商事人格权、知识产权等。[1]

对姓名中的商业利益应当如何进行保护，国内外都进行了丰富的理论研究和探讨。

在德国，人格权所蕴含的经济价值早在1910年的Graf Zeppelin案中就得到了承认。在1999年的Marlene Dietrich案中，德国联邦最高法院在判决中明确将人格权分为精神利益和财产利益两部分，对财产利益做了如下论述："肖像、姓名以及人格的其他标识，如声音，都可能具有巨大的经济价值，其大小一般取决于个人在公众中的知名度和声望。而这种知名度和声望的取得，往往是基于某个人在某一领域的成就，常见的是在体育和艺术方面的成就。知名人士可以收取报酬而允许他人将自己的肖像、姓名或者具有识别功能的其他人格标识用于商品和服务的广告，从而将公众对他的关注以及与此相联系的他在人们心中的形象进行商业化。未经本人允许而对其人格标志进行商业化利用的常见形式就是广告，在这种情况下对精神利益的损害往往并不显著，而且与此相比较，损害更多地表现在当事人的商业利益上。这时当事人所感受到的名誉和声望受到的伤害要比经济上的损失小得多。"[2]

美国采用"公开权"来保护人格权的商业化利益。美国法院最早于1953年通过公开权对人格标识的商业利用进行保护。此后，学者Nimmer在1954年发表的《公开权》论文中，从权利人积极的商业利用的角度构建了公开权理论，奠定了公开权在美国法上的基础。1977年美国联邦法院在Zacchini案中对公开权予以明确承认，该案中广播公司未经许可录制了Zacchini的表演，法院认为这一行为对表演的经济价值造成了实质侵害，也就是侵害了公开权。此后公开权在美国法上成为与隐私权并存的重要制度，前者侧重财产层面，保护自然人对姓名、肖像等人格标识的商业利用；后者侧重保护精神层面。[3]

日本最早在1976年的麦克莱斯塔案中承认了人格权的商业化利益，认为当姓名和肖像被用于商业活动时，其就具有了不同于精神性部分的经济利益。日本学界将法院所确立的权利人对姓名、肖像进行商业利用获得经济利益的权利称为商品化权。[4]

1 黄芬:《人格要素的财产价值与人格权关系之辨》,《法律科学》2016年第4期。

2 陈龙江:《德国民法对姓名上利益的保护及其借鉴》,《法商研究》2008年第3期。

3 刘召成:《人格权主观权利地位的确立与立法选择》,《法学》2013年第6期。

4 刘召成:《人格权主观权利地位的确立与立法选择》,《法学》2013年第6期。

在国内，大多数观点认为现有法律规定无法直接有效地对姓名中的财产权益进行保护，应当通过商品化权或形象权来保护。依照民法理论研究，姓名权本为人身权所不可分割的一部分，它本质上是与主体相依附的，不得继承也不得转让。然而，随着时代的发展，姓名权，尤其是名人的姓名权，其经济价值会逐渐增高并被市场主体所利用，具有了商品的现实性。例如，“李宁”这一运动品牌自然会让人们将其与我国体育运动员李宁联系在一起，从而有助于迅速提升品牌知名度，为相关市场主体带来经济利益。可以说，人格权的商品化既坚持了其固有属性，又使其内容和权能有了新的拓展。[1]我国《侵权责任法》《广告法》等法律中关于侵害他人姓名权等人身权的损失赔偿规定，充分体现了我国法律对此类人身权中蕴含的经济利益的承认和保护。[2]

我国现行法体系下，能够保护人格权商业化利益的法律路径大致有：

1.旧《民法通则》(2009年修正)第一百条：“公民享有肖像权，未经本人同意，不得以营利为目的使用公民的肖像。”据此有人认为，肖像权阻止他人的商业性使用，是法律承认人格权中蕴含商业利益的最典型例证。但针对姓名权，并没有类似的具体规定，且在《民法总则》中并无该类规定。

2.《民法总则》第一百二十二条：“因他人没有法律根据，取得不当利益，受损失的人有权请求其返还不当利益。”未经许可使用他人的人格权符号所获得的收益，可以认为是没有合法根据的利益，在前述德国Marlene Dietrich案中，德国联邦最高法院用不当得利制度保护了已故女演员Marlene姓名权中的商业利益。我国的不当得利制度适用范围较窄，目前并无适用不当得利保护人格权商业化利益的案例。

3.《侵权责任法》第二十条：“侵害他人人身权益造成财产损失的，按照被侵权人因此受到的损失赔偿……”有学者认为这条间接承认了人格权具有财产属性。[3]但该条规定过于原则宽泛，且财产损失与商业化利益不可同日而语，故尚不足以构成对人格权商业化利益的直接承认。

4.《商标法》第三十二条：“申请商标注册不得损害他人现有的在先权利……”这里的在先权利包括各类人格权。不过商标法只针对商标注册行为，如果没有将他人的

1 孟祥沛：《对姓名所蕴含商业利益的保护》，《苏州大学学报(哲学社会科学版)》2015年第6期。

2 吴蔚波：《商标注册损害在先姓名权法律问题研究》，《湖北工业职业技术学院学报》2017年第2期。

3 刘召成：《人格权主观权利地位的确立与立法选择》，《法学》2013年第6期。

人格权符号注册成商标，自然不受商标法的约束。

5.《反不正当竞争法》保护路径。1993年施行的《反不正当竞争法》第五条规定："经营者不得采用下列不正当手段从事市场交易，损害竞争对手:（一）假冒他人的注册商标;（二）擅自使用知名商品特有的名称、包装、装潢，或者使用与知名商品近似的名称、包装、装潢，造成和他人的知名商品相混淆，使购买者误认为是该知名商品;（三）擅自使用他人的企业名称或者姓名，引人误认为是他人的商品;（四）在商品上伪造或者冒用认证标志、名优标志等质量标志，伪造产地，对商品质量作引人误解的虚假表示。"《最高人民法院关于审理不正当竞争民事案件应用法律若干问题的解释》第六条第二款亦对前述法律规定作出了进一步规定:"在商品经营中使用的自然人的姓名，应当认定为反不正当竞争法第五条第（三）项规定的'姓名'。具有一定的市场知名度、为相关公众所知悉的自然人的笔名、艺名等，可以认定为反不正当竞争法第五条第（三）项规定的'姓名'。"2018年施行的《反不正当竞争法》第六条更是作出了明确规定:"经营者不得实施下列混淆行为，引人误认为是他人商品或者与他人存在特定联系:（一）擅自使用与他人有一定影响的商品名称、包装、装潢等相同或者近似的标识;（二）擅自使用他人有一定影响的企业名称（包括简称、字号等）、社会组织名称（包括简称等）、姓名（包括笔名、艺名、译名等）;（三）擅自使用他人有一定影响的域名主体部分、网站名称、网页等;（四）其他足以引人误认为是他人商品或者与他人存在特定联系的混淆行为。"可以看出，我国《反不正当竞争法》及相关司法解释对人格权商品化利益保护已进行了较为详尽的规定，司法实践中通过《反不正当竞争法》对人格权商业化利益保护的适用亦较为普遍，其保护对象及于有一定影响的姓名、企业名称等。

认定姓名权被侵害的要件包括三点：第一，所涉姓名与权利人可产生稳定对应关系；第二，侵权产品（如争议商标、域名等）会使公众误认为与该姓名权人具有关联；第三，侵权人存在主观过错。

就第一点来看，姓名作为一种人格要素，属于人格权的对象。姓名是能够识别特定民事主体的符号，该符号表示民事主体的个性特征。[1]根据这一定义，姓名权保护的

1 杨立新:《人身权法论》（第三版），人民法院出版社2006年版。

具体内容其实不应局限于自然人姓名本名。事实上，由于我国的传统文化特色以及当今文化交流频繁，自然人的其他名称（如笔名、艺名、译名、昵称等）意义更为重要。因而姓名权的保护内容应当针对不同案例的具体情况予以明确，具体为判断特定名称与自然人的姓名是否能够产生稳定对应关系。

就第二点来看，市场主体为获得商业价值，往往会将其产品与知名度高的名人进行联系，几乎达到广告代言的效果。而一般民众会出于对该名人的信任和崇拜继而购买相应商品。但是，在未经该名人同意即使用其姓名，会侵犯其姓名权，也会误导一般民众。

就第三点来看，使用名人姓名的市场主体应当证明其主观上无过错。但一般而言，若相关权利人能够证明其姓名与本人有着密切联系，该联系被公众所熟知，且该产品会使公众自然而然联想到权利人，则可推定为争议商标申请人的主观过错。

【案例索引】

案例1[1]：姚明诉武汉云鹤大鳖鱼体育用品有限公司侵犯人格权与不正当竞争案

湖北省武汉市中级人民法院认为：

武汉云鹤公司在其产品上标明商标为“姚明一代”，同时在公司网页中对品牌释义、加盟店宣传等事项都以明确表述与姚明联系起来，或是在其产品上直接标明姚明的姓名使用其肖像，使消费者将该公司生产的产品与姚明联系起来，误认为是姚明授权生产的产品或进行代言的商品，并利用姚明已经存在于消费者中的影响力，引导消费者进行购买。依据《中华人民共和国反不正当竞争法》第五条第（三）项的规定，武汉云鹤公司的行为违反诚实信用原则，构成对姚明的不正当竞争。武汉云鹤公司未经姚明的授权擅自使用姚明的姓名及肖像，其以营利为目的使用姚明的姓名及肖像已经对姚明造成了损害。武汉云鹤公司在其品牌及产品宣传中多次使用姚明的姓名及肖像，并在文字及图片中对消费者及加盟商进行宣传和有意引导，将姚明的形象与武汉

1　二审法院：湖北省高级人民法院，二审案号：（2012）鄂民三终字第137号。

云鹤公司生产的商品相联系，导致加盟商及消费者均产生误认，并希望因此而产生或增加盈利。武汉云鹤公司的行为构成对姚明姓名权及肖像权的侵害。

湖北省高级人民法院认为：

武汉云鹤公司自2009年3月10日取得涉案争议商标“姚明一代”授权之后，不仅迅速在各地纷纷设立有关“姚明一代”的经销或代理商，以营利为目的擅自将姚明本人的姓名、肖像及签名用于其生产、经销的运动鞋、服装等体育用品，还在网站及商业广告中大肆使用姚明本人的姓名、肖像和签名进行虚假宣传，误导社会公众。在发现市场上存在未经许可擅自使用其姓名、肖像、签名及相关标识行为之后，姚明于2010年3月11日通过新浪体育发布了正式声明。武汉云鹤公司在对此明知的情况下，并未立即停止其侵权行为，而是继续侵权并放任侵权，侵权故意明显，其行为不仅侵害姚明的姓名权、肖像权，而且构成不正当竞争。武汉云鹤公司作为专营体育用品公司，自2009年6月成立后，在不到两年的时间内主营业务收入高达人民币500多万元，侵权后果严重。关于侵权给姚明带来的损失，姚明作为社会公众人物，一直具有良好的社会形象。作为篮球运动员，姚明本身的市场知名度不言而喻，其商业价值、品牌影响力不容否认。在此情形下，受《中华人民共和国反不正当竞争法》保护的自然人姓名，不同于一般意义上的人身权，是区别不同市场主体的商业标识。武汉云鹤公司作为市场经营者，违反公认的商业道德，违背诚实信用原则，其行为不仅严重损害权利人的合法权益，也严重损害消费者的合法权益，严重扰乱社会经济秩序。

法院最终判决被告立即停止对姚明的不正当竞争行为、立即停止侵害姚明姓名权和肖像权的行为；对姚明公开赔礼道歉、消除影响；赔偿姚明包括维权合理费用在内的经济损失共计人民币100万元。

案例2[1]：岳彤宇诉周立波网络域名权属、侵权案

上海市第二中级人民法院及上海市高级人民法院认为：

周立波对其姓名“周立波”及其拼音“zhoulibo”享有禁止他人擅自使用或禁止他人以不正当手段从事市场交易等经营活动的合法权益。原告岳彤宇对涉案域名或其主

1　二审法院：上海市高级人民法院，二审案号：（2012）沪高民三（知）终字第55号。

要部分既不享有合法权益，又无注册、使用涉案域名的正当理由。且原告岳彤宇在明知涉案域名的主要部分“zhoulibo”与被告周立波的姓名“周立波”相近似，与被告周立波姓名的拼音“zhoulibo”相同，已足以使相关公众产生涉案域名与被告周立波相关联的误认的情况下，擅自将涉案域名与被告周立波相关联，并以人民币10万元高价要约出售的方式转让涉案域名，以期获得不正当利益。故原告岳彤宇注册、使用涉案域名具有明显恶意，其注册、使用涉案域名的行为属于擅自使用他人姓名，足以造成相关公众误认的不正当竞争行为，故涉案域名应由被告周立波注册、使用，法院遂驳回原告岳彤宇的诉讼请求。

【TA评述】

《宝典》如是说[1]：我国影视行业发展至今已经逐渐进入了产业化的正轨，行业所牵涉的知识产权侵权案件也随之增加。目前行业所涉及的问题更多在于版权方面，不过随着行业的发展和衍生商品化的日益繁荣，商标问题也逐渐凸显。影视行业现存较多的商标纠纷主要涉及影视娱乐明星的姓名、影视作品名称或其中主要角色名称相关的商标。最常见的是将影视娱乐明星的名称、影视作品名称进行商标抢注，有些抢注之后还向影视作品制作方主张商标侵权。

知名人物由于其知名度和影响力，往往凭借其姓名本身即可获得巨大商业回报、获得消费者对由此而生之品牌的信任，激发消费该名称或品牌的欲望，天然具有较强的市场号召力，并普遍具有较高的商业价值。在商标审查实务中，认定系争商标是否损害他人姓名权时，一般应当考虑姓名权人在社会公众中的知名度和影响力。

我国法律规定中并没有明确规定商品化权这一项权利，随着影视作品衍生保护需要的日益强烈，商品化权概念在司法实务和理学学界均愈发广泛地被讨论。依据该种权利来源美国对这一概念的界定，商品化权一般被区分为虚拟角色和真实人物的商品化权。其中虚拟角色的商品化权一般指文学作品角色和卡通角色的商品化应用权利，我国现阶段所发展的商品化权基本就是指代这一概念。真实人物的商品化权即政界、演艺界名人将自己的形象在商业广告上授权使用的权利。一般说

1　王军、司若主编:《中国影视法律实务与商务宝典》，中国电影出版社2017年版，第457、458、462页。

来，商品化权就是角色权利人对其所拥有的虚拟角色可能创造的商业价值所享有的权利。

商品化权依据其权利性质，一般和各项知识产权紧密联系。如果商品化权的对象为具有版权的独创性表达，那么部分商品化权可以通过著作权的形式得到保护。例如日本国株式会社双叶社与上海恩嘉经贸发展有限公司等侵犯著作权纠纷一案经历再审程序之后，上海市第一中级人民法院认定，恩嘉公司在其销售的产品上使用原告享有著作权的“蜡笔小新”卡通形象和书法作品，虽然恩嘉公司认为其系合法使用“蜡笔小新”全身像图形及“蜡笔小新”文字的注册商标专用权，不过法院认为被告恩嘉公司在行使其商标许可实施权过程中，擅自实施了受在先著作权人控制的权利，仍构成著作权侵权，应当承担相应的侵权责任，最终判令恩嘉公司停止侵权，并赔偿经济损失人民币25万元及合理支出5万元。

TA观点

近年来，随着名人姓名在商品促销、广告宣传等市场活动中所蕴含的巨大商业价值日益显现，将名人姓名、译名、别名等抢注为商标、域名等商业标识的现象时有发生。但对于擅自将名人姓名进行商业化利用的行为应当如何进行规制，司法实践中并没有形成统一的认识和裁判方法。

实践中，以“将名人姓名注册为商标”这一类商业化利用为例，名人姓名的商业化利用情况非常多，如：直接使用名人的真实姓名作为商标注册；使用名人姓名的谐音或变更拼音、字画等作商标注册；与名人重名注册个人姓名商标；使用已故名人姓名申请商标注册；使用同名人姓名相关的形象因素作商标注册等。每种情况中对于名人姓名权保护的评判标准都可能不同。但总体而言，主要的评判标准是如下三点：第一，该特定名称在我国具有一定的知名度、为相关公众所知悉；第二，相关公众使用该特定名称指代该自然人；第三，该特定名称已经与该自然人之间建立了稳定的对应关系。

而对于姓名中财产权益的保护，从现有的立法及司法实践看，主要有侵权责任和反不正当竞争两种保护方法。

在侵权责任的保护方法中，按照《侵权责任法》第二条之规定，侵害民事权益，应当依照本法承担侵权责任。其中民事权益，包括生命权、健康权、姓名权、名誉权、所有权、著作权等人身、财产权益。但就侵害姓名权而言，由于姓名权在现有法律体系下仍属于人身权范畴，在保护范围和保护力度方面都会有所限制。一方面，在保护范围方面，除本名之外，其他名称（如谐音、拼音、别名、译名等）都需要通过较为严格的评判标准来评判。另一方面，侵害姓名权的民事责任主要在于赔礼道歉，赔偿损失一般仅限于精神损害赔偿。就侵害财产权益而言，该方式虽然可以获得经济损害赔偿，但保护的范围仍然受到一定的限制，保护力度也较小。

在反不正当竞争的保护方法中，根据《反不正当竞争法》（1993年）第五条第（三）项的规定，擅自使用他人的姓名，引人误认为是他人的商品，构成不正当竞争行为［现行《反不正当竞争法》第六条第（二）项对此亦作出了明确规定］。《最高人民法院关于审理不正当竞争民事案件应用法律若干问题的解释》第六条第二款对此作了进一步的规定：在商品经营中使用的自然人的姓名，应当认定为反不正当竞争法第五条第（三）项规定的"姓名"。具有一定的市场知名度、为相关公众所知悉的自然人的笔名、艺名等，可以认定为反不正当竞争法第五条第（三）项规定的"姓名"。由此可见，《反不正当竞争法》对姓名中财产权益的保护具有较大的优势，即保护范围具有较大的弹性，不仅可以保护自然人的本名，还可以保护笔名、艺名等。而且根据前述规定，只要具有一定市场知名度、为相关公众所知悉的名称都可以受到保护。

乔丹案的终审行政判决书中，确认了名人人格权符号所蕴含的经济利益，并且肯定了自然人有权将能够表征自己人格权的符号进行商业化利用，未经许可商业化利用他人的人格权符号要承担相应法律责任。在该文书的论理部分，针对姓名权商业化利益的保护途径，是在现有法律框架下，采用了民法通则中的诚实信用原则，以及反不正当竞争法中的混淆误认相关规定。采用同样法律逻辑的还有"哈利·波特"系列案件。[1]

可见，针对人格权的保护不应限定在精神层面，还应当包括人格权所蕴含的经济利益，基本已经成为司法界的共识。但由于法律目前并没有针对性的条款，故只能引用原则性的规定，落入民法和反不正当竞争法的保护路径之中。另外，关于人格权商

1　商标评审委员会认为被异议商标违反了诚实信用原则，易导致消费者对商品的来源产生混淆误认，并会造成不良影响。

业化利益的保护对象的范围和标准问题，目前还是采取审慎的态度，坚持权利法定的原则。[1]因此，在权利人寻求对人格权商业利益进行保护时，还需要有足够的事实和证据证明其达到了法律应当保护的标准和程度。

（撰稿人：孙皓）

1 北京市高级人民法院的最新意见："坚持权利法定原则，只有对形象的商业化利益进行分析，确定其属于可受法律保护的利益时，才能纳入商标法第三十二条在先权利的保护范围。对形象的商业化利益的保护范围应当慎重研究、严格划定，除非必要，对该利益的保护不应超出未注册驰名商标的保护。"

4.2.12 明星肖像权第三方利用中的利益衡量

——金某诉某报社人格权纠纷案[1]

【核心推介】

明星作为公民，对其肖像享有法律规定的肖像权。但同时，明星作为需要一定曝光度且令公众十分感兴趣的人物，各类媒体对涉及其肖像权的照片、图片、形象等的广泛使用是不可避免的。由此，明星对于他人对其肖像权的使用应有一定的容忍义务，即各类媒体或其他未经授权的第三方可以在一定限度内使用明星肖像，也就是所谓"合理使用"。

针对明星肖像权的合理使用限度，可通过两方面进行并行考量：第一，使用目的是否为社会公共利益；第二，是否为商业性质的使用。如果媒体及其他未经授权的第三方为社会公共利益之目的对明星肖像进行非商业性质的使用，则这类使用有极大可能将落入合理使用限度内；否则，便需要获得明星本人或肖像权方的授权。如果在未获授权的情况下非为社会公共利益之目的使用或进行商业性质的使用，则很可能侵犯明星肖像权，需要承担侵权责任。

【关键词】

肖像权　合理使用　公众人物　容忍义务

【案情】

金某系中国内地著名演员，2013年，金某发现某报社未经其同意，在该报社运营

1　一审法院：北京市朝阳区人民法院，一审案号：(2014)朝民初字第6755号；二审法院：北京市第三中级人民法院，二审案号：(2014)三中民终字第12075号。

的网站擅自将其照片用于网站栏目项下“适合做情人星座女星”的文章配图，对其网站相关项目进行宣传。金某认为，其作为公众人物，一直以来都将维护个人健康形象作为工作的重点之一，某报社未经金某同意，擅自将其照片用于宣传文章中，严重侵犯了金某的肖像权；对金某的公众形象和商业价值造成了负面影响，降低了其社会评价，严重侵犯了金某的名誉权。故金某诉至法院，要求某报社公开赔礼道歉、赔偿经济损失及精神损害抚慰金、赔偿公证费。

某报社辩称：涉案文章及全部配图系该报社完整转载自其他网站，没有经过任何编辑或加工，也没有用于商业宣传；该报社于收到金某律师函后删除了该文章；涉案文章纯属娱乐，涉及金某的内容客观，立场中允，相关事件均有出处，既没有侮辱、诽谤的意思，也没有宣扬金某隐私，未贬损金某，不致造成金某社会评价降低。相反，该报社转载涉案文章的行为，客观上扩大了金某的知名度和网络活跃度，对提升其人气具有积极作用。金某作为公众人物应接受对其肖像权、名誉权等人格权利适当限制，必要和适度地刊载公众人物肖像是满足公众兴趣的需要。不同意金某的全部诉讼请求。

一审法院北京市朝阳区人民法院认为：第一，公民享有肖像权，未经本人同意，不得以营利为目的使用公民的肖像。公民有权以任何方式使用自己的肖像并许可或禁止他人使用自己的肖像。本案中，金某主张某报社运营的网站未经其同意在该涉案文章中使用其照片作为配图，侵犯其肖像权，并提供了公证书。由于涉案网站系某报社发布新闻并提供其他信息服务的平台，其刊载包含金某照片的涉案文章之行为系其经营行为，故法院认定该报社未经金某同意在其运营网站中刊载金某照片之行为侵犯了金某的肖像权，并应当就此承担民事侵权责任。第二，根据法律规定，公民、法人享有名誉权，公民的人格尊严受法律保护，禁止用侮辱、诽谤等方式损害公民、法人的名誉。虽然金某作为公众人物应当在必要限度内承受媒体报道及公众评价，但媒体对公众人物之报道及评论应以不损害人格尊严为限，亦不违反善良风俗。而涉案文章并非新闻报道类文章，其内容亦为非正面评价，其中部分用语有损金某人格尊严，易使阅读该文章的社会公众对金某之评价降低，故法院认定该报社刊载涉案文章之行为侵犯了金某的名誉权，该报社应就此承担民事侵权责任。综上，法院判决该报社对金某公开赔礼道歉，赔偿金某经济损失3万元、精神损害抚慰金3万元，赔偿金某公证费的合理支出。

判决后，某报社不服并向北京市第三中级人民法院法院提起上诉。

二审法院北京市第三中级人民法院审理后作出认定：

第一，关于肖像权。我国法律并无对公众人物肖像使用的免责规定，但是在报道涉及公众人物的新闻事件时，为保证报道的针对性、真实性，增强报道的传播力度，不可避免会使用公众人物肖像。此时新闻传播自由权与公众人物肖像权即发生冲突，需要进行利益衡量。在平衡新闻传播自由权与公众人物肖像权的冲突时，要尽可能将公众人物人格利益所受损害降至最低，将公众人物的容忍义务限制在合理使用范围内，在此范围内的使用应视为存在默示许可，超出此范围的使用则需征得本人同意，不论使用者是否善意，主、客观上是否会扩大公众人物的知名度，是否对其有益。本案中，某报社转载的文章中内容不是涉及金某的报道文章，显然不在合理使用范围内，不能认为金某对其肖像的使用存在默示许可。转载行为亦属使用行为，且某报社的网站的营利属性不存争议，网站的转载行为属网站正常经营活动内容，故对金某肖像的使用属于以营利为目的的使用。故二审法院认为某报社转载涉案文章的行为侵犯了金某的肖像权。

第二，关于名誉权。名誉权是公民享有的社会评价不被非法降低的权利。涉案文章使读者阅读后容易将其与金某的现状联系起来，一定程度上会降低金某现在享有的社会评价，侵害了金某的名誉权。转载行为客观上扩大了侵权影响范围，亦不能免责。故二审法院认为某报社转载涉案文章的行为侵犯了金某的名誉权。

综上，二审法院认为某报社转载涉案文章侵犯了金某的肖像权、名誉权，且原审法院酌定的赔偿数额适当。二审法院判决：驳回上诉，维持原判。

【业内关注】

1. 公众人物肖像合理使用的认定
2. 新闻媒体转载侵权文章行为的法律认定
3. 商业性使用构成侵权时，可能判决的赔偿额度

【法条链接】

1.《民法总则》

第一百一十条　自然人享有生命权、身体权、健康权、姓名权、肖像权、名誉权、

荣誉权、隐私权、婚姻自主权等权利。

法人、非法人组织享有名称权、名誉权、荣誉权等权利。

2.《最高人民法院关于贯彻执行〈中华人民共和国民法通则〉若干问题的意见（试行）》

第一百三十九条　以营利为目的，未经公民同意利用其肖像做广告、商标、装饰橱窗等，应当认定为侵犯公民肖像权的行为。

第一百五十条　公民的姓名权、肖像权、名誉权、荣誉权和法人的名称权、名誉权、荣誉权受到侵害，公民或者法人要求赔偿损失的，人民法院可以根据侵权人的过错程度、侵权行为的具体情节、后果和影响确定其赔偿责任。

3.《侵权责任法》

第二十条　侵害他人人身权益造成财产损失的，按照被侵权人因此受到的损失赔偿；被侵权人的损失难以确定，侵权人因此获得利益的，按照其获得的利益赔偿；侵权人因此获得的利益难以确定，被侵权人和侵权人就赔偿数额协商不一致，向人民法院提起诉讼的，由人民法院根据实际情况确定赔偿数额。

第二十二条　侵害他人人身权益，造成他人严重精神损害的，被侵权人可以请求精神损害赔偿。

4.《最高人民法院关于确定民事侵权精神损害赔偿责任若干问题的解释》

第一条　自然人因下列人格权利遭受非法侵害，向人民法院起诉请求赔偿精神损害的，人民法院应当依法予以受理：

（一）生命权、健康权、身体权；

（二）姓名权、肖像权、名誉权、荣誉权；

（三）人格尊严权、人身自由权。

违反社会公共利益、社会公德侵害他人隐私或者其他人格利益，受害人以侵权为由向人民法院起诉请求赔偿精神损害的，人民法院应当依法予以受理。

【理论观点】

随着大众传媒的发展，公民、特别是有一定知名度的公民，其肖像被用作广告、推销的现象日益普遍，当公民肖像权被赋予了财产价值，其产生的争议也就不可避免地增多。由此产生的一个重要问题即是肖像的合理使用。针对本书之讨论范围，我们仅就明星、特定事件之焦点人物（本部分称“公众人物”）的肖像合理使用进行理论探析。

通常，公众人物将其肖像权上的财产性利益授权给其他方使用时，会与该方订立肖像权许可使用合同。肖像权许可使用合同分为独占性与非独占性许可使用合同。就独占性许可使用合同而言，公众人物仅许可该方使用其肖像，不再许可第三方以相同的方式使用其肖像的权利。而就非独占性许可使用合同而言，公众人物除许可该方使用其肖像之外，也可许可第三方以相同的方式使用其肖像的权利。

但事实上，有许多人（尤其是媒体）在使用公众人物肖像时并未经过公众人物许可。当未经公众人物许可即使用其肖像时，事实上侵犯了公众人物享有的肖像权。但是，当处于社会之中，公民私权利的保护常需要与新闻报道自由寻求平衡。因此，便产生了肖像权等人格权的合理使用制度。

对于肖像权合理使用的认定，我国法律目前尚无任何规定。但在理论界，有诸多学者试图对其进行界定。如张红将肖像权的合理使用定义为：在法律规定的条件下，既不必征得肖像权人的同意，又不必向其支付报酬，基于正当目的而使用他人肖像的合法行为。[1]也就是说，肖像权的合理使用中有两个核心概念：“正当目的”与“合法”。而界定这两个核心概念，可从如下两个方面予以考虑：1. 是否为社会公共利益使用；2. 是否为商业性质使用。

进一步地，对于公众人物，即使是为社会公共利益使用其肖像，理论界亦认为，公众之正当知晓的权利仅受限于肖像权人之“家门口”[2]，即应止于公众人物的私人生活领域。也就是说，所谓为社会公共利益所使用，应当限于针对该公众人物或与该公众人物相关的事实性新闻报道。而对于是否为商业性质使用的考虑，理论界通常认为，合理使用本质上是无偿使用。如吴汉东教授认为，合理使用的立法目的在于通过平衡不同主体之间利益，减少任何使用他人肖像都要本人同意之繁琐而对肖像权为一定限制。“商业性质使用”在司法实践中通常会通过判断使用者是否从使用中获得了“实质

1 张红:《肖像权保护中的利益平衡》,《中国法学》2014年第1期。

2 张永明:《新闻报道自由权及被报道者人格权》,《法律评论》1998年第1–3期。

性利益”[1]；甚至当仅认为他人使用公众人物肖像是以营利为目的的使用时，即可判断为“商业性质使用”。

鉴于目前热点事件的集中化，媒体转载其他媒体新闻的现象十分普遍。当原始内容涉嫌侵犯公众人物肖像权时，转载媒体是否也应承担侵权责任？根据侵权责任法理及其司法实践，转载行为亦属使用行为，当在先的原始使用行为涉嫌侵犯公众人物肖像权，在后的转载行为也同样侵犯了公众人物的肖像权。具体而言，当转载主体的营利属性不存争议时，转载行为也就是行为主体正常经营活动的内容，故行为主体通过转载对公众人物肖像的使用也属于以营利为目的的使用。

当公众人物向非法商业化利用其肖像的使用者主张侵权责任，尤其是当诉诸法院时，法院在确认使用者侵权后，通常会综合各种因素考量侵权人应当赔偿的数额。赔偿额包括精神损害赔偿与财产损害赔偿。

从我国的司法审判实践来看，对于财产损害赔偿的判断标准包括：一是参考公众人物有偿使用费标准。如有法院认为“关于原审法院确定的被上诉人李红的经济损失赔偿数额……根据被上诉人在一审中提供的其与上海开顺毛针织品有限公司的模特协议书及与招商银行股份有限公司的肖像权使用协议书所载明的模特形象使用费、肖像权使用费，可以证明被上诉人的收益情况，原审法院以此来作为认定被上诉人经济损失的参考标准，酌定赔偿被上诉人经济损失5万元并无不当”[2]。二是还可能参考公众人物的知名度。如有法院认为“应结合原告在国内的知名度等实际情况，将肖像权的经济损失酌情确定为人民币7万元”[3]。三是综合判断标准。如有法院“考虑实施侵权行为时间的长短、范围的大小、造成的后果严重程度及主观恶意程度等等多方考虑，酌情认定被告应赔偿原告50万元为宜”[4]。由此可见，法官在确定侵权的财产损害赔偿额时，自由裁量权极大，目前尚无统一、稳定的评判标准。但我国法院在判决公众人物肖像侵权经济损害赔偿时，有参考其在同类商品的形象代言费的趋势。

就精神损害赔偿，基于我国法律对人格权的规定及相关司法实践，有学者通过分

1 陈立风:《著作权合理使用制度解析》,《当代法学》2007年第5期。

2 二审法院：江苏省南京市中级人民法院，二审案号:（2014）宁民终字第4971号。

3 二审法院：福建省福州市中级人民法院，二审案号:（2011）榕民终字第1592号。

4 一审法院：上海市静安区人民法院，一审案号:（2012）静民一（民）初字第116号。

析相关案例得出结论："我国法院在涉及知名人物肖像侵权时，如果这些侵权行为没有同时侵害名誉，法院可以拒绝判决支付原告精神抚慰金……这6个案例中的原告都有做过同类商品形象代言人的经历，作为知名人物的他们也经常暴露在媒体或公共场所，他们抗精神损害能力远远超过普通民众，所以上述的使用行为根本不会使他们产生精神上的痛苦，他们痛苦的是经济利益（形象代言费）的损失。"[1]进一步地，除非相关非法使用确实侵害了公众人物的名誉，或确实引起或极有可能引起公众人物的精神损害，或侵入了公众人物的个人私生活领域，否则公众人物仅因肖像被商业性利用而主张精神损害赔偿很有可能无法获得法院支持。

【案例索引】

案例1[2]：刘翔诉《精品购物指南》报社等侵害肖像权案

北京市第一中级人民法院认为：

因精品报社在千期专刊中使用刘翔肖像，未经本人同意，据此可排除因刘翔本人同意而当然免除的肖像侵权。千期专刊内容中虽然有关于刘翔奥运夺金的信息，但千期专刊封面使用的刘翔肖像，其背景、衣着、跨栏均有较大改动，而且头部紧连文字"影响2004"。可见封面刊载的刘翔肖像并不是完全为了报道刘翔奥运夺金这一事件，故不属于单纯的新闻报道。而通过对封面进行分析，千期专刊封面上的刘翔肖像与购物节广告之间，虽然不具有直接的广告关系，但具有一定的广告性质的关联性。

肖像为人格要素之一，是个人正常形象的客观反映。肖像之所以受保护，在于保障个人正常的客观形象不受外来的不良影响和歪曲，从而确保人格的圆满无缺、不受侵害。因此，对肖像的侵害，即体现为人格受侵害。而对人格的侵害，就其侵害后果而言，通常可分两种：一为使人格缺失，例如使个人身体受损或者使个人的社会评价降低；二为使人格商业化，即使人格等同于金钱，从而导致人格价值受贬损。精品报社在发布千期专刊封面广告之时，未尽力注意避让他人肖像权，从而对载有刘翔肖像的图片进行了不妥当的修改，违反了《中华人民共和国广告法》第十三条广告必须"与

1 高荣林：《我国司法实践中肖像侵权案例评析》，《四川警官学院学报》2012年第1期。

2 二审法院：北京市第一中级人民法院，二审案号：（2005）一中民终字第8144号。

其他非广告信息相区别，不得使消费者产生误解”之规定，显然具有过错。故就精品报社此种行为，确认其侵犯刘翔的肖像权。

法院最终判决精品报社在《精品购物指南》上向刘翔公开赔礼道歉，并赔偿刘翔精神损害抚慰金2万元。

案例2[1]：张柏芝与梧州远东美容保健用品有限公司肖像权案

江苏省高级人民法院认为：

对于存在合同关系的当事人来说，超越授权使用他人的肖像，既属于违反合同约定的违约行为，同时也构成侵权。此时，肖像权人有权选择最有利于自己的请求权基础来进行诉讼。本案中，针对远东公司在其生产的“索芙特瘦身沐浴露”“索芙特OB2深层减肥香皂”“索芙特瘦脸洗面奶”三种产品外包装上使用张柏芝肖像的行为，张柏芝一方选择侵权诉由来主张权利，本案自然属于侵权纠纷而非合同纠纷。而且，对索芙特公司于2002年和2003年就索芙特部分产品与张柏芝签约的行为，远东公司虽声称系受其委托，但除了一份单方面的委托书外再无其他证据。仅凭该份委托书尚不足以证明远东公司的主张，故远东公司以合同纠纷来进行抗辩亦缺乏依据，不予支持。

关于远东公司是否有权在讼争的三种产品的包装上使用张柏芝肖像的问题。首先，远东公司并非2002年合约的当事人，其以合同约定来对抗张柏芝一方的侵权主张缺乏依据。其次，即便按照合约，2002年合约明确代言产品是“索芙特瘦身产品系列之腹部苗条霜、纤脸滋润霜”，讼争的三种产品并不在约定之列，该条款亦不存在解读歧义，故远东公司主张合约“之”字乃“如”字笔误的理由不能成立。2003年合约已明确代言产品为“索芙特水白晶7效保湿系列”，上诉人仅以肥皂和洗面奶属于洁护肤产品为由，主张“索芙特OB2深层减肥香皂”“索芙特瘦脸洗面奶”属于2003年合约产品，亦不能成立。因此，远东公司行为已构成对张柏芝肖像权的侵犯。

至于赔偿数额的问题，生产销售单位聘请身为演艺明星的张柏芝为产品代言，意在通过其影响力占领市场，获取利润。因此，远东公司在非张柏芝代言的产品上使用

1 二审法院：江苏省高级人民法院，二审案号：（2006）苏民终字第109号。

其肖像，既损害了张柏芝的精神利益，更损害其物质利益，原审法院参照有偿使用标准酌定100万元赔偿数额并无不当。远东公司在上诉理由中对合约金额的解释并不符合一般有偿使用张柏芝肖像的付费标准，故法院不予支持。

法院最终判决被告于判决生效之日立即停止在其生产的“索芙特瘦身沐浴露”“索芙特OB2深层减肥香皂”“索芙特瘦脸洗面奶”三种产品外包装上使用张柏芝的肖像；梧州远东美容保健用品有限公司于判决生效之日起30日内在《无锡日报》刊登向张柏芝公开赔礼道歉的声明；梧州远东美容保健用品有限公司于判决生效之日起后十日内一次性给付张柏芝100万元。

【TA评述】

《宝典》如是说[1]：肖像权是指人对自己的肖像享有再现、使用并排斥他人侵害的权利，是一项重要的人格权利，受法律保护。《宪法》第三十八条规定：中华人民共和国公民的人格尊严不受侵犯。禁止用任何方法对公民进行侮辱、诽谤和诬告陷害。我国《民法通则》第一百条规定：公民享有肖像权，未经本人同意，不得以营利为目的使用公民的肖像。《民法通则》第一百二十条规定：公民的姓名权、肖像权、名誉权、荣誉权受到侵害的，有权要求停止侵害，恢复名誉，消除影响，赔礼道歉，并可以要求赔偿损失。《最高人民法院关于贯彻执行〈中华人民共和国民法通则〉若干问题的意见》第一百三十九条规定：以营利为目的，未经公民同意利用其肖像做广告、商标、装饰橱窗等，应当认定为侵犯公民肖像权的行为。

与一般公民相比，影视明星由于自身名气，肖像权被侵犯的频率更高。通过对若干案件的梳理，我们发现，明星作为被侵权人提出诉请，往往会主张停止侵权、赔偿损失、赔礼道歉、消除影响、恢复名誉以及赔偿精神损失等。主要有以下内容：①要求侵权人公开赔礼道歉，在相应范围内恢复名誉、消除影响；②要求侵权人停止侵权，删除擅自使用的照片；③要求侵权人赔偿经济损失；④要求侵权人赔偿经济损失、精神抚慰金以及支付维权的合理开支等。被控侵权人的抗辩意见主要有以下：①原告不是照片的权利人，主体不适格；②该照片不是原告照片，而是与原告相似的人的照片；

1　王军、司若主编:《中国影视法律实务与商务宝典》，中国电影出版社2017年版，第447页。

③自己使用原告的照片并非出于营利目的，未用于商业宣传（比如涉案杂志是内部资料）；④原告没有证据证明自己的使用行为对其造成了经济损失、合理维权开支和精神损失等。

TA观点

个人形象通过图画、影像等载体所呈现的即为肖像。肖像作为人格要素之一，应属个人专有，肖像权亦是法定人格权的一种，受到法律保护。

无论是理论研究还是司法实践，都确认了肖像权中财产性权益的特性。故此，如何使用肖像，原则上更应由个人自己决定——这既是对于公民人格权的保护，同时也是对于公民通过行使人格权获得相应财产性利益的承认——特别是对于明星等公众人物，其肖像权中更是具有相当的财产性利益。实践中，如有其他方意欲使用公民肖像，通常需要获得公民的肖像权许可使用的授权，并签订合同约定授权许可使用费、使用范围及其他事宜，以实现其肖像权中的财产性利益。

但公民私权利常会与社会公共利益发生冲突，此时便需平衡这两种利益。具体而言，公民，尤其是公众人物，其肖像权的保护会与新闻报道自由发生冲突：媒体在进行新闻报道、评论叙述、宣传广告等行为时，为增强准确性及真实性，不免要经常使用公民肖像，尤其是明星等公众人物的肖像。媒体报道相关新闻事件时使用明星肖像以增强新闻报道的真实性和传播度，这一行为是新闻传播自由的体现；但就明星而言，肖像被使用的同时，其肖像权也被施以不同程度的侵犯。针对这类使用，公民应当在合理限度内让渡相应的肖像权，以平衡私权利、其他权利及社会公共利益。

虽然我国法律并未明确规定“肖像权的合理使用限度”，但理论界及司法实践均主要从如下两方面进行评价：第一，是否为社会公共利益目的的使用；第二，是否为商业性质使用，即使用者是否有通过使用获得实质性商业利益。虽然一些使用者在被指控侵犯肖像权时辩称其为善意使用且客观上会扩大明星的知名度，但司法实践中，主要还是通过上述两点进行评价，即使使用者是善意使用或主张该等使用扩大了明星的知名度，司法实践中也通常不会认可该等使用为“合理使用”。

如上所述，就明星的肖像权而言，未经肖像权人同意的商业性使用必然不属于合理使用。但需要指出的是，非商业性使用亦不必然为合理使用，在司法实践中，尚需进一步考量使用人的主观意图、使用方式、给肖像权人带来的影响等具体情节。如果使用者虽然是非商业性使用（或未从使用中获利），但其使用并非善意，或给肖像权人带来不好的影响（如降低肖像权人的名誉、降低社会公众对肖像权人的评价等），司法实践中亦可能会认定使用者侵犯肖像权人的肖像权。

至于媒体仅为转载报道、明星肖像是在被转载文章中使用的这一行为，司法实践中亦认为：转载行为同样属于使用行为，对于转载媒体对明星肖像权的使用，依然需要从社会公共利益目的、商业性质两方面进行评价，以确定其是否落于合理使用限度内。

事实上，“肖像权的合理使用”的限制非常严格，从既有司法判例来看，一旦公众人物将使用者诉诸法律，司法机关通常会确认使用者侵犯公众人物肖像权。盖因一旦公众人物主张使用者侵犯其肖像权，则已经可以确认使用者的使用方式并未获得权利人的许可；而使用者的使用通常又很难被证明是为社会公共利益之善意非商业性使用。在确认侵权的情况下，侵权损害赔偿数额便成为下一个值得关注的问题。

通过研究既有司法判例，我们发现侵犯肖像权的损害赔偿一般包括经济损害赔偿及精神损害赔偿（精神损害抚慰金），且各法院并未确立一个统一的赔偿数额确认标准。针对经济损害赔偿，大部分法院会参考公众人物肖像在先有偿许可使用费用、公众人物的知名度，或考虑实施侵权行为时间的长短、范围的大小、造成的后果严重程度及主观恶意程度等因素综合判断。但鉴于司法实践中逐渐达成了“公众人物的肖像权被侵犯时，主要是其肖像权中蕴含的可实现的财产性利益遭受了损失”这一共识，法院在判决公众人物肖像侵权经济损害赔偿时，有参考其在同类商品、服务的形象代言费、授权许可费的趋势。

而针对精神损害赔偿，实践中可以看出，当公众人物仅因使用者未经其许可使用其肖像而遭受经济损失，而非因相关非法使用确实侵害了其名誉，或确实引起或极有可能引起其精神损害，或侵入其个人私生活领域时，法院通常仅会适用填平原则，判决侵权人赔偿其遭受的经济损失，而不会判决侵权人赔偿其精神损失。但如果相关侵权性使用侵害了其名誉甚至侵犯其名誉权，则法院通常会同时判决侵权人进行精神损害赔偿。

影视行业中，明星等公众人物的肖像的使用是非常普遍的现象。虽然大部分影视企业已经具备了商业性使用公众人物肖像前获得其肖像权许可使用的授权的意识，但随着互联网时代信息爆炸，仍然有越来越多的企业、广告商、媒体未经许可便使用公众人物肖像。在这一情况下，一旦被公众人物主张侵犯肖像权，且司法机关认定该等使用以营利为目的，则使用者几乎一定会被认定为侵权性使用，从而面临包括停止侵权、赔偿损失、赔礼道歉等侵权责任承担。

（撰稿人：孙皓）

第5章

损害赔偿篇

5.1 导读

无论是影视娱乐行业的合同纠纷还是知识产权侵权纠纷，损害赔偿问题都是司法实践中的难题。对于损害赔偿，我国采取填平制原则，而权利人因侵权所遭受的损失及侵权人因侵权所获得的利益又需要由权利人举证证明，由于对相关事实举证困难，导致我国司法实践长期以来深受损害赔偿计算难、判赔数额低问题的困扰。本书中无论是影视合同纠纷，还是“作者权利篇”的侵权纠纷，抑或是“商业利用篇”的商标侵权纠纷、不正当竞争纠纷等，都最终要落脚到损害赔偿的问题，这也是本书将损害赔偿问题独立成章并作为最后一章的立意。

本书最后一章以侵害作品信息网络传播权纠纷案和侵害计算机软件著作权纠纷案为例介绍知识产权侵权行为的认定以及赔偿数额的确定问题。关于知识产权损害赔偿数额的确定，不仅要充分考虑知识产权价值的客观性和不确定性，也应该反映出被侵害的知识产权本身的市场价值，同时考量侵权主体及侵权行为的各类对应因素。其中侵害作品信息网络传播权纠纷的案例，法院认定网络服务提供者从网络用户提供的作品中直接获得经济利益，负有较高的注意义务，因此构成侵权，进而法院参考被侵权作品的类型、知名度、市场价值，被告侵权行为的性质、主观过错程度、侵权行为的持续时间，涉案图片的下载数量、下载费用等因素而酌定的赔偿额；而计算机软件著作权侵权赔偿案例，则依据在先的刑事判决认定的非法获利的数额进行了确定。

（刘芳）

5.2 案例

5.2.1 网络服务提供者通过涉案作品直接获取经济利益且知其侵权需承担赔偿责任

——广东某文化传播有限公司诉长沙某信息科技有限公司侵害作品信息网络传播权纠纷案[1]

【核心推介】

本案的核心焦点是网络服务提供者的注意义务以及网络服务提供者间接侵害作品信息网络传播权的赔偿问题。关于赔偿数额的认定，法院会从原、被告双方角度去考量，原告方面主要考量作品本身价值和原告维权合理费用，被告方面主要考量被告的侵权过错与侵权情节，以涉案作品的许可使用费用为基准，具体结合被告侵权程度进行综合判定，根据目前法院所作判决来看，存在考量因素较复杂、赔偿额度不统一以及总体赔偿标准较低等问题。关于主观过错程度的判定，其中之一就是考量网络服务提供者的注意义务，根据《最高人民法院关于审理侵害信息网络传播权民事纠纷案件适用法律若干问题的规定》，网络服务提供者从网络用户提供的作品中直接获得经济利益，其对网络用户侵害信息网络传播权的行为负有较高的注意义务，但并非是认定网络服务提供者构成间接侵权的唯一条件，还要结合网络服务提供者的过错程度等因素进行综合认定。

【关键词】

网络服务提供者　信息网络传播权　赔偿标准

1　一审法院：广东省广州市越秀区人民法院，一审案号：（2015）穗越法知民初字第748号；二审法院：广州知识产权法院，二审案号：（2016）粤73民终284号。

【案情】

原告广东某公司通过受让取得的方式获得了美术作品——动画片《喜羊羊与灰太狼》(该动画片获得国内多项动画大奖，影响力大)中的主角造型之一懒羊羊的著作权，在被告长沙某公司运营的名为素材公社的网站上展示有“手绘插画矢量素材懒羊羊”的图片，并载明旭日视界上传于2013年，下载所需100公社币(1万公社币为50元人民币)。素材公社网版权声明界面载明其不具备此内容的版权，另查明被告长沙某公司未对图片进行分类或编辑，也未采取合理有效措施预防网络用户侵权。

一审法院广东省广州市越秀区人民法院认为，原告广东某公司就美术作品进行了作品登记并取得版权登记证书，且被告长沙某公司没有提供相反证据进行否定，因此确认广东某公司为涉案美术作品的著作权人。根据公证书保全页面可以证实懒羊羊图片由网络用户“旭日视界”上传，长沙某公司作为网站开办单位属于网络服务提供者，鉴于广东某公司并未授权或许可长沙某公司及该用户传播其作品，故传播行为侵害了广东某公司对涉案懒羊羊美术作品的信息网络传播权。至于长沙某公司作为网络服务提供者是否构成侵权问题，在长沙某公司网站上，涉案作品的下载为收费下载，收取费用部分由长沙某公司获得，其从中直接获得经济利益，应对网络用户侵害信息网络传播权行为负有较高注意义务；广东某公司涉案美术作品知名度较高，网络用户侵权信息较为明显，长沙某公司理应知悉上传行为且有能力通过相关管理方式预防侵权，但长沙某公司未采取必要措施，构成帮助侵权，应承担侵权责任，长沙某公司在诉讼后已经采取技术措施使网络用户无法在网站上浏览下载涉案图片。关于赔偿数额的确定问题，广东某公司没有提供因被侵权所遭受的损失以及长沙某公司因侵权所获得的利润，故原审法院综合涉案美术作品类型、知名度、市场价值，侵权行为的性质、主观过错程度、侵权行为持续时间，涉案图片下载数量、下载费用以及广东某公司为制止侵权行为支付合理费用、批量维权等因素，酌定赔偿数额。

一审法院判决：被告长沙某公司应于本判决发生法律效力之日起十日内，赔偿经济损失1 500元(含为制止侵权行为而支付的合理费用)；驳回原告广东某公司的其他诉讼请求。

长沙某公司不服一审判决，上诉称：虽然涉案作品通过长沙某公司开办的网站在信息网络上传播，但长沙某公司行为不构成帮助侵权，不应当承担赔偿责任。一审法院认为长沙某公司应当知晓网络用户的上传行为涉嫌侵权的观点是错误的，其没有义务审查网络用户上传的图片是否侵权，不存在一审法院所称的“应当知晓”，类似长沙某公司的“素材公社网”的出现就是为了在传播海量图片的同时保持方便、快捷的交易，保持方便快捷就必然不能要求网络服务的提供者就全部图片进行严格审查，用户自行上传且其没有进行编辑修改的情况下，其无法应当知道相关图片涉嫌侵权。如果网络服务提供者进行审查时要求网络用户在上传图片时提供真实有效的权属证明文件，将导致未经著作权登记的作品因无法提供权属证明难以通过网络进行传播或是著作权人因为程序复杂放弃通过网络进行作品传播，结果将导致不利于图片的网络传播。另外，长沙某公司辩称根据其经营的“素材公社网”的性质和提供服务的形式，其没有通过“设置关键词检索”“上传内容审核”和其他技术手段的能力审查网络用户上传的图片是否侵权。首先，因为涉案作品为美术作品，而并非文字作品，其难以通过关键词检索的方式发现侵权行为，况且，网络用户上传时可以随意设置关键词和标题，而且，对于网络服务提供者来讲，何种关键词信息需要被屏蔽是难以判断的。其次，上传审核需要其通过人力对海量图片进行逐一查看、筛选，其没能力做到。其也无法通过行之有效的唯一方法——要求网络用户对每一张上传的图片提供相应的权属证明并对权属证明的真实性进行确认。最后，长沙某公司辩称其无法判断上传的图片是网络用户的侵权传播还是图片权利人的主动传播。即使应当承担赔偿责任，一审法院认定的赔偿数额也过高，根据著作权法规定，广东某公司没有提供证据证明其实际损失，故赔偿金额应为其实际获利0.15元。请求二审法院撤销一审判决；请求驳回广东某公司在原审中提出的全部诉讼请求；由广东某公司承担全案诉讼费用。

广东某公司答辩称：长沙某公司经营的网站没有涉黄、涉暴图片，可见其完全有能力对上传图片进行审查；长沙某公司是专业的图片素材网站，其完全有能力对图片素材是否可能侵害他人知识产权作出判断，且该网站是收费网站，应具有更高的注意义务。

二审法院广州知识产权法院认为：本案二审的争议焦点是长沙某公司的行为是否构成对广东某公司涉案美术作品信息网络传播权的侵权以及是否应当承担侵权责任。根据一审法院查明的事实，可认定涉案作品系网站注册会员上传，长沙某公司是提供信息存储空间的网络服务提供者。根据相关法律规定，网络服务提供者从网络用户提供的作品中直接获得经济利益的，人民法院应当认定其对该网络用户侵害信息网络传播权行为负有较高的注意义务，且《喜羊羊与灰太狼》有较高知名度，被上诉人的美术作品被直接使用在侵权图片中，侵权信息明显，故维持一审法院认定上诉人对网络用户的侵权行为构成应知。关于赔偿数额的认定，上诉人长沙某公司通过涉案作品直接获取经济利益，且应当知道服务对象提供的美术作品侵权，故其不能免除赔偿责任。由于被上诉人广东某公司未能提供因被侵权所遭受损失以及上诉人长沙某公司因侵权所获得的利润的证据，一审法院综合考虑涉案美术作品的类型、知名度、市场价值，被告侵权行为的性质、主观过错程度、侵权行为的持续时间，涉案图片的下载数量、下载费用及被上诉人为制止侵权行为支付合理费用及批量维权等因素，酌定长沙某公司赔偿1 500元，并无不当，故驳回上诉，维持原判。

【业内关注】

1. 网络服务提供者注意义务高低程度的判定

2. 网络服务提供者从涉案作品中直接获取经济利益是否是判定其行为构成侵权的唯一条件

3. 侵害信息网络传播权赔偿标准如何确定

【法条链接】

1.《著作权法》

第四十八条　有下列侵权行为的，应当根据情况，承担停止侵害、消除影响、赔礼道歉、赔偿损失等民事责任；同时损害公共利益的，可以由著作权行政管理部门责令停止侵权行为，没收违法所得，没收、销毁侵权复制品，并可处以罚款；情节严重的，著作权行政管理部门还可以没收主要用于制作侵权复制品的材料、工具、设备等；构成犯罪的，依法追究刑事责任：

（一）未经著作权人许可，复制、发行、表演、放映、广播、汇编、通过信息网络向公众传播其作品的，本法另有规定的除外。

第四十九条　侵犯著作权或者与著作权有关的权利的，侵权人应当按照权利人的实际损失给予赔偿；实际损失难以计算的，可以按照侵权人的违法所得给予赔偿。赔偿数额还应当包括权利人为制止侵权行为所支付的合理开支。

2.《最高人民法院关于审理著作权民事纠纷案件适用法律若干问题的解释》

第七条 当事人提供的涉及著作权的底稿、原件、合法出版物、著作权登记证书、认证机构出具的证明、取得权利的合同等，可以作为证据。

在作品或者制品上署名的自然人、法人或者其他组织视为著作权、与著作权有关权益的权利人，但有相反证明的除外。

第二十五条 权利人的实际损失或者侵权人的违法所得无法确定的，人民法院根据当事人的请求或者依职权适用著作权法第四十八条第二款的规定确定赔偿数额。

人民法院在确定赔偿数额时，应当考虑作品类型、合理使用费、侵权行为性质、后果等情节综合确定。

第二十六条 著作权法第四十八条第一款规定的制止侵权行为所支付的合理开支，包括权利人或者委托代理人对侵权行为进行调查、取证的合理费用。

人民法院根据当事人的诉讼请求和具体案情，可以将符合国家有关部门规定的律师费用计算在赔偿范围内。

3.《最高人民法院关于审理侵害信息网络传播权民事纠纷案件适用法律若干问题的规定》

第七条 网络服务提供者在提供网络服务时教唆或者帮助网络用户实施侵害信息网络传播权行为的，人民法院应当判令其承担侵权责任。

网络服务提供者以言语、推介技术支持、奖励积分等方式诱导、鼓励网络用户实施侵害信息网络传播权行为的，人民法院应当认定其构成教唆侵权行为。

网络服务提供者明知或者应知网络用户利用网络服务侵害信息网络传播权，未采取删除、屏蔽、断开链接等必要措施，或者提供技术支持等帮助行为的，人民法院应当认定其构成帮助侵权行为。

第八条 人民法院应当根据网络服务提供者的过错，确定其是否承担教唆、帮助侵权责任。网络服务提供者的过错包括对于网络用户侵害信息网络传播权行为的明知或者应知。

第九条 人民法院应当根据网络用户侵害信息网络传播权的具体事实是否明显，

综合考虑以下因素，认定网络服务提供者是否构成应知：

（一）基于网络服务提供者提供服务的性质、方式及其引发侵权的可能性大小，应当具备的管理信息的能力；

（二）传播的作品、表演、录音录像制品的类型、知名度及侵权信息的明显程度；

（三）网络服务提供者是否主动对作品、表演、录音录像制品进行了选择、编辑、修改、推荐等；

（四）网络服务提供者是否积极采取了预防侵权的合理措施；

（五）网络服务提供者是否设置便捷程序接收侵权通知并及时对侵权通知作出合理的反应；

（六）网络服务提供者是否针对同一网络用户的重复侵权行为采取了相应的合理措施；

（七）其他相关因素。

第十一条 网络服务提供者从网络用户提供的作品、表演、录音录像制品中直接获得经济利益的，人民法院应当认定其对该网络用户侵害信息网络传播权的行为负有较高的注意义务。

4.《信息网络传播权保护条例》

第二十二条 网络服务提供者为服务对象提供信息存储空间，供服务对象通过信息网络向公众提供作品、表演、录音录像制品，并具备下列条件的，不承担赔偿责任：

（一）明确标示该信息存储空间是为服务对象所提供，并公开网络服务提供者的名称、联系人、网络地址；

（二）未改变服务对象所提供的作品、表演、录音录像制品；

（三）不知道也没有合理的理由应当知道服务对象提供的作品、表演、录音录像制品侵权；

（四）未从服务对象提供作品、表演、录音录像制品中直接获得经济利益；

（五）在接到权利人的通知书后，根据本条例规定删除权利人认为侵权的作品、表演、录音录像制品。

5.《民事诉讼法》

第一百七十条 第二审人民法院对上诉案件，经过审理，按照下列情形，分别处理：

（一）原判决、裁定认定事实清楚，适用法律正确的，以判决、裁定方式驳回上诉，维持原判决、裁定。

【理论观点】

在互联网诞生之初，美国法院在审理涉及网络服务提供者侵权诉讼时，没有正确区分直接侵权和间接侵权，一概以直接侵权的要件去认定网络服务提供者的责任，不考虑网络服务提供者的主观过错和控制能力等因素，对网络服务业产生了严重影响。甚至后来《知识产权和国家信息基础设施》的报告中认为，允许其用户上传内容的网络服务提供者本质上就是一个“电子出版者”。但在Netcom案中法院正确地认定：网络服务提供者在没有基于自己的意志实施复制、发行、展示等行为的情况下，不可能构成直接侵权，只可能在知晓侵权内容而不及时删除时构成帮助侵权。1998年《千禧年数字版权法》针对信息存储空间服务规定，服务提供者因执行用户的指令在其经营的网络系统中存储内容而侵犯版权的，在符合不实际知晓存储在其网络系统中的内容是侵权的，或在服务提供商具有控制侵权行为的权利和能力的情况下，没有从侵权行为中直接获得经济利益，或服务提供商在得到侵权通知后，作出迅速反应，移除被指称侵权的内容或屏蔽对其访问时不承担赔偿责任。也即“避风港规则”[1]。现如今，世界各国对网络服务提供者主观过错认定方面已经基本形成了比较一致的规则。首先，网络服务提供者没有监控网络活动的义务，其次，网络服务提供者不知晓或没有合理的理由知晓侵权行为，以及知晓后采取措施制止侵权行为的，即没有主观过错。另外，如果信息存储服务和信息定位服务提供商收到著作权人发出的符合法定要求的书面通知后，立即移除了侵权内容或断开了对侵权内容的链接，就不对损害后果承担侵权责任。[2]这些关于网络服务提供者的注意义务，反映了著作权法作为一种分配作品权益的利益平衡机制。在网络时代或者说数字化时代，著作权保护的关键是在促进网络健康发展和保护著作权人利益之间实现平衡，网络服务提供者是促进网络事业发展的重要主体。[3]

1　王迁：《〈信息网络传播权保护条例〉中“避风港”规则的效力》，《法学》2010年第6期。

2　王迁：《知识产权法教程》（第五版），中国人民大学出版社2016年版，第252页。

3　冯晓青：《网络服务提供商在著作权侵权中的责任研究》，《律师世界》2001年第5期。

网络服务提供者的注意义务是判定其是否具有主观过错的重要参考因素之一。网络服务提供者为他人提供的服务大致可分为三类：第一类是“网络接入服务”，即通过自己的硬件设施向用户提供以电话线、光缆或微波方式接入互联网的服务。第二类是“信息存储服务”，信息存储服务商通过服务器为网络用户提供信息存储空间，允许用户上传自己的信息、浏览并下载其他用户提供的信息内容。第三类是“信息定位服务”，根据网络用户输入的关键词查找包含该关键词的网站和信息。本案涉及的网络服务提供者是属于第二类“信息存储服务”提供商。由于网络服务提供者所提供的网络接入服务和信息存储服务客观上是侵权得以进行、侵权后果得以发生的条件，必然是“对他人直接侵权行为提供实质性帮助”[1]。但如果网络服务提供者对此并没有主观过错，也即不知晓他人侵权行为时，即不承担侵权责任。

关于网络服务提供者侵害作品信息网络传播权的赔偿，《浙江省高级人民法院关于审理网络著作权侵权纠纷案件的若干解答意见（2009）》第三十四条规定，对于在网络环境中侵犯影视作品著作权且需要适用法定赔偿方法确定赔偿数额的情形，通常要考虑影视作品的市场影响、知名度、上映档期、合理的许可使用费，侵权行为的性质、持续的时间、点击或下载数、地域范围，被告主观过错程度，被告网站的影响、规模以及广告收入情况，必要时还需考虑影视作品的投资成本、票房收益，被告的经济实力等因素。除此以外，一些在司法实践中常被提及的考量因素还包括：侵权行为的发生时间是否处于影视作品热播期、作品题材是否积极正面、有无针对同一作品连续实施侵权、涉案作品的时长或剧集长度、侵权播放的完整度、关联案件的赔偿情况、原告有无怠于行使权利、被告是否属于专业从事视频播放的网站、被告是否能够证明涉案作品的上传日与删除日、被告有无对涉案作品做重点推广宣传、原告有无批量维权、作品有无在大陆发行、被告盈利模式、原告为获得权利有无支付高额使用费、不同地区的经济发展水平等。[2]

实践中，侵害信息网络传播权很难确定合理的侵权损害赔偿数额，原因主要有三：权利人的实际损失和侵权人的侵权获利很难查清；没有合理的许可使用费可以作为确

1 王迁：《知识产权法教程》（第五版），中国人民大学出版社2016年版，第251页。

2 徐聪颖：《侵犯影视作品信息网络传播权的司法判赔问题研究——以414件民事判决为样本的实证分析》，《河北法学》2016年第11期。

定赔偿数额的参考；法定赔偿方法的各种参考因素难以查清。上海市高级人民法院提出确定侵权赔偿额的基本思路：首先确定合理的许可使用费标准，以此作为参考或基础，再结合侵权行为的具体情节，从而公平合理地确定侵权损害赔偿额。合理许可使用费标准是确定侵犯信息网络传播权赔偿数额的基本依据。合理许可使用费包括：1.权利人授权他人行使其著作权所实际获得的合理的对价。2.著作权集体管理组织的收费标准。没有上述两种可以参照的合理的许可使用费标准，此时就需要通过作品的类型、成本、市场影响等因素推定比较合理的许可使用费标准。有了这个基本依据，还应当结合侵权行为的具体情节，如侵权行为持续的时间、侵权行为的范围、侵权作品的点击量等因素，估算权利人因侵权行为所遭受的实际损失，最后就可在此基础上确定侵权损害赔偿额。当然，并不是说在每一个侵犯信息网络传播权纠纷案件中，都必须查明上述全部侵权情节后，才能结合合理许可使用费标准确定赔偿额。而是应当根据个案的具体情形，查明必要的侵权情节，从而结合合理许可使用费标准确定侵权赔偿额。[1]

【案例索引】

案例1[2]：华强方特（深圳）动漫有限公司诉杭州红易图网络科技有限公司著作权侵权案

杭州市西湖区人民法院认为：

涉案网站系为用户提供素材交易服务的平台，且涉案页面显示分别由用户“xqq017”“衣酷嘉年华”提供原创设计和出售，故本案被告的法律地位应界定为提供信息存储空间服务的网络服务提供者。网络服务提供者明知或者应知网络用户利用网络服务侵害信息网络传播权，未采取删除、屏蔽、断开链接等必要措施，或者提供技术支持等帮助行为的，应当认定其构成帮助侵权行为。被告是否应知网络用户侵权，以下因素可予考量：涉案网站系专业素材网站，对侵权与否具有更高的判断能力；涉案作品涉及的“熊大”“熊二”“光头强”等卡通形象具有较高知名度，该美术作品著作权人一般情况下不可能许可相关作品上传以几十元价格出售；被告以红币标价出售

1 朱丹：《侵犯信息网络传播权赔偿额的确定》，《人民司法》2011年第11期。

2 一审法院：浙江省杭州市西湖区人民法院，一审案号：（2016）浙0106民初第2748号。

涉案作品显示涉案作品与被告具有直接的经济利益关系，被告理应负有更高的注意义务。综合以上因素，本案被告未尽合理的注意义务，应认定其具有过错，需承担相应的侵权责任。对于原告要求被告赔偿经济损失的请求，因原告没有证据证明其因侵权所受到的损失或者被告因侵权所获得的利益，本院综合考虑涉案作品的知名度，涉案网站的影响力及运营情况，被诉图片对涉案作品的改编创作情况，现有证据证明被告侵权行为发生的时间，被告侵权行为的性质等因素酌情确定本案经济损失。对于原告诉请的律师费、公证费、差旅费、复印费等合理费用，原告除公证费发票外未提供相应的证据，本院综合考虑本案原告委托律师起诉的事实、案件的难易程度、系列案件的情况等因素酌情确定。

案例2[1]：中文在线数字出版集团股份有限公司诉苹果公司、苹果电子产品商贸（北京）有限公司侵害信息网络传播权案

最高人民法院认为：

关于苹果公司应否负有较高的注意义务，对第三方侵权行为是否属于“应知”情形的问题。根据原审法院查明的事实，涉案应用程序开发商为取得开发iOS系统下应用程序的资格、获得开发权限和使用开发工具，已向苹果公司支付99美元。苹果公司运营的App Store针对本案所涉“《五星大饭店》海岩作品精选［简繁］”应用程序（售价人民币12元）、“［简繁］二月河之康熙雍正乾隆光绪”应用程序（售价人民币6元）以及“权与欲——官场小说大合集”应用程序（售价人民币12元），又另行收取30％固定比例的费用。原审法院基于苹果公司前述直接获取经济利益的情形，认定其应当对涉案侵害信息网络传播权行为负有较高注意义务，并无不当。

另外，苹果公司虽然在其《iOS开发商计划许可协议》《App Store审核指南》中记载有“不得开发任何可能用来进行或帮助侵权的应用程序，不得违反、盗用或侵犯任何第三方版权或合法权利”，“Apple关联公司对应用程序内容无任何控制或权益”，“使用受保护的第三方资料（商标、版权、商业秘密，其他的专利内容）时需要一个文件式的权利证明书，此证明书必须按要求提供”等内容，但在协议实际履行过程中，其

1　再审法院：最高人民法院，再审案号：（2016）最高法民申1803号。

未按前述约定要求涉案应用程序开发商提供相关的证明文件。因此，苹果公司系在可以明显感知涉案应用程序属于未经合法授权的情形下，没有采取合理措施，亦具主观过错，应当承担相应的法律责任。

关于原审法院确定的赔偿数额是否适当的问题。中文在线公司虽然没有提交其遭受实际损失的相关证据，但原审法院根据涉案侵权行为所涉作品数量、相关作品创作难度、市场价值、侵权字数、传播使用方式、侵权范围以及苹果公司主观过错等因素，参照有关稿酬标准综合酌定侵权赔偿数额，符合法律规定。

案例3[1]：上海文化广播影视集团有限公司诉广州市千钧网络科技有限公司侵害作品信息网络传播权案

上海市普陀区人民法院认为：

本案中，根据查明的事实，被告千钧公司在其网址为www.56.com的网站上表明了其系为用户提供信息网络存储空间及相关平台服务的身份，同时公布了联系方式以及侵权投诉的处理流程，可以认定其采取了合理措施预防侵权行为发生，并能及时接受侵权通知作出合理反应。涉案纪录片是“侃侃而谈”自主操作上传，现未有证据证明千钧公司并未对其进行选择、编辑、整理，也未对其首页置顶，推荐。原告在获取千钧公司提供涉案纪录片视频的在线播放服务后，并未直接联系千钧公司进行删除或者断开链接措施。在没有侵权通知的前提下，要求提供信息网络存储空间服务的网站经营者有主动审查的义务，未免有些苛刻。同时，被告网站上的涉案作品虽在播放开始存在广告，该广告投入也是视频分享网站赖以生存、经营的经济来源，但广告并非针对涉案纪录片视频进行专门的广告投放，而是统一投放、自动加载网站在播放视频前的普投广告，属于网络服务提供者因提供信息网络存储空间服务而收取的一般性广告费、服务费等，不应认定为直接获得的经济利益。原告在起诉前并未向被告千钧公司发出通知，被告千钧公司在收到本案起诉书后删除了涉案作品；原告并未提供涉案作品存在较高知名度或者处于热播期等被告应当知晓其侵权作品的证据，故现有证据不足以确认被告千钧公司知道或者应当知道其网站上登载的涉案作品侵权。由此，被

1　一审法院：上海市普陀区人民法院，一审案号：（2016）沪0107民初23235号。

告千钧公司符合法律规定的网络服务提供者上述应当免责的条件，不应当承担赔偿损失的法律责任。

【TA评述】

网络服务提供者的间接侵权行为表现为教唆侵权行为和帮助侵权行为。关于网络服务提供者过错的认定，《最高人民法院关于审理侵害信息网络传播权民事纠纷案件适用法律若干问题的规定》（以下简称为《规定》）第八条第二款称：网络服务提供者未对网络用户侵害信息网络传播权的行为主动进行审查的，人民法院不应据此认定其具有过错。也即排除了网络服务提供者的主动审查义务。并且该条第三款称：网络服务提供者能够证明已采取合理、有效技术措施的，仍难以发现网络用户侵害信息网络传播权行为的，人民法院应当认定其不具有过错。网络服务提供者的过错具体表现为其对于网络用户侵害信息网络传播权行为的明知或应知，对于前者，是指网络服务提供者接到权利人的通知，未及时采取删除、屏蔽、断开链接等必要措施的，即为明知；对于后者应知的判断，需要考虑网络服务提供者服务性质、方式和管理性信息的能力，作品的类型、知名度及侵权信息的明显程度，是否对作品进行了选择、编辑、修改、推荐，是否积极采取了预防侵权的合理措施，是否设置便捷程序接收侵权通知并及时对侵权通知作出合理的反应，是否对同一网络用户的重复侵权行为采取了相应的合理措施等因素进行判断。

在判断网络服务提供者的主观恶性时，其注意义务的程度高低是其中一个重要的参考因素，根据《规定》第十一条：网络服务提供者从网络用户提供的作品中直接获得经济利益的，人民法院应当认定其对网络用户侵害信息网络传播权的行为负有较高的注意义务。这里的直接获得经济利益是指针对特定作品投放广告获得的收益或者获取与其传播作品存在其他特定联系的经济利益，现在各大视频网站在视频播放前插播几条短则20秒钟、长达1分多钟的广告，这些广告就不属于针对特定作品投放的广告或是与其传播作品存在特定联系的经济利益，因为这些广告的播放是根据观众播放的视频长短和广告商要求播放的次数随机出现的，各大视频网站是通过这些广告来维持网站的运营，因此这些广告的性质为普投广告，是因提供网络服务而收取的一般性广告费、服务费。比如在索引案例3中法院就认为广告投入也是视频分享网站赖以生存、经营的经济来源，但广告并非针对涉案纪录片视频进行专门的广告投放，而是统一投放、自动加载网站在播放视频前的普投广告，属于网络服务提供者因提供信息网络存储空间服务而收取的一般性广告费、服务费等，不应认定为直接获得的经济利益。关于判断网络服务提供者从网络用户提供的作品中直接获得经济利益的认定，司法实践中存在两种方式。一种认定方式是针对作品，这种认定方式十分常见，如在索引案例2中，网络服务提供者针对程序开发商的身份收取资格准入费，并针对特定应用程序收取费用，即使该费用是按固定比例收取，依旧被法院认定为网络服务提供者从涉案作品中获得直接经济利益；在索引案例1中，被告以红币标价出售涉案作品的行为；还有本案中公社币购买图片的行为，都被法院认定为涉案作品与被告具有直接的经济利益关系。另一种方式是如果网站因抓取侵权作品的经营模式而获得用户黏着性或流量收益、广告利益，则易被认为是网络服务提供者从涉案作品处直接获得了经济利益。[1]

但网络服务提供者直接从作品中获得经济利益只意味着其拥有较高的注意义务，并非判定其构成侵权的唯一条件，还需考量知名度等其他因素判定网络服务提供者是否对服务对象的侵权行为构成应知，如在本案中，法院认定长沙某公司从涉案作品获取经济利益，应承担较高注意义务，并结合涉案作品具有较高知名度，认定长沙某公司在知道服务对象提供的美术作品构成侵权而未积极采取预防侵权的合理措施，因而才最终认定长沙某公司侵权信息明显，构成应知；同样在索引案例1中，法院也考量了作品知名度这一因素；索引案例2中，除了考虑苹果公司从软件中获取经济利益这一要素之外，法院认为苹果公司未按开发协议约定要求应用程序开发商提供证明合法授权的文件，故而推定苹果公司对开发商的行为应知，进而构成间接侵权。我们在此提醒各大网络服务提供者，针对特定作品的广告收入需谨慎，特定的广告收入意味着网络服务提供者从作品中直接获得了经济利益，如果服务对象的行为构成侵权，而该作品恰好具有一定的知名度，法律上便推定其对服务对象的侵权行为构成应知，需承担法律责任。

网络服务提供者侵害作品信息网络传播权侵权赔偿数额的考量因素十分复杂，法院的自由裁量权较大。综合我们调研的法院判决来看，法院基本会从原、告两个方向

1 一审法院：上海市浦东新区人民法院，一审案号：（2015）浦民三（知）初字第793号；二审法院：上海知识产权法院，二审案号：（2016）沪73民终135号。

进行考量，从原告角度，会考虑涉案侵权作品的类型（本案为一般美术作品，即非艺术性美术作品，赔偿额度相对较低）、作品的知名度、作品的制作成本、作品的收益、作品的许可使用费以及原告合理维权支出等因素；从被告角度，主要考量被告的过错程度、侵权持续时间、侵权影响范围、被告规模和实力等因素。一般情况下，法院在判决书中的表述十分简单：本院根据涉案作品的类型、作品的知名度、被告的过错程度、侵权时间以及原告诉请的律师费、公证费、差旅费、复印费等合理费用酌情确定赔偿数额。但其中具体的判赔标准，上海市高级人民法院的朱法官曾为此指明了一条思路，以作品的许可使用费为标准，综合其他因素进行考量。

（撰稿人：张洁颖）

5.2.2 计算机软件著作权侵权赔偿可以根据在先刑事判决认定的非法获利数额判定

——广东某网络科技有限公司诉谢某等人侵害计算机软件著作权纠纷案[1]

【核心推介】

本案涉及网络游戏私服的问题，日本某公司授权广东某公司在中国大陆独家运营并销售使用“石器时代”服务的收费产品，但在日本某公司授权销售一年后该软件才得到国家新闻出版总署批复和国家文化部的批准。在这期间，原审四被告涉案刑事犯罪，未经著作权人许可在互联网上运营私服游戏谋取非法利益，广东省广州市越秀区人民法院对此作出刑事判决。案件审理过程中，法院采信知识产权鉴定所鉴定意见，认定广东某公司的“石器时代”软件与被告的“螺丝石器”“一起玩石器”软件的服务器源程序存在实质性相似部分（其中账号服务器源程序高度相似，游戏服务器源程序部分相似）；双方客户端软件的文件名称和目录结构部分相似，双方存在相同的应用素材文件，构成侵犯软件著作权，并且根据在先的刑事判决书中四被告的非法获利状况，判定赔偿广东某公司经济损失人民币441万元。

【关键词】

计算机软件　网络游戏　私服　实质性相似　赔偿标准

1　一审法院：广东省广州市中级人民法院，一审案号：（2012）穗中法民三初字第645号；二审法院：广东省高级人民法院，二审案号：（2014）粤高法民三终字第555号。

【案情】

原告广东某公司于2012年向一审法院广东省广州市中级人民法院起诉称：日本Digipark Inc.在2010年将其享有著作权的游戏“石器时代”授权其在中国大陆独家运营，并授权其对中国国内侵权盗版行为进行索赔。该公司发现，被告谢某、周某、刘某某、俞某未经授权设立私服经营“螺丝石器”和“一起玩石器”网络游戏并收取相关费用，于是进行刑事报案，刑事生效判决认定四人未经著作权人许可在互联网上运营私服游戏，非法获利400多万元，共同构成侵犯著作权罪，分别判处有期徒刑并处罚金，但是并不能免除四人应对其承担的民事责任。被告四人在私服玩游戏的费用是正版游戏费用的1/10，且四人通过各种方式散播谣言攻击原告公司。请求法院判令：在《广州日报》上发表声明，向广东某公司公开赔礼道歉，消除影响；共同赔偿广东某公司经济损失人民币1000万元；承担诉讼费用。

被告谢某辩称其没有对“石器时代”进行直接复制或改版，其获得的“石器时代”源代码与广东某公司主张的源代码不同且其对源代码进行了改进；进口网络游戏应当在获得国务院文化行政部门内容审查批准后才可上网经营，即使构成侵权，侵权日期也应当自广东某公司获得批准之日起计算；刑事诉讼中由公安局收集的证据不符合民事诉讼法及民事证据的相关规定；原告广东某公司索赔金额无任何依据。

被告周某辩称（2003）沪一中民五（知）初字第71号判决书已将“石器时代”中文版的著作权转让给其他公司，原告广东某公司的诉讼主体不适格。

被告刘某某辩称侵权起算日期不正确；其没有散播谣言、攻击原告广东某公司网站的行为；原告广东某公司主张其实际损失缺乏证据证明；其在案件中不起主要作用且已经受到刑事处罚，不应再进行民事赔偿，故请求驳回原告广东某公司诉请。

被告俞某辩称其在刑事案件中不起主要作用且已经受到刑事处罚；其没有散播谣言、攻击原告广东某公司网站的行为。

一审法院广东省广州市中级人民法院经审理查明，（2012）穗越法刑初字第1037号刑事判决书查明，2010年日本Digipark Inc.授权原告广东某公司在中国大陆独家运营并销售使用“石器时代”服务的收费产品，2011年国家新闻出版总署批复同意广东某公司运营的进口网络游戏“石器时代”上线运营并且国家文化部对广东某公司进口的网络游戏“石器时代”予以批准。另外判决书还查明，被告谢某、周某商议对“石器时代”网络游戏开设私服谋取非法利益，其后二人在未获“石器时代”日本Digipark Inc.和广东某公司授权的情况下，从网络上获取“石器时代”网络游戏程序，并对该程序进行改编后，在租用的服务器上私自设置运营名为“螺丝石器”和“一起玩石器”网络游戏，提供给客户使用，由被告人谢某通过第三方支付平台向客户销售虚拟货币，并将谢某的个人银行账户捆绑于上述支付网站账户进行非法获利，其中俞某、刘某某负责对“螺丝石器”和“一起玩石器”网络游戏的客服工作。

经司法鉴定所鉴定：广东某公司的“石器时代”软件与“螺丝石器”“一起玩石器”软件的服务器源程序存在实质相似部分（其中账号服务器源程序高度相似，游戏服务器源程序部分相似）；双方客户端软件的文件名称和目录结构部分相似，双方存在相同的应用素材文件。

关于被告周某主张（2003）沪一中民五（知）初字第71号判决书没有确认转让事实的存在，故该证据不足以推翻原告广东某公司是“石器时代”权利人的事实。关于被告谢某主张刑事案件的证据不能作为民事案件的证据使用，没有法律依据。一审法院认为，由于鉴定是由公安机关委托进行，并非由广东某公司单方委托进行，且鉴定结论已经被第1037号刑事判决作为定罪的关键证据采纳，而被告四人对该刑事判决没有提起上诉，又由于本案中被告四人未针对鉴定结论提交任何相反证据，在此情况下，应当采纳该鉴定结论，并确认被诉软件与原告广东某公司“石器时代”软件构成实质相似。

原告广东某公司关于四被告散播谣言、攻击其网站的指控，没有充分证据证明，不能成立；由于四被告侵犯的是财产权利，故原告广东某公司诉请四被告登报赔礼道歉、消除影响，依据不足，法院不予支持；关于广东某公司诉请四被告共同赔偿其经济损失1000万元的问题，一审法院认为应按照侵权人的侵权获利情况进行赔偿，其中谢某、周某组织并全程参与侵权，也获得了绝大部分的利润，故应对全部侵权所得承担连带赔偿责任。刘某某、俞某只部分参与侵权且获利不大，可仅对其获利部分承担连带赔偿责任；关于谢某提出应从广东某公司获得国家文化部批准之日计算赔偿的问题，一审法院认为，原告广东某公司自获得授权之日起，就已经享有相应的财产权利，可以自己运营“石器时代”游戏获得利益，也可以通过许可等方式获得利益；

关于被告谢某提出应扣减合理的经营性开支的问题，一审法院认为：刑事判决书查明的四被告非法获利是其获得的纯利润，已将相关成本扣除，故谢某该主张依据不足，一审法院不予采纳；另外，被告刘某某主张承担了刑事责任就不应再承担民事赔偿责任，缺乏法律依据，一审法院也不予采纳。故一审法院判决，被告谢某、周某于判决发生法律效力之日起十日内连带赔偿原告广东某公司经济损失人民币441万元，被告刘某某、俞某分别对其中的13万元、8万元承担连带赔偿责任；驳回原告广东某公司的其他诉讼请求。

谢某不服原审判决，提起上诉，称没有对日本Digipark Inc.或广东某公司代理的“石器时代”进行直接的复制或改版，“螺丝石器”“一起玩石器”与“石器时代”有很大区别；广东某公司提出的追诉时间错误且广东某公司提交的证据不能够证明谢某等侵权事实；一审法院关于其与周某承担连带赔偿的责任是错误的，应各自划分。广东某公司请求维持原判。

二审法院广东省高级人民法院认为：案件的主要争议焦点是谢某等人是否侵害了Digipark Inc.涉案计算机软件著作权；追诉侵权时间从何时开始计算；谢某应承担什么赔偿责任。关于第一个问题，案件所涉刑事判决书是已经发生法律效力的刑事判决，因此判决所确认的事实应当作为认定本案事实的依据，但当事人有相反证据足以推翻的除外。原判决书中已经认定广东某公司是网络游戏在中国大陆的独家运营商，二审时当事人对于原审法院的认定均没有异议。公安机关委托司法鉴定所的鉴定意见已经被刑事判决书采纳且原审四被告没有对刑事判决提起上诉，亦没有对该鉴定结论提交任何相反证据，因此一审判决采纳鉴定结论并认定被诉软件与“石器时代”软件构成实质性相似是正确的。关于追诉时间的计算问题，根据著作权法和相关法律规定，未经审批的作品不得在我国境内发行，但是其著作权同样受到著作权法保护。关于谢某承担何种赔偿责任的问题，其与周某有共同的侵权的故意和共同侵权的行为，因此应承担连带赔偿责任，故驳回谢某的上诉，维持原判。

【业内关注】

1. 在先刑事判决认定的非法获利情况对民事诉讼中侵权赔偿数额的判定是否有影响

2. 计算机软件著作权侵权赔偿额的计算通常需要考虑哪些因素

3. 网络游戏私服的侵权行为定性及相关认定标准

【法条链接】

1.《著作权法》

第二条 中国公民、法人或者其他组织的作品，不论是否发表，依照本法享有著作权。

第十条 著作权包括下列人身权和财产权：

（一）发表权，即决定作品是否公之于众的权利；

（二）署名权，即表明作者身份，在作品上署名的权利；

（三）修改权，即修改或者授权他人修改作品的权利；

（四）保护作品完整权，即保护作品不受歪曲、篡改的权利；

（五）复制权，即以印刷、复印、拓印、录音、录像、翻录、翻拍等方式将作品制作一份或者多份的权利；

（六）发行权，即以出售或者赠与方式向公众提供作品的原件或者复制件的权利；

（七）出租权，即有偿许可他人临时使用电影作品和以类似摄制电影的方法创作的作品、计算机软件的权利，计算机软件不是出租的主要标的的除外；

（八）展览权，即公开陈列美术作品、摄影作品的原件或者复制件的权利；

（九）表演权，即公开表演作品，以及用各种手段公开播送作品的表演的权利；

（十）放映权，即通过放映机、幻灯机等技术设备公开再现美术、摄影、电影和以类似摄制电影的方法创作的作品等的权利；

（十一）广播权，即以无线方式公开广播或者传播作品，以有线传播或者转播的方式向公众传播广播的作品，以及通过扩音器或者其他传送符号、声音、图像的类似工具向公众传播广播的作品的权利；

（十二）信息网络传播权，即以有线或者无线方式向公众提供作品，使公众可以在其个人选定的时间和地点获得作品的权利；

（十三）摄制权，即以摄制电影或者以类似摄制电影的方法将作品固定在载体上的权利；

（十四）改编权，即改变作品，创作出具有独创性的新作品的权利；

（十五）翻译权，即将作品从一种语言文字转换成另一种语言文字的权利；

（十六）汇编权，即将作品或者作品的片段通过选择或者编排，汇集成新作品的权利；

（十七）应当由著作权人享有的其他权利。

著作权人可以许可他人行使前款第（五）项至第（十七）项规定的权利，并依照约定或者本法有关规定获得报酬。

著作权人可以全部或者部分转让本条第一款第（五）项至第（十七）项规定的权利，并依照约定或者本法有关规定获得报酬。

第四十八条 有下列侵权行为的，应当根据情况，承担停止侵害、消除影响、赔礼道歉、赔偿损失等民事责任；同时损害公共利益的，可以由著作权行政管理部门责令停止侵权行为，没收违法所得，没收、销毁侵权复制品，并可处以罚款；情节严重的，著作权行政管理部门还可以没收主要用于制作侵权复制品的材料、工具、设备等；构成犯罪的，依法追究刑事责任：

（一）未经著作权人许可，复制、发行、表演、放映、广播、汇编、通过信息网络向公众传播其作品的，本法另有规定的除外。

第四十九条 侵犯著作权或者与著作权有关的权利的，侵权人应当按照权利人的实际损失给予赔偿；实际损失难以计算的，可以按照侵权人的违法所得给予赔偿。赔偿数额还应当包括权利人为制止侵权行为所支付的合理开支。

权利人的实际损失或者侵权人的违法所得不能确定的，由人民法院根据侵权行为的情节，判决给予五十万元以下的赔偿。

2.《侵权责任法》

第八条 二人以上共同实施侵权行为，造成他人损害的，应当承担连带责任。

第十五条 承担侵权责任的方式主要有：

（六）赔偿损失。

3.《民事诉讼法》

第二百五十三条 被执行人未按判决、裁定和其他法律文书指定的期间履行给付金钱义务的，应当加倍支付迟延履行期间的债务利息。被执行人未按判决、裁定和其他法律文书指定的期间履行其他义务的，应当支付迟延履行金。

4.《最高人民法院关于民事诉讼证据的若干规定》

第九条　下列事实，当事人无需举证证明：

（四）已为人民法院发生法律效力的裁判所确认的事实；

……

前款（一）、（三）、（四）、（五）、（六）项，当事人有相反证据足以推翻的除外。

【理论观点】

计算机软件具有开发成本高和易复制的双重特性，[1]侵权者通常不愿意花大力气和金钱投入开发，而网络环境下复制他人成果又异常容易，因此计算机软件侵权在实际生活中十分普遍。

关于计算机软件侵权赔偿数额的认定，《著作权法》第四十九条规定：侵犯著作权或者与著作权有关的权利的，侵权人应当按照权利人的实际损失给予赔偿；实际损失难以计算的，可以按照侵权人的违法所得给予赔偿。赔偿数额还应当包括权利人为制止侵权行为所支付的合理开支。权利人的实际损失或者侵权人的违法所得不能确定的，由人民法院根据侵权行为的情节，判决给予五十万元以下的赔偿。关于权利人的实际损失，在司法实践中，具体的计算方法是以权利人因侵权软件在市场上销售而减少的销售量乘以侵权人每份软件的利润，所得之积即为权利人的实际损失。虽然这种计算方法在实际操作中存在很多困难，但理论上损失多少就赔偿多少，侵权人对被侵权人的补偿是完全的，使受害人恢复到与其未受损害时应享有的相同的状况。[2]侵权人的违法所得的计算，在司法实践中的适用主要分为三个步骤：首先，原告证明被控侵权人的总收益；其次，被控侵权人证明总收入中减去可扣除的费用；最后，被控侵权人还需要证明扣除费用后的收益中可归因于使用侵权作品所占部分，法院在此基础上加以审查，并作出判决金额。[3]而本案比较特殊的是在民事判决之前，四被告涉嫌刑事犯罪，在刑事判决书中已经明确了违法所得。法定赔偿是侵犯知识产权的损害赔偿中一个比

1　顾韬、李嵘、石磊：《〈石鸿林诉泰州华仁电子资讯有限公司侵害计算机软件著作权纠纷案〉的理解与参照》，《人民司法（案例）》2016年第26期。

2　张蓉：《软件侵权损害赔偿的经济分析》，《法学杂志》2009年第6期。

3　尚广振：《论“违法所得”在著作权侵权损害赔偿计算中的适用》，《电子知识产权》2014年第4期。

较有特色的制度。该制度的具体内容是指，法律预定一个赔偿数额的幅度，在难以确定被侵权人的实际损失或者侵权人的违法所得时，在法定的赔偿幅度内由法官根据侵权行为的情节确定一个具体的赔偿数额。法定赔偿适用的前提条件是难以适用前述的第一种和第二种损害赔偿的计算方法。[1]有学者针对法院判决中采用的赔偿方法做过专门的调研，我国法院在审理侵犯计算机软件著作权纠纷中采取酌定方法，包括法定赔偿和高于50万元限额的酌定赔偿，来确定赔偿额的比例为94.5%。在92份案件样本中，法院依据权利人的实际损失确定赔偿额的有3件，占3.3%；依据侵权人的违法所得确定赔偿额的有2件，占2.2%；采取法定赔偿（在50万元限额内）的有82件，占89.1%；采取高于50万元限额之上的酌定赔偿的5件，占5.4%。也即，法院在审理计算机软件著作权侵权赔偿案件时，最常采用的是法定的方式。[2]

赔偿的前提是行为构成侵权，本案中涉及的网络游戏“私服”属于侵害计算机软件著作权的行为，最高人民法院公布2012年中国法院知识产权司法保护50件典型案例之50——燕亚航侵犯著作权罪上诉案中，明确了网络游戏“私服”的著作权法定性，网络游戏“私服”，是指未经网络游戏软件著作权人或其授权的网络游戏软件运营商的授权，通过非法途径获得网络游戏的服务器端程序或其源程序，并私自架设网络游戏服务器谋取利益的行为。网络游戏私服的目的在于通过“私服”的运行，取代游戏运营商的地位，分流其用户，最终谋取经济利益。网络游戏私服的提供者未经许可复制、修改、翻译或通过信息网络传播游戏的服务器端程序，属侵害软件著作权人的复制权、修改权、翻译权和信息网络传播权的行为。

关于计算机软件实质性相似的认定，美国法院采用抽象—过滤—比较法（Abstraction-Filtration-Comparison），该方法确立于1992年美国Computer Associations International, Inc. vs Altai, Inc.案。依据这一方法确定实质相似时，法院首先将被侵害的计算机程序按照它的组成结构分解；然后审查每一组成部分，分清楚程序内在的思想、利用思想所必需的附带表达、效率所要求的因素、外部原因决定的因素、取自公共领域的因素，然后法院能够将所有不受保护的材料排除；经过这一剔除过程，剩下的是

1 矫健：《与软件侵权相关的几个法律问题》，《中华全国律师协会知识产权专业委员会年会暨中国律师知识产权高层论坛论文集（下）》，2009年。

2 张广良：《计算机软件著作权侵权损害赔偿实证研究》，《人民司法（应用）》2014年第13期。

一个创造性表达的程序核心或者数个核心，法院的最后步骤是将这些材料与被控侵权程序的结构相互比较。比较的结果将决定程序的受保护因素是否与被控侵权程序实质相似以至于可以确认侵权成立。[1]

著作权法只保护表达，不保护思想和功能，在国内计算机软件侵权纠纷案件审理中，“实质性相同＋接触＋排除合理解释”是普遍适用的侵权判断规则。其中，软件的实质性相同的对比通常有以下几种方法：首先是软件源程序的对比。一个源程序只能转换成唯一形式的目标程序，判断两个程序之间是否相似，源程序起着重要的作用，可以说如果两个源程序相似，基本就可以认定两个程序相似。[2]其次是软件目标程序的对比。由于诉讼中直接获取被告源程序的可能性极小，或者即便获取源程序，但如果双方源程序各自采用不同的编写语言（如分别采取C语言和汇编语言），同样无法直接进行源程序对比，而被告的目标程序一般可以直接从证据保全的被告计算机或者其他硬件中读出，因此将双方目标程序进行对比是软件侵权对比的一种重要方法。如果原告和被告的目标程序实质性相同，被告又无正当理由拒绝提供源程序或者双方源程序因编写语言不同无法对比的，可以结合案件其他证据认定原告和被告软件构成实质性相同。但是，如果没有其他证据，不能相互印证，仅凭目标程序相同或相似即作出侵权判断，理由是不充分的。[3]最后，上述两种方式都无法进行对比的情况下，可以对软件存储介质内容、安装过程、安装目录、运行状况进行对比。一般包括对比存储原告与被告软件的光盘内容，如目录、文件数量、名称及文件大小；对比原告和被告软件安装过程的屏幕显示内容，如提示信息、安装流程、界面整体设计风格等。一般而言，上述项目的近似度越高，软件实质性相同的可能性也越大。但通常情况下，上述项目雷同只是一种表面现象，如果被告坚持要求进行软件程序对比并提出合理理由的，则并不能仅凭此即认定软件构成实质性相同，仍需进一步对比软件的源程序或目标程序。除了上述三种判断方式，可以考虑在原告和被告软件之间进行缺陷性特征的对比。如果存在相同的缺陷性特征，而被告无正当理由拒绝提供源程序或目标程序的，则应充分考虑到此类案件原告举证的客观困难，合理推定原告和被告软件实质性相同，由被

1　崔国斌：《著作权法：原理与案例》，北京大学出版社2014年版，第200页。

2　陈锦川：《著作权审判：原理解读与实务指导》，法律出版社2014年版，第106–107页。

3　陈锦川：《著作权审判：原理解读与实务指导》，法律出版社2014年版，第106–107页。

告承担败诉责任。[1]

【案例索引】

案例1[2]：深圳市世纪伟图科技开发有限公司与深圳市科成美科技有限公司、田义军侵害计算机软件著作权案

深圳市中级人民法院认为：

鉴定意见书认为，由人机交互功能界面可以判断双方执行程序表现的功能以及界面布局的相似性，根据界面的功能和界面的设计布局，可选出科美软件V1.0有32个功能界面设计与伟图软件V2.1相似或接近。在Powerbuilder11.5环境下，对执行程序相似性比对中找到的32个相似界面的源程序与关联的数据库（表）的使用进行比对，比对内容包括事件和函数清单、事件和函数程序代码、数据表及字段的使用；字段包括字段名、字段类型和字段长度；每一对相似界面的比对最后有双方事件、函数、数据表及字段的相似程度汇总统计。

鉴于上诉人涉案伟图软件和被上诉人涉案科美软件均系信息资料管理系统软件，系统的功能会体现于界面上，对相似的功能进行比较才有意义。因此，鉴定采用先比对两个软件的执行程序，通过挑选双方功能设计相似的界面、再对与之关联的源程序和数据库进行对比的方法是正确的。

案例2[3]：北京优迪欧汽车科技有限公司与实耐宝技术股份有限公司侵害计算机软件著作权案

北京市高级人民法院认为：

鉴于被告优迪欧公司未能提交被诉侵权的UDO V3D1.2.0的源程序，而鉴定机构

---

1 顾韬、李嵘、石磊：《〈石鸿林诉泰州华仁电子资讯有限公司侵害计算机软件著作权纠纷案〉的理解与参照》，《人民司法（案例）》2016年第26期。

2 一审法院：广东省深圳市龙岗区人民法院，一审案号：（2011）深龙法知民初字第609号；二审法院：广东省深圳市中级人民法院，二审案号：（2013）深中法知民终字第1081号。

3 一审法院：北京市第二中级人民法院，一审案号：（2012）二中民初字第364号；二审法院：北京市高级人民法院，二审案号：（2013）高民终字第764号。

通过对目标程序进行比对，认为原告实耐宝股份公司的软件与被诉侵权的软件中，安装目录下完全相同的文件共有6976个，相似度达到91.13%，其中11种类型的文件完全相同，两种软件的存放目标程序的目录结构、整体运行界面和功能模块结构亦构成实质近似，在此鉴定结论的基础上，原审法院认定Alignment Software V4.6.1软件和UDO V3D1.2.0的目标程序构成实质近似，结论正确。

关于赔偿损失和合理费用的数额问题，原审法院根据优迪欧公司的过错程度、侵权情节、侵权后果以及涉案证据取证情况等，酌情确定赔偿损失的数额和合理诉讼支出数额，并无不当。优迪欧公司主张原审判决的相关数额缺乏依据，理由不充分，本院不予支持。

案例3[1]：杭州威威网络科技有限公司与深圳市乔安科技有限公司、浙江天猫网络有限公司侵害计算机软件著作权案

杭州市中级人民法院认为：

原审法院将被控侵权软件中包含特定字符串和接口函数名作为软件异同性认定的一项参考因素，并无不当。

原审法院在赔偿金额时的考虑因素之一是乔安公司销售被控侵权产品数量为9731台，而经二审审查，该9731台为乔安公司自2011年11月1日开始销售这一产品时起至威威公司进行公证证据保全时的总销量，而威威公司在本案中所主张权利的软件即使依其著作权登记证书记载也于2012年3月1日方才完成并发表，在此之前乔安公司销售涉案产品的数量不应被计入侵权产品总销量。因而，对原审法院确定的赔偿金额应当予以调整。在综合考虑乔安公司公证取证及起诉时间、涉案软件在被控侵权产品中所占价值比例等其他因素的基础上，本院对原审法院确定的赔偿金额调整为人民币20万元。

1　一审法院：浙江省杭州市余杭区人民法院，一审案号：(2014)杭余知初字第226号；二审法院：浙江省杭州市中级人民法院，二审案号：(2016)浙01民终374号。

【TA评述】

关于计算机软件侵权赔偿数额的认定应当遵循以下顺序：权利人的实际损失、侵权人的违法所得、法定赔偿。本案特殊之处在于涉及刑事判决，在刑事判决书中已经明确查明被告的违法获利状况，因此，关于民事赔偿部分，法院直接按照四被告的违法获利情况确定侵权人的违法所得，但是这种情况在实践中是十分少见的。在索引案例2中，在认定赔偿额时，法院依据侵权人的过错程度、侵权情节、侵权后果以及涉案证据取证情况等，酌情确定赔偿损失的数额和合理诉讼支出数额。在索引案例3中，法院同样依据公证取证及起诉时间、涉案软件在被控侵权产品中所占价值比例等因素酌定赔偿金额。

我们调研的案例中法院也大多是采用这种方式，不同的是每个案例中法院酌定时的参考因素不同，我们调研2010年1月1日—2017年7月关于计算机软件著作权纠纷的88份民事判决书，发现法院酌定判赔考虑因素主要按照三个步骤进行：首先考虑原告的软件价值。包括但不限于软件的类型、软件的市场价值、软件的知名度、软件的发表日期、涉案软件作品、软件的研发投入、软件的合理使用费、软件的许可使用费、软件的难度。其次考虑被告的侵权情节、原告的经营规模。包括被告的主观过错程度、侵权行为的性质、侵权行为的情节、侵权行为的方式、侵权行为的范围、侵权行为的后果、侵权程度、侵权行为的持续时间、侵权产品的数量和价格、侵权使用涉案软件的主观意图、被告的经营规模和经营范围等因素。最后会考虑原告的合理支出状况。对于原告的损失状况和被告的侵权所得的举证，法院在审理过程中，一般不会按照原、被告的举证情况全部采信，但会采信其中部分，将其作为酌定赔偿的参考因素之一。在涉及有关计算机软件侵权赔偿的举证上，我们认为，应从原告的软件价值、被告侵权情况和原告合理支出三个角度充分考虑各个因素进行一一举证。

赔偿以侵权为前提。根据最高人民法院的司法解释，本案中的网络游戏“私服”的运行属于侵害软件著作权人的复制权、修改权、翻译权和信息网络传播权的行为。著作权法不保护思想、功能和原理，因此两款计算机软件若仅功能相似，则不能以此认定两部软件存在实质性相似。根据我们目前调研所得各法院的判决看来，我国有关软件著作权侵权的案件中，法院对于软件实质性相似的判断方式，主要有三类，第一类是比较源代码[1]；第二类是在源代码无法取得的情况下，比较目标代码，并根据举证责任分配原则，由目标代码的相似推定出源代码的相似[2]；第三类是在目标代码也无法取得，或者虽然能够取得但不存在实质性相似的情况下，依据非文字成分以及代码特有标志等因素判定实质性相似。如带给人直观感受的软件程序的场景、人物、音响[3]；人物角色、关卡场景、功能选项设置等独创性高、显著性强的游戏的核心要素；或是原、被告双方软件的设计缺陷[4]。

在本案中，司法鉴定所认为被诉“螺丝石器”“一起玩石器”软件与“石器时代”软件的服务器源程序存在实质相似部分，双方客户端软件的文件名称和目录结构部分相似，双方存在相同的应用素材文件。一审法院据此认定被告行为构成侵权，二审法院广东省高级人民法院维持原判，在对软件实质性相似的判定上，法院主要依据两部

---

1 一审法院：泉州市中级人民法院，一审案号：(2005) 泉民初字第81号；二审法院：福建省高级人民法院，二审案号：(2006) 闽民终字第442号。福建省高级人民法院认为：根据技术鉴定结论，厦门实达巨龙公司的医院信息管理系统软件的源程序和厦门智业软件公司的医院信息管理系统软件的源程序基本相同。

一审法院：广东省深圳市龙岗区人民法院，一审案号：(2011) 深龙法知民初字第609号；二审法院：广东省深圳市中级人民法院，二审案号：(2013) 深中法知民终字第1081号。深圳市中级人民法院认为：鉴定采用先比对两个软件的执行程序，通过挑选双方功能设计相似的界面、再对与之关联的源程序和数据库进行对比的方法是正确的。

2 一审法院：北京市第二中级人民法院，一审案号：(2012) 二中民初字第364号；二审法院：北京市高级人民法院，二审案号：(2013) 高民终字第764号。北京市高级人民法院认为：鉴于被告优迪欧公司未能提交被诉侵权的UDO V3D1.2.0的源程序，而鉴定机构通过对目标程序进行比对，认为原告实耐宝股份公司的软件与被诉侵权的软件中，安装目录下完全相同的文件共有6976个，相似度达到91.13%，其中11种类型的文件完全相同，两种软件的存放目标程序的目录结构、整体运行界面和功能模块结构亦构成实质近似。

一审法院：上海市第二中级人民法院，一审案号：(2008) 沪二中民五（知）初字第103号；二审法院：上海市高级人民法院，二审案号：(2010) 沪高民三（知）终字第4号。上海市高级人民法院认为：鉴定结论显示，国龙仪表厂的涉案软件目标程序与从公证购买的溢阳公司产品中的目标程序相同，因此需要进一步判定与目标程序相对应的源程序是否同一。一审中，溢阳公司虽提交了目标程序及采用C程序语言编写的源程序，但该目标程序及采用C程序语言编写的源程序，与上述公证购买的其产品中烧录的程序不存在关联关系，据此可以认定，其在鉴定过程中提供的源程序与被控侵权的公证产品的目标程序不对应，为此，溢阳公司应承担举证不能的责任，根据二者目标程序相同的比对，推定二者源程序相同。

3 一审法院：福建省高级人民法院，一审案号：(1999) 闽知初字第4号；二审法院：最高人民法院，二审案号：(2000) 知终字第4号。

4 一审法院：江苏省泰州市中级人民法院，一审案号：(2006) 泰民三初字第2号；二审法院：江苏省高级人民法院，二审案号：(2007) 苏民三终字第0018号。该案为最高人民法院指导案例49号。

游戏软件源程序相同进行判定。与本案情况十分相似，索引案例1中，法院认为，鉴定采用先比对两个软件的执行程序，通过挑选双方功能设计相似的界面、再对与之关联的源程序和数据库进行对比的方法是正确的。索引案例2中，法院在认为原告实耐宝股份公司的软件与被诉侵权的软件中，安装目录下完全相同的文件相似度达到91.13%，两种软件的存放目标程序的目录结构、整体运行界面和功能模块结构亦构成实质近似，在此鉴定结论的基础上，认定两部作品认定两部作品目标程序构成实质近似。索引案例3中，法院在判定软件作品是否构成实质性相似的问题上，考虑了非文字成分等其他因素，认为将被控侵权软件中包含特定字符串和接口函数名作为软件异同性认定的一项参考因素并无不当。

以软件源程序构成实质性相似对相关侵权行为进行举证是最为稳妥的方式，法院都会予以认定。退而求其次的目标程序相似性的举证需要结合其他因素如非文字成分及代码一起进行更为充分，目前法院判决中也不乏存在即使两部软件目标程序相同也不认定构成实质性相似的情况。依据非文字成分以及代码特有标志等因素判定实质性相似的情况必须要在穷尽前两种方法下进行，属于不得已而为之的情况，各地方法院对此态度不一。

（撰稿人：张洁颖）

后 记

本书出版时，TA人迎来了自己的律师事务所——北京韬安律师事务所，我们仍旧是TA。

本书得以完成，凝聚了TA人的辛苦付出。

作为专注于提供知识产权与娱乐法专业服务的律师团队，十年来，TA从三人发展为三十余人，先后服务了六十余家影视文化传媒机构。在服务过程中，TA人深刻感受到影视作品从酝酿到产生再到实现价值的各个环节所面临的各种不同的权利风险以及因此产生的纷繁复杂的纠纷。如抽丝剥茧般厘清其中各环节的法律风险，对于影视传媒企业来说是那么困难却又是那么迫切，而这正是TA人的价值体现。

本书从创意策划到收集相关案例、设计案例体例，到最终撰写完成，历经一年有余，离不开TA团队的每一位同仁。他们是韬安首席合伙人、主任王军律师，创始合伙人王立岩律师、李景健律师、刘锦丽律师，高级顾问李燕蓉女士，合伙人刘芳律师、谷守霞律师，以及邓尚锐律师、王晗晨律师、左璀璀律师、徐晓芳律师、王一凡律师、施洋律师，还有王超、许燕、段英子、高立文、薛然、李晨瑶、王劼昱、孙皓、孙宇佳、吴楹婕、李玥琳、赵燕、张洁颖、李璐珊、张旭。韬安律师事务所的王瑞梅女士、任月女士、韩林娟女士也以自己的方式为本书的最终完成贡献了力量。本书目录部分的英文翻译工作由张旭、吴楹婕、金夏平、梁晨承担，刘锦丽律师统校。还需要感谢的是电影学、法学双科博士李鹰女士，她在TA团队实习期间，与团队实习生孙宇佳、梁译方在TA娱乐法微信公众号里开辟了《知产史话》有声频道，绘声绘色地讲述古今中外有关影视作品、艺人、演艺合同、商标等的发展历史、趣闻，深受读者欢迎。此次案例书编撰的过程中，为了增加本书的知识性、趣味性，丰富读者的阅读体验，经征得李鹰博士、孙宇佳、梁译方的同意，我们精心选取了《知产史话》的部分精华，创新性地以花絮的方式插入案例中间，希望能得到读者朋友们的认可。特别需要感谢的是曾经的TA人白小莉律师，她以极大的热情策划、参与并负责了相关章节的导读撰写和审校工作。此外，来自中国传媒大学的实习生袁兰娣、张颖、王冠华、陆茗露也为案例的收集、整理、撰写作出了贡献，在此一并鸣谢。

感谢中国人民大学法学院教授、博士生导师、中国知识产权法学研究会会长刘春田教授，中国知识产权法学研究会副会长、最高人民法院民事审判第三庭原副庭长金克胜先生，北京知识产权法研究会会长、北京知识产权法院原院长宿迟先生，中央财经大学法学院教授、博士生导师、博士后合作导师、中央财经大学知识产权研究中心主任杜颖教授，从法律专业角度推荐本书。感谢中国电影文学学会副会长、中国电视剧编剧委员会副秘书长、西部知识产权司法鉴定所特聘知识产权司法鉴定咨询专家余飞老师，中国电影文学学会副会长、著名编剧汪海林老师，从影视行业专业角度推荐本书。

特别感谢中国电影出版社的宋岱先生给予本书的极大支持，他在百忙中始终关注本书的撰稿编辑工作。还要感谢的是中国电影出版社的编辑苗卉主任、王宁老师，本书封面设计白全成老师，他们为本书的撰写提供了很好的建议及意见，就案例的撰写体例、节奏安排、编排、审校等工作与我们细致沟通，精心付出，白全成老师更对封面的设计数易其稿，精益求精。没有他们的付出，本书不可能顺利完成。

还要真诚感谢北京韬安律师事务所的家属们，没有他们的鼎力支持和无私奉献，TA人不可能在紧张、繁重的工作之余，全身心地投入案例的研究和写作中，TA永远爱你们!

编　者

2018年9月10日

图书在版编目(CIP)数据

中国影视娱乐产业经典案例指引/王军，李燕蓉主编；北京韬安律师事务所编著. —北京：中国电影出版社，2018.12

(中国影视商务/法务宝典书系/王军主编)

ISBN 978-7-106-04971-3

Ⅰ.①中… Ⅱ.①王…②李…③北… Ⅲ.①电影工作—法规—中国②电视工作—法规—中国 Ⅳ.①D922.169

中国版本图书馆CIP数据核字（2018）第204314号

责任编辑：苗　卉
封面设计：白全成
版式设计：紫星光
责任校对：李圆圆
责任印制：张玉民

中国影视娱乐产业经典案例指引　　王军　李燕蓉　主编
中国影视商务/法务宝典书系　　王军　主编

出版发行 中国电影出版社（北京北三环东路22号）邮编100013
电话：64296664（总编室）　64216278（发行部）
64296742（读者服务部）　Email：cfpygb@126.com
经　销 新华书店
印　刷 中国电影出版社印刷厂
版　次 2018年12月第1版　2018年12月北京第1次印刷
规　格 开本/185×260毫米　1/16
印张/42.75　插页/2　字数/710千字

书　号 ISBN 978-7-106-04971-3/J·2063
定　价 98.00元